## 顾 问

吴良镛（建筑学家、中国科学院院士、中国工程院院士）
邹德慈（城市规划专家、中国工程院院士）

## 主 编

宋俊岭（上海师范大学）
陈　恒（上海师范大学）

## 编 委

陈启甸（上海三联书店）
成一农（中国社会科学院）
韩　宇（厦门大学）
洪庆明（上海师范大学）
侯　深（中国人民大学）
黄　韬（上海三联书店）
李　月（上海师范大学）
李　忠（华高莱斯智库）
李兵弟（住房和城乡建设部）
李津逵（中国综合开发研究院）
李文硕（上海师范大学）
林　广（华东师范大学）
陆伟芳（上海师范大学）
孙群郎（浙江师范大学）
王　旭（厦门大学）
吴国盛（北京大学）
于　海（复旦大学）
张卫良（杭州师范大学）
朱　明（华东师范大学）
唐纳德·米勒（Donald Miller，美国作家，芒福德传记作者）
吉娜·麦考比（Gina Maccoby，芒福德著作版权代表）
马克·特佩尔（Mark Turpel，波特兰市前总规划师）
罗伯特·沃特维兹（Robert Wojtowicz，欧道明大学教授）

光启编译馆　出品

刘易斯·芒福德文集 ｜ 宋俊岭 陈恒 主编

The Myth of the Machine

# 机器神话（下卷）
## 权力五边形

The Pentagon of Power

[美] **刘易斯·芒福德** *(Lewis Mumford)* 著

宋俊岭 译

上海三联书店

刘易斯·芒福德

刘易斯·芒福德与夫人

宋俊岭与芒福德夫人

# 总　序

## 时代主题与巨匠作品

20世纪美国文化孕育出一位世界级文化名人,堪与列夫·托尔斯泰、莱昂纳多·达·芬奇等巨匠并列,被同时代名家评论为最后一位伟大人文主义思想家,也被理解和热爱他的读者尊奉为"世界良心"——他就是刘易斯·芒福德(Lewis Mumford, 1895—1990)。

刘易斯·芒福德1895年10月19日诞生于纽约城长岛,1990年元月26日在家中逝世,享年95岁。他的一生跨越了人类从告别传统到走进现代,用近百年的生命长度亲历并见证了文明史上这一承前启后的历史转折,以饱含人文主义的生命厚度思考并诠释了传统与现代间的传承与断裂,写下48本专著,并发表了九百余篇文章,这些作品大部分都与城市相关,蕴含了他对城市的理解、对城市建设的建议,以及对未来生态城市的愿景,内容广涉文明史、哲学、人类学、城市学、建筑学、美国文学等诸多领域,许多已跻身世界文化经典之列。

在整个人类历史上,19世纪都要算最重要的拐点或者断裂点。文明史中物质与精神曾经的各有其序、各守其位在此前几个世纪的剧烈变动下荡然无存。这些剧变包括许多重要思想理论和代表人物,包括进化论、物种起源论和人类起源论,以及紧随太阳中心说确立的微观世界结构理论,也包括元素周期表为典型的微观世界,以及以物质第一性为特征的唯物辩证法,等等。这些科学合力的冲击,最终颠覆了将近三千年乃至更长久的宗教文明赖以存在的宇宙观和人类观。不仅终结了神创论,也开启了科学技术当家作主创造世界也创造新人类的现代文明。在这扇大变革的门槛内外,刘易斯·芒福德正徘徊观望、踟蹰不前。回望过去,他目睹了完整的世界概念和人类观念的裂解,艺术与技术的裂解;前瞻未来,他见证了权力扩张、社会重组、科技发展、为利润和权威背弃传统价值、道德沦丧、环境破坏、人性抽空、残酷战争等等恶果。在文明史突然撕开的这道浩大裂罅前，他震惊、惶惑、痛惜、思索……一方面，19 世纪以前各种世界大发现令人类无论面对宏观世界或微观世界时候突然眼界大开，知识和精神都攀上高原地带，视野辽阔，胸襟舒展，地球的全貌尽在眼中，没有文字记录的史前时代也似乎触手可得。宇宙、自然和人类都突破宗教观念的藩篱，在更广阔的范围内寻找新的宏观框架和结构秩序。人类自身则面临重新确认自己，定位自己的迫切任务。芒福德就曾属于积极乐观的时代，深信未来必胜于过去。同样，另一方面，现代文明带来的特殊景象和灾难，也令他瞠目结舌。他的全部怀疑、批判和探索，便是在这个基础上逐步展开的。为看清未来，他认为必须洞察已往。随即，他用一系列作品逐一回溯这浩大变迁的由来，预展可能出现的更邪恶后果，再一次发出了"纵欲者没有心肝"的呐喊，努力探索新途径，试图桥接、整合破碎的宇宙概念、文明概念和人类概念。他是从根本结构和方向上质疑当今人类现代文明，因而能高瞻远瞩地提出，真正的改革是价值观的改革与创新，是全社会首选伦理的改变。他主张通过对全社会的教育来维护传统价值理念：人权、自由、平等、仁爱、真善美，知道羞耻、堕落与罪恶……因而他特别注重新意识形态的营造，注重文学艺术和大众传媒的群体启蒙教育功能。

特别值得指出，芒福德对城市学基础理论的开掘有卓越贡献。他的代表作之一《城市发展史：起源、演变与前景》受到世界性重视，原因之一是它首次把人类进化与城市状况密切系统地联系起来，据此提出并解答了有关城市和城市学的一系列根本理论问题，包括城镇起源、功能、结构、属性、机理、目的、方向、本质，城市与人类的关系，城镇与文明的关系等等。此书中的节节精彩讲述引领读者走上一个又一个历史性高原，得以开阔心胸和弘远眼界。这些学术贡献和价值历久弥新，引领越来越多的人创建人类理想的生活方式和环境。

总括历史来观察评价，刘易斯·芒福德之所以被公认为伟大的思想家、文化名人，是因为他在机器当家的现代重申生命世界的伟大奇迹。他被誉为"最后一位伟大人文主义者"，因为他再度点亮了蒙尘于信仰迷失、方向混乱的文化之灯，让众人看到高居宇宙价值中心的正是人类自己。在其有生之年他甘于寂寞，以圣经的视野，佛典的心怀，现代科学技术研究的材料和方法，重新回溯文明史特别是近现代文明五百年的发育进程，重新评价人类文明的是非曲直和功过得失。芒福德影响如此深远，西方评论家说，"正如卡尔·马克思对于劳工运动做出的贡献一样，芒福德作品对生态文明也有同样深远的指导意义"。芒福德是工业文明当中非理性的尖锐批判者，他的大量论述把混沌不清的两种文化从思想理论到学术队伍都一劈为二，并在工业文明的拥护者和生态文明的倡导者之间掀起一场旷日持久的论战。这场论战明确了未来一个世纪的特殊主题，即工业文明的衰落和生态文明的萌起。这个主题至今支配着全人类的文化过渡。

科学活动,学术研究,是为给人类照亮前进道路,而非为科学和学术本身,更不能违背这一宗旨去反人类。芒福德不在传统权威面前止步,为我们营造了一个真正无禁区的研究范例。为探索真理与文明的正确方向,他质疑过许多权威,包括反对爱因斯坦不该在投放原子弹决议上签字,也包括谴责许多集权体制社会的各种极端主义残忍做法。

芒福德是最早关注工业化对生态环境破坏的学者之一,也是最早提出建立生态城市的学者,不过他的生态城市思想最初在西方备受冷遇,因为那是一个只追究经济发展、城市盲目扩张的时代备受冷遇,但是,当 20 世纪 70 年代西方城市问题日益突出,城市发展面临困境时,芒福德的生态城市思想无疑给西方城市未来的发展提供了一剂良方。波兰诗人辛波斯卡(Wislawa Szymborska, 1923—2012)写道,"我们通晓地球到星辰的广袤空间,却在地面到头骨之间迷失了方向"。也许将芒福德视作重新为人类指引方向的灯塔不免有夸大之嫌,但他在现代社会狂飙突进年代里的冷静反思,无疑为后人留下了再度出发的空谷足音和吉光片羽。因此,芒福德无愧于那些为他颁发的殊荣,包括两位美国总统(林登·约翰逊和罗纳德·里根)为他颁发的奖章、史密森学会授予他的大奖、美国国家人文科学基金的特别奖状,以及美国文理科学院的院士称号;更无愧于后代学人对他的不懈研究和深深敬意。

虽然国内外学者重视和研究芒福德都是近几十年的事,但限于学术氛围、资料等各种原因,国内对芒福德学术思想的认识和研究与国外已存在明显差距。国外学者在整理芒福德论著方面已有不少成果,而国内还处于翻译、引介芒福德重要论著的初始阶段,这是我们出版文集的目的所在,为未来深入研究奠定基础。文集正是基于这样的初衷提出,怀抱一个宏远目标,从全面译介和整理芒福德论著入手,努力填补一些国内芒福德学术思想研究中可能存在的空白,促进跨文化交流,为民族文化的改造和健康发展奠定坚实基础。为此,意欲从以下几个方面加以探讨、谋求发展、寻找突破:

出版芒福德文集。对芒福德影响较大的著作优先翻译出版;将已出版的四本芒福德译作纳入芒福德文集体系下修订再版,增加其受众群体和影响力。

在条件成熟的情况下精选、翻译芒福德的一些重要文章、演讲、通信、书评,结集出版。主要侧重于城市理论和技术哲学方面具有学术思想价值的一些重要文章,作为对芒福德文集翻译的补充,填补芒福德资料整理方面的空白。

文集是针对芒福德论著的基础性学术建设,通过系统地组织芒福德著作的译介,理清芒福德以城市为核心——亦即文明人类和人类文明发育的主观与客观、精神与物质进程——的学术思想脉络,继而传播芒福德独树一帜、涵虚务实的学术思想(尤其是生态城市思想);通过整理芒福德论著类目和重要文章的结集,出版填补国内芒福德研究资料整理上的空白;通过新视角的城市理论和文化人类学研究对当前芒福德学术思想初步研究进行有力补充,最终通过文集进一步奠定国内芒福德学术思想的研究基础。

研究、翻译、出版芒福德文集对于文化断裂和社会转型的中国和世界现实具有重要借鉴意义,他提问的角度和回答的方式不乏学理价值,他对人与城市的思考更有不容忽视的实际意义。期望该文集的出版,能够促进切合实际实现"他山之石,可以攻玉"之名训。

《刘易斯·芒福德文集》编委会

于光启编译馆

2016 年 3 月 16 日

# 灾难中觉醒：人类与文明前景和方向的再认识

## ——译者序言

芒福德两卷集《The Myth of the Machine(机器神话)》是一部很富哲理特色的文明史论著，一部思想史、技术史、文化史的力作。书分上下卷，上卷系《技术发展与人文进步(Technics and Human Development)》。下卷名《权力五边形(Pentagon of Power)》"。

下卷是在上卷论述基础上继续剖析文明走偏的基本历程，着重解剖数十位思想理论大师的建树和副作用。包括弗朗西斯·培根和笛卡尔，也包括德日进，甚至达芬奇。最后着重总结权力结构五要素——Power(能源)、Production(生产)、Profit(利润)、Polity(政治)、Publicity(公信力)——在人类社会文明构造中形成巨型机器的历史过程和后果。所以，本书总题《The Myth of the Machine》直译"机器神话"，若依据全书内容和主旨，此标题可译为"破除机械论神话"，若再容许依据全书内容加个副标题，可译为：破除机械论神话——文明人类的由来和去向。甚至，副标题还可加走向生态文明的内容。因为该书全部内容是"制度势力与技术势力两者的关联"，讨论人类精神，人文价值在这种对立态势中遭到威胁。是文明人类历程的回顾和反思，经验和教训以及作者对未来的猜想，认为出路就是有机生态文明。他说，我反对有关人类起源的这种毫无生气的制造工具(tool-making)论点，而且想进一步发挥我的观点：我认为，人类首先是一种有思想，能创造心灵(mind-making)，能自我操控的动物(self-mastering)，也是一种能自我设计的动物(self-designing)。人类在未能成功改变自身之先，他对其周围物质世界则无能为力，当然也就几乎什么也改变不了。可见，技术从一开始就是以生命、生存为中心的(life-centered)，而不是以劳动生产为中心的(work-centered)，更不是以权力为中心的(power-centered)。该书最鲜明立论首先是一个健全的人类观。

此书着重回顾近现代特别是 19 世纪科技历史成就，该世纪在整个人类历史上都要算最重要拐点或者断裂。因为此前连续几个世纪剧烈变动，首先颠倒了文明史中精神与物质历来的排序。此前涌现许多重要思想理论和代表人物，包括进化论、物种起源和人类起源，以及紧随太阳中心说确立的宏观和微观世界结构理论，包括元素周期表为典型，以及以物质第一性为特征的唯物辩证法等。这些学科合力的冲击最终颠覆了将近三千年乃至更长久的宗教文明赖以存在的宇宙观和人类观,不仅终结了神创论,也开启了科学技术当家作主创造世界也创造新人类的现代文明。作者说,"开篇,我们系统回溯了始终引导人类一路前行的两条平行的探索路径:一条路径探索地面,尽管迄今从未全部完成;另一条路径探索天空和物质世界一切现象,天上、地下;这些领域无需直接借助人类生物特性和文化成果就能解释和控制。我们从中看到这种探索和殖民过程为西方人类的原始活力开辟了新出路。在此过程中逐渐形成了新的机械论宇宙模式,也开始了它全面限制、阻断人类去路的进程;禁限之周密,前所未有。首先是地理探索从一开始就对现代技术发展立下汗马功劳。此外,这种探索还为一次大变革奠定基础,即生命自身变革的基本历程。目前该过程仍处于初级阶段,从形成思维、概念典型、用理性工具构建领域宽广的有组织协调能力的生命形态,这过程与权力体制有本质区别。权力体制严重缺乏人文要素,这种缺憾始终同技术效能结伴前行,直至当今把握了自然力支配权之后,在全球范围威胁整个生命世界,成为技术成就的莫大讽刺。唯有一项它至今控制不了,就是人类自身魔鬼般的非理性势力,这力量已让技术智慧彻底丧失均衡。而这种探索至今已经抵达其自然终点,"最后边境线已对它关闭"。上世纪60年代末两位宇航员登月成功并不表明宇宙探索新世纪的开始,而标明它的终结。因为16世纪开始的科学技术革命至此已经抵达一个几乎无生命的终点:一颗卫星,荒寂无人,无生命能力,无法居住,地球同样很快沦落为同样景象——除非花大力气,以想象力、勇敢精神、政治魄力互相结合,团结全世界人民共同对付这历史般古老的权力复合体。若不施加反作用力,令这权力结构减缓速度或变更其自发进程,人类将年复一年接近这种死胡同——无论从哪种意义上说,都是个死胡同。

地理边界虽已关闭,但一种更深刻的探索却刚刚开始。这是时间空间双重意义上的探索,更是主观和客观世界双重意义上的探索。当年乔治·盖洛德·辛普森(George G. Simpson)给达尔文的《物种起源》写序言时就曾准确预言这种日益临近的变革,他说,"天文学革命和物理学革命已在19世纪早期获得巨大进展,但比起生物学革命,这些都算不上根本意义上的变革。生物学革命注定会更深刻地改变世界,这场革命即将降临。"

在该书结尾,作者大声呼唤:"人类要成功救赎自己,先要经历一场深刻的、类似自发皈依新宗教的心路历程:体现在放弃机械论世界模型,代之以新的有机生命世界模型,把人性摆上生命世界最高峰位置;这位置如今被机器和电脑占据着。这场天翻地覆大变革,很多人难以设想,难以理解;恰如当初神圣罗马帝国的古典威权制度转变为基督教的威权制度,以及后来超然的中世纪基督教文明又转换为 17 世纪机械模式意识形态。可是,这种天翻地覆的大变革仍然在人类史上一再发生了! 如今迫于巨大灾难压力,这种变革还会爆发! 大变局中唯有一件事确定无疑:假如人类能逃脱已编好程序的自我毁灭( programmedself‐extinction ),那不是因为能拯救我们的上帝走下了机械论神坛;而是因为他重新入主人类灵魂的圣殿(着重号系引者所加)!"

本书视野宏阔,引据翔实丰富,语言生动感人。适合作文化人类学、社会学、政治学、史学、考古学、哲学、技术史、管理决策和新闻等学科读物和教材。本书翻译过程中得到多位教师友人协助,他们是:金经元,梅仁毅,王逢鑫,陈为邦,黄世正,冰珊笛(Sandra Bean),雷苏珊(Susan Rigdon),久朗津欣子(Yoshiko Kurotsu),理查德·奥尼尔,冯峰,徐蓉,罗阳莎,曹淑琴,郭京晶,郭秀明,袁宇霞,刘宛窈,李陶,王金珠,李华婴,戴梦,赵艳,胡浩淼,江伟,孙卫东,郑煜,韩冰山。谨此一并致谢。

宋俊岭　2017 年 3 月 15 日
Juliuss399@163.com

# 目录 Contents

# 图 目

《机器神话》一书原计划为一卷本著作。目前这第二卷其实是一个系列作品的第四部分,该系列之首篇就是 1934 年开始运笔的《技术与文明》。这些论著最独特的贡献,大约在于它们是把技术看作人类高级文化当中一个不可分割的组成部分。所以,这些篇章同样都直截了当拒绝一些传统观点;这些观点认为:人类能脱离动物世界,完全因为他们能够使用和制造工具。不仅如此,在反驳这些现代教条的同时,这些论述并不将科学发现和技术发明看作人类生存的唯一目的。因为,我认为,生命,人类生活,是宇宙的最首要的现象、是宇宙创造的奇迹。因此我不认同将什么"征服自然"之类当作人类生物学成就和文化成就的最高标准。

　　《机器神话》一书的基本思想,至少作为写作大纲,已经包含在《技术与文明》当中了。虽然如此,面对当今人文技能的通盘流产,我不能不再次详析人类文明中这种整体性的痴迷和强迫症。这些怪毛病误导了人类能力,破坏了人类本性,让我们无法去过一种心智健全、精神崇高的生活。因此,如果说以往几个世纪历史发展的主线曾经是所谓"机械化挂帅",那么,目前这本书的主题就可以借用约翰·格兰上校(Colonel John Glenn, 1921 - 1999, 1962 年完成绕地飞行,成为人类第三位,美国第一位环绕地球飞行宇航员,退休后任俄亥俄州参议员。——译者注)在绕轨道飞行回归地球时候说的话,"该人类来接班了。"

刘易斯·芒福德

纽约州,阿米尼亚村

# 第一章 探索新世界

## 1 新的前景

大家知道,15 世纪末开始的历史阶段一直被称为探索的时代(The age of exploration),这个措辞和特征涵盖了此后发生的许多重大事件。其实,这个新探索时代中最有意义的内容却发生在人类大脑之中。不仅如此,这块已经揭开的文化新大陆,即使在西半球,也仍然根脉交错地连接着以往旧大陆的历史。这些枝枝杈杈、盘根错节的文化根脉,透过层层坚硬泥土,一直贯穿到古代城市和帝国那些碎砖乱瓦之中。

对于西方人类来说,真正新奇的事物,是人类破天荒第一次意识到,这星球已无任何一处是人类无法涉足的了。它每一处都提供大胆探索和活跃通商交流的机会,甚至还为喜爱思索的头脑提供了自我启蒙的机会。大地和天空都敞开胸怀,任你系统探索,大洋彼岸的黑暗大陆,同样也大开门户,任你冒险、开拓。同样,人类生物发展和文化发展的更加黑暗的过去,也向你敞开了探索的大门。

广义的看,有两种互补的探索活动始终引领着西方人类。沿其中一种探索,人类日益接近了自身的起源,而此时人类却转向其他各种方向去追求另外的目标,这些求索虽也相互交错,却最终汇成一种大潮。沿循这条大潮,人类正试图用从自然界一个狭小层面创造出来的有限产品去替代大自然无尽的馈赠,而这个活动领域是人类可以掌控的。上述两种探索中,一种探索集注于天空,包括行星和自由落体规律运动,也关注宇宙空间测量和时间记录,关注重复发生的事件和各种可认知的规律。另一种探索,则大胆跨越了浩瀚的海洋,甚至深潜地下,去寻找希望之乡。同时,人类心中半是好奇,半是贪婪,心怀期冀,盼望有朝一日能突破古老的藩篱和禁限。

在 15 和 19 世纪之间,地理大发现当中的探索者、冒险家、兵士,共同开启新大陆的大门;而各种行政官吏又与科学技术力量协力,共同开发和培植了新大陆文化。这些人都是这大潮的一个组成部分。其探索之一,是关注抽象符号、理性体系、宇宙规律、周而复始以及可以预知的事件,独立客观的数学度量。它力图破解宇宙和太阳系派生的各种力量和现象,以求掌控和利用它们。另一种探索集注于实体的、有机的、富有冒险含义的实际事物,于是,扬帆起航,穿越无海图指引的汪洋大海,征服新领地,臣服异邦,发现新食品和医药资源,或许还梦想找到长生不老仙丹妙药。假如找不到,就靠无耻手段,包括武器,掠夺美洲国家的财富。两种探索,无论哪一种,从一开始就有一种肆无忌惮的傲慢和魔鬼般的冲动与疯狂。

在这种新大陆新梦想驱使下,豪情满怀的帆船,乘风破浪,犁开万顷碧波,突破千万年来天各一方的地理阻隔,为后来几个世纪的通商和交往开辟了通道。沿着这些通道,把起初冒险家探索者们的涓涓溪流,逐渐发展壮大为移民的滔滔洪流,纷纷注入南北美洲国家、澳大利亚和新西兰,以及非洲大陆。攫取了当地大片领土,按照自己生活方式定居下来。而当地土著人群则迄今过着相对落后而又自我中心的日子。

刚一进入 16 世纪,欧洲社会的领军人物们热切地相信,人类生活周期性大变革的时代即将到来。波利齐阿诺(Poliziano, 1454 - 1494,意大利文艺复兴时代的古典主义学者和诗人,其哲学和文学著作都倡导人类教化,也是著名诗人维吉尔的导师。——译注)是出生于佛罗伦萨的伟大人文主义者,此人极富想象力。他就立即宣布,哥伦布发现新大陆会给人类带来受用不尽的福祉。仅过了一个世纪,意大利卡拉布里亚(Calabrian)地区的僧侣康帕内拉(Campanella, 1568 - 1639,柏拉图派的哲学家和诗人,他试图调和文艺复兴时代人文主义和天主教神学的尖锐对立,一生坚持著书立说并用于实践,多次入狱,经历多劫。——译注),为培根和伽利略学说所激励,也信心百倍地欢呼,天文学、占星术、物理学、技术科学都会出现一个新大陆。他满怀欢欣迎接那些尚不知名的机械和电气发明,相信这些东西必定能改变人类社会。他将此新境界称之为"太阳城",并简明勾勒出其主要特征。随后,康帕内拉说,根据同时代占星术士占卜结果,未来世界一百年内发生的事情,"丰富程度会超过以往四千年的内容"。

他这预言虽稍嫌过于乐观且慈悲为怀,却都大体正确。只不过随后几个世纪里,此类狂想式的发明创造却很少兑现。新大陆会很快超越并刷新人类迄今一切成就,诸如此类非常主观的信心和想象,从一开始甚至支配了最冷静思想家头脑。对于西方人类,这类预言也类似飞回镖的回杀作用,又像古屋打开久闭的窗扉,这些窗户多少个冬天未曾开启,且年久失修。习惯了春天气息的人们,不会满足于继续驻留在生满藓苔霉菌、布满蛛网的旧宅,即使那些祖传旧物不仅仍能使用,且美轮美奂。或许,拆毁整栋旧居,起初会让他们迟疑不决;因而会采取折衷办法,扔掉些旧家具,把不住人的房间重新装修,装配新设备。更敢干的,则会毫不犹豫索性放弃整栋豪宅,另辟蹊径——至少从精神上,重砌炉灶:到荒野中,甚至到月球上,去重打鼓另开张。

鲍埃迪(Etienne de la Boetie, 1530 - 1563,*法国法官,作家,政治哲学家。——译注*)在给朋友米歇尔·蒙田(Michel Montaigne)的信中说,"我们这个世纪即将结束的时刻,大洋深处冒出一块新的大陆。当我们欧洲在罚罪之剑和可怕瘟疫面前濒临灭亡之际,上帝恰好创造出一块避难所,让人类到新的天空底下耕种良田,重新开创新生活。"正是怀着同样心情和梦想,科学家和发明家联起手来,眼望星空的理想国作家们也同昂首阔步的先锋派边民们联起手来,认真地想让一切重新开始。新大陆希望似乎激发了、放大了也升华了人类每一种机会,即使这些探险家、先锋派在离别欧洲旧大陆的一刻,并没有将无情的惩罚之剑以及可怕的瘟疫,统统丢弃在旧大陆,因为,虽然他们的枪弹没有灭绝新大陆当地土著人,而他们带来的天花、麻疹、肺结核等传染病却害死了大批当地人。

当新大陆探索发现及移民高潮结束后,这块充满希望的土地仍然荒寂地躺在苍天之下。这时,当初探索和开拓新大陆的信念和热忱已不再是开发本土资源,而大部转换为对机器的梦想。这是两种截然不同的方式,一个瞄准当地自然资源,探索发现,加工制作;另一个瞄准机械动力和手段,瞄准人工财富,制造出来,再售出盈利。两者本质不同,只不过这两种梦想从一开始就互不离弃,从未互相远离。而且,两者都源于中世纪一个很富进取心的历史传统。恰如讲求禁欲苦行、压抑生命、言行规矩的早期资本主义,最初都来源于中世纪的修道院。

## 2 中世纪的前奏

许久以来,新大陆开启的正式日期都确定在哥伦布的首航日。而如今我们有理由相信,此前人类早有各种尝试,虽然时间较短,目的不甚分明,目标却都指向那个方向:包括爱尔兰的僧侣、北欧海盗、布列塔尼的渔民,最后还有布里斯托尔的水手,在1480—1490年之间,这是卡尔·索亚(Carl Sauer)新近的发现。由此可见,古希腊研究宇宙的学者有关地球是球体的概念,早在15世纪以前,就已经传播开来,虽然尚未广为接受。尤其有意义的是,人们设想的新大陆,特别是有关它的机械抽象模型,早在1492年绘制的地图上,就已经用经纬线表示出来了。文艺复兴时代的画家,用直角坐标发明以前的透视方法,比笛卡尔早一个世纪。就在他们的画布上,通过空间关系中一系列缩小的平面,精确展示出远近物体的关系,展现了他们观察和猜想到的世界。

6

　　轮到哥伦布,虽然他算不上一位聪明绝顶的领袖人物,他却能调动当时所有的科学手段来规划他这次远航,以确保单靠天体观象仪、磁罗盘,以及当时的海图就能返回原地。而这些手段就足以让他确信,能够放心大胆升起风帆,踏上征程。而且,沿途风波险恶,水手们不断怀疑、争吵、阻拦,唯独他矢志不移。结果,远在工业时代煤炭钢铁、蒸汽机和自动纺纱机等都还没有问世的时代,这一桩更早的技术进步,一如中世纪就已经广泛使用的那些风车、水车等自然能源的利用手段,都已在人类精神世界悄然掀起一场意义非凡的革命性变化。后世人类已经非常习惯把这次文化大变革,标定在 17 世纪以后。殊不知,这样的纪年,只显露出一种鼠目寸光、少见多怪。其根源,是技术领域缺乏历史知识,而历史学者们又轻视和缺乏必要的技术知识和远见卓识。因为,实际上,早从 13 世纪开始,历史研究和技术发明两者之间的交流沟通,从来就没有中断过,而且硕果累累。

　　人类当今有关新大陆的了解,无论从地理学或技术概念来看,都曾被 18 世纪启蒙运动领袖人物那些暧昧不清的宗教偏见涂上了错误色彩。当时的思想家,包括伏尔泰和狄德罗,都凭当时留存下来破烂不堪的中世纪遗物,来判断中世纪的价值理念以及制度内容,从而想当然地认为,中世纪是一个愚昧无知、迷信落后的时代。更由于他们急于摆脱国教影响,不惮将欧洲文化史中贡献卓著的高峰中世纪(High Middle Age)[①]这一重要阶段,篡改为新哥特式的恐怖故事,制造一种印象,似乎直至他们那个时代,中世纪任何领域都不曾有过真正的进步。如此迷醉于反哥特式的表现形式[②],不仅导致彻底否定中世纪文化成就,还发展为大批拆毁建筑物,破坏沿袭已久的社会惯例和体制。其实,这些东西若不被拆毁,甚至予以更新,会给后世留下宝贵文化遗产,有助于新兴国家制度的人文发展进程。

　　既然强大的中世纪学术研究已揭去了这些障眼物,我们也就可以看清,这个探索时代的基础,是由 13 世纪开始的一系列技术进步构成的,尤其包括从中国引进的火药和指南针。的确,从 10 世纪开始,欧洲社会就为即将到来的时代开始了彩排。首先开始的行动,包括修道院各教派开始毁林开荒,在南部和东部边境地带开始建立起第一批封

---

① 高峰中世纪(The High Middle Age),系指大约公元 1001—1300 年之间的欧洲历史时期,前端是中世纪早期,后面是中世纪晚期。特征是人口激增,至 1250 年进入人口增殖高峰时期。同时,科学飞速发展,技术发明层出不穷。而且有人认为,这一时期科学技术的高峰,直至 19 世纪才得以超越。——译者注

② 反哥特式,连同前文的新哥特式,都是哥特式风格的衍生概念。原本,哥特(gothic)是日耳曼语系地区在12 世纪开始流行的思潮和风格,体现在绘画、建筑艺术、文学作品等当中,本身注重写实,注重细节描绘,为文艺复兴作了思想和手法准备。新哥特主义则发展为荒诞、恐怖、凄凉的特色,到了反哥特式的作品时代,则更倾向于表现野蛮、残暴、粗野的内容。——译者注

建聚落和新城镇。因此,最早来新大陆定居的人,并非开始一种崭新的生活方式,而是随身带来欧洲大陆的原有制度,中世纪的典型制度和习俗惯例,继续按照旧秩序生活。比如,新英格兰地区早期的木屋,就是从瑞典原封不动地照搬过来的(见芒福德1924年所著《棍棒与石头》一书中中世纪传统一章)。

由此看来,古代斯堪迪纳维亚人的勇猛突击和血腥征服,入侵爱尔兰、英格兰,占领奥克尼郡(Orkneys),进驻冰岛,入侵西西里,征服诺曼底最终到达那斯等等,都只不过是后世西方殖民化大潮的第一波次,并且树立了无情恫吓与疯狂破坏的恶劣先例。同样,一系列的十字军东征,也应当看作是西方帝国主义的最初表演,这些侵略行径在第四次东征中登峰造极,已经不屑于使用最起码的借口,不再用任何虔诚目的为自己辩解,长驱直入,扫荡、夷平基督教领地的拜占庭帝国。同样,葡萄牙人去非洲腹地探险,以1444年海军总督亨利亲王为首,又树立另一个先例,掠夺黑人奴隶,带回欧洲。本来奴隶制已随欧洲封建和城市社会发展而奄奄一息了,而这一举措又使奴隶制得以死灰复燃。不仅如此,这一残暴做法又由葡萄牙人、西班牙佬以及英国人推广到了新大陆。

侵略、征服、剥削、奴役,这些行径能以得逞,是靠了铠甲、弓箭、毛瑟枪、加农炮之类的新技术装备。这些技术手段让本来人数众多的欧洲人权力大增,更有把握征服土著民族。他们阴暗无耻的心理,以及彻头彻尾的暴虐无道,不仅得到这些武器的支持,还使之得以放大。更有甚者,他们轻易得来的成功和胜利又进一步强化了他们业已取得的权力和统治。

假如说,新大陆的探索开发,即使在北美如此美妙的机遇当中,也未曾获得预期的良好效果,那只能怪新来的殖民定居者从欧洲旧大陆随身带来了太多的旧东西,既有精致装配,也有野蛮习俗。令人不解的是,为什么这种梦想长久不灭?证据就是,这梦幻至今光彩不减当年,迷惑着当代多少人仍想重温旧梦,跃跃欲试想去继续征服外太空……当代“宇宙世代”的预言家们宣称,探索宇宙是美国开拓新边疆精神的延续,宇航员就是未来的先锋派前驱。他们这样说,这样做,也就给历史上以及未来的此类计划都蒙上一种神秘甚至神圣色彩。

无独有偶,此时罗马天主教内部甚嚣尘上的沉迷放纵,不得不考虑让步,把此类脏东西照最典型的资本主义原则转让给国际金融家。于是便肆无忌惮地扩大种种违背传统道德的恶劣做法。这情况,即使在意大利文艺复兴时代作家薄伽丘的时代,都已不是什么新鲜事儿了。这种新制度悍然宣布(当然不仅仅靠言辞)这个世上,甚或天堂里,没有金钱买不到的东西。这样一种信念,就通过大量金钱灵魂混为一谈的论调,通过哥伦布的嘴,亲自讲了出来!他说,“黄金,无限美妙啊,好极了的东西!金子就是财宝。谁

8

拥有了它，这辈子想做什么，就能做什么！因此也就能拯救自己灵魂，升入天堂。"这都是他亲口说的，我无须用斜体字予以强化了！

可见，西方人对待新大陆的态度从一开始有种矛盾心理：这矛盾不独见于理想和现实间的冲突，还体现为他们当时内心的状态：一方面想对异乡土地普及、扩大基督教精神影响，而且是在皇权意志之下这样做。另一方面呢，他们自己，早在自己的母国，对这种思想和制度早就火冒三丈了。正因如此，才蒙生希望到新大陆，心想至少在大地另一端会有可能找到新出路，为此目的来到新大陆。

这种矛盾心态就导致矛盾的实践：一方面，基督教传教士千方百计想让异教徒相信和平福音、普天仁爱、天堂至福之类的信条，如必要，不惜使用剑与火。而另一方面，一些大胆冒险之徒则希图撇开陈规陋习，开始真正的新生活。他们夷平阶级界限和差异，取消浮华奢侈、特权优越地位，消除等第森严的阶级规则。简单说，也就是回归到石器时代，回归到青铜文化时代以前的状态。尽管西半球实际上已经有当地人居住了，而且有些地区早就开发、建造、经营得相当优美，但它毕竟人烟稀少，让许多西方入侵者仍然认为这是尚未开垦的一块肥美的处女地，引得他们倾注了全副热情与心血。一方面，欧洲入侵者用基督教福音精神教导和感化那些对偶像顶礼膜拜的土著人，同样，还用烈酒彻底颠覆他们，强迫他们用衣裳遮蔽赤裸裸的身体，也强迫他们在矿洞拼命苦干，甚至英年早逝。另一方面，西方的先锋入侵者自己却学会了北美印第安的许多生活方式，爱上了当地人的皮装，开始回归到旧石器时代古老的经济活动，狩猎、钓鱼、采集蚌类和浆果、尽情享受荒野独处的快乐，公开弃绝文明制度的陈规陋习、规则秩序。然而，若遭遇压力，则会随机应变，想出种种野蛮做法。这种野性生活的快乐，直至垂暮之年仍然萦回在奥杜邦(Audubon)[①]心魂之中。

北美当时这种心口不一的矛盾心理，其丢人与无耻，真再找不到堪与类比的了！这些殖民者丢掉与英国的联盟关系，振振有词地要来北美追求自由、平等和幸福的权力，这些人却保留奴隶制度，并经常使用军事手段压迫印第安人，巧言令色软硬兼施骗取他们大片土地，还说成是"购买的"，再用"条约"予以合法化！而这样的"条约"，美国政府可以为自己方便随便破坏，反复破坏，至今如此！

不仅如此，还有个更加惨痛的歪道理完全玷污了新大陆梦想，使之根本不可能在新

---

① 约翰·詹姆斯·奥杜邦(John James Audubon, 1785年4月26日—1851年元月27日)，法裔美籍鸟类学家、博物学家、猎人和画家。绘制了各种鸟类，并将其科学分类，其讲述北美鸟类的方法完全不同于传统学科。他在法属圣多明尼格(今海地共和国)出生，法国长大之青年时代，后来就狂热的爱上了北美土地。他身材魁梧，个性爽朗，成就显赫，成为美国新人类的典型代表。——译者注

天地当中重新创造生活。证据就是，墨西哥和中美洲，以及北美安第斯山麓业已存在的发达文化，绝非原始或者新生的概念。他们所代表的人类传统社会理念，丝毫不逊于欧洲旧大陆，这些理想和观念，历来是人类惯于接受的。墨西哥和秘鲁的征服者发现，当地部族人口组织极其严密，完整得几乎丧失最后的自发性。比如说，征服者在墨西哥俘获了他们的国王蒙迪祖玛(Montezuma)，国王失去发号施令权力，全国人口几乎会立即放弃抵抗入侵者。这个实例中可看出，中美洲的文化，简单来说，很类似古代美索不达米亚或者古埃及，亦即在人类文明开始之初就捆住了文明发展的东西：奴隶制、种姓制、战争、王权神授，甚至包括把人殉推上祭坛，有时候人殉规模还极其浩大，例如在阿兹台克古王国。从政治学角度看，西方帝国主义是在给新城堡运送薪炭。

后来才弄明白，西方人尚未认真探索的荒原其实在他们内心，就是他们灵魂中那块黑暗的大陆。约瑟夫·康拉德(Joseph Conrad)恰当将其表述为"黑色的心脏"，由于远离了欧洲旧大陆的监管，他们便甩开古老禁忌、传统智慧、宗教戒律，把邻里友爱和人伦关爱都忘个干净。从此，西方人所到之处，奴役弱者、掠夺土地、无法无天、文化破坏以及索性灭绝生物资源以及当地土著人种等等丑恶行径，都接踵而至。原因在于，他如今畏惧的唯一能制衡他的因素——也就是具有相同威力，同样也足以灭掉他的敌手——这样的敌手，当他稳稳立足新大陆土地之际，这敌手就已经不存在了。当代一位研究人员证实，在哥伦布登陆后五六年内，西班牙入侵者就杀死了 150 万当地人。

爱默生在《论战争》这篇论文引述说，地位显赫的卡文迪西(Cavendish)素来被其同代人公认为有道德的基督徒，他航行周游世界归来致信哈德逊勋爵，这样写道："1588 年 9 月，感谢全能的主，恩准我历尽千辛万苦周游了全球。进入麦哲伦海峡，绕过好望角，回到英国。此次航行中，我发现并带回了各地许多富庶国家的讯息，这些情况都是闻所未闻的。我绕过智利、秘鲁、新西班牙(New Spain，**今美国西部和墨西哥大部地区。——译注**)等国海岸，顺便痛快劫掠一番，我烧毁 19 艘帆船，大小都有，全部令其沉没。我的船队所经之处，大小村庄城镇，我抢劫之后，一概烧毁。假如我们登陆未被发现，我们必能获得大量财宝。"

还有位库克船长，比较仁慈，他也认为对波利尼西亚土著人实行惩罚条款毫无道理。居然说："在英国盗贼都处以绞刑，那么，奥塔荷特(Otaheite)的贼子又何必非要枪毙？"还有达迦玛，以及数不胜数的类似人物，他们抵达东印度港口，彬彬有礼地邀请当地天真无辜的土著人上船参观，随即把他们绑起来，升上桅杆吊死！如此冷血动物般的残忍，就是要恫吓在岸上围观的当地人，不准反抗！此类残忍与丑行，始终是新大陆开拓史上的奇耻大辱，连同强迫劳动或者直截了当的奴役制度，又延续了许多个世纪。里奥珀尔德国王(King Leopold)治理刚果土著人的残暴做法,南非首相沃尔沃德(Verwoerd)及其继任虐待南非的丑行,同样都是这种由来已久的恐怖和残忍的陈腐样本。

除了奴役,还有灭绝种族的杀戮,都随新大陆探索开发赢得了理由和基础。而且,同样,这种做法在欧洲并不鲜见,早在13世纪,他们已经用这种办法对付普鲁旺斯的阿尔比派的(Albigensian)异教徒,并得到基督教批准,继续了许多个世纪,从未进行充分的道德反省,直至我们当今。不信请看:1923年土耳其对亚美尼亚人的屠杀,斯大林1931—1932年故意饿死数百万俄国农民,德国人20世纪40年代对犹太人和其他所谓低劣民族的屠杀,更不要说二战中城市人口遭到不分青红皂白的轰炸和战火,首当其冲就是1939年德国对波兰华沙,1940年对鹿特丹的轰击。而英美领导人也竞相效尤,违背公认的人道原则,公然滥炸无辜。

16世纪后,伴随机械手段生产兴盛,封建礼俗以及工人自治行业公会都逐步消亡,工人失去了保护。这种反人类的敌对态度,如今便在新大陆这类做法(奴役与种族灭绝)中建立了新的秘密链接。19世纪早期英国的“魔鬼工厂”和矿坑里童工和女工遭受的非人待遇,都是西方人领土扩张时期的社会写真。例如,在澳大利亚南部大岛塔斯马尼亚(Tasimania),英国殖民者组织“猎杀派对”(hunting parties),公然开枪杀人取乐,残杀当地土著人。学者相信,当时遭虐的土著人要比澳大利亚今天的土著人更古老。若将他们加以保护留存至今,会成为文化人类学者研究的可贵样本。而这种残忍做法如此普遍,土著人被视作天生的牺牲品,这种兽性态度如此寻常,就连悲天悯人、道德敏感的爱默生,1827年也强忍着悲恸写下了这样的诗句:

> 哦,红色人种很少啊,红色人种非常弱小,
> 他们人少,他们弱小,必定难以留存。

于是,西方人毁坏了他们接触到的每一种文化,无论其原始还是先进。不仅如此,虐杀种族,消灭它们的语言和文化,也就剥夺了自己子孙后代的财富,让他们永远失去了难以计数的宝贵艺术品和手工艺技能,失去了世代口传的文化积累和成果。随这些古老文化的消亡,多少世代积累起来的动植物资源和知识、医药传说等,都永劫不复。而获得这些东西,要经过人类多么漫长的观察、试验才获得成功。比如,古代印第安人使用的萝芙木碱(Rauwolfia)蛇毒镇定剂,对治疗精神疾病有特效。现代医学才感觉发现得太晚了,开始予以重视。总之,以往这四个世纪中,全世界人类文化宝库大半都暴

露给西方人,任其祸害。他们恬不知耻,且自掘坟墓,只晓得搜刮黄金、白银和珠宝,掠夺林木和毛皮兽,掠夺新型粮食品种,如玉米和番薯,目的是要供养自家国内的大群人口。

过了许多年,蒙迪祖玛晋献给英王查尔斯二世之类的艺术品才因其艺术价值得以在欧洲博物馆,甚至在美国大都会艺术博物馆展出。而阿尔波特·丢勒,在观览了西班牙侵略者搜罗的财宝之后,才深为这些创造物的崇高美学价值所感动。他说:"我平生从未见过如此温暖人心的创作品,从来没有啊!"而那些占有者,将这些高贵的艺术品拿去化成了金锭,他们根本不懂丢勒这种远见和热忱。

不幸,欧洲人对文化的这种敌对态度,还扩展到他们与土地的关系当中。美洲的广袤土地和开阔平原,尚未开发的资源和几乎还没有耕作的土壤,都被看作是从事无情战争、破坏和征服的障碍。于是,森林可以滥伐,草原可以犁成田畴,沼泽地可以填埋,野生动植物可以恣意屠杀取乐,屠杀它们甚至不是为了取食或者衣装。

在所谓"征服自然"名目下,我们祖先对待大地极其粗暴野蛮,正像他们早年对待大地上那些原始居民,将它们赶尽杀绝,灭绝了那些大型动物,如美洲野牛和北美旅鸽,他们竭泽而渔,掠夺农田肥力,而不是每年轮作令其恢复地力。甚至直至今日,还在入侵一些最后的野生动植物保护区,这些地区的价值恰在它们的原生态,因而成为野生生物以及人类灵魂的家园。我们却将其转化为六车道的快速路,加油站或者约塞米蒂、塔荷湖国家公园(Lake Tahoe)。殊不知,这类地区一旦玷污为世俗目的,也将永劫不复。

我无意渲染新大陆这次探险当中各种负面内情。假如给人印象我在这里有意夸张,那是因为,无论新大陆后来新生活中符合自然原则的古老浪漫主义价值理念,或者,这种新生活中后来出现的符合机械原则的理念——我认为,两者都忽略了新大陆开发过程带来的巨大损失和挥霍。而且,他们还振振有词,似乎这丰富的自然资源是取之不尽用之不竭的;或者,即使损失了也无所谓。更有甚者,他们还认为,现代人类可以通过科学发明迅速恢复、再造一个人工的世界,其丰富程度会远超过自然形态的世界。真是荒唐透顶!而这两种观点目前在美国都非常普遍,而这个国家恰恰是新大陆梦想中这两种理念密切交融贯通的地方,而且这种交融至今都尚未完结。

然而,人类在16世纪形成的那些希望和理想,到18世纪表现为浪漫主义运动,这并非无本之木。而且到了19世纪,已经开始在新大陆形成一种运动,要创造新兴人格,新兴社区,并向其全体成员提供各种福利,打出了"各尽所能,各取所需"的旗帜。

新来的居民一旦找到自己的根基,这新大陆立即就占据他们全部想象力。这块大陆广袤无垠,生态资源丰富,气候地貌类型多样,野生或栽培养殖生物资源繁多,包括农

*12*

作物和树种。新大陆果真充满希望,对人身体灵魂都充满诱惑。首先,这里丰富的资源有条件消灭人类社会自古以来的赘疣——奴役和贫穷,即使当时还看不到机器可以减轻苦重的体力劳动。沿海地区有丰富水产,鱼类、蚌类、蠔。渔获或猎获物如此丰富,以至新开拓边疆地带农户出产的牛肉猪肉都要实行有奖销售。习惯以荒野为家的人,如鸟类学家奥杜邦,从不知道什么叫缺少吃食,虽有赊销和分期付款。新大陆美好前景引诱多少观望者决心移民美洲,先后有巴拉圭的耶稣会士、马萨诸塞的清教徒朝圣者,以及后来到爱阿华的哈特教派信徒(Hutterites)。渐渐,到 19 世纪末,新大陆就获得一个秘密别名:理想国。

四个世纪以来,人类这次伟大探索的英明先行者们,几乎探索、搜寻、掠夺了这颗星球的每一块陆地。从库克船长或达尔文开始,他们就甘冒风险,扬帆远航,考察记录海况、观测天相,揭开深海动物资源宝库。从斯考克罗夫特(Schoolcraft)、凯特林(Catlin)、刘易斯·摩尔根(Lewis Morgan),直至在澳大利亚的斯宾塞和吉伦(Gillen),这些学者都考察和记录了当地土著人文化和生活状况,西方人入侵已开始严重影响到这些人的生存。通过莱亚德(Layard)①,他们发现了"尼尼微"(实际上是西亚古城尼姆拉德。——译注)。通过斯蒂芬斯的讲述和绘图,发现了玛雅文化遗址。同样,还有奥瑞尔·斯坦因(Aurel Stein)以及拉斐尔·庞珀利(Raphael Pumpelly),发现了遥远的土耳其斯坦内蒙古,这一带曾经是繁荣文化的发祥地,他们的历史发现又令其重见天光。

这些早期考察探索来去匆匆,难免肤浅粗疏,但毕竟发现人类现今生活方式可远溯至远古时代,还找回了被遗忘的古城、被忽略的纪念物,发现了数量惊人的语言、方言品种。甚至连新几内亚弹丸之地内居然也有数百种之多。不消说还有神话、传说、造型和文字艺术作品、思想观念体系、礼制、法规、对宇宙的解释方法、宗教信仰等等。因此,就在人类开始走向千篇一律的工业技术时代的这若干个世纪当中,在工业技术先锋人物不懈追求速度、动力、金钱赢利而不惜破坏甚至抹煞自然丰富性的同时,另一群探索者,却反其道而行之:无论很早或很晚,他们终于首次发现了人类文化伟大的丰富性,人类历史积累的庞大遗产无比丰饶,堪与独一无二大自然的丰富媲美。

*13* 　　几乎完全意外,这次探索还出了个副产品:世界规模的空间大探索,因同样重要的对历史时间的探索而得以重要补充。不料,这发现却被一位天才史学家,雅各布·伯克

---

① 莱亚德爵士,Sir Austin Henry Layard, 1817–1894,英国旅行家、考古学者、楔形文字学者、艺术史学家、测绘员、收藏家、作家、政治家和外交家。其最重要的考古发现是西亚地区古城尼姆拉德(Nimrud)。——译者注

哈特(Jacob Burckhardt),乱点鸳鸯谱将其命名为“复兴(Renascence,或译回归)”。无论如何,古希腊罗马历史从大量存世经卷和纪念碑当中重见天日,都不过是这次极其宽广的人类历史探索中一个孤立事件。恰如地理探索把人类从一个特定地区和文化空间束缚中松绑开来,同样,历史探索也把人类从眼前世界的时间束缚中松绑开来。人类的精神破天荒第一次能突破眼前局限,开始在以往和未来的长河中遨游,搜集、选拣以往的历史,又预期和设计未来。总之,西方人通过自然探索以及历史探索,首次发现人类自身许多有价值的东西,这些都是以往仅重视数量的科学研究未曾觉察的。这是一次伟大的解放,假如说当今这个世代的人不曾意识到这次解放的伟大,那完全由于 17 世纪的科学进程过早地将人类精神囚禁在一种意识形态桎梏之中,这种桎梏否认人类自身生物转化的现实和他们无限的创造潜力。

诚然,还有许多文化,如苏美尔文化、玛雅文明、印度语系文化,都曾将人类命运镌刻在漫长的抽象记年表上,这次“文化回归”的独特贡献在于,它将历史的累进过程与人类丰富的文化成就联系在一起,而这些文化成就正是后来各世代的特殊之处。出土大量雕像、纪念碑、建筑物、古城遗址,修复和解读大量古老文献经卷手稿,人类重新进入早已被抛弃的思想和理论,通过这些活动,这些新型探索者适时找回了自我,感知自身的潜力。这些思想先驱同样也创制了一种时间机器,而且比 H. G. 韦尔斯发明的独特时间机器更加神奇。

当时,时间概念只体现为运动状态的空间关系变化。除此以外,新的机械化世界概念还不能为时间找到其他专属地位。这样一个时刻,历史的时间进程——亦即法国哲学家亨利·伯格森厘定的过程概念,具体包括持续不断的复制、摹仿、记忆——就开始在日常选择过程中自觉运作。假如说活生生的当今能够被转移,或者,非常生动地从原本的哥特式风格转化为古典主义建筑,那么,同样,未来也可以被复写、被转换。历史时代也可以移植,可以栽培,人类文化也可以变为大家的人工作品。其实科学已经从这种复旧中获益,科学家早就从古希腊科学家泰尔斯、德谟克利特、阿基米德,以及古埃及亚历山大大帝获得了新灵感和动力。

似乎,人类的未来,无论多么虚无缥缈,却第一次充满诱惑,令人心驰神往,恰如实验和创新永远都比熟知的古代传统更受关注。就连身处基督教世界核心地位的僧侣坎帕内拉(Campanella),在给伽利略的信中也表达了同样的欢欣鼓舞。他说:“毕竟,新意,古代世界的新意,新大陆的新意,新制度新国家的新意,就是这个新时代的开端。”

于是,15 世纪以后,新大陆的梦幻就以诸多形式攫获了西方人。而且,这梦幻首先逃脱了时间约束,或者,逃脱时间累进效果的约束,亦即逃脱传统,逃脱历史。如何逃脱 14

呢? 那就是以赢取从未征服过的空间来换取时间。具体做法有许多方式：宗教方面,是摆脱国教及其陈旧教派；建立理想国方面,包括筹建新型社区；投机冒险方面,则去征服新土地；实行机械化方面,则用机械装备去替换各种有机形式。同时,还用只懂消磨时间的机械变化,来交换能够留下永恒记录的有机变化。于是,"新大陆"就有了一种革命性姿态：它试图改造这一大群人口的风俗习惯、传统观念和奋斗目标；在此过程中,上述各种转化方式或多或少都会融入一种新的复合体当中,这个复合体就是新天堂新人间,这样一个理想境界,会在消灭了皇家特权、封建特权、教会特权以及资本特权之后,最终成为现实。

这种弃旧图新的决心,基于一个正当认识：人类在发展进程中已几度误入歧途,犯了大错。要不要逆来顺受,接受现实,乖乖承认神学所谓的人类原罪之说? 该不该俯首听命,任凭神灵制裁呢? 西方人在日益增长的觉悟当中,选择了擦干净石板,重新书写一切。而这其中却有个陷阱：因为,若想克服时间,若想重新开始,就不能完全抛弃历史,而要直面以往的事实,真正做到忍辱含愤,悔过自新,隐忍过往一切创痛。但是,唯有每一代人都自觉这样做,自觉用新经验检视苍老的人类遗产和传统,认真评价、审慎选择这些遗产,人类才真正能够重新开始。从那开始,这种自检和觉醒,通过人类一个又一个思想家适时开始进行了,却又过早被放弃。如今轮到我们这一代,成为我们当今的迫切任务。

# 3　外部冲突与内心矛盾

理想目标和现实成就之间从来有差别,至少存在时间差。这本是人类社会组织自然发展进程的一部分,本不会引起简单的玩世不恭和悲观结论。但是,说到新大陆的生动梦想和实际结果之间的巨大差异,我们会发现诸多矛盾,而且成就本身也斑斑点点,污秽不堪,甚至不值得系统认真看待。问题的根源之一在于,新大陆探索者和冒险家们,从旧大陆遗产当中随身带了个沉重负担；而其中许多都经以往数千年历史证明,是些致命的坏东西。他们却从不考虑如何丢弃这些负担。而无论是从空间上割断与欧洲旧大陆的联系,还是与欧洲的历史划清界限,都不是件容易事儿。

这样一回顾就会发现,当初说擦干净石板,一切都从头再来。这种决心的基础只是一种幻想,或更确切说,是一系列的幻想。参照鲁滨孙·克鲁肃这个典型的神话来看,新大陆上能存活下来的人,无论是新边疆开拓者或是工业企业家,他们得以存活,完全仰赖旧大陆沉船上抢救出来的木材和工具。入侵者征服美洲国家,在好望角到印尼爪哇岛之间的广大地段广泛建立通商口岸和殖民地,这些行动中他们能够得逞,完全仰赖新的技术手段,枪支弹药、匕首钢刀、弯刀、马谢特琴,及各种金工机械工具。可见,他们从一开始就仰赖着新大陆已有的机械技术手段,因而随着每次给机械手段投资,他们的债台也越筑越高。同时,随着运河、轮船、铁路、电报的投入使用,就把两种新大陆的梦想更密切结合。于是,新大陆住区越是繁荣昌盛,就越不需要原来的古老基础。原来极其珍视的东西,后来仅成了伤感而隆重纪念的对象。

在美国,理想和实际之间的矛盾和反差,写在了西进拓边的每一步征途中。就连鸟类学者奥杜邦一生的经历变化中,也折射出这种深刻矛盾。他深爱西部荒野,奉献一生到野外观察、记录、描述北美各种鸟类和哺乳类动物。但是,却几乎为一个蒸汽动力的锯木场葬送了自己事业的全部积蓄,这桩非常不成熟的冒险事业,最终让他彻底破产。大批早期移民,抛别东海岸家园,西进探索独立、自由,当然,他们不仅要求中央政府积极支持帮助,还建造运河、铁路、公路,还要求国家派军队保护他们建成的聚落,而且驱逐、赶走当地土著人,若遭阻挡和反抗,便毫不犹豫赶尽杀绝。如今所谓"印第安人保护地",不是早年的土著人集中营,又是什么?

虽然18世纪启蒙主义的哲学家狄德罗,还有卢梭,都相信人类天然本性的善良,人之初性本善,而这次大规模新探索行动和现实,却更清楚证实了《圣经》中讲述的真理:"人心中的想象,从人类年轻时代开始,就是邪恶。"耶和华告诉诺亚及其子孙的话,同样适用于新大陆人类:"对你的敬畏,对你的顺服,应当传授给大地上每种动物,空中的每种鸟类,以及水中每种鱼类。这样,它们就由你掌控了。"

这些古老训示,用于当时的美洲国家,便发出一种不祥的音符。这个音符的深刻意义,由这次探索当中一位杰出德国博物学家、探险家,亚历山大·冯·汉伯尔特(1769—1859)作了绝好的诠释,他写道:"在美洲土地上天堂般美丽的森林当中,以及其他地区,我们,以及一切生灵,从人类经验中能够学到的基本真理就是:仁慈几乎不与权力共存。"这一论断,可以说放之四海而皆准。然而到了本世纪(指20世纪),居然有位美国历史学者,瓦尔特·韦伯(Walter Webb),写出了美国新边疆开拓的历史,而且有些显赫学者恭其为杰作。这部历史强调了拓边对于美国财富、自由、权力的重大贡献,而全部著作中只用两句话就把奴役一带而过,说奴役制是"较次要的意外收获"。

尽管如此,这时期新探索的收获却真实而丰富,无论经济方面或文化方面。若贬低这些成就,恰如轻视同时发生的科学技术进步,都会犯大错。虽然,紧接探险之后就发生一系列错误和祸患,现代人类却首次懂得了从总体上去感知和把握自己占据的这颗

*16*

星球，虽然它广袤无垠、光怪陆离，虽然它丰富多彩各地不同，虽然文化千差万别，各有各的成就和生活方式，虽然生态结构错综复杂。就连最野蛮的捕鲸航行，也不仅仅带回鱼油和鲸骨，还有丰富的知识：洋流海况、边远地带气候条件、热带水果蔬菜、印第安人、波利尼西亚人、密克罗尼西亚人，他们特殊的生活方式和节奏，不同的生活目的，等等。

通过探险，通过独立的科学考察和试验，抽象的时空宇宙、万有引力的宇宙形象，就开始降临人间，降临生命丰繁的地球。后来，随同人类聚落范围、区域逐步扩展，人们才越来越惊异发现了大自然的丰富与慷慨。而且，当全球彻底打开之后，人类才发现，原来自己也如此丰富，这是终年足不出户状态中绝不会相信的！生物地理学奠基人冯·汉伯尔特探索奥里诺坎森林地区时，掩抑不住兴奋，惊叹道："短短三个月，我收集到了1600 个植物品种，还找到了 600 多个新种。"

仿佛，一种新的好奇心、新的发现激情、新的高兴心情，开发珍稀矿藏、辨认陌生植物、给异域水果蔬菜制作标本并搜集种子，这种种快乐都一同攫获了西方人的心灵，这是从未有过的！古老旧石器文化的寻觅、搜集、品尝、采样活动，都以一个更宏大规模重新开始。在北美，成千上万的旅鸽飞过，遮天蔽日。大草原上的浆果植物如此繁密，一位旅行家报道说，他们出来才发现，马蹄后面那丛距毛，个个都被染得血一般殷红。因为，新大陆的人类，首先是观察者，由于善于采集，他能够品赏各种野味和猎物。鸟类学者奥杜邦早在华莱士之前就先品尝了他杀死的每种鸟类(然后制作成标本)，报道还说，他发现，最不好吃的是扑动䴕(flickers)，因为这种鸟以蚂蚁为食。

*17*　　西方人又一次更仔细地审视、搜索自己脚下的土地，不仅仅检视大理石矿脉，金银矿床，还开始寻找煤层、地下储油构造、金属矿藏。还在寻找中发现骨骸，因而惊异而深思。这是以往缺乏智慧和科学背景时代所不曾留意的：包括在西伯利亚发现象骨，虽然那里根本没有大象。沿大地放眼望去，还发现更多的奥秘：古代爬虫的遗骸。后来才知道，这些爬虫，远在哺乳类出现以前，曾经爬满整个大地。

虽然说，又经过很久，这些零碎发现才得以凑集起来集中考虑，并通过实验科学和历史科学手段予以合理解释。而自 16 世纪开始的技术和科学大发展，其奥秘却还是不能彻底揭开，更无法合理评价；除非把这时期透彻、详尽的地球探索和发现也考虑在内。而且，这个探索至今远未完结。因为，我们仅仅开始探查了地球深部、包括海洋深部，以及庞大且好久都不知道、也看不见的微生物世界。可见，若仅仅把动力织布机、蒸汽机之类机械技术手段的发明成就完全等同于人类全方位的技术进步，那就连实用技术领域中许多领域都一同掩埋掉了。

从 16 世纪开始，人类认知自然界直接经验的原始积累，毫不逊于轮船、矿山、工厂、作坊之类领域中的资本积累进程。而哪个领域回报更高呢？你说得清吗？还有，当时的艺术巨匠许多都参与到这一探索发现中来：如莱昂纳多·达·芬奇，就发现了图斯坎山丘上的贝壳化石，从而为地质学和进化论奠定了基础，因为他推测，找到贝壳的地方必定是水生生物曾经繁殖生长的海洋，而后被陆地覆盖了。而据潘诺夫斯基说，德国画家、理论家和人文主义者丢勒(Durer, 1471－1528)也曾大量搜集兽骨、贝壳、形态古雅有趣的坚果、稀有植物、玩石。当时许多其他名流也都养成此类嗜好。从中不难看出，中世纪开始就已经出现了超乎自然的神奇意识形态：证据就是，当今所见到的中世纪圣贤文物，诸如一绺头发、一节骨殖、衣物残片、几盅凝血、几片十字架原物残留等等。此类东西都实实在在证实了当时曾不分青红皂白，什么都想抓取的精神；甚至能从中看出对待神奇奥妙生命现象同样的欣赏心态。留存这些实物，无非表现当时人们一种真实而又有些迷信的心理罢了。

到了15世纪，这类收藏开始世俗化，当时收藏家们开始炫耀攀比各自奇珍异宝，收藏品种范围日益扩大，最终形成公共设施，如今我们称之为博物馆。最早的垂茨阘特家族(Tradescant)以及18世纪伦敦建筑师约翰·索恩爵士(Sir John Soane)的收藏，都是最著名的，藏品中甚至包括品种丰富的建筑学实物。活物收藏则集中在植物园动物园里，形成当时活物与死物一比高低的场景。库克船长的太平洋航行，起初只打算对金星的轨道进行天文观测，结果却带回来丰富的植物和人文信息。同样收获颇丰的，还有达尔文所乘"贝格尔号"巡洋舰的著名航行。据库克船长记述，"即使在荒凉的火地岛(Tierra del Fuego)，随船的科学家斑克斯先生以及索兰德博士登岸归来时，带回上百个植物和花卉品种，全都是欧洲科学家闻所未闻的。"

*18*

16世纪以后的科学发展和技术成就，让维多利亚时代的人及其后继者们看得目瞪口呆。与此同时，他们却忽略了紧接世界性新探索而来的工业革命及其伟大意义。因而，生命科学，包括动物学、植物学以及古生物学，提供的明细表，极详尽讲解物种形态与特性，这些重要贡献——相对于抽象科学领域中数学、机械和物理学而言——却遭到冷落。现在该来纠正这种严重片面性了：因为，人类发展中每一个阶段，科学研究这两大领域——研究具体实物、采用试验方法、通过历史观察的科学研究为一方面；而研究抽象事物、采用数学度量分析方法的研究为另一方面；对描述客观实际、提出充分可信见解，这两者缺一不可。至少，搜集者和发现者的贡献，要远远超出制作者和操控者。

简单说，早在地理大发现还没有实现它那几项丰功伟业之前——也就是登上额菲尔士峰(*即珠穆朗玛峰——译注*)以及南北极极点定位之前，历代探险家和考察者以及古代挖地找吃食的人、狩猎者、采集者、地质学家、植物学家和动物学家，早已开始将大地景象首次整合起来。这大地概念不仅是人类家园，还是生命进化的基地和家园；这个家园见证了生命史的漫长过程及丰富内涵。他们揭开了长久被埋葬的文化成就；不仅如此，过去一个世纪内，考古学者和古文化人类学者，还为它添加了蔚为壮观的一笔。没有这些探索，人类若明若暗、支离破碎的历史就不会最终整合，因而也不会看清未来的远大前途。人类的尊严意识、命运意识，也就只有永远隐没在 16 世纪以来天文发现那区区一点微曦之中。

　　从历史角度看，这次新探索的文化收获也要大大超出贸易活动的盈利，无论用毛皮、象牙、兽皮佛珠之类的小玩艺儿或是操控古老王国和帝国市场赚取的可观利润。各种不义之举，如开辟大片沃土作为耕地，砍伐大批林木，掠夺各种资源，最终能够获得可观的经济财富，当然是不用怀疑的。但是，所有这类活动及其进展，无非都是在延续中世纪早已开始的社会运动，而且截止到 19 世纪也很少受新大陆新发现的影响，包括那里的小麦、玉米、棉花，还有澳大利亚的羊毛。从长远看，最终起重要作用的，还是文化交流。而且，在这种跨文化交流面前，是西方人没有做好准备，让他们的自负、虚荣、不屑于向被征服者学习，当然还有他们故意的残忍凶暴，最终断送了新大陆开发中的许多潜在成果。

　　即使从纯粹产业发展的角度来看，西方人也有必要探索整个星球，以便充分开发利用地球的技术潜力。18 世纪时，杜尔哥（Turgot）就相信，欧洲人担负一项"使命"，他要殖民全世界，进而推广文明进程。这一"使命"，即使对于保障自身发展也完全有必要。佛朗克·曼纽尔（Frank Manuel）指出，杜尔哥这一信念还很有市场，包括后来的著名社会改革家，孔多塞（Condorcet）和圣西门，都认同这一观点。当然，虽然说西方人及时完成了这一使命。但是，假如他曾经充分理解和重视他所打断和破坏的地方民族文化，他无疑会更加成功。证据就是，他们在破坏这些文化遗产的同时，也断送了自己本来可以利用的知识资本和智慧资源。虽然说 18 世纪的工业化进程，他的早期机械制造等等，尚无需新大陆资源来支持，不用他们的煤炭当能源。其实，刚好相反。到了 19 世纪，新大陆贡献的黄玉米、马铃薯和山药之类的食品，让大批农业人口能够进入制造业。反过来说，还是新大陆市场对纺织品、珠宝、玻璃珠子、金属工具之类商品的迫切需求，为欧洲大批量生产提供了有利可图的销路。

　　至于原始社会技术积累对当今技术成就的贡献率，当然很难说清楚。但是，就算只有一种贡献，这种贡献也非常之巨大：这就是亚马逊印第安人某部落的贡献。他们很早就发现了本地生长的野生橡胶，还早于白种人学会了利用方法，不仅做成橡皮球，还制造了鸣管和雨衣。发现和利用橡胶树液，可以说是 20 世纪最富想象力、最有价值的发明之一,他甚至可与冶金或烧制玻璃的技术媲美。若没有野生橡胶利用这项功劳(虽然最初仅局限于热带原产地的有限区域),当今世界既无天然橡胶,更无人工橡胶,因为根本无天然胶做原型可仿造。而显然,若无橡胶,则汽车运输业则戛然而止。原始文化还有一项重要贡献,就是秘鲁的一种树皮,也就是制造奎宁的原材料,叫做金鸡纳霜。有了这种药品,西方人才得以在疟疾猖獗的美洲、非洲和亚洲地区站稳脚跟。

总起来看,以往四个世纪的观察探索,其重要性和实际积累之丰富,对于人类技术进步的价值,毫不亚于动力机器以及电讯技术的发明和创造。可是,因为习以为常地将所谓"工业革命"理解和宣讲为主要是煤炭、钢铁、蒸汽创造的大功劳,这样一来,就把人类古老探索活动对于工业革命的意义贬低,甚至完全抹煞了。实际上,先进技术所需的金属和稀有非金属矿藏,在任何一个大陆上的存世量都很稀少,包括锰、镁、铬、钍、钨、铂、铱、铝、氦、铀,当然也包括石油和煤炭,在这颗星球上都呈斑点状分布。化学家发现 *20* 这些元素,打开这些资源宝库,无疑为制造业和进一步发明创造准备了必要条件。即使如今,尽管高分子化学能够创造多种奇迹,将巨型分子重新排列组合,化学家和生物学家仍旧在继续着人类对海洋的系统探索。而且已确有把握地推测,深海鱼类居民早在人类之前就已学会了高强电流放电技术。因而,自然界还有许多奥秘有待人类继续揭开。

请注意,这些发现当中有几项是有消极作用,又退行演化的特征。我是指鸦片(亦即罂粟)和大麻。这两种作物逐步推广,给人类带来祸根。虽说茶、咖啡、巴拉圭茶(yerba mate),基本上算有益饮品,而且大约从 17 世纪开始,已经成为欧洲知识界提神醒脑的佳品,而世界范围内另一种嗜好,敬烟,不仅是普通人际交往中一种礼节,更成为一种慢性瘾品,蓄意培植出来牟取商业利润。可见,粮食丰产,包括谷类和番薯,降低了酿酒成本,杜松子酒、威士忌、伏特加纵容了穷人和被剥削者当中经常发作的酗酒,让他们也能稍微宣泄野蛮产业制度之下的压抑和郁闷。

但是,即使有这种负面东西产生一定抵消作用,这时期范围广阔、意义深远的地理大探索,连同其中的文化融合交流,仍然具有深远意义。这些加倍成效,与机械工业几乎丝毫无关,而且完全相反。若没有地理探索带来的矿物资源、原材料以及粮食作用的巨大扩展,工业革命前后一系列巨大变革都会推迟,甚或根本无从发生。而许久以来,这些大变革始终被解释为纯粹是物理科学和发明创造进步带来的结果。

还有一种收获几乎也被忽略了:这就是西方人的漂洋跨海长途探索,还带来另一种效果,这就是刺激了精确科学的发展进步。跨海远航,往往一连几个星期见不到陆地,要想成功,简直需要一种近乎蛮干的武勇精神。虽说蛮干,却也得细心观察陆基鸟类飞翔的路径,耐心跟踪,找到大陆。北欧人和夏威夷人正是这样干的。

航海艰难刺激了精确科学的发展;实际上科学方法的主要程序都是在海上首先找到答案的。海员需要天文信息,不亚于天文预报需要相关信息;因而促使欧洲人转向依靠太阳和星座精确定位方法。泊岸需要安全保障,需要精确测量海水深度和系统记录,由此航海民族养成了统计和记录习惯。而为了应对气候变化,则必须经常观测风云,以及海流的颜色与方向。海船航线记录和绘制,将海底地形誊入海图,培养了保留科学记录的习惯。最后,记录航海日志,随时记录发生的事件和观察结果,又成为后来实验室详尽笔记的准则。而根据第一手观察资料随时纠正绘图错误、假说以及粗略判断,则为试验科学预先准备了方法。人类探索当中创制的活动、经验和规则,都进入了科学经验和思想体系,并得以强化。航海有恩于现代科学,毫不逊于资本会计对科学的恩惠。正是在这种双重基础之上,才创生了17世纪确认与宇宙相同的抽象结构模式。

# 4　新的世界理想国

我揣想,这两种探索,地理探索与技术探索,在其发端时期,实际上起源于同一条根脉,而且两者经常交互作用。在几个世纪当中,西方人——至少其中觉醒的少数人——非常相信,他们能够把新旧两个大陆都经营、治理得很好。如今,新大陆初期景象已远离我们而去,仅只遗留在一些历史印迹中,我们很难从中看出,这两种探索实际上有许多共同之处。

首先,两种探索过程都有个掩盖不了的共同特征:它们都对历史充满敌意,只不过各针对历史的不同内容。假如能彻底撇开历史(若说还未索性毁掉历史),它们会公然引以为荣。18世纪的两位先哲恰好体现了这种明显对照:一个是让-雅克·卢梭,另一个就是丹尼斯·狄德罗。前者,卢梭,崇奉古代原始社会,喜欢那些未开化农村旧习俗,鄙视正规秩序,赞赏返璞归真。而后者,狄德罗,虽从本性上喜欢开放,对波利尼西亚那种公开的性自由心驰神往,却清醒地信赖理性,而不相信本能和自然情感,他还认真探索了机械发明和生产过程问题。而且,两位先哲从事业开初就是朋友,这一事实就更加凸现了他们各自的象征含义。

他们这种鄙夷历史心态的背后,是一种由来已久的思想意识,早从公元前6世纪就已存在:认为人类文明出了毛病,文明最重要的制度成就不是促进了,而是延缓了、束缚了人类的全面发展。尽管这些制度成就曾经成功地实现了人力的集体动员,曾经成功地改变了环境、激活了人类精神思想。这样的功业,是以往氏族社会时代所不敢设想的。

国家、国教、官僚机构、军队,以及诸如此类重新复活的社会组织和制度,的确都有效地改变了人居环境。但人类却为此成就付出了沉重代价,包括:阶级结构、终生束缚在同一职务分工、土地权力及经济和教育机会的高度垄断、财富和福利不平等、长期的野蛮奴役制度和战争、统治阶级忽而提心吊胆忽而野心大作,以及最终常采取灭绝人性的大规模屠杀和种族灭绝行径,等等。简单说,这样的文明,简直是场恶梦。国家权力和社会组织的反复流产,抵销了本可以预期的成就。至少还在被压迫和被奴役阶层中引发了有关文明根本价值的严肃思考。这种怀疑进而催生一种设想:假如将文明以往的组织结构彻底消灭,人类岂不更幸福、更快乐、更有美德吗? 这种思想,首先由卢梭在第戎学院(Academy of Dijon)的获奖演说中完整表达了出来。他这篇演讲对科学与艺术中各种违背道德的做法口诛笔伐,而科学和艺术的这些特点,恰是当时人们非常崇信、盲目服从的东西。

与此同时,许多主要宗教和哲学流派也开始质疑文明的根本方向,以各种方式说明文明没有给人类带来好处,而是带来损害。并在此基础上向往一种更简单朴素的生活方式,例如退居乡村、竹林、甚至沙漠,去寻求一种解脱,设法超越巨型社会机器的严控。因为,这架机器要求,若想获得财富、"和平",并在战争中获胜,就只能服从它的严厉组织规则。

古代先哲曾经教导说,人类一旦明白了文明的这些创伤性后果,就会毅然决然鄙弃僵硬的旧传统,甩开古老束缚,构想新法则,探索陌生土地。这时,人会感觉到重生,会在健全的基础上探索全新的新的生活方式。这些令人心生颤抖的古训,在新大陆移民奔向荒原营建殖民点的同时,也获得新生,成为新的动力。证据就是,这些先锋人物果真将欧洲旧文明抛在身后,真正行动起来,如诗人朗费罗所描述,他们"要让每个明天跟今天大大不一样!"可是不幸,如此果断出走,开辟新天地的选择,还只属于胆大的少数人。

这其中有个心照不宣的信念,"通过搬迁改善命运(improvement by movement)"①。这样一种信念,离奇地将两种潮流捆绑到一起:一种是漂泊不定的新边疆开拓者;另一种,就是技术革新的先锋分子,这些先锋分子三个世纪以来不断探索,为改进交通手段真费尽心机。进而"搬迁得越快,改善越彻底",也就成了天经地义的信条。这两种潮流

---

① 通过搬迁改善命运,improvement by movement,原文押韵而顺口。若直译就变成"通过搬迁求得改进"。实际上,这句话无论从真确含义或语体风格上,都很贴近中文俗话"树挪死,人挪活。"——译者注

背后潜藏一种信念,确信所谓"大大的不一样",不仅意味着空间距离大增,还要距古代历史越远越好。于是,这时期在卢梭及其追随者思想影响下产生的人居环境,就其追求复古和返璞归真而言,是有意识追求古老生活方式。实质上,就是回复新石器,乃至旧石器时代的文化,回归到人类文明尚未形成可观组织制度,尚处于分散农业村社的时代。

因此,短期内,约一个世纪,上述探索很可能获得局部成功,即使它最终败给了新的工业技术时代,仍然给美国生活方式留下印迹,且延续至今。当然,这种思想主张如今已令人欣慰地升华为环境保护运动,包括文化遗产以及自然遗产的保护。

这一短暂成就及其证据,研究拓边时期聚落状况的学者已经非常熟悉了:这种社群环境中,阶级分野、严密刚硬的组织制度以及欧陆那种法定的不平等,若还不能说完全消失,却已很薄弱,或只偶得一见。代表制政府已经取代了旧大陆那种恣意妄为的君主制或封建独裁政权。在新英格兰地区还孕育出十分健康的社区自治,类似基督教教友会管理的教区,学校和图书馆都免费、城镇议会管理本地公共事务。居民生活在这种小型、局部自治社区中,每个成员要承担义务帮邻居解救危难,大如房屋施工上顶,小到玉米脱粒……或如采矿聚落成员,则须结帮成伙,一致对付亡命之徒。有了这一切,似乎有可能克服文明社会历来的基本上是单方面获利的剥削制度,甚至,连由来已久的经济劳动分工,在这种环境中,似乎也快要消失了。

这种背景上出现了一大批杰出的思想家,语言学和地理学家乔治·帕金斯·马什(George Perkins Marsh, 1801 - 1882,**美国早期著名哲学家、外交家、历史学者,通晓欧洲主要国家以及北欧特别是冰岛语言。被林肯总统派驻意大利,关注领域宽广,传奇极多。——译注**)即其中之一。他在一篇有关英语的演讲中说,"如今,除了机械领域,而且即使这个领域远不尽如人意,我们实现的劳动分工程度,远远低于任何现代文明国家的水平。每个人都样样通,却又无人十分精通。每个人都能给自己当神学家、医生、律师,还能给邻居当顾问,范围涉及各种专业科学的领域。"爱默生的论文《论自力更生》就准确证实了这种态度。

马什并未夸张,也没有将这种情况过于理想化。在不太长的时期内,约略从 1800—1860 年,充其量到 1880 年,卢梭和狄德罗倡导的原则,至少在少数条件较好的地区内,仿佛能有效协调一致了:浪漫主义和实用主义的人生态度,学会了和平共处,不仅能相安无事,更求一荣俱荣。这时期的代表人物并没有对科学探索、机械发明、工业组织惊跳三尺,相反,他们热烈欢迎这种更广阔社会生活框架中显现的新前景,因为它蕴含了人类自然属性以及人文遗产。举例来说,作家梭罗,面对自然界,他的态度是去探索,他探索了康科德周围每一处树林、田野、河岸,拓展家庭生产领域,还参照科学会刊中的方法,采用新工艺提纯石墨,制作铅笔。这种从善如流、全身心投入的姿态,集中体现那时新英格兰灿若星辰的一大群思想家,并把他们团结起来:奥杜邦、奥姆斯特德、爱默生、马什、梅尔维尔、惠特曼。这些人既非隐士,也不是原始人。不过,他们至少在心灵中彻底丢弃了以往文明那些陈旧破烂的外衣。

这种新大陆理想国,这块充满梦幻的新大陆,不久就被掩埋在灰烬和碎屑之中,是19世纪西方世界爆发的工业化高潮埋葬了它。其推动力却仍然是初创人类文明的那些力量要素,只不过它这次回归力度更大:中央集权国家兴起、官僚机构和雇佣军扩大、工厂实行组织军事化、金融投机巧取豪夺、帝国主义扩张(比如墨西哥战争的实例),奴役制度复活并得以延续。如此种种反面效应,不仅让新大陆梦想黯然失色,还把欧洲旧大陆各种疮痍弊端在更大广大范围内迅速传开。而这些弊病,恰是欧洲移民当初不惜牺牲自己宝贵文化遗产,甚至舍弃性命,也要逃脱的东西。

这是一次巨大挫折。从此,机械化的新大陆现实,取代了心灵中"浪漫主义"新大陆,使之仅仅沦为逃跑主义者的一个梦幻,而不再是改变现实的严肃方案。证据就是,一尊新神出现了,一种新的宗教再次掌控了精神世界。新的机械化世界图景,就在这种新旧交替当中拔地而起。每次科学发现,每种技术成就,都不断地取代着自然世界以及人文世界中丰富的象征体系遗产。新打造的人居环境,完全适应机械尺度、机械施工标准。这样一种意识形态,将反人类、反自然的人居环境摆在最高位置。这样,新的机械化复合体,就能够无视人文价值和人类利益,肆无忌惮地径自扩张发展起来。就仿佛忽然之间,人类的多数居然完全忘却了,他们曾经有过某种完全不一样的生存环境,有过某种完全不一样的生活方式。

## 5　与中世纪自然主义的对比

意识形态领域中一场大变局已迫在眉睫。而要透彻把握它的实质,就得将它与中世纪作个对比,看看截至中世纪结束,欧洲曾经由哪种意识形态当家。实际上,中世纪拥有的那些最基本科学知识——包括而不限于几何和天文那些最基本原理——几乎都是由中世纪各种学派留传下来的。其中最早且有影响的,首推萨勒诺医学院(School of Salerno,萨勒诺原来是古希腊罗马传统造就的医疗圣地,许多名流显贵前往就医,疗养,甚至包括西塞罗和奥古斯都。自中世纪野蛮人入侵后,移址重建,以医圣希波克拉底命名,成为久盛不衰的医疗圣地以及后世大学的原型。——译注)。这里除了医生必须掌握的生物学知识和直接经验之外,他们探索自然的意愿,多见于一系列的提问,其中许多问题看似非常随意,却反映出对自然世界的好奇和审慎。

布莱恩·罗恩(Brian Lawn)研究 14 世纪以来的手稿,著文讨论萨勒诺医学院的此类探索,他说这些问题大多是古代探索的继续,"讨论抽象科学、物理学以及形而上学的问题,不足 10 个;涉及到灵魂或理解力的问题只有两个。"他指出,这些问题,总起来看,"几乎都局限于对现实世界的认知,如人类研究、医药学、动物学、植物学、矿物学、气象学、地质学以及炼丹术实验……而且研究重点常常集中在炼丹术试验方面。"

我想,罗恩是出于学者的谦和,才把这些不着边际的问题一一汇总,统统归类到不同学科底下。因为,真正科学的出现,还在几个世纪之后呢。他们思索过的问题包括:"为什么响亮回声字字真切?""为什么到了老年岁月,日子枯燥无味,人会昏然嗜睡?""牛奶、鲜鱼都会变成营养,是怎么变的?""风,雨,雷,电,云霞,都是怎么形成的?"这些问题本身就活画出人类刚刚苏醒的头脑,面对自然界无穷尽奇异现象,茫然无措,还不懂得事物的关联,只好依赖仅有的希腊罗马传统来理解问题,包括这些提问本身。相比之下,中世纪艺术家则对世界给出了较为清晰准确的判断:这是象牙,这是猎犬,这是割草的农夫,这是个诡秘的老牧师……虽然当时科学和艺术两者都还提不出更完整的抽象思维框架和方法,但是,与书卷气十足的学者相比,手工艺人则更接近自然以及基于自然的科学意识;学者的长处仅表现在能用拉丁韵文提出这类怪问题。

并不是因为中世纪智力水平缺乏处理抽象问题的能力。正相反,如阿尔费雷德·N. 怀德赫德(他本人就是杰出的哲学家和数学家)在《科学与现代世界(Science and Modern World)》一书中指出,基督教神学家具有特别精细的抽象思维能力。他们坚信客观世界有序、联贯且可认知的属性,这就为理性科学提供了坚实基础。因为,经院派神学不仅假设宇宙本身存在一个相应的理性,而且保证接受这一假设的宇宙探索者能够最终获得成功。虽然经院派学者与科学家后来分道扬镳,各奔前程了;那是因为前者注重抽象逻辑,而后者注重实际观察。不仅如此,更重要的是因为,在中世纪人类面前,真实世界当时大多尚未被揭示,尚未显露庐山真面目。因而当时人类的精神状况,更多是把现实世界的一切看作来世的准备。

世界各主要宗教主张的终极关怀,不约而同都指向死亡、永生(non-being,或译非生命态)、来世人生。这就让宗教的抽象思想体系难以进入实际应用技术的天地,尽管这时期的大思想家都曾花不少心思,构架种种桥梁试图连接神界与人间,将宗教主张的终极关怀——诸如上帝、圣灵、天使、永生、天堂、地狱之类——与人间社会世俗生活密切联系起来。

科学本身,连同它给后世带来的技术手段,都是到了中世纪才开始逐步完善繁荣的。因为,只有到中世纪才有逻辑方法和能力去处理抽象事物以及种种假说以及关联。还因为,到了中世纪数学研究重新勃兴,使得科学和技术得以乘风而起。比如说,大头钉的尖顶上能容几个天使跳舞,这类问题,若按照新型分子物理学来看,就不再是荒谬的。因为它不仅能揭示这针顶有多宽广,它还能告诉你,这些细小的看不见的"电子信使"在生命舞蹈中担当着何种角色。中世纪神学所缺少的,不是严格抽象思维方法,而是当时已经存世的科学手段。这种手段已经能够进入并理解现实世界。这个世界丰富多彩、致密精微,且浑然一体。有组织的生命大千世界,正是它的生动体现。

在破解神秘主义这一点上,自然主义的审美创造活动也很有贡献。资历有限的手工工匠,只要一趟远行之后能向行会老板证明,自己不仅阅历丰富,还能亲手复制所见所闻,他就能加入这行业公会。这种传统促使手工艺工匠,能通过石雕、木刻、彩绘、羊皮纸手绘作品,移植大量外域知识文化。至今我们在教堂门廊、坐椅靠背、日历册页、祈祷书上还能看到这种图画,描绘了日常生活各种场景。这些图景传达的已不再是至高至圣的神意,而是日常生活的直接见证。但却既有审美情趣,又饱含宗教价值。

专门研究中世纪史,特别研究炼金术历史的美国史学家林·桑代克(Lynn Thorndyke, 1882–1965)对此有这样的描述:"古代雕刻家特意在建筑上添加的那些怪兽滴水嘴、狮头羊身蛇尾而能吐火的女怪形象(chimera)。这表明他们不满足简单复制现有动物造形,偏要塑造些离奇古怪的杂交怪兽,显示自己丰富的解剖学知识。让你设想它们简直是用石材衍生出的新物种,虽然这些造型都移植、复制了已有动物各种局部真相。正是这些用石材创造新物种的工匠,用铅笔育绘出新种植物的专家们,这些用扁铲实现生物进化的能工巧匠,他们才真正了解自然,还学习过动植物科学。他们理解和把握世界的方法,要千百倍胜过苦读经卷,津津乐道亚里士多德和普林尼的腐儒们。" *27*

可见,是先有通过观察、通过准确创作来再现自然的活动,随后才有所谓的"文艺复兴(revival of learning)"。而且,比起孜孜不倦摹仿僵化古典形式以及虔诚解读老掉牙残缺不全的古希腊经卷,两者相比,直接复活自然的创作实践,更加接近古希腊的科学传统。这种贴近自然、临摹自然的过程,发端于自治城市里日常生活实践。更在自治性行业公会组织指导下,形成成熟的行业工艺标准,并飞速发展成熟。因而到了16世纪,这一进程就在手工工匠转变为羽翼丰满的艺术家、技工、思想家、组织者、创作者的同时继续发展,并用同样模写自然的方法探索研究行业内外的广大领域,也就不足为奇了。

可见,是文艺复兴时代的艺术家首先打开一条直接通道,把自然主义世界观引进人文主义世界。首先表现在,神圣三位一体完全采取了人体表现形式;随即,历代圣贤和异教神灵逐渐退出历史。社会生活场景中只留下吕斯戴尔(Ruysdael)以及康斯塔波尔(Constable)那样宁静优美的自然景色,还有荷兰画家伦勃朗和英国画家霍嘉斯(William Hogarth, 1697 - 1764)那些栩栩如生的人物画。甚至出现了勒内(Le Nain)三兄弟的绘画作品①。这就标志着自然世界各个部分至此都对人类生活开放了。在这全部进程中,手工艺工匠和艺术家的作用要数百年超前于自然哲学家和科学家的贡献。不仅如此,工匠们发明的机械钟表和印刷机,都大大促进了科学思维的形成。

因而也就不难理解,新大陆图景的最终成型,首先是中世纪的技术进步奠定了前提基础,它的玻璃工艺开发了镜头技术,让哥白尼和第谷·布拉赫(Tycho Brahe, 1546 - 1601,丹麦贵族,以其系统详尽的天文观测和著述留名青史。——译注)以裸眼观察为开端的天文观测,借助镜头大大扩展了天文观察的领域。望远镜的发明则大大促进了发现新大陆的进程。日心说形成的早,而普及很慢很晚。直至哥白尼去世一百年之后,这一学说对学界始终影响甚微。甚至至今人们大多仍然认为,还是太阳环绕地球运转。不过显微镜和望远镜问世,则带来了极大变化。原来的无限大和无限小概念,宏观世界和微观世界,不再是推断的假象概念了。这些技术手段,至少在潜在意义上,揭露了人类视觉能力和体验的局限性。

玻璃制造技术这种产品给人类生活带来变化之大,不亚于蒸汽机。原先只存在于宗教概念中的事物,如无限、永恒、不死等,如今在现实的时空框架中被逐一发现了。更有甚者,原先封闭坚固、自成一统、自我中心的基督教神学世界,如今难以自圆其说了。而宗教本身却并未因此破产,因为,这时一种秘密宗教悄悄进入人类文明。它到来得如此悄无声息,以至它最虔诚的信徒都没发觉,也都不承认,它其实也是一种宗教。

---

① 勒内三兄弟,Three brothers of Le Nain,系 16—17 世纪法国艺术界出现的勒内三兄弟,由于创作风格及其雷同而统称为三兄弟画家。他们的绘画许多都入藏卢浮宫,其中大多描绘了朴实无华的农民和农村生活。也有人怀疑,这种风格实际上反映了到乡间休闲的贵族生活。——译者注

# 第二章　太阳神回归

## 1　太阳神神学　科学问世

这一长串技术变革早自 11 世纪就已开始,并在地理大发现时代升至顶峰,其中许多具体经过这里且不多说了。不过,16—17 世纪发生的最关键技术进步,却不直接属于技术领域。因为,有桩大事件支配了社会生活其余全部活动,并促使西方人生活态度发生彻底改变。这桩大事,实质上是一种宗教现象:各种天神,特别是太阳神,再次回归人世。

并非太阳神宗教此前曾一度绝迹人寰,不是的。相反,人类各大文明主要形象当中,尤其是它们别出心裁实行的新制度当中,都有太阳神崇拜的神学根脉,尽管这种神学形成于很古老的金字塔时代。而且,后世各种天神崇拜的宗教,或以君权神授的国王本人或以权威机构为核心,无论自动再现或人为传播,都已普及到全球。而且,当今一些政治军事独裁制度,靠全民动员等强制方式,实施了各种超大规模的土木工程,运河、灌溉系统、长城、寺庙、都城等等。这些功业都是在太阳神的名义下完成的。

而入主新宗教以及机械化新世界的大神,却仍然是那个古埃及大神阿图姆—瑞(Atum-Re,古埃及大神)①。这个神灵能摆脱双性依靠的原则,单靠自己的精液就令宇宙受孕,创造出其他各位神灵。或者只有较为古老的妳神(Nun)或者普塔神(Ptah,古埃及又一宗教体系中最高的神灵,传说他创造了其他诸神。——译注)则除外。要理解和把握这一承上启下的直接传承联系,只消记住哥白尼是在纠正托勒密(Ptolemy,公元 2 世纪的古希腊和埃及天文学家。——译注)的天文观测计算结果时偶然得出一个认识:

---

① 阿图姆—瑞,Atum-Re,系古埃及宗教中的太阳神造物主,据信起源于尼罗河三角洲城市黑利奥波利斯(Heliopolis),该神灵缘起古代的大洪水时代,因而他的名字 Atum 有吞噬一切、包罗万象的含义。据说他能通过唾沫或手淫创造了一男一女两个后代,shu(空气之意),和 Tefnut(水分之意),这两个神灵又分别创造了天空和大地。阿图姆和瑞,作为原生态的造物主神灵,早在金字塔文献当中就放到一起,并列出现了。古埃及国王死后,都要坐放在阿图姆—瑞的神位上。——译者注

29　他发现,地球非但不是居于宇宙中心,还旁落在环绕太阳的一个已知轨道上。在把中心位置交给太阳的同时,哥白尼实际上便比托勒密更贴近了古埃及人的神学主张。

如果说人类是到一定时刻才清晰领悟,现代世界的形象实际体现了某种新的宗教内涵,并构成某种新权力体制的基础。那么,这个时刻就只能是 16 世纪的 50 年代。证据就是,不仅哥白尼在这个时期出版了《天球运行》,韦萨利乌(Vesalius)出版了他的解剖学论文《人体结构》(同样是 1543 年),杰罗姆·卡尔丹(Jerome Cardan)出版了他的代数学杰作《伟大的艺术》(1545 年),弗拉卡斯托诺(Fracastoro)发表了他阐述细菌学的著作《传染病的传播途径》(1546)。所以,科学地看,这个十年是最杰出的十年。它独特的丰富性,直至现代都未能超越。假如仍然有读者持怀疑态度,质疑这么多科学发现居然首先服务于宗教目的,其次才是科学和技术的革命性含义,那请他暂且保留意见,待我慢慢举例证明。

通常解释哥白尼革故鼎新的贡献,是说他颠覆了神学所说的上帝把地球放在宇宙中心位置,人是上帝最高关注,云云。如今,照哥白尼的发现,宇宙中心位置上是太阳,基督教神学的武断说法自然会彻底崩溃。因为,这个神学认为上帝是造物主,创造万物,人的灵魂是上帝最为核心的关注。这个神学还主张,人活在世上经受道德历练是永生之路,是上帝意志为人类准备的最完满结局。如今,这一切都顷刻瓦解了。

透过科学方法制作的玻璃镜头一看,人缩小了。天文数字面前,人,微如蜉蝣、蚊蚋,一群群游动在地球上。对比一看,科学,仅靠人类知识而非神意,就做出这一惊世骇俗的发现。原来,靠科学能获得真知! 这样,科学就变成唯一值得敬畏和信任的对象。可是,如此简单明确的结论,当时迷信新宗教的人类大多都没能立即领悟。证据就是,此后一连三百年,西方人始终辗转盘桓在新旧两个大陆的遗产中苦心经营,而不能在精神思想超脱自己编织的罗网。

这种新神学的直接效果则完全不同:它首先复活了王权神授权力制度的各种要素,这种权力制度与古埃及和美索不达米亚的金字塔时代一脉相承。在《机器神话》上卷中我就没有将金字塔时代这个概念严格限定在古埃及,并未严格限定在它成型的四百年当中(公元前 2700—前 2300 年),虽然规模浩大的金字塔就是那个时代建成的。我用这概念来简称公元前四千纪古埃及和美索不达米亚发生的一场大变革。当时的典型变化包括:人类各种组织制度及文化构造开始凝聚集中,对神授王权的崇拜开始形成,用天

30　体运行度量时间,形成月历、形成文字和劳动分工,用战争征服其他部族,营造规模巨大的纪念性建筑,包括寺庙、宫殿、城池、运河、灌溉体系。当然这就意味着原先看不见的巨型机器,此刻开始形象化了。

　　说古埃及是金字塔时代的发祥地，并不是说唯有古埃及领导或者直接影响了后世其他文化。可是，这种复合文化构造（当然并不仅限于金字塔形式本身）却广见于后世许多文化，包括中国、土耳其斯坦、伊朗，也见于泰国、柬埔寨、秘鲁、墨西哥等地。这就表明，这种专门的归纳（指古埃及为总源头。——译注），不无道理。

　　如今太阳在统治者心目中又回复了它自古以来的中心地位，这就让它重又变为上帝了。其原因不只因为太阳是地球上全部能量的总源，更因为在太阳系各星体运转模式中，太阳居中的地位。当时已经制成的机械装置，尤其是指针式钟表，其运转模式都复制了宇宙秩序的规则韵律。随后不到一个世纪，太阳的地位首先在知识界头脑中发生了改变：太阳不再是颗卫星或者仆人，它掌管着人类命运。

　　依照新的神学观念，各种现象，无论多复杂，都须能简化为可度量、可重复、可预测的过程，最终还要可操控；而且它首先在认识上，随后要在日常生活组织活动中得以落实。太阳神成为中央权力的象征，还成为人类一切组织完善化的最终模式。而科学机构全套人员，虽然他们用数学计算曾首先发现并应用了这种宇宙模式资源，却完全未曾警觉会产生这种后果。就在这种神不知鬼不觉的情况下，天文学和天体机械学，为更加严酷的政治和产业秩序奠定了基础，而这种秩序正好严丝合缝地符合金字塔时代潜在的权力结构秩序。当然，还要等四个世纪，法老时代的巨型机器，才会完成它的最后组装。

　　新兴天文学密切联系着君权神授以及中央集权制度的复活，这种关联亦非偶然，更不是一种愚蠢而迷人的骗术。17世纪西方最大的君主，法国皇帝路易十四，虽然王储时代就是位虔诚的天主教徒，却非常形象地自称至高无上的太阳王（Le Roi Soleil）。在他之前的许多国王也曾如此，例如德国南部萨克松尼的诸侯国王诺尔丹（Norden），英国伊丽莎白王朝的各君主，都曾自比能赐恩给人间的天堂。中央权威一旦确立，这一古代体制的其他权力和职能便随之重现，只不过衣装稍有不同：僧侣、军队、官僚。整个国家机器，便在这些机构支持下投入运行，形成巨大操控力，控制大规模人口，逐步扩大着"人类帝国"的边界，直至如弗朗西斯·培根所说，"简直无所不能。" <sup>31</sup>

　　太阳神君临天下的第一个标志还不在技术方面，而在政府组织。这种新宗教首先从思想意识到实际运用，都再次强化了全社会对专制权力的迷信，尽管这种权力糜烂而不合格。波特兰德·拉塞尔（Bertrand Russell，1872 - 1970，英国哲学家、历史学家、数学家、逻辑学家。——译注）的话，非常正确地诠释了"科学思想"，称它实质上就是"权力思想"。因为，"这种思想主张的目的，无论自觉与否，都是为了将权力赋予权力的拥有者。"太阳神崇拜实际上与占星术同源，同样出于相同的利益考量，催生了占星术对行星的观测和解说。

　　圣贤奥古斯丁以及其他神学家早就谴责说,占星术是一种异教迷信。它同信仰上帝无所不能、相信人类自由意志,毫无共同之处。只是后来随基督教信仰淡化,占星术才担当起一种补偿机制,它的种种神秘主义做法,把人的生辰八字与天体位置、宇宙时刻联系起来,判断人的命运。这要求准确观测天体运行,计算宇宙时间。这样,占星术观测实践,久而久之催生了天文学,恰如炼金术催生了化学。这一过程的方法意义要超过其原来目的。哥白尼和开普勒两人都曾操占星术给人算命,除了系统观测,还有繁琐枯燥的运算。同样,丹麦著名贵族星象学者第谷·布拉赫(Tycho Brahe)也是通过观测和运算才敢肯定哥白尼的结论,让开普勒的纠正最终得以成立。

　　天文学从一开始就是靠皇权庇护得以繁荣发展的。比如,太阳历的确定,从一开始就带有王权神授权力行为特征。这种体制所到之处,就都实行这种历法。哥白尼论文发表约 40 年后,1582 年,基督教世界的精神君主,罗马教皇下令最后一次修订太阳历。梵蒂冈至今留有自己专用的天文家,这不是没道理的。虽然,功效之一是为了调整每年变动不定的宗教节日。后来,每个欧洲宫廷都有自己的御用天文家,他们的数千年前埃及和美索不达米亚的古代先祖,正是这样做的。正因有浓烈的天文学兴趣,科学观测才获得朝廷和民众如此巨大的认同和支持。可是,这种假象却掩盖了现代科学起步时期步履蹒跚的真实历史。

　　天文学对精确科学研究还有一项重要贡献:它确立了真理标准,相信唯严格符合因果论(determinism,也译决定论。认为每个结果都有其原因,而每个原因都会导致一定结果。物体的运动系由不受主观意志影响的外力作用下发生的,因而这种理论反对宗教神意。——译注),才具有真理品格。证据就是,它解释任何一件事,都要从大量统计数据中找出或然律。数据资料库要从广泛收集的人物传记样本中,经过收集整理逐一筛选。据说,最终入选还须经朝廷敕令批准。可见,朝廷庇护不仅推动了天文观测,还为更严格而实用的物理科学的因果论奠定坚实基础。这种观念很难获得进一步证明,而一经确立却让傲慢的数学家吹嘘自己能举一反三,能从一个孤立事件预言宇宙中任何基本粒子的位置和状态。非常不幸,认知领域这种虚妄自大从此竟成为一架桥梁,让科学探索与权威操控两者很早就勾搭起来,并至今威胁着人类命运。

　　天文学在古代占星术推动下产生的实际效应在于,它把纯宗教性质的天堂概念——当然与来世、永生、不朽等观念都互相联系——化为可观测到的天体运行状态。而这些天体在广袤无垠的宇宙中运行,其领域还随着望远镜等观测技术手段的进步而不断增大。这样一来,基督教神学主张的那个封闭、有限、自成一统、以人为中心的世界概念,面对这种新观念已无法自圆其说了。新观念认为,世界首要的是光明、能量和运动。而且,它同原有世界概念一样,同样具有主观性和神意决定论的特色,因而也有待继续探索、认知。但是,毫无疑问,在这一巨大改变冲击面前,天文学家们首当其冲。正如巴特菲尔德观察到并评述的:"哥白尼看到这一事实,描述他发现太阳居中这一神圣而高贵的地位,竟一跃而起,歌赞啊,膜拜啊,无尽无休!"太阳神正是在这种群情激昂的状态中重新诞生了! 接着,古代巨型机器也就随之重新组装,最终建造成功!

伽利略虽不像约翰斯·开普勒那样神秘兮兮,虽然他很不愿意去干扰托勒密包罗万象的星体运行学说,却与哥白尼一样的心潮澎湃,甚至,由于他能利用新发明的望远镜,因而也更看清了天宇中各种行星和恒星。于是伽利略慨叹:"唯能瞭望到最高远处的人,才会有最高尚的才智啊!"伽利略在《世界体系对话》这部著作的题辞中,则更骄傲地宣称:"自然界无疑是哲学首当关注的题目。如今翻开自然界这本大书,就能让人类能够站得高看得远……所以,迄今若有人宣称自己才智超常,那只有托勒密和哥白尼最合格,他们有幸看得最远,而且对世界作出了最详尽深刻的阐述。"

但是不幸,这些新思想家们在悉心研读自然界这本大书时却重蹈覆辙,犯了古希腊哲学家泰尔斯(Thales)和天文学家阿里斯塔克(Aristarchus)同样的错误。他们像苏格拉底以及后世基督教神学家们横蛮、武断地背弃自然界那样,同样轻率地背弃了自己思想家的角色和职责。直至后来天文学家发现,他们观察中有个错误,根源在于神经系统传导的时间差,亦即眼睛看到的,须经一段时间才能传至大脑。这样,他们才认识到,外部世界任何部分都不能完全游离于人类之外。而且,要研究外部世界,仍须仰赖人的生理过程和文化积累。这样,他们也才认识到,人类之外宇宙概念的形成,实际上本身就是人类成就一个特殊组成部分。这个宇宙概念既离不开人类历史,也离不开人类意识发展进程。

这就清楚了:不是天文学发现的宇宙广袤无垠的新真相,而是人类忽略许久的自身旧真相,才真正缩小、贬低了人类自身形象和地位,而高抬了机械化宇宙的地位。新型科学家天文家们在仰望星空、搜索宇宙、遥想未来时,却未能同时俯视地球、窥探内心、回望历史。炫目的太阳神迷乱了眼界,让他们把科学发现的真相当作无人的风景画,而完全忘却了耗费多少世代艰辛绘制这风景画的艺术家们;没了这些艺术家,这世界、这样的宇宙,其实很悲凉。

天文学和机械学开启的这个新世界,其实建立在教条主义假说的基础上。它从一开始就未曾给人留下位置,充其量只考虑过生命现象。这种构想中,宇宙本身基本上是个机械体系,只能完全依照机械模式来充分理解。这种新世界图景中,中心位置上不是人,而是机器。因而,人类生存的终极意义,是通过利用和控制太阳发出的能量,去顺应和符合这个机械体系,同时改造环境各部分,去适应太阳神教的严格要求和指令。人类只能从接受、顺应这种机械正教过程中去求得自身的救赎。

太阳神宗教塑造了新型权力机构,后来还产生出极多实效创造,例如大量政治组织、军事组织、经济组织等等。虽然如此,若将这一切看作它本来的目的,仍然大错特错了。因为,正是天文学当中那些道貌岸然而又光彩夺目的内容,加上它声称自身超脱人世种种卑俗关注,不沾染人世任何腐败动机,才让人相信它能提供人类救赎的希望。试想,当世界还辗转于神学信仰激烈论战,还在为意识形态取舍纠缠不休的时候,新型天文学却带来一套拨云见日的新秩序,这新秩序本身就能激发起——套用当时流行的话语来说——一阕"嘹亮的星球音乐"。

光与空间构成的这新世界,不受尘寰污染,历来被人当作避难所,以逃避教义争闹及野蛮的宗教迫害。而这些乱相恰是 16—17 世纪难以摆脱的灾祸。直至 18 世纪,科学家们思量牛顿科学所揭示的新宇宙体系时,常常挂在嘴边的词语就是"有序"啊、"美妙"啊之类!虽然宇宙中广袤无垠的寂静把科学家巴斯葛吓得胆战心惊,而正是这种无边际的寂静,才能让饱受骚乱困扰走投无路的灵魂能找到安宁。

所以,从哥白尼到牛顿,两百多年科学大发现当中始终萦绕着这种神秘的宗教意蕴,并且从未全部消散。若看不清这一点,你就未能参透,这新型世界观背后原来另有所图;当然也就更看不清,它原来就是神圣权力的主要根源。基督教天堂缩小与天文学天堂扩展,是互为消长、同时发生的大事变。以往三个世纪中如此深刻巨大的变局,若脱离了宗教根本方向这一意义深刻的重新调整,是不可能实现的。非如此,非从这种立论出发就无法解释,为什么天文学和机械学的世界观会如此强有力地支配了历代许多最伟大的科学家和思想家,并且支配至今。

所以很不幸,恰如地理大发现背后潜藏的鬼魅般邪恶躁动以及犯罪心理断送了理想国的希望,同样,新科学展现的这些祥瑞秩序和几何学优美图案的背后,古代权力体系也悄然复活,而且规模之大前所未有。因而,新科学新时代非但没有将尘世关注推到次要地位,非但没有减少人类的野心佞妄,新的崇拜反而大大强化了人们对尘世生活关注度;因而,讨伐、探险、发明、殖民化等等,种种活动都指向世俗眼界和今生兴趣。今生,而非将来才是一切。

其实,这批科学革新者凝眸察看天宇星体运行的同时,是在延续古文明开始时(若非早于这时期)人类一种非常朴实的宗教传统;而且,他们索性直接重操起古希腊的做法。当时有人问毕达哥拉斯,他为什么活着? 他回答说:"我活着,就是要观察天空和自然界。"他这话当中就已经奏响了新科学的音符。同样,德萨提拉那(de Santillana,一

1972,意裔美籍哲学家,麻省理工学院教授,研究科学史。——译注)也指出,阿那萨哥拉(Anaxagora,古希腊哲学家,生活时代早于苏格拉底。——译注)受同胞谴责,怪怨他不关心同城兄弟和自家城市,他居然指向天空说道:"那里才是我的家园啊!"基督教的宇宙概念以人为核心,把人类救赎当作最高关注。如今,把这种宇宙概念出卖掉,换来一个没有上帝、没有人类,只有个亮闪闪太阳的宇宙,而不见任何目的和人类理想愿景……这种交易,合算吗? 恐怕非常得不偿失吧? 可是呢,这种交易中附带一个补偿效应,它把科学摆放在价值核心的地位,并且把科学探索真理的结果当作唯一目的。

亨利·莫瑞博士(Dr. Henry A. Murray)给这种指向天空的做法取了个名字:眼睛向上主义(Ascensionism,也译耶稣升天说。——译注)。此说不仅意指天文观察,还隐含了喜爱阳光、飞翔、升空、攀登、手指天空、纵身跳跃等等类似心理取向。甚至,还可能包含纵式层级结构中顶端的人或机构,体现着最高权力核心、知识、技能的顶层、神圣权力的最高首脑。不过,莫瑞也同样指出,现实环境中,位置越高空气越稀薄,越难呼吸,也就越不适合生物生存,当然包括人类。因此,为了公正对待生命,古埃及太阳神庙除了供奉太阳神还特意安置人类之友奥西利斯神(Osiris)。这个神灵主管农桑,教导人类学农事和手工艺劳作,他掌管生死、丧葬、还魂与重生。古埃及神庙中这些安排不是偶然的,而是出于生命自身的需要。这是让关注生命的神灵,以另一种方式体现基督教宇宙的核心概念。

至此,可能还有人怀疑我言过其实,奇怪这种宇宙新秩序,怎会有如此一厢情愿、情感浓烈、宗教色彩十足的感召力和吸引力呢? 对这些怀疑论者,让我接着引述开普勒的话。他的话或许更有说服力,因为他有科学手段和能力,因而更能克服原有意识形态偏见,而支持新生科学家们,经过反复努力终于发现并证实,地球环绕太阳旋转的轨道是椭圆的,虽然当时有许多人还想规避这一结论。现在听听开普勒对于太阳的这段描述吧! 他这段话中,两座天堂,一个是古代基督教神学主张的天堂,另一个是天文学和新科学发现的天堂,在他的描述中,合并了,变成一个了。他说道:

"首先,只要不是盲人,就不会睁眼不见事实:宇宙所有天球中,太阳最优秀! 它的本质不是别的,就是最纯粹的光芒。没有比太阳更大的星体了。它是世界万物独一无二的产生者、化育者、温暖者。它喷出无际光焰,富含生育力量,显现得如此公平、透明、纯净。智慧和万象均由它而来。它绘出万种色彩,虽然自身空灵无色。因其运转地位而被尊为万星之王,因其威力而被尊为世界心脏,因其美丽而被称作世界的眼睛。它最有资格被奉为我们最崇高的神灵。这样才会让它满意,有个物质环境的住所,能自由选择与幸福的天使们共同居住!"

　　这段美妙描述,许多当然都是真的。然而,开普勒这段描述却使用了宗教颂辞的文体和修辞,热血沸腾,高扬激越。虽然,如此歌赞太阳的科学家,除哥白尼和开普勒还大有人在。这却毫不减损太阳崇拜变成新型宗教的势头。提亚德(E. M. W. Tillyard, 1889－1962)[1]指出,在伊丽莎白时代,人们普遍把太阳看作上帝的物质现实。而《世界的运化者》(Cursor Mundi)一书的同时代作者认为,若从基督教观点来看,新理论简直就是个异端邪说了。证据就是,他们索性将太阳说成天父上帝,众恒星是圣子,天空介质是圣灵,由此构成三位一体。

　　天凑齐巧,从哥白尼《天体运行》一书问世到牛顿发表万有引力定律,两者间隔大体上相当于古埃及金字塔初成时期至吉萨大金字塔建成之间的时间间隔。人类历史正如罗马尼亚宗教历史学者莫西亚·伊利亚德(1907—1986)所说,"只要人类史需靠国王、英雄人物以及帝国力量才能向前推进(的地方),太阳永远都至高无上。"

　　如今谁也不会怀疑,西方世界史,从 16 世纪开始就须靠王权神授的君主权力节节推进。他们争先恐后征战讨伐、向外殖民,占领地球上大片领土,其间依次是葡萄牙、西班牙、大英帝国、法国等国国王。而此前威尼斯人、热那亚人、佛罗伦萨人以及汉莎城市同盟的领袖们,他们那些范围稍小的向外扩张,曾构成西方史上征讨和殖民的第一波次,16 世纪以后则开始消退。原因在于,这些小国未曾拥有王权神授的优势,此时则置身于新宇宙秩序的权力结构之外,因而无法厕列其中用同样的神话给自己壮胆。哥白尼在确立太阳在此星系中心地位的同时,却很不聪明地将欧洲也摆放在两个新世界的中心位置:一个是地理大发现当中创生的地理新世界,另一个是随之而生的机械运行概念的新宇宙,这两个新世界是同时生成的。而且,后者被历史进程证明更为重要。因为,它还为人类精神思想打开了广阔的新殖民地。因而要比军事征服、殖民入侵获得的领地更宽广、更丰富。

　　于是,欧洲一个非常特殊的地点,格林威治天文台所在位置,便成为一个要地作为公认的原点,为两个新世界测量时间。不仅如此,直至进入 20 世纪前,不列颠还是人类史上唯一大帝国的中心。这样说,是因为这个帝国超过成吉思汗的蒙古帝国,真正可以夸称自己是名副其实的日不没帝国。不过,这种说法却也失之虚妄。因为,像当代其他

---

① 提亚德,(1889—1962),英国一流学者、文学家。剑桥大学耶稣学院研究员(1926—1959),成名作是《伊丽莎白时代的世界状况》,此书成为伊丽莎白时代文学研究,尤其是莎士比亚研究的理论基础。另一著名领域是他对约翰·密尔顿的研究。他的著名贡献,是提出伊丽莎白时代文学的价值不在于其体现了两次新教勃兴之间暂短的人文主义思潮,反而在于这个时期体现了当时英国神学思想倾向的复活,这种思潮导致中世纪秩序在欧洲的延续。——译者注

一切殖民大帝国一样,都好景不长,很快就丧失特殊地位。新近这个天文台易地重建,这一举动恰似切肤之痛的符号,标志着大英帝国开始没落。历史上有许多这类悄然并行的历史巧合,真太精准绝妙了。

可是,要再经过三百年,这一巨大变迁的全部实效才逐步被人类充分看清,才被如实地看作首尾相连的完整过程。换言之,须等到天文观测中看到精准有序的宇宙特性,一点点地融汇到一切组织形式之中——包括机械组织以及人类社会组织——非此不能看出这一变迁的完整性,哪怕人类已经能够预测哈雷彗星轨道以及抵达地球的精确时间,而且往往分秒不差。进一步说,若想更详细看清这场变迁的巨大后果,看清其中某些因素正严重威胁人类发展,我们还须详尽回溯、追根寻源,看透这两个新世界形成之初那些一厢情愿的意识形态基础。在接下来的各章节中,我要专门集中讨论这个机械秩序概念的新世界,探讨新技术形态给人类带来的种种后果及其对现代人类"生活、繁荣、健康"的深刻影响。

如今,16世纪里突如其来鲜花怒放的景象,其实它们的种子早就播入土壤了,始终在等待时机破土发芽。新科学和新技术体系中的全部思想胚芽,无不早已存在,只是形态不同罢了。天体运行、天文度量、太阳中心说、经验手段的观察和试验,乃至发现地球是圆的,相信"唯变化永恒,稳定则纯属幻想(此说原属于希腊科学家赫拉克利特,他曾说我们不能两次进入同一条河流)之类的信念,以及,物质——无论有多广袤丰富——皆由基本粒子组成,这些粒子宛如太阳光里舞动的微尘颗粒……这些,岂不就是古希腊吕斯普斯(Leucippus)以及德谟克利特(Democritus)主张的原子论吗? 一言以蔽之,16世纪之后的一切科学假说,皆尽为先人预断过! 他们的预言或许简单草率,但是,那些古埃及人、巴比伦人、中国人、古希腊人、古罗马人、阿拉伯人,都曾有过类似预断。只是到了近代,这些意识形态碎屑才又被重新挖掘出来,再次拼合到一起。不仅如此,两个关键性科学体系,天文和几何,本身就是中世纪高深学问不可分割的组成部分,具有特殊优秀的能力,而且开始探索形而上学中的抽象领域。

可是,忽然之间——当然,我这"忽然"用了几乎两个世纪——这一切非常有价值的古代见解,在太阳神的直接影响下,开始相互作用并结成联盟,形成一套权力和组织体系,还体现为一整套非人化的机械概念的世界图景。这种示意图谬种流传,并已广泛用于技术领域且非常有效,以致被误认为这就是宇宙的真义。反之,纯粹机械形式却被强加上种种生命属性。结果,有机物、生命体、人性、人类社区种种本质属性却遭贬抑。这种强拉硬拽的本末倒置,还办得非常便当顺手,就因为,人类古代神话和蒙昧时代的集体梦幻,面对冉冉升起的太阳神,早已暗淡无光。而这种反差的后果却影响深远:

37

首先,古代人类意识形态曾错误地接受一种静止不动、地球为中心的世界概念。这个世界很少变化,除了周而复始或启示录中所厘定的秩序。新时代意识形态则培养一种浓烈兴趣,关注空间、时间、运动,并把这一切放到最广阔的宇宙大背景上来理解。它不用生物学概念来看待世界,亦即生存活动于具体环境、需要与其他生物共生互动、各自追求各自进一步的生命潜能和目的。这样一来,抽象运动的概念就牢牢地攫获了西方人的精神:地球团团打转,行星周而复始呈现优美几何学轨道,钟摆来回摆动,抛物线留下弯弯圆弧,时钟运行准确无误,水车巨轮旋转不停,风帆或车辆加速行进,这一切所当然牢牢占据了西方人的头脑。速度能缩短时间,时间便是金钱,金钱就是权力。越来越远,越来越快,这样的逻辑被当作了人类文明进步的标志。

日常语言再不足以表述这个越来越活跃的世界,更不足以去指挥它。要解释世界,就需要新型的象征体系和逻辑语言,于是,代数学、三角学、微积分、线性分析等等便陆续问世。但是,这里缺少星系天文与机械原理的类比分析。须知,这两者有诸多类似,如运动、度量等;因而天文学和机械运动所取得的抽象科学进步才可以直接或者间接应用于各个领域的机械发明。证据就是,天文学以及机械学都排斥有机物领域的定性要素,而仅只关注数量。而且,这种关联还相辅相成:战争中炮火使用增多必然刺激改进科学数据以求瞄得更准,这一目的接着又会要求发明火器瞄准镜来代替裸眼瞄准。当代计算机技术和装备,不同样是军事需要刺激下问世的吗?

可见,威尼斯的军火库会成为伽利略最佳实验室之一,他在比萨斜塔观察路灯晃动最终导致他用钟摆改进了时钟,这类关联也就不足为奇了。反过来说,机器本身也提供种种灵感,供人类作为比兴或类比巧妙用于生物界。当然,显得有些生搬硬套:比如,将有机生命简化为若干量化的机械或化学成分。似乎,这样做就能万无一失永久抹掉生命现象背后的最终奥秘了。17世纪生物学研究产生了一系列重要贡献,其中最重要的,例如哈维发现的血液循环,他把心脏比作一台泵,连带一些管子,叫做静脉、动脉,其中的血液靠阀门调节。而博雷利(Borelli)则以同样的机械学方式阐述动物运动过程。这些都是可嘉的贡献,唯独他们的论述不能超过活体生物的限度。因为,生命是他们所说"滤过性病毒"唯恐天下不乱地从容器裂隙和气孔中逃逸出来之后的产物。

这种新式观点并不是突然之间就用于社会解说的,而是对16世纪一系列大事件系统回顾之后,发现了其中有一条明显的"机械性"关联。相反,这种新型意识形态,是通过容器上一系列漏洞和裂口一点点渗漏出来的,渐渐进入人们精神思想的。对此,针对一本书或一种学说的任何行政强制或教会禁令,从长期来看都难以奏效。

其实,科学界虽与教会有过多次大小交锋,却至终未能产生英烈。相反,宗教界则产生过麦克尔·瑟维图斯(Michael Servetus)，人文主义理想则产生过乔丹诺·布鲁诺(Giordano Bruno)。其中布鲁诺被火烧死的终结表明，他毫不怯懦地挑战宗教神学，与哥白尼、伽利略、开普勒乃至笛卡尔的抉择形成鲜明对照。后面这几个，都小心谨慎后退，换取苟活，未能舍生取义；而他们却因此能留下些许声音。诚然，由于害怕暴虐无道的宗教裁判所，许多著作未能及时出版，因而延误了新知传播。而个别科学家的虚荣和傲慢则也是阻碍了新思想流传，因为他们往往计较自己名列第一，故意颠倒黑白掩盖他人新发现。无论教会说些什么，做些什么，人类史从西西里的佛里德里克二世国王开始，就一再让科学家臣服于他们的意志。

39

　　千真万确，科学家只要能够撇开神学、政治、伦理道德、一心钻研科学而不问世事，立即获得国家首脑欢迎。反之，在一些道德和政治问题上，科学家也习惯性地保持沉默。而且这种忠诚只消陈于表面而不必招摇过市。这种犬儒主义始终是科技界一块黑斑，以其决不干预道德和政治的顽固态度，同严格的科学正统主张分庭抗礼。这样，科学家们的精神孤立状态，使之注定成为巨型机器齿轮上的齿牙。拿破仑就很懂得科学家这种政治暧昧，因而他不信任人文主义者，而偏爱数学家和物理学家。他疏远人文主义者，认为他们专找麻烦。

　　甚至在 1945 年美国滥用核武器作为大规模杀人手段，面对这种公然的挑衅，许多核物理科学家，虽然其中许多人心知肚明且关注道德伦理，却始终未能形成科学家和技术人员的全体罢工或抵制行动。只有很少几个勇敢者，蔑视政府提供的保护和奖赏——假如他们即使不积极合作至少也保持默契。我重复一遍，科学产生过许多"贤者"，他们以修道院里才有的忠贞献身科学事业；而科学却始终未能产生高贵的逆鳞英烈，未能面对政治控制义无反顾。然而，我们下面马上会看到，异化与弃权终于开始潜入科学技术界。

## 2　新世界的美梦与旧世界的现实

　　上述内容，以粗线条轮廓勾勒，便是 16 世纪两个新世界留给西方人的全部印象，一个是地理概念的新世界，另一个是机械概念的新世界。此外，我还斗胆增添了第三个新世界，就是历史进程的新世界。这第三个新世界已在最后这几个世纪里极大地拓展了人类的天地，如此征服时间，也就在不知不觉间改换了现代人类思想观念，打开新天地，让人类最终能结束以往无意识昏昧的历史，一次而永远地抛别陈旧的创痛、明显的过失,而不要再无谓地重蹈覆辙。不过,这一最终境界的达成,仍然很遥远。

接下来,我要着力描述的,是这两个新世界开始阶段是怎么出岔子的,怎么从美好梦想实施过程中一下子跌落千丈呢? 以及,地理大发现和新殖民计划的具体实施,居然采用如此明目张胆的野蛮与无道,如此无视人类传统普适价值和未来长远利益,虽然口头上常说如此巨大努力和牺牲是为了一个美好未来……这究竟为什么? 再有,科技的发展,本意在解放人类饥渴困顿而劳动不堪重负,却给人类强加了新的重担、新的疾病、新的损失,创造一种新规制让他们不见天日、与世隔绝,见不到草木虫鱼甚至也见不到同类,这又是为什么?

一句话,为什么莎士比亚《暴风雨》中描绘的狂烈新世界,怎么会变成阿尔多斯·赫胥黎(Aldous Huxley)①笔下的狂野新大陆呢? 须知,如今这种新大陆已经被俗化为现代人类不可违拗的天命。这些问题,还没有人能够给出哪怕暂时的、局部的答案。然而,破解这场大流产却不乏线索。原来,这两场大变革都始于欧陆基督教信仰大框架开始崩解的时期。这个重要宗教信仰的基础,是古代仪式、礼制、信条、日常习俗的长期积累。而到了 17 世纪,西欧情况发生巨变,原先把基督教信仰迅速扩展到整个罗马帝国的那些病态的担忧和恐怖,连同沮丧和失望,已不再符合社会现实。这种情况下,死神的舞蹈暂时结束了。人们不再把目光投向天空,而转向大地,寻找自己救赎的寄托。也不再靠祈祷、良好举止和神意的恩典,而靠个人的勤奋努力,持之以恒的开发,来改善自身的生活条件。

渐渐的,天堂,原先心灵中这亮闪闪的地方,在空中逐渐暗淡。国王、大臣贵胄、知识精英,转向天空星辰和行星来预言人们命运,绘制他们道路。比这更早,法国国王路易十一问他的宠臣约尼韦尔(de Joinville)愿意选择今生健康长寿而放弃永生,还是更乐意生场麻风病然后获救赢得永生。该大臣毫不迟疑的拒绝了救赎之路。这件小事情标志了一个转捩点,只是不大为人所知。

虽然表面上人们还尊奉基督教的基本仪节,临终卧榻上惊恐中也忙不迭地发誓赌咒,不论这些行为意欲何为,越来越多的言谈举动都预示着,最终的幸福、健康、财富、救赎,只能靠大地来实现。只能靠自己拯救自己,办法则自己去找。如果说上帝并未死去,

---

① 阿尔多斯·赫胥黎,Aldous Leonard Huxley, 1894－1963,英国作家,著名赫胥黎家族最重要成员之一。后半生在美国度过,自 1937 年居住在洛杉矶直至临终。最著名作品就是《狂野的新大陆》以及领域广阔的大批论文。他还编辑杂志《牛津诗萃》,出版短篇小说、诗歌、游记、电影故事及脚本。赫胥黎是人文主义者、和平主义者,晚年涉猎精神研究领域,研究心灵学和哲学神秘主义,也参与通灵术操作。学界在其垂暮之年奉他为现代思想界的领军人物以及最负盛名的知识分子之一。——译者注

至少人是更活了：更有体力、更自信、更勇敢、更富有活力，能攀上原来非常害怕的高山，敢远涉重洋。并且，还将原来基督教认为大逆不道的七宗罪中的五宗，都渐渐改换为美德；为首者即骄傲，这宗罪恶曾导致光明使者鲁西佛(Lucifer)居功自傲而跌下天庭。

不过，又过了几百年，基督教的这些口头信仰才逐步被新大陆思想意识所取代。而这时又有一种逆反趋势，要求恢复内心生活，这就更推迟了机械化新世界的转化和形成过程。这一逆反潮流的推动者，是方济会修士(Franciscan)和韦尔多教派(Waldensian)，再后来就是新教教派。此时，基督教内部的反叛者，也趁新大陆开发高潮入侵秘鲁、巴拉圭、墨西哥尤卡坦半岛等地。他们开始关注殖民地土著异教徒，借机复活了基督教早期些许慈善事业，那里至今留有早年一些书面材料，记录了当时生活状况。

不过最终还是新潮流新势力得胜：强权以各种形式进入人们头脑，就像饮用烈性酒一样，无论是白兰地或威士忌，都是当时发明不久的新酿造工艺。

如今摆脱了基督教的大我观念(superego)——其实常受其蛊惑反其道而行之——杀人放火纵欲乱伦之类的丑行便大肆泛滥，而且往往在宗教使命热潮中实施。地理大发现成为大肆剥削的准备。接着，战争、奴役、经济掠夺、海盗行径、环境破坏等，便接踵而来。凡此种种，都是古往今来一切文明的陈旧疮疤，都始终伴随着一切"先进"文明的足迹。公元前五千纪的狩猎部族酋长和原型君主们有个重要发现：世界总是听任强权者任意摆布的，他们血腥的权杖曾征服了古埃及和苏美尔多少手无寸铁的农夫和园丁。而且，通过发明、组织以及扩散文明的真正产品，新型权力结构只不过复制、放大了古代政权机器的错误和丑行；尽管某些产品，诸如铁器工具等最终非常有利于被征服者族群。

西方人向新大陆深处每前进一步，随着无尽自然资源、社会平等、村社自治、友好往来、互相帮助等资产日益显现，这些西方人就会朝他们野蛮历史退回两步。同时，还会重复使用古老方法重复金字塔时代的古老罪行。那个伟大时代若消除了这类罪恶，其成就无疑会更辉煌。新大陆进军的伟大成就和希望，都真实可信。而它的倒退，它跌回权力倒行逆施的丑恶，也同样真实可信。从18世纪开始，确实有过一段健康有益的理想主义举措，同这种暴虐势力顽强斗争，不过毕竟天真幼稚，最终无力地终结了。

到19世纪中期，这种新文化中的积极因素却成功地摆脱了以往文明深藏的种种痼疾，却未丢失欧洲旧大陆传统文化的优良内容。北美独立国家和殖民地上，奴役制度逐渐消失了。终生羁于一种职业的残酷分工也不见了；水都泼不进劳动分工，等第森严互不往来的种姓阶层划分，体力和脑力劳动分离，也不见了；少数优越阶层垄断知识的情况，不见了；僧侣、权贵、君主垄断权力的情况，也不见了；官僚机构仗势欺人遥控臣民牟取自家特权和资财的情况不见了；雇佣外国军队冷酷杀人镇压主权国家的情况，至少在美国革命成功之后,也不见了。

这些沉重包袱,或者抛弃,或者大大减轻。若非到处如此,至少大片大片土地上都成了现实。再加上书籍流行、电报等瞬时通讯手段普及,各部族和国家之间,逐渐开始意识到(并在很大程度上体验到)他们不可能相互隔绝,而必须合作互助,互相依赖。于是,争先恐后地购置新机器,省时省力。后来自动化机械也普及了,亘古以来累断腰肢的沉重劳动负担真正开始减轻了。19世纪之初,英国一位观察家统计说,利物浦一名码头工人,装卸货物一个工作日负重行走的距离约48英里,而这时期这种沉重劳动负担,逐步减轻。机械动力在逐渐替代肌肉动力。

简言之,越来越多领域里,机械化新世界都在加入地理大发现的新世界,一同改进着自古以来的动力系统和劳动制度,若非全部破坏它。如果说这种趋势也带来了专业化效率的某种损失,那么,它却也促进了人类尊严和人格自尊。

这些改善和进步的意义不可低估。它在很大程度上解释了一个困惑:该运动为何在19世纪中叶涌现出那种趾高气扬信心百倍的精神面貌,爱默生、惠特曼、梅尔维尔等人作品都传达出这种声讯。仅就梅尔维尔来看,即使其作品《莫比·狄克》最晦暗那些章节,仍然明确透出"独立宣言"的讯息——不仅脱离英国宣示独立,还要突破史上种种禁限。这都令人看到独立宣言的确带来天翻地覆大变化。但是,若把新大陆成就夸赞得言过其实,说它已经完美、永恒,那可能会自取其辱。所以,这些问题还有待作出更合理解释和结论。这里,且让我再次充分阐释上述那些浪漫主义理想何以突然消失,何以突然背叛了自己原来的承诺。

北美独立各州形式上宣告了废除奴役制度。但是,成群结队到来的爱尔兰和中国移民,参与建造铁路,劳动时简直与奴隶状况并无两样。共和党政府推进了社会公平,改进法治和治安,马萨诸塞州整体上暴力和犯罪事件很少,以至于丹尼尔·韦伯斯特夸称居民可以夜不闭户,此话毫不夸张。不过此类民主社区仍是整个联邦国家一个组成部分。这个国家整个19世纪都在对本土印第安人实行血腥扩张,掠夺土地,虐待他们的后代,还靠不名誉的战争手段霸占了墨西哥数百万英亩领土。

理论上说,新大陆主张自由精神,还的确把大片耕地分给乐意开垦耕种的人。可是,同时却又放弃大片公有土地,让给私人大亨去经营林地、铁路、矿山、采油。这当然加剧了经济不平等,牺牲公众利益去激励那些为富不仁之徒。简言之,战争、阶级压迫、人类异化以及经济剥削等,都照旧存在。

不必一一堆砌这类负面例证了。我们只消说,无一种理想前景或已实现福利,是不受到威胁的,即使在美国这样的自治国家内。这是说1830年以后,而到了1890年此类价值理想已经形同虚设了。或许可以说句听来荒谬实则不假的话：新大陆的人，未及走出摇篮已经掘好自己的坟墓了。所以我们在考虑新大陆理想的三种构成要素时，理想境界、浪漫主义和自然主义，外加一个机械科学技术，这三种当中，前两种早在新边疆开拓运动尚未终结时就已名存实亡。这就让仅存的机械势力愈加独霸天下。即使从新大陆文化后来发展实情来看，也是沿循了新大陆理想的另一要素，亦即通过系统科学探索和机械发明之途径来逐步增强人类能力。这种趋势不仅占了上风，还趁势把自然主义和理想主义两要素都臣服于自家旗下。

截止到 19 世纪，地理大发现的新大陆，以及科技进展的新大陆，两者的贡献始终并驾齐驱。诚然，对于许多人来说，地理概念的新大陆是个更有诱惑力的选择：择条出逃通道径直进入美好境界，不费吹灰之力就能发财致富；或者，回归自己乐意享受的返璞归真悠然自得。可是，似乎机械化新世界同样也能实现这种追求，只不过方式较为沉闷无趣。只要新边疆开放，受约束的日子尚可接受，只是最受约束，而非永久压抑。新边疆召唤着一切乐意开垦土地发财致富的人。因而，地理大发现的新大陆许久就成为精神思想中一种安全阀，并且在 1814—1914 最为开放的一百年中，穷人、落魄者、逃犯，乃至亡命徒，都能找到机会。他们不仅可以漂洋过海梦幻希望的土地，还能真正移民到那里。

就事物本质规律而言，两个新世界概念不可能永久均衡发展。当这星球上人口大增，当人口稀少大陆的农田逐渐开垦殆尽，因而难以供养大量农牧民，机器就大有可为了。机器不仅可以占领制造业，还能操控社会生活每个领域。新大陆最初的梦想因而暗淡无光，或只能在符合机器要求的原则下继续支配人的思想意识。如今北美学者们有个习惯：一听到有关田园环境人文设计的想法或理论，常报以屈尊俯就的微笑，非常勉强，非常矫饰。因为这种崇尚自然的思想代表一种信仰：相信荒莽的大自然环境或有人文要素的乡村草原环境，都可以作为人类全面发展的背景条件。而在大都市辩护士们浪漫主义生活价值颠倒的评价体系中——也就是不依照自然标准而依据机器标准——"田园牧歌"或者"草原晨曲"之类的思维和主张，自然会在对比中丧失自身优势。

然而，即使是这些推动机械文明进步的传教士，也无法完全抹煞人类对于自然的古老感情。这些感情仍然作为我们新英格兰的文化遗产，时不时就出现在当今生活之中。比如说，这些机器爱好者们就发明了一种预先制备好的技术和方式来替代荒野生活；至少是代替古老文化中猎户们的营火野炊。于是，我们看到，古老旧石器文化使用的火塘，就成了如今后院里野餐用的烧烤支架。这后院里往往装点着塑料花草，工厂加工好的法兰克福香肠、熏猪肉、牛肉，都放在露天炉火上烧烤。炉火里是预先放入压缩碳球，从不远地方引电线用点火器点火，加温上升到燃点。这地方围拢一群人，一边观看电视或家庭电影,从中看到约塞美地国家公园或者是黄石公园中的旅游生活……哈! 好个荒野大自然! 可是,恐怕对于我的多数美国同胞们来说,他们的新大陆梦想,至此也就到达终点了。

这种变通办法往往先进而精致,且更符合科学手段的合理性。但终究,它同样枯燥无味。大而言之,重新启动古老的探索、发现和利用太阳系的运动,包括向外太空更遥远星球殖民,奔向荒寒的月亮、羞答答的金星、无生命的火星……莫非以此为归宿? 当今许多思想家已经发现,这条道路极其片面,且有巨大局限和风险,甚至蕴藏可怕后果。而如此疯狂的旧梦仍被复活,表明什么? 表明许多国家领导人已丧失现实感,丧失对生命真义的关怀,他们毫不在乎这样做会给人类带来严重后果。

两个新大陆梦想潜藏着不祥之兆,都不可小视。发现新大陆感召人类去追梦,而随后的工具和实践却断送了这些美梦,徒给人类留下新体验和思考题。只要追根寻源,只要系统查看技术与人文发展两者的交互作用,就不难发现其中奥秘。目前我这项研究就在做这件事情! 新大陆萌生的希望许多都已幻灭。虽然如此,伟大设想中却又有许多都实现了:瞬时通讯、热核能源、长途飞行、元素蜕变等等,此类成就莫不神奇、迅猛、包罗万象,常令其发明者也目瞪口呆!

45

# 3　开普勒[①]的梦想

地理发现的新大陆或科技发展开发的新大陆,都有个严重弱点;而这个弱点却为学

---

① 约翰斯·开普勒 Johannes Kepler, 1571 年 12 月 27 日——1630 年 11 月 15 日,德国数学家、天文学家、占星术士。17 世纪推动科学革命性进步的关键人物之一,最著名的就是与他齐名著作《天体运行规律》,该书系后世天文学家根据他三部主要著作编撰而成。他这部书为牛顿发现万有引力奠定了理论基础。开普勒的事业经历和贡献,主要在数学、光学、物理以及天文学领域,曾任鲁道夫二世皇室数学教员,他改进的开普勒折射光望远镜为后来伽利略的发现提供了有力工具。开普勒是继哥白尼之后首先起来捍卫太阳中心说的天文学家,因而遭到天主教卫道士追杀迫害,后因其曾担任皇家职位而幸免。在他生活的年代,天文学和占星术尚无明确分野,但数学和物理学却已明确分属人文学科以及自然哲学。他认为,天文学研究应当作为更广泛的数学和物理学工具去改造古代传统主张的物理学宇宙论。开普勒的独特作用是将宗教思想和理性思维融入他的天文学观察和数学研究,他始终怀有坚定信念,相信上帝依照严格理性秩序创造了世界,因而这个世界可以通过自然界的理性之光予以剖析,因而他是用数学的和谐破解宇宙的和谐,并将自己的新天文学称之为"天体物理学",这种学问是到亚里士多德所说的"形而上学世界去旅行",也可以作为亚里士多德"天堂论"的另一版本。作者芒福德在这里集中引述了他在 1620—1630 年期间用拉丁文写作的《Somnium(梦想)》一书,视之为技术的反人性发展趋势的开端。——译者注

界普遍忽略。原因之一就是,人们往往忽略这两种新大陆的主观性或一厢情愿;甚或根本不承认这回事。更因为,科学家在克服古代体制主体性的同时,却矢口否认科学自身主体性的诸多证据。而这种主观性,从一开始,就在开普勒的《梦想》中暴露无遗。开普勒这个梦想三百年前就准确预言了当今世界状况:经验主义知识构成、实用主义技术设计、不得已而为的奔忙、莫名其妙的雄心壮志,以及,最后还有个非常奇特的东西:人类日益觉醒,再无任何梦幻。

　　开普勒出生比哥白尼要晚一百年,而只比伽利略晚几年。他身上融汇了新大陆变革时代三种最重要的品格:科学素质,宗教精神,以及他本人不屈不挠的技术想象力。先看第一个科学层面:他发现了行星环绕太阳运转的椭圆形轨道,堪称一项杰出发现。宗教层面:他公开歌赞太阳以及星空,而且用这种看得见的实体支撑了基督教摇摇欲坠的天堂信念。他杰出的技术想象力则表现在一次海上旅行:乘帆船出海一天,航程并不遥远,加农炮精度也不甚高,他却能活灵活现地描述出依靠动力手段去月球旅行的构想。

　　如果说开普勒崇拜太阳,他则也是今国家宇航局(NASA)任何技术人员一模一样的登月狂。他在学生时代就完成图必根大学要求的一篇博士论文:《月球上所见的天堂景象》。也就是说,如今人类第一批宇航员自太空密封舱中所见,他早在那时已能想象到了。他阅读了普鲁塔克的著作《月球表面》,感佩之至,随即在自己 1604 年发表的著作《光学研究》一书中引用了 14 次之多。

　　开普勒的著作《梦想》一书在他死后才出版。三百年来,这本书却始终是个学术谜团,几乎无人问津。部分原因是它只有拉丁文本,虽然 1898 年之后有了德文译本,却同样艰涩难懂。而更主要原因是,它太富想象力,以至难以认真看待。而开普勒本人却毫不犹豫地先于伽利略提出飞往月球的设想。证据就是 1609 年夏天他就提出了月球登陆计划,还以航海探险为例,证明跨越太空去这颗卫星探险也并非不可能。他写道:"哥伦布以前,谁敢相信人类能跨越浩瀚的大西洋或波罗的海,或者英吉利海峡? ……只要有航船驭天堂祥风破万里浪,必有勇夫不畏艰险,蹈万顷碧波探索未知。所以,为了很快即将到来的勇士,我们必须准备相应的天文知识。"

　　请注意他的措词:"很快即将到来的……"赫尔曼·梅尔维尔 1846 年在《新潮人泰皮(Typee)》一书中也曾预言,到 19 世纪末美国西海岸的人就可以靠飞行到檀香山过周末了。而急性子开普勒的预言则更大胆,更急不可待。科技界最严谨的人,只能从铁定事实观察中看出谨小慎微的几步进路,而不敢贸然采取下一步措施。他们的判断绝非建立在头脑发热的主观预测之上。开普勒的头脑却从一项天文发现迅猛推进到步履蹒

*46*

珊的宇宙探索实践设想。这个事实就足以说明，为什么当今各种俗不可耐的宇宙神话会如此铺天盖地。而且，这样的神话已不是不可能的了。

在开普勒的时代，就在天体理论刚刚成型，许多观点结论尚且迟疑不决之际，这类荒诞想法就在开普勒头脑中出现，并逐步羽翼丰满，这一事实说明什么呢？这似乎表明，这种荒诞源于人类根深蒂固的整体心智(collective psyche,也译整体灵魂。——译注)。当年西班牙议会征服墨西哥时那种狂妄自大、那种勃勃野心，都仍然跳跃在天文学和技术界决策者灵魂深处。只不过采取了较为隐秘、较为得体的文明形式。

如此狂妄大胆者，绝非开普勒一个。这类宇宙中心论的冒险家们心目中，人类未来潜藏在他们骨髓之中——如人们习惯所说，潜藏在他们的无意识状态里。在他们看来，只要他们的专业工作能促进这种未来步步靠近，那么，这样的未来就能自然实现。这种险恶用心流毒之广，多数学者都迟迟未曾认识。只是最近受文学教授玛岳瑞·尼科尔森(Marjorie Nicolson, 1894－1981,文学和戏剧评论家,出身学术名门,捍卫自由精神,因其科技与文学之联系的创建而获杰出成就奖。——译注)启发才看出，这是一种不祥之兆。其实，早在爱德伽·爱兰·珀(Edgar Allan Poe)撰写汉斯·法尔(Hans Pfaall)靠气球登月计划之前150年，有关乘飞船自维也纳到里斯本旅行的设想就已经见报，而且公众未予太多质疑。到18世纪，赛缪尔·约翰逊在他的《拉塞拉丝》(Rasselas)一文中，还对航空旅行的可能性予以合理解说，甚至忝列了太空旅行的设想。描述说，宇航员一旦突破地球引力场进入太空，就能够从从中俯瞰地球这硕大球体在他身下滚滚转动。

开普勒月球探险计划惊人之处，除这概念本身大胆新颖，要算创意者对一系列尴尬细节的惊人领悟：从他描述中可看出，他头脑中对月球探险已经绘制了全套计划，应对可能遭遇的主要障碍，虽然他很清楚，这些难题是他那个时代的技术水平难以解决的。他指出，"这如一头扎进茫茫夜空，如此迅猛飞行中只能带为数很少几人……进入航程之初压力很大，宇航员身体蜷缩，扭曲，如炮弹出膛，他要飞越高山大海，因而须事先用麻醉药或鸦片令其入睡，还得将上下肢都捆绑好，以便让上行冲力均匀扩散至周身，否则上身会脱离下身，头颅会飞离肩膀。这些难题解决之后，还有新难题：如何克服寒冷和呼吸困难。……还有一系列困难会接踵而来，此处不一一赘述。不过任何难题都不会制服我们。"

最后这担保为时过早。不过，开普勒显然已受内心强迫症驱使，任何难以克服的困难和必然挫败都不足以阻挡他了。他像《拉塞拉丝》里那个艺术家一样，无法掩抑内心悸动，说出了"假若随便什么反对意见都要首先克服掉，那么任何事情也做不成！"

开普勒的狂想未能马上成真，这结局毫不足奇。而他这么早就有了这种疯狂梦想，就太不可思议了！原来,开普勒在跌入太阳神崇拜的泥潭时,仿佛看到一种前景:从太阳神开始,一系列权力和能量将为之打开,登月之路也就成为坦途。17世纪地理大发现开启的全部技术和力量,都无保留地应用到外太空星际探索,方法和目的却毫无新意。却也露出人类同样的骄横狂傲、侵略野心、完全看不见人类更有价值的目标和关注。只是一味坚持科学发现、技术革新、火箭速度……似乎这些指标就是人类的主要目的了。宇宙探索需要人类成就全副动员,结成一架大机器方能奏效。而这样的大机器没有几个世纪的积累和努力,是不能实现的。这一点,如今我们清楚了,而当年的开普勒则看不清这一点。

开普勒的"狂想"虽有违缜密思维、深思熟虑的界标,却因此让我们留意到17世纪流行的一个特点:科学促动下的胡思幻想。而且,这种胡思乱想,比起十八九世纪的那种更富人情味、更脚踏实地的实业界,更接近我们20世纪的诸多现实。证据就是,18—19世纪引以为豪的技术进步,其实就是将新材料新能源新方法(包括军事组织)用于古老的新石器时代的制造业:纺纱、织布、制陶,或者用于后来较晚铜器时代的采矿和冶金。

17世纪有个约瑟夫·格兰维尔(Joseph Glanvill),已经开始展望科学技术实用成果,设想了留声机、瞬时通讯手段。此人原来非常相信巫术,这时却写了本书要划清界限了。更有甚者,英国一个主教,约翰·韦尔金斯博士(Dr. John Wilkins),此人曾在剑桥大学三一学院担任过校长,1638年写了本书,也提出登月的设想。他还在1641年的一本书《神界捷足信使默丘瑞(Mercury or the Swift Messenger,译注:Mercury在希腊神话中担当众神信使)》中预言了一系列技术发明,包括留声机和飞马车。一年后在《新大陆演讲》中说,"一待飞行技术成熟,有些国家可首先殖民天外,来世生活也就不再是梦想了。"

开普勒除了很现实地预断了登月飞行只是个时间问题,同样重要的,他还预言了月球上极度严寒和极度炎热条件下化育出来的生物形态。我们这颗卫星的正面和背面温度可能相差很大。他用恶梦般的语言详尽描述了登月飞行可能产生的心理影响。他具有非凡的生态学眼光,凭借丰富知识合理地设想月球上生物的适应性后果。他想象,月球寒冷地球生活着一种叫做"Prevolvan(volve意为滚动,prevolvan勉强可译为'球体前区(的生物)')"的生物,而炽热地带则生活着"Subvolvan(球体后区的生物)",那里植物生长迅速,肉眼可见,一日之间就会衰亡。一些类人或低于人类的生物无固定生活环境,它们生长着骆驼般的长腿(或者长有翅膀或能乘飞船),以神行速度一日之间横穿全球,以不断获取光照,同时追逐不断萎缩的水源。滞留表面的生物会被日照煮熟,成为

48

后来深洞钻出生物的营养物。

请注意，开普勒缺乏西班牙探险家胡安·庞塞·莱昂(Ponce de Leon)①那样的浪漫主义情怀，传说人踏上美洲土地广泛游历发现了青春泉水(Fountain of Youth)。而开普勒不一样了，他为我们展示的无非是一幅生物畸变退化的离奇怪状图景。其中，一些千奇百怪的生物，在高热环境中发疯般的移动行走，没有目的，没有方向：这就是他最终设想成的月球"豪华班机"。他的假说认为，宇宙生命短促，仅一个昼夜的生死周期。矛盾的是，他却让炽热地区生活的 Subvolvan 去建立自己的城市。但请注意，其主要用意在于：纯粹出于专家治国论的理由：想他们如何建造自己的城市国家。

我们不得不承认，开普勒不仅拥有出色的科学创新能力，而且，它对生物生存条件同样具有出色而真实的想象力。证据就是，他不曾丝毫动摇这个坚定信念：任何类同于地球生物的生命形态，都不可能刹那存活于外太空那种恶劣环境。可是很不幸，这一事实提出了一个很严肃的问题，这问题不仅无法解答，无从推理求得答案：*是什么导致开普勒想出这样一种旅程要去外太空星球？这值得人类花费那么大力气吗？* 再有，为什么现代技术最高成就常常体现为遥远星球的探险，而这类探险活动的结局，往往是一些荒诞故事和想象：无头脑的鬼怪、灵异生命、令人骨寒的死亡经过，等等。成年人的严肃追寻，却止于孩童时代婴儿床畔骇人的鬼故事！这都是为什么？如果这些问题能找得到答案，那么，其余否定生命的许多非理性表现，许多威胁人类生存的许多奇特主张和行径，不仅能找到答案，而且也就迎刃而解了！

开普勒的这部著作《Somnium(拉丁文：梦想)》②，只要翻译成现代人语言，完全可以当作一部极有说服力的警世通言。开普勒迷恋天空探索，他从科学技术所创造的新世界当中究竟发现了什么呢？他也发现了一个新世界，这新世界超脱出有机生命合理限度，其生死轮回只一昼夜之长。这些蜉蝣般短促的生命生来只为了被一口吞掉。这里唯一逃路就是深深潜入地下，躲避险恶环境，以求自保。侥幸存活的生物，唯一使命就是永不停歇的奔跑转动。因为，这里生存环境之恶劣，无异于猛兽洪水。开普勒的设想抛开了地球，因此一下子抛掉了二十亿年生物进化史遗产，抛掉了生物世界的巨大创造

① 胡安·庞塞·莱昂·费格罗阿(Juan Ponce de León y Figueroa，西班牙探险家，1474—1521)远涉美洲，被王室任命为波多黎各首任总督，后来率领欧洲探险队首先进入佛罗里达，该州名称即他命名，他还因发现传说中的青春泉水在当地很驰名。——译者注

② 这是开普勒 1620—1630 年之间用拉丁文撰写的个人幻想。他在书中创造了人物和故事，主人公第谷·布拉赫用灵异力量将他一名学生转移到月球。接着展现了一系列虚幻而详尽的月球景象，还描述了月球上所见的地球影像。该书被认为是研究月球天文的第一部科学著作，也被卡尔·萨根等人奉为人类第一部科幻小说。——译者注

力,抛开万物同生共死的合作关联,以及这一关联的最高产物——智灵崇高的人类。所以,仅就生命价值而言,我们宁可舍弃全部太阳系星球冒险探索换取能供人类生存居住的地球表面,哪怕只一平方英里!

假如这种鬼魅般结论仅仅是开普勒一个人的特殊梦幻,我们就权且当作他个人的癫狂错乱,不必认真。可是事情并非如此,这种概念一而再再而三蜕变为后世科学技术思想杜撰的"假托邦(kakotopias,*理想国乌托邦之对偶概念,拉丁文前缀kako意为邪恶而不正确之意。——译注*)"的核心题材。例如,H. G. 韦尔斯所著之《时间机器》中,解说人类终于认识到,人类依靠技术手段进入时间隧道走向休闲和奢华,实际上是一种自我毁灭的过程。越是深入时间就越发现,这个星球上生命逐渐退化消亡。因而主人公看出,随文明体量逐渐增大,"只剩下一大堆傻里傻气的东西逐渐跌落,倒退回自身创造者,并最终毁灭它。"作者这一预警,完全背离作者本人历来重视科学,并投身科学事业的人生态度。因而,接着他有段语出惊人的结论:"假如最终是这样一种结局,那我们只好玩世不恭地生活下去了。"换言之,我们最好闭起眼睛,什么都不去想! 从哥白尼到开普勒一个多世纪的天宇探索,最终就实现这么一种美妙结局!

至此,我只想说清楚一个意思:地理大发现找到的新大陆,本来寄托着人类无限希望,怎么从一开始却遭遇到人类陈旧、垂死思想遗产和组织制度的百般纠缠蹂躏而难以自拔? 当初,不就是为了逃脱这一切纠缠,人类才冒险到新大陆来的吗?

如今,这种"机械化新大陆"越来越支配着现代人类觉悟和活动。我们有必要对它的本质作番仔细考察。接下来,我将讲述并论证这样一个思想:历来有关人与自然的学说和结论,都很容易用来说明技术领域的发展进步。但是,如今看来,这些学说和论点却误导,进而压抑了人类一些最基本的职能活动。更有甚者,这些学说和理论还歪曲了人类生存的基本目的,因为它将人类其他一切活动都当作扩大权力的工具。这类学说和理论,背叛了两个新大陆探索中曾经蕴含的人类理想目标: 扩大人类生存的边界,同时深化人类生存的基础。

# 第三章 机械论的世界图象

## 1 违反自然原则的生存环境

太阳神崇拜含有宇宙自身绝对合理、绝对正确的意念。因而,这种意念和崇拜,也将宇宙自身这种绝对权威转嫁给人间社会,变为文明当中特有的现实,比如:秩序、规则、可预测性,以及中央极权制。因为,太阳位于中央,它支配一切。

这种崇拜背后躲藏着一个古老观念。后世的科学探索已证实,这一观念并非无源之水:它认为,生命现象、生命诸多表现形式,都受遥远神秘力量控制。这些力量,有些已经知晓,如宇宙射线;而许多则尚未确认,有待揭晓。而无论揭晓与否,人类都难以操控。但是,这种种新奇独特的宇宙概念中,唯独找不到人类自身的真义和解释。这种世界图像安排非常庞大,却唯独没有考虑到,人类其实也是宇宙事件,而且是登峰造极的大事件! 人类拥有高超的智能水平,这种智慧能力不独来自太阳,更来自他自身高度进化发展的本性。

天文学发展为 16 世纪以后伟大的技术变革准备了大舞台,证据就是,它给一个不以人为中心的世界图像(depersonalized world picture,也译非人化的世界图景)准备了一个大框架。这种新世界里,机械的活动、兴趣和利益,高于并主宰人类的一切关注。这种世界模式是怎样组合而成的呢? 主要由古往今来一系列最伟大数学家和物理学家协同努力建造而成,包括开创时代的哥白尼、开普勒、伽利略、笛卡尔,还有高峰时代的莱布尼茨和牛顿。他们前后协同,共同努力,系统地描述了时间、空间、质量、运动、引力,最终实现了人类技术思想以及生存状态的革命性转折:从作坊转变到实验室、从使用工具的工匠和艺术家(这些人常兼创意设计与实施操作一身二任)转变为复杂的动力机械,接受中央指令和遥控。不单如此,正是这种总括的整体世界性图像,而非分散单个的机械发明,最终完成了当代巨型机器的神化和美化。

这群才俊当中,最核心的人物当属伽利略·伽利雷(Galileo Galilei, 1564 - 1642),

因为,他身上融合了当时新兴科学的两种特质:一个,是基于直接仔细观察获得的经验知识;再一个,是基于抽象思维能力的神学素养,包括用数量、数字、逻辑关联、结构联系等工具手段形成抽象思维。而这种思维能力恰能将人类精神从物质世界纷繁复杂的羁绊中解救出来。总之,伽利略最终把哥白尼连人带他的学说都归还给了地球。而在此过程中,却将人类自身干净彻底地赶出了这一逐渐清晰的知识体系,恰如新兴天文学也把虔诚的基督徒干净彻底赶出了他们朝思暮想的天堂。

鉴于正统基督教主张已经衰朽——就圣贤托马斯·阿奎那对亚里士多德思想体系的解说而言——那么,到了伽利略,出现这种反响也就不足为奇,且有益无害。但是,他们的反应方式不仅有理有据地轰击了亚里士多德的理论权威地位,显露出后者在许多领域中功亏一篑的尴尬。但却同时也显露出,伽利略的治学非常漠视生物行为和人类经验研究。而恰恰在这些领域,亚里士多德作为直接观察研究者,地位优越、见解高超,远超出那些将科学混同于机械学、将生物混同于机器的新派科学家们。

亚里士多德算不上深谙数学的物理学家,他有关物体运动观察的研究报告,都未曾劳神亲自试验验证,当然多数都站不住脚。可见,把他奉为一切科学领域的祖师爷,实在是学界一桩由来已久的懒惰疏失。可恨的是,中世纪科学形成过程中,古代经卷虽曾基于经验观察,却排斥重新试验和检验,妨碍进一步质疑探讨,这就很不应该了。这种情形在伽利略所著《对话录(第二日)》中都有精彩论证。他在书中讲述一位古代医生解剖尸体,展示神经系统发端于大脑而非心脏;向学生展示大宗神经系统都从大脑开始,仅一类神经源于心脏。在场一位亚里士多德的拥戴者反对这一结论说,"你真实可信地为我们展示了这一大摊子实情,假若亚里士多德不曾有相反说法,我真不得不诚服你的见解了。"

这些话,与伽利略在帕多瓦(Padua)邂逅到的那些冥顽不化的医生所说的简直一模一样。可见,当理性思维已经僵化成尸体一样,要靠载入陈腐经卷来防腐,那么,这种思想权威显然也该进坟墓了。科学探索就必须重新开始,一切都须从头再来,一如先前探索者那样。拓展知识需要用全新的、自信的眼光和头脑去发现新东西。

实际上,中世纪晚期那次科学复兴所发生的,就是这样一种重新探索的历程。可是不幸,新探索却未如亚里士多德那样涉猎广泛,而让"物质世界"的表象探索凌驾于生命本质以及生存环境的探索之上,主宰了后者。亚里士多德是研究生物生命的哲学家,他理论框架内的生命含义富有生存目的和方向,能够自我组织、自我复制。而伽利略和他那些门徒就不一样了:他们研究的是非生命过程,而且用这些非生命进程拼装出一种非常浩大的新型机器。

伽利略著作浩繁，我专门挑选其中一部分予以评析。因为这些篇章不仅大胆篡改了人类原来理解的自身在宇宙中的独特地位，还不厌其详地讲述如何开发相关的技术手段。

伽利略拾起他师弟开普勒在其《歌剧(Opera)》第一卷中的某些论点加以发挥。开普勒在此书中这样说道："耳朵专门用来听声音，眼睛专门用来辨别颜色。同样，大脑也不是用来感知一切事物的，而用来理解数量。大脑对任何事物的感知，主要靠该事物的比例关系。因为，任何事物越接近纯量化的形式就越接近其真源。反过来，若一个事物越远离其数量形式，它就越错误、越黑暗、越模糊。"其实，英国哲学家、方济各修道士罗杰·培根(Roger Bacon, 1214-1294年)在其《巨著》(Opus Majus)①一书第四部中早就表达了同样立场，"物理学的研究对象，其实全部可以用数学予以证明。因而，没有物理学和数学，也就无法正确理解事物。"这样，我们就看清了：这两处经典都把确知混同于洞悉。他们认为真理，凡适用于一般事物的真理，无需增大、无需丰富，照样适用于有机物。当然，还须等有机物简化为普通事物，才能适用这种真理。

伽利略还在他的《事物辨析》(Assayer)一书中用自家语言重复了开普勒的论点，他说："宇宙是一本大书，书中写的全是哲学。但是，要读懂这部哲学著作，你须了解其中使用的语言，恰如阅读首先得认识字母。宇宙哲学用数学语言写成，这其中的人物就是三角形、圆等等几何形体。不懂这些字母和人物，任何人也读不懂这本宇宙哲学大典，就像是掉在迷魂阵里一样瞎摸乱撞。"伽利略还依据开普勒的思路，构想出一个世界模型，这个世界完全由物质当家作主。相对于数量的质量概念，在此世界模型中成为一种"非物质的东西"。因而，依照推理，便成为大脑分泌出的多余溢出物了。

伽利略在精神思想上非常接近开普勒，他俩长期保持密切友好通讯联系，以至于伽利略始终未能察觉，他们交流对话中各种看似浅显明了的论断当中，实际上包含了多少谬误和歪理。即使如今，他们诸多见解仍然牢固盘踞在学术思想领域，被奉为不能挑战的公理。因此，在追根溯源痛陈各种危害之先，我有必要首先展示这些歪理和谬论。幸好在我之前，已有越来越多的批评家，包括数学家、物理学家、生物学家等，他们是斯塔罗(Stallo)，劳埃德·摩尔根(Lloyd Morgen)、怀特赫德·普兰克(Planck)、萧丁格(Schrodinger)、伯尔(Bohr)、伯兰意(Polanyi)，这些人已经做了这类工作，并且在各自领

---

① 《巨著》*The Opus Majus*，系罗杰·培根最重要著作，应教皇克莱门特四世之邀用中古时代拉丁文于1272年写成。全书840页，主要内容涵盖自然科学与人文科学的广泛领域，包括语法、逻辑、数学、物理、光学、哲学、论理学等共七部分。——译者注

域推进了这种理解,这省了我许多力气。因此,他们对我这里的分析会毫不惊奇。

　　首先我们须注意,两位科学家所论述的"宇宙",实际上仅是孤立物质实体构成的,是些不含生命体的、纯粹的"死"物质。可是我们知道,这种所谓绝对无生命的区域——至少无生命潜能的区域——则纯是一种幻想。所谓"物质",其实在其某些元素的构成和隐密结构中,已经包含着某种潜能——至少在进化途中某个很遥远阶段——它能够形成"活性"。而且,恰是随生命物质出现,才开始出现各种活性特征;可是不幸,这些特征和重要品格却遭到伽利略摒弃。原因呢? 据他说,这些东西都是主观想象的,不真实的;证据就是这些东西用数学方法根本无法表述。我们承认,在天文学宇宙和人类本性之间的确有某种深层次的协调统一。有机生命,莫不以各种形式讲述着宇宙的周期节律: 白昼与黑夜、月亮圆缺、寒来暑往四季轮回;无疑,生命现象必然还会顺应、符合物质世界更多、更隐晦的物相变化。因而人类自身,恰是宇宙最富代表性的模型。可见,伽利略借几何学语言揣想有机生命的行为特征,这并非错误。比如,当代不就借双螺旋结构说清了遗传密码脱氧核糖核酸 DNA 的概念吗?

　　迄今为止的物理学家都认为,唯有这个非常稀薄、虚幻的世界,才是唯一真实的世界。问题在于,这种世界里任何生命体都无法生存。这是一种只有物质和运动存在的抽象领域;或许人类,加上大量装备,才能在无生命的月球上活命。而生命体的真实世界非常丰富,非常复杂:它其中的分子积累逐步构成生命现象、生物形态、丰富的物种和种群。其中包含的功能演化、适应性遗传、获得性进化……历经了数十亿年进化积累,岂能依靠数学一个个说清楚?

　　如此巨大浩瀚的变迁过程当中,人类只发现、描述其中极小极小一部分,能够用数学表述清楚的就更少。因为,形体、性状、颜色、气息、触感、情绪、口味、感情、造型、梦幻、语言、抽象象征符号等,如此丰富的内容,即使最卑微的生物体也承载了难以计数的信息量。这些东西,岂是简单数学方程式、几何图形能说清而不减损丰富的生命内涵?这可能吗?

　　这新世界图像第二大毛病则来自前一个,亦即,伽利略在肢解世界概念的同时也肢解了人类生命的概念。他论述的大脑,似乎可以脱离身体其他部分而运作。似乎,眼睛自身就能看颜色,耳朵自身就能听声音。同样,大脑,假若处于完好状态,也是自身就能完成数学思考。

　　新近实验证明情况恰好相反:计算机单纯依靠明确的符号和确切形象才能工作。人脑则不同,它非但没有计算机的局限,还具有非凡才干去处理一些模糊不清、混乱的数据,能从一些极不完整的信息中解读出真确含义,包括处理同一词语的不同语音、语

55 调、不同发音特色等细微差别,计算机若遇到这种情况就要瘫痪了。人类在历史上之所以百折不回,愈挫愈奋,之所以成功克服逆境开辟新局面,而没有像其他物种那样永远避居狭小安乐窝,就因为他的大脑具有这种整合功能和特性,能够不断把过去的、现在的、将来的大量经验、信息、符号组合加工成新知识,转变成各种办法和手段。

从开普勒理论体系我们有理由断言,他们设想的科学世界概念,越是远离声音、色泽、气息以及各种生物功能(其实他们的科学世界概念本身即是从这些特质中衍生出来的),那么,他们对生物特性和人类本质的研究,就只能越加漆黑一团。虽然生物体也具有物质实体的许多特性,因而也可以照开普勒原理同样操作而取得同样效果。

开普勒和伽利略都认为,生物体无法成为科学知识王国中的合格居民,除非他们死亡。这种奇谈怪论,这种歧视生命的教条,起初并未立即影响试验性物理学和机械学的探索成果。但从长期来看,它阻碍了生物学研究进展,并且将它们导入歧途。三个世纪中,科学家们浪费了将近二百年时间才看穿这一谬论! 据罗伦斯·辛克尔博士(Dr. Lawrence Hinkle)新近实验,假如切断大脑信息来源,阻断它的声、光、味,以及肌肉张力等信息来源,即使在实验室条件下,也会导致心理解体。这就足以证明,只有维持大脑与周围环境信息经常交流,包括与自体器官沟通交流,人类脆弱的大脑才能维持自身平衡。因此,假如将事物简化到纯粹的数量水平,就根本无法靠这种方法来研究有机物的行为特性。

开普勒和伽利略的学说当中还有个不言而喻的结论,但他们讳莫如深,即使已经意识到,也不愿说破。这就是,若用他们这种质量和运动的单纯理论来理解物质世界,以及人类(作为质量和运动的最终产品),那么,活生生的灵魂,不可避免,就消灭了。人类不仅不再是宇宙的中心,实际上也丧失了生存的理由。人类不再是这个星球上漫长进化史的产儿,而这星球的其他万物及其生存环境要更加久远……人类丧失这一切,徒留下自身一小部分继续存在,这就是无依无靠的智能活动,以及这种无生命创造力之智能活动的专门产品:科学定理、机器,只有这些东西才有权要求宇宙中一个永久席位,才具有更高的真义。新兴科学家们主张客观态度,为维护"客观态度"的立场,他们不惜消灭进化史产生的人类,以及人类的各种主观活动。从伽利略以来,这样的科学实践就被称之为"客观科学"。

伽利略一门心思关注数量而排斥其他一切,这样,他实际上就抽掉了真实世界的真义(*disqualified* the real world of existence)。耶和华也不过只把亚当夏娃赶出了伊甸乐

56 园,而伽利略把人类赶出了活生生的自然,将其驱赶到宇宙沙漠之中,比耶和华还要专横! 只不过伽利略的模式当中,偷吃知识苹果遭受的惩罚在于这种知识本身的特性:他

们创制的这种知识不仅枯燥无味,也不能维持生命,更不能再造生灵。生命世界占据了大宇宙中一个广阔地带。如今,这个重大领域被挤出精确科学研究视野。生命诸多奇幻活动、生命诸多优美特征,分明是这宇宙的一部分,如今被粗暴判定为"主观事物"而流放到知识领域之外,就因为生命现象中仅有很少很少一部分能够量化,能用数学来表述。由此看,能够进入知识领域的就只有尸骸和骷髅了。而对照来看,受追捧的却是那些"物质世界",只有那些抽象"物体(physical objects)"组成的抽象世界,同时在同样抽象的空间和时间当中运行。似乎,唯独这样的"物质世界",才是世界的真义。

这概念之荒谬,且看20世纪一位"科学家"巴克敏斯特·富勒(Buckminster Fuller)对人性惊人粗鄙的论述,就一目了然了。幸而这位科学家的妙论非我杜撰,否则真有人会控告我,说我为驳斥伽利略学说之荒谬绝论和粗制滥造,居然不惮编造出如此不堪的荒诞不经之词……他这段论述如下:

这位富勒说,人类是一种"能自我平衡的、有28对关节组合、靠调节器两足行走的、电化学水平下降的工厂,它依靠多部储能电池取得能量,以便连续开动内部数千台水泵和气泵,连带各自的;它有62,000英里的毛细血管,数百万种警告信号,加上铁路和传送带系统,配备有压碎机和起重机,还有四通八达的电话系统,且无需保养维护能无故障运转70年……整个非常复杂致密的体系和机制,都接受一处炮塔指挥,该处能发出精确指令,炮塔内装备有显微镜和望远镜,能以自我调节和记录范围广阔的发现,还配备有色谱仪,等等……"

富勒的描述,对仗工整严谨,比喻生动贴切。假如我们不去挑剔他那些空洞、伪造的统计数字。那么,这一系列抽象机理的详尽描述中,在他历数人类各种机械部件之余,唯独缺少了人的本质。这么关键的内容,作者居然未曾有稍许暗示。

不难想象,伽利略若读到这一初生牛犊的大胆放言,会有多么高兴。实际上,伽利略本人就是巴洛克文化的活样本:他的行为混杂着各种机械手段构成的声色之乐,纵情于一个多维世界之内。而他的理论和分析却时时刻刻玷污着、否定着这个世界。他本人是个色情狂,一头种公牛,纵欲于肉体快乐、审美享受、诗意情感等等。不过他的世界里,科学技术的探索位居第一,只有这些要求满足之后,他才容许其他作乐。正如德桑迪拉那所说,伽利略为自己的科学发现无比自豪,正如桑德拉纳作为一位人文主义者会为自己的文采自豪。虽然伽利略有限的理论构想,选择机械作为科学思维的最高模式,而他真实的生存环境仍充满各种传统的美学内容、宗教礼节仪式、各种感情色彩浓郁的象征符号。因此他无法想象,一旦他的模式和标准为世界广泛接受、采纳,一旦他所厘定的机器和机器制造的人类成功地否定了自然,消灭了有机生命一切特征和属性,这个

57

世界将呈何等景象。他从未料到，机械世界图像的最终后果，就是我们当今的世界环境：最适宜生存其中的，唯有机械。

## 2　伽利略的罪恶

伽利略的行星绕日运动规律解说，最终几乎让他断送性命。罗马天主教会指控他散布异端邪说。其实，伽利略真正的滔天大罪还在于一桩他未曾出口的罪过。他在《两个世界的对话》结尾部分清楚说过：不能根据他未曾犯过的罪恶给他治罪。其实，他与许多科学界著名人物一样，在神学信仰方面都非常保守，包括巴斯葛、牛顿、法拉第。即使在科学领域内他也从未明确提出任何颠覆性创新见解，未曾推翻以往任何定论。若说有错，错误在于，他总是笨手笨脚想去支撑、修补托勒密那个摇摇欲坠传统的宇宙理论框架。

可是实际上，伽利略犯的罪，远比教会高僧们控告他的内容要严重得多。因为，他真正的罪恶在于，他出卖人类生存的完整性(而非仅仅教会那些积累多年的教条和学说)，而只换取来宇宙很小一部分内容；这些内容是有限时间段内人类能观察到、且可用质量和运动方式表述清楚的宇宙现象。为这一点点收获，他却否认人类体验中还有许多看不见的、未知的真义，而这些真义同样重要！因为，科学本身就是从这些真义当中衍生出的，是人类精微的意识形态产品。伽利略思维体系把人类经验实体分为两大领域：主观和客观。其中主观领域，他认为，不属于科学范畴；而客观领域——从神学意义来说——又与人类实际生活无关，而属于严格数学分析的对象。他这样一划分，就把人类长久的文化积淀(包括形成数学思维和数学运算)都划归给虚幻的、不真实的部类了。

以往三个世纪，科学家们基本上一直追随伽利略的思想方法。斯塔罗一个世纪前就曾揭示，这些科学家盲目相信他们自身已经超脱形而上学习有观念的支配。于是，人类以及有机生命的任何表现形式，只要无法纳入机械世界图像予以定位和解读的，一律会遭到正统科学立论打击、压制。这样一来，这些所谓科学家就犯了相反的错误：先前教会神父们，为钻研人类灵魂的永恒不朽，曾否定现实生活的一切兴趣和利益。如今，这些科学家则又否定了灵魂。实际上，"质量"以及"运动"的概念——若除掉其与人类生存其他内容的关联——并不比"灵运"、"永恒"概念更客观。这个道理很明显，而那些明察秋毫钻研神学却又生吞活剥吞下科学观察的科学家们却未能觉察。伽利略就这样天真地、轻率地丢弃了人类由来已久的生存权利：丢弃了人类值得纪念的、永志不忘的、意义重大的经验积累。一句话,他放弃了人类文化积累。他宣布抵制科学研究主观性的同时,也把历史的核心议题和主体赶出了历史:这个主体,就是全方位、多层面的人类(multidimensional man)。

就这样,伽利略铸成大错。而他眼睛睁着,脸上笑着,却根本没意识到,他这样武断割裂外部世界和内心世界、割裂客观和主观、割裂数量和质量,把明白易懂因而可人疼爱的数学形式放在一边,而将无法缩小、无法接近、无法分析因而也无法度量的抽象(主观)形式放到另一边……这种武断分割做法有多么不妥、多么荒谬! 因为,人类生命、人类生存经历,曾经那么丰富、那么系统,各方面内容形成那么多象征形式,这本身就是有机生命无数世代进化的总成……把生命世界整体性排除在外,又将宇宙予以机械分割,这样做不荒谬吗?

更糟的是,伽利略还创制了一种主体客体之间的二元论,要比基督教主张的二元论更加大而无当。因为基督教将世界划分为天堂的、理想的、美好的,以及人寰的、现实的、丑恶的。这样,基督徒心目中的天堂不仅成为他人生中一种活跃要素,而且能在大小教堂中看得见,体现为日常慈善义举和宗教庆典。而在反历史的功利主义秩序构建的机械世界图像中,人类主观体验,要么因缺乏历史纵深感而贫乏之至,要么就因不善居安思危深思熟虑而扭曲变形。

如今,新科学做出新安排,不仅人类,整个有机世界都需要救赎。一切生命体都得与机械世界图像和谐共处,都得融解、重塑、再造,以求重构一种更完好的机械世界模式。因为,只有机械才是这种新意识形态的真正化身:任何生命机理,无论多复杂,都不过是些简单的人造物,一如前面巴克敏斯特·富勒给人类描绘的令人汗颜的讽刺画。照这种构想,只有丢弃生命的复杂机理、用抽象化和智无能把自身"纯化"、去掉内脏、抽取精华,人类才能变得无可挑剔,才能完美无缺,才能完全同伽利略的机械人工物整齐一致! 所以,想要摆脱生命、放弃自治、丢掉主观以求得救,人类只有变成机器,或者干脆变成更大机器上一个部件,这才是这新理论新方法要创造的新世界。

讽刺的是,这种新观点竟连自然现象中一些普通物理性状也解释不通:开普勒本人深入观察雪花的几何图案就曾惊讶发现雪花有花朵般规则的有序性,仿佛人类智能在自行运作,弥散至整个自然世界。同样,物理学家如今也发现,原子也有同样规则的排列,有自己整齐的内部世界,虽然人眼看不到,人脑无法破解。而且,每种原子各有特性,取决于更小基本粒子排列以及电荷等级。可见,如此组成结构、形成排列有序的原始倾向,数十亿年前早已固化在物质的低等形态之中了。那时候,有机生命的进化尚未开始。直至莱布尼茨和斯塔罗才惊讶地发现这种深刻的直觉知识,足见得它们被忽略了多久！

不仅如此，这些"终极者"基本粒子，直接观察不到。因此其内部结构或那些无法进入的领域，就不能说它不真实，即使从物理学来看。更不能说这些东西纯粹是主观的产物，无论它的秘密有多么严密难解。一言以蔽之，内部世界与外部世界，同样是客观存在。摘除或替换内脏时，先做外科手术打开腔膛，首先确认该内脏存在？谁会这样做？有必要吗？至于我们常说的外部世界，实际上仍然是任何生物体内部世界的一个组成部分。这个生物，若不将这个外部环境在一定程度上首先内化，它本身就无法存活。

以上这些分析，简直就像鞭打死马一样毫无必要。如今不厌其详重新提起，只因为这些原始错误概念和误解，仍然牢固盘踞在许多科学家脑中，更是深深侵入普通民众的思想观念和技术实践习惯。诚然，机械世界图像(mechanical world picture)这个概念最初是开普勒、伽利略、笛卡尔、牛顿、波义尔等人首先提出的，如今先进科学早已不用这个概念了。后来，经过法拉第、克拉克·马斯克维尔、普兰克及其后继者们大量推理、论证和试验，经典概念"物质世界"的每一部分，都在否定"物质第一性"，这世界便更虚幻、更微秒、更复杂，也比以往更难懂。而且因而逐步与神秘主义、不可知论成立妥协，处于一种模棱两可的模糊状态。17世纪世界概念中那些自旋的星球、摆动的钟摆、沿抛物线射出的炮弹、自由落体、无法再分割的坚硬原子球体等观念，再无法囊括大千世界中看得见、说得清的丰富景象了。因为，电磁辐射可向任何方向延展，而在二维平面上则侦测不到。物理学家告诉我们，还有更多其他物理现象的形态则根本无法想象、无法描述。

尽管如此，即使如今，科学家们的世界概念中，开普勒、伽利略的模型也仍未完全消退。正如萧丁格(Schrodinger)指出，这种世界概念，依然是个没有"蓝颜色、黄颜色、苦味道、甜美、美感、欢快喜悦、愁苦忧虑"的世界概念。一句话，这个概念里不包含人类体验的任何报告书。现实地看，这个科学世界概念仍是虚幻的(under-dimensional，*或译维度的。——译注*)。证据就是，它从一开始就抹掉了那个有血有肉活生生的观察者：也消灭了他的漫长历史，那里面记载着他的基因和文化。

不幸，随着17世纪认知和研究方法进步，在观察看得见的东西获得清晰形象、精准测量效果的同时，却严重贬低了人类生存中那些看不见摸不着、难以琢磨的内容。结果，人类的高级产品，人性人格中许多丰富内容都随之消灭。接着，技术世界概念，在沾沾自喜贬低、排斥人格人性的同时，得寸进尺取代了自然，取代了人类文化。它自己亦步亦趋攀上文明世界的高位，俨然作为科学真理担当起坚固的运转模型。劳伦·艾斯利(Loren Eiseley)提醒我们，"罗伯特·门罗(Robert Monroe)1893年在英国先进科学联合会开幕式致词中就曾经居高临下地说，'想象、概念、理念、理想、道德操守等等，可以比作寄生物，要靠邻居提供养分才能生存。'"所以，为这种贬损人格人性的行为指明方向和道路，继而将其放逐荒郊野外，这就是伽利略真正罪恶之所在。

## 3　细数伽利略的罪过

伽利略这种方法，一旦广泛应用，其优点之一就是，它能开启物质世界很大一部分给公众观看。而且，凡能了解这种方法的人都能掌握它。这样，这方法本身就让观察到的结果不受质疑，不受窃窃私议。伽利略现身说法的这种科学权威（positive science，**直译即绝对科学。——译注**），实际上是对中世纪观念的一种反叛：中世纪观念认为，假若有些真理还未经神意确立，那就要通过对立双方在公开场合举行辩论，用口头推理、言辞论证来逐步形成。这是一种辩证方法，至今法庭上还在运用。它给个人权力和法庭辩论技巧预设了一个好处，但却很容易跌入唇枪舌剑的泥潭。对此，17世纪科学普及者，法国人雷诺（Renaudot）曾一语道破：这样的讨论"不仅败坏辩才和讨论氛围，还往往相互讥诮，争吵骚乱，不欢而散"。

这样看，伽利略获得名望就货真价实了。因为他推动普及了这种方法，引导公众解放思想，纠正个人错误、偏见和不正确推论；而且，还通过细心观察、合理规划的实验、符合逻辑的解释，求得大家能以接受的结论。而且这些结论同样还要经受大众用同样办法来重新检验。可见，不仅要严密推理还要合乎道理，不仅要有聪明过人的直觉还要虚怀若谷、接受同仁的合作和相反意见等等，这些都是这一新的科学方法收获的道德成果。接着，这些温文尔雅的知识风范又从科学领域不失时机地流传到其他部门。原本独属于科学的这种崇高声望，在很大程度上就植根于这种无私情怀、豁达大度、纠正错误、从善如流、毫不迟疑抛弃谬见，包括重修基本设想的良好修养。一句话，完全没有不可告人的动机，没有冥顽不化的僵死态度。

这种新型学风来之不易。从伽利略本人最初反对、质疑旧说的态度中我们不难看出，他的变革创新精神是多么必要、不可或缺。有一次他给友人开普勒写信说："啊，我亲爱的开普勒，我真希望你能过来同我一起开怀大笑啊！你知道吗，今天在意大利的帕多瓦（Padua），有位著名的哲学教授，我心情殷切，三番五次邀请他，通过我的望远镜仔细看看月亮……此人冥顽不化地拒绝了。"

现在看，这种打开眼界的过程至少三个世纪以前就开始了。一个突出例证就是圣

*61*

方济会托钵修士罗杰·培根(Roger Bacon)，他说："谁若想了解现象背后掩藏的真相，领略发现活动的快乐，就得老老实实做些实验。作家写了许多论断，读者不假思索就盲目相信。其实许多论断都是错的、假的。证据之一就是，大家都相信宝石无法破碎，除非用山羊血。这一说法被许多哲学家、神学家盲目沿用多年。而山羊血能破碎宝石却从未得到验证，虽然有人尝试过。实际上，不用山羊血就能轻而易举破碎宝石。证据就是我曾亲眼见到过。"

"我曾亲眼见过"就成了新标准！这个标准现在又被伽利略及其后继者着重强调提出：这种方法论一经确立，原先的天使、魔怪、鬼魂，只要一个不盲信的头脑看不见的一切，就都不存在，至少可疑了。除非又用科学办法重新包装、改头换面，变成所谓"燃素""以太"之类，重新嵌入机械世界的图像之中。每一个真正的科学家，都成了专业领域内一名怀疑论者 Doubting Thomas(也称 Thomas the Believer，耶稣门徒之一，据《约翰福音书》记载，他要触摸过耶稣伤口之后才会相信基督又复活了。——译注)：这位门徒声称，若不亲眼见到耶稣钉死十字架的创口，就不信基督复活这回事儿。

如此追求真知，打破砂锅问到底的态度，正是在两个新大陆系统开发过程中逐步培育起来的。这两个新大陆就是我们已经探索过的地理新大陆以及机械技术新大陆。科学探索态度的这一深刻变化，是在伽利略引领之下逐步实现的。为此，他的贡献值得我们真诚尊敬。可惜的是，在取得这些效果的同时，为了让这些成效更加客观，伽利略接过同仁开普勒毫无根据的观念，也相信大脑是专门接受数学符号的器官。更有甚者，他还认为，为实现和维持大脑这一数学信息功能，其余信息通道就都须关闭。

伽利略这样写道："一旦我对某物或实材形成一个明确概念，我马上会感到必须赋予它确定的形体、性状、边界。这样，在对比关系中，它就能显出大小、时空处境、动静状态、是否毗连另一物体、神奇独特抑或极为普通……总之，无论如何我无法使之出离这些品格(qualities)。可是，与此同时，我并不认为它必然具有颜色、味道、声响、好闻或者难闻的气味。再有，假如我们的感官不曾反映这些品格，那么单靠语言、想象，你永远也无法表达这些内容。因此我认为，这些感官印象，包括味道、颜色等等，就其似乎寓身其内的那个事物而言，无非是(它的)某些名称。这些特征仅存在于感官主体内；证据就是，一旦这个能感觉的活主体不存在，那些(感觉到的)品格特性也就随之消失，且无影无踪……所以，我不相信，我不相信生命以外的任何实体能散发这些品格：味道、颜色、气息以及声响等等。我深信，外部实体只具有大小、形状、数量、运动这类基本属性(primary qualities)。"

请注意：他这个结论不是实验得出的结果，而全靠天文学和机械学推理，再加上观察者自己假设的感知过程。他的解释和结论完全排除了生理信息,仅留下大小、重量、"力",以及更抽象的"质量"、"运动"等概念。足见得,伽利略宇宙中不仅找不到包含人格人性和生物世界,就连非常普通的化学元素也找不到。虽然这些东西当时尚未证实,也没有记述。伽利略还在另一场合讲述过这一观点,说,"我认为,假如割掉耳朵、舌头、鼻子,形状和数量会依然存在,而味道、气息、声音则会消失。"可是,他这假想的外科手术为什么终止于耳朵、鼻子、舌头呢?为什么不继续操作,延伸到手指、眼睛、大脑?若也统统割掉,会发生什么情况呢?(依照这种逻辑)自身能够客观独立存在的绝对实体,不过是人类精神信以为真的虚幻物,而唯有人类生命活动和环境之间持续不断的大量交互作用以及互相关联的大量产物,才能称之为"真实。"

有个现象和问题,伽利略则从未解释:人脑是重要的认知器官,它能接受信息做出反应,能将感知到的现象(大小、颜色、声响)转换为符号。假如人脑一旦消失,他所谓那些基本品格(primary qualities),亦即形状、大小之类,能否比颜色、气味之类(的次要品格),能否不因此受到影响,仍保持更实在、含义更丰富的客观特点?这一点,伽利略从未做出解释。同样,伽利略也不敢正视一个更棘手的问题:质量和运动又怎能产生出(颜色气味之类的)"幻觉"品格呢?现在看,物质世界一切所谓客观要素都是些推论,或然率很高的推论。至少在人类看来,是从大宗历史经验和生物进化经验中分离出来的推论。

伽利略所构想的机械世界模式,不过是为数有限的或然形态(probable worlds)之部分表现形式。这些或然形态,每个都隶属于某一种特定生存物种。这些或然形态总和起来则成为无限多应然世界(possible worlds)中一个组成部分。而这个无限多的应然世界,有些曾经存在,有些存在至今。而任何一个适宜全部物种生存的应然世界,无论什么情况下,也只是一种假想的构造。完全是从极不充分的数据中推导出来的。或许因为提供了安全保障以及智能活动而获得称赞,即使详细考察会发现,所谓的安全保障其实不过是另一种假象。一只蝴蝶或一只甲壳虫,一条鱼或一只鸟,一只狗或一头海豚,各自选择哪种首要品格,这些问题的答案可能完全不一样。道理很简单,每个物种要依照各自习性要求和环境条件,来选择各自的生存环境。狗眼睛看到的世界是灰色的。所以在狗的世界里,气味,无论其远近或隐显,则完全类似人类世界中颜色的功效。虽然在取食这一基本活动上,人类与犬科动物非常接近。

生物学背景上适用的题目,同样适用于人类文化,甚而可能更适用。这是一系列的

63

观察者,从德国古典主义哲学家伊曼纽尔·康德(Immanuel Kant, 1726 - 1804)①到本杰明·沃尔夫(Benjamin Whorf, 1897 - 1941,美国语言学家、文化人类学家、化学工程师。主要著作有《语言、思想、真义》等。——译注)均已殊途同归证实了的结论。人类只能自由自在、自信而悠然地生存在一个独一无二的世界里。这个世界不是伽利略所谓首要品格构成的"客观世界",而是一个有机世界,一个由人类文化规定好的有机世界。这个世界,是由丰富的礼制、语言等象征符号、形象色彩纷繁的艺术、门类齐全的工具和器皿、各种实践活动、长期改造大地的操作、建造城池、修筑堤坝、形成习惯、礼俗、体制、组织结构,以及思想意识。人,一旦在时间上踏入另一时代,或者进入另一文化范畴,立即会感觉异样,他的主观体验,连同非常熟悉的客观感觉都会立即消失。各种强烈差别、反差倒错、区别奇异、矛盾冲突,都会接踵而至。随之消失的,还有人类体验中难以缩小的丰富、永继不竭的人类潜力,也会相继消失。这些东西都不会永存于任何单一体制中。

而伽利略的继承者把人类丰富的文化遗产破碎成一堆可量化的、客观的、可重复的、无个性差异的东西。这样,他们不仅篡改、取消了人类漫长发展的基本事实,也锁闭了人类进一步发展的前景。更有甚者,他们创制了一个分裂的人格形态,其个体的主观世界(在公认的假说水平上)永远不可能予以规定;他的公共的、客观的世界,同时也不可能接受客观世界的规定。到了19世纪,这种分裂人格,索性扩大、裂解为艺术家和科学家之间难以弥合的鸿沟。这样的鸿沟,是无法靠斯诺爵士开列的药方来缝合好的:它仅只要求艺术家接近科学。

伽利略把物质世界划分为首要品格和次要品格两大部类,他相信这种划分实际上反映出可验证的客观世界,以及仅能感觉到的感官想象,两者之间的根本差异。前者可以靠天体运行来证明,是人类难以企及的;后者则是一种从属世界,因为它须靠短暂的人类生命来汇报自己的存在。他这种划分非常错误:因为,主体与客体根本无法分割开来。

---

① 伊曼纽尔·康德(Immanuel Kant),德国哲学家、德国古典哲学创始人,被认为是对现代欧洲最具影响力的思想家之一,也是启蒙运动最后一位重要哲学家。1724年出生于柯尼斯堡,一生深居简出,终身未娶,过着单调刻板的学者生活,直至1804年去世,从未踏出过出生地半步。康德思想的发展,以1770年他提出教授就职论文为界,分为"前批判时期"和"批判时期"。在"前批判时期",他埋头自然科学研究,提出"关于潮汐延缓地球自转的假说"和"关于天体起源的星云假说"。此外还曾对太阳系形成提出第一个现代理论解释,即康德·拉普拉斯假设。1781年,康德发表了《纯粹理性批判》这部哲学名著。此后又陆续发表了《实践理性批判》(1788)和《判断力批判》(1790)这两部著作。三部著作的相继问世,成为康德批判哲学体系诞生的真正标志。晚年从事人类精神研究,提出著名灵魂三段论,即灵魂由"思想、情感、意志"三要素构成。——译者注

比如,气愤,原是个人一种主观情绪,这是就其仅影响自身心智状态而言。但当它外化成某种特征,虽然未必更真实,却更容易让别人见到,因为有语调高亢、脸色变红、肌肉抽紧等等表现。而且,如果必要,这些特征还能进一步"客观化":量血压、心搏、测量分析血液中肾上腺素和血糖水平等措施。其实,气愤显现的这两种特征,都真实无误。只不过后者不含个性差异,因而无法对号入座,无法凭借这些数据找出是谁生气了。除非你继续挖掘,是哪个人的情绪变化,为了什么事情,等等。如若不然,这一点点数据就连究竟是气愤还是恐惧都难以辨别,因为恐惧也能引起这些体征。可见,仅凭这些貌似客观的条件,气愤和恐惧简直就是一回事。除了某些场合下,气愤可以引起攻击行为,而恐惧则会导致出逃。当然,也未必永远都是这样。

至于伽利略相信形体的客观属性,无需考虑观察者的印象体验,他这种信念就缺少一个必要的基础。伽利略清晰地想象出一个边界,作为客观世界独立存在的证据。但是,只要一考虑电磁场,这个边界就消失不见了。如锋利平滑的刀刃,若在高倍显微镜下,则会呈现出犬牙交错的形态,这是一样道理。高等生物的真实精神体验,尤其人类,实际上是内心与外界,主体和客体之间,一种连续不断、多次往返重复的摇摆振荡。若仅从一个侧面来解释它,这种真实体验则不仅被限制了,还会被歪曲了。德国动物学家阿道尔夫·珀特曼(Adolf Portmann, 1897 – 1982)有一句体会表述得非常聪明,他说,"大自然包含了生命世界的每个层面——主观体验(的复杂丰富)并不亚于其物质结构。"

不消说,机械式宇宙概念的最终形成,不是伽利略一个人的过错,不该由他厘定首要品格以及数学分析法等等来负全责。他的一系列后继者都先后做出许多理论和实践贡献,都大大怂恿了他。这些科学家非但没有克服他的谬误,还变本加厉将人类经验的大部分都逐出了科学殿堂。

后来诞生的科学文献,协同一致把机械世界和宇宙概念牢固地、普遍地确立起来。此类文献,数不胜数,简直汗牛充栋。我只能挑选 18 世纪里最有代表性的一个文献,来代表其他:

伽利略这一宇宙界概念,当属苏格兰哲学家大卫·休谟(David Hume)①所作的归

---

① 大卫·休谟,David Hume, 1711 年—1776 年,苏格兰哲学家,出生在苏格兰的一个贵族家庭,曾经学过法律,并从事过商业活动。1734 年休谟第一次到法国,在法国开始研究哲学,并从事著述。1763 年休谟又去法国,担任英国驻法国使馆秘书,代理过公使。1752 年至 1761 年,休谟曾进行英国史编撰。休谟主要著作有:《人性论》(1739——1740)、《人类理解研究》(1748)、《道德原则研究》(1752)和《宗教的自然史》(1757)等。与约翰·洛克(John Locke)及乔治·贝克莱(George Berkeley)并称三大英国经验主义者。其特点是重视从"生活经验"中提炼哲学观点,如"知识源于印象而非理性",认为任何事实都无法由先验(a priori)方法来证明。卢梭等后世学人深受其影响。康德亦综合他同理性主义哲学家的观点创建起"正反合"的理论。——译者注

纳最为经典。休谟是个了不起的思想家，他打着全盘怀疑的旗号，确立自己观点作为新的信条。他写道："当我们浏览图书馆时，若相信这些原则，我们会遭遇什么样的混乱呢？我们随便拣起一本书，讲述神学的，或形而上学学派的论著，我们可以这样提问：这部书是否包含有关数量或者数字的抽象推理呢？不，它没有。那么，它是否包含些许有关质量和存在事实的试验性推理呢？也没有。好，那就付之一炬吧！因为，它通篇除了诡辩，就是胡扯八道，其余就什么也没有了。"

付之一炬？谁若认真对待这一武断指令就会发现，想根绝消灭一切神学和形而上学说而仅留下他们自己的东西(因为只有他们的东西才符合常识和现实标准)，都很容易办到。活生生人类史，各种历史记述，都经历过这样的命运。依据他本人的说法，休谟撰写的《英格兰历史》首先就应当付之一炬。科学研究从此对无法直接观察的事物，无法重复的事物，都完全丧失了研究兴趣。以至于直至最近才有科学家和技术人员开始对自身历史重新产生兴趣。不止一个科学家最近说过，任何超过十年以上的科学著作，都不值得一阅。这说明什么？它绝不只说明，以往一个世代理论研究和试验观察带来的巨大进步已经导致科学狂人超常的自我膨胀，它还表明，人类经验、记忆中很大一部分已经威信扫地，这些经验记忆曾构建起时空内容都很丰富的综合历史，这些内容远不是人类头脑十年当中能够完成的。

这种怠惰态度导致后来法拉第在研究中很久未能参透"物质"竟然还包括电场的内涵；它也能解释计算机的开发何以晚了一个世代，假若他们听到巴珀基(Babage)的计算引擎，或许能提前一个世代，完成计算机的研制。退一步讲，这种态度也能解释行为主义心理学家斯金纳(B. F. Skinner)的反主观论点，他在《第二个维尔登湖》中说，"我们并不认真对待历史。"这也就不足为怪了：假如人类不了解历史，各种斯金纳就会出来操控历史了；他在他的行为主义理想国中就提出过这样的构想。

## 4　机械论获得合格地位

如今，新的机械世界观接过两种社会革新历程，并继续推进。当然，也因此让公众对于科学活动刮目相看。这两种革新早已在人类社会机体中悄然进行多时了：其一，是机器不仅已经发明，还明显增多。这些机器皆含多个部件，部件尺寸精密、咬合紧密、皆尽标准化、必要时还能更新替换，如同机械钟表和印刷机。另一进步过程就是铸币发明与广泛使用。这些铸币用机器冲压而成，个个均匀一致。其实，铸币的产生是一种必然，它映照出商品被赋予价格以利销售的历程。而价格本身是一种抽象符号，用重量或数字来体现。弗兰克林·珀·理查德(Franklin Poor Richard)的名言"时间就是金钱"，一语道破了这种变化历程。与此同时，科学也在日益走向商业实用。这一历程与市场化进程同步前进，证据就是它们都需某种中性介质作为流通媒介。

随着机械动力日益发展，随着科学理论本身因许多实验验证而日益充实可信，新的科学方法论便日益扩大自己领地。每一桩成功案例都成为一根强大支柱，支持这种方法继续维持它自己赖以建立的却已摇摇欲坠的基础。这样，现代理念从哥白尼时代天文观象台开始，最终演变出我们当代计算机控制的自动化工厂。接着，科学家率先从他自己创制的这种机械世界图像中分离出来。随同科学家本人，有机世界中很大一部分以及科学家自己的历史角色，也都随之从中转移出来。当这种思想体系传遍一切领域的时候，机器操作者也越来越不依附于机器，而逐渐脱离开机械化生产。最后，如果这种假设无法驳倒，如果制度惯例维持不变，最终人类自身也会完全脱离自然，丧失同自然任何有价值的联系，同时也完全失掉自身的历史环境。

这些发明创造和发现，机械世界图像的创制者都经预见到了，而且急不可耐想促其实现。可是，他们却始终未能预先察觉——哪怕是推论出——这些努力可能给社会带来的惨淡后果。

诚然，新思想体系以及种种非人性化的论断带来的直接后果，曾是个皆大欢喜的绚丽景象。证据就是，它给宗教改革以及反对宗教改革的势力双方过热的争论气氛降了温。诗人对科学的兴趣，从密尔顿、江生，到雪莱、沃兹华兹，直至后来惠特曼、丹尼生，他们都讴歌了这种机械世界图像，见证了它解放人类的效果。因为，荷马就曾告诉我们，诗人对你说的，是他们心中的真实体验。人类许多大思想家，曾在宇宙本质和人类终极关怀问题上分裂为两大派别。如今，面对机械世界图像，以及，机械手段可以将这一图像转化为现实，转化为有用的产品，转化为社会进步……面对这一切，他们一个个欣喜若狂，逐渐忘却了分歧，思想界又重新弥合起来。这一切当然都是好事，是人类的大收获。

这一态度对"外部世界"贡献之一，是它常引述大众的普通体验。由于它是大家都能参与的活动，因而增强了人类的普遍自信，相信自己完全能解读自然世界奥秘。从此不再满足想象的图舆、历史记载、"十口相传谓之古"之类的盲信，不再相信如数家珍的幻觉经验。而这类东西恰是中世纪非常流行的时髦，直至当时还很有市场，唯独思想界已经不再盲信了。精确知识，即使仍然孤立、有限，也要比不准确的、乱作一团的"知识"更可靠有用，虽然这些伪知识常装模作样，貌似涵盖一切。有了这些有用知识便暂且抵

66

消了——若还未完全消灭——潜藏的错误。比如,17世纪开始用温度计测体温有助确诊病情。再例如,伽利略就提到过意大利医生桑克托里斯(Sanctorius, 1561-1636,十七世纪在帕布亚行医,首创呼吸、体温、体重、排汗等项目的观察研究,设计发明了许多医学观察和测量器具,例如称量体重的椅子、温度表等。他开创了新陈代谢理论研究。——译注)的可贵实践。体温表和晴雨表的使用,提供了最早的量化手段用来记录和预测天气。

这些实践成就都大大提高了机械世界概念的可信度,也让这物质世界许多组成部分更易理解和接受。而且从此后,每个领域中都出现一种苗头,希望任何领域的定性判断当中,最好都能包含量化概念或总量分析要素。可见,在一定程度上,这种机械论的新方法当时是自封合格的(self-validating)。只有在它一味追求数量全然漠视质量、当它只见树木不见森林、当它一门心思钻入鸡零狗碎拼凑知识全然不见整体形式、不见逻辑结构模式、不见组织化功能效果、不见设计实现的目的现实……只有在这个时候,伽利略专门强调(这物质世界的)所谓基本属性(primary qualities 前译基本品格)天生缺陷便显露无遗。而且到17世纪德国数学家和哲学家莱布尼茨已经把精确知识与充足知识严格予以区分的时候,仍有许多人将机械世界概念进一步推进,对大量相关新发现和数据置若罔闻。而且,功能和目的这两种范畴本是描述有机生命和人类行为不可缺少的变量,如今却被相继植入机械,这就使得机械世界概念更加容易推广了。

把这种所谓基本品格推上如此高位,产生了什么严重后果呢?对此,美国哲学家勃特(E. A. Burtt, 1892-1989,撰写了大量宗教研究著作。——译注)的评价非常准确,他说,这样做"便成为一个开端,人类从此不再属于真实的、基本的世界……而在意识形态中人类开始沦为大千世界一个不相关的看客,沦为庞大数学体系中一个无足轻重的产儿。只有这个数学世界,才构成宇宙现实的真谛。"

实际上,当新型科学家把人类从他们构想的图像中剔除出去的同时,他力图让自然界本身直接显现真相,恰如照相师借光线和化学药品给底片上留下一个"中性的"形象记录。只不过,这样来比喻一种不受人类偏见影响的科学过程,却暴露了这种概念的欺骗性:因为,要取得这种中性的影像记录,照相师先得装填胶卷、选好摄影对象、照相机聚焦;不消说这一切都必须在照相机发明问世以后。而这种发明问世必然又包含了无数的发明发现,包括光学、化学、玻璃制造、塑胶材料等等。一句话,先得有大量人类需求、兴趣、才干逐一都得到实现,最终才能让光信息记录并保存在感光材料上。精确科学问世,岂不同样如此?假如人类果真能够把自己和自己的文化,彻底干净赶出这张宇宙照片,那么,首先,这张照片或者任何照片就无从产生,自然也就没有拍摄照片的理由。当然,也就不会有机械论的世界概念,更不会有新一代的机械。

这种数学—机械方法从意识形态上看虽有许多弱点,却终究把许多"物质事件"的真相都解释清楚了。这就增强了发明家和工程师的信心,让他们敢去尝试预见到的结果。至于这方法论以简单语言解说的"物质第一性世界",除了花言巧语的抽象归纳,还能有什么其他含义呢?恰如英国数学家、哲学家 A. N. 怀特赫德所说,"有机世界是个具体的、经久不衰的实体,因而它的总体构想必然会影响进入该领域每个附属成员的属性……因此,一个活的有机物内部的电子,必不同于其外部电子,因为该生命体有其自身的总体构想。"这样,我们就可以引申,氧原子中的电子必然也不同于碳原子里的电子,同样也因取决于其总体构想。所以,新的科学方法论一旦离开了统计学或然概念,必然会从实证(positivism)跌入空想(platonism)。

而这种新世界观怎么会如此强大?就因为它的方法论故意无视或否认有机世界丰富而复杂的真谛。而且,这种方法论还是一种庞大的节省劳动力的构造。它讲求实用的功效大大抵消其思想观念上的肤浅。宇宙是个总体,这总体又含有无数个次级总体,最终构成难以计数、无限丰富、层次无限、难以设想的具体世界。也只有通过样本、通过抽象模式,才能在头脑中将其具体化为一个概念,类似一个玩具模型。

生态领域的复杂性更远非人脑能透彻领悟,即使这丰富性中就包含着人类自身的丰富本性。有时候,为透彻了解某一具体事物,我们不得不将其从庞大总体中暂且分离,否则根本无从把握。我们只能通过样本了解世界。新的世界观和方法论常将基本属性与次要属性互相分离,用纯粹数学描述替代真理检验,用人类局部经验探索其生存环境的某些局部特征。就这样,这些新科学便很成功地把生命世界最有价值的属性都偷换成纯次要现象,而且准备代之以机器。于是,活生生的生命世界,连同其特有的职能和目的,都成了多余的东西。

## 5　机器成为假冒伪劣的生物

同样,还是美国哲学家勃特,比德国物理学家、量子力学奠基人萧,早一个世代就果断剖析了这种分析认识方法的严重后果,他说:

"人类活动和作用用量化方法是无法准确表述的,除非限定在很微小幅度内。因为人类生活充满色彩声响、喜怒哀乐、悲欢离合、功名利禄。因此,真正的世界,亦即那个天文学世界、一个个静止不动或周而复始旋转不停球体所构成的世界,与人类世界根本不沾边。两者唯一衔接点是人类的认知能力：人类有能力发现这世界、理解这世界。而这一重要事实却因历来被看作必然且自然而然，常被忽略不予深究。这样，人类有杰出认知能力这件事实始终未提升人类自身地位，从未使之能与物质世界平起平坐、等量齐观。实际上，若无此地位、无此真义和因果关联，人类又何能认知世界呢……而当外部物质世界被提升至更为重要、更为根本、更为真实的地位时，随之就产生一个严重问题：谁更有价值？谁更光荣伟大？人，还是物质世界？这个问题，伽利略本人回答是：'视觉是感官中最重要的品类，因它与光的独特联系而地位特殊。因为光是最为独特的客观物体。但是，若与光本身相比较，视觉就退居次要地位了。恰如有限之于无限。'"

请看：把物理学的发光现象捧上终极、最高位置，而将人类智慧之光、觉悟之光忘得干干净净，不懂得这才是生命最崇高的表现。这样做就表明，太阳神已经有效地进入膜拜者的心灵，甚至令他们完全失明。机械世界概念地位大增的同时，人类究竟丧失了多少东西？这问题，我们从生物学家庞福瑞(Pumphrey)对某件新发明的评论中就可窥见一斑：

庞瑞夫说，贝尔电话公司工程师们发现，"全部声讯号都可以通过一个叫做语音编码器(Vocorder)的系统。而该系统只能传输压缩过的有限谱率，全部声讯能量都流经十个小门，32千周……为提高经济效果，发出端和接收端都有足够设备容量。如今十种声讯可以同时通过这种通道，以往只容一种通过。

庞瑞夫接着说，"令我们有兴趣的，是该程序对声讯特征产生的效果。因为，它在消除杂音简化结构的同时，也消灭了语言本身信息与情感高度综合的特点，而使两种功能截然分离。这种干巴巴的信号机械设备产出的东西，信息完整，却毫无个性。完全看不出其中爱恋或愤恨、遗憾抑或恐惧、讥讽抑或纯真类的情感差别，更猜不出讲话者的性别和年龄特征。谁若这样讲话，连他的狗也分辨不出来。事实上，听起来根本不像是讲给人听的语言。而其中的信息并不减损。

好个"其中信息并不减损"！实际上，这无异说这种信息，按生命标准来看，天生残缺不全。它永远收不到，也不会回应生物世界体验到的准确完整、综合生动的讯号，更无法理解和回应有思维能力的人类行为。而具讽刺意味的是，机械技术发明成果刺激人类的骄傲自大心理。例如，望远镜的发明使用曾促使17世纪一些思想家，不仅把人类赶出了他丰富多彩的世界，还把人类的科学语言降低为如今非常简单的语音编码器。

其实，人类被缩小被孤立的器官，何止大脑和嗓音？如今，就连性爱活动也未能幸免。那些迫不及待的遗传学家和生理学，搞出各种不伦不类的名堂。科学让人类生活领域日益缩小，人类因此而蒙羞，远超出发现自己不在宇宙中心所蒙的羞辱。基督徒的谦卑,会让灵魂接近上帝;科学家的谦卑却让人类一步步接近自毁。

机械技术世界的概念总是一味强调数量、着重度量、注重外部形体特征等。我们且把这种世界概念,与流传至今最为原始的人类文化和组群里的世界概念作个对比,且以澳大利亚原始组群为样本:此实例来自凯·伯基特·史密斯(Kaj Burket-Smith),他说,"澳大利亚土著民关于生命的基本思想概念认为,自然界和人类之间不存在截然的分界线。同样,死于活之间、过往—当前—未来之间、也不存在截然的分界。自然界没了人,就算不上个自然界。同样,人离开自然界,也不成其为人。同样,昨天和明天,以一种难以言说的方式,组合成了今天。"

澳大利亚土著人观察世界的方法,他们对客观事物的形象化摹写,无疑都有各种不足。尽管如此,从生物学和文化角度来说,他们的世界概念,比起当今机械世界的概念和图解,仍然真不知要先进多少倍!证据就是,这概念包含了开普勒、伽利略及其后继者们故意抛掉的(生命世界的)诸多层面。而这样做就不可能不伤及他们学说的准确和高雅。

整个 19 世纪里,科技界的主要调门都曾宣称(如荷兰数学家赫伊曾赫以及牛顿都曾信心百倍地宣称),机械的法则不仅是能够支配一切现象的法则,而且,这些法则还足以解释生命和思维。此外再不需要寻求任何法则。就连克拉克·麦克斯韦尔这样前卫的物理学家,也在 1875 年说,"如果某种物理现象可以用该物质系统中发生的结构和运动变化来充分解释,那么,动态的解释,就是最充分的解释。"而稍早些时,德国生理学家亥赫姆兹(Helmholtz)则在 1869 年振有词地说,"自然科学的对象,就是发现一切变化所赖以发生的运动,和它后面的驱动力量——从而将其转变为机械原理。"足以见得,当时,勃斯科维奇(Boscovich)和法拉第等人相信自然界存在非机械行为的思想主张,当时还远远没有露头。

这就足以解释,为什么生物学家每逢面对有关"活力"、"有机的(organismic)"、"目的论的(teleological)"、"心灵学的(parapsychological,*相传能够靠心灵力量来实现物质效果的力量。——译注*)"之类词汇时,何以总是如此不屑,如此因冒犯神学威严而惶恐不安,仿佛遇见十恶不赦的异教徒。这种机械论信条,最终效果就是把机器提到一个最高地位,高于一切有机物。至少,它得很不情愿地承认高等生物实际上是些超级机器。于是,一整套形而上学的抽象概念,就为技术文明奠定了基础。这种文明当中,机器,通过一系列化身,以其最新形态成为"最高权威统治者",成为宗教信仰和崇拜的对象。

过去一百年,尤其是过去二三十年内,这种特殊结构的弱点,逐渐开始暴露出来,也在许多场合得到纠正。尤其,最有说服力的就是,许多错误是被伽利略的直系继承者们

予以纠正的，例如核物理学家。证据就是，他们所谓的基本粒子构成的微观世界，若纯
粹用机械或者空间几何的语言，则是根本无法描述无法解释，更无法用活动模型机器予
以重组。

　　尽管如此，机械形象，由于自身实体特征，始终占主导地位。即使当代人已拥有丰
富实践体验，包括发现 X 射线，以及通过电手段传递图形和声音。为说明机械世界观念
这种难以根除的影响，我仅举两例，予以证实。而且，幸好，这两个例证都很好笑：

　　新近出版的一本书中，一位著名生物学家说，他能消除疼痛，理由是疼痛是个人一
种内心体验。科学地说，疼痛既无法操作，也无法描述。这生物学家非常推崇自己的止
痛法，为了证实其效果，他竟然说："一说起疼痛，我们常习惯于把它想象成身体内躲藏
着一个小鬼，时刻作祟。现在我们姑且将其比喻为机器，把神经、传导脉冲连同大脑，都
看作机器及其零部件，疼痛是大脑接受了讯号才作出的反应。这样，我们就可以告诉自
己，不要去感知它，不要感到痛。"

　　果真有效，这倒是癌症患者的福音。当然，其他情况就另当别论了。因为，剧痛，比
如孩子玩火被烧了，痛感会告诉他快躲闪，以免烧得更重。这位生物学者的假说无疑可
以作为有效麻醉手段，很久以前就有过类似处置办法。连禁欲主义斯多葛学派及其他
各种自我暗示也会有些许镇痛效果。可是，若一位科学家喋喋不休地对你说："假如总
是想定义某种无法描述的实际存在，那是非常荒谬的。"对这位科学家的理论局限性，你
又能说些什么呢？还有什么比根本否认其存在更荒谬的吗？

　　一旦遇到某种难以描述的事，索性就撤销其存在。这样做，就如将存在与其信息完
全等同。比如，一种颜色怎能完全用其数学形式的波长来描述呢？无论这种抽象描述
多精确，也不足以表达主观体验到的色彩感，痛感也是同样道理。由于疼痛纯属个人体
验，难以描述，就索性否认其真实和重要。难道这就是所谓的"科学客观态度"(的实
例)？

　　如此将疼痛置于不登科学殿堂的低等地位，实质上是把生物无条件反射同机械行
为混为一谈。由于机器不能记录疼痛体验，而生物能够记录它，就成了大逆不道
(anomaly)，甚至更糟，简直是技术上的叛逆行为(anachronism)。而有些人死抱着这种
陈腐机械模型不放，而疼痛的机理和根源，生物学迄今仍未找到明确答案，虽然这一事
实早已不可回避地好久困扰着进化论学说了。既如此，既然疼痛可以"置之不理"，那为
什么痛感，尤其剧痛，作为一种生物的适应不良，会成为一种遗传特性？证据就是，疼痛
一大特点，就是无缘无故，剧痛与轻度疼痛，同样都毫无目的。而且，只要疼痛指向的根
源不消除，痛感就只会加剧。似乎，这特点正是生物为其敏感神经系统和高等生物机

理,以及机敏、优美的反射行为不得不付出的沉重代价。那么,又是什么样的"选择压力(selective pressure)"才会产生、并且传导出如此并无实际意义的反射行为呢?

当今世界还有许多现象都无法直接观察和解释,更无法通过外部来控制,包括电学、机械、化疗等手段。对这类现象近乎病态的恐惧,就成为一种更古老返祖现象(Atavism)的科技界同类物,残存至今。这种返祖先现象就是人类历来害怕黑暗。相反,假若四个世纪以来填补机械世界模型这巨大空洞的巨大努力大功告成之际,我们发觉对机器评价过高了,那么,这难道不是因为,这机械论学说,在教会人类设计机器并能控制它们的同时,也许科学家同样也能控制他无情地视之为机器的生物世界吗? 在一个机器构成的世界里,或者由可以简化为机器的生物构成世界里,技术官僚足以跃居神龛!

的确,凡深思过这问题的人都有理由相信,假如人类当真建成了这种大机器,他是绝对无法驾驭它的! 因为,假如这机器真是活的,它才不会仅停留在自主阶段,而是要听命于其他影响,包括它自身的任性放纵、反复无常;更不要说还会听命于人类自身的任性放纵、反复无常。著名神童,数学家诺伯特·韦纳(Norbert Wiener, 1894－1964,**美国数学家,后进入生物研究领域,导致控制论诞生。——译注**)甚至担心不远的将来,有朝一日电子计算机畸变,会出现电影《2001 年》里的景象:万无一失的计算机在穿越过渡状态时,会跟宇航员作对。科技界在幻想万能的电子设备,这种东西一旦成真,一旦具有人类那种主观生命,会不会发疯、冷酷、凶残暴虐,如同铜器时代那些嗜血的凶神恶煞? 而且,会更加残忍,因为它们不具有人类才有的文化设防,为的是自我保护,免于在自身的集体无意识当中毁灭。

如此陈旧腐朽的机械世界图像(或者模型),许多当代最新的科学家至今却仍然死抱着不放,以至非常恼恨无法纳入这一狭隘框架的各种有机生命现象。这都充分表明,这种过于简单的模型,多么软弱无力却又多么受人欢迎! 不幸,这一局面甚至至今未能纠正。不过,最离奇的莫过于下面引述的实例。这是弗朗克·欧康诺(Frank O'Connor)讲述的他和妈妈之间的对话故事:他做孩子时,提了个问题让他妈妈很为难:孩子是哪里来的:他妈妈很巧妙地,避开那些令人难堪的生理过程和复杂情感经历。一本正经而又简单地告诉他说:"妈妈肚皮里面,都有一台引擎,爸爸呢,就都有个摇把,能启动这台引擎。启动这引擎之后,它就开始转动了。慢慢地,后来就成了孩子。"对呀,当然不错! 还有什么比这更"天然合理"呢? 就是说,更客观的呢?

73

所以,直至 19 世纪末,一个普通女人,每逢遇到生育方面这类尴尬问题,常会采取这种解释。虽简单粗陋,却合情合理。这倒很类似我们时代科学家们煞费苦心的做法,他们总想把有机世界的行为和过程并入机械领域。仿佛,机械要比生物更原始、更根本,要远超出组织化形态发育过程中必有的"天生"趋向。实际上,这一天性必定位于有机物形成以前的起始阶段,否则,即使是原子态的电子顺序,也无从解释。

# 6　宽恕、赦免伽利略

本书任务之一,是要追踪伽利略"罪行"的来龙去脉以及不幸后果。而他这"罪恶"却如此顺理成章、成就辉煌：它创造的伟业、掠获的战利品,都如此庞杂,以至每个步伽利略后尘的人都不得不谨小慎微,以免去宗教裁判所受酷刑；当然也就将他的方法论以及形而上学,都扩展到人类活动的每一个方面。结果,科学技术界的泰斗们,一个个脉脉相传,每个学科发挥的作用和影响,都远超过了古代僧侣。更有甚者,这种新生僧侣阶层的新宗教,用已得到证实的奇迹来进行说教。结果,不仅牢牢地掌控了普通民众的头脑,就连同太阳神毫不相干的科学知识界和技术领域,也得对其权威地位顶礼膜拜。

前面我指出这个机械论世界概念图像当中的许多不足,我并无意诋毁它同时也给技术领域带来的许多好处,尤其那些可以直接有效利用的技术手段。科学技术领域内任何一点点成就,无论多么零碎、微小,都是宝贵的。尤其在世界充满了冷酷的政治和神学信仰冲突,卫道者们掀起狂热情感波潮,以至于天主教和新教之间已经无法对话,新教的不同教派之间因而也难以对话的时候,新机械论的意识形态便发生了无可替代的桥梁作用。它给各方面都提供了一种共同语言,在僵局中打开一条通道,让内心信仰很不一样的族群通过切实努力,实现互相合作。这种思想交流和知识合作构成的共同世界,曾经克服了民族主义孤立、猜忌以及固步自封的极权主义心理,不断扩展。在专业互相合作这一点上,科学家之间,要比任何行业公会成员都更容易找到自己的共同家园,就因为他们讲述的是一种共同的技术语言,使用同一种概念,追求同一个目标。这种团结一致,尽管常常中断,却非常宝贵,不可轻易丢失。

如此建立起来的科学结构体系,当然会带有浓重的象征主义特点。不幸,那些使用这些象征符号的人却都分明相信,这些象征符号代表着一个更高层级的真理,实际上它们只代表一个更高层级的抽象世界。人类经验本身,必然地,仍旧保持自身多层面状态：某一轴线水平延伸,穿越一个外界可以观察到的世界,即所谓客观世界。另一条轴线,与其呈直角,也开始延伸,竖直、纵向穿出主观世界的下限和高限。这种情况下,真理或真相本身,怎么体现呢? 只能通过一个非常庞大的图像,它由两平面上无数线条构成，且须都相交于核心位置。而且，还须通过一个有感知力的活人，通过他的精神世界，最终把真理体现出来。

不过，最后，让我们对伽利略说几句公道话：他致力创建的这个大秩序，的确具有根本意义，这秩序代表生命世界其他一切表现形式。在一个终将遭受解体和断裂的文化里，他的崇拜者必然尊奉这秩序本身。那么，接下来，让我们宽宏大量，从后现代视角，宽恕和赦免伽利略吧：他不知道他干了些什么，他也无从猜测到，他把主观世界和客观世界分开之后，接着会有什么后果。他本人不是个受蒙蔽的异教徒，而是个思想开明、有自然主义特色的人文主义者，或带有人文主义特色的自然主义者。同样，他也无从猜到，他致力创造的抽象概念世界，最终会取代一切传统观念和价值，而将一切不符合他那个霸道的机械论世界概念的任何经验和知识，统统丢弃掉！伽利略一定理所当然地以为，造就了他本人生命和思想的那个古老文化，在他发明这一机械论世界之后，还会继续存在，且会因他发明的概念和视角而更有序、更美好、更丰富，而不是走向衰亡，走向没落，走向贫乏，走向衰朽。

伽利略继承者们则索性否定主观要素，否定人的主观能动性、设想、计划以及自发反应功能。这样，他们就可惜地错过了对自身主观世界的可贵探索。同时他们认为，凡是价值观念、目的、一切非科学含义、幻想、梦幻等，皆与他们实证主义的科学方法论无涉，于是弃若敝屣。因此，他们自己发明创造的理论体系中实际上也包含自己的主观能动作用，因此这一点他们根本无法理解。这样，他们实际就消灭了一切价值理念和目的功效，唯独留下一个他们认为最高的目的：追求科学真理。这样的科学家只认可他自己的学科活动。更危险的是，还把这东西摆在高于道德约束的位置上。花大力气追求的所谓科学真理，其严重后果到今天才开始逐步显现。这种科学真理上升到一种绝对地位，如此持续不断的追求和拓展知识，成为科学唯一承认的、迫不及待的任务。

由此可见，若说人类历史曾给我们留过某种教训，其中之一就是：人类绝不能把自己交给专制（Man must not be trusted with absolutes!）。古罗马人曾经说，"天花板塌下来，也得维护公义!"他们说这话时候，不曾丝毫相信天花板会塌陷。而当今促使原子核裂变的物理学家们却在危害全人类。他们发明核弹，也就将全世界生灵置诸威胁之下。证据就是，不仅天花板会坍塌，整个天穹都会塌陷。在古代为真理和后果赌博时，后果被证实也与真理同等重要，因而，每当真理深入到新领域，其后果都同样要仔细斟酌、反复考察。如今没了这种审慎态度，不仅让千百万生灵陷入灭顶之灾，就连他们呼吸的空气、饮用的水源、日常的食品，都会被核子武器和科学知识的滥用所损害。

如果说新科学体系是随天文观测者同时发端，并成为这机械论文明的基本组成部分，那么，这种机械论的世界模式无可逃遁地带有致命缺憾，以及，它产生出一个反人类、反自然的宇宙概念，也就不足为奇了。而若无直觉、无记忆、无古代文化符号，若丧失这一切，人类智能将苍白无力，能提供的有关人类自身权威决定的报告书将是不完备、定性不充分、结构上扭曲，因而是完全歪曲、错误的。珀西·布里基曼(Percy Bridgman)在《斯塔罗导言(Introduction to Stallo)》中说得很好，只有靠科学家自己的勤奋实验和小心选检，才能让他克服这种机械论的基本理论弱点。

熟悉科学家的人，或认真阅读过创造性科学家传记的人，都不会简单设想说，这种纯客观的金科玉律、超脱的冷峻、机械般精确、铁面无私对事不对人……如此做法和态度到处都适用，唯独不适于操作机器，不适于仔细、系统研究之后做出的最终结果陈述。科学家从事科学事业，一定严格遵从纯客观这一基本守则，否则会遭受惩罚，甚至被淘汰出局。可是别忘了，科学活动本身是人为活动，须听从人的各种主观动因支配，不管是豪情或是好奇，也无论是功名心或纯粹追求审美享受，都足以影响科学活动本身。很难想象哪本科学名著问世，完全没有掺杂创制者本人种种复杂主观心理和动机。真若那样，简直一件科学成就也搞不出来。

健全人格是创造活动的必要基础，科学如此，到处如此。所以，若想克服机械论世界图像固有的根深蒂固缺憾，唯一途径是科学家自己彻底转变其研究方法和治学目的。人类本身，即使从理论上，也无法摘出自己的必要内脏，不能将自身活动领域缩减到可观察、可调控范围以内。若不然，无论人类自身或是他生存的自然界，都遭受严重歪曲与解构。

人类生命自有它最核心部分。抹煞这一事实，且仅因这核心非常内在、非常主观的属性，就否认其真实存在，这才是弄假成真，天大的滑稽笑话。因为，这就把人类生命最关紧要的一半儿完全丢弃了。证据就是，若无这一潜藏至深的主观流变体，没有它或隐或显、流荡幻化的梦幻与想象，没有时而躯体震颤时而浮想联翩，或为明确计划或为奇思妙想的千变万化，尤其，若没有日益明白晓畅的人类语言，请设想，这个须靠人类主观体验来反映的客观世界，能够准确表达它自己吗？能够如实地被理解吗？人类当今文明若彻底明白这个道理和教训，就会逐步开始认真纠正机械化和电子化运动制造的大片荒芜，重新复垦荒地，回归人类和人性的利用。而目前，这样的荒芜正在大批创制之中，不惜牺牲人类利益，不吝付出永恒代价，只为迎合这大机器运行的目的和好处。

# 第四章　政治专制与组织严控

## 1　自然界的皇族贵胄

从理论上说,(宇宙模式与意识形态的)这种深刻转变始于哥白尼、开普勒和伽利略,后又经瑞恩·笛卡尔进一步推演,最终才得以巩固确立。证据就是,笛卡尔把这种新世界图像同两种新现象紧密联系,因为正是这两种现象赋予这新世界概念以极大权威和生命力。它们分别是:机械钟表的自动化工作方式,以及君主专制要求的各种特权。笛卡尔颇为自鸣得意地论证,生命一切奥秘最终都可以从纯机械学的基础上找到答案。另外他还认为,有机界与机械界,是两个可以互通互换的世界,可能只有人类算个例外。

笛卡尔《方法论(Discourse on Method)》这篇著作,在西方思想史中堪称一统里程碑。这篇著作文笔优美,论证翔实,熔数学、机械学精要于一炉,用以推理验证,为后世科学定型和发展奠定了永恒根基。这部著作短小精悍,明白晓畅,风格很像后世卢梭的《社会契约论》。这部著作能写成,是因作者目睹并有感于同时代人伽利略在天主教裁判所遭遇的大麻烦(伽利略因为捍卫太阳中心说被罗马宗教裁判所投入监狱。——译注)。于是,他打消原来写综合性大部头论著的念头,写成了这部短小精悍的替代品。也正因如此,该书几乎成为整个西方现代思想意识一个开篇宣言。它布局严谨、清晰隽永,恰同后来臃肿庞杂、细节繁冗、芜杂沉闷的托马斯·阿奎那的论文形成鲜明对照。

至笛卡尔撰写此书时,全世界每个领域似乎都被大思想家透彻探索过了。他则独操巨笔,俨然皇族专制君主模样,开始撰文,为新时代意识形态行奠基礼。从这个意义上说,笛卡尔仍然没有超脱出古代亚里士多德的治学传统。但这时节他尚未——如那位较他年长的同时代人弗朗西斯·培根所预言——做出重大让步。因为培根认为,科学,若想更有成效、更有现实利用价值,必须接受专业化的分工合作,调查研究也须采纳标准化共享成果、拼合总成的制度。

78   不管怎样,从笛卡尔开始,我们开始看清古代科学探索中潜藏很深的人文动机。其中除一些很古老、高尚的内容,还有纯粹为智力活动乐趣,想发现客观世界井井有序的联系,想创建某种象征结构来说清客观世界因果联系,或思考种种危险事件的自然形态与规律,等等。若没有这种永无止境的好奇心、一探究竟的决心,人类简直无法脱离四肢发达头脑简单的动物状态。美国社会学家索尔斯坦·维伯伦戏谑口吻所说的"闲来无事,没事找事"的好奇心,一度解释了为什么一些最优秀科学家能不遗余力追求科学事业,以至忘寝废餐,忘却人间其他快乐。这种不懈追求真理并与大家共享的无私精神,才是科学留给人类最恒久的精神遗产。

可是,除此以外,个人主义雄心壮志以及实用主义诱惑,从科学事业伊始,也发挥着不可忽视的推动作用,类似更早时期的魔法。从笛卡尔那些直截了当的声言中我们也能清晰看出这一特点。他说,"我认为,让知识有益于人类生存是完全可能做到的。不要像以往经院哲学那样,仅限于推理思考,要想出些切实可行的办法,从而了解水流、火焰、空气、星辰、天宇以及环绕人类的一切物体,正像我们透彻了解各种手工技艺那样清楚透彻地了解这些道理。这样,我们同样也能将其应用于各种适当领域。因而,我们也就能让我们人类自身变成*自然界的皇族贵胄,大自然的主宰*。"(斜体是我改的)

最后这句话的口吻,显然已不是个忘寝废餐、不食人间烟火科学家的口吻了,它已经沾染了自 16 世纪以来就贯穿西方文明全过程的越来越浓重的功利主义:地理大发现、殖民运动、军事征服、机械化工业,等等做法。所谓"变成*自然界的皇族贵胄,大自然的主宰*",一语泄露天机,心中想的就是要把军事征服者、商业冒险家、银行家、工业家、科学家各种角色统统联合起来,共赴大业,尽管他们职业各不相同。

可是从一开始,首先还是科学和技术为这种宏图大业和傲慢要求实现了最早的突破:磁性指南针、天文观测、海图地图绘制。若没有这些前提条件,环球航行,若非完全不可能,也要推迟若干世纪。不过,科学中体现的这种人类单方面掌控自然的态势,进入 19 世纪以后开始呈现一种新趋向,就是开始采用人造物品替代自然产物,用工业品替代有机产物,最终,连人类自身也不得不臣服于他自己发现或者创制的各种势力膝下。很有讽刺象征意味的是,首先出现的人工物品就是尿素,它本是动物排泄的废料,居然成为此类研究第一个伟大成果! 紧接着,各种替代品——人工纤维、塑料、化学制
79   剂和药品等,接连问世。其中一些非常优秀,另一些则给一些大公司赚取了大额利润。

如此一厢情愿"征服自然"的愚妄,会造成什么后果以及特殊危险,笛卡尔当然无法预料。这种真正特殊的危险,就是人类自身(真性)的丧失(dispossessing man),人类自身的异化(displacing man)。而且,它(这种技术文明)越接近实现,这种危险就越明显、

紧迫。这一巨大威胁,我们无法躲避。可是我这里提及此事,却纯是为笛卡尔开脱,想宣告他相当无辜。像伽利略一样,他也无法预见未来,他怎么能预见到,人类有一天会去操控外太空现象、会让物质能源大增,从而改变人类生存环境,乃至支配时间空间,让这一切遮蔽了人类自身进一步人文进化的崇高任务? 他怎能预见,机械技术文明竟会越出人类支配自己、指导自己的发展,乃至严重干扰人类,无法进一步探索自身文化和人格的无限潜能?

在笛卡尔的时代,物理和数学科学还远未升至如今的崇高地位。笛卡尔本人是个天才数学家,虽然如此,却未独自沉浸于纯数学和物理学问题中难以自拔。证据就是,他曾经详细观察研究了心脏和动脉血液流动状态。后世的哈维就是沿着同一方向得出了更成功的结论。笛卡尔设想人类将成为自然界主宰,而这种主宰形象大半还只在想象之中,虽然他本人有当兵的经历。他的理想追求不在于增加物质权力或者扩大生产率,而在于增加知识储备,更深入了解人类生命本质。他相信,这样就可以为更健全的政体提供更合理的基础。

所以,当笛卡尔也像培根那样,看到科学发展成就喜人,带来无穷无尽的新发明新创造,人类因而可以放心大胆享用地球丰富资源和成果,他说,"假如有什么办法能够让人类更健康更聪明……这样的途径只能从医学当中去寻找。"他当时充满信心,"人类可以一劳永逸摆脱心身疾患带来的无穷烦恼,大约还能摆脱年老力衰的困扰,只要我们掌握充足知识,了解这些疾病的根源,并且掌握自然界提供的丰富治疗办法。"在他看来,科学带给人类的直接好处,仍然多于其增添的物质财富和权力。

如今我们有理由承认,他这种信心不无道理。如今西方世界数量大增的人口,多数都享有更长寿命。这得益于医疗卫生改进、预防医学发展进步、饶有成效的外科手术、加上抗生素,以及,更不用说肥皂和饮用水的普及。这都表明,笛卡尔当初满怀乐观希望是有根据的。但是,正像是一切大思想家——无论是科学的或者是空想的——为人类无限广阔的前景沾沾自喜的同时,他们以及笛卡尔,却与成就相伴随,同时阴险地破坏着成就,产生出负面结果。这些负面效果往往与成就成比例地互为消长。其中我们已知的就有:大量的生物学基因淆乱现象。这些始料未及的后果,已在很大程度上抵消了真正的科学成就,让人们越来越怀疑科学成就的最终结局。该考虑采取果断措施消减科学和财政投入,避免进一步破坏和毁灭。

# 2　逐渐滑落到绝对主义 [①]

笛卡尔是位勤勉刻苦的科学家,他注重实验方法,涉猎领域宽广。虽如此,坐标图像定位法本身毕竟只适用于物质世界,即生命诞生以前的自然界。笛卡尔有意识集中研究这个领域,因为在他看来,这个领域似乎"最普通、最简单、因而最通俗易懂"。数学领域的长足发展虽令他振奋,而起初他感觉这些成就仅对"机械工艺的进展肯定会有贡献"。

笛卡尔考察研究涉猎的领域很广。虽如此,他那个时代盛行的巴洛克文化仍给他的思想打上了两个很深的烙印。而且,这两个特点后来都进入实践,强化了已有的社会运作,严重影响了后世科学技术。第一点就是笛卡尔信仰政治专制主义;他认为这是维持秩序的必要手段。他之所以偏爱这种外在秩序,是因为这种秩序可由一位思想家——比如巴洛克王公贵族——来规定。这位君主须超出以往藩篱,打破陈规陋习,大权独揽,独断专行,堂上一呼阶下百诺。一言以蔽之：制定法规。

如此破坏有机生命的复杂统一,恰是实现机械化以及任何领域整体控制的先决条件。这种指导思想,在那个时代巴洛克建筑以及城市规划形态中,已经呼之欲出。这些建筑都由工程师—规划师专门为专制权威机构,照既定方案设计而成;至今散发着随时准备行刑的可怖气氛。

第二个烙印,是笛卡尔对巴洛克秩序情有独钟。而对比来看,他对久经历史磨洗的城镇和建筑则大加挞伐,连同其一些缺憾、修补、改建,以及后世一些别出心裁的补救和创新措施,多有苛评。他甚至称赞斯巴达城,并非因为他认为斯巴达特有的法律、习俗一定那么完美无缺,而是因为这些东西"是由一个特别的人最先制定的,"而且"指向一个明确目标"。难怪他借用巴洛克城市的规划形态来体现自己的哲学思想体系：整个城市无不充斥着机械死板的有秩图形以及一丝不苟的控制管理,如我在《城市发展史》一书中所描述的情形。假如我们去掉凡尔赛宫那些花里胡哨的装饰物,我们所见,无非就是个伸展开来的现代化大工厂场地和厂房。

---

[①] 绝对主义,absolutism,某些场合,包括这里,都可译为专制主义。这是一种哲学思想,其基础是机械论。在宗教神学中,也代表一种信仰,认为在人类获得拯救过程中,上帝的力量和作为都发挥绝对重要的作用。——译者注

笛卡尔自己独树一帜的做法(soloism),正是巴洛克文化在许多领域的自然流露,当时唯独还未侵入政体。你看,独断专行、独白独奏、占据舞台中心取代其他一切敌对角色或集团——这些特征,正是皇族专制者、音乐剧首席女歌唱家、垄断金融寡头以及反映论哲学家种种角色之间的潜在很深的联系。这一发展过程的最终效果,是把有机构造的社会机体和元素都减缩成互不相干的基本粒子流,并陷入一个巨大漩涡中回旋;同时把各种元素一一推向极致,包括国王或"国家",包括剩余下来已被打碎并异化的微粒子,也包括给这些微粒子定向或定位的功能本身。如此无情拆散全部有机组织,彻底破坏真正的社会机体,无论家庭、村庄、农庄、作坊、行业公会、教堂教区,这样做就只留下均一的标准,为大机器登场清扫清道路。从笛卡尔久负盛名的哲学现实分析(analysis of reality)当中,我们能最清楚地看出这一发展过程。

笛卡尔就处于这种境地。他要把自己头脑中一切知识清除出去,无论真伪,无论新旧,这样才能从裸露岩基重新建造。于是,他只剩下一个无可争辩的命题:"我思,故我在(I think, therefore I am)。"如此将思维等同于存在,这样一个恒等式就让思维摆脱一切合理限定,思维于是成了某种无条件的、绝对化的东西。实际上,成了存在本身唯一紧要的需求。而笛卡尔忘了,要达到这一境界,他先得有无数同胞长期合作,先得将自己的知识延及遥远历史,深入到圣经记录的数千年历史之中,他才能讲出这样一个著名命题。而且,岂止如此,如今我们已知,他甚至还必须深入更久远的知识,包括人类好久未能了解的久远历史,包括那些不会讲活的祖先,经过数百万年演进,逐渐成为觉醒人类的全部经历。

"我思,故我在。"要这命题有实际意义,得靠人类全部未知历史来支撑。失去这支撑,笛卡尔的思考则如白驹过隙,稍纵即逝,不仅无法说清,甚至难以表达。所以,迄今为止各种(宇宙)世界图解,其最大败笔可能就在于:人类漫长历史变迁和发展进化,从中居然难觅踪影,看不出这些模式图怎样解读人类的真义。可是,姑且按照犹太教传统,唯独人类发展的历史才是唯一必然有实意的主体,能反映宇宙万物和力量。或如神学语言所讲述的:唯有人类史才映出上帝旨意。

笛卡尔毕生力图打造出一个新开端,而终了却什么也摆脱不掉。他有长期积攒的丰富记忆库,靠这些强大的经验手段,他的口唇、舌头、声带才让他能讲出那些豪情满怀的语句。他的同时代人巴斯葛则说,"人类不是根简单芦苇,而是根会思索的芦苇。"笛卡尔不过是重申了这一信念,且博得17世纪思想界认同,被奉为公理。也就是说,思维乃人类最重要活动。但是,这一论点仍然有待质疑啊!因为,且从生物学来讲,有性繁殖较之思维,与思维较之生殖,哪个更重要? 当然生殖要更重要,更根本。证据就是,生命不仅包含思维，还高于思维。

笛卡尔同代人伽森狄(Pierre Gassendi, 1592 - 1655，法国哲学家，天文学家，科学家，数学家，牧师。首先发表了有关水星运行的天文学著作，大部时间在法国南部担任宗教职务，也在巴黎成为自由派知识分子团体领袖人物。——译注)看出笛卡尔的论点很难站住脚，便写信同他讨论，这样问，"你会说，我不孤独。我只是精神孤独。让我们开诚布公地讲话，你坦率告诉我：你说出这样的话，你的思想，难道不从你自己语音，从你生存其中的社会中引伸而来？还有，既然你的话语是来自你于同胞的互动，那么，这些语音中包含的意思，难道不源自同一根源？"

思维即存在，笛卡尔这公式后面，还有个论点清晰可见，也是由巴洛克时代社会生活方式培植出来的，就是：人类思维的理性体系中，一切思想皆须屈从科学"定则"，如专制君主的臣属皆须服从这君主一切律令。韦尔翰姆·奥斯瓦尔德后来指出，法律给两种情况都规定了预期行为的范围：这既简化选择也节省力气。因而，科学之最终目的，它的真理性以及功效的证据，在于能确保人类行为如天体运行般准确，因而可以预测，可以认知。

即使如今，对多数科学家而言，这不仅是金科玉律，还是不可以违背的道德守则。假如科学决定论法则到处适用，那么，人类生活，同样最终会至置于完美控制之下。这当然就意味着，任何专制主义政体之下，任何难以驾驭的分子，皆在警署掌控之中，皆可随时收拾掉。或者，无需进一步调查审讯即可无限期入狱！

笛卡尔拒不审视丰富的历史遗产，所以他既看不清自然属性，也弄不懂为何研究自然，当然也无法理解两者互为依存的关系。因为，观察研究自然要靠心灵头脑，而头脑心灵既是自然之一部分，还显现出自身隐微和难以琢磨的特性。延续生命需要更宏大的时空框架，若无这种框架，生命会凋萎，会干缩得空无一物。那样，生命自身将找不到语言来否认自身精神的存在，更无法怪怨自身软弱无能。顺便说，恰是在这种状态里，许多当代人才逐渐真正感知自身的存在。因为他们终于收到了自身感官迅速传来的报告，告知以真相，无论这真理有多么狰狞可怖。

笛卡尔理论体系的败笔，其更深层含义是什么呢？下面这段简短文字就讲的很清
<sup>83</sup>楚："睡眠状态中我们推理能力从不像醒时那样清晰完整，虽然睡梦中想象力仍很活跃很清晰，若非更甚。那么，理性或推理能力，会告诉我们：既然思维不因我们不完美而更真实，那些把握真理的(时刻)就只能从清醒时经验中——而非睡梦中——去寻求了。"

这就再次提出宝贵忠告，必须警觉那种反常的梦幻：但这却无法解读某些神奇势力，因为这些势力确曾促成了技术和社会秩序，而且非常符合笛卡尔的主观设想。这当

中,理性小心保护并掩饰着自身走向非理性的取向。当理性违背生命体验全部内容之时,就会发生这种取向。三个世纪之后,西格蒙德·弗洛伊德,虽自称严格的"唯物主义者",教育背景却塑造了他治学严谨、注重调查客观事实的个性,这特征与笛卡尔所说的上帝丝毫不相干,即使作为一种假设。于是我们见到,弗洛伊德突破禁区,重返梦幻世界探索,并发现了那么丰富的人类真谛。而这些财宝,却都是被笛卡尔无情丢弃了的,因为他坚持认为,只有梦醒之时才能进行合乎理性的调查研究!

必然原因在于,笛卡尔首先自己就不可能认识到,他把生命解释为纯粹机械现象,比作某种精细调节的自动化装置;这样一种结论,并不像他自己和他的门生们所相信的那样合情合理。

最后,请注意看笛卡尔机械论专制主义的深层含义:为了让他建构的秩序一目了然且可以预测,他决心把生物世界最奇特最典型功能排除在外,不予考察。这奇特功能就是:生物能储存自身经验并予重新评价、定位,随即联系当前、以往以及未来活动,包括想象到的情况,反复不断解读它。而且首要的是,还会照自身需求采取行动,不管外界指示或控制,而去追寻自身目的、自家物种或团体的生存利益。同样原因,笛卡尔根本没弄清有机世界那些非常复杂、采用象征手段进行的互动关系。这种互动,包括相互认知、互助、机敏的相互调节适应等等。这些内容,亚里士多德至少能给他个较粗浅的解说。

笛卡尔忠实于他的绝对主义原则,宁可接受遵照思想家意见预先设计好的方案。依照这种方案,就能在既定时间达成既定目标。他认为,思维领域内的事情,包括政治事物,最好的社会形态必定是要"尊从贤达的法律制定者安排好的秩序和意见"。因此,他把试图修改这些意见和安排的改良主义者,形容为"手忙脚乱专门爱管闲事的人"。任何活跃的生命,任何历史群体,任何生动社会,都不会让自己纳入这种笛卡尔牢笼坐以待毙。所以,笛卡尔实际上自己抽掉了优良机器必备的规范标准。

笛卡尔凭借科学这种方法论和角色作用,公然摹仿文艺复兴时代专制暴君的作风,宁选专制而不要民主;宁要残忍简单粗暴而不要分权制、不要民主制的坚韧传统、不要令人汗颜的历史矛盾和争斗、不要那些混乱、妥协,他坚决不能让贱民登堂入室。可实际上,只有接受民主制度,接受相关一必要代价,才能全盘接纳生命的丰富含义,而不抛弃其中任何一种功能和目的,一并揽入怀中。而笛卡尔对政治专制主义情有独钟,就为科学和技术最终走上军事化道路铺平了道路。

笛卡尔至终未能理解,人类史和生物界里独一无二的复杂过程、现象和事件,是无法全部纳入机械论范畴的。因为,这些现象大多无法直接观察,更无法复制,而较之物

*84*

质现象却毫不逊色,同样都是自然界本质毫不逊色的表现形式,虽然很难用直接观察、试验、数据统计予以描述。而不幸,却因这些差别,机械论的秩序特征,因其清晰可辨,因其可以预料,就被笛卡尔及其门徒们看作宇宙真义的主要标准,看作价值体系的源泉。其余,则被笛卡尔门徒交付给了教堂和教会。

# 3　科学家变成立法者

笛卡尔机械论的实效,是把科学家提升到法律制定者的位置。这当然不是说他们的个人作用,而是就其集团效果而言。笛卡尔视人类为"上帝之手创造的机器";同样,他自然就把有能力设计、创造机器的人神化为上帝。其实,只要这能力维持在一定限度,且至今的确维持在这一限度内,这种神权憧憬和崇拜也无可厚非,无关宏旨,无非面对艰难会给人增添信心,令人感到"有上帝帮忙(也就是科学)",任何事业,无论多么艰难困苦,最终都能顺利完成。

笛卡尔哲学的清晰特点,若针对旷日持久的迷信和伪科学而言,是一种健康反响,起初是有益的。它如一江清水冲涮沉积泥沙,冲击胶结盘踞已久的迷信、主观错误之类的牡蛎藤壶,使之松动,这些杂物长久阻碍着古代思想传播和交流。可是,作为对思维和社会生活的永恒贡献,机械论就沦为一种帮凶,在这个节骨眼上催生了政治专制主义。原因是这两者恰是天作之合,天生互配。

笛卡尔直截了当地说过,"人之躯体无非一尊塑像,泥巴塑成的机器。"这里,我们再次见证了有机世界与机械世界之间由来已久争论的焦点,就集注在这教条主义的"无非(nothing but)"二字。笛卡尔为充分证明自然界和生物行为——除人类外——都可以用机械原理充分解释,他便转而求助一种特殊模型——自动化,这模型用来解释王权历来特别灵验。而这种神效并非空穴来风,也非偶然生成。因为自动化形态——无论动物或是人形物——都能像钟表机理那样自行运转,其中包含了王权思想特别苛求和欣赏的无条件服从与忠顺、绝对有序状态、按钮操纵控制法,等等。这类品格和要求,自金字塔时代以来历代统治者,无不绞尽脑汁要灌输给他们的臣属。所以,即使最简单的自动化成效,也会让笛卡尔沾沾自喜地发问:像机器一样,这样解释活的有机生命的构成,包括操控、运行,这样解释还不令人满意吗?

在笛卡尔看来,生命的特质,熟悉自动化运行机理的科学家们,都不会感到陌生。这与人类含辛茹苦、辛劳操作做到的机械运转,毫无二致。可见,生命与机械二者间这一肤浅类同,让笛卡尔一叶障目,不见鸿沟,看不见人造机械与真正生命之间的根本区别:前者以零散部件构成,共同协调运作;而后者,生命则不然,其中任何细胞、组织、器官,离开整体都无法存在、无法延续、无法作为生命之动态部件参与整体运行。而综合到一起才能实现自我更新的生命奇迹。而一旦生命中止,这些要素的绝大多数本质属性,也随即消失。

笛卡尔用机械论解释世界时,小心翼翼把人类另外摆放,未混为一谈。但他仍未幸免犯错,华而不实之错:他宣称,假如机器造得外型、器官都同猿猴(或任何非理性动物)一模一样,那么我们将无从分辨其区别,将搞不清楚他们本质上有哪些不同。逻辑上说,这错误太流氓气,不值一驳。因为笛卡尔立论的基础,是这设想完全能够实现。那么,假如机器造得与有机物一模一样,那它只能是个有机物,而不可能是机器。也就是说,这首先意味着:它无需人类帮助就能自我复制,自我更新。

笛卡尔述及人类,也承认主体生命有其合理权利、承认人类理性的非凡特性、尤其承认人类的杰出创造:语言能力。通常,人们会把这些看作笛卡尔机械论中勉为其难的挡箭牌。因为,虽然如此,笛卡尔唯一强调的原则,几乎只有机器的职能特性,而正是这个原则进入了后世科学的方法论体系。他这样写道:"我要你们理解机器内部的过程,都是自然而然发生的。这是各部件安排方式产生的自然效应,不多不少就如同钟表里的自动化过程,是配重块与齿轮相互作用形成的。所以解读它们,毫无必要设想其中还有什么灵魂存在,无论植物性的或是有感知性能的,或者还有其他生命原则存在其中,除了有些血液。"

这段文字绝妙地证明,钟表给不仅给笛卡尔本人,也给他的同代人留下多么深刻的印象。就连开普勒也认同这种反响。他在 1605 年的一封信里写道:"我非常注重调查物理原因,我想证明,天体运行不宜比作圣灵推动的结果,而更像一架大钟自行运转。"当然,把生命现象简化为机器,较之反过来把"机器"比喻为生命体,要更容易做到。这后一桩大任交由我们当代来完成了。

笛卡尔作为思想家,保住了自己的名节:他比他许多追随者都更清醒地看到,他那过于简单化的机械模型,用到了人类这里,不灵了!"两项确定试验"都证实这一点:首先,人类能使用文字和符号"来表达和沟通自己的思想!"此外,人类还有自由意志,这在在某种程度上,是其他动物所没有的。笛卡尔说,纯粹照机械原理构成的活物(creature),或许能表演生物体各种单个动作,甚至精妙的超过人类。这些,当今某些机器人已经办到了。但是,这些表演和行为毕竟受限于它们的器官,因为这些器官还远未细化到适应生命处境的一切要求,"远不及理性教会人类的万般本领"。

他这个认输,可谓慷慨;且局部纠正了自己的理论错误,此言非同小可。但对其他许多低等生物都拥有的能力来说,他的话仍有失公允。如今生理学家和动物行为学家告诉我们,动物的本能和反射行为并非全由遗传基因决定,也不像笛卡尔之后的理论家们所说,完全不受主导神经支配调节。笛卡尔早年一古脑投怀机器,表明他自己理论研究方向失当。虽然他勉为其难地承认,人类属于自动化装置,因而避免了后代行为主义科学家们长期同犯的错误。笛卡尔用于其他生物的推论,迟迟不愿延伸到人类,人们常放它过去,不予追究。理解其中包含他胆小怕事,不得不躲避教会的迫害。科学苛求审慎,这岂不又一实例?

## 4　机械论模型再检视

笛卡尔将生物等同于机器,这样做,意在把定量分析法用于有机世界,既然这方法已有效破解了物理世界许多复杂现象。要破解物理世界某事物的奥秘,我们得先把它孤立开来,再将它分割,先分成可度量的若干元件,再继续分下去直至微粒子。若不首先完成这一壮举,就无法破解其中奥秘。可是,一旦穿越物理世界的边界进入生命世界去一探究竟,我们就得反其道而行之了:先得把各种零星元件拼装起来,形成组织结构,当这种结构越是接近生态,便越能同生存环境互动,最终变得非常非常复杂,以至只能靠生命特有的行为直觉地去复制它、把握它。因为,它已经形成了自身精神世界——至少在人类如此——已经具有从基础到高级全套心智活动的组织机体界域。

减法则与这一过程刚好相反:它躲得远远的,几乎不敢触碰那个所谓原始大冲撞(primal thrust),不敢深究其中可能包含的组织化形成过程,因为这过程足以解释原子以及水晶体自我复制的特性:而这些都违背古代观点,因为古代论点认为原子组成的宇宙最初混沌一团互相乱撞……因而,无论用哪种纯因果论或统计学的或然律来解释,有机生命的组织化过程都绝不可能发生,除非有个圣灵组织者从旁协助。

牛顿在其《光学(Optics)》一书中也很顺利推导出这一结论,而且完全靠征引物理宇宙本身的事实。不过,如森特·乔伊尼(Szent-Gyorgyi)所说,这一必不可少的条件,无需借助神学诡辩就能成立:它可从一“开始”就把这位原始“组织者”摆放在宇宙体系之内;而且这套设计,并非别出心裁的原始计划,而是组织形成过程中自身包含,且日益增大的趋向和结构。这取向能把有机体的选择性日益组合成更富有有目的性的有机整体。

在这个问题上,笛卡尔慧眼独具,看出钟表机构中类似有机生命的工作原理,其本身有种很成熟的机械化组织形态。这启发他以机械论外因来分析有机生命的行为特点。但这是一种不成解释的解释,证据就是它恰恰破坏了笛卡尔力图要证明的论点。有机生命设计或称终极目的论(finalism)与因果决定论是一对相克概念,各处于互相对立的两极。汉斯·德里茨(Hans Driesch)很久以前就指出:随便朝某固定地点乱扔石头,怎能盖成房子呢?一百年后无非得到一大堆石头。笛卡尔为揭示生物行为能力的奥秘,引入机器概念,依据机器通体都最具生命特征的设计产物,在可以分析知晓这一点上,它超过了任何生物。另外,机器模型还有一点超越了牛顿的"圣灵组织者从旁协助"之说:它的典型形式中含有目的论(或者终极论)概念:用一种有目的设计的组织形态去实现严格的终极目的。这就同生物进化的漫长过程毫无共同之处了。

实际上,纯粹因果关系、统计学上的组合伙伴(team-mate)、随机性,这些东西与任何形式的机理之间的差异,是无法弥补、无法调合的。机器,无论多粗糙,终究是由功能目的分明的部件组成的集合体。需要预先牢固安装固定好,它不会去思虑过去还是将来。而有机态的生物则不同,即使最低等生物,即使组合形态相同,在新处境下,也难以利用新的基因突变,也难以去适应新环境。

另外,有机生命不像石头、炮弹或行星,它是有未来的。这未来在一定程度上已经预先确定,是由进化大潮中该物种——或有机界总体——经历的各种因素共同打造的,甚至可远溯至生命起源。甚至推演到更早,直至简单元素本身逐步组合、实现特化的恒古时代。十亿年前发生的事件一直至今留存,它被记录在生物活体细胞和器官内:比如,血液中盐分记录着原初生态物质起源于海洋之中。生命的未来则同样遥远,而且很可能在其当前形态中已有先兆,而它或以某种主观形式、通过某种确定的生物组合形式已经潜伏其中了,只是我们尚不知晓。一个受精卵细胞中的简单因果联系不足以体现它今后长远发展走向,除非观察者了解该物种全部进化史,以及胚胎期特征,了解个体发育史,甚至,还需了解该种系的全部发展历史。

可惜,伽利略—牛顿模式的世界图像中,一点点历史信息都不包含,虽然物理学家如今已告诉我们,物理宇宙生成过程有个理论上的顺序,从氢原子开始,这顺序必已预先拟定好。笛卡尔引入人工机理来解释有机物行为特点,这样一来,他又悄悄找回了那些主观因素:设计、目的、终极走向(telos)。这不禁显露些许讽刺意味:正是伽利略和笛卡尔两人,曾经力图消灭这些概念,必欲将其驱赶出自然科学殿堂的啊!

我提出的解释,公然颠倒因果论习以为常的逻辑、偶然、统计顺序、目的明确的设计,而以笛卡尔解析机器的角色用来解释有机物,让生命照这种运转模式实现它各种功能和活动。为充分说清这一论点,我提议我们仔细考察机械的本质——包括任何机器。

88

让我们来看看：若用适用于生命体的语汇和方法能否充分描述和理解机械的运作特点。假如不能，那就说明笛卡尔他们解释有机生命的方法，显然遗漏了一个要件，而这特性恰恰是链接机械原理(mechanism)与生命原理(organism)的关键要素，链接有目的组织与主观意向两者的要素。

为讨论方便，就用伽利略常用的实验方法提出假设立论。首先用一架凭空而来的钟表当作试验样本，假设人类对计时和钟表功能完全无知，就像四个世纪以前对于生命起源那样处于完全无知的状态。这时候，我们让这架钟表在几个不同领域的专家手中轮流传递，让他们依次拆卸各个部件，玻璃蒙面、表盘、指针、弹簧、齿轮、擒纵钩等等，依次卸下，直至该钟表完全解体。随后将各个部件全部仔细照相、测量、请合格的物理学家、化学家、金相学家、机械学家各自在自家实验室里仔细分析，提交研究报告。最后把这些报告综合起来，每个部件都用如今所谓纯客观的还原法来进行严格的科学论证和陈述。这样一种分析过程只用因果论原则就足够，除非观测者想透视其中每个原子的内核。

而与此同时，这钟表本身则消失不见了。随之消失的，还有整合全部零件的设计构想也不见了，还有，讲述每种部件如何运作的明显线索、联系，不用说，钟表总成是如何工作的，以及它服务于什么目的，也都无从了解了。这种情况下，谁敢说仅了解每一个零件就能重新装配成整架钟表？就能说清其工作原理？透解它的工作目的？不能。这时候，只有历史才能提供答案，让一个聪明头脑把它组装起来重新报时。

可见，只有把钟表作为一个动态运行的整体予以考察，才能透解各部件的功能及其相互联接方式。相反，孤立考察各个部件，做出纯因果分析，则无法看出其总体运作原理和目的。虽然，可以想见，各部件经千般努力有可能装配成功，就是在完全不了解钟表最终功能和目的——报时——的情况下，也有可能重新组装还原这架钟表；但是，最终它的内在机理却仍然神秘，仍无法激活。它究竟做什么用的，我们仍然一头雾水。就连表盘上十二个数字，在一个尚未形成昼夜 12X2 小时划分的文化里，也没有任何意义。可见，即使有幸把分散零件重新装成钟表，指针走动是什么含义，仍无法弄清楚。更说不上调节其快慢，去符合星球运行的节律。所以，从根本上说，因果论分析是无法搞清最终目的，更无法说明人类的关注。

那么，执意采用因果论之机理说解释有机生物，最终结局如何呢？很清楚，钟表工作原理若脱离人文因素就无法说清楚，包括天文学者、机械技工、钟表匠的贡献，以及时间度量、按时间周期进行等活动。而这些因素却被这些科学家的新方法一扫而空。换言之，用机械模型来比喻生物，仍然无法妥善地取代纯人文因素。证据就是，机械原理本身就是主观产物,用它各种特征来比喻有机生物的许多方面,这就必须予以阐释。结果终究不是原因;就其本身看,机械模式只提供了谜团,而非解释。这谜团的答案在人类自身,在人性本质。

可见,任何懂得计时功能历史发展的人,都不会贸然想出个超级钟表匠,高大如领班神甫裴利(Archdeacon Paley)引导来的全能上帝,进而相信,制造钟表这主意,从一开始就是上帝想出来的。严酷的历史事实不支持这一推论。最早计时工具,日晷、蜡烛、礼佛香、铜壶滴漏、沙漏,无论物理构造或工作原理,几乎都没给后来机械钟表提供任何暗示。

要最终做成机械钟表这种计时工具,这位超级钟表匠先得隐身于以往一系列发明创造之中。事实上,这种隐身的、无形钟表匠早已匿形在某种主观形态之中,这才能确保他真正隐身:这主观形态就是人头脑中的时间观念。包括最终的机械钟表在内,一切计时工具之关键,在于时间以及计时观念本身。这是一种主观现象,它早于任何记时手段之发明问世。时间观念在任何空间中都找不到,虽然它有无限的空间表现,无论物理形态或象征形态。

简单说,唯有计时目的本身才能解释这一长串的递进发明的历史。同样,这只有这个目的才能说清楚计时机理每个部件每个环节的特殊职能作用。该目的会坚持不懈地促成下一步技术手段,而绝不会有其他作用,尽管如此,若没有这一目的作指引,就不会有一系列的技术发明改进,最终除了耗费能量,就只有一堆零散的零件。

那些深信笛卡尔学说的人听到这样的话恐怕会感到非常震惊。因为他们如此看待世界,已经习以为常。不仅这样看待物质元素,同样也这样看待机器以及有机世界。就是说,"环境认同(identification)"、"物种成型(speciation)",以及种间互助、组织化、目的、超然(transcendence)之类的属性,都不是质量、能量、运动概念的偶然副产品,而是该体系固有的原初本性。不错,宇宙发育到后期阶段才会有这类有机属性的形成和出现,而且,只能在其进化的高级阶段才会经由人类大脑被感知。其早期阶段则非常虚幻、难以察觉、无法辨认。但虽如此,如莱布尼茨指出,生命的特质必定从一开始就已经存在,即使是潜在的! 物质世界每种元素在元素周期表中都有明确属性,而且这些属性规定着该元素的身份、特征、化学反应范围以及生成物指向……这一事实就表明,物种形成的过程,在尚未形成有机物的物质世界里(pre-organic forms)就已开始,且具有自身限定方向,恰如后来化合反应指向有机进化的形成。

至于一系列计时技术发明创造,其日趋明显的组织化特征和精准程度,若用外来造物主或先天钦定计划之类,是无法解释的。造化之最终产物是个意外惊喜,非常奇妙,

"上帝若知道这一结局,就不会亲自劳神一个个创造了。"但是,在氢原子核中,物理学家面临一个棘手问题:若不借助某未知介质,就无法解释氢原子运动模式。而这样的介质只能从人类本源去寻找,那就是精神(mind)。元素特性发端于氢原子内的原始电荷,这些电荷由动态平衡束集在一起。这样的元素特性任何方式都无法解释,除非以同样费解的人类精神予以说明。于是,我们发现,在生命漫长孕育史的首尾之间横着一个谜团:生命起源之谜。若抹去这莫名其妙的主观要素,宇宙进化全部过程就没了任何意义,恰如计时技术若离开人类需求和行为,根本无从解释。

91

这题目似与技术发展史研究无涉,我不厌其详说了这么多,为什么? 因为笛卡尔对机器的分析研究,他对自动化机理的赞扬,已经——并且至今仍在——强有力地影响西方人的世界观,让他们误会乃至低估有机世界独一无二的优越品格:主体意识;尤其,让他们误会、低估了人类用丰富象征符号表达的主体意识:声言生存价值和生存目的,让自身生命雄冠有机世界。任何机器,无论性能多复杂、精致,亦无论发明者多聪明、智慧,都无法造出来替代人,连理论上也说不通。证据就是,这样做必须征用二三十亿年丰富经验。由于没看懂宇宙和有机世界如此丰富的发展史和重要作用,人类当今才如此骄横、野蛮,才会奢望各种愚顽,加之又有各种神效手段和方法,结果往往导致速效的破坏和毁灭!

笛卡尔给宇宙提出的这种通盘机械论模式,却不幸过于简单。继之而来的科学方法论,有意无意也接过这一模式,继续简单使用。殊不知,这种模式缺少一些极重要元素:历史、象征符号构成的文化、精神思想、思维能力;换言之,缺少人类经验的总和(totality of human experiences),而且,不是言说的经验(experiences as known)而是实际的生活体验(experiences as lived)。证据就是,任何活的生命都会有些体验,连最优秀生物学家也难以发现,难以言说,除非自己亲身体验。而笛卡尔只见树木,不见森林,光看到机器抽象原理及其运作方式,而看不到有机生命的情感、心绪、直觉、想象、思维,这无异用连上电线的骷髅来替代有机生命。文明发展到这节骨眼,一股反生命的迷信逆浪悄然涌起,欲将生命世界连根拔起,准备压缩人类需求和意愿去适应机器的需要。

有机生命的复杂特性在人类经历和记录的经验总和中登峰造极,正是基于这样一个复杂大背景,我才提出必须批判地接受和赞扬那种看起来优美、清晰、简单、流畅的机械论世界的图像。还有一种论调认为,如果客观调查研究足够仔细而充分,最终就能揭示当今我们主观上只能偶得一见的现象,这种想法纯是幻想。前面所说"妈妈肚子里的机器"、"发动这机器的摇把"之类,是些无可厚非的戏谑之词,无非伽利略和笛卡尔那种宇宙论和生命学说的翻版。实际上,只要他们排斥主观精神、人类记忆、各种无法重复的现象,他们对客观世界的描述和解释就难以自圆其说。他们排斥主观经验,因而也就排斥了许多可体验却难以精确观察到的现象,因为观察方法本身往往曲解观察对象的本质,这是生物学家和物理学家已经发现的事实。

这种尴尬的纠正办法,只有人类才能解决。而且,最终还是由一位诗人做到了:罗伯特·佛罗斯特(Robert Frost,1874-1963,美国诗人,创作了大量现实主义诗歌作品,擅长以通俗易懂的口语化形式描绘纯朴的农村生活风情,作品脍炙人口,常被引述。——译注)在其《不可小视的细小生命(A Considerable Speck)》这首诗中描述他偶遇一只纸蛾的情景:当时他正写作,一只纸蛾慢慢爬到笔下,见佛罗斯特起笔欲落之际,惶恐万分,那弱小而惊慌万状的样子激起佛罗斯特的同情。于是就小心翼翼地放走了这条小虫。

92

> 我本有灵性,焉能不识你的灵性?
> 只要与我偶遇,什么表象也掩盖不住。

实际上诗人这里是说,任何东西,任是权力或知识,都不可以彻底毁坏人性,也不能蒙蔽心灵,让人丧失对其他生灵的同情。

最后,我再提供一个实例,我想证明,这所谓科学"客观"方法至今获得的生命真相,距一个综合、统一的生命概念还相差多么遥远。直至半个世纪前,科学仍然认为做梦是件不堪的事。虽至今许多文化都关注梦境,千方百计想破解梦的奥秘,虽然常无功而返。首次系统而科学破解梦境这一主观世界奥秘的人,是西格蒙德·弗洛伊德。他首先考察自己的梦,耐心听取患者倾诉的梦境,设法将梦境中形象与已知心理动机和病态反应一一挂钩,对应识别。

如此获得的知识虽然也有参考意义,却很不确定,且难以证实。因为,不同解梦者会基于自身文化背景和价值判断来解释梦中形象和情节。于是,有些当代科学家又进一步记录脑电脉冲,用以确诊大脑和精神病变,且收到些效果。他们还通过观察和记录睡眠状态中眼球活动状况,以及脑电图记录下的波动频率,来考察主观精神活动状况和内容。

这些研究结果都提供公开资料,因而研究者认为这些结果比患者主诉更真实可靠。可是,想通过这类资料破解梦境的主观精神内容,那就近乎妄想。这就类似想通过计算光频谱振动次数,就能获得光感和色觉一样的荒唐。谁能单凭颜色名称和波长就能想象具体色感色觉? 只有完全建立了色彩主观体验的人才有这种联想力。梦境也一样:

即使通过仪器记录的图像能准确解读梦境内容,也仍需梦者本人证言,才能证实这种"客观"解读是否真确。若无当事者的主观证言——虽然这证言本身真确性无法验证——那么试验者的说法便很难确信,若非毫无价值。

这算个测试性案例,我过早用它来评价新世界图像的技术后果,因为,这实例显露出,机械论世界图像排斥主观精神的偏见,不攻自破。这样,我们就不禁要问:一个专门为机器和机器人创造的新世界,怎么会越来越仇视有机生命和人文需求?若不设法创造一种更亲和生命的意识形态框架,那么,当今世界这种片面追求科学技术的发展模式,迟早就毁掉人类的生物学潜质,使人类背离他的历史走向,无论过去,还是未来。这样一种结局,简直是毫无疑问的。

虽然如此,我们还得宽宏大量,不得不承认一个事实:分析思维的习惯,包括它排斥、丢弃有机生命复杂性的做法,一旦确立,会很有利于科学技术发展。证据就是,这种摒弃有机生命的思维方式,恰是走向有效的机器设计、制造的第一步。这种方法把一个复杂结构分解、简化为一组零件,这样才能重新组装它,形成较简单的新构造。而且,将复杂、坚固物体予以拆解,这就为新发明创造打开方便之门。

飞机发明的经过就很说明问题:最初的设计方案很粗糙,因其原理机械地模拟飞鸟振翅,因而失败。爱达尔(Ader)的飞机设计方案,模型尺度很大,至今悬挂在巴黎美术馆内,不仅有可扇动的翅膀,其机翼和推进器都采用羽毛形式,难怪飞不起来。同样道理,完全模拟人体的自动化装置,举手投足、一颦一笑完全逼真的机器人,至今也造不出来,虽然最早的机器人完全采用了人体形态。

分析、分解、剥离,是创造复杂机械构造的第一步。若没有机械世界图像来整合物质世界的各部件,若无机器将这些分散的零件转化为有一定目的的准有机体,实现机械控制的全副努力(这是以往三个世纪最引以为豪的成就),就会付之东流。

所以,笛卡尔世界观最大的错误,在于他认可"两种文化"的分割状态。虽然他也准备重新考察客观物质世界的本质,却不肯用同样办法来考察人类的主观世界;不然,他世界观和方法论之粗劣就会暴露无遗。因此,他接受了基督教教会对物质世界的统一说法,并且认为,它是不可挑战、最终、最高的解释。笛卡尔一方面把人类的灵魂教给神学理论,一方面转身背脸不去看另一种可能:能否建立一种包罗万象的哲学,它能统和宇宙一切事物,包括个人的、杰出的、无法复制的、人性的、记忆中的以及未来的世界、人文历史、生物界,还能囊括世间一切物种。笛卡尔把这样一种可能,完全被排除在外了。

笛卡尔的理论,作为一种想放之四海皆准、完整而统一的思想体系,这就成为其中一个致命伤。证据就是,这让思想正统的科学家情不自禁地把自己头脑封闭起来,不去考察种种迷惑不清的现象,包括超验主义现象,以及人类精神的实质;尽管这些问题在现有科学框架下完全无法解释。假如毫无疑问地承认这种思想体系,科学方法会把一切不确定的真理都留待将来继续考察、予以纠正。而如今既然科学不给私人空间和主观世界开设研究通道,科学就不得不否认这一领域的重要性,否认其真实存在。

了解 17 世纪文化的人都毫不奇怪,当时有代表性的思想家,从伽利略到牛顿,都不愿意彻底背弃宗教思想这个王国,也不愿丢弃宗教长期确立的传统和兴趣,这本不足为奇。可是,几个世纪后,当基督教古老教条主义统治势力已消亡殆尽,当弗洛伊德这样的科学家已开始对人类主观精神种种表现(梦境、幻想、无意识反射)进行方法论探究的时候,仍有一些有"科学"素养的人,仍以超脱情感、情绪之类而自居。"冷漠"、"无情"之类的字眼,仍旧用来称颂科学品质。

甚至,连弗洛伊德本人也感到不得不强调,他的研究方法严格遵从着"唯物主义的"原则。他这样说,因为他的研究可能扰动无意识领域中那些鬼魂们,揭开他们的真面目,他感觉得给他们找一个体面的外衣。对比来看,英国唯心主义哲学家、逻辑学家,罗素爵士(Lord Russell),则感到完全有必要(向科学领域)引入巫师、情侣、诗人,连同他们的"文化历史遗产以及美学内容",作为对科学研究的矫正。为此,罗素还在其叙述中渲染了科学程序给研究对象规定的阴森戒律。其实,按照 17 世纪对科学的理解,假如科学能够容纳包括人类在内的自然界全部现象,那么,无论神学家、巫师、情侣、诗人等角色,从一开始就不会被毫无道理地排斥在科学领域之外。当然,也就不会有许多人会揣想——大约除了赫伯特·斯宾塞——假如科学果真如此全面而强硬贯彻到底,真的会导致人类的瓦解。实际上当今许多科学家正是这样想,也这样做的。

所以,说到底,笛卡尔对科学方法的界定太谦逊、客气了。因为,假如这方法是全面了解宇宙的关键所在,它当然能以其特殊方式包容伦理价值、宗教目的;因此,也能表述和利用它发现的任何真理,还能解放人类思想,使之脱离桀骜不驯、未经驯化的主观精神束缚,摆脱滥用的万物有灵论(misplaced animism)、避免各种顽固、难以纠正、自古以来严加保护、小心储藏的各种罪行和错误。

认可基督教对人类精神生活的垄断解释,或者,向种种杂乱不堪、低俗卑劣的迷信现象投降,都等于给人类经验的探索工作设定禁区,不许进一步追求真理。人类精神世界不可能永久保持无人区状态。何况这个领域里,圣贤、吉普赛歌女、王公显贵、神仙、艺术家、演员、乞丐、癫狂者,已经树立了他们先入为主的王国。而耗费人类大量资源和能量,结果却换来如此杂乱无章、浅薄脆弱、还没结没完的虚构。笛卡尔当然对此一概予以否认。可是,他却因而否认重建一个统一的世界图像的必要和可能,致使公正全面

对待人类全部经验、开发丰富资源的道路从此被封闭。殊不知,这恰是人类进一步发展
的必要前提条件。

# 5　机械形态的失败(Mechanomorphism)

从笛卡尔的时代以后直至 20 世纪,大家都认可了用机械论模式来解释生命的现象
和行为,认为这解释已经很充分了。当然,除了最具穿透力的头脑,他们目光如炬,能拨
云见日。而且,随着机器的设计制造日益追随、模仿人生(lifelike,仿生),西方人日常生
活中也随之学会了越来越追随、模仿机器(machinelike)。如今,我们从"自动化
(automation)"这一词义变迁中,就能看出这种演变过程。automation 这个词早在 1611
年就开始使用了,当时是用来指称有独立资格和能力单独行动和迁移的自治人口。可
是,这词汇很快就转而指称完全相反的含义:某种在一定条件下牺牲自治换来自身运转
能力的构造,"这条件是专门为它设定,而非由它设定的。"(新牛津词典)

请看:虽然机器中每种要素自然界中都有: 质量、能量、运动、化学元素及其化合过
程、组合构造形式等等,但在生命体诞生以前的世界,则找不到任何机器形态或任何有
明确目的的构造形式;即使最简单的机理(mechanism)也只见于生命体当中,外部或者
内部。而假如生命体中某过程可以或繁或简表述为一种"机理",那完全是因为有机生
*命内所包含的这种机理涉及到极其复杂的精密构造、巧妙联系、工作部件和原理,这些
都是有机生命专有的特性。*这些特性,在生命形成以前的世界中,无论什么元素化合反
应,无论通过随意碰撞、增生、爆炸、裂变,也无论重复多少次、延长多久远,也无法形成
上述有机生命这些特性。如果说机器可以充分分解简化用来说明有机物的构造和行
为,那是因为有机物内部的生命机理太奥妙、太复杂、品质太丰富、结构脉络太庞杂,根
本无法表述,因而只能采用类似分解机器的简化手段予以概述。可是,须注意: 不是机
器说明了有目的的组织形态;相反,是有机生命的功能特点,完好地图解了机器原理。

真实的机器,即使复杂如电脑那样的仿生械器设备,其标志性符号,最终分界线,在
于它的能量和功能都是派生(derivative),而非原生。同样,它越来越高超的仿生技能,
也是次生的。任何机器都不可能发明另外一台机器;或者说,即使它可能因为瘫痪而
"羞愧难当",却永远不会因无法运行自己去自杀,以表达这种"羞愧难当"。它只是个设
备,它无所谓希望,同样也无所谓绝望。机器更不会永恒运转,一旦它不再招引人的兴
趣,失去人的合作,它立即陷于瘫痪。不错,电脑的发明者,曾引入随机因素,激励创造

能力,至少能激励准创造性,类似电脑写诗、编歌谱曲之类。而这设备自身是不会凭空诞生这种智能,除非人类给它输入,再教会它。

假若你想赋予机器另一种重要特性,让它自我复制,也就是能生育,你会发现,机器同样面临这种局限性。虽然在一定条件下,有充足的零件,有足够详尽的程序,理论上说,机器可以做到自我复制。而这样一种丰功伟绩显然建立在自我欺骗的基础上。因为,是谁发出指令让机器进行自我复制的呢? 当然不是这机器本身,也不是它古老的祖先版本。任何机器在其最原版设计中都找不到能够开始生育过程的必要冲动,更无法自己去准备一切必要材料,接着再去塑造它们,都不可能。机器里不可能发生类似有机物的生育过程,除非通过人类大脑的天赋指令。生育是生命体最关紧要的活动和特点,有关生育这一重大问题,英国维多利亚时代的反叛学者赛缪尔·巴特勒(1835—1902)[①]的一句反话至今仍不失为点睛之笔,他说,从最低层的含义来说,生育就是"采用机器的方式创制另外一台机器"。

可见,虽然所谓的"机械"效应,包括方向性、条件反射、性激素等,都是有机生命活动的基本组成部分。与此对立的概念,也就是生物可以简化为一堆机理的组合,则连一个微小细菌都无法解释,更不要说高级生命活动。生物机理(organism)只在最低级职能上类同于一些无意识的机器,而机器则在高级活动上类同于生物的目的性。数百万年来,生物生理活动都不依赖机器机理,人类的生存也没有依赖机器机理,直至五六千年以前。即使到了发明工具的时代,人类最早的机器,如我在本书第一卷中所说,最早的人类机器,大部都由人类大脑组合不同器官和部件组合而成。意识发展的机理,才是真正人类的特性,比如语言、礼制等工具手段的形成,也包括金属和木质材料制成的简单机器。人类心智活动(mind),几乎就可以定义为生物体那种能够创造、利用、超越自身的机理。

假如笛卡尔稍微仔细观察自动化机器的本质,而非被其很类似生命活动的表面现象所迷惑,他很可能会看出其与生命体几乎没有共同之处。因为,有关最发达的机械电子装置的最吹牛描写,也只说它充其量也只算个有缺憾的或者虚拟的(under dimensioned)生命体。可是,把人类简化为机器这种做法后面隐藏了一个用心,因为军队和工

---

[①] 赛缪尔·巴特勒,Samuel Butler, 1835—1902,英国维多利亚时代的反叛作家,重要学者,研究意大利文学、艺术、诗歌、绘画,用散文形式翻译了荷马的两首史诗《以利亚特》《奥德赛》,他的译本沿用至今。此外,他的主要作品有理想国讽刺文学,撰写了乌有乡(Erehwon,又译厄利翁,为 nowhere 之反论,意思是哪里也去不了)。死后出版了《众生之路》(The Way of All Flesh)批判了基督教正统思想,深入研究了进化论思想。——译者注

厂里都需要均一化的行为模式，这种用心到了 17 世纪已经如此强烈，以至于笛卡尔的描述尽管在基督教教义看来简直大逆不道，至此却被许多先进的科学家欣然接受了。

到了 1686 年，罗伯特·波义耳这位"怀疑论的化学家"，尽管他本人是位虔诚基督徒，"也把这些活动的机器装置称之为人体"。两个世纪后，托马斯·亨利·赫胥黎（Thomas Henry Huxley）①在其《动物的自动化机理》这篇论文中仍然说，"没有证据表明人类中——如同野兽中情况一样——精神意识的改变会导致有机生命运动模式的改变。"实际上，当时与此言论相反的论点和数据已经非常丰富，但由于赫胥黎还深信笛卡尔的机械论模式，以至完全忽略这些新情况。这种证据几乎俯拾即是，比如：一封电报短短几个词语就足以让人喜笑颜开，或者催人泪下，或者惊厥晕倒，即属此类日常实例。

有机生命与机器机理各有不同特点，各属不同运行领域，而笛卡尔令两者本末倒置，这就把机器摆放高于其创造者的位置上。这一错误后果非同小可，至今都蕴藏着无穷危险。君不见，在一些军事和政治战略决策当中，会故意把毁灭人类的最大权威托付给他们创造的毁灭手段——这种各样的核武器、细菌武器、毒气等等。

但是这一严重误解却给生物学本身带来某种有趣后果：因为，它非但没有完全抛弃目的论，仍用它解释生物行为和活动，还在"机理"外衣掩盖下把它曾声言坚决要排斥的这概念，又无耻地重新偷运回来。这岂不就是完全重复了基督教神学家对待亚里士多德的做法，批评他的同时，又从他那里继承了许多无可争辩，难以驳倒的论点和方法。

有机体的生理与机器的物理几乎完全相反：有机物生命机制是一种开放系统，它无法逃脱偶然突变，许多外来势力、情况条件的经常影响，而自身对此无法控制。机器的物质机理则完全不同，它是个封闭系统，是严格按照发明者的构思建造而成，完全服务于预期目的，而不理会其他。因此一架构思成熟、"羽翼丰满"的自动化机器，的确可作为目的论的绝佳样本。它每个部件都打上同样印记，讲述一个明显道理：任何机器，无论多么粗糙原始，都不会是偶然生成，不会随便增减而凑齐，也不是通过自然选择而来。对比来看，即使最简单的生物物种，依照进化论学说，它则具有无限的发展进化潜能，这是任何机器也无法比拟的：它会随环境变迁而改变自身习性、状态从而给自己"重新编程"——让我们借用控制论这个说法——，以便抓住新机遇，抵挡不符合需要的外来压

---

① 托马斯·亨利·赫胥黎，Thomas Henry Huxley，1825—1895，英国生物学家，达尔文的坚定支持者，在达尔文遭受围攻之时挺身而出，捍卫他的进化理论，因有达尔文的牛头犬之称。他对于进化理论的推广发挥了重要作用。从他开始，这个家族三代人出了许多杰出人物，在生物学、人类学、工程学、文学、绘画、商业、艺术、外交、教育、国际事务等方面都卓有贡献，这在科学史是很少见的。托马斯·赫胥黎的代表作包括《人类在自然界中的地位》《动物分类学导言》《进化论与伦理学（又译天演论）》等。——译者注

力。有机生命特有的这种自由度,生存的迂回腾挪空间,任何机器都不可能拥有。

可是不幸,笛卡尔时代最受人钟爱的两种机器,钟表和印刷机,给科学家们留下的印象太深了。加上笛卡尔富有欺骗性的说明和比喻,让人很容易接受机械论的合理性,很接受用(无目的性的)机械论解释生物体行为的观点和方法;尽管有机物相对而言要复杂得多,而且要受主观精神的调节控制。于是,这样一种非常陈旧、过时的理论模式,却常有科学家出面辩护,有时候是非常杰出的科学家(比如赫胥黎),就仿佛这一理论模式是不容挑战的,即使大量数据和事实与它们的描述发生抵触。英国神经生理学家、历史学者谢灵顿(Sherrington)是一位非常严谨、细心的科学家;他就提出,一个包罗万象的模型,应该永远囊括全部要件,涵盖每种单独生理过程,同时还能维持它们与总体生命的和谐一致。可是,这种柏拉图式模型只有在运行当中才能察知,若交付给机器的机理,则不会有任何踪影。如今,这一切都本应该很清楚了。可是,最近一位享有盛誉的科学家,居然不厌其详的声言,"人类生来就是一架机器,后来才逐步变为人。"

人生来就是机器? 这事情发生在哪个星球? 显然不是地球,因为地球上的机器从来是造出来的,而非生出。再说,婴儿,从其受孕成胚时期开始,就已经显露出许多生物特性,那是任何机器也展示不出,甚至无法设想的。如果一台机器可以变成人,那么,这个奇迹之大,简直超过了圣经或者可兰经记录的任何奇迹。

至此,笛卡尔巴洛克专制主义主张背后掩藏了些什么东西,可以暂且放下不提。笛卡尔采用机器代表他的理论模型,当作一种绝对秩序之源泉,他的这样一种包罗万象的思想主张,就把生命世界的一切表现,最终都放置在一种合情合理的、中央控制体制之下。说它合情合理,是假如你不会去深究这控制者的本质和意图。此举一成功,笛卡尔和他的思想,就越来越顺利地统治了其后人类的三百年精神思想史。

按照笛卡尔的假设,科学的任务(且不说生命之命运)在于无限地扩大机器能够运转的王国。一些卑微的思想家抓住这一错误,予以无限夸大,将它吹嘘成时髦。就像以前奴隶制度时代里常有的情形,驯顺的奴隶,首先必恭必敬地伺候主人,让主子寸步离不开他,然后就反叛,然后就能控制他,最终就是取而代之。可是,这个问题上,如今是主子,而非奴隶,假如这主子不想死,就必须设想一种构造来恢复自己的自由。

# 6　纳入巨型海怪的轨道

以笛卡尔理论平台为起点，下一步就容易多了：勾画一套原则，就可以建立一套政治秩序，即可随心所欲把人变成机器。随后，机器运转可以调节，可以控制；至于机器运行想要哪种功能，选择哪种道德标准，都可经中枢总控机关选择决定。这个总控机构，就是民族国家的最高统治者，或用当代官僚时髦用语来说，就是所谓决策者。

这个"下一步"，笛卡尔是反其道而策划的：他先照专制统治者形象绘成他的学理图像。不过，首先从这幅机械论世界模式图里看穿其中政治意图的，是一位思想家，托马斯·霍布斯(Thomas Hobbes, 1588 - 1679)①。这个霍布斯直至四十多岁以前根本不懂几何学为何物，却是个天生的笛卡尔主义者，虽然当时他还不曾见过笛卡尔本人。这两个人都有王室皇族的意趣，同时又都非常迷醉 automatons(这个词语可译为自然运行之物体、机械装置、自动机器、永动机、依照机械模式运转的人或事物，如机器人等。——译注)。

霍布斯的政治理想体现在两部著作中：一个是《公民论(De Cive)》，另一部是他的名著《利维坦(Leviathan)》。虽然两部著作讲述同一个基本主题，且他也因此主题而名声不朽，而《利维坦》则无疑在写作风格上都更引人入胜。当然，这本书同样也未超脱机械论世界观的范畴，这本在意料之中。此书中的基本错误，后来在法国启蒙主义思想家卢梭(Rousseau)那里进一步重复、扩散、精细化。卢梭认为，专制主义制度下，每个人都是个潜在君主，同时又是这集体专制主义的祭品。而卢梭居然将这种集体专制主义混同于民主制度。

霍布斯理论从两种互相矛盾却密切相关的立论开始：一个论点认为，人是名副其实

① Thomas Hobbes,托马斯·霍布斯,1588—1679,17 世纪英国最彻底的唯物主义哲学家,主张宇宙的物质本质,坚决反对笛卡尔的二元论,他相信灵魂的道德本质,因此反对自由意志而赞成决定论宇宙观。他的决定论认为,人可以遵照自己愿望自由行动,但须接受道德裁判。他反对亚里士多德的经院哲学而赞成伽利略和伽森狄的新哲学,也认为世界的本质是一团运动的物质。他留下了著名箴言,"宇宙是物质的,真实的东西都是物质的。若非物质的,必定不真实。"(摘自其代表作《利维坦》)。不过,霍布斯最主要的贡献还在于他的政治哲学。他认为,人类若处于自由状态,亦即没有公民政府管理的状态,会陷入永恒的混战,而这样的生存状态十分丑陋,根本不可取;因而唯一解决办法是订立社会契约,成立国家,维持和平和秩序。霍布斯因其"若无国家管理人类丑陋无比"的观点在社会契约论创制过程中占有重要一席。——译者注

的机器;另一立论则认为人具有完全相反的实质,人类永陷于无以疗救的狂野、凶蛮、混乱,不得不经常抗争、拼博、对立,因担惊受怕而终日惶惶。所以,人类不可能具备有序的社会行为能力,就连其最基础要素也不具备,而只能屈从外部权威压力,服从君主统治,接受它的控制、调教,经受各种威胁、处罚而学会社会交往的规矩以及合作艺术,这样才逐步获得了生命和财产的集体安全。

用霍布斯的名句来说,原始人类的生命短促、野蛮而下流。这种野蛮与焦虑,就成为建立专制权威和秩序的正当理由;笛卡尔的理想世界也建立在这种模式之上:一个上天认可的首脑人物和他的意志,亦即独裁统治者或专制君主。这种学说认为,人类必须用利维坦(Leviathan)①的形式加以组合,亦即纳入强权统治一切的国家轨道,才能最终摆脱互相残杀、人人自危的状态。

因此,在霍布斯看来,解决尘世生存和救赎难题的唯一关键,就是完全彻底屈从、归顺专制强权;金字塔时代的古埃及人也是这样把自己交托出去,因而把王权制予以神圣化的。所以,这在人类史上并不是新鲜事儿,以前就有过,它就是巨型机器的意识形态基础和前提条件。这个事实表明,若到了 17 世纪这个幽灵又重新出现,那就很值得我们深思了。霍布斯还认为,屈从专制强权制度是个前提:任何孤立的个人,只要他希望享受文明社会的益处,包括集团战争带来的暧昧不清的福利,就不得不付出这个代价。霍布斯还非常精明地把它归类于保卫国内和平不得不付出的代价。

霍布斯讨论专制国家的博士论文,与笛卡尔讲述世界机械模式的论文如出一辙,而且为笛卡尔补足理由去论证人类的动物性本源。如此用科学名义将神像安放在野兽基座上的做法,比原来把神像安放在人型的做法更严重的歪曲、压抑了客观真相,使得原本想澄清的道理愈加糊涂。《利维坦》这本书本来就像一部政治版的《莫比-狄克》,作者霍布斯在其引言中这样写道:"自然也就是人为的艺术,如其他许多事物一样,它也是能够模仿复制的。同样,自然也可以创造出一种人造动物来。因为,我们见到一个活的生命体,无非见其四肢运动……怎么就不能说,一切机动事物(亦即靠弹簧、齿轮维持自身运动的机器,如钟表)其实也就是人造的生命体呢? 可见,设问:心脏不是弹簧,又是什

100

---

① 利维坦,Leviathan,希伯莱文意为巨型海怪,水怪,凶恶无比,能降服一切其他生物。该词后世转而意指鳄鱼、鲸鱼、海蛇等生物。这个典故来源于希伯莱圣经中鬼神录,其中地狱之神亥尔(Hell)有七个公主,这个利维坦即其中之一,她担任地狱守门人。这词语逐渐在经典文学中成为邪恶、暴力、强权势力的化身,包括赫尔曼·梅尔维尔所著《大白鲸(莫比-狄克)》皆出此源。现代希伯莱语言中则直接代表鲸鱼。霍布斯以该词命名他讨论公民共和政体的性质、形式和权威的著名论文(1651 年),该词集中表达了他的中心思想:社会管理最终解决方案是专制国家体制。——译者注

么呢？神经纤维不是些弹簧组合，又是什么呢？关节，不是齿轮的组合，又是什么呢？他们共同实现了人类机体的运转。"这不是向专家治国体制（technocracy）进献的奴颜婢膝谄媚语言，又是什么？

请留意此处：当霍布斯抛出他这千疮百孔论点时，神态冷峻，仿佛这样的话是金科玉律，不可挑战："一个生命无非就是能活动的四肢……"这种说法，甚至称不上最低限度的生命定义。证据就是，假如接受这一定义，一棵风中摇摆的死树也会被认为有生命特质。不过，这样的学说却非常迎合这样一些人，他们千方百计想把人类打造成百依百顺的驯服工具，然后交给专制统治者。这又是一种善于造人的人，一种善于调教人类的人，广告公司雇用的行为主义心理学家，大约三个世纪后，这种人，仅靠你喉头肌群的动作，不仅能辨别你语音，还能辨识你的思想。

霍布斯从永动机般的机械模型，不顾一切，直接跳跃到生命形式。这一跳带出一个满意结论，且顺理成章：若机器构造是一种人为机理，那么为什么，人，这种"无非四肢能动的机器"，不能由专制政权之类的外部力量创造出来，并予以控制呢？运筹帷幄内、尽在掌控中，巨型机器孜孜以求的最终不就是这个目的吗？不论这巨型机器的最终实现经历了多艰难漫长的历程，也不论其最终形态是机械的，还是电子的。

于是，我们看到了霍布斯的独特贡献：他撮成了新科学与17世纪旧政体的亲密联姻，并用这些材料重新打造新人类，以便用来强化这个怪兽，还为它涂脂抹粉、增添光华。尤其把每个人、每个社区天生的自治权利都转化为组织化整体，他们自身在其中则沦为驯良无比的机器零部件，虽为人类材质。有了这个前提，其余一切便接踵而至：首先，组织编制森严的庞大集团军，其中每个军种都照标准化建制编列，首先就是整齐一致的军服；此外还有新型官僚体制，这是意大利专制君主制度的高效产品；到了18世纪又诞生了这种编列严密的工厂；到了我们当代，已经扩展到教育和通讯组织体制，这些都成为巨型机器的零部件。可见，利维坦这个怪兽最终产品是一架巨型机器，只不过基本模式已经改进、扩大。而且，这新模式已准备将自身的人性化人类部件，或予以中性化，或索性消灭掉。

霍布斯的利维坦是个奇妙怪兽，生来能扩大恐怖感，增强威慑力。用各种配料配制出来，专门用来证明，为确保领土统一国家必须拼装起专制政权；确认西方广大土地的新帝国领土上必须有这样的新法律和秩序。而且不拘一格，传遍这星球每个角落。现在，我们知道了，这制度建立在有关人类社会进化的纯幻想基础之上。他们这种所谓社会进化论，与延续至今、且让我们观察到的原始社群之间几乎毫无共同之处。虽然他们的模型有足够证据表明，其与公元前五个千纪以后的所谓人类文明，有许多相似之处。

正因如此,这说法颇有人相信,赢得一些影响。霍布斯对人类文明的神话图解,索性抛弃人类自发秩序、友好往来、互相帮助、道德伦理、自立自治的一切证据;却将专制权威的作用无限放大,将其看作文明的必要条件和代价。建立这种权威,恰是当时新兴资本主义国家求之不得的,因为只有这样才能制衡各类社群以及法人团体日益高涨要求自治、联合、合作的社会浪潮。

从当今文化人类学视角来看,霍布斯对原始人类社会的想象和图解,都与历史真相相距甚远。远不如后来卢梭笔下描述的原始人类社会那种天真无邪的自然状态。很早以前就不乏明眼观察家,曾长期研究过原始社群,例如詹姆斯·库克(James Cook)、阿尔弗雷德·华莱士(Alfred Russel Wallace),他们在印度尼西亚和南海诸岛发现的大宗实例表明,原始社群当中有可赞叹的原始礼俗、组织水平,这些情景印证了卢梭描绘的原始社会风情画;当然也反驳了霍布斯,因为他以偏概全,把他那个时代才会有的寡头政治及潜藏恐惧心理,连同工商业巨头以及欺诈行为等等,都扩大化了。仿佛这些现象可以随意推论到人类社会以往各个遥远阶段。

无论如何,霍布斯的宇宙界说终究掺杂有他非常机敏的观察和结论,比如:他那个时代,人类为何会不遗余力地创建政治体制,其中动机和愿望是什么? 这些问题上,他都很富有真知灼见。此外,他的学说还有个独特优点:为专制国家主权和统治直言辩护,无论这国家掌管权力的是个国王,还是圆颅党掌管的议会(Roundhead Parliament),是个民选总统还是个自封的独裁者。而且扩大来看,他的学说还为任何形式的滥用权力进行辩护,只要纳入"专制主权"的理论轨道,都是合理的,不论出面者是政府部长、工厂主、商业买办、财东,或是一台计算机。

实际上,霍布斯无非着重重申了古代王权神授制度最初赖以建立的意识形态基础。这个鬼主意从未自人类史上彻底根除,尽管很久已经只剩个暗淡鬼影了,因信仰者日寡而赢弱不堪,并随真实生活经验而减缩到真人大小。甚至就连让—雅克·卢梭,虽然是霍布斯政治主张最铁的死对头,却对批判霍布斯专制主义思维毫无贡献。相反,他的"社会契约论"认为,专制统治完全可以合法更替,只不过又来一个新的专制统治者,而且依照"全民意志"行使权力。王权制向民选政府或者集体权威的过度,看似一种解放,充其量只表明换汤不换药,改变甚少。证据就是,王权制度的古老观念的基础,它靠各类知人知面、并非完人的官员来治理;而当今官僚体制则靠大量机械手段得以强化。

霍布斯力图证明,权力是一种源泉,有了权力民众才能享受其他好处。他这个立场有助于放大和增强国家以及巨型机器,然后两者携手共同建立法律、秩序、控制,随即通过扩大对自然以及其他民族的征服,进一步扩充自家疆域和体制。因此,霍布斯思想的

102 最终的生成物，会比其原初形态更为野蛮、凶残。通过其他人精神体验，尤其战争、远征、海外殖民等经历，霍布斯这种单层面生活图景，活画出迫于恐惧而不得不经常斗争的漂泊经历，这样的生活图景就成为帝国主义的实际指南，以及机械决定论的理想指南。两者都随马尔萨斯—达尔文的"生存竞争"理论带进了19世纪。而机械决定论这种学说，又被达尔文的同时代人，随意解释成一种借口，凭它就可以任意消灭一切敢于竞争的敌对群体、种族或者物种。

# 7  机器当校长

几乎每种经典哲学问世，随之就会催生一种教育思想和体制，机械论世界图解也不例外：其第一个首先，也是最典型的表现就是笛卡尔和霍布斯的专著。下面我要说的却是约翰·阿摩斯·科莫尼乌斯(J. A. Comenius, 1592–1670，捷克教师、教育家、作家，晚年担任兄弟会主教，并因此沦为宗教难民，到处流亡，先后经历许多国家，到处普及教育，足迹遍布欧洲，确立的当代教育思想的基础，获得教育先驱的美名。——译注)，他是莫拉维亚人、教师、神学家。撰写了专著《伟大的教诲(The Great Didactic)》。作为哲学家，科莫尼乌斯确立了自己的教学理论，强调教育必须有秩序，这本不足为奇。但他过分迷信新发现的机械模型。请看他对钟表的描述：那机器之精准如同"灵魂在动作"、"最重要的齿轮就是意志；其中配重块则代表你的愿望和情感，它们能左右意志指向。而擒纵钩装置则代表理智，它能斟酌、度量、规定整个机构该去哪里、做什么、怎么做，以及该避开哪些东西。"

从这种意识形态出发，就不奇怪为什么科莫尼乌斯整套教育理念会极其关注大批量生产的基本要求。他为了吸引大批穷人入学，极力降低教育成本，不吝精打细算，巧妙安排节省时间。他比英格兰的兰开斯特和贝尔更早就发明了教学检测制度，目的就是要降低教育成本。他说："我认为，一名教师同时教数百名学生，这不仅可能，而且完全应该这样做。"他警告说，任何情况下，教师都不可以进行一对一单独讲授。对于当今教育理论来说，我们必须承认，科莫尼乌斯是一位先驱，如果说他还不是电子和机械化教育手段的发明者。没有他的拓荒性贡献，就不会有后世的先进教育手段。因此，同样

103 也是他，提出每天八小时、每周四十八小时的工作制度，也就不足为奇了。

科莫尼乌斯在另一处还指出："一旦找到适当办法，无论想给多少个学生讲课都不成问题。此事简单易行，就像用印刷机印出数千页整齐一致的教材一样简便易行。"紧

接其后,有一段更惊人之语:"看到这种教育方法得以实施,我兴奋高兴得如同看到自动化机器在运转。原因之一是,这种体制运行不会终止,就像构造精巧的机构不会停止一样。"确乎如此:科莫尼乌斯在 17 世纪规定的制度,到 19 世纪还在由拉戈林德(Gradgrind)和麦克吉尔德(M'Choackchild)笨手笨脚地、野蛮地广泛推行;随后,又有当代各种因材施教、温和有节制的教育方法问世。而万变不离其宗,都带有浓浓的自动化机器意味。

无论科莫尼乌斯,或与他同时代的百科全书式学者阿尔斯特德(J. H. Alsted),或是后世的约翰·洛克(John Locke),他们都认为,人的精神世界有如一张白纸。教育的任务,就是给这张白纸留下最理想化的、始终如一的印痕、符号。从这里,我们又一次见证了他们教育思想中的印刷机效应。如同一些发明家和自然科学家一样,新型教育家孜孜以求的,仍然是完美无缺的机械般的有序性。殊不知,这样做会断送生命体的自发功能,会消泯生命体连带的一些奇妙莫名、无法程序化的、无比神奇的功能。

1633 年,科莫尼乌斯出版了一篇物理学专著,共十二章。开篇讲述创世梗概,随即引入一个叠次上升的等级结构,从物性结构秩序,逐次升至植物、动物,直至人。由于作者同时又是神学家,因而最后论述到他理论的最高层次:天使。可是,在他的这部《伟大的教诲》专著当中,他颠倒了这个秩序,证据就是,该著作虽然开篇讲述(1)时间,而他实际上要详细展示的,依次是(2)人体,(3)精神支配身体,(4)王国或者皇帝,随后是(5)亚历山大的 Heron(形似长腿涉禽类的长臂起重装置。——译注),利用巧妙的机械装置搬动重物,(6)炮兵的可怕行动,(7)印刷原理,(8)轮式车辆,机械之又一实例,(9)船只:舵、桅杆、龙骨以及指南针,(10)钟表,既为基座,又是顶峰。

科莫尼乌斯这部著作清楚地表明,技术发明、机械论经验、组织严密的社会管理机构,以及潜藏其后不受法律约束的凌云壮志,都相辅相成、相互交织;而且,当代文明的工业、政治和经济体制,就是这些要素共同联手打造而成的。天体运行的规律性特点、专制政治的绝对权威、机械构造中生命体般的自动运行机理,这几个事物,越来越不可抗拒地互相接近、互相结合了。所以,我们就不必惊讶,为什么科莫尼乌斯专著中如数家珍,最终来到钟表面前时,他的语调居然欣喜欲狂:"一架机器,一个没有灵魂的东西,居然能像个活物一般不断的、有规律的转动不休,这不令人称奇吗?钟表发明以前,设想此类东西,岂不如同幻想大树能跑路、石头能说话,一样的荒唐可笑吗?"

科莫尼乌斯这种情感表达很具典型意义,丝毫不亚于后世更多机械发明带来的同样惊喜欲狂,其中许多发明都在能力、效应、神奇方面都远远超出了任何一台钟表。同样狂乱的情感表现,如今不是也经常见到吗?而且,调子更狂欢,词汇更夸赞,尤其是控

*104*

制论那些理论家们,可能因为他们心中残存的情感,统统都融入他们发明的机器大脑。而自身其余残存所剩,又都交付给了这机器大脑,因而已经难分彼此了。

如果说遵守时间(punctuality),亦即钟表那种规则与精确,曾是皇族礼节要求,那么,皇族家规(Royal Establishment)当中那些特权要求——其中尤其是,要求家臣僚属必须绝对服从——如今则越来越移交给了机器,变成机器属性了。服从机器们的全套要求,很快变成现代人类的全部职责,而统治集团则享有特权无限扩大这些要求。到了17世纪末,西方文明舞台上,历史塑造的丰富人物形象已经绝迹。那些壮观场面、优良品质、悠久传统塑造的丰富人格类型,统统不见了。这个舞台已经腾空,准备上演技术大戏,巨型机器要重新粉墨登场,它要扮演横扫一切的凯旋大将军。

# 第五章 科学转向实用技术

## 1 新制初成

16 到 20 世纪这段时期,新的科学观念世界图像变得日益统一整合,虽然参与这一总体变化的各门科学起源不同,方法各异,各自目的不同乃至完全相反。漫无目标的探险、严格的数学分析、七拼八凑的发现、系统有序的试验和发明活动,甚至连地质学、古生物学、生物种系考据学等等,各种学科的历史发现,所有这一切,最终都冠以科学名目总汇起来,共同增添这个新世界图像日益高涨的权威。至此,那个独特意识形态的基础虽然大势已去,而其极富欺骗性的简单超级大骨架却完好如初,仍旧铺天盖地笼罩着人间世界。

如果说,这种世界概念包含了种种互不相干的学科成就,而其外型却基本上连贯一致,那得归功于古希腊爱奥尼亚时代那些哲学家们,尤其要直接归功于机械生产方式已经进入主控地位。就像世界各列强为剥夺之便瓜分了这个星球,科学探索的领域同样也遭到瓜分。因此,知识的格局就很客观地反映了这种割裂状态。而且很快,似乎约定俗成,不准许任何人,即使专业哲学家,也不得从总体论的方法去把握和研究人类的经验总成。

最后的大功劳,要算赫伯特·斯宾塞那部卷帙浩繁的《综合哲学(Synthetic Philosophy)》一书。这部著作按实证科学原则写成,把进化论解释为无限向有限、无组织均质态走向组织化异质态的过渡。这样的解释太单薄浅显,因而无大用。而且其评价标准过于狭窄,无法用于任何具体的文化实体,仅能供分析西方文明起源作为参考。斯宾塞面对新任务却寸步难行,再次证明笛卡尔的机械论曾经多么有市场。这个机械论,仅因其无知与简单,便将思维领域内支离破碎的世界暂且统一了起来。如果斯宾塞也夸大机械决定论的权威作用,他完全可能先于达尔文推动创立进化论学说的核心思想。因为,当时唯独缺少这种思维逻辑:进化史过程本身。

　　回顾来看,斯宾塞的失败却反衬了佛朗西斯·培根的成功。因为,培根早就主张"让知识回归它自身领域"。只是缺乏足够手段,而未能充分实现。这两人理念一致,都很注重实用价值,就让一成一败这种对比愈发显眼。虽然培根较笛卡尔成名更早,他却成功促成科学和技术结成良缘,途径是让它们与人类世俗任务密切结合：诸如健康、财富、权势。

　　认真说,机械论世界图像最终能成气候,早在佛朗西斯·培根时代就已提前打了保票。其实,培根既非合格数学家,也算不上试验派物理学家,这反倒让他更无所顾忌,索性把科学方法推广到社会生活一切领域。培根在科学史上的特殊地位,并非因为他做出过什么新发现或有功于某种新发现,而在于他为有序化知识结构厘定了一种很理想的体制基础和传统,从此为一系列科学成就和应用开辟了广阔道路。再有就是,培根用非常明确的语言宣布,科学的最终目的就是"周济人寰(the relief of man's estate)",以及"促成一切可能实现的目标"。所以,他用英国经验主义特有的脉络、纹理勾勒出各种实用主义的理由,让全社会把现代科学完全当成实用技术,去追求、去实践。培根不像伽利略那样只望天空,也不像开普勒那样一味膜拜太阳,他让科学回归到大地。

　　不过,无论现代科学理论吹得多么天花乱坠,也不论它能给从事科学研究的才俊们提供多么快乐的主观体验,科学主体内容的发展从一开始就是在人类实际需求的激励和促进中得以发展的,包括：作战技术、制造业、交通、通讯。有人相信,科学是人类求知欲促使下得以发展的。这种说法,只对了一半;或者极而言之,就科学家一面而言,其实是自吹自擂、自欺欺人。至于说到圣贤使命,说到基督教教会那些邀买人心的治世主张,若放到这种历史背景来评说科学的全部实效,那么,科学的意识形态则提供了手段和理由,让人类能从外部把握自然界的一切表现,包括人类生活。假如科学和技术未曾正式联姻,其二者关系会始终如约定俗成的松散联盟;否认其存在,不如索性不予理会。

　　重温培根著作和影响,人们不禁肃然起敬,甚至会夸大其词。因为他预言和期望的事大多都在当代文明里实现或应验了。尤其联想"科学就是技术"这个概念,越发感到他在这方面尤富先见之明。培根比儒勒·凡尔纳、H. G. 韦尔斯,更不要说更晚的科幻作家,至少早三百年预言过,科学将通过技术途径在许多方面开发出实用成果。虽然在描述未来社会特点当中,他稍显欠缺想象力,不如后来的乌托邦作家或者败托邦(kakotopian,乌托邦的反义词,意为设想极其拙劣的土地。——译注)作家们。因为,培根在其《新型亚特兰蒂斯》当中描绘的未来世界,其服饰、言谈举止、宗教信仰等,仍类同伊丽莎白时代宫廷、法庭实况。所以,我用"败托邦"这词作为乌托邦的反义词来指称一种虚拟的、控制过度的所谓"理想化"社区。

本章标题不会让佛朗西斯·培根受宠若惊,更不会让他震骇。因为他的独特贡献主要体现于他理解了科学在未来社会的作用,尤其是改进物质生活条件,造福人类未来。不过我深信,下面我要指出的内容很可能会深深地惊扰他,这就是:他深信科学是发明的源泉,技术成果是科学最终的理由。而他这一信念只看到了追求科学技术的好结果,却没有洞察其负面影响,负面的终极产物。而这些负面后果,我们当代世界却都越来越清楚地感受到了。不过,培根的确有特别宏大的心胸和头脑,里面包含自我检视、自我纠正的智慧。他敢于承认公众事务中有渎职行为,即使个人生活因此遭受重大损失。因此,他很可能成为第一名反思机械论实践后果的人,同时开始考虑知识产权保护问题。这种必要性他未曾预料。所以,从真正意义上说,这一章标题可以写作培根的反思。

如同敏锐的艺术家一样,培根很富想象力。他无疑已经开始用想象来讲述他那个时代瞬息万变的特点和讯号,即使这些深刻变化还远未满街都是。尽管如此,培根的预断几乎都自行实现了,证据就是这些预言改变了人们的思想,使之转向机器、重视机器;并对科学针对物质世界的发展势头充满信心。这一信念成为一个广大的中间地带,让不同思想的人得以汇合,不然他们会截然两党。当时相当多的人已不再相信上帝缔造了世界,已不再相信人会永生不死。而你若告诉他们大自然就是神灵,机器是人类最高成就因而予以崇拜,他们能勉强接受。培根详尽考察了科学活动的实际后果,最后得出结论:即使从事最抽象的观察和试验,最终仍然完全可以造福人类。而且,这些人的贡献,要大大超过那些谨慎修身立德、齐家治国的人,更要超过那些满足于用体力劳动和原始工具改造环境的人。

相对于东方五行说,西方有水气火土四行之说。当时认为古代四大元素的科学考察,迟早会带来实用价值的技术。早在培根以前,许多人已经产生了这个想法。以往技术的全部进展成果,大多限于这种形式,例如:瓷器釉面、玻璃、金属的发现等,都是从四大元素观察研究的收获。虽然仍属分散的、经验主义的收获,却已经朝更完备的知识、更实用的技术都迈进了一大步。当今科学家常常为一件事引以为豪:如今在世的科学家数量,已超过人类以往历史中全部科学家的总和。这样的吹嘘岂不虚妄吗?如今基督教牧师总数不是也比以往任何时候都多吗?当代科学知识大量积累,加上科普教育,是不是就有效地广为流传了呢?科学知识普及程度能赶上科学时代以前各种民间知识的积累和广泛传播吗?古老的冶金、烧陶、酿酒、染织、作物选育、动物杂交、农业、医药曾有那么多领域,当代科学能超过或并驾齐驱吗?我很怀疑。

有人认为,自从发明了科学方法,才有了精准、积极、实证主义的科学活动,此前则根本无所谓科学。这样的看法夸大了现代科学成就，却贬低了古代科学，它们尽管属于另一种品类，却为现代成就奠定了基础。我曾在别的场合指出过，钟表匠和光学技师们精准的工艺技术标准，早在金字塔时代的采石技术中就已成熟，他们的技术水准，不亚于当今火箭设计时代的任何成就。甚至有过之无不及，因为火箭还常走火。

不过，培根值得我们尊敬，因为他弥合了鸿沟，让科学与技术这两个各自为政领域从此互相联手。原先，科学素被认为"自由放任"而百无一用，充其量是清雅之人闲来无事的精神消遣。而技术呢，虽有用，却身陷奴婢境地，总是给别人作铺垫，大约除了医学和建筑。培根认为，科学将来会日益转到集体组织运作的轨道上来，再不靠能人们自己去单打独斗。他还进一步断言，系统思维的技术同样需要适当的工具手段和设备，恰如采矿和建造桥梁。他还预言，未来科学研究将是一种集团活动，而且会带来重大影响。这样中肯的预言，是巴洛克时代那些独行侠们，科学技术世界大乐队中一个个首席领唱们，都说不出来的。

培根说，"无援之手以及连带的孤独感，能成就什么事业？"他这些话甚至比莱昂纳多·达·芬奇箴言更富革命意义，那箴言说，"科学是指挥员，而实践是战士。"这话是说，指挥员也须从基层战士那里了解情况、学到知识。这话同样富有革命意义，同样有实际价值。因为，从科学方法来说，矫枉过正地看，这观点略显片面。培根强调科学活动的集体性，极为关注科学思维的工具手段以及运作状况，甚至不吝矫枉过正，可能因为不如此不足以纠正少数有闲阶级文化的传统偏见。这些偏见，有神学的，也有人文学科的，都运行在一种自我封闭的社会体系中。

就此而言，培根的教诲有示范意义。它有助于破除自古希腊以来的傲慢与偏见。培根在《伟大复兴的前言》中说，科学不仅要研究高尚领域，尤其还要研究"平凡、乃至污秽的事物……这类事物，即使不昂贵、光鲜，也须纳入自然形成史的范畴……根据就是，自然界存在的事物，都有了解之必要"。精彩，真好极了！仅一句话，空气为之一新。

近五十年来，培根作为哲学家的地位有所贬抑。人们认为，他在世的时代，科学方法已经开始改进，因而带来明显进展，而培根对此几乎无所贡献。如果仅就培根没有像伽利略和吉尔伯特那样，作为试验手段的科学家积极参与实践，那么，这一批评是有道理的。可是，若说他未曾充分重视数学手段的革新而不承认他的地位，这未免有失公允。因为，培根曾经专门说过，"离开了数学手段的介入，自然界的许多部分，既无法发明创造出来(即使不苛求造得惟妙惟肖)，也无法精确表述。"

所以，几句公道话：无论如何，培根有千里眼般的直觉，他清楚觉察科学的最终目的。而且，比他的任何同代人都更详尽地看出科学包孕着丰富社会含义。培根无疑已经察觉到他那个时代特有的躁动中孕育着的基本社会走向,虽然尚且不很明显。就像莎士比亚透过《暴风雨》中那个半人半兽的角色卡利班(Caliban),传达人类一种觉醒:意识到自身野兽的渊源,意识到深潜心中的原始生物,正呼之欲出。在西方文明大潮准备转向的当口,培根的预言有助于跟随者们赶上潮头去追寻幸运。

培根的贡献如期而至,又有其时代局限。这多少免除了他近年来可能遭遇的贬损。不错,当时许多春风得意的科学家都成就赫赫,他却视若无睹;不只如此,他对单靠收集事实、在经验主义观察中摸索前行之类的研究方法却情有独钟,且评价过高。虽说有些领域内——如生物学的分类法——这种方法的确带来丰富理论成果。同样,培根又严重低估了(甚至可以说完全忽略了)纯数学方法可能带来的巨大效果,无论科学或者技术,一旦挣脱琐屑的经验论,凭借数学的大胆,研究概率以及各种抽象可能性,直至通过试验手段予以证实。这些效果,都是直接观察、感官经验力所不及的。

所以,培根自己无法、的确也未曾料到,思想界整个框架会因为个别杰出科学家的壮举,发生翻天覆地的变化。例如,牛顿、门捷列耶夫、爱因斯坦,就连伽利略的量化世界模型,亦即主要靠量化手段和主要特性来表述的抽象世界模型,培根也感到难以接受。与威廉·吉尔伯特形相对照的是,这些缺憾显然削弱了培根作为新世界观代表人物的地位,不过他对科学的社会后果,以及科学成就可能带来的巨大吸引力(不仅对科学家、技术人员、发明家,还有科技进步的无数受益者),都有强烈认识。这就在很大程度上抵消了上述缺憾。他最终大大超前于时代预料到,科学通过集团运作以及世界规模的系统合作终将带来巨大的物质繁荣。因此,他在《新型阿特兰蒂斯》中说,科学的社会目标,将会"无限地扩大人类帝国的边界"。

培根填平了(至少在思想观念中)科学和技术之间的巨大鸿沟。他认识到,把系统思维直接用来解决实际问题,会连带开辟更广阔的新天地。与此同时,炼金术实践中种种实验,接二连三制成各种新型工具和研究手段,例如蒸发皿、曲颈甑、高温坩埚,这些实验条件让训练有素的科学家通过少量样本就能得出宏观结论,揭开物质世界和抽象领域当中许多总体性的活动规律。

显然,培根还不清楚人类的通盘科学事业究竟何去何从。因此,常常见到,不仅他自己在思维世界中艰苦摸索前行,还主张把摸索当作研究方法,鼓励别人也去摸索。因而,英国式的经验主义办法,所谓"凑合能对付过去(muddle through)"的做法被提升成他们的一种基本原则。然而,即使盲目航船也比照不可靠地图航行更有可能找到新土地,尤其若这地图根据制图者自己的偏见绘制而成。此类实例很多,盘尼西林的抗生素效用就是弗莱明偶然发现的,而非经过系统试验。再比如,不纯苯(Benzol)中苯的环状分子也是在研究者梦境中首先出现的。所以，最低限度说，培根至少打破了横亘在理论与实践之间的精神壁垒，将二者放在统一的对话构架中，从而开辟了两者共同探索的新大陆。

## 2　培根的技术远见

可见，培根最新奇、最独特的见解在于，他认为科学之特殊功效，是作为技术的精神武器(姑且用这个词语)发挥作用。而令人不解的是，我们当代许多人恰恰对此特别无法理解。部分原因在于，培根让这些思想穿上了华美花哨的宫廷朝服，因而他们不解其意。不过，更可能是因为，他们自身异化了(alienated)，或更直率地说，他们已经厌倦了；因为这些思想早已渗透日常生活，根深蒂固，以至人们已想不到它们居然还有个起源点，而并非历来如此。不过，假如培根未能如实说清楚他那个时代科学方法论逐步成形、定型的具体经过，他就穿越了四百年时空，一跃进入当今科学技术无比繁荣又无比奇异的真实场景和环境。

*111*

本杰明·佛朗克林当初筹建"美国哲学学会"时，出于他那个时代特有的冷静、务实思想方法，他感觉有必要强调一点：建立这个学会的宗旨，是要促进"有用的知识"。不过，若他详尽理解培根的精神实质，他就会懂得，每种科学知识中都隐含着有用的东西；而且同其抽象化程度、远离实际关注的程度，几乎直接相关。科学对技术的最重大贡献，就是 A. N. 怀特赫德所谓 19 世纪的最重要发明，亦即"发明之发明"。纯理论的研究成果或者试验发现，都一再开发出新用途和新办法。这些都是新兴科学活动以前所无法设想的。

以往，科学许多分支都是被实际生活需要催生出来的。比如，几何学就是古埃及人为了重新丈量、划分尼罗河洪汛冲毁的农田。类似这样实际需求与科学活动交互促进的例证，如今无疑仍在继续。比如，化学家、细菌学家巴斯葛(Pasteur)应法国酿酒葡萄种植商的要求，从事发酵过程的研究，就是个很经典的实例。不过，大量科学成就无需长期等待，而很可能是科技与需求的间接反应结果，它们与实际生活需要有机地联系在一起。比如，雷达电子定位与高速飞行综合技术进步同时问世，这并非完全巧合。还有，科学进步越来越能激励技术发明和应用，突出例证就是激光光束。可见，科技副产品的增多，似乎与科学研究领域大小和研究活动的自由度直接相关联。如今我们对科学的发明效果已经习以为常，以至丧失了自我保护的常识，对各种稀奇古怪的发明，见怪不怪,不会报以嘲笑。尽管与人类需求无关,这些东西问世,纯粹为了展示其技术手段的艰难奇巧。

　　培根如此钟情科学的实用价值,自然让麦考利(Macauley)以及19世纪其他自鸣得意的实用主义科学家们特别吹捧他。培根在其《新工具论(Novum Organum)》一书中就大胆断言,"科学的法定目标就是为人类生活增添财富和新发明。"的确,物质极大丰富、财富极大增加,这样的思想充斥了培根关于科学的全部思维。他把这个作为科学活动的主要目的,这结论当然很有问题,而培根却根本不曾料到。可是,与此同时,科学成果技术发明大量问世,尤其过去这半个世纪里增幅极大。这就让各国政府和大型工业集团更容易下决心增加科技的研究投入。培根的贡献则在于:他证明:只要有适当科学手段,自然界没有哪个领域不能改造或不能改进。 *112*

　　绝对必须,从来都是发明才智最不情愿的生母;而培根懂得,雄心壮志、强烈好奇心,则能成为(发明)更富生育力的父母。而且,由此诞生的发明成果更容易成为新需求之母。而如今我们更清楚看到,培根曾预言过的许多发明和发现,对扶贫未有大功,与生计聊无贡献,却为铺张浪费、奢侈浮华大开方便之门。而且这还泄露了培根本人异乎寻常的虚荣心。1594年,当他戴上假面,参加显贵社交场所格雷酒店(Gray's Inn),尽情领略社会名流时尚风采,这种嗜好几乎令他破产。当时,他还给未来新娘订制婚礼盛装,整套大小装束,紫金锦缎,珠宝金玉,一总耗尽新娘的全部嫁妆。言及此,培根的确开风气之先,他个人的嗜好引领、彰显了我们当代这种极尽奢靡之风。

　　至此,培根不再仰赖科学家的个人探索热情,他认为好奇心,不仅能召来科技奇才,还能形成大批训练有素、组织良好的团队,形成分工合作、各司其职的工作机制。他在《新型亚特兰蒂斯》中提议建立庞大的科学技术组织团队,形成类似发动机的机制,便能产出有用知识。其生产过程就如同组织良好的工厂那样。他预言的情景几个世纪之后都应验了:无数大型工厂有条不紊地生产出纺织品、电冰箱、汽车。

　　培根描述的劳动分工令人感到奇特、古板、繁琐不堪。因为其中任务分配方式是机械的、静态的、类似古代礼制仪式般僵化。不过,你若因此全盘否定,弃若敝屣,你就会比培根更显机械、古板。根据就是,当代科学大量产品中,相当多一部分得益于能采用杰出科学家的智慧,以及大批团队的精诚合作。尽管这些人,若孤立地看,专业狭窄,没有机会去探索更宽广的领域,他们的职责越来越类似当今大工厂装配流水线上工人的简单操作。如今工厂里,此类操作正在被自动化流程替代。因而难怪第一台计算机的设计者,查尔斯·巴比契(Charles Babbage),会在其所著《制造业的哲学(Philosophy of Manufactures)》中极力附和培根的思想。

科学活动的分工广泛,它要按照逻辑原则把各路专家分列在不同环节,包括数学家、物理学家、化学家、生物学家、社会学家等等。这种构想和排列,经过长期试验,直至19世纪才最终成熟、确立。不过此过程一经确立,马上开始更细的分化,每个部类自身也开始更精细的分工合作。这样做似乎成为一种通例,它能带来精度、速度、生产效率的更佳效果。另外,从大批量生产角度来看,这方法还有个好处,能雇佣一支工业生产大军,尽管这些人一个个并不具备首创精神,也没有独特思维能力。最细小的发现,最微末的试验,也有可能填补知识的空白,从而提供阶梯便于他人解决更繁难问题。分析方法本身还有利于拼合式工作法。不过,同样道理,它也造成知识解体、分割、隔离,因而常常忽略总体一盘棋格局的重要意义。而有机论则主张,目的与职能功效必须结成有机联系。

可是,恰如格雷·沃尔特斯(Gray Walters)所说,若"只有互相联系才有意义",那么,如此互相割据、互不往来的状态便减少了共享价值和意义。久之造成"钻研越深,领域越窄"的不幸结局。且致使专业知识逐步神秘化,只有少数僧侣才能掌握。他们权势欲会随垄断知识的优越地位逐渐膨胀。培根就这样来不及丝毫怀疑,便重新发现、制定了巨型机器的基本运转公式,且为其重新建造奠定基础。这新的巨型机器与其古代同类物,则毫无二致。

从此,科学法人从科学个人手中接过科学素养,开始当家作主。随着科学活动日益依赖极复杂而昂贵的设备和环境,如大型计算机、基本粒子回旋加速器、电子显微镜、核反应堆等等,结果,任何项目若脱离训练有素组织精良的团队,必将一事无成。如此技术进步给科学带来的危险性,虽然还有待进一步显现。不过有一点可以肯定:最终这种局面会把科学带来的许多好处和积极效果,一笔勾销。

如此体制化概念的科学活动三百年前就出现了,直至其最终成型。在培根的同时代科学家看来,科学活动当时还是一种很宽广的领域,其间没有障碍壁垒,各门类之间的界限还是个模糊概念。互相可不打招呼涉其领地乱逛,而不必道歉。威廉·吉尔伯特(William Gilbert)这样的医生,可以去研究磁现象;帕拉塞尔斯(Paraceles)虽只有采矿背景,还用汞做过炼金术试验,其最自豪身份却是医生,能为人解除病痛。培根别出心裁,给科学研究活动设想出一种纵式等级组织结构,很类似当今军队的建制。

培根功劳之一,是他设想的这科学研究纵式等级组织结构,并未完全忽略独立科学家的作用,因为许多这样的人很富有创造性。他甚至给这些光彩夺目的探索者专门起名字,称之为"明灯(lamps)"。并且说明这些人的作用在于"指导高级试验,更深刻洞察自然"。培根独特之处在于他首先洞察了,这些创造性头脑的才智一旦充分调动起来,

马上需要大宗集团性的后勤支持：政府资助、法人团体、系统会议、出版刊物，以及最后 *114*
在博物馆里的科技和实业界公共展出和庆典活动等等，都在其内。集体组织和政府管
理的这种特点和效能，在基督教问世以前的古埃及亚历山大港就已经发挥效用了。不
过培根以其先见之明，重新认识、重新评价，同时为其鸣锣开道。

　　由此可见，培根的远见不仅仅积极影响了英国皇家科学院以及美国哲学研究会。
他在《新型亚特兰蒂斯》这本书中描绘的人类未来，虽然笔触模糊疏淡，却为当今科学基
础，包括组织机构和实验室，提供许多想法。他说，这类组织会雇佣成千上万专业工作
者，会像工厂一样大批量生产出知识。这些知识连带着技术研发、财政收入，以及泉涌
般的就业机会。而培根未曾预料的则是，科学与技术联手沦为其仆佣之后，随着成就日
显，科学自身会逐渐丧失人性，其建设性活动相当大一部分会被引导到破坏性的反人类
轨道上去。而且，其规模和破坏效果，则是以往帝国王朝时代的日常技术绝对望尘莫
及的。

# 3　新型亚特兰蒂斯世界

　　培根 1626 年去世。临终前几年，他凑集主要思想成果也撰写了一部乌托邦式的著
作，却未能最终完稿，即他著名的《新型亚特兰蒂斯》①。这本书里，培根不仅想大力纠正
一个明显失误：因他自己未能把科学方法讲透，致使同时代科学家实践出现偏差。所以
此书中他不厌其详地想证明：他的科学方法本身包含有集体组织途径这概念，循此途径
可以达到具体目标。过了二三十年光景——思想史上这不过短暂一瞬——他的梦想开
始收效。原因之一无疑许多同代人都已认同他的主张。虽仍有许多对垒，如，法国学者
西奥弗瑞泽·雷诺多（Theophraste Renaudot, 1586－1653，*法国医生、慈善家、新闻记*
*者。其宗教、知识和人文背景注定他成为现代文明形成时期的重要角色。详见页下*

---

① 此书在培根去世后一年，1627 年，正式发表。作者在该书中设想了人类未来的发现与知识状况，还包括
　他给未来制定的理想教育机构的组织形式，这些概念为当代大学教育和研究的理论和实践都奠定了基
　础。亚特兰蒂斯，the Atlantis，希腊文为 Ἀτλαντὶς νῆσος 意为大西洋中岛屿。这概念在本书中很重要。
　源自西方文化一典故，史书首度记载见柏拉图的《对话录》。按柏拉图解释，亚特兰蒂斯原为一海上强
　国，后来陆沉海底。——译者注

注。——译注)①，虽然对培根还不很熟悉，就在 1633 年左右创建了一个"论坛(bureaud'Addresse)"该论坛每周例会举行演讲，参悟、探究无所不包的大自然，唯独屏蔽"宗教神学、国家大事、新闻时尚"等话题。涉及此类，一律禁止。

到了 1646 年，伦敦也出现同样组织，地点起初设在奇普塞街(heapside)的牛头酒店。其宗旨也类似雷诺多的论坛，起初不过"为了能在一个凄凉萧条时代享受些许愉快：呼吸自由空气，心平气和地畅所欲言，而不愤世嫉俗或唉声叹气。"当时，科学，尤其技术，因其故意背离人类状况与反响，便为深深忧患世态却又政治上失意的思想家们，提供了可贵的避难所。他们起初自诩为*没有围墙的大学*。这名号不久就显得不合适了，因为它获得了官方批准：两年后，该组织获得了查尔斯二世皇帝颁发的皇家特许状。培根最初的想法，可能来自 1603 年佛罗伦萨建立的林赛美术馆(Accademia dei Lynxei)，证据就是他曾应邀成为其中一员。不过，该组织在 1630 年关闭，原先成员又在 1660 年将其重建，宗旨定位在"探索和增进有关自然事物的知识，改进有实用价值的技艺、制造业以及机械技术、发动机以及发明试验"。

参看后世科学发展之路，很该注意一点：培根的失误和偏见从一开始就很明显。到 1664 年，英国皇家科学学会已有八个永久性委员会；而且，请注意，首先第一个就是机械学委员会，负责审核、批准机械发明项目，其余委员会还有：天文学与光学、解剖学、化学、外科学、贸易历史学，还有个委员会负责收集迄今观察到的一切自然现象，最后是个负责通讯的委员会。最后这两个委员会一直存在到 19 世纪，启发了狄更斯去建立永恒的皮克威克学会(Pickwick Society)，接着就是皮克威克先生对科学事业的重要贡献。"探索汉普斯特池塘的起源，探究有关刺鱼的理论，等等。"而结合后世科学发展之路来看，更该一提的，这些委员会当中有三个——发明委员会、技术历史学、以及土地(亦即农业)委员会——直接关系到后世"人类资产与事业的更新"。

还有一点对后世科学发展影响更深，因而也是更该细说的话题，这就是罗伯特·胡克(Robert Hooke)为"皇家科学院的职能和结构"提供的建议，该建议可谓匠心独具。其中，他声言不去染指"神学、形而上学、道德伦理、政治学、文法、修辞学、逻辑学"。划

---

① 西奥弗瑞泽·雷诺多，Théophraste Renaudot, 1586 - 1653，法国医生、慈善家、新闻记者。生于洛顿，1606 年获得蒙塔皮拉大学医学博士后从医，后随同老师黎塞留去巴黎，并于十年后成为路易十三皇帝的御医。他是天生的新教徒，后却改信天主教。1630 年创设论坛，为有头脑人士，包括有潜质的雇主和雇员，提供了会面交流场所，并在此基础上办报纸(1631)，此风 1664 年传到英国伦敦。他饶富创见，1637 年在巴黎创办第一家当铺，同时在黎塞留指导下设立了专门为穷苦人开办的医疗咨询与援助机构(1640 年)。1642 年出版法国首部个人诊疗病历专集。恩主路易十三和黎塞留死后，雷诺多便失去在巴黎行医的资格，后由红衣主教举荐，自 1646 年始任新国王路易十四史官，至 1653 年去世。——译者注

定这样的禁区,不仅让科学家不敢用批评的态度探索自己涉及形而上的假设立论,甚而酿成一种错觉,认为自己没有主体意识,这是以往所没有的。主体意识的研究课题,只是到最近才很不情愿地开始。不过,话说回来,这样的态度保护了科学家免受教会和官方的攻击迫害,只要他们守护自家那三分地,不越雷池半步。

科学家不涉人间杂务,这种超脱或者逃脱虽获得暂且自保,却也耽搁了科学团体去接近和关心社会整体政治、经济状况。殊不知其貌似清高科学探索终归要回到人间来造福尘寰。这种新的伦理约束之下,科学唯一的社会责任,只剩下了管好自己:要洁身自好严守教规,保持自身的正直与独立人格。同时要经常努力扩大科学研究的领域。这样,三个世纪过去了,若说一个"能够担当社会责任的科学",却连基本概念也未见踪影。如今,虽然越来越多的科学家因亲历第一次核爆炸而从以往自我陶醉的昏昧中醒来,切身体会到自己承当着道德义务。但是,是否多数人都有了这种意识,仍值得怀疑。科学排除丰富的人类经验,随即发现,许多复杂事件都无法用质量、运动之类的简单概念来解释。因此,如今只有很少数科学家认同上述缺憾是科学发展中的一大失误。可见,人类世界或者宇宙总体中,仍有很大领域未被正统科学理论列入议题。的确,其中包括生命起源、人类意识、社会活动等重大课题,都还在理性认识之外的荒郊游荡。

可见,虽然有专业超脱、不偏不倚、十年寒窗、抽象理论研究"天外世界"等事实,总体看,培根终究还是从一开始就把科学研究领进实用主义,陷入日常琐务。说这话并非苛责,因为,人类文化成就,从古代文明中驯化植物直至各种土木工程奇迹,大多得益于有序化知识的积累增加。尤其,其中医学内科、外科发展成就,都证明了理论与仔细观察和实践相互促进的道理。早于培根三百年,与他同姓氏的罗杰·培根(Roger Bacon,1214-1294,英国医生,哲学家。——译注),一位圣方济各僧侣,也曾有相同见解。当然,他的主要活动领域当然是光学研究。没有证据表明佛朗西斯·培根曾经读过他这位本家的专著。不过,他们英雄所见略同的远见,却都反映在佛莱雅·培根(Friar Bacon)有关未来发明的种种预测之中,详见如下:

> 可以制造出不用桨的水上航行机器,江河湖海上往来的船只便可由一人驾驶,且其航速还要超过整船人划桨的船只。同样,车辆也可造得无需畜力就能行走,且快得难以置信。我们确信,这就是古代人打仗用的战车,它带有长柄大镰刀,旋转砍杀,冲锋陷阵。还能造飞翔机器,人坐进去,开转发动机,鼓动人造翅膀,如飞鸟般振翅而飞。还有一种规模较小机器,能升降重物,这种设备在意外事故中无比有用……还能造一种机器,人靠它能用暴力瞬间召来数千人来受他指挥,也能以同样

方式征集其他物品。还能建造水行机器,不仅在大海河流中如履平地,还能安全地下潜到水底。证据就是亚历山大大帝曾经使用过这一切设备,所以他深谙海底秘密。天文学家厄西克斯(Ethicus)详尽记述了这一切。我们当代已经能制作这些机器,除了飞行机器;此物我尚未见过,据我所知也无人曾见过。但据我所知已有人想出办法,能制作成功。而且此类发明创造是无止境的,比如说,能建造没有桥墩或其他任何支撑物的跨河桥梁。还有其他种种机械技术,以及闻所未闻的发动机。

当然,这一切听起来简直像个令人眼花缭乱的启示录,其来源不甚清楚,其措施也不甚了然,但所述具体事物却真实生动。显然,即将实现的这些机械设备以及具体结果,在梦中均已总装成功。佛朗西斯·培根在《新型阿特兰蒂斯》当中所叙述的无非首次建议具体实施这些组织工作,以便实现这些梦想。而且不仅单个实现它,还要扩大其整个领域。

在阿尔弗雷德·戈雅(Alfred Gough)版本的《新型阿特兰蒂斯》里,涉及理想国的内容仅占不足47页,而有关发明、发现和相关结果的内容就占整整9页。戈雅本人就评述说,所罗门之家(Solomon's House)①,亦即各部类知识中,理论工作的目的居首位;接下来,其余几乎每种证实了的试验方案都与人类福祉息息相关,与幸福快乐需求直接相关。尽管某些实验的价值还不甚了然,另一些仍有待完善,却肯定能实现。虽如此,只消列出一系列试验结果就足以启发培根去设想未来,尽管他的全部梦想都要等到19世纪才逐一得到证实。下面让我引述一些最著名的实例,绝大多数都是培根自己的话:

---

① 所罗门之家,Solomon's House,培根乌托邦式的著作《新型亚特兰蒂斯》中一个假想的科学研究机构。该书在作者去世第二年正式出版。该书中,作者借其中一个人物之口讲述了该科研组织经洛拉摩那国王敕令筹建的盛况。

"Ye shall understand(my dear friends)that amongst the excellent acts of that king, one above all hath the pre-eminence. It was the erection and institution of an Order or Society, which we call *Salomon's House*; the noblest foundation (as we think) that ever was upon the earth; and the lanthorn of this kingdom. It is dedicated to the study of the works and creatures of God. Some think it beareth the founder's name a little corrupted, as if it should be Solamona's House. But the records write it as it is spoken. So as I take it to be denominate of the king of the Hebrews, which is famous with you, and no stranger to us.

According to the "Note on the Texts" in the revised critical edition [1], the original 1627 edition published by Rawley has "King Solamona" and "Salomon's House", while the 1658 and 1670 editions (long after Bacon's death) have "King Salomona" and "Solomon's House."

这一构想深刻影响了科学潮流的追随者,包括科学家赛缪尔·哈特利波、罗伯特·波义耳,且最终引出了1660年英国皇家科学学会的建立。

延长寿命，一定程度上返老还童，延迟衰老，治疗不治之症，缓解疼痛，简易无痛通便，器官移植，培育新物种，战争与毒害所用之毁灭性手段，致幻术，自我催眠，心灵感应，诱孕技术，催熟技术，土壤增肥技术，开发食物新来源，引线成衣术，新材料如：纸张、玻璃等；人造矿物与水泥，人工环境（空气调节器），鸟兽用于解剖，毒虫用于药剂，用特殊管道长距离传输语音，更强大凶猛的战车，超越当今最厉害的加农炮；飞行装置，水下潜行的大小船只……

稍加附会，这清单显然还可大大延长。而且，出乎培根所料，弗朗克·劳埃德·赖特他们计划书中的摩天楼，高度已达半英里，相当于先前设想的两倍。此外，早在1594年，在给格雷客店演出用的一幕假面话剧撰写的前言里，培根就曾设想出植物园、动物园、自然史博物馆、技术史博物馆以及技术实验室等等，都是作为科学研究的辅助手段。

培根科学设想与技术远见最宝贵之处在于，17世纪科学、哲学家中唯有他超越笛卡尔机械论模型解说宇宙的局限，或者更准确说，他从未把这机械论宇宙模式当作探索真相的唯一途径。即使设想未来，培根也不局限在机械技艺的狭小天地，而是个大技术的概念，包括农业、烹饪、医学、酿造业、化学诸多领域。诚然，他不擅长抽象数学之类。因而，他对非常宽广的人文学科领域反倒更虚怀若谷，因为这领域单凭机械论根本无法操作。所以诸如"灵感忽至"之类的主观精神世界现象，虽为"客观态度"科学家所排斥，却都列入了他后来的系统考察科目。

从这个意义来说，对培根不该求全责备，不宜把科学落后、不完备的罪责强加给他。相反，比起大多数科学家接受当今观念，用质量以及运动就足以（或基本上）解释世界，培根要超前许多。所以，若看到培根还同时还是一位人文主义者，就不难理解：为什么科技鼓吹者的培根能够指明出路，走向一个后培根时代的世界。这个世界，也正是本书要努力展现给人看的未来。这个世界里，机械论世界观武断强加给宗教思想、人文关怀的种种禁区与限制，连同它对科学的基本解释和模型，都会被突破，被重新界定。

然而培根各种预想中有个因素却被严重忽略：这因素标志一个新时代的开端，这个时代追求科学与机器的日臻完美。这时代还表现为一种雄心壮志，到处去开拓与征服，它还与日益增长的权势欲不谋而合。这种权势欲是当时已经问世的机器——尤其是大炮和各种火器——缔造出来的。培根把这些雄心壮志分为三类：第一类，是把个人权力强加给自己的国家；这常常是一些王子公孙，宫廷贵胄、武士、巨贾才有的理想。第二类，是把自己国家的权力强加给他国。这种野心常比第一类更为冠冕堂皇、振振有词，而其垂涎三尺、变本加厉却毫不逊于前者。最后第三类，是把全人类的权力和领域不断

*118*

扩大，将其"拓展至整个物质宇宙。"在培根的理论体系中，最后这个雄心壮志才是最无功利心、最高尚的追求。证据就是，所谓将人类权力和领域"拓展至整个物质宇宙"那"完全要依靠艺术与科学"。

所以，培根的名言"知识就是力量"不单是一种比喻性描述，它代表人类决心、一种宣誓。它尤其强调，权力非常重要。还有，虽然培根——除却他那些蹉跎岁月——也算是个苦读笃行的道德家，却也仍未参透，所谓"将人类权力和领域拓展至整个物质宇宙"同样会给人类自身带来更严重后果，远不如百依百顺去依附自然条件。如果说在物质环境含义上征服自然，要比武装征服稍显柔和、不那么血腥，那么，到 19 世纪这种征服开始收效之时，人们很快发现它对生态平衡的破坏后果：它危及一切生命形态，包括人类自身。因而，所谓征服自然，同样是野心、冲动、神经质痉挛，欲将有机生命世界其他一切形态，都摆上权力神坛当作贡品，去进贡机械主神。于是，征服自然之举，也逐步掌握了武力征服的全部要件。这就为各种更为卑劣的征服手段创造了专门孔道：贸易、发明、残酷无情的西班牙殖民征服以及步步紧逼的工业家们，他们都力图通过销售他们有利可图的东西，来换取丰富的自然资源以及人类从中获得的福祉。

一切有机生命的一大特色，就是转化和利用能量。既然如此，上述征服的冲动，就找到了个生物学依据：增加生命含量的主要手段之一，就是扩充权力。而这一理论用于社会，有种令人难堪的效果：生物释放的能量一旦超出生存环境许可的限度——正常情况下，人类本性或者其他生命体都能维护这种限度——它就会不受限制，会为扩张而不断扩张。届时，西方政治、工业的全球扩张，势必造成帝国主义制度与实践；这是一种很卑劣的征服手段，它会通过科学技术取得异曲同工之征服效果。培根构想的那种高尚追求，实际上从来没有跳出工业家个人或某些部落的狭隘利己主义的窠臼。

可是培根思想体系中这个实用主义内容，恰是他发挥作用最大、影响最深远的东西。而此外还有一部分，也同样牢牢支配了传统知识界；而且针对机械论的有意识长期排斥，这个部分从一开始就守护了生命世界的丰富内容，并予以肯定和欣赏。虽然培根非常欣赏发明活动及其实效，他仍给史学、心理学、宗教都保留了研究空间。他设想的本瑟勒姆(Bensalem)寄托了他的理想，其中有纯真精神参与信仰的种种真义，这些不就是基督教的理想国吗？培根哲学主张还为非理性事物、无法测量的事物、难以定义的事物，都保留了研究空间。可见，他的主观精神要比那些标榜"纯客观"的片面科学家们不知要客观多少倍，后者对无法解释、无法描述、无法理解的现象，索性一概否认。所以，培根在适当定位科学和发明的重大任务和作用之后仍然说出，"深思万物，穿透迷信和欺骗，不断参悟宇宙真义，革除错误、纠正淆乱，这本身就比发明活动及其具体成果更有价值。"

19世纪的多数科学家都毫不迟疑地赞同他这个论点。而且,热爱知识、追求知识,至今是科学活动心照不宣的潜在动力和最崇高褒奖。可是没过多久,培根的实用主义和知识帝国主义作风占据上风。物欲横流,权势欲膨胀,见什么都想去控制。于是,权力崇拜被赋予N倍特权,科学精神从中被淹没了。

*120*

## 4　培根的特殊建树

培根的科学设想产生了哪些结果呢? 回顾来看,很清楚有三个关键时期: 第一个是科学发展开端时期,当时科学考察和研究活动刚从其自然家园和母体——大学中分离出来,分别进入作坊、车间、解剖室、试验室、天文观象台。当然,紧接着就进入全社会,服务于实际需求,以便促进科学研究。所以,各种科研报告、实物展示、分析结果,最终都是在此类机构会议室内提交出来接受审核的。

保留在大学校园的科学内容,曾是中世纪大学教学课程的组成部分: 数学、几何、天文学;而解剖学、植物学等描述性学科,则继续留在医学院。由于中世纪大学偏重神学理论、法学与审判理论、抽象的人文学科,而这些领域恰是纯科学所不予关注的;这样,在当时科学家的眼中,中世纪大学完全是个无关痛痒的地方。甚至直至当今,化学,还被老百姓俗称为"臭气(stinks)",即使一所资格最老的大学里,同样如此。

科学走出大学,为重新建立自己的大本营,一个个不仅赌咒发誓,再不重返传统知识领域;而且把那个统一的、万物集大成的宇宙观,远远撇开,决不再有任何瓜葛。这样一来,机械论的世界图像,亦即最终由牛顿完善化的那个宇宙概念,也因此成为一个独立实体,人类其他任何经验手段都不能修改和变更它,无论后来还有巴斯葛、牛顿之类的新科学家重新提出新问题,想重新思考宇宙最终命运、人类终极关怀、宗教精神和体验、个人的救赎……这种过程和结果,给科学和宗教双方都造成损失: 从此它们都以静止不动的观点看待自然世界;如果说这样的观点还不算彻底陈旧和极端谬误,却片面至极。

当然,科学前进中每一步都带来的惊喜和奇迹,都大大超越宗教理想的震惊效果,或许只有印度人玩蛇的把戏还保持着诱惑力。科学,在客观和精确的名目下,把自己束缚在可解释、可陈述,还得要有用的范畴内。殊不知分析越细,局部解释就越清楚,总体宇宙也就越神奇、越美好。比如,DNA可以解释有机生命的组合经过,而这DNA自身的奥秘如今则无法解释。

沃尔特·惠特曼说，每片草叶都是个奇迹，都会让无神论者们百思不得其解。他这个话，对于科学研究发现同样很公道：一旦发现光照与叶绿素之间的化学反应，实证主
*121* 义哲学马上就止步不前了。如此将科学与情感、情绪、目的、大事件、历史认同……互相割裂的观点和做法，在一些精神狭隘思想家们当中最有市场。可是呢，那些真正优秀的科学家，那些巨灵天才，如哥白尼、牛顿、法拉第、爱因斯坦，他们精神思想中，上帝永远活着。而且，他们的上帝，不是作为一种方式用来解释诸多事物的过程；而是作为一个伟大的见证者提醒人们：为什么还有许多奥妙，一个真诚的探索者至今难以破解，恰如《圣经·创世记》当中的约伯那样，历经磨难，坚信上帝，痴心不改。（虽然，这个典故在康拉德·艾金的诗剧对话录当中改称为"您"。）

科学走向组织化整体的后果之一就是，有了印刷机之后，通过定期出版的期刊杂志和论文等等，知识从此可以大批量系统流转了。分析性的知识随着细节增多而大量堆积。然而，令人不解的是，快速流转的思想流，却在文化逆流面前遭受阻滞。这种逆流就是莱昂纳多痛斥的文艺复兴经院哲学作风。证据之一就是，新型人文主义学者们放弃了欧洲学界通用的语文，古典拉丁文，而重拾古罗马西塞罗时代极为累赘繁琐的词汇和语法。

假如这种学者拉丁文能够广泛接受，并进一步简化——如数学家皮埃诺（Peano）教授后来尝试过那样——那么，这种拉丁文就会变成全世界通用的第二种学术语言，用来宣读论文了。为了保持民族语而放弃一种通用语言，这其中损失有多大，现代人至今还未透彻认识，而且也很难解释清楚。因为，有多少需要沟通的领域因此而大大缩小了啊！而如今，不吝花费大力气开发计算机软件程序，想实现机器翻译科学报告。大量的努力都证明，凡涉及定性判断的地方，电脑绝对无法替代人脑。

培根项目中第二个关键时期是19世纪。这个时期内，物理学家福达、加尔瓦尼、欧姆、亨利、法拉第等人做的试验，首次在一个世代的时间内做出了一系列重要发明：电报、发电机、电动机；紧接下来一个世代，出现了电灯、电话、无线电、X光透视。这些发明成果不仅实用而且技术非凡，全靠纯科学方法研究才得以问世。方法改进之后，又从机械学电子学扩展，进入有机化学和生物学，又节节获胜。相比较而言，技术领域的另一范畴，那些靠经验论积累的古老知识和技术，比如冶金技术之类，许久都未能对科学做出丝毫贡献。

英国从17世纪开始就用皇家专利法保护技术发明成果。因此，发明家或者靠发明
*122* 家获利的人，便开始垄断某些发明技术以获取更大收益，致使发明成果无法广泛流传。

而科学家素来以不谋私利,以一己才干和科学发现造福人寰为荣耀。虽然间或也为首创权的归属斤斤计较发生争闹,牵涉民族隔阂,此类争闹愈加激化,例如:牛顿和莱布尼茨之间,以及其后法国化学家和细菌发现者巴斯德(Pasteur)与考什(Coch)之间,都发生过此类争执。科学之真义,在于公众知识。它能否不受禁限地出版和流传,这一点至关重要,关系到对它的价值和正当性。

帕斯卡(Blaise Pascal, 1623 - 1662,*法国数学家、哲学家、物理学家、概率论首创者之一,提出了来比液体能传递压强变化的巴斯卡原理。哲学著述有《致信外省人》《思想录》等。——译注*)指出,如今的人说起"我的创意(my ideas)"常洋洋自得,就如中世纪人说起"我的房产、我的绘画"那样自鸣得意。不过,认真地说,还是说"我们的思想,我们的创意"更合理、更公允。这种品格已经深入人心,因而优秀的科学家和思想家们,例如我本人的恩师,帕特里克·格底斯,每遇他人把他独到见解攫为己有,他不仅见怪不怪,反引以为乐。还欣然借用鹊占鸠巢的典故说,是他自己占了别人的窝,把自家卵下到别人窝里,借他人之力孵化了后代。

第三个关键时期,是20世纪发生的巨大变化。这时期的变化体现为规模、体量,而最终,表现为科学追求的目的;而且几乎自行实现:通过印刷、摄影、电影、动画等新方式,用于通讯取得新效果。这一系列大变化开启了以往难以涉入的人类活动领域。如今依靠无线电手段,枪炮声传遍世界的速度,比距射击地点一英里外听到射击声,还要快11倍。

新领域中的科学新发现,不再高不可攀,亦非一成不变:一经问世立即转化为实用技术,无论用于工业或战争,立即有利可图。就此而言,科学本身变成了母本模型(master model),成为能产生技术的技术。这样的新条件下,科学带来的发明和新产品都大量问世。科学家在社会上的地位也随之发生变化,相当于原先工业领域里的总指挥。同时科学家本人也涉身大规模生产过程,同时向标准化转变,它的产品越来越能用金钱衡量。就连他一篇篇科学论文、奖金、奖状,都可以用"交换价值"来换算:这些产品能决定大学教职晋升、提高课时费和咨询费价位。

原先自我主导的科学家形象,谦和有度、温文尔雅,甚至不食人间烟火——那是在实验室里而非餐桌上。这些形象都依然如故,而仅见于"老派的"科学家群体了。不过随着科学作为大规模技术不断扩展,科学家也就无须再实行任何形式的克己奉公、温文尔雅了。其社会地位会随着他创造产品给富裕社会的贡献,一齐成比例上升。他的成就还可以量化为他实验室助手之多寡、每年试验设备经费数额、使用计算机和机械辅助设备的频度,最后还看每年发表论文的数量,这些论文,他都曾大言不惭地签上自己的大名。

科学家如今已成为这权力至上的技术链条的操盘手,成为科学法人组织的仆役,一心一意要为帝国扩大疆土,然而却绝非培根所说的那个"人类帝国"!经济产业的"国民总产值(GNP)"却越来越反映出科学的"国民总产值"。任何一种理论创新,无论其出发点如何天真无邪,都会自动扩大其实用产品的产量;而尤其重要的,还能扩大牟利欲求。如今科学家染指这一转换过程,因而就失去了他以往引以为荣的特殊品格:纯粹追求真理,不用知识谋私利。

还有一个原因也让科学家丧失了自主精神:他的科学研究活动,要在很大程度上依赖昂贵的设备、组织协同合作、政府或者企业大额资金投入,这些都让他们不再具有独立人格。就连数学家也不再像以往那样超脱了;而以往像法拉第那样的实验学者,仅靠一些简单器材,玻璃、铁块、铜丝等等,就能完成著名的电磁感应研究。这种物资简陋状况似乎能以揭示,为什么当代数学思想特别能出成果,而且更敢于讲话。无论如何,越来越多的科学家不仅丧失了独自研究能力,丧失了说不的勇气,包括在危及人类生存的重大问题上。因而,我们一再见到他们在核武器或细菌武器之类大规模杀人的严肃问题上沉默不语。

培根能够预见到组织化科学活动的巨大潜能,且描述得毫发毕现,但他毕竟距科学发达的现实太遥远,因而无法预见它的不良后果。而谁若指责培根缺乏历史眼光或者远见,他自己可就太傻了:因为,我们当代绝大多数人,也都还不具备这两个条件。培根绝对想不到,这个所罗门之家的研究人员们,居然用他们察微探秘的知识开掘出自然界的大力神,是原来闻所未闻的;还造出精妙无比的手法去驾驭它!当然,培根也就更无法预见,如此采用机械和电子手段无限扩张人类能力,到头来会复活古代机器的神话,或者,最终,它会制造出一台20世纪精美无比的巨型机器,在邪恶潜能上要远远超过其古代的原型。

这无非换一种角度再次说明,17世纪那些优秀思想家们怎能预料,他们提出的这种机械论世界模型,一旦成为人类遵循的指南,建成一个严丝合缝完全符合这模型的人类社会文明,让人类生活在其中,人类生活将是一番多可怕景象!这些思想家们设想人类社会时也未能预见到,这社会本身也会日益带有自动化机器的特征:听从机械化人格操纵、按机械化习惯运转、去追求纯抽象的、机械学和电子学的目标。简言之,这些领袖们未先想清楚20世纪人类生活梦魇般的惨淡景象。这种状态中,任何突发奇想、抽疯癫狂,只要符合投资者、发明者、金融财政或者政治寡头的利益,没有技术办不到的。各种技术标准都能达到,唯独丧尽天良。

与伽利略和笛卡尔对比,培根的生活、身心都更为贴近历史现实。他还深深带有历史积累的人文特点。他著述中屡屡提及神学、哲学、人文学科,这些大大均衡了他过深的科学关注和大胆预想。与他那些严厉的后继者不一样,培根很能接受梦境启示,也能接受催眠术引发的想象和现实,虽然觉得这些现象离奇、危险。这些都是培根激进经验主义哲学中最可人的内容。他的哲学思想体系较之伽利略要更开放,虽然他极力强调科学和技术的重要性,却并未将现实世界全部限定在这上面。到了 20 世纪,科学在西格蒙德·弗洛伊德及其学科率领下,开始向机械论收复失地,许多领地还是培根从未放弃的。然而奇怪的是,弗洛伊德却也相信,他对梦境以及其他精神活动中象征内容的大胆解读,都严格符合"客观的"科学唯物主义的精神。

不过,机器的古老神话毕竟再次出现,并且深深扰乱了西方人类的精神世界。若要为这事找个证据,培根自己的人格、精神状态和他的作品,都是最好的证据。因为,他对机器可能创造的新世界那样心驰神往,一心想看清楚、说清楚;这并不反映他的成熟,反倒显露了他年轻时代的直觉和幻想。诚然,他并不属于莱昂纳多·达·芬奇那样的机械发明天才,也算不上开普勒那样机敏的数学家,更非韦萨利乌斯(Vesalius)那样心灵手巧的解剖学者。正相反,他最会玩赏宫廷生活那些奇珍异宝以及为女性去冒险的举动。他是个满身俗气的朝臣,因而最不屑学究气的清高寡欲。这一点上,他丝毫不像个古典科学家。他爱热闹,崇尚虚名浮华。可是呢,同时代人当中,没有一个像他那样敏锐察觉到科学事业呼之欲出的伟大前景,也就是我们在 20 世纪中叶看到的这种主流景象:无节制地追求实用主义目的、物质财富、政治控制、军事威慑力。而且,这一切还乔装打扮成"周济人寰"招摇过市,到处骗人。培根本人不就死于肺炎吗?而且是因为他试验新发明用冰雪包裹鸡肉速冻冷藏技术(还有一说,他将自己关进新发明的冰箱体会制冷效果,导致肺部感染。——译注)。培根的活法是古代的,而追求的思想却属于当时的新潮,而他这种死法则属于未来,也就是他亲手创建的生活方式。

可是,非常不幸,后来伽利略、笛卡尔和科学探索的同道们在形而上学领域所犯的严重错误,其实在培根这种包罗万象的大杂烩中早已预伏了种子。只不过这些因素被大量科学发现和实用技术的长足进步久久掩盖着,如今我们已能清楚看出:整个人类思想发育长河中潜藏着两种导向性目标,它们的神秘本质至今才得以暴露,而其深藏不露的终极目的也开始显露端倪。

首先,第一个:谁创造了完美自动化装置,谁就创造了生命。理由是,根据机械论教义,有生命的有机体与机器之间并无实质差别,只要它们能运转。连聪颖敏锐如控制论的缔造者诺伯特·韦纳,也给他创造的 Golem(犹太教传说中有生命的泥人,16 世纪希伯来传说中有生命的假人。——译注)赋予生命的最高品格。不过,还有这第二个：这种神奇愿望底下还藏着一个更阴险毒辣的阿谀奉承观念：谁创造了生命,谁就是上帝。可见,关于神灵造万物的概念,从16世纪开始就遭到科学的批驳,认为在物质质量和运动分析的大背景上,这是多此一举的假说。而此时,这种观念却包裹了科学外衣,以集团形式,气势汹汹重新杀了回来。一切参与其中侍奉这新神灵的个人,都能分享到权力和荣耀;而且,他们的最终追求,也不过如此。

好像,甚至短短几年前,还很少有人认同这一解释,大约除了一些教规严格的科幻流派。不过到1965年,美国化学学会主席,前诺贝尔化学奖桂冠的荣膺者,在一次告别演说中不吝篇幅详述他的宏愿,敦促"业内人士群策群力,协同一致,尽早造出生命!"从此,古代炼金术士梦想在小小试管内造出小矮人的未酬壮志,便在当代化学家的清醒头脑中复活了：不过,他们不是想造出个小人儿,而至少是病毒……最终可能创造出是的细菌……

表面看,这提议仿佛很大胆,却令人联想起斯威夫特式的意味讽刺(Swiftian Irony)①。这都是科学家们出的主意,滥用除草剂、杀虫剂、杀人药剂,致使各种生命形式受到威胁、陷入绝境。看来,科技界首脑人物们千方百计要掩饰这种毁灭性后果;证据就是：他们已经开始重拾旧梦,着手把复杂大分子转化为一种有机物生命。多么荒唐、大胆而可怕的举动啊!毫不费力你就能猜想到,这颗星球种种孔隙中,生命已经存在而且正蠢蠢欲动,要钻出来害人了。

请注意：数十亿美元,千万个宝贵工时,科技界最优秀的人才,一声令下都集合到一起,试图采用人为手段,重新造出某种久已存在、且丰富多彩、数十亿种形态的东西。在我们每天呼吸的空气里、行走的土地上,海洋中,树林里,都有它们存在。实验室环境中重复漫长生命进化史,这样做,最客气地说,也是多此一举。虽然,如此造出的病毒很可能酿成致命后果,最好的例证就是"安德罗梅达菌株(Andromeda Strain,美国科幻小说作家克里奇敦笔下的试验室生物,因化学构成不明朗,极富毒性而无法控制。逸出室外,后患无穷。——译注)"。

如此创造生命的狂想,不仅攫获许多科学家的想象,同样也俘虏大批年轻人。他们已被灌满谬见,惯于把拓展科技领域当作人生终极目的。乔治·瓦尔德(George Wald)

---

① 斯威夫特式的讽刺,该典故出自1729年英国讽刺作家乔纳森·斯威夫特(Jonathan Swift)匿名发表的杂文。作者在文中建议贫穷的爱尔兰人可以出售自己的孩子给富贵男女当饭吃,一举两得,既可缓和自身经济困局,又能……一举两得,该文用夸张手法嘲讽社会对待贫民的丧心病狂心态,包括乃至批评了英国对爱尔兰的总体政策。意在言外的叙事小说《格列佛游记》也是斯威夫特的作品。——译者注

是位杰出生物化学家,他给某大学演讲时,听众心急火燎让他评说:未来十年能否创造出人造的人类生命体……当他明确回答这是个毛糙荒唐可笑想法,即使再过数十年也不可能时,学生们居然非常失望,很难接受他的裁判。不过,这些心灵幼稚的学生,连同指导他们阅读的那些科幻作家老师们,是否严肃思考过:对这样一种科技功业为何如此翘首以盼?它是否真有道理?还有,姑且认为这种不可能的设想能够实现,人力能够造出有机生命,他们又是否设想过:这样一种无历史背景的生物会具有哪样的行为模式呢?当然啦,一看玛丽·雪莱所写的佛朗克斯坦的鬼怪(Frankenstein's Monster),你就都明白了。

可是,若按照我们天才化学家们提出的概念用人力创造生命,意味着一种倒退,倒退到至少三十亿年前,那么,用另一种方式创造生命,亦即,用增加自动化机器的数量,用重构全社会的自动化效应,从而让它一个个接管人类活动和职能,这后一种创造生命的活动却已在进行之中了。而且,其中各种技术难题和障碍都已被攻破,而最终的心理后果以及文化产品却仍有待斟酌。这一任务若全部完成,会大大消减、贬低人类自我的价值和意义,还日益剥夺着人类的内部外部资源,因而也剥夺了它进一步发展进化的可能途径。我建议把这种效果展示出来,让人类看清楚。这样一种结局如今已经很清楚了,它会把你推论出的全部好处都消除干净。

# 5　假推想与真结局

培根的梦想大多数都实现了,如果说他的远见和理想值得我们尊崇,却同时也要求我们切勿忘记另一特殊职责,亦即,我们要同他不遗余力宣扬、促进的那个机械神话一刀两断,最终划清界限。只有这样,我们才能用历史的经验和眼光,如实评价他另一个尚未清楚展现的预想和假设。这些预想和假设,如今不仅都一一显现,而且清清楚楚地形成了制度和组织。当今大多数人,就这样依从它们,随它们一齐运作、周转,而丝毫不曾质疑过。但我们毕竟担当了越来越大的风险,证据就是,当科学与技术融合为一的时候,就提出了一系列问题;这是科学独自冷静考察自然、探索理性知识时所不曾遇到的。如今的科学实践和现实,也显露出其他领域都有的非理性的荒谬特点,这些都是大规模生产方式带来的恶果。它危害了其他领域,同样也危害了科学研究。

科学与技术共有的一个主要前提,就是认为知识的增添和积累不会有一个理想终结;就如同增加财富、控制环境,都没有限度,是一样道理。追求数量增长的生产观念,数量本身就是目的。因而为此目的,可以不择手段。

　　17 世纪才需要维护这种立场,当时到处都还处于短缺经济时代。当时,一种新的生产手段、新开发的能源或商品、一个新的科学发现或者成功试验,都弥足珍贵,都足以填充匮乏的消费品库,都足以丰富还不庞大的知识总量。而如今情况则刚好相反:因为,科学在预测未来和控制物质世界中的巨大成就,一步步纵深踏进迄今列为禁区的神秘自然,人类的本领每个活动层面上都大大扩展。所以,我们如今遭遇的,是丰足经济带来的一种窘迫境遇:物质产品和知识产品都无限增大——在西方如今是已然如此,在全球则也很快将成为现实——这就带来一个新问题:如何优化调节、分配、同化、整合、有目的指导的预见,以及总体引导……之类的重大问题。

　　科学亦步亦趋迎合技术要求的同时,也该检讨自己作为现代技术替身的弱点:因为它自身不是有机体系,这些缺憾就在所难免,表现为:缺乏一个自体手段控制能量和生长,因而无法像有机体那样维持动态平衡,保持自身的持续生长和发展。

　　科学提供的有效方案已经取得了巨大成就,这一点谁也不会质疑。不过我们要追问的是,一个如此完全脱离人类其他需求和根本目的的体系,它究竟有什么价值?作为一种发展过程,它本身就能自动推进这个集团组织,不断地追逐权力、利润和大批量生产。如今所谓的"研(究)发(展)产业",实际上就是个自我封闭的团团转怪圈。

　　科学用机械论阐释的那个不断膨胀的宇宙里,各种碎块,七零八落,以加速度飘飞,越来越远离人类这个中心。因为我们极为关注速度、生产率,而忽略了认真评价、矫正、整合、社会同化操作的重要性。实践中就导致大部分知识和思想都无法投入应用。能投入的只有一小块,亦即那些能为军事和商业目的赢来权力和利润的知识。这种局面已给医学界造成了大祸害:任何一个有良心的医生都能为此出来作证。同样的后果,在其他领域也在逐渐显现。

　　培根当年限于历史处境,掌握材料有限,无法给自己提出这种思考题。事至如今,难道我们还不该质疑这种"科学即技术"的根本问题吗?我们当真相信,掌握科学技术就能控制自然过程和资源,因而也就能有效提高人类生存质量,事情是这样简单吗?到头来会不会这样:一方面,发明成果丰富,如,食品供应充足,而同时,有机生命心绪焦虑依旧,精神癫狂依旧呢?难道现在不是有充足证据表明,把科学等同于技术,这种趋向疯狂发展起来,最终会越来越背离人类意图,只会迎合少数技术人员、企业法人的口味?结果,这样的科学和技术会变得冷若冰霜,而在跟人类安全和福利做对的同时却又非常积极认真,证据就是大量问世的核武器、细菌武器、外太空探索。

　　我还要问的更多:仅据培根的设想,如今,就不遗余力节省时间,缩小空间,扩大权力和能量,大批量生产商品,抛弃有机规范,用机械品替代真实有机物,置换、扩充其某一专门功能……试问: 这样做有什么合理依据吗? 再有,这些做法在当今社会已沦为无法终止的过程,已成"科学即技术"天经地义的社会基础,似乎已成公理,已获得绝对正确的地位。之所以如此,就因为这过程从未有人重新深思、验证。而参照方兴未艾的有机论的世界图像来看,那些貌似"先进"的理论和实践,实则相形见绌,越发显露其苍白无力,陈旧过时。

由于技术科学已经日益侵入和操控科学的其他领域,所以,哪怕仅图自保,我们也不得不起来纠正培根犯下的错误。如今已经没有科学办不到的事情,这正符合了培根的预言。可是,能办到的事不一定就是想要的事。一种健全合理的技术,若坚定不移服务于人类需求,就不可能以大批量生产作为自己的最高目标。相反,它应该按照有机体系那样,在适当场合、以适当质量标准、在适当时间提供出适量商品;而且,还须依照适当程序,服务于适当的目的。为此,未来的规划必须包含专门的纠正、调节和引导措施,目的在于持续保障人性、品德、教养的不断成长与更新,包括有关的团体和企业。以往五个世纪的巨大变化和发展都证明,这样做是绝对必需的。

在技术领域——就像社会生活其他各种层面一样——现在不该进行认真的自我检讨吗? 我们习以为常的金科玉律,那些烂熟于心几乎不用动脑的日常操作,不该一一重新检视一番吗? 把科学解放出来,把科学从那个虚拟的方法论中解救出来,这个方法论是伽利略、弗朗西斯·培根以及笛卡尔,这些大科学家们,一不小心错误厘定,并且推荐给全世界的。如今,该把科学从那个虚拟方法论当中解救出来了! 为此目的,下面我们一起来回溯技术自身的发展历史。

# 第六章 综合技术的传统

## 1 中世纪的连续统一体

现代技术发展的全部历史一直被维多利亚时代（维多利亚女王，1819—1901 年，在位时期为 1837—1901——译注）学者们误解；他们过分迷信、推崇 18 世纪及其以后的机械技术发明，致使这一观念一直持续了一百年，甚至在阿诺尔德·汤因比尚未发明"工业革命"一词时就已确立。当时这些学者们相信，18 世纪各种重大发明本身标志着一个根本转折，因而不仅忽略了此前的漫长准备阶段，还错误地把技术进步这一直接结果，归功于远未完全确定的社会变化。实际上，这种重大社会变化直至 19 世纪后半叶，也就是他们写作的时候，方才成型。

非常奇怪，这些首先发表文章散布中世纪落后论调的学者们，阅读文献时戴着 13 世纪发明的眼镜，他们的著作则是 15 世纪发明的印刷机印制的，吃的面包是 12 世纪引进水车磨出面粉烘焙而成，他们又乘坐 16 世纪设计成功的三桅帆船漂洋过海；要准确无误到达目的，他们还得依靠机械钟表、天体观测仪、磁性罗盘，还要靠火炮、火药抵御海盗的进攻；这一切手段的问世都要早于 15 世纪。他们书写用的纸张，穿戴的棉、毛纺织品，则是靠水车动力制作而成，其时间至少要早在公元前第三世纪的古希腊。

许多学者仍坚持认为，18 世纪是个明确无误的分水岭，标志了新技术时代的开端。那就有必要准确、详细地说明，在（18 世纪）"机械化开始当家作主"时代以前，人类使用复合型技术手段已经很久了。无独有偶，当今还有人为纠正这个错误，把工业革命的单一过程划分为两个阶段：一个机械发明阶段，领先于这阶段的科学革命阶段；而且认为，技术发明阶段是由科学革命完成了。殊不知这种划分同样误导人，因为它否认了一个事实，即人类早先的技术积累已给 16—17 世纪科学思想的蓬勃发展准备了丰富营养。

稍微仔细阅读查考就不难找到证据，证明形成现代技术的最关键突变，发生在中世纪早期；那时候科学家还远未发现放电现象，而且，若想详细了解这一突飞猛进质变是在什么条件下完成的,你还得一直上溯到它们的起源时代。那么,我们就得一步步回溯这个发展和转变历史,直至看清楚,中世纪(大体在13—14世纪)就已经有的这种丰富、多样的技术手段,产生出一系列尽人皆知的艺术、工程杰作,产生了印刷机大批量印制的第一批学术专著;然后,在专制政治和资本主义企业的共同作用之下,转变为当今这种高速度大技术的形态和制度。然后,又从这种体制下,一点点运化出现代化的新型大机器(社会体制);其效能和领域,都是金字塔时代那架原始的人类巨型机器所望尘莫及的。

那么,18到19世纪初期这次机械工业技术大转变当中,最有意义的事实又是什么?其一就是,这时期一系列重要发明,除蒸汽机外,包括珍妮纺纱机、飞梭、动力织布机等等,实际上都是新石器时代生产中就已经使用的技术。证据就是,当时就有纺纱、织布、制陶等技术。当时这些领域大规模使用动力实现大批量生产,这一效能转变不是由于采用了蒸汽机,而是由于各地增装了许多水车。英语中工厂一词(factory)的古老形式曾经是 mill(磨坊、作坊;水车 watermill,也译水磨坊,windmill,风磨坊;coppersmith mill,铜匠作坊。——译注),这从语源学上就已经说明了当时的动力来源。

依赖水力,这就规定了纺织业当时只能分布在溪流纵横、水力能源丰沛的英格兰和北美的新英格兰地区。的确,许多纺织厂中水力能源一直沿用到19世纪末,甚至更晚。而且这也为后来安装水力发电站开辟了道路。蒸汽机作为主要能源手段却姗姗来迟,以至于在英国,詹姆斯·瓦特的故乡,那里煤铁资源丰富,而在1818年伦敦出版的托马斯·马丁(Thomas Martin)编订的《机械工艺百科全书》当中还根本没有提及它。而在美国首次使用蒸汽机的,是1847年马萨诸塞州塞勒姆市的那目考克蒸汽机棉纺织工厂。

19世纪其他重大发明,还有贝塞麦底吹酸性炼铁转炉(Bessemer furnace)以及炼钢平炉。而这些东西也是铁器时代的最终产物。铁器时代高超的采矿技术成熟于14—15世纪,而非18世纪。当时是应运而生,为适应军用品迫切需求,生产钢铁、盔甲、大炮。及至18世纪真正发生技术方式大转变时,则并非单单因为吸取了以往的技术成果,更因为技术此时开始丧失它历来的广泛兴趣,从社会生活许多层面中退出来了。原先,技术广泛渗透和参与,让它与社会其他领域维持均衡状态。可是很不幸,中世纪技术的关注广泛、重视其他领域成就、同时注重追求技术发展以外的其他目标,这个历史特点许久以来却很不公正地被看成(中世纪)技术不发达、没有作为、不称职的证据。如此毫无道理的偏见,恰恰长久占据了思想史的中心席位。

从11世纪开始,欧洲全境,首先从意大利开始,技术活动开始复兴。起因包括与技术发达的东方文化直接以及间接的交往接触，包括贸易、战争。这些东方文化，包括：拜占庭(玛赛克、纺织品)、阿拉伯(灌溉、化学药品、马匹繁育)、波斯(砖瓦、地毯、若亚瑟·乌普翰姆·波普[Arthur Upham Pope]推测正确，大约还有哥特式建筑的拱门和穹顶)、高丽(木版印刷)，最后是中国(瓷器、丝织品、纸张——纸币、糊墙纸，厕所卫生纸)。

15世纪以后，新大陆发现并开发，近东和远东地区也随之开发，原材料和技术资源顷刻大增：不仅舶来大宗黄金、白银、铅矿、蚕丝、棉花，随之还有大宗木料，包括柚木、紫檀；以及各种粮食作物、花卉用植物、药用植物：波斯的丁香花、郁金香；南美的番薯、玉米、可可豆、金鸡纳霜(奎宁原料)以及烟草。*也就是说，早在技术尚不发达还不可能有快速运输和通讯的古代，这种综合的技术模式(polytechnics)便突破国界障碍，为人类文化的全球格局草拟出基本轮廓。这个生机勃勃的农业革命(截至19世纪中期以前)未借助后世的任何机械化手段，它的作用反倒被轻轻一笔带过，或者索性完全被抹煞。*

直至19世纪中叶，即使在"进步的"、基本依赖机器的英国，主要能源以及主要生产方式，就是农业。生产事业、制作工艺、主要动力源，都直接连着农业。15世纪的英国，90％以上的人口生活在农村地区，尽管这一百分率各地不尽相同。根据法国地理学者麦克斯·索尔统计结果，1940年以前，全球4/5人口生活在农村。到1688年，统计数据比较准确可信时，当时英格兰全境76％的人口还直接从事农业或与农业相关的生产活动。

直至19世纪，当你使用手艺(crafts)、本事(technology)、营生(trades)这些概念时，人们首先想到的就是农业。是农业领域大量的种植业和植物学进步和成就为后世机械经济奠定了基础，尽管那时耕地和收割都还没用上机器。所以，把技术进步仅仅等同于机器，这一看法未免本末倒置。如今马力一词仍用作动力单位，这些都显露出中世纪技术的独特贡献，蹄铁、挽具的突出进步都发生在中世纪。还有，凡是无法开发风力和水力能源的地区，马匹和其他畜力便成为通常手段。

133　马匹繁育如今已非常发达。这个事业最初无疑得益于同阿拉伯人的交往，后来又从波斯引进一种极优良饲草，金花与紫花苜蓿，养马业从此蓬勃兴旺，整个中世纪久盛不衰。一系列名种马，从原产法国的佩尔什重型挽马(Percherons，*常用作军队中辎重车牵引挽畜。——译注*)，到许多机敏、迅捷、轻快的猎马和赛马，都是明证。运输和起重设备的新发明解放出大量人力，可投入其他生产事业。例如，升降滑轮以及桅杆起重机问世后，不久就有了操纵自如的三桅远洋帆船。最有意义的是，这些风力、水力和畜力能源在人类史上破天荒第一次创造了不靠人力(奴隶劳动)的先进经济。所以，到17世纪，这种经济便广泛流传到欧洲大部地区，只在一些最落后角落，奴役制度还一直维持到 19 世纪。

制造业这一解放和自治过程的主要推进者,是各行业公会。这是一种独立、自治的团体,首先出现在同样有自治权的自治市内。它负责提供职业培训、制定行规、保障从业人员生计,从小到老、健康或者生病;必要时,还负责照抚从业人员家属中的孤寡幼弱。此外,行业公会还制定本行业作业的质量标准。所以,当时批量生产,就不可能广泛流行,除非该行业公会溃散之后。所以,有件很有趣的发现,直至 18 世纪,参加费城木匠公司的成员,要到工程竣工之后才能领到薪酬;且须经独立监理审核,对投入工时以及工程质量等,一一验收认可之后,才能发放薪酬。可见,质量要求始终专门制约着数量。

可是,甚至在机械化生产尚未问世之时,这种行业自治的好传统,许多已开始受商业运作蚕食,陆续流失瓦解。因为,商业运作偏袒批发商大老板的利益,他们往往成立独霸一方的商业寡头组织,在 16 世纪之后,将工程发包农村或者郊区的技术劳力,这些地区没有行业公会保护。再后来,行业公会索性被依法挤垮、取消,由此便给早期机械生产的种种非人道做法打开了方便之门。可见,所谓"自由竞争"理论支持者,亚当·斯密之流声称的自由,无非是自由地消灭中世纪行业公会保护和社保传统,让那些拥有昂贵新机器生产手段的人自由地剥削劳动力。

眉头一皱,计上心来。那些称道这种制度的人,把机械进步上述伴生物缩至最小,大肆宣扬大批量生产的经济效能而无视失地农民和无家可归的无产者走投无路进入新型工厂。而且,因从事手工操作无力讨价还价而愈加贫困。这些工人缺衣少食,无卫生条件、环境恶劣、缺少供水,生活条件还不如当时农村劳力。英国人寿保险制定的记录表格清楚表明,当时农业劳动者期望寿命要高于他们。机械化生产的工厂制度之所谓消灭奴役制度,并非通过发展调动机械效力,而是把这些劳动力降低到挣工资的奴隶境遇,来"消灭了"这个奴隶制度。

不止如此,这些惨淡的社会后果,越是在机械工业发达的地区和部门,便越加明显:劳动组织和机械化生产的利润收益,从一开始就非常明显。但却被对工人的残酷劳动编制和剥削所大大抵消了,且其中大部为童工和女工。有些人仍然相信这些机械进步能自动给社会带来福利,他们不遗余力粉饰和美化上述残酷现实,而不去深入调查记录工人的真实情况。因而他们跟随维多利亚时代倡导改革的学者们,例如安德鲁·乌尔(Andrew Ure),他们居然否认科学现已证明的事实:童工每天工作 14 小时,他们患软骨病,系因接触阳光太少。可是这个乌尔却说:那些煤气灯是一样好,而且要更加先进呀!

## 2　综合技术遗产

有人错误地认为，人类 18 世纪以前的历史技术上非常落后。这样，便忽略了这个历史阶段一个重要特点：它其实是个混杂使用技术的时代（mixed technology），属于一种明确无误的复合型技术（polytechnics）。证据就是，它用的工具、机具、机器、器皿、用具等并非全部来自它自身那个时代和文化，而是经数万年技术进步积累而成。

这么大一堆遗产，我们不能不予以认真考虑。如果说，水车可以上溯到自基督教时代以前的古希腊，风车可上溯到 8 世纪的波斯，耕犁、织机、陶工旋轮等，可上溯到两三千年前或更久远，而其加工的粮食、果蔬等，则来自更为久远的旧石器时代采集文化，以及新石器时代驯化动植物的时代。英国人 1346 年 8 月 26 日靠刀枪弓箭打赢了法国北部克利谢（Crecy）战役，而弓箭则是旧石器文化的发明，曾在马格达琳文化中用来猎获野牛。至于公共建筑物上的绘画和雕刻，则可上溯到更古老的旧石器文化时代，直指旧石器后期奥瑞纳文化时代的洞穴艺术。新发明成果，诸如钟表，原则上并未将以往这些成就驱逐出使用领域。

还有一点更不可小视：这个所谓"落后的"技术时代，恰恰产生出技术能力和工程水平登峰造极的领域和作品。不信请看罗曼时期诸多高耸的哥特式大教堂和其他宏伟建筑，这些成就都大量汲取了人类最古老的技术遗产。特别值得一提的，是这些建筑构筑物的直接价值，绝非任何实用主义目的，而完全为给人类难以解脱的繁冗日常生活重负寻求意义和美学价值。建造这些庞然大物，且造得如此高超、精美，既不是为增加食品、住宅，也不为调动自然力或克服自然界实际障碍；这些纪念性建筑物的建造者们，为透彻表达他们深刻的主观感受，给自己提出了难以解答的技术难题，哪怕超越他们的数学水平和工艺经验，他们仍然勇敢探索，大胆试验，极尽想象。许多尝试如此新奇、大胆，以至常超出他们能力所及：多少高塔建起又倾倒，那一堆又一堆的废墟，都能够作证。

为建成这些纪念性建筑，大群能工巧匠各显神通，他们集合起来承担了非常庞大、复杂的工程任务：从叮叮咚咚单调的雕凿，直至石材凿成石方；有些石块小，一人就能对付；直至群策群力，以杂技般艰难奇巧，将石块安放到高高尖顶。庞大建筑物一点点构建成型，这当中不仅要血肉之躯拼体力，要机械技能，要果断勇敢，还有最重要的也是外行人难以察知的情感投入：这些建筑凝聚着心灵、情感、想象、古老传说……其实，凝聚了全社会对生命、生活的全部感受和积攒。一切，都用这些最高技术成就，展现了出来。

所以,复杂技术本身只是手段,它要服从、服务于某个更高远目的。因为,大教堂建筑耸入苍天的高度,其余所有地面建筑,照样能达到。

实施如此复杂的建造项目过程,其目的既非通常所说"创造就业",也不是要"消灭劳动",恰如当今实现自动化之后做到的。更不是为了给某位首席泥瓦匠增添声望,也不为给工人增加收入,更不是为了"发展经济"。都不是的,这些优良精湛技术实践的终极目的,不在这建筑本身,而在它憧憬的理想:人生在世,追求何种价值理念和生命价值。后来的历史证明,这一成就如此辉煌,如此有意义,以至连续几个世代的人,尽管信仰不同,理念各异,都接连不断前来朝觐参拜。而且,目睹它精神光芒四射,不禁热血奔涌,心潮澎湃。大艺术家威廉·莫里斯(William Morris, 1834-1896,英国纺织品设计师、艺术家、作家。其艺术作品多花草纹样,风格朴素、自然清新、生动亲切。系前拉斐尔时代社会主义者,曾建立艺术家联合兄弟会。——译注)在8岁初次见到坎特伯雷大教堂时,居然震骇得屏住了呼吸,细观慢赏。

不用说,并非每个手工操作领域都有这种机会,都能创出这种杰作。在其中某些领域,累断腰肢的苦重劳作,种种磨难,包括折磨人的生活环境、各种慢性病等等,都是采矿、熔炼、织染、吹制玻璃业当中应有尽有的。而如今,我们有了先进医疗设备和保险,这类问题不照样存在吗? 而且在一些工业技术非常先进的领域,诸如暴露在放射性辐射、铅污染、石棉和硅酸盐粉尘,或马拉硫磷和地特灵等有害杀虫剂,等等生产领域内,这类祸害还增多了,加剧了。

*136*

一些手工业还对人类具有其他不利影响,例如纺织、编织行业:日复一日、年复一年固守单一操作,难以改变的单调乏味。其有利一面是为后来的机械化作业铺平了道路。可是,机械化的效果,在实现完全的自动化以前,常常加剧这种作业的单调,而且随流程加快,原先重复作业中特有的安适舒慰感,也被带走了。这种效果是心理医生用来治疗精神病患者康复阶段最好的办法之一。对此,威廉·莫里斯从他本人婚后生活的不幸日子里,就有过深刻体验。

还有一些手工业部门,特别是一些创造出极高成就的部门,其中辛苦和甘甜,简直难扯难分。其中,最好的例证就是16世纪的波斯地毯编织业。设计和工艺都达到最高水平的地毯编织,每平方英寸须有400针的织工和打结,织这样一块地毯,达到这种高超技艺水平,几乎要花费织工一辈子的心血。没必要遮掩这其中的丑陋、残忍;但是,同样也无法掩盖这种劳动获得的崇高褒奖之一:作品被宫廷收藏,如今在维多利亚和阿尔伯特伯爵博物馆的一面墙上,仍然挂着一块这样的佳作,那真需一名寺奴辛苦织上一辈子,而这奴隶毕竟是个艺术家,他享有创作自由,也没忘记把姓名织在这块杰作地毯上,表明他还没有丧失自我意识，没有丧失自尊，为自己辛劳一生留下了个纪念物。可以将这名奴隶的生与死，同亚瑟·米勒(Arthur Miller)笔下"推销员之死"做一对照。

　　这种综合技术传统，到了16世纪已部分实现机械化，当然远未全部完成。要理解这一点，务必不要忘记其主要组成部分仍然牢固建立在古代新石器文化基础之上，包括混合农业：谷物种植、果蔬作物、园艺作物、家畜养殖等；还有各类建筑构筑物，包括房屋、谷仓、水渠、教堂。这些职业都需要集中利用工艺知识和技能，具体操作和劳动的内容会因经常变换，每天都不一样。生产过程并不要求久据一处，长时间操作一种单调乏味的作业，它会因天气和四季变化而调节改变。

　　美国地质学家和探险家，拉斐尔·彭佩里(Raphael Pumpelly, 1837 - 1923)，出身名门，游历广泛。具有深厚新英格兰传统。他在著述《怀旧(Reminiscence)》中引述一位老派的日本手工工匠的操作过程，这样写道：彭佩里想要定制一扇门，便找来个钣金工，告诉他打造一扇门，还专门叮嘱，门轴一定要(螺栓)旋入式的。可是这位钣金工根本没见过这种旋入式门轴，也没见过螺栓。彭佩里就拿个铁制螺栓样品给他看，工匠看罢便走了。第二天带来12件铜制螺栓，不仅制作精良，且个个打磨得铮亮。是巧妙地先铸造，然后打磨加工的。"那工匠还要去我的左轮手枪，仔细端详，随后问我能不能让他照样仿造一把。事过不久，再来我家时带来一把左轮手枪，仿造得惟妙惟肖，每个部件尺寸精准、配合滑润；甚至更加完好。"这样的自谦自信、足智多谋，你在当今的车间里，还找得到吗？早就从总装配线上清除干净了！

　　家庭生产事业中，或车间作坊里，无疑都会有大量枯燥无味的劳作。可是这些作业是在伙伴们陪同下完成的，操作节奏快慢适中，当中可以夹杂聊天儿、唱曲儿；绝对不会有当代家庭主妇照看一派机器，手忙脚乱，周围除了机器运转轰鸣、喀嗒、咣当的声音，就没别的了！可见，中世纪的劳动，猪狗不如的采矿之类除外，日常生产操作中，适度松闲、玩耍调笑、打情骂俏、家庭温馨、审美享受，总常伴随着工匠们。

　　手工作业的质量效果，往往超越机器。比如，什么机器也编织不出达卡的穆斯林用四百号细纱精纺的棉织品。尤其，这些技艺还传播得如此遥远。这本身就证明手工艺工具使用者，他们特别能自力更生、独自自主。最好的证据莫过于海外探险那些详尽的日志，其中不厌其详记录了在风波险恶的海面上，船只一艘艘沉没，工匠们则不断打造出更坚固的新船补继船队。"船上的木匠们，曾参加过西班牙海军的远征，不仅善于造船，还善于搭配船队，能用双桅帆船组建成庞大舰队，配备加农炮，在特斯科科湖海战中称雄一时……"这样的工作方式就不单是单纯制造业操作了，而完全如同一次突袭行动。因为，配备船队要求具备非常广泛的知识和技能。如今，我们增加了马力

(horsepower)，却降低了有效人力(manpower)，尤其失掉有效的智力合作(mindpower)。各种人才流离失散，天各一方，难以实现集成效应。这其中教训还远未汲取。

卡尔·巴彻(Karl Buecher)在他的杰作《Arbeit und Rhythmus》中描述了手工艺劳动与审美表现两者间的联系，可惜该书未译成英文。我在《艺术与技术》一文以及其他文章中都强调过，在古代综合技术生产实践当中，机械发明活动和审美表达构成其中无法分割的两个层面；还有，直至文艺复兴，艺术本身始终是发明创造的主要领域。艺术活动的目的，从来就不是为节省劳动，而是为了去热爱劳动。它往往对某些功能、形式、象征性装饰物，极尽雕琢，不厌其繁，目的就是要强化对生命、生活本身的热爱和兴趣。

民间生产劳动和民间艺术创造两者间这种古老联系、互为依存的因缘，到17—19世纪之间上升到登峰造极的地步。随便举几个例：英国海军将领塞缪尔·裴匹斯(Samuel Pepys)①，家里挑选女佣会依据嗓音好坏；目的是晚餐之后这女佣能够与主人家一起就座参与家庭唱歌。还有佛朗兹·舒伯特，据说他依据河面上放流木材民工们的劳动号子，旋律和节奏都用到他的 E 大调夜曲里。如果说，乐队音乐和器乐作品在海顿、莫扎特、贝多芬、舒伯特等人的交响乐作品中达到顶峰，可能因为他们显然还很注重从民歌以及舞蹈中汲取丰富艺术滋养。而这些民歌和民间舞蹈，却都密切联系于农村手工劳动。因此，即使在非常"落后的"国家意大利，威尔第也能从这一丰富遗产中获得丰富灵感。

*138*

这种手工工艺劳动经济，显然要早于机械化时代。假如这种经济被贫穷碾碎了，它的大量操作工就会流落街头，无法再去参加社区庆典、建造教堂，而只能投身工厂，去制造纺织品和招摇过市的皮靴。设想，一个具有丰富节假日，其中有 52 个星期天、可以不上班、尽情游乐的文化，当然不能算贫乏。对这样一种文化，最该说的大约是提醒他们，长年游乐，无所事事，小心冬天挨饿！不过，这样的文化对我们今天的启发在于，我们几乎忘却了休闲的意义和价值；并不是说完全脱离工作和劳动——那是当今对休闲的解释，而是，享乐在劳动过程之中，劳动的同时，交谈思想、交流情感、品味人生百态、生命意义。

---

① 塞缪尔·裴匹斯，Samuel Pepys, 1633－1703，英国海军部首领，议会参众两院议员。尽管无海战经历，却因其努力工作和杰出管理才干获皇室任命，担任了英国海军部首席部长，直接听命于詹姆斯二世皇帝。在英国皇家海军部专业化转型改革中做出过重要贡献，其著名作品是他的详尽日记，19 世纪正式出版，内中详细记述了 1660—1669 年之间目睹的重要历史事件，包括伦敦大火，战争和瘟疫。他的日记综合了个人的生动叙事与历史见证的双重价值，是研究英国宗教改革时期历史的重要文献。——译者注

农业和建筑除外,古老手工作业最严重的弱点,约在于它工艺专门化分工过细。这很不利知识和技艺自由传播,而且还让建筑业以外独立自存的各种行业技艺难以利用大视野的、多工种合作的知识总量。如此独立分割,怎能强求它们去完成以往那种壮美恢宏建筑的大功业呢? 古代大教堂建设者,正是依靠多工种协同合作,各显神通,把一座座大教堂建设成瑰丽无比的文化载体,那不是单打独斗、凭空而来的。所以,到中世纪晚期,这种分工过细的封闭职业状态,被一种自上而下的入侵打破了。请留意法国文艺复兴时期大作家,弗朗索瓦·拉伯雷(1494—1553)塑造的高康大典型人物,作者专门把研修艺术和手工艺列为其教育课程: 每逢阴天下雨,天冷异常,高康大总要练习雕刻、绘画,还要随教书先生去参观"金属是怎么拉伸、延展的,大炮是怎么铸造的。还去参观各种手工作坊,探访珠宝匠、金匠、宝石雕刻工、炼金术士和铸币厂工匠、挂毯工匠、印刷工匠、乐器制造工匠、织染匠等等,不一而足,到处都去……一边看,还要一边思考工艺过程,了解各种行业里的独特发明。"

实际上,拉伯雷通过这段描写记录了文艺复兴时期艺术家们亲身实现的伟大革新。高康大这位大胆的多面手,业余爱好者,虽然还不得不跻身于金匠行业公会,实际上已经开始打破手工业陈旧落后的自我封闭状态。证据就是,这个崭新人物,雄心勃勃,作好准备,大展宏图,他铸造青铜雕像,还规划建造要塞,建造新型建筑,设计新的化装游行盛典。他想到的,都能先画出来;能画出来的,他就都能办到。可见,艺术家是首先蔑视、打破行业专门化陈规戒律,才逐渐恢复了自己全面的精神创新能力。

而且,这种手法和能力并非什么专门天才的特长。比如,瓦萨里(Giorgio Vasari, 1511－1574,意大利画家、作家、历史学者、建筑师。不过他留下的最重要遗产是他为意大利一系列著名艺术家写的传记,如今被奉为艺术历史写作的典范。——译注)怎能算个天才呢? 相反,这手法是掐断旧传统的结果:掐断独裁者和封建领主强加的自治市、行业公会、宗教神职人员之类的禁规之后,必然会出现的。这为超脱的、不拘一格、不跻身某专门领域的思想家们创造了机会,让他们在各行业间纵横驰骋,充分展示蓄积已久的丰富知识技能,而无需逐个去发明创造, de novo(重砌炉灶)。重打鼓另开张,那是詹姆斯·瓦特时代以后的机器发明们不得不用的方式。可是,请注意:这时期最成功的艺术家,包括布内列茨基(Brunelleschi)、米开朗基罗,还有克里斯托弗·乌伦爵士(Christopher Wren, 1632－1723,英国最享盛誉建筑师,出身名门,教育根底雄厚,成为天文学家、数学家、物理学家、几何学家、建筑师。1666年伦敦大火之后重建了51座被焚毁的大教堂,包括最著名的圣保罗大教堂。——译注),却主要都从古代建筑行业汲取力量、获得灵感。恰如后来工业时代的巨匠,约瑟夫·帕克斯顿(Joseph Paxton,

1803 - 1865,英国园艺学家、建筑师,著名水晶宫的设计建造者。据作者说,水晶宫草图系
*受百合花形态的启发而创作成功。——译注*)是从园艺学当中获得建筑设计灵感那样。

## 3 技术解放

机械化时代以前的工业和农业,虽然进展步伐缓慢,却享有很大的自由度。原因是
它们极大程度上依靠人力手工劳动;这种自由是后来生产方式享受不到的,因为后来的
产业要依赖各种专业机器设备的永久组合,还要靠大额度投资。所以手工制造业和农
业阶段,工具向来是个人财产,往往精挑细选,若非直接打造,便再经加工,以适应个人
习惯。与复杂机械相比,这种工具优点是价廉物美、可以更换、便于携带;缺点则是,一
旦脱离人力支持,则一钱不值。所以,当年城市工人,学徒期满之后便背上自家工具袋,
去游走四方,考察新国度,学习新技能,这习惯在很大程度上打破了传统工艺严密的分
层壁垒。

所以,中世纪技术不仅不是停滞不前,还接二连三引进各种新发明:缫丝机(1272)、
木版印刷(1289)、纺纱机(1298)、金属拉丝机(1350),等等。此外还扩展和改进了老式
技术,诸如玻璃制作和吹玻璃器皿。先前提到过,这种技术为后来化学研究进步提供了
必要器具,如烧杯、曲颈甑、蒸馏器等。可是,这里要再次留意,玻璃首度使用不是实用
技术,而是用其装饰美化效果,如13世纪建造的圣母教堂那些彩色大玻璃窗。

所以,截止到17世纪以前,这种复合技术传统已经就完成了许多大事,一方面把以
往的技术遗产继续发扬光大,同时还引进一些机械和化学手段的新发明。这类发明,有
时候不仅包含新奇的技术概念和社会效果,例如印刷机技术。

印刷事业的迅速进展,在不到一个世纪的时间内完成了手抄本向活字印刷的技术
变革。这本身就是个好证据,表明手工操作技能曾何等有效地为机械化进步奠定了基
础,同时它本身并不敌视这一改进。这期间曾遭遇手抄本录事们的激烈反对,但时间很
短。此后,印刷业新技术便如雨后春笋迅速扩展。原因之一是,此前修道院里手工拣字
早已为印刷技术问世奠定了基础,而修道院里刻意追求的机械化组织形态和生活习惯,
则为更广大范围的机械化社会运行奠定了基础。

随第一波技术发明和革新浪潮,还涌起日益增长的自由解放和自治意识,而这都不
得不首先归功于手摇印刷机。任何正常人,都不会看不出大量印刷文字的巨大社会效
应:因为这一发明把文字记载的知识垄断打破了,也为人们打开世界的历史内容。这一

效应很像当时地理大发现，为人们开启了世界新空间。截止到16世纪以前，各行各业大量知识都被锁闭在这种专业局限之中，而从未能转入永久性的记录形式。所以，只要发生战争、瘟疫之类的变故，人口流动纽带随之断裂时，这种知识积累不仅无法传播，甚至会流失殆尽。

有了印刷术，就可以大范围收集和传播技术知识了。可见，德国历史学家和矿物学家阿格里格拉(Agricola)的冶金学和采矿学纲领性专著，在古腾堡发明活版印刷之后不到一个世纪就得以问世，这绝非漫长历史上的巧合。印刷技术不仅详尽准确记载了丰富的科学信息和技术知识，还显示了人类掌握知识门类之丰富和广泛：巨著《冶金学(De Re Mettalica)》出版后不久，大量实用手册相继问世，包括菜谱、烹调手册，以及一系列的木刻作品，例如约斯特·安曼(Jost Ammann)讲述艺术史的木刻系列作品。

丹尼斯·狄德罗亲自督导下，法国大百科全书的技术卷得以出版后，百科全书编撰工作暂时上升到一个顶峰。这一工程大大促进了技术意识觉醒，而且是当时世界范围内人类大觉醒的一个组成部分。这现象不大能用人口直接交往接触来解释。证据之一就是，从16世纪开始中国和日本的印刷业都对手工操作技能、技术规程，甚至有的还对工匠操作环境条件等，都发生浓厚兴趣，原因则不甚了然。

中世纪技术的大功劳在于继往开来，它实现了许多重要革新，同时还毫不遗漏地吸收了古文化中巨大遗产和技术发明。这里也显露出它比现代单一技术(monotechnics)优越的地方：现代技术常夸口它完全替代了古代技术成就，即使并非那样便捷有效。比如汽车和喷气飞机构成的单一化交通手段，就不如以往多种安排、多种速率的交通方式更灵便有效。复合型技术的好处，来自它的一个重要特征，它其中所含技能和审美价值，是均匀传播到全社会的，而非局限于一个种姓集团或职业团体。这些特性就决定了，复合型技术不会产生于任何单一的、标准化的、千篇一律的体制，还要去接受中央集权的控制和利用……它不会。

复合技术传统本身很大一部分植根于新石器文化的工艺技术，当时女性的兴趣和职能角色，都继续发挥主要作用；不仅见于捏制陶器、编筐、纺纱织布，更包括居家环境中各种技能，如烹饪、腌制食品、酿酒造醋、印染、洗涤，甚至包括制作肥皂。这些领域许多重要项目数千年来已经稳定不变，比如四条腿的家具、提水罐和花瓶的形状，因为他们许久以前就达到了完美水平。计算此类传统财富，还不能遗漏各地文化贡献的烹调、焙烤技术与配方。各种营养物质和风味搭配，产生大量此类发明，让单纯的吃喝变成社交与美食享受的一部分。它也成为技术传统的一部分，包括药材、药品和药典。

现如今，常夸海口能制造某种消毒、无菌、均质、冷冻或者制造出符合婴儿口味标准的淡而无味食品……此类做法排斥历史传统,却引导人类接受符合太空密封舱内营养标准的食品。可见,在日常饮食问题上,还是复合技术传统把多样性和审美标准当作基本的评价标准,维护生命活动的多种要求。在吃饭、烹调、穿衣、做衣服、身体装饰等问题上,任何文化都不会等"工业革命"实现之后才去挑选自己喜欢的方式和品类。

　　中世纪的社会秩序也不可能走机械化道路,不可能完全非人化。道理在于,这种秩序基本上建立在这样一种基础之上:它确认文明的终极价值,确认个人灵魂的真义;而且,这种价值理念和灵魂真义,还延伸至同样确定的群体和法人关系。所以,灵魂与上帝的关系、农奴与领主的关系、学徒工于师父的关系、行会工匠与自治城市间的关系,乃至国王与臣民间的关系,都是一种人际关系;这种关系很复杂、很微妙,无法简单定义为某种单一职能,也难用某种特别契约条款来限定。原因在于,它包含了生活的每一个方面。中世纪民间故事特别喜欢讲述的一个主题,就是某位勇敢的农夫或磨坊工匠,敢跟国王顶嘴,还敢开口斥骂这国王。我就曾亲自聆听过海牙市市长津津乐道亲口重复这种故事,当时荷兰女王也在场。可是,谁会去斥骂计算机呢?

　　还有,在英国和荷兰那样的国家,成文法律或议会规章,在完全普行之先,曾早就在局部地方衙署确立、实行好久了。随后才可能获得通过,变成更大组织的章程。而后来,又是什么情况了呢? 各行各业大公司、商业公会早被钱财浸烂了,或已沦为国家机器卑怯恭顺的奴仆,早已无力履行原来的古老职能。此情景中,英国工人阶级,病笃乱投医,重新建立乡友协会、丧葬互助会等组织,开展扶贫济困、抚育孤寡等各种互助活动。其实,这类组织古罗马时代就有,而且从未完全消退。即使它从历史上消失了,也仍然长久萦回在人们情感和记忆之中。

　　所以,中世纪这个复合技术传统是有它特殊社会背景的。而我们那些专门研究技术发展历史的学者们却常常忽略这一点。它们往往就技术论技术,既不看政治基础,也不考虑技术塑造的人格形态。

　　直到16世纪,这种生机勃勃、锐意进取的复合型技术,不仅始终完好如初,且因得益于地理大发现带给欧洲的丰富物质资源和新型技术手段,更增添活力,迅猛发展。于是,人类史首次出现一种可能,全球的艺术和技术大有相互融合之势,两者互相学习、取长补短,相互扶持各自实效以及象征性表达功能。可是不幸,就在这节骨眼上发生一场大变革,致命地扼杀了这种趋势:一种专制政治和军事体制,在生产技术和机械化过程中产生出自身的同类物,这种体制完全否定了古老农业和手工业赖以建立的各种人性化前提。

　　并非手工业迅速死亡,相反,织布机、纺纱机、钟表、手表之类的复杂机器,其设计、构成和生产以及技术工艺改进,脱离手工劳动根本无法想象。因为,这一切要靠手工工匠逐步从木材旋床转为金属切削加工,再学会看样、做模型。为此,他们得靠自己的手工操作经验学会阅读工程师和科学家们的设计图纸。因为,新型复杂机器无法在绘图板上详细设计成功,连个框架也拼凑不出来。要做成这样的机器,首先得靠手工业工人做好零部件,拼装起来,而这一切都要靠手工操作。

英国从 19 世纪开始,便在自动化生产领域中占据领袖地位。这种优越地位就来自英国一系列的能工巧匠,以约瑟夫·波拉马(Joseph Bramah)和亨利·茅兹雷(Henry Maudslay)为先导,接着是那史密斯(Nasmyth)、惠特沃思(Whitworth)、穆尔(Muir)、路易斯(Lewis)、克莱门蒂(Clement),不一而足。这些人的发明成就,包括茅兹雷发明的螺干车床(有了这种车床才有后来更复杂的工具和机具)。茅兹雷的一位伙伴,这样评述他的才艺和工作质量:"观察他操作任何一件工具,都是一种快乐。不过他尤其擅长的是使用那把 18 英寸长的锉刀。"正如我们在金字塔工程中见到的,最精湛工艺都是手工完成的,这里,最后那精准的一笔,也是靠人手工干出来的。

143　　　　到了 19 世纪中叶,这种手工业形式已在许多领域和部门创造出技术精准水平,都超过了以往高度,尤其是冶金工艺。特别是有了动力机械的支持,有了更坚硬钢材、更多品种金属和合金、精密机床和冲压车床、有了控制更大幅度的温度和速度的手段,于是就没有手工工匠无法克服的机械学难题了。在具备这些条件以前,机器是无法制造机器的。1851 年伦敦建成的水晶宫就是最佳例证,证明了当时技术和资源之丰富。这一建筑物,采用预制构件,拼装而成,速度之快不仅前所未见,如今也难以企及。假如工程一切从头开始,此处我着重说明的要点在于,假如手工工匠如此丰富的技能才艺,不曾因为吃不饱饭的工资水平和菲薄利润而流失殆尽,假如用补贴的办法予以保护,像许多新型机械工业——从喷气机制造到火箭飞船研制——都同样获得补贴,那么,我们当今的整体技术状况,甚至包括那些所谓"高精尖"的领域,就会丰富得多、创造力也要高得多。

人们普遍没有认识到,手工业过渡到机械化生产的漫长过程中,手工业本身曾经历门类丰富的过程,内部曾分化很明显。也曾经利用小规模机械化生产的优点,构成机械动力压褶车间,制造成精确机床等等。1568 年,约斯特·安曼统计有 90 种不同手工业门类,两个世纪后,狄德罗编撰的法国百科全书中罗列的门类多达 250 多种。到了 1858 年,机械化产品已经开始充斥每一个市场。在英国仅一个小城,林肯市内,根据诺尔曼·维莫(Norman Wymer)报告,仍然有五十种手工业及其产品非常活跃。只不过到了 19 世纪末,所有这些领域都萎缩,甚至许多已经消亡了。

又过了半个世纪的淘洗,残存下来的工匠们,物质生活得以明显改善,包括失业保险、退休金、社会保险、新型医疗福利等等,孩子们也能入公立学校读书,此外还有了收音机和电视丰富文化娱乐生活。而他们的职业技能却从此凋敝萎靡,再不能与他们的人格同命运共荣辱。所以,一旦社会遭遇大规模机械产业溃败,停止运转,很难找到足够技术工匠来暂时顶替,更找不到以往那种自信力,能应付变局,临场发挥才智了。西波木·琅垂(Seebohm Rowntree)于 1901—1941 年做过一系列调查,都充分记录了这些变化。

机械化生产方式有高度组织化的管理体制,依靠非人力能源,尽人皆知,它有许多优势,这无须争论。可是,这个体制本身却越发展越僵硬、死板,越难适应;还可以说,其自动化越完善,人性化越差;把操作工人完全排斥在生产过程之外。这一点,下面我还会多说。此处,我仅只强调一点:如果我们能有意识好好保护品类繁多的手工业产业和技能,那不仅能保障经济运行安全,还能为人类长远的自治提供可靠保障,也就是摆脱掉对许多因素的依赖。还有,假如能恢复许多已经流失了的珍贵技能、手艺,我们就能构建一种重要的解压器,用以对抗过分机械化的生产方式。早就已经有人这样做了:威廉·莫里斯从 19 世纪中叶就开始保护、恢复消亡的手工业技能了,且持续至今。只要是人力充足的地方,这样就更值得。因为,如今许多地方发愁劳动力过剩,那里大量人力用非所长,或干脆失业。无论哪种情况,都违反人道! 这种情况下,机器应该暂且靠边站,把某些工作留给人类,组织人力从事某些手工能完成的重要劳动项目。机器虽然也能做,却代价昂贵!

费利克斯·格林(Felix Green)的越战电影,给我这论点做了绝好的注脚。北越在1965—1968 年期间,遭受美国空军狂轰滥炸,许多村庄、工业设施被夷为平地,铁路、公路损毁殆尽。并且不是一次,而是反复轰炸,目的就是要对方再无法制造武器,无法生产给养,无法修复交通运输,无法向南方输送兵员、武器、弹药。可是,连续三年的轰炸当中,这一努力却未见成效。北越政府号召人民集合力量和技能,各尽所能,他们靠肌肉而不靠机器,使用最原始简单的设备,硬是用双手造出各种起重、水路运输设施。迅速修复战争损毁,不仅拒绝接受战败,还将抵抗运动扩展到南方。

可见,在每一个有农业传统的社区内,仍然残存着这类手工业技能,虽然近乎新石器时代的经济水平,要靠自家制造或种植的材料,要自家传授的技能,却在村庄社会比比皆是,而且能与入侵者的强大机械化手段相抗衡,让五角大楼战略家们,丑态出尽。因为他们预料能用恐怖轰炸吓倒越南人民,迫使他们投降,或者通过破坏生产体系而令军事手段陷于瘫痪。

许多文化人类学家至今认为,制造和使用工具,仍然是原始人类智能发展的主要动力源。果真如此,我们岂不该问一问:人类当今跃跃欲试,要完全抛弃他古老的复合型技术手段,果真如此,那会是一种什么局面?我们想过吗?所以,既然如今这种技术已不足以牟利,何不保留它,姑且作为运动爱好、作为业余乐趣消遣、作为必要时邻里之间的互相援助,用这种古老手段互相帮忙,互相支援,何乐而不为呢?

## 4　复合型技术被彻底颠覆

19世纪的人习惯把技术进步完全等同于动力机械的成就,似乎越自动化就越进步……这种偏见严重低估了12—18世纪期间完成的大量技术成就。这些成就主要体现于各种用途广泛的容器型工具:包括单体容器和集合容器;前者如锅碗瓢盆、麻袋、箱筐等,后者如运河、船只等。容器型工具既可以传导动力(如水车轮上的一连串斛斗),又能利用动力(例如帆船)。这一重要事实,却被一味关注机械论宇宙模型的历史学者们长久忽略。当然,部分原因是这些容器自身逆来顺受不会说话(passive),不会跑动(static),不会争吵着要大家注意它们。

中世纪复合型技术重要贡献之一,是提供了一个重要示范:如何解决静态部件和动态部件之间、工作部件与机械部件之间的联系与平衡。例如:它创造的第一个重大改进,就是全球远洋航运的三桅大帆船。这种帆船能最高效利用风力,推动满载货船驶过一个个港口,节节前进。同样,快速交通第一个成就,就是欧洲从16世纪开始开凿的罗纳运河(Rhone Canal),并在此基础上连接各地河网,建成范围广阔的河运系统,连接了各个低地国家荷、比、卢,兼利运输与农业。由于荷兰人在这方面担当先锋,他们很快成为欧洲最富庶的国家。根据亚当·斯密的统计,就耕地垦殖程度和居民数量而言,荷兰当时成为最富裕的国家,营养状况最佳。

实际上,我们还可以罗列一大堆项目,证明大量非机械内容的技术进步。它们不仅数量极大,而且比工业革命还要早两三百年。这些项目内容,包括16世纪之后开始普遍使用的住宅玻璃窗,典型代表当属德国城市里三面开窗的住宅;此外还有壁纸和厕所卫生纸,住宅功能区分化为各种专用房间,分别用来会客、用餐、厨炊、社交、睡眠等等。这发明项目清单上,还可以加上锅碗、铁炉灶、陶瓷和玻璃器皿、家用金属水管、上下水道,以及约翰·哈里顿爵士于1596年发明的抽水马桶。

这些发明创造成功的同时,非人力能源正开始大量进入多种产业,诸如酒醋酿造、纺织印染、制陶、烧制砖瓦、冶盐、运输。约翰·奈夫(John Nef)指出,举例来说,1564—1634 年的 70 年间,经英国东北部泰恩河输出的煤炭增长了 14 倍,从 32952 吨增长至 452625 吨。同样,布罗代尔(Braudel)的估算也证实运输业的类似增长:1600—1786 或 1787 年间,运输量增长了 5 倍。他说,因而更合适说,是工业革命推出了蒸汽机,而不是蒸汽机推动了工业革命。

那么,最早这次技术转变的后面潜藏了哪些精神层面的变化呢?其实,也类似机械论世界图像逐步成型过程中给人类造成的精神影响。基本内容是:社会中礼制规则转变为机械规则,同时更重视有序化的计时、空间度量、簿记账目等手段,因而将具体事件、物体、复杂过程,都大量转变为抽象数字和符号。正是这种资本主义味道十足的实践精神,它不厌其烦重复着枯燥的有秩化规则操作,它注重机械化的规章纪律,它执著追求货币金融回报率,也正是这种资本主义精神一点点毁掉了生机勃勃、丰富多彩,且精妙均衡的复合型技术体系;尽管这个技术体系在 17 世纪的荷兰曾经登峰造极,曾经硕果累累。

与此同时,机械化本身的形象到了 17 世纪前夜就已经很明显了。其原因无疑是政府走向专制、生产组织走向资本主义这种总体社会过程的助推作用。这些过程产生了大量制造业,那里需要大宗投资,供给船只运输以及器械设备。这样,长途运输、远程遥控、大量中介机构参与管控,这局面极有利于那些手握大宗钱财的人,以及他们的企业。特别是那些善于采用半军事化手段,冷酷无情使用、操纵劳动力的人:比如,类似意大利城邦国家时代那种掌管雇佣兵的 condottierre(职业军头),诸如海盗般的海船船长,弗朗西斯·德雷克爵士(Sir Francis Drake),或者像约翰·霍金斯(John Kawkins)那样的奴隶贩子,以及类似老雅各布·福格(Jacob Fugger the elder)及其竞争同伙维尔瑟兄弟(the Welsers),他们都到委内瑞拉去投了资。这里可看出,靠机械化赚钱与机械化铸币造钱,两者互为补充、相辅相成。同样,残忍非人的权威以及卑躬屈膝的顺从,机械死板组织体制与人员管理控制,从来联手而行。矿工、兵士、水手,以及最终的工厂工人,饥饿胁迫之下,都不得不接受在最恶劣的条件下工作。用苦力换取最低限度的社会保障、人类同伴及身体健康。

起初,战争中使用铠甲越来越多,后来发明了加农炮和滑膛枪,冶金和锻造工业马上成为热门。紧接着,采矿、高炉冶炼、钢铁熔炼、锻造加工也都随之发展起来。根据冶金学老鼻祖阿格里格拉的生动记述,采矿和冶炼,到 16 世纪已成为先进工业,就因为其中许多作业已经机械化了。有些作业,如矿井抽水,只要有水力能源的地方,都已实现了自动化。阿格里格拉那个时代,德国萨克逊州(Saxony)已能够挖掘很深的矿井,而

147　且开始用水泵抽取地下水了，而且铺设了铁轨用以传送矿石，否则矿道地面崎岖不平无法拖运。强制通风、水力驱动的风扇投入使用，排出有毒气体，还开始用水力来粉碎矿石。而且，也是从矿洞开始，人类史上破天荒第一次使用了工资劳动力，取代了罪犯和奴隶。

可见，机械化发明当中许多重要项目都来自采矿业，包括铁路、机械升降梯、地下隧道、人工照明、通风；而且，这些东西在第一次工业革命到来时，已经存在了几百年之久。就连瓦特后来于1760年予以改进的蒸汽机，也是最先在纽考门(Newcomen)公司用来给矿坑抽水的。就连每班八小时，每天三班倒，这样的工作制度，也是首先从德国萨克逊州煤矿开始实行的。

实际上，英国19世纪早期矿洞采掘作业，无论机械化程度或社会组织程度，都还没有达到德国中世纪的水平。假如这一事实众所周知，那就不会有那么多人，一连几个世纪崇敬、相信维多利亚时代的先进，那信念也会逐步动摇了。

而这个时期采矿业技术手段又具有哪些特点呢？首先，它无情地否认人类基本需求，它不管周围环境的污染和破坏，一心一意关注采用哪些理化手段获得想要得到的金属或者燃料；尤其突出的是，这种作业的地形环境和心理环境完全脱离农夫以及手工业工人熟悉的自然环境，完全脱离教堂的精神世界，当然更脱离大学、脱离城市。当时的采矿业技术，就用这些特征给后世各行各业的机械化技术首先提供了样板。

采矿业以它破坏环境、危及人类生命的特征，密切摹写了战争的特点。虽然也常有矿坑内面临危险、死亡，舍己救人或互相救助的感人事例。但是毕竟，采矿业那种危险境地，连同其受难般作业过程，环境单调、贫乏、凌乱等等特征，都同采矿业产品一起都传递给其他产业。所以，开矿业的负面社会影响完全抵消了机械化收益和优点。

如果说，采矿业含有投机经济的风险，那么其回报率却也很高。这个特征也传授给了资本主义企业以及后来机械化进程。采矿投资的决心来自潜在巨额利润。采矿学者阿格尔格拉详细指出，15—16世纪德国采矿业十年的收入相当于商业经营一百年的回

148　报。《现代资本主义》一书作者，沃纳·桑巴特(Werner Sombart)也给出类似结论。在资本主义对传统复合型技术造成的巨大打击中，若说战争充当了标枪头，那么采矿业就是标枪杆。两者都对传统技术构成系统破坏，而且两者都擅长"不劳而获"，两者都把世俗物质权力摆在高于人类其他需求之上。传统生产事业当中，公平价格的古老概念是基于劳动时间和技术含量；而且接受市场需求和消费习惯的调节。这种价格和价值概念，在传统产业中都还依然有效。而在采矿业中起支配作用的，是批发生意和长途贩运的利润法则：多多益善，根本无视公平正义和利益均等法则，"全看生意含量！"让工人们

胆颤求饶,让顾客们谨慎提防!

随着资本增值,随着盈利扩大,就有了更多资本投入更多领域:进入采矿、造船、工厂制造业,当然也进入花费昂贵的机械制造。这个产业从18世纪伊始,就开始步步进逼手工业生产,最终将其挤出市场。这一大趋势后又受到两大因素纵容,变本加厉,向纵深发展。两个因素都是社会性的,都让机械化生产大大优越于残存的小型手工作坊,因为手工劳动使用本地材料和劳力。第一个因素,是英国发明的专利制度。这个制度给发明人(或称剥削者)提供了又一特权:让他暂且拥有垄断权力。另一个因素,就是有限份额共有股票公司。这个因素扩大了投资人概念和范围,还消除了他们个人的破产责任负担,那是个人与合伙经营都难以避免的风险。这些变化与整个工业化过程中的惨无人道现象同时发生,而且一争高下。17世纪以后,日益膨大的匿名劳动大军便为同样匿名、隐身、六亲不认的资本拥有者盈利,开始遭受其剥削。

以往,传统价值和人性目标维护经济基本秩序和方向,让它可以追求任何利益唯独不追求权力。而自机械化工业问世,它的各种门类便携起手来开始一起根除这些传统价值观和人性目标。所以,与大规模机械化同时问世的,从一开始就有隐身资本拥有者、不在地主(absentee)、资金链条、东家代理人、军事纪律等等极端组织和手段。根除了这些传统禁忌之后,效果之一就是复合型技术最早形态几乎遭到彻底破坏,同时代之以基于最大限度利用物质能源的单一技术形态,而将人类需求置诸从属地位,或者索性将其转化为这种技术经济运行所要求的目的。战争曾经以其巨大需求首先刺激了采矿业发展,现在则亦步亦趋开始促进机械化过程,在工业体系重新实行军事化管理,强化日常训练,以求取得标准化运作和标准化产品。从此,战争、采矿、机械化,三者间这种循环往复、交互推动,最终纠缠成诸多社会、经济和技术死结,成为我们当今不得不面对却难解决的难题。

我从一开始就强调,要彻底弄清楚为什么技术发展会日益威胁到人类生存,就必须看到战场和军火库中散发出的浓烟黑雾,已经覆盖了工业的整个发明领域,而且影响到人类生存。战争机器加快了标准化和大批量生产的步伐,随着中央集权恐怖主义国家在规模、效能、支配财富能力等方面日益增长,就需要更多军队强化其权威。到了17世纪,铁器尚未大量进入工业生产领域之前,考尔波特(Colbert)在法国首先建立了军火工厂,古斯塔夫·阿多尔弗(Gustavus Adolphus)则在瑞典和俄罗斯依法炮制。到了彼得大帝时代,每个军火工厂平均有工人683名,那是截至那时候从未听到过的高统计数字。

这些工厂已经开始实行生产流程的阶段分工,每个工人负责完成总装配线上某单一环节操作,而打磨和抛光之类的劳动均由水动力完成。桑巴特评述说,亚当·斯密假如选择军火雾气武器制造厂,而非大头钉制作作坊当作样本,来分析机械化生产流程社会后果,他的分析肯定会更出色。当时机械化水平尚不完善,还不可能完全替代人工劳动,因而许多专业环节还离不开人力辅助。

标准化、预制构件、批量化生产,这些方法都是首先从官办军火工厂开始推行起来的,主要发源地在威尼斯,而且比所谓"工业革命"还早了几百年。工厂管理体制的首创者,不是阿克莱特(Arkwright)而是威尼斯主管军火制造的市政府官员。首创船舶制造标准化方案的,同样也不是赛缪尔·本森爵士和老布鲁内,而是也比他们早数百年的威尼斯军火商人,他们把整个船只拆分成船体、甲板、船舷、隔舱等大型部件,分体设计、制造,然后统一组装,可以在一个月内完成一艘大桅帆船的制造任务。当然,认真地说,采用标准化、可替换部件组成机器,这种工作法的首创权,最初还该属于活字版印刷的发明者们。不过这个工作法后来是通过滑膛枪制造业开始普及开来。先由 1785 年勒布兰卡(LeBlanc)在法国,随后是艾利·惠特尼在惠特尼韦尔 1800 年与美国政府签订合同,采用了标准化生产方式。后来有乌舍尔(Usher)研究评论,说"首先得有这种可拆换零部件生产技术问世,随后才有缝纫机和收割机制造成功。后来发明家和制造商能够获得偌大成功,都得首先归功于这一新技术的普及。"

不过,还有一个生产领域,也是受到战争的促动,才加快了自身的发明和机械化步伐;而且不是首次也非最后一次,这领域就是大炮铸造。艾士顿(Ashton)指出,战争扩大,战役中采用剧烈炮轰,即使平野地区也首先狂轰滥炸,这都大大刺激高品位钢铁的生产和使用。钢铁与火药相配合的有效性,帮助优秀青年炮兵将领,拿破仑·波拿巴尽显才华。他一方面准备对法国大革命算总账,一方面准备用他的火炮好好教训整个欧洲。

数学计算和实战经验增加了炮火准确性,这反映军事目的十分关注实践效果;它往往边打边修正,与当今工艺技术完全不同。这一影响还很广泛,以至于军事、工民建以及机械工程师当年几乎可以互换。而且还不要忘记,现代计算机也是从炮火的精度要求中问世的。

同样,对人类的大规模机械化训练。也从军队首先开始。第一步是用招募或征兵兵员,替代了凌乱无常的封建式、民兵式的非永久兵员。继而用严厉的军令和体罚训练他们,直至完全向自动化机器般服从命令听指挥,背诵整个体制的所谓格言:"军人天职不问为什么,而是不惜生命代价去执行命令"。

军事组织编制后来成为人员机械化依据的原型,证据就是它把零散的部件,包括物质的和人类的,首先组合成为复杂的机器构造。虽然在马其顿战争和古罗马连年征战中得以优化,却在后来的岁月中逐渐流失,至 16 世纪又由奥兰治的莫里斯亲王(Prince Maurice)重新复活并予优化。从此,新兴工业秩序首先就以队列方阵出现在阅兵场上,后来羽翼逐渐丰满之后,才得以进入工厂。大量兵员,严密组织,最终繁衍出一种廉价的、标准化的、可替换的人类产品。这就是当时军事思想给机械化过程提供的巨大贡献。这一转变过程首先的副产品是整齐一致的军服,这也就不足为奇了。

最早的军服是专门给禁卫士兵穿用的,是给达官贵人服务、警卫的人员专用的;罗马教皇卫队的军服由米开朗琪罗设计,这种样式至今还在穿用。而当时军队还没有标志明确的军服。随军队数量增多,就需要一种明确外部符号,来表达其内部的统一性,同时也有利于日常军事课目训练。这样,军服就成为机械化社会均一性的最早标志之一,继之而来就是 17 世纪千篇一律的兵营设计、街景建筑立面、整齐划一的屋顶轮廓线以及窗框户庸。连队中每个士兵的服装和装备都须完全一致。严格训练让他们令行禁止,军纪严明,集团行动如一人,清一色军服,让队列形同一人。

*151*

若拥有一支十万人的军队,比如法国皇帝路易十四就东拼西凑做到了。其军装需求量之巨大则不言而喻。其实这就是人类历史上第一次大批量需求标准化"订做成衣"服装消费品订单。在这种新型生产当中,除身量尺寸外,其余任何个人习惯、尚好、挑选判断、个性需求,一概免谈。于是,完全机械化的充分必要条件已经具备。纺织和服装制作业敏锐感到这一巨大需求压力,苦盼已久的缝纫机却迟迟不来。直至 1829 年法国里昂的狄蒙内(Thimonnet)发明成功。当然,首先积极订货采用的就是法国陆军部,这就已经是题中之意了。

从 16 世纪开始,军队不仅催生了批量化生产方式,还培植了机械化生产条件下的理想消费模式:快速大批量生产标准化商品,同样,也快速消费这些标准化商品。途径就是把浪费和破坏都种植到商品生产过程和产品之中。这样,就能通过过剩生产来转移金融财政危机。如今,生产过剩已成为一种周期性威胁,并且在市场自由竞争转型时期开始直接危及资本主义体制。

经济生产转变为机械化这一全过程带来的最重要变化就是,经济从原本侧重农业的格局转变为侧重于采矿、战争以及机器制造的模式上来。原来侧重农业的模式,带有其伴生经济和产业,诸如纺织、制陶、建筑等等,它们都源自新石器文化;而转为侧重采矿、战争和机器之后,机械发明大量应用到纺织业等轻工领域,且 17 世纪之后发展得非常快,就加剧了这种不平衡,原因是它破坏古老手工业、且吸引大量非技术人员进入新型工厂,这些工厂都是照采矿和军火生产厂模型或者原则组建的。这些新兴工业包括玻璃制造、钢铁采掘和冶炼、武器制造还有水力推动的纺织工厂。这些新兴工业企业通常分布在老城镇外围。城内原本是传统手工业的发祥地，手工业因受行业公会、市政府的保护而得以繁荣。印刷业也在这时期繁荣起来，而且也不受行业公会条令的制约和保护。

到了中世纪晚期，一些国家，如英国，效法行业公会的条例，开始采用国家立法手段限制产业工人数量增长，同时设法提供社会保障。爱德华六世颁布的法令禁止纺织厂使用起毛机；1563年颁布的学徒法也试图限制用人数量，就连威廉国王和玛丽女王颁布的法令，甚至限定纺织业工厂主的纺织机台数。可是后来，这一切都在"经济自由"的名目下被毁弃，到了1809年英国类似的法律一个也没有了。这个年代和实践也就具有一种象征意义，它标志着独立手工业者为主、来去自由的家庭生产方式的终结。从此，工厂主的自由，就意味着剥削工人的自由、无视产品质量的自由、蔑视人类需求的自由，以及藐视个人应尽义务的自由。

自动化动力机械生产手段能给某些大工业（例如纺织业）带来巨大利润，而生产率的这种提高过程，连同其条件、环境，却都始终伴随着工人失去人格、被贬低为机器的退化过程。机械手段这一违反人性的效应，其当今与金字塔时代完全一样：工人健康状况每况愈下、躯体残缺变形、寿命缩短、失业者陷入乞讨惨境，接下来，就是挨饿、死亡。荒唐可笑却不得不信的是，活生生工人这种日益非人化过程，还伴随着机器日益人化（progressively hominization）的过程！说机器人化，是说自动化装置和生产过程越来越富有机械本身摹写生命的能力和特点：它能完成有机生命的动作和目的。工人的非人化，以及机器的人化，两者配合之密切，已在当今时代达到完美无缺的境地！

*152*   但是，此时还不宜对给机械化的功过得失算总账，也不大可能对它所向披靡的进程算清楚净收入和绝对损失。因为还缺乏足够资料和数据来支持任何结论，直至18世纪后一些国家率先建立社会统计制度，出生率、死亡率、疾病、生产量、消费量都有了可靠数据。再说，怎么可能把传统手工业与机械化大工业放在一起作对照呢？它们两者，一个生产率缓慢低下，同时消费率也低下；另一个，能源和产品的大批量投入和产出，配备上故意的快消费和浪费、破坏……因为，它有意识通过没结没完、肤浅无聊的时尚变迁更替，去消费大量商品，否则就会滞销。假如前者本身就是一种固有的短缺经济，那么，它怎么有本事在一系列伟大的艺术和宗教工程投入那么大的精力？它又怎么可能把那么多人力、物力投入战争，白白浪费掉？还有，那些有钱人，怎能长年保持大规模常备军，豢养大批家臣和奴仆？

这一切只能表明，并非技术尚不纯熟，而是缺乏一个足够公平的分配体系，这是个致命缺点。这一结论曾由本杰明·弗朗克林的统计所再次证实；而且那时候巨型机器还远未进入每个方面飞扬跋扈、当家作主。它还证明，假如劳动、分配以及消费的标准能够均衡合理，那么，每天五小时的工作制就足以解决全人类的基本需求。另一方面，如果说，机械化经济如今已经突破了这些局限，那么，为什么1/4以上的美国人找不到饭吃？连维持生计都还很困难？

只有一点明白无误：尽管当代高能经济已经大大增加了全世界的资源数额，人均净收入却不像预计的那样乐观，若将种种负面效应，诸如环境污染、巨大的浪费、无效益开发、有机生物退化、战争带来的早亡、灭绝种族大屠杀等等都考虑在内，情况更不容乐观。

许多古老生产领域都有明显增长，这一点不容怀疑。新技术和新产品也带来空前的富有，这都是明显事实。但是，19世纪那些文明进步的"宣传家们"，以及他们当今那些跟屁虫，却歪曲事实，不考虑这些损失，尤其不考虑故意连根拔除手工业传统所造成的巨大损失。其中只有一小部分被吸收到机械化技术当中，而那么巨大的文化积累财富却都因此流失。在这个问题上，莱布尼茨的观察很有道理，他说："至于说分散保存在各行各业人士中的人类知识积累，我相信，它非常巨大，大多未进入文字记录。而其数量和重要性，却要超过我们已有的书本知识。"知识非常可惜，这些尚未进入书本的知识，许多却永劫不复了。

机械化大技术问世后，世界各地区各时段曾发生过阻碍技术发明的抵抗和斗争。这些事件被那些拥护机械化大技术的卫道士们斥之为该挨骂的行动！这种反对机械化的斗争传统由来已久，弗里德曼（Freedman）就曾用古罗马皇帝韦斯帕先（Vespasian）举例说明皇帝也曾经反对机械化，这皇帝拒绝卡皮托林山上使用机械起重设备调运石材，理由是这样做会让许多"小人物"丢掉饭碗。波兰但泽市的工人反对使用织带机，将其发明者送上法庭处死。英国工人阶级产生了著名的勒德分子（Luddites），他们千方百计捣毁机器，以求保护手工业、保全自家生活水平不致下降的疯狂行动，已成为这种徒劳行动的典型案例。

可是，话说回来，对于那些破坏手工业，机器利益的维护者，我们又该说什么呢？过去两个世纪当中，这些残忍的企业家们，实际上没收了手工业的全部生产手段，破坏了独立的手工作坊，把手工业文化传统活生生的消灭干净，对此，我们又该怎么说呢？他们的所作所为，实际上是把多才多艺、生机无限的综合技术传统，一概降低为枯燥单一的技术操作；同时，还斩杀人类自治精神和丰富内涵，祭献给中央集权制度；这个体制也在自动化进程中强化了自动强制手段。假如两个世纪以前，这些新型企业家们行动更果断、将一切原始人类及其手工业和文化成果都赶尽杀绝，那么，他们如今甚至就连橡胶也不知何物。他们先进的技术就更没橡胶材料和制品可用。所以，我们就要问一问了：这些手工业传统的破坏者们，你们难道就不害怕，假如留下一些手工业文化的残余，你们就不怕他们有朝一日，集结旧部，东山再起？依人道良心，反对你们的冷血财政利润？

# 5　技术资源库

人类技术文化的丰富遗产，最晚到 19 世纪中叶，还广泛存在于世界各地，分散在世界各民族人口当中，且仍然活跃，仍在使用，与人类日常需求息息相关，又因与环境资源密切联系，多姿多彩，同时还在跨文化、跨生态以及跨社会和历史的错综交流过程中日益丰富。这一巨大遗产包含的，不仅有历史上积累的各种发明和技能，其总量空前浩大；而且还包含人类对自然界物质系统和生物系统的丰富发现和理解。这种知识积累中已潜藏了一个无限美妙的未来世界。而且，这样一个未来世界，已经随着电报、电动机、发电机问世开始显露了出来。对比这个光怪陆离、丰富多彩的全球遗产，那个干巴巴的机械论世界图景所提供的未来，早已显得过时。

而且，这种技术财富，其主要部分在世间流传长达数千年之久了。且已自觉汇总成一个共享的总库，查阅书籍或出版物即可找到这些资料。其中某些宝贵遗产，原本只分布在其发祥地及其周边地带，后经随师模仿或者口头传授而流传甚广。这种知识宝库的流传扩散，到了 12 世纪就在欧洲形成许多新型发明成果，很大一部分就是我们如今能见到的技术活力。后来大量的技术变革就由此为开端。这过程却不幸被我们误解并曲解为"我们的"工业革命。在这关键的六百年当中（公元 1200—1800 年），人类积累的知识总量超过以往全部历史积累。其中包括关于地球是唯一可以居住的星球，包括居住在这颗星球上的全部生物界；也包括了人类经历的各种历史文化。

生物学家创造了"基因库"一词来表述某大型种群中生物遗传材料的丰富总量，包括各种最新奇组合。尽管经过一段间隔之后，许多基因会因其致死性而消失，其余则会在与环境以及其他个体的互动中发生突变，生成选择遗传特性。许多基因特征及生物属性可上溯至人类的哺乳类祖先；尽管极其古老，却不能缺位也不能不足，否则会危及人类的高级发育。

同样，我们也可以创造"技术基因库"这个词汇，来代表以往积累起来的工具、机器、材料、工艺的总量,这些要素分别作用于土壤、气候、作物、动物、人类种群、组织体制、文化传统。该技术库的容量,可以说在19世纪七八十年代上升到了亘古未有的高度。而且,更加丰富、多样化了,可能在数量和质量上都超过了当今状况。其中之一就是技术工人的组成和技能水平,包括某些工程团队,他们本身就是一个非常古老的技术宝库的活载体。我们的生产体系将他们排斥在外,无异于把一个非常庞大的文化资源彻底消灭。

如此丰富的技术资源,不仅有助于经济稳定,还有助于不同技术部门之间的积极互动,而且在一定时期内这种效应的确很明显。虽然说水轮发电机是较晚时期(1825年)的原生技术(eotechnic),它是在水力普遍被更稳定的煤炭能源替代的时代发明的,且在水电建设高潮时代达到更高水平。而涡轮的原理后来应用到航空工业,产生了先进的涡轮发动机,为喷气飞机提供推进力。它的另一个改进形式,就是现代帆船上改进的主帆,和船首三角帆。这是细致研究飞机飞行原理之后,将研究成果返回航海产生的技术改进。

西方人往往为自家真正的技术创新成就自鸣得意,这让他们很容易忽略一个重要事实:他们这一切成绩,归根到底,都源自更古老、更原始的文化遗产。如今这古老手工艺技术遗产,在机械成就一片喝彩声中遭到冷落、破坏、遗弃,且至今没人对此损失做过基本统计。过去一百年中,现代化复杂、高精尖技术种群空前壮大,而它的原始技术基因库,却随着手工业群落一个个消亡而空前萎缩。

结果,基于科技情报和批量化生产的单一生产技术,为了经济发展,为了军事优势,为了空乏的物质丰足,便开始取代复合型技术,同时也取代了它的根基:原始农业、手工业技术,尽管这一古老技术服务于生物世界需求、兴趣、利益,更符合人类自身生存的目的。

从此,工具及其使用者,便开始从一个个手工业领域迅速消失。19世纪英国工艺艺术家威廉·莫里斯曾很准确预言过:有朝一日,我们将面临一种很尴尬局面:像修理田间钉耙这样简单的小事,你也不得不招来整个团队,前呼后拥,还拖带他们全套机械化设备,来忙这一区区小事。他的话虽稍嫌夸张,却很中肯。我们如今不是已经沦落到这地步了吗?凡动力机械无法做的事,或无法从工厂产品中更换的东西,均需丢弃。理由很简单,靠手工什么也修不成了。靠手工和耐心完成艰难任务的人类本领,在迅速绝迹!

是什么让西方人眼睁睁看着庞大手工业技术传统大量丢失,用工具的好习惯遭到遗弃,而不心疼呢?是他们在技术上有远见吗?是他们更娴熟机敏吗?都不是!是他们的权力欲,他们的贪婪,他们的骄横傲慢,他们对人类遥远未来漠不关心,令他们暴殄天物而视若无睹!假如面对大量遭毁弃技术财富有些许痛惜之情,假如不忍目睹人性才能和魅力汩汩流损而上前制止,那么,当今抛弃人类利益追逐喧腾火爆机械技术的热潮就会遭到公众质问、制止,会逐渐慢下来,必要时,还能刹车!

这里不是宣扬一种论调,认为手工业生产和现代机械化生产技术两者间非你即我,不共戴天;人类全部技术库当中,现代部分与其余部分之间,就不能共容吗? 不是这个意思。但须严肃申明,有必要尽可能多地保全这技术库的遗产,给人类未来留下更多选择,以及发明创造的资源依据。克鲁泡特金指出,19 世纪的许多机器,只要规模尺度上符合家庭作坊人工操作要求,都能担当手工业的出色辅助手段,最好的例证就是小型电动机。为此目的,莫里斯和他的助手们(有时候就他一人独自操作),曾经下大功夫挽救了一个又一个濒危手工工艺,包括织染、编织、刺绣、印刷、玻璃彩绘、造纸、书籍装订,不一而足。有人嘲笑他们的行为是迂腐的"浪漫主义",他们不作声,只用实际行动证明了这种技术远见和眼光,作为回答。

这方面如今我们最大限度办成的事,就是设立艺术馆或自然博物馆展示样本,陈述以往技术传统、展示工具、工艺,以及艺术品和自然史的真实情况。这些样本大多从旅行者、考古学家以及文化人类学者那里征集而来。虽远远不够,却能搜集涓涓细流,传达真实信息。但是这种努力毕竟很单薄,以至 1968 年出版的鼎鼎大名的《国际社会科学百科全书》中"手工艺(crafts)"词条释文,给人印象似乎手工艺只见于原始族群劳动传统技艺。从这篇释文很难想象手工艺这个大类别实际上是全人类最基本遗产,并非仅见于高级文化。其很大一部分潜力尚待发掘,若流失则永劫不复。机械学电子学任何新贡献,悉数都被收进这巨大技术资源库。唯一无法吸纳进入此库者,恰是那足以毁灭此库的思想体系。这资源库虽收纳了无比丰富历史遗产,却独对其中贬低人文价值的单一技术情有独钟。

# 6  自作主张的过渡

如果说以上内容,我讲述了现代技术扎根于中世纪晚期这样一个时代背景,而且连篇累牍,那是为了要推导出两个观点,而这两点却是我们经常会忽略的:第一个,就是12—18 世纪之间并不是个技术停滞落后的历史阶段,而恰相反。还有,这个时期也不是仅只采用手工业技术,而看不起、或者排斥使用机器,也刚好相反,这段历史时期内,动力应用日益广泛,机器发明本身,以水车磨坊为起点,风车、机械钟表、车床都是这时期技术经济的组成部分。所以,超人力动力能源,配合复合型技术就开创了新型的经济格局,也扩大了人类自由。这样一种社会生产节奏,加上经常关注艺术品创造,加上庞大手工业传统的保守面貌,各种因素加在一起使任何一方都不可能随便超常活跃,或者升至主导地位。

到了16世纪,一些较先进的西欧国家,由于技术资源较丰富,一种较均衡的经济开始呈现雏形。到这时期,假如各种要素配合的格局能维持不变,接下来的机械化进程或许不会给人类利益造成那么大破坏,也不可能危及这种经济技术自身的结构均衡;这是我们常忽略的第一点。

另一点,是14世纪以后这种经济体系中,权力要素开始失控。因为这时封建制度稳定性遭破坏。基于礼制、风俗的封建社会,在金融资本冲击下趋于瓦解。而资本主义带来的方法、原则、占取欲、喜爱数字及增量,这本身就是一种新身份,而且胁迫权力与其共谋。这些动机又引发军国主义对武器和武装力量的专横要求,它们随即联手投入民族国家统一运动、海外扩张以及殖民浪潮。

机械论世界模型凑集成功之后,从16世纪开始,各种互不相干的活动就都被强拉到一起,以保证最终能获得支配地位。与此同时,技术便开始脱离自身母体——农业、手工业以及本地环境,直至这些古老联系纽带完全断裂后,它便越来越深地沦落为单一技术形态,同时也开始追求速度、数量和控制。由此,能够制约技术、使之不至过分发展的要素,便接二连三消失了。当加拿大生长的苍紫大蓟入侵南美洲阿根廷大草原,且靠当地蒲苇很快繁荣茂盛,很快颠覆了当地生态平衡。这时,以机器为中心的经济也就随之繁荣起来。在这种转变过程中,机械论世界模型所发挥的作用毫不亚于全部新发明创造之总和,其奥秘在于这种模型中包含的主观表达内容。

许多人对这种机械论世界模型乐见其成。在他们看来,机器每延伸至一个可能的人类领域,都绝不简单意味着节省劳动时间和增加财富。这时期,理想世界概念与宗教关怀一起,都开始凋谢。这些新的机械发明活动就接替它们成为生活的新意义;当然,至于这些活动最终产物面对冷静的理性考量,是一种什么结局,那另当别论。这里,我们再一次看到,恰如很久很久以前的金字塔时代一模一样:推进机械化过程的原动力的,是一种意识形态;这种意识形态此刻把专制君主的显赫地位以及宇宙权威,都一古脑地交给了机器。

当一种意识形态被赋予普遍含义,同时又操控了全社会的忠顺,它实际上就变成一种宗教,它的各种号召和指令就成为某种神话和迷信。任何人胆敢质疑其权威和原则,违背其命令,都会自取灭亡。这个浅显道理和惨痛教训,接下来的三四个世纪中,造反工人群体曾反复汲取,而至今都未终结。从19世纪开始,这种新宗教乔装打扮之后,联合各种思想家,不管他们的来源、背景、气质、信仰有多么不同,都集合到这个潮流中来:

*158*

马克思与李嘉图、卡莱尔与米勒、孔德与斯宾塞,他们各说各的主义,从 19 世纪初开始,工人阶级发现自己面对这些新势力,孤立无援,无所依凭,便用自己的神话反抗面对的神话,面对的神话是军国主义和资本主义,自己的神话则是社会主义、无政府主义和共产主义。他们相信,在这些主义之下,机器会被用来造福无产者大众,而非少数财政精英统治者。当时这些思潮疯狂至极,敢于起来质疑和反对这种机器运作式乌托邦的,只有很少数不同政见者,基本上都是诗人和艺术家。

机械化进程得以加速,是因为它不仅体现了这个机械化新世界的模型,还实实在在促其实现:它自觉肩负使命,要把机械化帝国普及世界,到处要求机械化进步,这浪潮犹如神授圣餐,不得抗命,违抗者要受天谴。面对这种意识形态,复合技术已回天无力,自身没有意识形态可以与之抗衡。就连手工艺技术的老鼻祖,威廉·莫里斯,面对此情此景,也转而求助马克思的共产主义了。

广泛分散的手工业以及各种职业,都是从漫长历史过程中逐步发育而成。因此它们只有一个潜在的内部联系,它们体现的价值体系尚不足以形成明确的哲学主张,更无法形成公认的系统方法或模型。笛卡尔所作的城乡对比很适用于这两种技术的对比:一个是乡镇,它逐步发展而来,一幢房子一幢房子,一条街道一条街道地,逐步建成,逐步发育而来。另一端的城市就不一样,它出自一个人的手笔,经过统一规划和系统建设,是个统一的整体结构。两种技术也是这样,漶蔓分布的复合技术传统与机械化单一技术传统,很类似上述对比。政权体系只认一种复合类型,也就是符合它自身要求的方法和当下任务。因此它形成的体系,如此均一,以至于全体部件都可以任意互换,仿佛都出自一个集体的思维模式。

从 17 世纪以后,机械化形成的这种假宗教,有英国、法国、美国一系列大手笔思想家推波助澜,很快兴盛起来。这些大手笔深入到各个领域,不仅阐释机械化的好处,也溯源其根脉,还在财会室、工厂、学校以及军队当中展示它的实践方式。随着机械化生产方式增多,理论家增多,这支队伍的阵容就日益巩固壮大,也逐步将理论和实践密切结合。古老的手工业、艺术群体以及人文学科,面对这一强大意识形态阵线,自身束手无策。它们自身资源匮乏、分散分布、彼此相距遥远、常常捉襟见肘、穷于应付、自身古老实践方法或思想库中已拿不出有效办法。不过,对峙双方都欠缺的,则是历史眼光,且至今如此。当时两种技术较量所面临的抉择,根本就不是在濒死的、回法再生的历史景象,与生机勃勃、难以抵挡的未来之间作截然取舍。说到这一点教训,双方都难辞其咎。

西方文明主要代表国家追随的道路上,曾有许多很有利、可行的选择和变通办法。

如今这一文明已迅速普及到全球。本来,单一的民族国家或者地区文化有个明显好处,就是假如抓住这个机遇,就能结合个体具体条件和环境试验上述多种选择,对决策效果和好处作对照鉴别。任何一种历史哲学解释自然或者人类史,都须尊重自然选择以及历史的多样性。而且,这种哲学还必须承认,自然选择已经在人类这里达到更高境界。因此,组织人类活动的任何方式,无论工具技术手段或是组织制度手段,只要它们限制进一步的试验、选择、创新和超越,而维护原来封闭的、完整统一的体制,就都只能是束缚人类文化进一步变革的愚蠢做法。

不幸,历史无法给那些拔除自身历史根基的文化讲授历史教训。所以,机械化的多种优点,非但无法被同时存在的复合技术融汇吸收,还在自身流转过程中多少被罚没,这就让它自身体制更加刀枪不入。

机械论的一统天下,其后果和缺点非常明显,且令人心痛:它每一个错误、每一个缺点,如今都在全世界被重复,而且往往自动完成。这种普遍技术越是普及,能够选择的变通方案就会越少,该体系任何部分的自治的可行性也就越低下。不过,这里先预告一下,其各种具体细节,将在下一章节讲述。这里首先说,虽然复合技术的许多内容都永劫不复了,但是,这种多样性复合技术所包含的概念和模式,永远都是任何尊重人类的体制必须思考的范本。这种以人为中心的体制中,出来担纲的,不会是机器,而只能是丰富的有机生命和人性、优良人格。

# 7　被断送掉的文艺复兴

16 世纪开始之际,以资本主义和殖民主义为代表的权力体制尚未完全成型。当时曾有过短暂的一瞬,古老的复合型技术有可能通过新秩序实现重组、重建,同时吸收以科学为导向的新技术,令自身重新焕发青春。

这种可能性表现在当时一系列伟大艺术家的人格魅力和崇高成就。虽然也通过许多名不见经传的艺术家,诸如韦萨利(Vasari)①和塞里尼(Cellini)②他们的生活和工作体现了出来;不过,这一潮流最杰出的代表当属莱昂纳多·达·芬奇。我们可以清楚看

① 乔琪奥·韦萨利,Giorgio Vasari 1511—1574,意大利著名画家、作家历史学家以及建筑学家。至今以他的意大利艺术家传记创作著称,被奉为艺术历史研究的开山之作。——译者注
② 斑文努托·塞里尼,Benvenuto Cellini, 1500—1571,意大利金匠、雕刻家、画家,音乐家,也当过兵。有很著名的自传作品。在写作风格上属于形式主义文体作家的代表之一。——译者注

出,达芬奇的精神世界里,这种新秩序呼之欲出,一路拼争浮现出来,却遭遇种种反对势力阻挠。两相对峙,互不相让。此后四个世纪,就让这些反对势力在世间当家作主了。从某种意义上说,莱昂纳多的理想、见解、作品和事业,都预告了后世一个不能回避的主题：如何实现人类史新与旧的整合,而这一任务至今也远未完成。这一点,我在本书后面几章还要细讲。

莱昂纳多·达·芬奇的生活与工作,可以从多个视角来观察：你可以把他看作明察秋毫的画家,孜孜不倦追求完美,以致大大降低了艺术创作的产量。你也可以把他看作才智非凡的工程师,对眼前一切发明成果进行加工改进(包括著名的飞行器设计),因而名列亘古以来最杰出的技术能手;你还可以把他看作志存高远而壮志未酬的天才,因为他的委托人最终都未能给他充分施展才华的机会。最后,你还可以把他看作领域宽广的思想家,他思考世间一切存在,而非思考了知识的总和。

总体上看,当今研究莱昂纳多的兴趣,大多集注于他多种机械学创意和实践。上述各种看法当中,我赞同各种言之有物的论点。不过,还有一点,就是：莱昂纳多是一个新时代的先驱,他呼唤过一个即将破晓的黎明,这是个殊异于他自己时代的新时期,同时也与我们当今时代迥然两异。这些特点让莱昂纳多既是失败者又因此遭受诘难,同时让他伫立在文化史上一个非常特殊的地位。下面就来说说其中根由。

假如莱昂纳多多才多艺的范例能够推广,让众人纷纷效法,那么,机械发明和科学发展的整个节奏都会放慢。换句话说,社会变迁的步伐会调试在一个与人类需求互相适应的步调上。从而,人类文化积累中那些最有价值的遗产就会得以保全,而不至于为适应机械帝国的拓疆需求被无情地连根拔除。这样,就不会发生为了战争和经济剥削的迫切需要,匆忙东拼西凑一些不完备知识,快速发展某些急需的专业部门。相反,会有可能从容不迫、有条不紊地发展和进步,也就会公平合理地操作社会生活、有机生命世界的进程、职能、使命和目的。

假如莱昂纳多的旗帜能召唤起更多人跟从他,壮大队伍,那么,自然进程、机械化进程、社会组织进程以及人类文明进程,各种进程很可能就会联手而行。那样一来,各种方法之间可以互通有无,相得益彰,且与历史形成连贯,同时清醒地吸收新颖有用的东西,又随时修正以往错误,引介新价值理念,从更宽广范围探索各种途径;对以往和异域文化成就不是予以破坏,而是丰富和加强巩固。这样一种切实可行的不同流派实行并类的办法(Syncretism),对不同根脉的技术种类和意识形态,博采众长,古今开放,无禁忌,无偏见,无阻碍;一方面不断吸收和净化历史遗产,同时又给未来打开更宽广的通道,提供新颖的设计。他不像后世那些奉行专家治国路线的技术官僚们那样忘恩

负义,莱昂纳多对他之前一切技术创新先行者,总是交口称赞。(参见本书上卷)

许多人会用一种投机取巧的态度看待天才莱昂纳多,以为他是文艺复兴时代精神思想中某类已经消失的典型特征;它是文化的产儿,却属于那种智能和知识水平都不发达的文化的产儿,这种文化的科学专业分化还非常原始,以至一个普通头脑就能把握它的全部内容。这种态度和论调,作为对莱昂纳多的恭维,文不对题、言不由衷;而作为对当时历史文化资源的评价和考量,则失之浅陋。证据就是,自从人类发明文字以来,尚无任何一种文化能听任某一个思想巨匠纵横驰骋,一览无余;一个也没有! 即使他是亚里士多德,是伊本·赫勒敦(Ibn Khaldun,*中世纪阿拉伯著名哲学家、历史学家、社会活动家。——译注*),或者是托马斯·阿奎那,钻研一代历史文化都不可能穷尽。人类经验当中,他们都留下了许多领域,远未曾全部涉猎。

莱昂纳多兴趣广泛,却极其敏锐,对什么事情都爱问个为什么,大到新的技术发明,小到某些作者的动机。而且探索中,许多课题把他搞得神魂颠倒,其狼狈不堪,毫不亚于后来许多冒险家的窘境。像维多利亚时代每个发明家那样,莱昂纳多也曾梦想一夜暴富。他的笔记中曾经记述道:"1496 年元月 2 日,明天一早我要开始生产皮带,并做个小实验……假如每小时完成 4 万针,那么 12 小时就是 48 万针。假定我们制作 4000 条,每一千条赚 5 个 soldi(意大利货币单位)那就是 2 万 soldi 进项。每个工作日可赚取 1 千 libra(20soldi 合 libra——*译注*)。若每月工作 20 天,每年就有 6 万 decuate 收入。"即使他这种最狂乱的梦想中,也潜藏着缩短每周工作时数的计划,途径就是通过一系列的新发明。幸好这种异想天开的美梦不久就不再纠缠他了。

除了这种短暂离经叛道,莱昂纳多一生未再陷入此类实用主义的追求。他的绘画、雕塑、工程设计(包括军用与民用)、地质学、解剖学的研究成果和作品非常之多,而且刻意钻研,用心良苦。虽然如此,他从不会让某一种兴趣独占鳌头,一花独秀。事实上,他牺牲了许多已在眼前的成功,由于他步伐缓慢,迟迟不发表最终成果,或因更执迷于研究过程本身而忽视最终成果。不管怎样,他保持了自身的全面、均衡,而避免了偏颇、极端。举例来说,他放弃了潜水艇的研发,是因为他道德觉醒。用他本人的话说,人类灵魂简直像魔鬼一般,不能信任。所以,正像有机世界当中,生态学的综合复杂确保了自然世界的均衡、长久,因此它绝对不容任何一种物类去独领风骚,雄霸天下。同样,人类社会当中,莱昂纳多的思维方法如果能够引领当今潮流和教育,它很可能防止巨型机器的形成。

莱昂纳多实践的失败非他之过,而是有情感、有思想、反复权衡利弊、言必信行必果的人类一员,不可能不支付的代价。他生活在印刷机普及的时代,而这位孜孜不倦的思

*162*　考者、探索者、撰著者，却未出版过任何著作。他在忙什么呢？他始终在为酿造一种崭新文化，忙着搜集、整理、归纳、品味、储备一切必要的原材料。而且，首先在自己头脑中拼装起来反复审视、斟酌，力求周道、完美。他这种缜密周详，可能自金字塔时代大建造师殷霍提普以后就从未再现过。莱昂纳多要求这种新文化必须公道对待有机生命世界的每个方面。而这样的缜密周详，在现实世界中是找不到范本和启示的。至今我们也只能从莱昂纳多生活和作品中依稀得见这一原型的基本轮廓。这些构想和影像，虽模糊、不完整，却贯串在他的终生工作和创作之中。

　　耐人寻味的是，莱昂纳多并非孤军奋战：见解相同的才俊、思想家，诸如丢勒、米开朗琪罗，都是他的同盟军，围绕着他，共同奋斗。后世主张相同的思想家也接踵而至：从克里斯托弗·乌伦爵士到德国大诗人、哲学家歌德，以及乔治·珀金斯·马什（George Perkins Marsh）等等，都大有人在。可是，成功和荣耀似乎更偏爱当时一些势利小人，他们侍奉权贵、言听计从、卑躬屈膝、极尽忠孝，而置大任于不顾。

　　不错，如果我文中满纸都是些"假如"，"很可能就如何如何……"那无异于事后诸葛。可不得不说的是，如果莱昂纳多的精神思想影响惠及当代，后来的技术发明、地理大发现、殖民运动、机械化等等大举措，都会按部就班、从容不迫地进行下去。对待异己的文化习性、形态和兴趣就会更宽容，都不至那么一律格杀勿论……从积极一面来说，如果人类用他的思想担纲，就会确保在古代传统基础上更有效同化和吸纳新知识。可惜，人类选择进路的机遇被我们一次次错过了，但这种机遇仍存在于人类不可小视的大脑之中啊！就此而言，这些机遇仍储存在各种思维形态之中：包括语言、传统、历史、建筑、书籍、记载物。就将来还有机遇而言，莱昂纳多毕生精力造就的缜密构思，仍是我们可靠的指南。而且，在当今太阳神纪元危然欲坠之际——它坠落，不仅因为人类的沉沦，更因太阳神它自身那种自我否定的巨大成功——就该重新评价莱昂纳多的全部构想。

　　只要翻阅莱昂纳多的笔记就能清楚看到，当代世界图景主要部件，那时已在他头脑中构想出来了。不仅如此，透过对自己梦境的冷静自检，他慧眼独具，洞察了现代人类自身潜藏的巨大危险：超大破坏能力以及丧失人性的取向。未来如何呢？除非人类的自我意识和历史远见，也像他们明察秋毫地观察外太空那样细致、精确，除非人类能用道德伦理原则有效约束他张狂粗野的本我（insolent egoes，也可译为张狂粗野的原始本性。——译注）……但如今局面已经显现，这些道德原则在人类已掌握的巨大破坏力面前是多么软弱无力。即使在火药、枪炮、钢盔、甲胄、先进布雷技术的时代，就已经让破坏者、征服者畅行无阻，就已经让一小撮冥顽之徒恣意妄为，或建设或破坏，动辄就以成千上万筋骨强健的血肉之躯为代价。

　　莱昂纳多精神思想可贵之处不只是他大胆试验中流露的深深忧虑,还见于他些明察秋毫解剖实验过程中的深邃思考;他那些解剖学论述比维萨里(Vesalius,1514 - 1564,荷兰著名解剖学家、医生,最著名的人体解剖学著作的作者。——**译注**)要早半个世纪。他在记录观察到的人体结构时,感慨自己何以不能同时也洞察和记录人的心灵世界和社会体制? 莱昂纳多的焦虑和隐忍中跃动着一种反叛精神,这就能解释为什么虽然他有无限创造力,却未过早地去出版著作。他的迟疑让他宁可将作品停留在不完整的未完成状态。如果通过专业化和出版途径,显然更容易获得成功。但者却需要付出代价:可以不顾完整性、可以付之阙如,甚至不惜丧失理性价值和甚至跌入破坏者的队伍。

163

　　此处我赞扬莱昂纳多,听来仿佛在嘲弄当今庸庸碌碌的专业工作者。他们从事业伊始,就忙不迭想通过出版物或专业组织出头露面;或者将道听途说一知半解的知识急惶惶投入应用;或急不可耐地迅速跳上权威位置,以其知识通过公开形式控制自然环境或有机世界进程。甚至,最终还要控制人类大脑。而且,越快越好! 若让此等思想家们效法莱昂纳多范例,终生钻研一个题目,最终只一点点出版物证明自己全部收获,那无异于专业自杀。像莱昂纳多那样广泛兴趣、顽强毅力而又自持自制、自愿进行自我检视和审查的学风,那毕竟不是一般学者能效法得了的,更是权力体系中知识界所望尘莫及的。如果我把莱昂纳多提出来,给满脑子功名利禄的科学家和技术人员当楷模,那简直是自找挨骂! 再说,莱昂纳多从任何意义上也不愿意给他们当范例或者先驱。

　　然而,如果说莱昂纳多,或者他那样的人物,我们当今不可能再次出现了,那可就大错特错了。说他不可能作为范例,是鉴于当今人们舍不得花大功夫、大代价去实现自己均衡发展,且对前景中真正美好的人类愿景无动于衷,或者一窍不通。要知道,若想实际努力去实现一种无所不包的(many-dimensional)符合客观实际的(coherent)世界图景,我们是要舍弃掉一些东西的。舍掉什么呢? 首先就是急功近利,是无功受禄,是唾手可得,拿来就用……之类的习惯念头。今后,无论从事哪些方面的发明探索或者综合组织,一定要小心谨慎,如履薄冰;事前事后都要三思。接受了解一个知识并不难,更要善于吸收消化它;因此宁可少些发现,而多一些理解。这样,你在某一领域钻研一辈子的成绩,或许比不上某些专心致志专家十年的业绩。这从权力体制习惯和要求来看,其中包含着某种难以付出的牺牲:要牺牲掉许多生活的权利。

# 第七章 大批量生产时代与人类自动化

## 1 权力五边形

以上长篇论述和举例,想揭示出一个漫长的历史过程:人类利益和兴趣与人类追求的技术目标之间存在一种互动关系,而且,这两者互动自 16 世纪以后就开始联手支配了西方人类文明。随着时间推移,这些势力从群体无意识层面开始聚合成一种机器神话,或称之为机械论迷信。如今这个迷信重新复活了,且活力超过以往任何时代。同样,也像以往神话一样,这种社会和技术的大变迁,好像完全可以合理地解释为广大民众的实践活动,目的是为了满足人类需求,增加社会物质财富。可是,这种说法下面潜藏着某种一厢情愿、日益迷幻的内心驱动力,时刻想去"征服"自然、控制生命、"实现一切可能的目的"。

下面,我就来说清,这种新式机械论世界图像中的秩序观、权力观以及"未来必将如何如何的"未来观(predictability)等等新观念和思想,是如何一步步渗透到了全人类活动的每个领域。以往四个世纪中,传统的复合型技术活动,被一种机器当家作主的新技术体制取代。新局面的特点,是机械的无尽重复运动,及其排斥人类的生产进程,还有他追求的抽象数字目标。这些特征,又在近代因电子学技术问世得以扩大和强化。结果,又进一步扩大该体制的领域及其强制特征,独霸天下。

这一进程中许多内容大家都很熟悉了,以至于很少有人会停下来稍微详细审视、思考它的总体特征。实际上,自公元 6 世纪以后,西欧古代巨型机器技术中那较为粗笨、严厉、反人类特性,大多随罗马天主教权力动机自身种种不显山露水的进步和改革当中渐渐消失了;原先权力体制下的强制终生劳役,如今转换成虔诚基督徒的自觉奉献行为。这类局部的改良进步,最初是在天主教本笃会修道院内逐步实现的,它也在一定程度上改进了劳动分工。修道院内千篇一律的枯燥作息制度,禁欲主义的规章,诚然为机械运作方式提供了范例。而另一方面,它的严格计时习惯、金钱以及商品结算中锱铢必较的会计制度,都逐渐流传给管理体制的其他部门,从商贸到税收,包括私人组织和共有财团。这样,到了16世纪,这些实践习惯就逐步发展成商贸企业以及政府管理部门的标准作风。

最终,军事组织、修道院、企业和行政管理部门,这三种组织的基本编制模式,也逐渐被引荐给大型工业组织,形成大工厂制度。所以说,工业革命的推动者并不是蒸汽机,而是这种累进壮大的大型机械化组织团体;是这些大型组织掀起了1750年以后西欧的工业化高潮。

不错,这个大转变的大量内容都可以解读为纯粹的技术进步。但是请不要忽略一个事实:就是这一变化过程中人类生存动机的变化。随着政治经济权力的演变,这个动机也日益演变为纯粹抽象的量化形式,而且,主要是金钱。实际操控权力,假如用于强制他人的躯体,很快就会达到自然极限:如果强制太厉害,受操控者就会死去。同样,对物质商品和声色享乐的占有,也同样如此。如果吃得太多,你会消化不良,或者患肥胖病。如果过度追求感官享乐,你领受快乐的能力会很快下降,甚至最终还会衰竭。

可是,人类的具体需求和活动一旦化为抽象形式、化为均一单位、最终化为能量或金钱单位,那么,能把握、能转化、能储存的能量和权力就没有边际了。金钱唯一特殊之处,在于它不承认生物学边界,也不承认生态学禁限。有人问奥格斯堡的金融家,老雅各布·福格,什么时候他才能把钱赚个够,再也不想多要钱了。他回答说,永远不会有这一天;而且口气与其他每个富豪都一模一样。

所以,传统复合型技术转变为均一、包罗万象的单一技术形态,这一过程同样也标志着有限的商品经济转化为强权经济的过程;前者基于丰富多样的自然职能以及人类自身需求,后者则体现为全力以赴追求金钱。其实这一转变过程已经进行了数千年,至今仍有数十亿人生活在这种理念以外,他们的活动不受这种金钱法则的制约。铸币其实是一种较晚的发明(大约在公元前7世纪),铸币的诞生标志着抽象量化手段的一大飞跃。而金本位换算制度则来得更晚。而如今使用的纸币和信贷会计制度,在快速交通和通讯手段发明以前则根本不可设想。

可是,这一漫长历史过程却可凝缩成一个简单公式:手工劳动产品转化为机器制作的产品,机器产品转化为纸制产品,纸制产品转化为电子模拟产品。总之,越来越远离任何有机职能和人文目的,唯独留下权力系统自身增长需要的东西。

用标准货币单位,包括铸币或铸币以前的蒲式耳(bushel)来度量商品和服务,这种抽象评价手段,其实早在古代强权经济时代就已开始发挥作用。而且流传很广泛,有些更原始的社会还用软体动物甲壳或者类似材料的磨制品,穿成钱串,用来作为商品交易的流通手段。这种方式，若非独创，定是从其他民族学来的。因此不难理解，为什么有人把16世纪以来人世间愈演愈烈的追求财富的梦想和狂热，通常看作这种残存体制的延伸。假如金钱的确是唯一要素，那么这种看法或许能够成立。实则不然，还有些更带强制含义的东西，也在此膨胀中发挥了大作用：这就是人们的贪婪、财迷心窍、骄奢淫逸，等等恶念。

实际的转变过程要更具强制力、更为完备：首先使新型权力集团核心化；而且，这种权力集团在实力和效能上，完全可以与创造过巨大文明和不朽建筑的古埃及和美索不达米亚的金字塔时代相媲美。说到此，先前论述中我一直有意识措词模糊，故意使用"机器的神话"一语；而论述到此，我主张可以采用一个更贴切的词语来定义核心概念，这个词语就是权力复合体(Power Complex)。这个权力复合体，系各种力量凑集而成的新组合，其要素包括各方面的利益、实权、兴趣、意图，各种因素凑集到一起，重新复活了古代这架巨型机器；而且赋予它更精良的技术结构和装备，让它能够继续在全球——乃至在星际间——拓展壮大。

我们这里所说的权力复合体，其各要素在英语中刚好构成一组很有趣的以P押头韵的词汇，且以power开头，所以我们可以称之为权力五边形(the Pentagon of Power)，加上当今美国人能领会的言外之意(the Pentagon，*还有五角大楼之意思，亦即美国国防部所在地，所以该词暗指权力核心。*——译注)，这一称呼就更恰当了。这个含义的最基本要素是权力本身，在它金字塔的开端时代，它是以通过集合大量人力(manpower)破天荒首次凑集成了巨型机器。后来，又经过各种动力源被逐一放大，分别经过了马力(horsepower)、水力(waterpower)、风力(windpower)、柴薪动力(woodpower)、煤炭动力(coalpower)、电力(electricpower)、石油动力(oilpower)，加上昨天方才实施成功的核动力(nuclear power)。最后这个核动力，本身就是化学反应过程产生之最高形态的能量。而此前，化学反应过程就已经产生出汽车和火箭了。

那么，财富和生产率的源泉又是什么呢？是以武器作为后盾的政权组织：首先是在农田耕耘方面，利用太阳能量，随后太阳能利用进入其他各种生产方式。机械化生产会带来更广阔市场，因而它意味着利润。而离开了经常的利润激励——换言之，金钱的权力——这种体制不会发展得这样迅速。大约正是这个缘故，原始巨型机器，因为主要造福于军事种姓家族(military caste)而不理睬商业和工业生产者，它只依靠进贡和掠夺，才发展得那样缓慢，甚至丧失生产能力和利润能力，以至于一次次的破产。最后，权力体制中还有个不可小视的组成部分，就是知名度(publicity)，包括真实威望和假威风，以及耍派头。透过这种很抽象的作派和表演，真正由人担当的发令官们，无论是在军事指挥、行政管理、工业生产以及科学研究部门内，会变得非常膨胀，或气宇轩昂，或阴阳怪气……而无论怎样，万变不离其宗者，就是为了更好的行使其权威。

权力体制，或为称之为威权社会，本身包含的各种构成要件，都分别来自更为丰富的生态实体，或用科学说法可以称之为生态体系（ecosysgtem）。生态体系是一切生命体的总源，各种有机物类，包括人类，都在其中生存、繁衍、发展。这个生态体系内，其中包括人类文化，权力综合体上各种构成部分都在其中找到自己的位置，而且发挥其不可缺少的职能。权力综合体或威权社会的效用，就是将这些分散部件从其有生命体母体上扯拽开来，同时，将其封装到另一个孤立的子系统之中。该子系统的核心职能不是去维持和强化生命，而是为了权力自身的拓展，为了个人升迁、发迹、发财。

这些要件之间互相结构致密，难分彼此，以至于各自的职能甚至可以互相替补：这还不是就其职能可以转换为金钱符号而言，还有反过来的含义：金钱同样可以转换为权力、财产、名望或者公众人物（public personalities），由媒体，主要由电视，推出的各类人物。威权社会各个要件之间这种互换性，在古希腊哲学家赫拉克利特时代就有所表达了。他那个时代正值金钱经济形成的关键时期。他说："世间一切物质都可以化为火焰，同样，火焰也可以化为一切物质。这道理恰如商品可以转化为黄金，黄金也可以转化为商品。"

而当这些要件中任何一项缺失或衰弱，或参与配合整体运行不够密切，且与相邻要件脱节，这时整个权力体制或威权社会就无法顺利运转。可是，由于其最终目标是个抽象物——金钱，或类似金钱的幻化物，亦即价值无限的信誉（credit）。而信誉这种东西则很像"乌有乡"中的信念（faith）一样；说到底，它只是一种虔诚信仰（belief），相信这种制度能够永无止境地存在和运行下去。

而这个权力体制的实质是什么？它又追求哪些目标呢？实际上，这种体制的核心内容就是维护政权利益，不择手段地直接或间接追求金钱收益，就是它唯一追求的目标。这目标，说来令人汗颜，真很肮脏，却也属于刚说到的那一系列以字母 P 押头韵词汇：它拼写成 progress，就是进步。而在权力体系的语境中，这个进步纯粹可以解读为更大的权力、更多的利润、更高的生产率、更多纸币和财产、更大的知名度……所有这一切都可以量化为抽象单位。就连知名度也可以换算为报纸上占用栏目数量，或者电视上出镜小时数。这权力体系中任何新成就，无论科学研究、教育领域、保健医疗、抗生素、外太空探索方面新收获，都会用同一渠道发布出去，且目的都是为了体制扩张或个人自我膨胀。学校、教堂、工厂、艺术博物馆、每种组织机构都弹奏同一阕权力主题、顶礼同一面旗帜、加入到前不见头后不见尾的方阵队列中来，踏着同样节拍前进。它们已在大道旁边整齐集合了。这支庞大队伍，是以往国王、君主、独裁者、征服者以及文艺复兴时代的财政寡头首先召集起来的。而如今权力体制的体现者，都准备担当这游行队列的新领袖了！

多重元素凑集成庞大权力体制，非朝夕之功，更非有意而为。其中许多活跃要素在远古时代就已经形成了，且事实上从未消失过。文明发展过程中始终有些较为人性化的法典和意识形态，担当着限定和约束角色。一旦这些角色崩毁，权力体制在摆脱制度要素的竞争之后，会迅速萌发，孳生出威权社会。

人们往往会把威权体制错误地与下述体制混为一谈：封建主义、专制君主制、王公贵胄专制统治、资本主义、法西斯、共产主义，甚至包括福利国家。不过，它与多种体制类同的事实，却表明一种重要特点：权力综合体制越来越潜入各种制度结构之中。由于它同各种社会结构结合得越来越紧密，掌握着更大权威，操控着更广泛领域，它就越来越压制原本的文化差异；这些差异在较为软弱政治体制下曾很鲜明。

以无约束的权力为开端，沿循金钱利润扩张的途径去追求贪得无厌的享乐；这就显露出，这种权力综合体最突出的特征，是它对人类其他需求、规范、目标等等都无动于衷。从历史上看，凡是生态内容、文化内容、人性内容都绝迹的地方，凡是荒芜的像月球沙漠一样的地方，才是它活动运转的最佳舞台。因为，那里席卷大地肆虐的，只有太阳风。

从这体制对待一切生命活动置之不理、冷若冰霜的态度里，我们看出这追求金钱价值威权社会的一个最大奥秘：它极其类似大脑中枢区一个新发现，叫做快感中枢（pleasure center）。就现在已经弄清楚的情况而言，这个快感中枢在有机生命活动中并不担当什么特别有用的功能，唯一能证明它可以对机体快乐感觉产生某种反射，而其中机理则不甚了然。实验室里用猴子的试验证明，如果将电极插入这一局部中枢，所产生的弱电流能刺激神经组织，而随神经传出的电流又能接受该生物体的主观调节控制，从而调节快感的强烈程度。

不难看出，这快感中枢产生的刺激有种自我激励的积极取向，越刺激就越快乐；这样，该动物就会不断按压电流调节器，若无人为干扰会无休止进行下去。甚至不顾其他任何电讯号，包括其他生理，甚至包括饮食需求，以至于达到忍饥挨饿的地步。这种抽象刺激号非常强烈，它产生一种类似神经过敏的症候群，会让主体对生命一切需求的刺激都麻木不仁。而威权社会——或称权力综合体——的运作原则，似乎就类似这种原理；只不过它施展的魔幻般电刺激，是金钱。

还有个特点让这两者更其相似，就是：金钱动机与大脑的快感中枢，两者都同有机生命的反射机理完全相反,它们都不承认任何数量极限。就是说,对于易受其影响的人来说,金钱那些特点、特性,全都适用于威权社会的其他任何要件。你看,抽象数量取代了具体真实,因此,只要是牟取这些东西,就永远没个够! 大凡牟取名望、地位、金钱、财富、商品、享乐……不消说,此类盲目追求和冲动,每一种都会在社会的正常经济活动中担当一些很有用的角色,恰如人体内的各种兴奋灶。这些因素,它们妄自尊大,目空一切,唯独关注自身数量增长,而且互相之间相互勾结、相得益彰,结果,它们就变得一意孤行,而且对生命世界、社会生活,都有强烈腐蚀作用。

　　而这金钱至上的威权社会还有个非常糟糕的特性,就是:它诱发了古代机器神话的种种特征,使之在现代社会全方位体现了出来,因而对未来发展更具破坏性。以往,这种权力与享乐中枢是受少数统治集团操控的,外人不得进入,也不能共享;因而受它影响和腐蚀的,只有这一小撮人类。但如今,随巨型技术广泛扩展,这种特征在所谓大众社会名目下(包括民主参与)普及到每个地区。因此,受它影响的就是个非常非常大的人口群落了。

　　以往两个世纪里,发明创造密如牛毛,经济也进入批量化商品生产时代,各种技术手段和要素广为普及,带来可怕的污染和环境破坏……如今看到这些问题、讨论这些祸患,却不去揭露每个技术领域纠缠着难以摆脱的巨大金钱压力。这样讨论问题无异于闭目塞听,帮助掩盖一个最大的奥秘,无法揭示当今整个社会文明体制那种疯狂活力何以会自行扩张、难以遏制! 如今,为了开启这疯狂的快感中枢,这个"技术时代的人类"正跃跃欲试要关闭自己的生命阀门。现代人类何以如此糊涂? 金钱! 种种事情都证明,金钱,就是他们最危险、最致命的致幻剂。

## 2　机械化动员

　　机械化、批量化大生产,以印刷业为开端进入武器生产,再进入纺织业……接连不断进入一个个新产业领域,并取得显著成就,这都是不争的事实。而且,如果说钟表代表了新思维的原型模式,那么,印刷出版事业就是近代标准化批量生产的原型。理由之一,是这种生产过程逐渐消灭了时刻守候岗位上、使用工具操作的工业劳动者;理由之二,是活字和模块印刷技术,显示了机械化快速作业的优点,它优越于同样标准化,但却非常沉闷的人工书写的手工作业。这些发明和成就,要早于珍妮纺纱机和自动化织布机的发明和使用。假如说,老说法的所谓"工业革命",是从某个特定事件和时间开始发生的,那么,这个事件就应该是文字和图像印刷的批量化生产！这种技术当时有多种形态,包括印刷新工艺、雕刻,还有腐蚀版印刷术。批量化生产后来才开始进入纺织业、制陶、金属加工;尽管这些领域对于人们的物质生活质量具有重要贡献,却无论如何,最终归属是后来才派生出来的。

170    亚当·斯密撰写了《国富论(The Wealth of Nations)》,从那时起,一连串批量化生产的实例就接连问世了。斯密学说的一个基本论点是:假如一名工人,迫于饥饿,不得不将自己简化为一只"百依百顺的"手,加上简单工种甚或简单操作实现作业机械化,这样,他就能大大提高每人工小时的产出量。通过斯密这个原理,我们很容易产生一种推想:这些机械化操作技能,象征着一个大型机器不同部件的协同运作。这架机器总体上接受日益集中的动力部门操控:包括水车、蒸汽机、发电机,最终发展到最新式自动化汽油发电厂、轧钢厂、纺织厂;而且,其中只剩下很少工人照看机器自动化运转,有些场合索性已不需要工人了;当然,那里要计算机来操控。

这种生产体制的机械化效率和财富收入效应,都是不争的事实。而且毋庸置疑,这些收入之一部分也给为数不多的受益者造了福:起初只是范围有限的群体和阶级,包括商人、金融家、工业制造商、高利贷者以及少数城乡地主和房产主,他们虽已年迈却仍很富有。16世纪以后,欧洲中产阶级逐渐过上饱食终日无所用心的生活,这种社会阶级及其生活现实,直接或者间接,都是这种机械化进步的副产品。

然而,假如我们仔细考察任何国家全体人口的生活状态,考察他们整个社会发生的总体变迁,你会发现那里的生活质量,无论如何,改进都不算大。道理在于,许多进步和收获都被负面因素抵消了,包括环境质量下降、资源浪费、拥挤得难以置信的贫民窟,还有最令人发愁的,就是一代又一代人的道德沦丧和消极沉沦。

机械化的是非曲直、功过得失,至今没有简单统计和客观结论,即使最粗略统计结果也找不到。最主要原因是,机械化宇宙图像诱导人们唯独关注物质利益,财富增减、机械化生产效率以及各种销售商品,以至于把机械化过程当作绝对的好事情。可是请注意:人类的上流社会,起初并不注重大宗机械化生产的消费品,而在乎那种奴婢成群、工匠成军的气派。认为这样才配得上王族。

关于机械化,至少有一点很肯定:从其初期把工人减化为一个"活动部件",直至最后它把工人完全消化掉,这整个过程中,它并非节节获胜、屡建战功,尽管收益显赫。而每一次进步无不伴随人类付出沉重代价。何况还有许多消极和负面的反抗行为,从拆毁机器暴力反抗,到酩酊大醉消极怠工、抗议、示威、罢工、抵制等等,不一而足。总之,遭受威胁的工人群众,采取各种手段维护自己那一点点自治权;那是手工业遭受资本主义制度剥削威胁之初尚基本完全的自治权。可是后来,这一切反抗和努力都是枉然了。工业法人企业为了保全自己对机械化生产独家垄断投资和利润,他们从一开始就依靠政府的支援,设立了税收、津贴、军事手段和警察手段的支援。紧接着,他们又设法垄断生产,巨型技术工业故意消灭了独家手工业生产者的竞争,不仅将其彻底赶出市场,还把高额税收、强迫劳动这类规定强加给氏族社会,尤其是新开拓的非洲、亚洲、波利尼西亚地区的原始社会。他们相信,只要将它们用这些手段封闭起来,维持其原始生产状态,他们就不会渴求英国的纺织品和德国制造的煤焦油染料了。

本书不便详细考察机械化的全过程,何况不同产业、不同国度,情况不一。它是如何凑集各种发明成果、吸纳资源优势,包括动力源,以及,如何调配出新的社会需求和新的生活方式,这其中包含一个巨大转变过程;同时将最庞大的收益,交给了少数统治集团,而这集团人口总数从未超过全人口的5%。其余,所谓中产阶级,也就是总人口金字塔上区三分之一,获得较为明显的改善;剩余星星点点的福利,分配给了低收入阶层。最终,还有占总数十分之一的底层社会,如果更精确地说,应该是下面的四分之一,则被遗弃在贫苦、悲凉、饥饿状态之中。

而本书的目的并不在于探讨工业主义历来的缺失和错误。关于这些议题,早有欧文、马克思、恩格斯、腊斯金以及密尔,做过了极多猛烈抨击。这些现象不仅早已司空见惯,且其中不少内容均已有所收敛或者改善,有些则已完全绝迹。我这里旧话重提,不是悲天悯人,而是质疑那些貌似善良、进步、有益于人类的结局;更为了质疑许多人确认不疑的社会进步方向和结果。我认为,这样的人类进步是大可怀疑的!

截止到19世纪初,纺织等制造业技术进步中自动化难题已基本解决。只要有足够动力源,大排大排机械化装置,轰隆隆,哐堂堂,运转不停,全部生产过程几乎不要人操心料理,除非偶然去接续个扯断的纱线头,或偶然去照料一下某些运行不太正常、准确的环节。

这些分门别类的自动化机器渐渐凑集,逐级合成更大体系;它们产生出的特征,卡尔·马克思很早以前就讲述过:"各种工作机器组合成一个体系,由一套传动装置把中央控制系统的指令和动力传给各环节,形成整个工厂的工作体系。以往独自存在的机器不见了,取之而起的是一整套巨型机器魔怪,它的躯体笼罩了整个厂区,而它的巨大能量和效率,通过无数隆隆作响的工作部件逐渐表现出来。以往我们对此效力视而不见,是因为我们只计较那些微小细节,或不理解他它大肢体轰隆隆运行的实际含义。"

实际上,纺织工业领域,在手工业操作时代就已经实现了很高水平的标准化作业和产品。大马士革或者秘鲁古代出产的纺织品,至今在耐用性和美感方面,尚无出其右

172 者。专业工序实现机械自动化并非障碍。一种操作工序的机械化程度一旦达到完美状态，它就不再继续谋求改进了。不过，这里我们必须分清自动化机器本身和自动化体系；自动化体系本身构成成分是很不一样的。而且并非它的全部部件都需要自动化，有些进入体系之后，尚未实现自身自动化。而自动化机器和自动化系统是互相补充、互相促进的。每一架机器的评价都须单独审视，结合它针对人类的特殊需求，检测其优缺点。而继续重新检视的，不是具体的机器，而是自动化所包含的前提和理念。

## 3　限制被取消

　　人类古代每一种生产制度，无论农业或是手工业，都是顺应人类需求发展起来的；而且，还要依赖生产过程中衍生出来的能源，主要是作物种植，再辅以畜力、风力、水力能源。这种生产力水平不仅受到自然资源和人类能力，尤其是能源多寡的限制，还会受到生产过程中必然产生的非实用需求的限制。具体说，就是那些审美需求、美学设计、追求完美质量，这样一些目标要高于生产的数量标准。而且，生产数量会控制在可容许限度以内。

　　过去二百年发展起来的商品经济，机械化，高能耗，这些特征彻底改变了原来的传统局面。掌握丰富能源的后果之一，就是给最需要能源的技术生产部门带来最大的压力，这往往是那些时刻离不开动力机械的部门。新型机械化工业生产要依赖各种前提条件，这些前提，在其倡导者看来，不言自明；因而从来没有人质疑或者批评过它们，甚至根本就没有好好思索过。证据之一，就是这些生产方式与生活方式非常完好的成龙配套。下面让我再一次列举这些前提条件，虽然在陈述机械化世界图像过程中已经简略勾勒出来了：

　　第一个：(这种主张认为)人类生存在世，只有一项重要使命，就是去征服自然。所谓征服自然，在技术官僚们的语汇中，是指把握时间和空间，也就是这一概念的抽象含义。它包括：加速每一种自然进程，加速生长、加快运输节奏、用机械或者电子手段打破通讯壁垒。可见，所谓征服自然，实际上就是要消除一切自然障碍以及人为规范，且代

173 之以人工的、预制的同类物来替代自然进程。比如，采用机器源源不断生产出的种种均一产品，来置换自然界的丰富资源和优良环境。

　　在这些总体特征基础上，派生出一系列次要特点，包括：只有一种速度最有效，更快；只有一种目的最理想，更远；只有一种体量更合意，更大；也只有一种数量目标最合

理,*更多*。在这样的前提设想之下,人类生存的目的,连同人类整套生产机制的目的,就只能是取消限制,加速变迁的步伐,削平季节差异,缩小地区差别至最低,以便争取到更新颖的机械化,同时消灭有机生命的延续性。所以,任何文化积累社会稳定性,在他们眼中,都是人类落伍和低能的符号。同样,在其余一切体制和惯例、生活方式等等,教育和生产体制,只要带有极限含义,只要阻碍变迁,只要妨碍征服自然这一盛气凌人的意志,只要主张建立平等互利、合理调试……就都属于异端思维,都会威胁这种权力五边形核心地位,威胁到它所创导的生活方式。

如今看来,人类这种征服自然主张的必要性,无论从其起源或者根本意图来看,都并非那么天真无邪。从一定意义上看,这是把古代那种军事征服、近代帝国主义剥削的恶劣手法,寡廉鲜耻地强加给自然界。而从另一面来看,很不幸,这样的思维方法,又是基督教神学主张留下的深深祸患。这种主张把地球看作人类独有的家园,是上帝专门设计出来供他自己使用和享乐的。而且,认为其他生物没有灵魂,只能沦落到无生命物类的境地。(如今许多年轻人纷纷要求皈依印度教或者佛教信仰,这现象或许代表了一种愿望,想要抵制这种古老的生态罪孽。证据之一就是,有此愿望者当中,只有那些较衰弱、较卑微的人才会获准进入这些宗教。)

对待人类和自然的这种传统看法和态度,在中世纪晚期就支持统计集团的权力欲,而新生的生产方式却缺乏有力手段促进社会需求规范、合理化,更无法控制生产数量。不仅缺乏这类新手段,还故意破坏了古老的有效办法,例如关注手工技艺的练习和流传、注重手工艺产品的美学标准等等。

由于机械化生产的高效率,传统社会的古老难题,贫困和消费品短缺,基本上解决了至少从理论上说是解决了。可是,另一个难题,同样严重且性质相反,却又冒了出来:就是生产数量问题。这个问题有许多方面,不仅包含如何公平分配丰富的产品,以确保全社会受益;它还包括更复杂任务:如何在机器为中心的社会组织内合理配置发明能力,以确保机械能发挥积极效用,而不带来破坏作用,包括人类活动、生态体系和历史遗产都不知因为自动化而遭受毁坏。其中这第一个,就还远远未合理解决,尤其是在远离工业化生产制度的原始社区。

20 世纪 30 年代美国经济大萧条时,美国人尖刻抨击这种工业社会,有个很普遍说法,"守着大堆商品忍饥挨饿"。这就一语道破了社会制度中的分配不公现象,原因之一是这种分配还基于短缺经济法则。不过,同样令人啼笑皆非的饥饿,是由机械化生产和依自动化机器生活的习俗造成的。这种现象可称之为斯特拉斯堡肥鹅症候群(Strasbourg-goose syndrome):特征是狼吞虎咽或靠机器填鸭式饲喂,目的是超需要饲喂动物(或者人类)，以求达到超标准的肥胖目的。

　　这问题我暂且放一放，留待下面再综合讨论。此处更适合细致考察一个更重要的问题：一个社会一旦把数量和物质扩张放在首位予以关注，作为终极目标来追求，那么，它所实现的生产自动化会带来什么后果呢？由于这个生产自动化问题广泛存在一切领域，从食品生产到核武器研制无所不至，所以，我姑且把我的考察限定在我最熟悉的领域：知识生产的自动化。这个领域中，传统机械自动化方式迄今为止还只发挥了很小的作用。

　　导致社会生产技术通盘自动化的关键一步，其实是从知识的组织化开始的，当时任何称得上自动化的机器还没有问世。而且，这种进程在技术历史上，一次又一次得到证实。这种历史进程和一步步效应，已由一位科学技术历史学家德里克·普赖斯(Derek Price)，在其《巴比伦以来的科学历史》一书中论证得很详尽。这部书，后几经修改，凝缩成一部专著。

　　所以可见，早在19世纪自动化机器发明以前很久，科学首先从自身开始了精细的劳动分工和组织完善化过程。它将整个过程分解为不同工序和部件，然后均予以标准化改造，再组合起来参与共同协调运作。这种效应很类似亚当·斯密经典论述中最喜爱发卡生产的实例。

　　标准化知识生产最大化，像涓涓流泉源源不断，这种效应是怎么实现的呢？普赖斯指出，这完全靠一种新手段：首先把科学信息中最小部件——论文——予以标准化，然后令其增多、流转。这样，一件孤立事物的观察结论、试验研究报告，就可以迅速通过科学杂志广泛传播。这种实用手段，虽然要依靠更早的技术成果，却被证实了是后来知识生产自动化的最有效手段。到今天，已经可以说，在生产技术领域中，还没有哪个工业品制造堪与知识生产的自动化抗衡！期刊杂志出版本身，就是一种自动化进程：一种科技杂志一经确立，信息材料便会源源而来，它要定期出刊，且不再受限于来稿多寡、订户增减的变动。它就会一期期地自动刊出，并且开始在该领域自动化地圈点科技信息的历史进程了。

　　无妨将商品的大批量生产与科学知识出版物的大批量印刷，做个对照：普赖斯告诉我们，从1665年第一种科学期刊问世开始，到19世纪初期才增至一百种，到19世纪中期增至一千种，到1900年增至一万种。照这种势头，再过一百年会达到十万种。而这种结局却反映出自动化进程一个典型特征：这个进程的任何环节尚未充分自动化之初——当然，这里要把大型印刷机自动化技术排除在外——这进程自身已开始充分显露任何自动化部件不可避免的全部优点和缺憾：高数额扩大生产的能力的同时，其所生产的产品却包含了大量无法消化的内容；而且，该进程也从不考虑重新加入人类的选拣、取舍标准。总之，人文主义内涵已从这一工艺进程中清除得干干净净。

## 4　自动化获胜

机械化和大批量生产最终必然带来通盘自动化；这种结果在许多领域已很明显。这种结局出现时，就可以对机械化和大批量生产方式做个总评了。首先澄清，无论自动化概念或实践，都不是现代文明的独创。尤其重要的是，两者还都不是完全靠机械发明才得以实现的。作物栽培，就是依靠自然手段把太阳能转化为植物叶片组织。有些自动化化学工厂摹仿、复制该过程中的无性繁殖（synthetic reproduction），却无法超越它的自动化效应。同样，地心引力作用让山泉水经导管流向低矮处，例如希腊古城诺索斯里的宫殿群就是这样供水的。而且比当今一些电动水泵更可靠、更有效。亚里士多德著作使用自动化一词，实际上是指各种自然变化，并不包含最终目的，就像前面提到的化学反应过程。而当人类对自然界包含的自动化进程还未能做出科学解释时，他头脑中已闪现出了自动化这个概念。而且，这概念最初跟人类三个古怪想法和企图有密切关系：超人能力，物质产品极大丰富，遥控能力。

这三种异想天开企盼当中，核心位置上还是那个美梦："物质产品极大丰富。"文明史进程一次次证明，这真是个极大诱惑：多少民族对外扩张穷兵黩武、多少君王中央集权严酷统治，都被它掩盖了其中的罪恶意图。早在公元前446年，古希腊诗人特列克雷蒂（Telecleides），就讴歌过人类的黄金时代，其作品很可能附和了流传已久的寓言、神话，把人间描绘成"没有恐惧、没有饥饿和病痛的大地，万物都还是自身本来面貌，证据就是，每条溪流都流淌着美酒，大麦烤饼与小麦烤饼打架，争先恐后要进入人的嘴里……"虽然这种魔幻愿望中还看不到机器的贡献，不过奇思妙想中种种美味描述，跃然纸上；而且，毫不费力的生存方式，人们自然会联想到自动化。这里描述的生活，毫不亚于以往帝王、贵胄、富豪向往的富裕生活。

这永远丰衣足食的梦想背后，紧接着是另一个挥之不去的美梦：能不能找到一种机械手段，一劳永逸替代人类辛苦的劳作负担？古巴比伦传说中，众神造人的本意，是让人类替他们承担那些累断筋骨的辛劳；而较自信的古希腊人神话中，则缔造出铁匠神赫法斯托斯（Hephaistos），这位铁匠神又创造出活生生的青铜机器人。现代工程师头脑中长期梦想的机器人，从古至今的漫长发明方案序列恐怕就以这铁匠机器人为开端。

亚里士多德虽然摒弃了研究发明自动化纺织和建筑机械的念头,同时肯定奴役制度的必要性。而他这样做其实已经证明,创造自动化机械的念想已在古希腊人头脑中呼之欲出了。因而,几个世纪之后,亚历山大港口的赫仑(Heron),设想了一种更精致的自动机械,能在造船厂砍木头、锯木头。我们看到这样的描述,真大可不必惊讶。这其实就是自动化工厂的最初形态,虽然规模小得类似儿戏。

从历史上看,自动化机械的幻想与专制主义权力总是联手而行,因而也就不必奇怪,每个时代的专制主义君主都十分喜爱自动化机械,这其实就是他们掌握、或者谋求无边界权力的典型证据。马哥·孛罗叙述过元代可汗蔑视基督徒的情形;说他认为基督徒是些"很无知、无用的废物"。证据就是这些人缺乏奇幻本领,无法完成任何传奇色彩伟业。"可是我呢,我坐在餐桌旁,餐室中央的酒杯会奇异地向我移动,还盛满酒浆或者其他饮料。而且一切自动进行,无需人手操劳。"忽必烈汗讲述的这些景象无非清楚证明,他掌握着无边界的权力,能够绝对控制一切。同一处文字里,忽必烈汗吹嘘说,他的魔法师能够呼风唤雨、改换天气,能把恶劣天气随心所欲推移到地球上任何地区。这就预言了我们当今科学家想要办到的事情。可惜,马哥·孛罗未能用实例向我们证实这一说法。

后世机械化发展的每一步也都包含了这种动机。如果说,人们许久都未能察觉它们,那是因为这种深藏不露的主观动机很难驾驭,直至必要的机械部件发明问世之后。奴隶和仆从大量使用,权且充当了自动化机器,因而推迟了自动化进程。即使如今,人们仍然发现,最好的机器也不如用人更灵便,而且能廉价生产,还能预先储备,训练好了就很好使唤,效能要超过最高精尖的机器人。

*177* 这里不得不再次提起钟表的重要贡献:钟表的确是走向自动化机械设计最关键的第一步,自动化则是对钟表发明的反馈和完善。证据就是,钟表为后来许多自动化机器设计提供了最好范本,并且通过18世纪发明的航海经线仪体现出最完美水平;而航海经线仪则为其他技术的精度标准提供了参照系。电钟表发明以前,钟表的唯一缺憾就是缺乏动力源。为弥补这一缺点,早期钟表使用了较为粗糙的水动力源。德国历史学家和矿物学家,阿格里格拉在著名《冶金学》专著中提到的矿道排水泵,以及宗卡(Zonca)1607年发表的多滚筒缫丝机,都是这类自动化装置的实例。且与当今设备比较,唯独缺少了控制调节器。加上程序控制,这些装置就实现了完全自动化。所以说,至今有人认为自动化技术是20世纪40年代才开始发生,而且直至有了计算机才得以完善。如此看,这些人的功课不是太欠缺了吗?

钟表作为纯粹的机器,就其构造精密、运行准确来看,与其他自动化装置比较毫无奇特之处,至少直至计算机问世之前。而且,早在其他领域未有任何改进之先,15世纪那种庞大、笨拙、嘀嗒作响的钟表,便逐步缩至小巧玲珑的便携式怀表、手表。这一变化为其余领域的技术设备微型化发展做出了表率。而直至17世纪为止,真正缺少的并非自动化装置,而是一种发达的自动化体系。而且这个难题要等两个世纪才获得解决:一个是机械化宇宙模型构想出来了,另一个是足够的社会需求,大到需要一种巨大原动力和成排成组机器装置经常运转,非此不可。原来小型社区那种时有时无、多寡不定的需求,已不足以满足新时代全盘自动化生产的要求了。相反,小型社区模式已阻碍了它进一步发展。

这里我们再次看到,早期机械化及其最终结局之间的一个著名悖论:企业家不是应社会需求去组织生产,而要首先创造出这种社会需求本身。而且,为证明自动化机械装置投资的合理性,他们还得劳师远征,入侵远方市场,将异地消费倾向和习惯予以标准化的改造,以便大批量生产标准商品;因为这是自动化生产线不可或缺的。这样,就消灭了生活方式差异和选择的可能,消灭了小型工业竞争对手。进而消灭其所依靠的传统型经济和社会习俗,消灭了人们面对面的联系、交往、消费需求和交易。

瑞士历史学者和建筑评论家,*西格弗里德·基迪昂(Sigfried Giedion,1888 - 1968,代表性著述是《空间、时间与建筑》《机械化当家作主》。——译注)*在其《机械化当家作主》一书中有个经典分析。他说,自动化的结局不一定是更优良的产品,它的特殊贡献,是让同一产品能以高额利润在更广阔市场上销售。自动化面包工厂增多,挤垮了成千上万的本地小面包房作坊,而最终结局却不是更廉价、更优良的面包。自动化完成的工作是把本地能源经济(energy-economies)凝缩起来,经远途运输、广告宣传、高额工资和利润、异地投资、扩大生产,再去继续同样赚取高额利润。*这种戏法的最佳结局并非产品的极大丰富,而是专制主义控制权力。*只要工业生产能够顺利实现联合,这种体制最终就会深入控制整个社会体系,包括以假民主、假自治政府等手段去控制工会和民众。

*178*

## 5　建筑物里的散沙

19世纪初到20世纪中叶的大体一百五十年间,机械化进程一直稳步推进。在其初期阶段,这一进程减少了生产所需工人数量,而且每个工人须完成的作业种类,也大大减少、减轻。结果,工人的主动性以及生产全过程中人类智力投入也当然随之减少。可是,机械化成效的衡量标准,却是每生产单位所含人工小时之比率。该比率减少就意味着机械化水平增高,直至完全实现自动化和计算机控制,整个工厂只要很少人力,实际上只用来完成监测和维修任务。对于复杂工件生产,计算机、数控总装配生产线无疑都是必要的。但是自动化织布机和计算机两者之间仍有许多重要的类似,例如计算机同样需要人来设计、编程、操控。

而且,人的必要监控和参与一旦缺位,会立即发生大问题。这方面的趣闻轶事已经不少了。英国有一家设计完好的核电站,编程中包含遇紧急情况可向伦敦自动求助。可惜,当录音机语音讯号发出求助,"马上派工程师过来!"而应答机械却回答说,"您拨叫的号码已经变更,请拨转新号码……"然后准确给出新电话号码。而呼叫系统中无拨叫新号码的编程,于是仍然不断拨叫原来号码。直至噪音叫来一名工人,才赶赴现场解决问题。

我举此例,且追根寻源,并非为了指出机械化、自动化的不足,虽然它们最终成功地构建了一个自我封闭的体系。大凡人工创造物,使用当中总得惕厉种种残存不足和功能失灵。当然,如果你使用的是个非常合格的产品,那么尽管享受自动化带来的巨大便利吧,它的好处要远胜于偶然不便和失利。而问题在于,自动化最大毛病,并不发生在系统本身失灵的时候,而恰恰发生在它无可争辩的优点和效能上;尤其会发生在它各种验证过的好处和奇特功能上。

至此,允许我再次着重说清一个观点:劳动,以其各个方面对人类智慧的形成和发育,以及对人类文化日益丰富,都发挥了决定性的定型功效。这还不仅因为人类并不是一种光会制造工具、使用工具的动物;更因为人类许多活动都刺激了他的智力发展和机体能力,劳动即其中之一。为争论得更明确,我们假设,如果接受文化人类学至今主张的人类定义,认为人类基本属性就是制造和使用工具;那么,自动化和机械化最终结局又是什么呢? 既然这些进程影响、改换着人类调适自身、顺应万变的智能能力(adaptive intelligence),人类,将何以堪?

技术发达了,这样的技术将人类排斥在生产和劳动过程之外,将其简缩成一只灵巧的手、一个负重脊背、一对目不转睛凝睇的双眼,或者,最终将其从生产过程完全排斥出来,至少除非他成为该自动化机器的设计和装配专家……试问,这样的高度发达技术,好处又何在呢? 假如一个工人,经过训练,终生就沦为机器辅助部件,仅负责报告机件失灵或排除故障,因为这套机械装置远比他优良得多……试问,人类,若作为这样的工人,其生命还有任何意义吗? 五千年前,机械化开始之际,如果开初几步,就将工人简化为百依百顺、顺从的苦工,那么,当今的自动化就造就成一整套自我完善机械电子复合体系,它连百依百顺的、沦为附件而非人的工人,索性也不要了。

令人不解的是,工业领域自动技术的完善化进程始终不曾停歇过。19 世纪思想界的领袖人物曾经反复强调,劳动生活的人文价值,就在于它能消除焦虑、增强幸福感受的总量。思想家们如此言论,这是从来没有过的! 如此承认劳动生活的尊严、劳动的价值的观念和言论,时有时无地持续了好久。手工业很久维持着自身古老的自尊和骄傲,本笃会又主张这样的信条:"劳动就是祈祷"。这样的价值观便在中世纪行业公会中获得了制度性肯定。于是,整个社会结构便以工厂作坊、工友联系为核心形成了关系网。这样的背景上,社会便习惯地认为,劳动,无论什么样的劳动,都是人生在世最重要的活动。后来,无论制造商或劳动工友,无不鄙弃好吃懒做、游手好闲、轻视劳动的人,尤其是无所事事的地主乡绅。能形成这种风气,就是这个道理。而这些人呢,他们缺乏劳动经验和技能,便转而去猎狐、打野鸭、赛马球、发动战争、勾引异性,如此替代了劳动,而且同样积极,同样不可或缺……此种堕落,不也是同样道理吗?

该不该取消劳动呢? 这个问题很该重新考虑了,不能再拖延了! 假如说,劳动是人类文化不可或缺的组成部分,因而以往五十万年里始终是人类本性形成的积极元素之一(实际上人类进化更遥远而尚不甚分明的起源,大约从 150 万年前就已经开始了),那么多文化人类学者找到小个子类人猿,就急匆匆认之为"人类(man)",而如今机械化、自动化、电子计算机控制技术,正在把这个人类的重要定型要素一一抹煞掉,请问: 人类生命当中,还剩下些什么有价值的东西呢?

*180*

说来奇怪,最近忽然有人提问: 人类劳动生活中很大一部分正在消失,这问题是不是包含着某种重要含义? 其全部含义,又是什么? 他们如此提问的同时,自动化仍在全速推进,去占领一切领域。即使如今,仍然只有少数人意识到这问题的严重性。其实,这问题一旦严肃提出、严格定义,就会深刻质疑自动化进程的最终目标和结局。至于说,最终实现全球完全自动化联网地球社会,这样一种前景,只有那些最蠢的笨蛋才会将其作为人类文明进化的终极目的。若以这种结局作为这个重要问题的答案,那不是同希特勒使用赶尽杀绝做法解决"犹太人问题"问题,一模一样吗?

# 6　自动化悖论

大学者歌德曾写过一篇著名寓言,叫做"魔法师的徒弟"(Socerer's Apprentice),这篇寓言就最透彻地讲述了我们当今面临的自动化悖论①。人类当今义明很聪明地找到了这种科学咒语，它能发动两把扫帚为自己干活儿。一把是工业生产，另一把是学术研究，都被动员出来替他们担水。水量当然很多，水面当然上升很快。可是我们还不晓得大魔法师的咒语，不懂如何中止这局面，也不会改换节奏。一旦发觉它不按照人类需求和目的工作，却不懂得如何让它停下来。如今，整个世界有机生命过程，都清清楚楚、服服帖帖服从这样的魔幻公式，包括前瞻和反馈。

结果，我们呢，就像那个学徒一样，发觉自己已经溺水了。其实戒律很明白：除非懂得如何中止它(而且，最好知道如何让它倒转)，否则就不要轻易发动它。而如今呢，为了遮掩自己露怯，无能力去制止这可怕的自动化进程，我们当中许多人自欺欺人，佯装这一过程完全符合人类发展方向；而且，能满足人类一切需求者，非它莫属！或者，更准确地说，我们该丢弃人类自身一切固有习性，因为这些东西阻碍着这一进程！因而，随着我们知识积累，鸡零狗碎的知识越是丰富，越是深入细微，我们综合这些知识的能力，将其凝缩、集中，同时推向理性行为的能力，就将继续消失。

即使在最有限知识领域内——且以成年蚯蚓胃肠道病毒性疾病研究为例——材料之丰富，已经让我们那些最理智的学者很难保持头脑清醒了。面对铺天盖地而来的知识狂潮，知识界已经采取了最后一招，应对通盘自动化。他们索性开始诉诸进一步的"机械化"手段，结果徒使原先状况更加严重。因为，他们仅只处理结果，而不管原因。也就是说，不考虑问题本来的立论和方法。知识大批量生产的倡导者们，仅为论文索引的检索就创建了一百多种杂志，如今又提出为这些索引再建索引。这种特殊解决办法，让一篇内容丰富的论文最终只剩下一点点非常含混不清的东西，顶多包括作者、标题、发表日期……告诉你某人在某时间写了某篇东西。至于文中说了什么，为什么要写它，那就谁也说不清了。

---

① Socerer's Apprentice　魔法师的徒弟，是德国诗人、哲学家歌德 1797 年撰写的一首民谣体讽刺诗，全诗十四节。叙述从大魔法师准备离开操作间开始，临行前他交待给徒弟一项任务：干完杂活再给魔锅加满水。这徒弟不断挑水，很快厌烦。灵机一动，使唤魔法，动员扫帚帮他挑水。可是他魔法功夫没学到家，很快满地是水，这才想到自己不知如何让扫帚停止。越慌越乱，情急生智，用斧头把扫帚劈成两半，不承想，却成了两把扫帚，而且都帮他挑水。水很快漫过房顶，大魔法师回来，斥责他自作主张，闯下大祸。随即念咒降魔，挽救危局。大魔法师最后告诫，"最强悍精灵只能由我亲自来请。你没学会辞送他，就别贸然邀请。"——译者注

图 1 机械化的世界图像[149]

[上图]12世纪手工业工匠绘制的女人像,图中记录了作者的观感(采自法国圣拉扎尔奥顿博物馆)。[中图]文艺复兴时期画家借助透孔格栅绘制女人像片,此时笛卡尔坐标系尚未问世。[下图]靠当代流行的电脑语言转换成的女人虚拟图像。

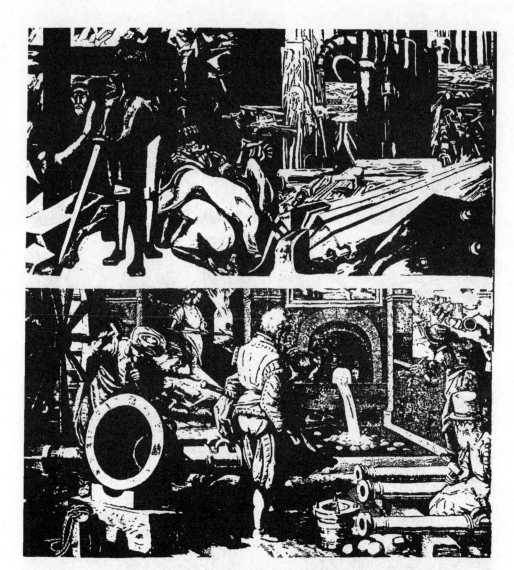

图 2　专制主义、军国主义与机械化

　　欧洲从 14 世纪开始，政治和军事大权日益走向垄断集中，同时对冶金业提出更高需求。所以说，现代专制国家并非建立在 18 世纪棉纺织工业，而是建立在 16 世纪的采矿、锻造以及武器军火制造业基础之上。技术革新和改进也首先从威尼斯的军火工厂和造船厂开始，同时在几个世纪之后形成新型工厂体制。这些技术革新包括用预制标准构件装配船舶、大批量生产标准部件等等。当时的经济政策被后人错误命名为重商主义(mercantilism)，这显露一种轻率、不纯熟，依据现今中央集权国家的经济垄断形式去推想古代。上图，奥罗兹科(Orozco)的绘画作品淋漓尽致地活画出这一进程种种反人性的趋势：所谓"宗教"狂热、机械化进程、军事进攻，以及人性产物。

图3 权力

可用能源数量大增是技术进步的一个明确标志之一,这些能源包括用于建设性也包括破坏性的社会用途。而且这一衡量标准不仅适合 13 世纪以后的技术进步(这是亨利·亚当斯的观点),而且也适合于很早以前的人类历史,早至公元前第四千纪"文明"开始的最初阶段。最早的关键性技术进步是从用火中实现的,取火用于采暖和照明,当时是引燃有机材质。这已是五六十万年前的古老故事了。后来,能源大量增加还是来自作物栽培,能够将太阳能直接转化为热能。随着硬粒谷粮作物(小麦、大麦、小米、水稻)栽培的发展,有了剩余粮食和储备粮食,食物的全年分配更趋合理之后,第一个明显变化就是农业生产离析出大量剩余劳动力。而这一变化非同小可,人类其他能力的进步至今依赖于这一重大成果。

古文明的重大转折进步约发生在靠近公元基督纪年开始的时代,基本上都依赖畜力和人力。除粮食能源、风力能源、水力能源外,后世一切能源形式都须依赖化学手段转化形式(煤炭、石油、铀),它们虽然提高了生产力,却是付出了环境代价的,且其环境代价或多或少都与其能源使用数量直接相关。左图所示水力发电站代表了最先进的能源概念:清洁、高效、无毒性。而另一方面,喷气飞机在严格意义上说是为军事目的设计的产品,转为民用之后带来巨大环境损害和社会干扰。当今科技界有种论调,认为非生物能源的开发拓展是无止境的。证据就是,比如说,花岗岩碎裂后能生成足够的铀原子,完全能满足人类各种能量需求。这种论调很不负责任,它无视这种无度开发利用的生态后果和人文后果。须知,就连设计极为小心谨慎的水电站也可能败坏旅游和娱乐资源、危及野生动植物。我们倡导一种以生物技术为基础的经济模式(biotechnic economy),这种经济概念能培育出良性生产方式、交通方式以及人类聚落;会把非生物能源的使用和消耗降到最低限度。一个真正富足的经济,应该懂得小心谨慎,应将自身日消耗量维持在最佳状态,把富余能源储存起来,以备急需。

图4　速度

　　增加速度，建筑增速、生产增速、交通运输增速、通讯增速……这些东西从一开始就成为威权社会的标志性符号。人的运动增速，起初是通过家畜驯养马匹实现的。这种动物从公元前两千纪开始，就成为皇室军用运输的首选方式。除了赛马，普通民众对于速度发生兴趣，当作娱乐内容，还是比较新近的事情：比如17世纪的挂帆马车(左图)，还有19世纪初期的溜溜车。汽车问世之后，速度就从诸多皇家显贵的往日消遣，逐步走向平民化了(右图)，例如最初使用蒸汽动力的万能游览车原始形态。

　　乘雪橇、滑雪或乘汽车兜风，都会体验到速度带来的兴奋和愉悦；部分原因是紧张、危险，还有身体在运动中放松，因而快速运动被更多人用以逃脱有机生命的局限性。当然，速度更被有权势的阶层用来炫富、炫耀其优越地位。无论它还给人的社会地位和娱乐提供了哪些功能，高速已在交通运输、通讯联络等方面为政治和经济生活提供了极大便利。它不仅确认了统治阶级精英们的权威地位，还帮助他们顺利控制了遥远的地区、附属国和市场。18世纪以后，除庞大生产能力外，能源水平和高速度就开始成为技术进步的主要指标。社会变迁的节奏也随之加快了，因而，许多新体验和新发现还来不及消化和吸收，当然更谈不上主观反馈和修正行为。这就解释了为什么工业化早期会有那么多胡作非为、破坏人类那么多文化遗产，还给环境造成永劫不复的损害。古语中里非常有益的箴言，"Haste makes waste(忙乱造成浪费)"却被新的信条取代了："Haste and Waste Makes Money(忙乱加上浪费，才好赚钱)"。

　　汽车除了加速装置以外，还配备了刹车、倒挡、方向舵；我们的威权社会却一门心思关注提高速度，它从不甘心为自身保命可能有必要减速、有必要转向、或很有必要把这赚钱却很危险的游戏停下来。对比来看，以生物技术为基础的经济模式，会把速度当作一种功能手段，不是用来谋权谋利而服务于社会目的，服务于大众健康、福利，服务于社会创新。这样，它会在更多时机减缓发展速度，必要时还会修正方向或者完全叫停，为的是确保人类更重要发展目标和价值免受破坏。

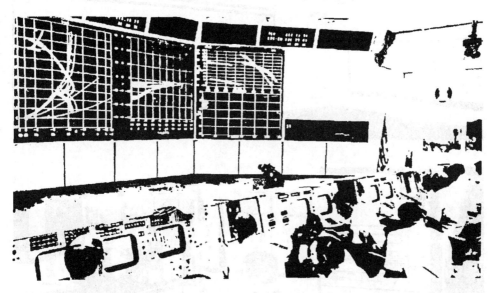

图5　遥控

遥控,从一开始就在威权社会中占据核心地位。从巨型机器主要部件还由人体构成的古代,它就要求全体成员奉献犬马般忠顺,以确保指挥控制链条每个环节都牢靠、有效。为确保这种单方向控制等级结构秩序的稳固,还配备严厉惩罚措施,稍有违反,必遭严惩。这种控制最初采用非常费时费力的手段,直至国民教育制度问世,落后手段才转换为国民教育。这种教育先从独裁专制的普鲁士开始,继而是拿破仑治下的法兰西。法国大革命后用所谓"民主"手段推介全民兵役制,这种遥控最终算是彻底完成。

原有采用人力管理的操作手段有时会失效,转为纯粹机械、电子手段后才真正实现远距离瞬时操控。对中央集权制来说,这一举措功莫大焉,不仅对于行政和军事,对更广范围内的工业运作和财政金融管理也有特殊功效,因为其活动范围如今延展至跨大陆乃至全球范围。该图为展现了位于休斯敦的美国航天中心中央控制室,可谓这种超人力遥控系统的最佳范本。当然,若无宇航员的配合,其宇航探索计划仍然常常出故障或流产,因为宇航员仍然担当着一半操作和执行功能。

其实,早在电脑和电视系统发明之前,希特勒在对苏俄作战中就已经使用直接干预的做法:他越过中间指挥系统,把电话直接打给前线下级指挥官。这样做显露了遥控系统一个固有的缺点:意外干预。不过,遥控体制最致命的弱点还在于,它不是,也不可能变为双向沟通。因而无法采纳反馈,更说不上校正指挥和决策。因为它缺乏必要的中介环节。电子加工信息技术问世之后,有利于司令部迅速决策。可是,由于没有远端响应权威机构提供必要的信息判断和校正、不能补充必要的非程序化资料,仍然无法克服人为失误。这就需要重新建立分散的、若非独立却也须半自动化的信息站,作为必要的安全保障系统。当然,这些都需必要的人员参与,人类参与永远是不可或缺的条件。

图6　计算机王国

当大量信息数据积累超过人一生的处理能力，计算机就应运而生。这种工具专门组织、处理大量信息数据，或用来执行特别复杂的象征符号运行任务。就此而言，计算机是人脑极宝贵的辅助手段，虽还不能完全替代大脑。可是计算机有个缺陷，它只会处理那些抽象的、可转成象征符号或数字的经验和信息，而不会如同有机生命体那样，能够(而且必须)直接处理具体的、无法编程的生物讯号和体验。就此而言，计算机仍然落伍，永远赶不上进化潮流。计算机毕竟缺乏人类特有的许多功能；不过，这些缺憾并不影响它成为节省劳动的有力手段，无论是天文学研究或是会计账目管理。不过，计算机的神奇首先归功于人类大脑，因为只有人类大脑给它编程之后，才赋予它如此高超的创造才能。

上图所示为现代艺术展览场景之一。由于计算机根本不具备生物体与生俱来的主观体验性能，所以，这幅图景虽浩瀚却空无一物，虽技艺精湛却所言甚少。从中可清楚看出这种艺术品的致命缺失。如今有人对计算机才干津津乐道、意醉神迷，说它能下棋、能写诗、能作画，以至想把它发展成一种无所不能的角色……这徒然表明这些人对自己、对其发明的机械化手段之本质、对生命的深刻含义，都多么缺乏了解！须知，即使一座三十万人口的小城，若仅 10% 人口能享用本地或全国图书馆信息资料，每座图书馆藏书一百万册，那么其传播信息的功效，包括象征符号以及其具体经验，其实效是任何计算机都无法匹敌的。

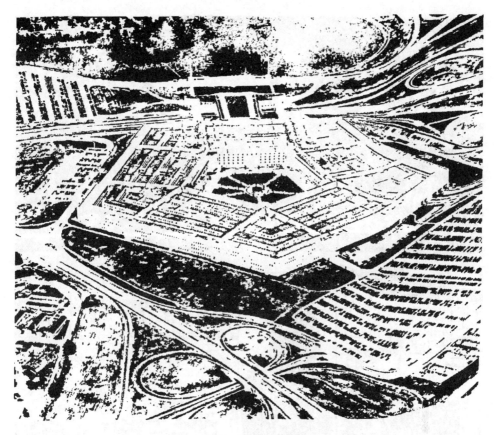

图 7　权力五边形

*强权，如散布死亡的瘟疫，*
*污损了触碰到的一切；忠顺，*
*如同毒剂，扼杀天才、美德、自由精神与真理，*
*让人沦为奴隶，又把人类生命纵横驰骋的天穹*
*变成机械死板的自动机器。*

珀西·碧谢·雪丽
(Percy Bysshe Shelley)

权力机构自身可用某种抽象形式来充分展现。虽说如此，位于华盛顿的五角大楼具体形式，却比其克里姆林宫同类物则体现得更显完美。克里姆林宫设计已经尽显专制独裁政权的荒诞与专横，而这幢独特超大型建筑结构，则将老旧过时的文艺复兴规划形式与当今铺张浪费、低效能私人汽车单一交通形式熔于一炉。

这幢标准的正五边形大建筑尽显权威气派，不独表现在它孤自独立、超然物外，高于凡响。它不理睬、更不理解人世间意愿、目的和价值。因为，这些东西在威权社会中本来就无一席之地。或者，这形象恰好解释了，这种制度为什么会在全世界范围内激起越来越激烈的反响。

亘古未见哪个时代曾有如此庞大的人群，实际上整个世界的人类，要听任一小撮渺小人物摆布。而这伙人物的专业知识，仿佛是专门用来增大他们在其专门领域中的懦弱无能、百无一用。

图8　王权神授：新花样

　　以往三个世纪中，由于重新采用古希腊秘密投票等做法，更由于成年人有权参政、选举观念逐渐普及到全体成年人口，这就在一定程度上遏制了专制主义政权。因而，某些一党专政的专制主义政府也感到有必要借用一些虚伪民主选举之类的做法来自我粉饰。自 1918 年以来，新型专制主义政权在俄国、土耳其、德国、意大利、中国先后问世。于是，一度已经废除的王权神授观念便紧接着复活。而且由于采用新手段控制民众，这一观念变得更为强制力。各种恐怖政策和电子技术转播媒介，让领袖人物被吹嘘得形同上帝般神圣伟大；这就是所谓的 Fuhrerprinzip(领袖原则)或者个人崇拜。

图 9　夸张与神化

　　权力机构常采用两种做法公开进行自我展示,而这两种做法恰恰公开暴露了它的病态特征。这两种做法,一个是妄自尊大,另一个就是神化自己。

　　古巴比伦和古埃及王朝常耸立起巨大雕像,雄视整个宫廷。如今做法,则常高举巨幅照片,竭力为生命有限的专制主义领袖人物们呼喊万寿无疆。当然,使用广播、电视、远程摄像和远程传真等等手段对老大哥进行反复鼓吹宣传的做法,就更不可避免了。而这种诡诈夸张骗术的最终产品,还要数永久保存遗体的做法。领袖人物死后,将其遗体按照古埃及安葬法老的方式保留下来,放入棺木,供大众顶礼膜拜。即使是列宁,也不得不忍受这种不体面的安排,虽然据他的遗嘱说,他本人期望死后"不要有任何纪念活动"。

图 10　专制独裁统治术

　　本书上卷《技术与人类发展》讲述了一个事实：金字塔时代巨大的生产力，大多献给了金字塔工程以及同样显赫、硕大的城市。这些工程都是当时社会运行中各种重要礼制必不可少的物质设施。当然，这种古代威权社会构造，同样也产生了许多建筑和工程杰作：拦水堤坝、灌溉工程、运河、水库、寺庙、宫殿、城池。美索不达米亚地区古城为防洪水，往往筑在人工高台上。古代状况与当今一样，这些真正的人类建筑才干，和他们带来的真正好处，不幸都被各种倒行逆施抵消掉了：毁弃城市、掠夺性使用农田土地、树立政敌铲除无辜、对工人群体无情剥削，全然不管他们虽被迫劳动，却言听计从、机器般精准，创造出前面说到的那些丰功伟绩。

　　从历史上看，专制独裁统治与技术官僚体制，乃一对暹罗双胞胎。近代有许多证据都表明，无论独裁专制或技术官僚，其本质始终未变。可是，究竟是什么原始神秘力量(unconscious)诞生了当代技术官僚，让他们突发奇想，抄袭金字塔模式，要建造硕大无比的理想聚落，大到足以安葬整城人口？他们究竟发了什么疯？这种违反人性的巨大构造，已有各种样本。其中之一，就是巴克敏斯特·福勒(Buckminster Fuller)设计的种种地表以下的城市模型：包括水下城市、地下城市、高耸无比的空中线状城市高达一英里，各种模型，你争我斗，争当未来城市的模板(参见反城市一节)。不论这些方案有哪些不同形态，万变不离其宗：它们本质上都是坟墓！这些设计模型流露的，是一种掩抑不住的镇压人类冲动，他们仇恨人类的丰富、生动、多样性、自觉性和自治能力，而不遗余力要把人类各种需求和积极性，统统纳入独裁官僚制度寡头设计的集体控制的轨道。难怪反叛巨型机器的民间暴动此起彼伏，令人想起古代风起云涌的奴隶暴动，他们终于埋葬了古埃及的金字塔时代。

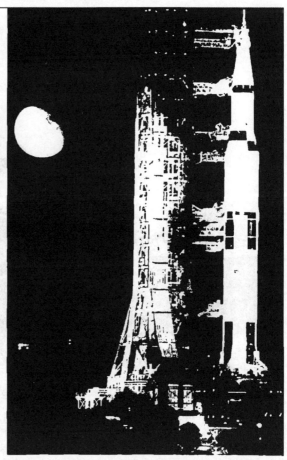

图 11　外太空火箭成为新权杖

　　登月火箭成为威权体制无可争议的象征代表：最大限度利用科学技术资源去追求某种渺小结局：匆忙、莽撞去探访一颗荒寒的地球卫星。以载人宇宙火箭探索外太空，其结果扩大、增强了威权体制上每个重要部件：能源范围、加速度运载能力、自动化、自动控制、迅捷通讯、遥控手段。整个计划虽迫于军事竞争压力，而登月行动一个最重要收获，竟然是一项人类从未尝试过的、未列入计划的发现成果：首次从外太空观看到我们居住的这颗美丽星球的全貌。它是人类以及一切生命形态依恋的家园。地球的美丽远景在电视上一播出，立即首次激起那么多人的积极热烈反响，激起爱情感的巨浪。原先这些人一直以为，现代科学技术会很快会用一种更完美、更科学、电子控制人工环境构造来代替地球，而且理所当然认为它是一种进步。请注意该图中登月火箭本身必定是一种巨型构造，因而其造型会很自然地拙劣摹仿相邻的方尖碑状办公楼建筑，而且尺寸相近（见左图）。两种形态都折射出当今科学幻想思维方法中一种明显的复古和倒退取向。

图 12　杀人、灭种、灭绝生命

　　在古代，每攻克一座城池，要尽数杀灭当地人口群，常感觉可用的人手不足。现代技术则消除了这一障碍：核武器爆炸、化学毒剂等残忍手段，都被标榜人道的政府当作正当理由，重新拿起血腥手段不分青红皂白进攻手无寸铁的平民百姓，而非仅仅对付军队。如此的残忍，历史上还有阿舒尔巴尼拔和成吉思汗的先例。而且，由于这种残杀根本见不到受害者，因而更容易执行：从火箭基地，或用飞机通过百依百顺的刽子手，就轻易办到了。他们看不见，也听不见受害者的痛苦哭号。如此杀人、灭种、灭绝生命残忍手段日益扩散开来，尖刻地嘲笑了我们大肆吹嘘的优生学、食品研究、医学、外科进步成果……

　　从整栋房屋被毁，例如1939年的考文垂的战例，稍迈一小步，就进入杀人的新时代：美国军队在越南使用落叶剂、整村整乡杀尽人口。这种做法也不乏古代先例：亚述人就撒盐毁坏敌方农田，故意赤地千里，制造饥荒。不过落叶剂、杀虫剂、除草剂之类，则不仅大胆使用，还吹嘘成科技进步，作为养护公路及大规模农业的有效手段来欢呼庆祝，就十分离奇了！殊不知这样生产出的粮食、饮用水、呼吸受污染空气……会给人带来直接危害。可见，在越南实施的军事残忍，会因每天都强加给本国人民的商业残忍而获得认可。请看加利福尼亚福瑞斯诺(Fresno)一群儿童受速灭磷毒害的濒死状态，原因是他们穿的新牛仔裤织物里意外浸染了这种致命的杀虫药剂。

图 13　野蛮

图 14—15　装入密封舱的人类

请仔细观察着宇航员：浑身披挂，准备启程，更像一只生鳞甲生物，更像个大蚂蚁，而不大像灵长类。更不像个赤条条神灵（人类的戏称。——译注）。为了在月球上生存，他得穿上非常沉重而密闭的宇航服，变成个没头脸却能来回走动的木乃伊。当他飞快掠过太空之际，其生命状态只剩下质量和运动，缩简至最小，只能应付周围机械和电子设备基本协调动作，因为他的生存完全依赖这些机械设备。这就是史后人类的最好范例：其出生到死亡的一生都依赖巨型机器来维持，而且不得不在宇宙密封舱内去小心适应最小空间的最简单生存，而且一切都由遥控完成。

布鲁诺·贝特海姆博士(Dr. Bruno Bettelheim)报道过一名九岁自闭症患者的行为特点，这小男孩儿名叫乔伊，他自述感觉生命被一架机器操控着，"……这信念如此逼真，以至于日常活动到处都不得不背着各种机械设备，包括各种无线电真空管、光电管，还有架"呼吸机"四处行走。用餐时，他得想象从墙壁插座接根管子来饲喂他，帮助他消化摄取食物。床上也琳琅满目装满电池、扬声器以及各种想入非非的设施，在他入睡后帮他维持生命。"

可是，这难道仅是一个罹患精神疾病小男孩的自闭症幻想吗？这难道不是人类群体日益接近的真实命运吗？而且，他们还没有意识到一旦脱离自身生存的真实环境和资源会有发生的各种危险。终日不接触外界，只有中控系统通过广播、光盘、电视发来的各种信息、指令、刺激、镇静等等，几乎完全没有互相往来、面对面的沟通交往，那会是一种什么生存状态？宇宙密封舱的严格限定标准已经广泛流传给其他各个领域。技术官僚们不无骄傲地宣扬他们发明了一套家具，专门装配宇宙火箭极狭小蜗居。就连一些很有才干的大思想家，当然对这威权社会一样忠顺，也设计了太空病床，包括量体温、管道饲喂等等作业，都能在病床范围内自动完成。可见，常言所说的"温馨慈爱的照顾"，最终竟然沦为如此的孤独的封闭状态。

这样的机械装备和密封舱设施，除非应对紧急情况，例如铁肺人或太空火箭中生存要求，所呈现的就完全是病态景象了。形象地说，宇航员的太空服很可能会成为新人类唯一喜闻乐见、穿着舒适的服装，因为他们自身已经是机器加工出来、且只能适应机器的生物了。若离开了这样的服装，他们就会像前面说过的小男孩乔伊一样，完全无法生存。这岂不又返回母亲子宫里了吗？只不过没有希望通过分娩获得新生了。仿佛给我这论点加注脚，图中所示这宇航员，在工作状态时，须保持平躺姿态，这正是胎儿的正常体位。

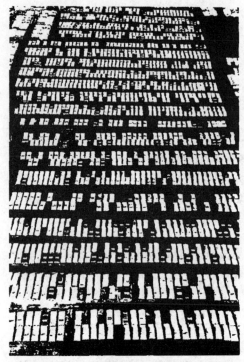

图 16　机械化挂帅

充塞整个环境的不仅有机器,还有机械化工作秩序和机械化组织编制。例如大型建筑公司的绘图室也很像个总装配流水线,虽然一个个绘图员尚未实现电脑化。随同农业实现机械化和未来实现自动化,农业生产目的不是改进农民生活,而是扩大机械化公司的利润。这些公司向只需要极少农业劳动力的大规模而单调农业生产提供机械设备和动力。虽然这种单调生产方式使用化肥和农药,造成环境破坏,威胁人类健康,但却能创造大量剩余农产品。而凭借这些剩余农产品,又能以停产为由向政府申请大宗农业补贴。而生物生态技术经济就能扭转这种不合理生产方式,采用大田园混种套种方式,吸引劳动力重新回归农业。

知识大批量生产的过程始于自然科学,而且显露了17世纪学术特有的局限性。但后来,人文学科也摹仿这种做法,尤其美国大学里,成为学术研究一种标准符号。他们会在争取科研项目经费时故意削减预算,以增强对自然科学和社会科学的竞争能力,还为学术地位提升制定出量化指标。所以,无论人文学和自然科学两者间的裂隙曾有多严重,如今他们在方法上已合二为一了。请查尔斯·斯诺(Charles Snow)包涵我这不同看法!它们两者虽然开动着不同的总装配线,却都属于同一家工厂。有个事实标志着这两者共同的缺点和不足:它们都未曾严肃考虑过这种难以控制的自动化最终会带来什么后果。

甚至仅仅二三十年前,高等教育界还给独立思考和自由创作留有足够的空间。而如今呢?我们大多数学术机构,已经彻底实现自动化,像个自动化轧钢厂或者电话自动交换系统。大量学术论文、发现、试验、发明、专利申请、学生资料、博士资料、教授情况、知名度等等……一律进行着自动化处理。而唯独那些能与权力体制的目的、方向保持一致的少数,才有机会获得成功,有机会获得晋升、获准大宗科研经费而不论其内容多么背离人文价值,不论其实质有多么荒诞不经;就因为,政权和财权都会嘉奖与他们"保持一致的人"。美国设立了所谓高等学府(higher Educational Establishment),同时对做科研的人用物质刺激提高科研积极性。这在美国就标志迈出了最后一步,要把大学改造成新型权力体制中不可或缺的一个部件。

而与此同时,大量有价值的知识被荒废,而鸡零狗碎的文化垃圾却堆成了山。由于这种体制缺乏一种内在的质量分拣机制,没有经常性的评价和选拣工作,而同化过程就像消化系统一样,它须同时调节控制食欲、胃口以及饲喂进食过程,单体信息打包的肤浅秩序,就被最终产品的质量状况冲销了。研究的问题越来越多,而研究的领域却越来越狭窄。这终究还是知道的越来越少。

知识自动化生产,作为创造有序化智能世界的手段已经接近最终破产。而且,当今大学生们造反呼声甚嚣尘上,以及更可怕的虚无主义、恐怖行为、拒绝任何信仰,更是这种破产日益临近的征兆。

*182*

这里,拜托各位,请不要误解我。我这里并非存心刁难学界任何同行,更不是在恶毒攻击科学事业、学术研究或者电子学、自动控制技术近年来的突出成就,只有傻瓜才会否认或者贬低近年来科学在技术辅佐之下终于为人文精神开创了可喜前景。千言万语,我想说的唯一内容就是,"自动化的自动化"已在其进入的每个领域呈现出显著非理性态势,包括自然科学、人文学科,以及工业生产和战争。而且,我认为,这种趋向是任何完全自动化体制都固有的弊端,而并非偶然。

科技史专家德里克·普赖斯已对这种非理想特点作了很幽默却又惟妙惟肖的总结。据他计算,以当前科技文献增加的速率来看,再过几个世纪,地球上每名男、女、儿童,连同狗都算上,全都能分摊上几十名冒牌科学家了。幸好,生态学常识告诉我们,如若拥挤到这种地步,人类种群大半早已死光,而等不到这种可怕地步。

可是没有必要等待这一天,眼睁睁看着制度解体,承受如此可怕后果。还在远远没接近这种理论结局时,其许多症候已经十分明显。许多大型国家的、大学的图书馆已经黔驴技穷,一筹莫展,不仅再也找不出地方存放书籍——虽然他们购进图书已精挑细选——甚至来不及给每年诞生的偌大资料堆、论文、期刊、书籍……及时编目建卡。许多管理者来不及斟酌得失利弊、轻重缓急,已开始考虑索性完全放弃保存图书,开始认为书籍作为永久记录形式已陈旧过时,已经计划把这些信息永久转入微缩胶片和计算机。

可惜,"信息读取"无论有多快,也代替不了依据自己需要直接检索。你会发现数量之大超乎想象,接续探索下去则无穷尽! 即使不取消图书,但按照当今速率继续增加下去,微缩胶片大量增加,也会带来难以对付的数量问题,延缓获取知识的过程。解决问题还得脱离机械手段,另辟蹊径,即重新强调人的选择权力以及道德自律,最终形成一种自我节制的生产方式。如不迅速自觉实行这种自我管理、自我节制,图书的超大规模生产只会造成知识贫乏和削弱,那与大众普遍的愚昧无知岂不毫无差别吗?

由于每个领域都遭遇这种知识积累激增,乃至达到难以消化吸收的地步,就必须动用官方分配机构和措施将其中大部分予以合理疏导分配。当今这种传播状态虽也容许少量新知或非正统知识经过印刷形成微量积累,不过总体看,凡不适应巨型机器现行标准的东西,都无法广为传播。这局面在美国面临日益深重的越南危机之时,真是洞若观火:当时的电视转播,给双方发言人等量时间,听取他们的意见;其中一方支持官方政策,力争战场取胜;另一方主张通过谈判。但却处心积虑不邀请其他见解,例如,我本人! 因为,我们主张把美国军队无条件撤回来! 当时还有条件体面撤军,不至遭受丢脸的惨败。

无论古代或者现代的控制系统,本质上都基于一种单向沟通体制,这沟通机构完全由中央组织控制。因为,在面对面沟通状态下,即使最愚蠢的人也可以顶嘴反驳。而且,除了讲话,他还有许多可以采取的办法:面部表情、肢体动作、甚至包括威胁要用身体跟你拼命。随着瞬时通讯设备日益精密,受众的反馈不通过官方舞台就无处表达。这就意味着,通常情况下,你的声音被外来手段操控了。为解决这一难题,又推出了"民意调查",不过后来的结局证明,这是另一种操控民心民意的手段,而且更为阴险。总的看,传播手段越是复杂、先进,就越有能力和效率过滤掉那些对抗或者攻击五角大楼的不良信息。

当今控制舆论和传媒的能力已大大超过古代那些粗糙、原始、笨拙的模式,这却给操控者们带来更大危险:会加快其垮台和灭亡。因为,他们因此而得不到必要的反馈信息,无从更正错误。而且,随着这种体制结构构造日益致密、坚固,威权体制这种顽劣态度也就愈根深蒂固。

如今群体事件频发,包括游行抗议、静坐示威,以至骚乱,人们已开始用实际行动而非仅仅话语来表达不满了!怎么看待这些现象呢?它只表明人们要求打破巨型机器那种针插不进水泼不进的隔绝状态,它这样做就是为了掩盖自身错误,拒绝不喜欢听的消息,封锁可能危及该系统的任何信息传播。虽然街头砸碎玻璃窗、烧毁建筑、打得头破血流,凡此种种都是为了把人性化的重要诉求送达冷若冰霜的主流媒体,从而恢复正常社会的双向沟通,互动交流,尽管使用了过于粗糙、直白的方法。

自动化的社会控制一旦装配完毕,谁也无法拒绝接受它的指令。或者插入另一更新的指令。因为从理论上说,巨型机器不容许任何人背离它的完好标准。这就把我们带回到人和自动化体制都有的致命缺憾:这种虚拟的体制为保障自身顺利运行,须由同样虚拟的人来操控它。这操控者的价值理念,必须严格符合该体制顺利运行和持续扩张的需要,而符合这一要求的思想家当然无力设想出任何变通方案。一旦适应自动化要求,他们再不敢坚持己见,乃至必须消除任何人类自主性,乃至索性不敢有丝毫生物特有的反应能力,只要这能力不符合该体制特殊的规范要求。

这里,在自动化的核心部位,就显露出该体制普及后的主要弱点:其主要构成部件,即使知晓自身弱点,也无计纠正;除非进一步扩展,或进一步自动化和自控。因而,一种强迫闲暇游乐的大型工程正在策划之中,目的就是要给人类损失掉的快乐寻找替代品。因为,随着工厂、市场、作坊、农庄日益消失,本来在生产劳动、日常交往、生活细节和场合固有的快乐,也随之消失了。可是,自动化体制本身就是个事实上的整体,它一旦确立,就再不能接受人类要求缩减的反馈信息,任何评价其运行结果的负面信息,它一概不予接受,当然也就谈不上承认有纠正错误的必要。数量增长意味着一切,谁若敢质疑数量增长的价值,无异离经叛道,因为它会削弱这个制度。

这里,我们就再次遭遇到自动化过程衍生出另一难题:随着当代教育体制中机械手段日益增多,大量投资核反应堆、计算机、电视机、磁带录音机、学习机以及选择"yes或no"的机读试卷,教育当中的人文价值和含量就必然缩减了。自动化领域日益扩展,已开始控制每一个领域,而其真正功效却是给由来已久的教学相长各种互动过程(give and take)，包括教与学的互动，买卖互动、雇佣互动、人与环境的互动等等设置障碍；有些场合索性完全扼杀之。殊不知，这些互动，经常的对话联系，原是人类自我认知、社会合作、道德评价、纠错机制都必备的要素。而如今在自动化王国中则都失去了地位。

圣经人物约伯人生路上误入歧途、命运多舛，他至少还能从想象中质问上帝，埋怨上帝对自己不公。[①] 而今自动化经济已如此完全彻底摧残、压抑了人类本性，以至大型组织声名显赫的首脑人物，每思虑起如何改变该经济运行目的之类议题，竟也同名不见经传的资料员一样的黔驴技穷，一筹莫展！道理在于，这种体制一旦建成，人类就得完全俯首帖耳听凭它来发号施令。至于说个别人敢于起来分庭抗礼，抵制这种原则，这时，我们的自动化官僚机构就会变得像佛朗兹·卡夫卡(Franz Kafka)笔下那种权威人物那样模棱两可、晦涩难懂，同时又高高在上、难以企及。这类艺术形象，在作家的《审判(The Trial)》一书中都有绝妙展示。所以，若用人来比喻地说明，我们可以给自动化找一个恰当的别名，就最好称之为"自作自受的阳痿(self-inflicted impotence)"。而且，这其实就是专制控制(Total control)的另一侧面。

当代技术人员设计各种机器和自动化装置，想借它们来更多负担有机生命具有的特性和职能；而现代人类在逐步适应这种设想的同时，发觉自己必须接受机器的各种局限，因而必须打消念头，不再幻想机械论宇宙模型未能发现和表达的那些质量特征和主观特性，何况这些东西是机器、机械过程必然都不具备的。

后来发现，问题的严重性在于，自动化系统在逐步精密化的同时，也日趋自我满足，同时也日益自我封闭，自成一统。结果它的过程就更不可能容许外因介入，不容许更改步调和方向，不容许外力限定自身进一步扩展，不容许重新调整走向和目标。其部件尽可灵活多样、顺应变通，正如下棋的计算机那样，可有一定自主权。而其上一级自动化体系则无疑绝对愈加僵化。自动化过程因此产生一个质量方面的缺憾，这缺憾是从其数量方面问题直接衍生而来：简单说就是，它增加了或然率(probability)而减少了应然率(possibility)。所以，虽然自动化系统中每个单独部件，恰如汽车总装配线上那些透孔卡那样，都可通过编程方式来应对多重任务，而这系统本身却非常僵化、死板。渐渐地，这就像仿照强迫性神经症制成一种惟妙惟肖的机械化模型：甚至或许，它也从同一根源

---

① 约伯人生误入歧途……Job's life miscarried，典出《圣经·旧约·第一卷·约伯记》，其中主人公约伯，系希伯来人始祖，因久经考验不改初衷，成为后世坚忍不拔优良品格的化身。该书即叙述约伯历经劫难的心路历程。该章节中诗歌部分是约伯和三位友人对话和辩论，包括与上帝的对话。其中约伯质问上帝说，Or I could have been like a hidden, miscarried child that never saw light?（莫非说，我是个遭遗弃的早产儿，从未见过灯火与光明?）《约伯记》与《传道书》《箴言》同属《旧约》中的智慧文学作品。——译者注

诞生而来：焦虑和狂躁。

## 7　强迫与管制

任何一项新机械技术发明都能增加人类的自由度。但是，这一推断的前提却是：能够受益的人类，先得享有充分自由去接纳这种发明，必要时还得修改或者拒绝它；同时还能在适当时间、地点和方式中去应用它，完成人类既定目的，满足数量、质量上的功能需求。

当然，在环境、体制以及技术压力环境中如何保持人类的自由，这问题并非自动化机器时代以来的新难题。习俗、法律、禁忌、宗教信条、军事管制，都曾为人类社会塑造了多种重复行为和僵硬禁限。这些规矩、规定中，有些是必要的。目的在于保障社会阶层必要的一致和凝聚，防止任何人胡作非为和破坏行为。但是毋庸置疑，这种一致性，从氏族社会直至后世较为开放的社会当中，人类自身的发展都曾因此遭受严重障碍。因而，几乎每个历史时期都有聪明思想家寻求改良，想制定某些理性标准来筛选以往过了时的僵化体制、一成不变的习俗，若无法完全消灭之，至少也可以予以改造，削弱它们陈腐的约束力。

但这种审谨、限制、鉴别的能力，还远未普及到当前科技界每个领域；在那里，各种发明和发现新成果正源源而来。西方社会毫不怀疑地接受了技术发明的绝对必要，将其与原始社会禁忌那样，奉若神明，不可逾越：就是说，人类不仅有义务不断发明创新，还要追求日新月异、新上加新！不仅如此，同样，还有义务向创新能力和新颖性无条件投降！理由呢？不是别的，就因为它们已经问世。至于它们会给人类带来什么后果，则一概不予过问。所以，我们可以毫无夸张的说，这种技术强迫症创造了一种状态，人类社会陷入其中就不得不顺服得俯首帖耳。一种新技术问世，必须无条件接受其要求；任何一种新产品诞生，均不得质疑其优劣，而只能接纳、使用之。因为，这种状态下，一件新产品是否有价值，唯一证据是看它是否是新科学发现的结果，是否是代表新技术工艺，或者，它是否能提供新的投资机会。

人类这种现状和处境，数学家约翰·冯·纽曼(John von Neumann)已经有最精彩描述："技术发展提供的无边际天空，人类已无法抵拒。*假如人类能去月球，他真的会去；假如他们能控制气候，他是认真办到的。*"冯·纽曼本人对这种局面震惊而担忧，他却将本应由当代西方文化承担的责任过于轻率地归咎为"全人类"禀赋。要知道，当今

*186*

西方文化调动自身如此巨大能量和希望,想单凭机器来实现人类救赎,以至完全放弃自古以来的理想、规制、习惯,不顾这些宝贵因素曾在历史上一再支撑许多文明克服过上述种种这类的迷幻和强迫症……对比来看,许多古代社会都曾煞费苦心抵制技术创新,有时候甚至显得很不理性,而他们当时这样做的结果,要么曾延迟这些革新,直至它们同时也能满足人类其他要求,且须有利于人类;要么,就索性弃之不用。

而现在,冯·纽曼所说的那种"难以抗拒的"诱惑和冲动,已经弥漫进入当今科学技术界的每个领域,这个事实难道还有丝毫疑问吗?美国遗传学家,赫尔曼·缪勒(Hermann Muller),借用冯·纽曼这段名言,在辩论中当作尚方宝剑来支撑自己的提议:采用基因控制法来干预人类种群的繁衍。他说,采用冷冻精子库的办法,从"天才人物"哪里采集精液,摹仿当前保存获奖种公牛的冷冻精液做法,可以找到办法解决优生优育。这个缪勒极其无知而又大言不惭地说:"它们(优良基因)的存在就足以产生难以抗拒的兴趣,让你千方百计去想利用它们。"精神病学家最懂得这种"难以抗拒的兴趣"的多种表现形式,包括当下许多冲动和积极性,无论多么貌似正常,同样也是一冒出来立即就难以抗拒,而无其他任何理由。这是一种病态社会的表象!而对此病态还全然不知,这就更加证明这种病态的严重:公众茫然不知,科学家、技术人员居然也茫然不知!而他们这些人的道德职责和职业敏锐,不就是防止非理性结论和行为的最后防线吗?

若想贯彻这种荒谬主张,或者说,若要全盘接受技术强迫症,最简单办法就是依照冯·纽曼的名言和逻辑,将其推到极致:*假如人类有能力消灭世间一切生命形式,它是会做到的!* 我们知道,当前美国和苏俄政府已经生产出的核武器、化学武器、细菌武器,数量已经足够消灭全人类了。假如听任这种势头继续下去,继续屈从这种放任的、反人类的技术至上主义,听任它"不可抗拒地"执行到最后,那么,人类未来生存最终会是一种什么景象呢?

综合以上事实,研究技术发展,其核心问题就非常清楚了。这里有必要再次清晰厘定它的内涵:技术发展的核心问题是如何创造新人类的问题。这新人类须对自身本质有充分、足够理解,因而能够控制,必要时还能制止他们已经创造出的技术能力和发展机制。这个严峻任务,任何自动化预警机制都不会替我们解决!

不过,为此,首先我们首先需得深究自身精神世界:找出这股子强迫症躁闹赖以产生的基础。首先须得自问:为什么每次允许都演变成某种强迫?为什么我们社会潜在的金科玉律不是"汝能为之,故汝可为之",而是"汝可为之,故汝必为之"。难道这个就是科学曾经允诺的自由?窥视内心我们还发现,这种科学雄心壮志底下,潜藏着更阴险毒辣的根性：古老原始的宿命论,无以疗救的先天决定论。

刚过去的这世代(二三十年),科学家们接二连三指出,当今科学发现以及相关新技术应用的发展速度,已大大超过人类的掌控能力,让人类来不及充分消化新知识,因而很难引导它们服务于有价值的目的。而各种专业领域的惯性、冲量却难以阻挡,如同强迫性神经症,往往将这些新知识生吞活剥投入应用。因而,不仅仅对人类,还对环境和生物界都造成永久性损害。事到如今,已经很清楚,这种机械论思维方法,公然宣称宇宙图像中无所谓主体性,他们信誓旦旦要抹掉人类核心地位,而这样一来,它反倒无法认识自身的主观性,自身的自我膨胀、自我扭曲和自我颠倒。

可是,生命世界和人类的重要地位却正在被取代,被转化为系统控制的机械构造,一旦这转变过程最终完成,人类就连充分使用自己身体器官的权利也不得不放弃。如今的美国,已经有这样的地区,人已经丧失了用双腿自由行走的权利：加利福尼亚州许多郊区地带,警察会大白天把行走中的路人当作嫌犯逮起来。照此趋势,接下来该把自由唱歌的人也投入监狱了,理由是他们没有使用便携式收音机听歌唱曲。就连大白天自由幻想的权利也被剥夺了,因为有中央控制的电视和广播节目长年不断给你灌输。大兄弟公司来不及等到1984年,就匆忙建立了自家家系,它是小兄弟公司的母公司,二者佩带相同的袖标,已经进入每一个领域。这种最终形式的囚禁,我在后面章节中还有详细论述。

这里我只问一个问题：如果说人类的生命、生存状态,本是一种无所谓、可有可无的东西,那么,何必费神奇大力成就它的进化？又何必在其改善进化之后又当作饲料用来填充饲养这集团化大机器？还有,如果我们依据科学理念拼凑出的世界概念、宇宙模式,千真万确,就是一种根本不含价值理想的东西,而如今我们却强求科学或自动化进程都必须担起价值理想,那么,我们自己岂非不讲道理、自相矛盾？再有,当我们已经抽空人类真实生命,其所剩下的,说得客气些,只有空虚。所以,如果想解答怎么才能把机械化和自动化同人类理性目标紧密结合,想给这问题找到合理答案,我们就首先得把主观世界这个巨大空白填充起来。这个大空白自机械论宇宙观形成以来,始终就空置在那里。

## 8　进化的最高阶段：大脑

J. Z. 杨教授(Prof. J. Z. Yong)有一段著名论述："'蒸汽机和肌肉都能工作'这个

论断及其含义,我们早已非常熟悉,而另一论断,'计算机和大脑都能思考'这个话,却让我们深为不安。"这位教授看出,这两种论断的类同和差异,同样巨大。因为,计算机虽然能够执行最复杂最艰难的抽象思维任务,而且速度惊人;而实质上却是在自动执行预先给它输入的既定指令。也就是说,真正能思考的,还是人脑。

试验证明,固体运动部件凑集而成的机器,只能转换、复现极简单的精神活动,诸如早先旧式的最简单加法计算机。其创造者,查尔斯·巴别基(Charles Babbage)首次大胆尝试装配一架能计算的机器(calculating engine),他原想用机器减轻天文工作者的繁难计算劳动。殊不知这机器的设计和组装如此复杂,以至于原始设计始终未能装配成功。顺便提及,这种发明又对钟表的准确性提出更高要求,这都激励新一代机械师提高技能,开发出多种新型复杂机器,满足许多领域新需求。这种极简单的思维模型,需要一种电子系统来执行运算任务,运算速度甚至超过大脑。

电脑摹仿了人脑,这种摹仿或许就完成于无意之中。反过来说,电脑在简化、减少人脑工作负担之后,还提示我们重新理解有机生命活动中的电化学机理,尤其关于各种信息记录、记忆、解码以及组合过程。既然普通机器工作原理可以用物理学充分解释清楚,那么,要解释清楚电脑功能和原理,就不仅要物理学家、电子学技师,还得要脑神经生理专家、语言学家、逻辑学家等等许多专家,也就不足为奇了。总之,电脑越是酷似生命体,其所涉及到的专家数量也就越多、越丰富。

*189*　　有关电脑问世后带来的社会后果,尤其是电脑应用侵入到迄今为止始终由人类直接掌控的领域之后带来的社会破坏后果,我会在专论新型巨型机器的章节里专门讲述。这里,我只想简单回顾一个历史过程:以机械钟表为起点的漫长技术进步过程,到了电脑这里就戛然而止。其中教训和启示何在呢? 应该看到,自动化技术,通过它的最终和最高形式告诉我们,它唯一意图就是想实现控制,不仅要控制机械作业过程本身,还要控制曾经能够操控这过程的人类;它要彻底改变人类,将其从原来积极、主动的角色转变为消极、被动角色;并且,最终,索性完全予以消灭。

有一位科学家专门研究控制论,给经过电脑操控的作业原理取名叫做 cynbernetics(控制论)。这位科学家就是诺伯特·韦纳(Norbert Wiener, 1894 - 1964)。他原先是美国数学家,随后进入生物研究领域,研究出控制论科学,成为这一理论一系列发明最早最重要的创建者。韦纳的重要贡献之一,是把人类智能中某些专门特性赋予电脑,包括吸收新鲜知识和信息,并纠正自身错误和挫折(即所谓反馈)。同样,也是这个韦纳最早、最清楚地看出电脑一旦脱离人类干预之后可能产生的一个严重问题。当然,同样也是他,最担忧自动化系统可能对各种专制主义思想产生特殊迷恋和向往,从而急不可待地想限定人类的反应行为,千方百计缩小数据范围,将其局限在它们能够编程的能力范围以内。一般技术操作人员本身关注的问题较简单,通常不理会高远目的、价值、记忆库、情感资源等。因而,他们很难看出,这些貌似超人的机器当中,以及他们给这些机器制定的任务要求中,其实缺少了人文要素。

而对比来看,韦纳就比较尊重人类的自治性、不可预知性、道德责任。而这些特质,正是当今那些疯狂要将自动化拓展到每一个领域的人们在故意抹煞的东西。韦纳给这些人取名叫做"为权贵服务的牧师(priests of power)"。可见,韦纳值得我们在这里大段引述,尤其涉及这一主旨议题:

"假如我们要采用一种机械手段来实现我们的目的,而这种手段一旦开始运作,我们就无法介入有效实施干预;因为,其运行过程非常迅速,且不可逆转也无法取消。因而我们无从获得必要数据和资源对它实施干预,除非全过程结束。所以,我们就必须非常非常有把握:给机器输入的目的,务必是我们理想的目的,而并非这真正目的花里胡哨的伪造品、赝品。"

"每一名科学家都须作为漫长进程中一个具体环节来参与运作。这个全过程时间段很长,因而他本人负责考虑的,只是其中很有限一小段。而且,其中联机作业(double machine)中两点间的沟通困难而有限。何况,即使这位科学家本人深信其所从事的科学事业有利于人类目的,他这信仰仍需要反复审视、再三评估,而这任务很难透彻完成。仅就这位科学家来说,公正评价他本人与科学全程的联系和配合的质量,即使仅看其中很小一部分,也须用想象力的眼光首先前瞻历史,要求非常精准,这也不是常人能胜任的。反过来,即使我们尊重科学界人人皆知的名言:关于世界和人类,了解一点点,总比完全不了解要好。我们仍然无法轻率地支持那种天真鲁莽:认为投入新能源和资源,能够采用的行动都尽快采用,越快对人类就越好……相反,我们必须永远用全副努力,调动全部想象力,一定看清楚,各种新程序充分投入使用后,究竟会把人类引向何方。"[1]

人类最初发现居然能把如此多的生命功能移植给计算机时曾欣喜若狂,这倒很可理解。可是,这设想总体上能收获多少效果? 其答案在现实生活中往往被夸大了,其好处也夸张得厉害了。让我举两个实例,都很有说服力:一个是马里兰州巴塞斯塔的国家医学图书馆,那里有个信息检索中心(MEDLARS),其设计能力能够检索 2800 种医学期刊杂志的全部文献资料。整个系统 1963 年开始投入使用,到 1968 年已经收录了五十万篇文献资料。为比较电脑检索与常规人工检索的效能差别,英国的瑞德克利夫科学图

190

---

[1] "Some Moral and Technical Consequences of Automation," in "Science", 6 May, 1960.

书馆(Radcliffe Science Library)两名资料员给一个选题开列出一系列文献名录,时间段与马里兰检索中心收录的资料时间相同。结果,虽然该检索中心收录文献中有九篇,英国资料员未能检索到;而他们两人却找到13篇,马里兰检索中心却未予收录。同样,再考虑速度、低成本以及质量价值,人工手段就要优于自动化。

更有意思的实例,来自阿波罗11号飞船登月计划:就在飞船即将登陆的关键瞬间,宇航员电脑不断传出讯号,说它不会读取新数据,更不知道如何处理。换作人的话语来说,就是这机器吓坏了,惊慌失措。于是地面指挥员几乎一致同意准备取消此次作业了。幸好最终做出的关键决策是:关闭电脑,让宇航员相机行事,决定着陆,并成功着陆。

这两个实例表明,电脑的仿生效能及应变能力都是大可怀疑的。还有,若要电脑应用得恰到好处,首先须有明智的人类操作者,他们能保持清醒头脑,不仅善于完成复杂的编程,更需要在关键时刻保留权力,靠自己做出最后决断。自控系统不仅靠自动化机器人操控不好,就连不具备良好直觉、自主精神,不能透彻理解人类目标的人,同样也操控不好。

说来奇怪而有趣,韦纳对自动化的担忧,早有人预先料到了:此人就是约翰·斯图华特·米勒(John Stuart Mill)。米勒出于同样原因在其《自由论(Essay on Liberty)》一文中说,"假如可以靠机械完成许多工作,如盖房子、种玉米、打仗并获胜、审判案件,甚至盖教堂、读经祷告等等一切,都可以通过人形机器人来完成;那么,换来这样的自动化,我们岂不是要损失许多宝贵东西? 即使我们人类仍居住在这颗星球的文明区域,无所事事的男男女女,岂不沦为大自然下一步即将产生、且必定会产生酒囊饭袋的样本吗?"

米勒很早就料到的这种可怕结局以及韦纳后来反复强调的潜在危险,其可贵含义在于,任何人类社会积累的潜在能力总和,是任何封闭系统储存资料总量都远远无法企及的。而任何自动化系统都是封闭的、有限的,包括那些能够利用输入材料进行自学的电脑。任何电脑,从本质上就注定了,就其积累生活体验、储存验证信息而言,永远都不可能超过一座大城市的储存能力。

计算机显然无法自己发明新符号,无法构思其程序未预先接收的新概念。计算机只能在严格限定范围和条件下进行逻辑推演和智能运算,包括在接收了罕见因素和条件的情况下,它也能摹仿"创新"过程。但它在任何条件下都不会梦想自己变成另一种构造形态。即如语言翻译,这是人们很久就寄望计算机能办到的事情,计算机选择的语句离奇古怪,无法辨义,很类似脑残患者表现的能力水平。

对比来看,人类从组织结构上天生就是一种开放系统,他能同另一个开放系统——大自然——进行互动。这一互动过程双方都只有很微小一部分是人类能以解释,或者能加以控制。当然,计算机能够解释和控制的部分,就更加微小。无论计算机做出任何预测,都难免因人类突发奇想而遭遇挫折和曲解。此类实例,在我们选举结果预测中已屡见不鲜。所以,人类通过自己的法律、习俗、意识形态、道德规章所维护的秩序状态,就显得特别宝贵,不论这种秩序有多么不坚固;道理在于,它能让两种有机系统都保持开放状态,而且确保人类特有的整合能力不至因乖张贪婪好高骛远而毁坏殆尽。

至此,应该很清楚了:一个计算机万能论的社会,其好高骛远的企盼和希望,许多都是"金钱快乐(pecuniary pleasure)"中枢的分泌物。包括完全消灭人工操作的奇特幻想,也证明很不慎重。证据就是,历史上每一名被消灭的人工操作,或当今被装配线甩下来的每一名工人,都会有官僚主义产品来替代他。因为庞大无比的自动化假生命正等待他们来饲养、哺育。如今正是这样:生产领域,或者商业贸易领域,政府部门,大学和研究机构,疗养院和医院,无不在忙于对人的肉体以及精神的控制。一切劳动中最无劳动含义的工作,即"文案工作(paper work)",已经丧失体力劳动应有的起码体力付出,如今激增成灾。与此同时,应对能力、真知灼见却大为减少,这现象倒也是这自动化领域特有的专利。靠自动化解放人类的想法,只不过是一种主观臆断。

*192*

无论如何,计算机控制的自动化,其最严重威胁并不在于制造业生产过程中工人被淘汰,而是在于人类精神和头脑被置换,在于他阴险破坏了人类的自信,让他们面对与机器发生分歧时(包括与系统外的过程发生抵触时),失去丧失独立判断能力。我面前放着一本"系统通信集"(The Systemation Letter),是计算机发明和制造领域一家非常著名公司的分公司发行的刊物。它给你追溯了自动化技术的一步步发展进步,如何从机器回溯到采用系统原理的组织化人工劳动(无论有无计算机辅助),再退回到分散的个体劳动。这篇通信想说的要点是,"背离系统原理,一定会破坏控制进程和效果"。

所以,自动化最危险的结局就是,其最终产物竟然是自动化人类或称为组织化人类(Organization Man)。这个人类,要先从系统获得指令,而且,这些人,包括科学家、工程师、技术人员、专家、管理官员,最后,包括作为消费者和社会主体,已难以设想脱离该系统的运作和生存方式,难以想象如何提高效益,更别说如何创建一种健康有益的生活方式,无法想象如何活得有智慧、有目的、生动活泼、日不虚度的人生。

有位朋友丹尼斯·盖博(Dennis Gabor),他一度担任伦敦皇家技术学院的工程学教授,本身也是科学技术领域一位高才。一天他转给我一个伤心的小故事。从这故事中,我们能清楚看出人类陷入自动化泥潭难以自拔的窘迫境遇:

"我想我还没跟你说过，三年前我是如何信心百倍。当我听说 IBM(国际商用机械制造公司)法国分公司做成一个精彩试验，他们在自己科贝尔-艾森尼斯工厂找到了劳动分工的突破性办法。一位技术人员研制成功一个大型计算机零部件，它使用了数百种工具创制成功，自己进行检测，随后签上名字，就像艺术家完成一件作品。我还听说，这家工厂工人的收益和业务能力都长进很快。因此，我写了一封热情洋溢的信，要求前去参观访问。不料收到一封垂头丧气的复信，告诉我'事情全部进展至目前也就仅仅如此'，不过他们的新工厂的确能全部自动化。"这个 IBM 显然不关注增加人类的智能水平，也不操心如何才能把人类曾经有的杰出手工技艺创造的生活质量，重新归还给机械操作工人。

这个故事画龙点睛地概括了我要说的主旨：自动化过程产生了囚笼里的思想家，他们已无力赞扬这过程的结果，除非用古老评价标准：权力、威望、财富、生产率、利润。而这些内容无一与人类最高远目标相关。权力五边形，以其逻辑惯性顺理成章的实现自动化，建成全盘控制系统，将每种自然过程都置于它操控之下，最终当然也会断送一切有机生命功能和人类目的。因而，我们当代文明中唯一能逃脱自动化控制的，就是这自动化本身，这也就不足为奇了！在世界上将将这种集体一致效劳的事业奉行的最彻底的国家，公众还受到信息操控者(所谓公共关系专家)的教导，将这种制度美其名曰"自由事业(Free Enterprise)"。难怪前面我引述的那位 IBM 的反叛雇员会随信寄给我一张 IBM 公司的穿孔卡，上面简略写着一个词：救命！

*193*

这就是文明进途中面临的灭点(terminal point)。在这灭点位置，自动化进程来到一个边沿，下一步它就会造就一个新种族、新物类，也就是心甘情愿、百依百顺的人类机器人！此时，生命世界开始鼓起全部力量，有时悄无声响，有时大张旗鼓，重新主张自身权利，它采用了唯一可以采用的形式：惊天动地宣称，有机世界拥有自身最基本、最重要的权利！于是，我们面临来自文明内部的从未有过的最疯狂、最强烈反响：它一方面主动退避，想退避到单纯、简朴、田园牧歌般生活方式，而更多则表现为狂放无忌的拼命一搏。这就兆示着，下一步就会看见人类最原始、最粗犷的行动模式了。不禁令人想起莎士比亚《暴风雨》中半人半兽的卡利班(Caliban)，或弗洛伊德学说中人性结构最下面一层，那个所谓的人性 Id(身份证)。

突出说明一点：自动化并非独自降临人间。如今，我们能清楚看到，自动化或机械化人类来到人间，随身带着自己黑暗的身影：这怪影目空一切，行为乖张，不服管教，涣漫无序，无组织，无纪律；尤其，它杀气腾腾，充满破坏性，嗜杀成性，一再声言它能用最疯狂、最暴虐手段扫消生命世界的一切权利。如此一种怪异人类形象正一天天临近。

它底层最低等自我(sub-ego)，或曰人性 Id，正气势汹汹跃居首尾倒置的人性等级构造的顶峰位置，叫嚣着要将人类真正的超我(superego)取而代之。这样运行必然大大降低大脑权威地位，而将盲动和反射(reflex，或译惯性思维)推上统帅司令台。如此打翻人类超我，实则包藏祸心，目的是要彻底破坏人类进化获得的一切高等属性，包括爱的能力和品格、相互辅助、理性能力、想象力、建设性创造能力等等。殊不知，所有这些能力都曾极大扩展了人类和生命世界的美好前途。正因看到种种日益迫近的负面效应和破坏现象，我们才提出：对一切征服自然、妄自尊大、以机械化集团构造取代人类整套观念，以及彻底毁灭人性的乖张做法，都必须予以重新检视。

## 9　向乌有乡前进

自动化的内在丰富含义，如今我们已能够逐步理解了。但这功劳却不属于当代任何一位科学家或者技术人员，而属于维多利亚时代一位讽刺作家，赛缪尔·巴特勒。此人是乔纳森·斯威福特(Jonathan Swift)当之无愧的后代。因为，当代社会诸多铺张浪费、离奇古怪的事情，乔纳森·斯威福特不仅都预见到了，还在他的《格利佛游记》中通过拉普塔岛(Laputa)景象描绘得淋漓尽致。

1863 年，巴特勒给新西兰克利斯彻奇(Christchurch)市的报纸(The Press)写了封信，此信后来收录在他的著作《笔记》(Notebooks)之中。

年轻的巴特勒当时在新西兰担任绵羊育种技术人员。所以他有充裕时间慢慢咀嚼达尔文刚刚发表的新作《物种起源》，同时还大胆地设想物质世界各种新的可能前景。他富于幻想，这能力是当今博士生们望尘莫及的，即使他们有时间幻想。巴特勒探索了当时社会中已经非常活跃的各种势力，敏锐地察觉到它们的前景。他们这一伙人首先清楚地察觉到，假如达尔文的进化论立论正确，那么，这进程就不会简单、武断地在人类的躯体进化层面上草率地戛然而止。换言之，不能认为这一古老进程当今已经完结、已经终止了。相反，他，以及他的许多同时代人，以及我们当今观察家们，都曾确信，"当今人类最引以为豪的，莫过于科学技术领域天天发生的进步和奇迹。除此以外，就都了无兴味了。"这种议论很有代表性，而巴特勒却仍不禁发问："……这种巨大洪流的终极目的又会是什么呢？它究竟奔向何方？它的最终产物和结论又是什么呢？"

他自己给出的答案是：植物王国源于矿物界，后来，动物界又参加进植物王国横加干预。最后，经过这几个世代变迁，一种更新的王国出现：我们对这个王国如今尚知之

194

甚少。但有朝一日人们会认识到，它就是古代大洪水时期以前的原始物种。"——也就是所谓机械王国(the mechanical kingdom)。巴特勒继续说，人类就这样不断给机器，以及机器组织增添美观和精度，最终实际上也就创造了自身的继任者："(人类)赋予它们以高超能力和各种智慧，使之能自我调节、自我主导，让它们拥有人类引以为豪的智慧能力。久之，人类最终会发现，结果自己沦落得不如机器了。"

　　巴特勒指出，生命与机器如此换位的结果，生命就转化成机器的组织形态；这种势头最终会消除人类进化道路上最严重的障碍，亦即如何发展自身能力，最终彻底人化(to become human)。若具备自我节制的道德品质，机器会无比优越，以至让人类"会无限憧憬它们，将其看作人类能够设想出的最美妙结局、最聪颖产物。这种光荣而洁净的创造物(creatures，也可译为生物。——译注)，不会受任何不良情感袭扰，无论爱情、嫉恨、贪婪，或各种败坏的恶念，都不能损毁它凛然无犯的浩大能力和状态。罪恶、耻辱、懊悔、悲痛之类，更与它无缘……任何时候，如果它们也想体验"情感"(一用该词，立即暴露了我们自己的立场：承认机器就是生物)，马上会有耐心的奴隶来照料它们。这些奴隶们的职责就是让这些机器什么都不缺少。"在机器发展前途问题上，巴特勒甚至超前于著名控制论创始人诺伯特·韦纳(Norbert Wiener, 1894 - 1964)，明确提出了工作母机的设想，认为机器可以生产出另一种机器，至少是未来的一种希望。

　　巴特勒的结论是，"机器一天天占领人类地盘，一天天超越人类，人类则越来越臣服于机器，越来越多的人被牢牢地捆绑在机器上精心伺候它。越来越多的人花费毕生心血去研发人类的机械化生活方式，而其最终结局只是个时间问题。而这样的时刻是一定会到来的：这就是让机器最终在整个世界及其居民中真正占据上风。这种必然结局，任何具有起码哲学思考能力的人，都不会丝毫怀疑。"

　　准确弄清了当代世界未来必然会发生什么情况，巴特勒随即提出一种很荒谬的补救措施，当然他这样说，虽然有些张口结舌："必须立即同机器决一死战……让我们仍然返回人类的原始状态。假如大家认为在当今人类状态下这样做已经完全不可能，那么，这就马上证明我们已经铸成大错，危局困境已经形成。因而人类真正遭罪的日子从此正式开始了。因为，我们亲自造就了一个新物类、新种族——机器世界。它一出世，我们就决无办法将其消灭或者送回去了。我们人类不仅要受它奴役，还要默认它统治和束缚，以至安然就范。"

　　巴特勒似乎还被自己的直觉发现吓了一大跳：于是赶忙寻找躲避地点，他把自动化方式的维护者都联合起来，恰如本书读者中许多人都会做的那样。于是，在给当地报纸的第二封信中，他一反常态，重新描述了技术发展的全过程，从最原始的燧石时代直至最先进的自动化技术。他非常正确地指出,机器就是人类能力和生命属性延伸的产物,仍然可以看作是人体天赋能力的一部分,只不过延伸到了新领域、被赋予新特色。恰如乐器是人类发声器官的扩大和丰富。所以,作为非常驯良的奴隶,机器理应顺从人类,恰如手指听命于手。

可是实际上,为扩大人类能力而使用机器,与用机器来限制、缩减、消灭乃至置换人类功能和能力,两者全然不是一回事情。照前者,人类拥有主导能力和支配权威,命令机器服从人类指挥。在后者,机器占据主导地位,而人类屈居次要,成为微不足道的配角。他这样一写,马上折返回到一个老问题:要让人类重新获得支配地位,重新控制他自己发明的新物类,还必须做出哪些改进? 这问题,是他在提议彻底消灭机器时过于草率匆忙地抹掉了。

巴特勒就这样从自己颠三倒四的讽刺作品《厄瑞翁》(Erewhon,刚好是 nowhere 倒过来的拼写)又回到老问题,而且构想出很逗趣的妥协当作避难所:他留下一部分基本的传统原始机械设备,再划定一个日期为界限,该日期后问世的机械发明一律予以清除,而且对将来设法发明机械的任何图谋,均予以严惩。这样做,实际上是巧妙地偷换了概念:把消灭机器的含义换成用一套新办法,对机器发展开展新的评价、选择与控制。所以,巴特勒的高见尽管巧立名目设立障眼法,实际上从中仍可看出,他对人类当今面临的窘境理解非常透彻,而我们当今许多人的见解还不如他深刻。证据就是,如今科学技术界许多先进理论和思想,大多还致力于如何用大量人类资源、人类部件去喂饱机器,而根本不管——假如这种过程无限期持续下去——还能给人类剩下些什么。

巴特勒的功劳在于,他能看穿这种技术迷恋当中潜藏的隐患,同时指出:通盘机械化的受益者并不是人类自身,而是机器,而且是蜕变为爱之对象替代物的机器(Ersatz love objects),而且即将用恋物癖对象,堂而皇之登堂入室,上升为神灵。巴特勒看出,机械化过程的最终效果不是促使人类更强大有力、更智慧聪颖,而是让人类变得可有可无,丧失存在的地位和价值,成为机器上微不足道的附属品,成为切掉了脑白质的侏儒,其他重要器官和潜能都连根拔断,单单就为了适应机器的需要。

巴特勒很有先见之明,他能预见到自动化技术发展这条车道尽头,是一堵空无一物的白墙。他说:"千百万人的习惯势力非常强大,社会变迁过程非常缓慢。因而人们即使意识到将来的险恶,届时也来不及惊骇。人类臣服于其统治的局面会神不知鬼不觉地悄然到来。人类同机器之间不会有截然对立的意愿冲突,更不会引发冲撞……我们无法预料,人类智能或者躯体是否会产生巨大进化成果,足以对抗机器的巨大潜能。有人说,人类的道德意识足以控制机器。但我无法相信,寄希望于机器也具有道德意识,就能万事大吉了。"

　　撇开这些文字的讽刺性质不看,如何用现实主义眼光看待我们面临的事件、组织惯例、思想状态呢? 无论如何,这种必然结局,不是任何物理学、工程学教科书或者当下时髦的科技未来标准预测能以解答的,无论它们打扮成社会学还是科幻小说。道理在于,巴特勒在这里不仅仅探讨了实际科技发明和发现的问题,他尤其注意到一个更深刻的宇宙变迁,这种变迁足以解构人类生命状态,目的就是为了重新创造人类,使之沦为某种摹仿生命、替代生命的集团性大机器。

　　巴特勒本人最终被这种恐怖发现吓得惊跳三尺,而他却将其视为无稽之谈,弃诸一旁了。可是,假如他是一位宗教先知,而非仅仅是讽刺作家,他将会用以赛亚很久以前使用过的语言对这种不幸结局发出最后的警世通言:"你们把事情的顺序都弄颠倒了,怎能把陶罐称为泥土? 怎能把造物者与其所造之物混为一谈? 我不是由他创造,莫非由他的仿造物所造? 这一切,造物者怎会毫不知晓?"巴特勒离开我们已经一个多世纪了,这些话语,这些提问如今仍如雷贯耳,铮铮回响着不祥之音。

# 第八章 "科幻式"的进步

## 1 推动文明前进的双轮

16世纪以后,科学发现和技术发明的成果都迅速积累。必须注意的是,这些现象背后,并始终伴随其中的,是新型宇宙模型以及机械化世界图景的持续影响。技术革新成果诚然都很新颖,而其背后的敌意,自金字塔时代以来始终躲藏在阴影中从未消散。它蹲伏在暗处等待时机,等待太阳神重新复活之机,以求一逞。

研究古埃及文化的学者威廉·马修·弗林德斯·佩特里爵士(Sir William Matthew Flinders Petrie,通常称为 Flinders Petrie, 1853–1942,古埃及学创始人,考古方法奠基者。——译注)曾经得出结论说,"人类最古老工程的显著特点之一,就是与自然抗争、作对。"而这种情感,如此誓要征服自然、想控制自然的一切表现,名副其实地要凌驾于自然之上,这种态度更成为现代人类一个显著特征。由此看来,佩特拉克那次著名登山活动,他登临旺图山(Mont Ventoux),目的不为别的,就是要攀登上去。想证明,人类能够征服空间,能够升跃到地表以上很高的位置。他这行动被后人当作开路先锋,宣示一个新时代的到来。这种宏愿最近终于登峰造极,人类登上月球,并在月面行走。

到了18世纪,随着技术成果不断扩大领地,人类的价值观念核心开始悄然转换。如果说技术的目的是要改善人类生活状况,那么人类存在的目的就逐渐狭窄了,变成要去改进技术。渐渐地,机械进步与人类进步被混为一谈;而且,从理论上说,两者的发展都无止境。

到了19世纪,技术进步的概念逐渐变成一种类宗教信仰的观念被各地广泛接受。这种转变很奇特,要透彻了解这一改变过程,须考察其发展史。而且,其实它非常简单:每一种高度发达的文化中都经历了技术极为发达的阶段,且证据很明显。例如,铁器替代青铜器的时期,包括工具和武器。或者,公元前7世纪古希腊简陋的木结构寺庙逐渐发展为前5世纪精美的大理石庙堂建筑,都是例证。这其中包含多种技术能力的提高,包括凿石、运输、竖起大块石料,等等。虽然这些高超技术能力引得其他民族竞相效法,却未能培育起自身发展的必然未来,更未预兆其他方面也会发生一连串类似的进步变革。相反,很奇怪,思考人类自身完善的人,仍然会返回古代去寻求解决方案。他们总是力图恢复丢失的单纯简朴,重建遭到腐蚀破坏的人性。就连历史使命感很强烈的犹太民族,也更容易返回祖先摩西身旁,而不是去找后来的弥赛亚。

技术进步的最早概念起初可能潜藏在基督徒的自我修炼之中,因为他们追求宗教人生的圣洁归宿。一旦功成圆满,即使不皈依黄金时代,也要上升到同样平和宁静的天堂。那种结局不是全人类都能共享的,证据就是这种概念还包括:邪恶者要下地狱领受同样长久却痛苦得多的煎熬。可见,进步概念有其渊源,如塔夫森(Tuveson)所说,它植根于后世有关新千年信仰。依据这种信仰,人类不是过渡到遥远的天国,而是要在自己的地球上实现一种真正的天堂。

这种思想早在 1699 年就由正统神学家约翰·爱德华(John Edward)表述得很清楚了。早先的再洗礼教派(Anabaptist)不仅有过新千年社会理想,还通过倡导奇装异服推行这种主张。爱德华的主张则相反,他认为,通过神学知识理论改良进步,可以促成自然哲学和机械哲学齐头并进;进而推动自然属性和人类属性的同时更新。结果如何呢?他说:"大艺术家能够改进自然哲学,农田会恢复原有肥沃,生活会更安逸,理想国的子民不单有修炼成功的圣贤,还有人类的普通后代。"穷尽各种文献,再难找到如此简练的一句话,能够概括进步概念的全部含义:科学技术、专业技能、安逸生活、道德伦常、乌托邦,以及未来世界。简单说,就是天堂会自动降临人间,"机械哲学"会实现这一切设想。

又过了七八十年,进步概念又有了最宽泛的解释。是由杜尔戈(Turgot)和爱德华·吉朋(Edward Gibbon, 1737－1794,英国史学家,国会议员。最重要著作为《罗马帝国衰亡史》,发表于 1776 至 1788 年间。此书征引丰富,集中研讨帝国衰亡。从此"衰与亡"成为该作家作品的符号特征,作者还公开批驳宗教组织。——译注)提出的。杜尔戈是法国国王路易十六的宫廷牧师,此人知识丰富而头脑冷静。他不把进步看作技术的副产品,而看作人类天赋的必然产物。他崇尚科学,并且相信世间万物最终,通过数学形式,都可以完美表达出来。因而他认为,进步趋向是人类固有禀赋决定的:人类富有革新和创造精神,不满足旧物,总是力图创新。这种取向可以抵制另一种消极趋向:反对改革、压制革新,那种总希图在跑步机般的单调重复中苟且偷安的思想。所以,人们从吉朋那里也找来差强人意的"进步"解释,那是他在其《罗马帝国衰亡史》一书结尾所说的安抚世人的语言:

人世间各个时代都千方百计增加了、至今还在设法增加着财富、幸福、快乐、知识，恐怕还包括增进人类的美德。

一幅多么乐观的图景！它描绘了一种稳固、持续不断、几乎挡不住的文化积累；从中不仅能看出"启蒙运动"知识分子们索然无味的乐观，还能看到他们为自己在人类史中的地位沾沾自喜。证据就是，这一运动的领袖人物们，从伏尔泰算起(不过这其中杜尔戈显然要算例外)，一个个都相信，以往的历史文化，尤其中世纪文化，无一不是人类盲目本能的牺牲品，都断送给人类的愚昧无知、僧侣的镇压和暴君的暴政。历史上这些邪恶观念和势力一旦能够被彻底拔除(顺便说，这些势力非常敌视哥特式建筑)，全人类就会集合到理性旗帜之下听从理性的指挥，充分发挥人性固有的善良本质。可是，假如吉朋的论点有根有据，人类的进步就不该中断，客观事物的本质会保证这种进步。每一个世代就会胜过以往的世代。

思想史上，这种崇信进步的思潮来得很快。18 世纪初，圣西门曾经满怀热忱描绘过同时代思想家马歇尔·戴·加蒂奈(Marshal de Catinat)："他悲悼时代错误，在他看来，历史的错误连绵不断：有时故意消残壮志、有时宣扬骄奢淫逸……详察时代各种征候，他认为他发现了这个国家迫在眉睫的危机！"而在他之前，16 世纪的路易丝·勒·洛伊(Louis Le Roy，约 1510—1577，法国人文主义者，皇家学院希腊文教授，译柏拉图和亚里士多德著作，并征引其思想于 1576 年撰写成其著名的卷帙浩繁政治史著作《宇宙各种选择盛衰史》，成为文化轮回发展学说的开山之作。——译注)曾经指出，每一代伟大文明莫不在到达一定高峰之后走向了衰亡。

可是，马歇尔·戴·加蒂奈眼中的不祥预兆，到了 18 世纪进步思想家那里便成了可喜的曙光。他们衡量进步的尺度，是看这种文化丢弃了多少陈旧制度。假如进步可以表述为沿时间长轴的线性运动，那么进步便具有两种趋向：接近既定目标，或远离起点。那些追求进步者头脑简单地相信，邪恶是历史遗留下来的东西，只有尽快远离历史才能保证未来的安全。

这种学说中真理含量之低微，足以令其谬误产生可怕的破坏作用。请容许我再次强调，五千年来每一代文明所创造的强大帝国，无一不裹胁着巨大创伤性体制及其一贯做法滚滚前行：人殉、奴役、战争、强制劳动、强加于人的贫穷和屈辱。而伴随这些邪恶，同时又创造了可观的财富和商品积累。通过积累和传输这些商品和财富，也实现了人类自身的继续人化和进一步技术改进。倡导进步的人，一方面过于崇信他们的学说以至无法预见，他们极力要永久消灭的集权统治制度有朝一日还会借尸还魂，而且更为气

200

势汹汹。因为，它靠科学技术得以强化；而这科学技术恰是进步倡导者自身非常推崇的东西，相信它们能够帮助人类摆脱旧桎梏，实现彻底解放。

迷信技术和社会进步能够持续不断、能够必然到来，这种盲信无视有机生命发展进程中大量客观事实；诸如腐烂、分解、疏失、毁坏、停滞、倒退，诸如此类消极负面现象，他们都一概否认。如此荒谬绝论的奇谈怪论，一个世纪后又通过法国著名哲学家维克多·库辛(Victor Cousin, 1792－1867，**法国哲学家、历史学者、教育改革家。其系统的折衷主义哲学主张令其成为当时最著名的学者和思想领袖。——译注**)之口更空洞放肆地扩散开来。他说："先生们，我认为这世界上没有倒退的事物，一切事物都在前进。"当代进步主义先知们不也同样鼓吹着这种同样原则，为超音速飞机喝彩吗？他们不管其噪音扰民、破坏神经、污染空气，对气候的不可逆破坏，唯独看重其对交通运输进步有多大贡献。

吉朋的罗马帝国衰亡论述中最不可思议的地方在于，是这部衰亡史书展现了完全相反的事实。它让我们从中看到：起初，强大的物质和精神资源源源不断流向罗马，孕育出这帝国各种丰功伟绩：建筑工程、大小城池、国际公法等等。但仅隔几个世纪，起初的能量流就逐渐倒转方向，整个罗马帝国范围内历史进步的巨轮渐渐停歇下来；焚毁经卷，大量重要知识开始流失，技术效能大为下降，原先训练有素、纪律严明的军队也变得贪得无厌、萎靡懈怠。该书结尾，吉朋举大量实例论证说，罗马帝国一度健康、有益的物质和精神产品，经历过一系列挫折、倒退之后，改变了性质，走向堕落，变为邪恶。而罗马夸口曾克服了的贫穷疾苦、社会动荡、愚昧无知等负面现象，却在有教养的罗马人眼皮底下变成一个个凝聚核，为新兴基督教文化秩序奠定基础。这些核心把旧文化中干涸枯萎的实力一个个收拢起来，放到世俗文化价值天平轴枢上彻底翻转，成为新文明的胚芽。

无独有偶，18世纪这位史学家也慧眼独具地看出，类似的倒退现象不是一次而是多次出现，同样都造成世风日下、破坏传统、流失知识、耗尽资财，还不说那些暴力屠杀、哀鸿遍野的景象都曾随之屡屡出现。这不都是文明史上特有的事实吗？它雄辩地驳斥了吉朋有关财富和幸福会稳步增长的谰言。因为，假如吉朋关于稳固技术进步之说揭示了未来社会的真象，那么他的结论之言(虽多以历史描述表达出来)在英国遭受一系列挫折倒退的时刻却乏善可陈，都不曾给他的同胞准备一点点思想利器，去应对技术"进步"一旦倒退时，如何防止整个大英帝国走向倾颓没落。这位历史学家吉朋，在想象中已能看到自己的形象：会在将来某一天研究考察伦敦的废墟，恰如他曾经考察过古代的罗马城。

吉朋所讴歌的,实际上并非人类文明进步的真相,而是英国上流社会特有的、且自鸣得意的富足与安逸。他们享乐之余还卖乖,说将来人类智慧能掌控各种体制和思想,会让统治阶级特有的豪华安逸享乐,以简化形式向全民普及开来:这其实就是英国议院中辉格党"自由主义"主张的由来。基于这种假设,吉朋甚至说出革命已再无必要!岂不知,说过这话仅几年,就爆发了美国大革命和法国大革命!而且,这仅是一个开始:接着是一连两百年的民族起义和全民暴动便在世界各地风起云涌,阶级斗争、帝国主义征服、残忍的镇压,此起彼伏,绵延不断。

把技术进步等同于道德进步,这样的思维方法,一度在西方世界根深蒂固,深得人心。大约只在天主教传统的西欧国家遭遇到慎重的怀疑。此外,就要算机器生产方式尚未穿透的落后地区。因而,每次技术发明成功、生产改进,却都在强化这种不合格的信念,相信技术改进会带来人类自身的相应进步。当然,相信进步必然到来,这种信念也会偶或带来证据,强化自身的合理性,恰如巫医巫术也常信誓旦旦自吹自擂自家法力无边。但是,由于这种思维,无法解释新出现的社会邪恶和倒退现象,便将它们,无论今古,都一古脑地抹掉。好的,就算数;不好的,就闭目假装看不见。这就是这种信仰的标准思维方法。因为,若不这样,他们难以维护有关进步的千年信条。而实际上他们实现的进步,仅就物质条件而言就很不均衡,以至于温斯顿·丘吉尔也曾挖苦道,英国20世纪的豪宅竟没有集中供暖装置,虽然那是他们两千年前古罗马人老祖先就能享用的便利条件。

当然,"进步"一语,不同的人有不同界定。对此概念,狄德罗和孔多塞特(Condorcet)持一种理解;马克思和孔德持另一种理解。赫伯特·斯宾塞和达尔文则又持另外的理解;而当今学者则另有解释方法。而不管如何,原有的那个健全概念,亦即既向人类文化永恒水库注入资源,又从中汲取资源的概念,虽然在吉朋著作中偶有所见,却从进步概念中基本上消失不见了。

伏尔泰为进步概念厘定了令人开怀大笑的分子式:用最后一位僧侣的肚肠绞杀最后一位君王!这种定义,在同时代的激进主义者看来,是一种可嘉许的方式,它抹净图版,试图在一种全新的理性基础上重建社会。于是,即使有人非常惊讶这一定义之讽刺辛辣,照样也跟从其主张,在各自领域实施"焦土政策",也就是把以往遗产全部刮干净,以期加速实现进步的未来设想。吉朋学说的一个优点,是他接受了文明产品是累进而成这一事实,而非一代代演替的结果。可是,假如"推陈出新"、"革除遗产"成为一种原则,成为进步的标准,那恐怕只好让文化积累这种职能进博物馆了。

## 2  进化与退化

新的进步概念缺少的两个要义，后来都融入了进化概念。但是，由于这两个要素几乎是同时出现的，因而很可惜常在大众思维中被混淆起来。进化集中反映了有机生命体自身的核心事实。就进化概念实质而言，传统的物质、能量、运动理念，除了构成生命的抽象形态外，再也解释不出任何东西了。生命活动不同于物质世界中的势能，只朝一个方向运动，且往往走下坡路。生命活动是两极的：有积极的也有消极的、有主动的也由被动的、有创建也有拆毁、有积累也有选择；简言之，它能生长、繁育，也能死亡。每当积极取向(反熵①或者生长)占上风，即使暂时赢得少许胜算，生命就会荣发。

爱默生有个言简意赅的比喻说，"蚯蚓沿螺旋式攀爬上升也能变成人类。"说这生物不靠增加生长速度变成一只大蚯蚓，也不靠生育成千上万小蚯蚓，自身成为蚯蚓老鼻祖，来实现自身"进步"。各种生物生长繁育，一代代育幼生子，保持自身物种纯净，实现自身延续；而且仅凭其存世，它们就能丰富环境，就能帮助其他物种生长荣发，恰如深海低等浮游生物能维持抹香鲸的生存。

至今为止，有机生命世界的进化历程始终沿循一条不断进步的稳固路线，最终创造出哺乳类的神经系统。到距今数千万年前，肾脏和肺脏完成进化时，神经系统已经完全成熟、稳固。而人类进化历程更是在最后这五十万年经历了非同寻常的进化发展。感谢这种中枢神经系统及其利用自身精神活动材料塑造成的特有产品——象征与符号——人类因此而生活在一个完全特殊的世界里；这个世界，就其潜在可能性而言，是任何一种生物无论如何都无法比拟的。唯有在这里，亦即在人类精神世界中，进步的概念才获得严肃的内涵：或者说，这概念才蕴含了美好未来的意义。

但是在这种进化概念中，我们万勿忽略一个重要事实：就是进化大潮明确地用文化选择替代了自然选择；这文化选择不仅改变了人类自身生存环境，进而还为自身属性(人性)开创了新天地。唯此，后世人类才掌握了游戏般好玩的数学等抽象形式，那绝非人类开初掰弄手指头进行艰难运算时所能预期的。象征符号发明之先，人类向高级智能生物的根本转变就只能靠技术手段的进步——尤在操作自然材料和体力活动中的进

---

① 反熵，counter-entropy，熵概念即宇宙中物质和能量的退降，两者都下降的惰性均匀的极限状态。反熵是其逆向概念，意指两者上升、增大，进入非常活跃的状态。——译者注

步——取得很微小的进展。

这一重大事实直至 19 世纪末期才逐步拼接出完璧。进步这个概念从此也发生了彻底改变。证据就是：它把文化——亦即新出现的人类特性——同以往只盯着物质进步的认识概念互相区分开来。以往仅只重视生产工具、武器、器皿之形式与效能的进展，这几乎成了 19 世纪文化学说最鲜明的特色；而文化，就其实质而言，乃是人类这个物种自身精神心灵塑造的整体进化过程（mind-forming evolutionary development within the human species）。

可是，进化过程虽有跃进业绩，有突飞猛进的创造成果，却也常常显露疏失、错误、倒退、停滞，乃至致命的适应不良。另外，由于人类具有杰出的神经系统装备——才能超群却又很不稳定、极为脆弱——即使人类最优良的技术进步成就也常常陷于停顿，或误入歧途，到处滥用。举例来说，自从人类掌握了飞行技术，就从此克服了自身寸步不敢脱离大地的状态。可是，这一成就同时也带来恼人的局限。人类在追求速度的同时（例如空间极为狭窄的太空飞船），却重新陷入到他曾经力图摆脱的困局之中。同时自身也蜕变为某种可传来传去的简单物质，丧失自身同环境的互动能力。这种倒退与他实现的飞行器运载速度相比，简直无法相提并论。

说到进化经验，有理由认为，人类的真正进化，只有在符合人类自身生物本性的条件下才有可能实现，其余的方向都是不可能的。而且，人类这种生物本性，还需经历史文化改造和局部替代，因为这些文化活动已经经过人类发达的神经系统的整理和强化。而说到生存环境，现代人类许多咄咄逼人、威力强大的技术发明功业却显现出太多的危险，有些实例中则蕴含着致命的危机。假如进化学说本身不曾受到机械论宇宙图景的影响，假如机械进步论不曾与马尔萨斯"适者生存"学说相提并论，前面所说的这些危险事实是会被人及时发现、及时重视的。

有人相信，过些时必定能积累起更雄厚的价值体系；或者说，他们相信最终、最新的发明成就，必定能带动人类一起进步，云云；实际上这种信仰意味着忘却了文明史特有的证据：反复出现的挫折、倒退，甚至退回到最野蛮的时代，且非常明显，非常可怖。正如意大利理性主义哲学家恰巴斯蒂塔·维科（1668—1744）很久以前在其文明人类的行为论述中指出的那样。请问：宗教裁判所那些先进刑具，连同其实施的逐步巧妙升级的酷刑，也算一种进步？就技术而言，无疑要算；而从人道标准来看，则决不算进步。且不考虑人类进一步发展进步，仅从人类生存标准来看，燧石箭簇岂不是比氢弹更显得仁慈一些吗？实际上，古人类文化时代，虽然技术装备较原始落后，而在讲求人性标准上却比现代人更先进、优越得多。我知道，想让现代人类看到并承认这一点，会伤害他们自尊心。但是，真正的进步无疑必须包含延续与保存，而且首先要包含人类自觉预测与合理选择的能力。而这些纯朴简单的特点都与当今文化形成鲜明对立。因为，当代文化已被无节制追求新颖、标新立异弄得像万花筒般光怪陆离了。

现世界所说之进步，主要把时间、空间、运动这些要素予以抽象，再以此为核心去构建进步概念的合理与可信。因此，所谓进步便成为一种隐喻，是来去自由无障碍运动的又一名称，包括横越水面、腾升高空，如今有了太空飞船则更包括穿越太阳系，靠大量燃料更靠种种非分之念，要飞去拜访多少光年以外的星体……可见，当年 H. G. 韦尔斯独特的科幻小说《时间机器》的主人公——一位发明家——想入非非要穿越时空，就绝非偶然了。其实，这种纯想象的穿越时空机械装置，最有效的象征性替代物，当然是好好研究历史。

按照当今最普遍的理解，进步概念似乎就是跨越时空无止境运动了。当然，同样还要无止境消耗燃油；最终则带来无止境的破坏。就连我的恩师，帕特里克·格迪斯，谈到一些思想观念或研究项目时，他的口头禅就是："我们都要不断进取。"其实，尽管他本人已浸染了卡莱尔和拉斯金等人的悲观现实主义思想，他在内心仍是个维多利亚时代的乐观主义者。就连他也认为，印度圣雄，玛哈特马·甘地不抗暴的思想主张本身，简直是一种耻辱(condemnation)，因为，他主张用类似手摇纺车的方法(hand-spinning)赢取印度独立。而且说，他这一思想主要来源于三个人：梭罗、拉斯金、托尔斯泰；而这三个人物毕竟当时都已过去七八十年了。[①] 以往两百年间，林林总总不知又增添了多少机械发明，而普通人衡量技术进步的标准却始终没有离开交通工具，无论是轮船、铁路、汽车，以及如今的飞机，还有火箭。

而即使把进步概念限定在征服时间、空间的意义上，其对人类的局限性也非常明显。比如，姑且用美国工程师、未来学家巴克敏斯特·福勒对时空缩小最常用的解释：

---

① 圣雄甘地(1869—1948)被公认为启迪印度公众的政治和精神领袖。他原来职业是律师，1893 年远赴南非，在佛教思想基础上形成自己非暴力政治主张，以及独身主义、拒绝个人私产，当然还来源于广泛的阅读，包括反对现代文明的拉斯金、梭罗和托尔斯泰。他第二次入狱时，阅读了梭罗的论文《温和反抗》，后来又阅读了拉斯金的《孤注一掷(Unto This Last)》之后，从此决定改换自己的政治主张以及生活方式。后来又通过 1909—1910 年与托尔斯泰通信，接受了托尔斯泰的深刻影响，形成了印度独立的观念，就是几千个自力更生的小型地方社区组成的自由国家。这些民众自立自强，而不妨害他人。这一思想，大约就来自托尔斯泰。南非归来之后，他就放弃西方装束，穿土布衣衫，粗茶淡饭，号召大家动手摇动纺车，纺线织布，过清淡生活，打击英国大企业，赢取印度独立。这个思想就体现为印度国旗上是中心位置的手摇纺车轮，甘地终生将其当作一种象征：独立、非暴力、自力更生、走向平等富裕的依靠。甘地一句名言就是："纺车是非暴力象征，而非暴力则是一切生命的运行基础，只要它是真正的生命，就必须遵从非暴力原则。"——译者注

他从一个直径 20 英尺的圆周说起,最初用步行来体现交通过程的时间距离。然后,改换乘马,该圆周缩小成直径只有 6 英尺了。随即,再继续换成古代高速帆船,该圆周就变成了篮球大小;再换乘火车,圆周变成了垒球大小;换成喷气飞机,圆周变成玻璃球大小;交通工具换成火箭……变成豌豆大小。让我们替福勒完成其构想,若用光速周游地球,地球将变成一个分子大小。这是从身体速度来说的。那样一来,我们不用出发就已经回到了原点,丝毫感觉不到运动带来的空间化和经历。

如此推论下去,直至逼近福勒解释方法的理论极限,就会发现,这种机械的(进步)概念会逐步降低到与人类完全无关的状态。证据就是,各种技术进步成果都证明,速度只有与人类需求和目的建立某种联系,才具有自身的意义。而这里不断加速交通手段,其效果显然已经将人类的直接体验降低到最小,甚至连旅行应有的感觉都消失不见了。假如一个人愿意徒步旅行全球,他最终会贮存丰富的知识和记忆,关于地理、气候、人文、审美,非常丰富。而这些体验,却会与旅行速度的递增恰成正比,及至到达急速运动的巅峰状态时,旅行者已丝毫没了旅行体验,他看到的,是一个静止不动的世界,时间和运动对这种世界不产生任何变化。其中抽缩的不仅是空间,还有人类主体。如今乘坐喷气机旅行的人数大增,这种交通手段无可挽回地毁坏了旅行的快乐,包括历史名胜、古城,人们是为了观览这些名胜前去旅行的。

按照如今机器崇拜文化的定义,进步的含义无非就是穿越时间向前运动。而按照一位实用主义者哲学家的定义,"向前进(going)就成为目标本身"。这岂不就是"媒介即信息"一说之更浅陋版本吗?上述两种思想都可以表述得更完满:"前进"的确变成目标之一部分,且将其放大;而"媒介"则必定会篡改信息本身。

可是,别忘了:人类起初那么热切地相信"进步"、向往未来,不是没有道理的。因为以往许多有益的革新举措,首先往往无法冲破习惯势力的深厚外壳。就连非常理性的法国作家蒙田(Michel de Montaigne)①也认为,一些不好的体制和惯例是需要保留的,而非立即革除;否则社会可能因改革而承担风险。我们如今享有选择的自由,可以从历史中挑选合意的东西,那可能因为我们首先能同历史完全决裂,就像少年必须摆脱父母才能逐步成熟,最终从长辈那里承接自身独立成人的各种要素。

大约,未来的观念破天荒第一次占据了人类精神世界,而且不是体现为一种茫远希

---

① 米歇尔·蒙田,Michel de Montaigne, 1533—1592,文艺复兴时期的法国作家,最有影响的思想家之一,特殊贡献是树立了散文、随笔在文学界的地位,并将严肃思考与随意写作融合在评论、传记、之类的文学作品中。且被公认为怀疑主义思想的奠基人,对后世作家和思想家,包括笛卡尔、巴斯葛等人,都有广泛影响,主要代表著作是《随笔录》。——译者注

望,寄望于遥远、凝滞的天堂,而是持续不断的进步,一种切实的盼头。一切生命都将其未来寄托给生命的周期循环:未来的事件、将来的形态,它须不断冲撞并修订现今形态:因此,feed forward(前瞻)就成为 feed back(反馈)的必要补充。然而说来奇怪,经久不息的未来意识,作为现世生命里一种活跃配料,唯独活跃在一种文化当中,尽管这文化已十分古老;这就是犹太民族文化。犹太民族得救,然后重返耶路撒冷,历尽千难万险,别人难以忍受的艰难困苦,他们都熬过来了。那是因为其他民族不像他们那样坚信自己的目标,坚贞于自己的未来。只要认定进步之说包含着未来与往昔并重的理念,这学说就有助于抵消过度偏爱陈旧制度和习俗的趋向,因为那些东西已在发展中逐渐失去了重要性。

206

不管这种拒绝历史遗产的做法多么武断,多么愚蠢,这种进步概念最初都有种解放思想的含义。仿佛让人类精神甩掉锈迹斑斑的铁链,在当时西欧背景上,这种思潮开始义正辞严清算以往罪恶,面对统治阶级对"革新者"、"好事者"的敌意,倡导、推动了各种有效改良。这种思想原则的氛围中,义务教育开始逐步推行,精神病患者摘掉了镣铐;恶臭的监狱被暴光,不得不改进打扫。一些国家的民众获准参与立法;聋哑人获得帮助,表达意向;就连海伦·凯勒那样的失明失聪者,也获得罕见的人文关怀,重获言谈能力。有一度,审讯罪犯甚至取消了刑讯(至少书面上如此),虽说,自古以来名声最坏的古老制度,亦即奴役和战争,丝毫不见有所收敛。

虽然如此,我们仍不能小看一个基本事实:这些令人欣慰的进步都是在进步概念启迪和培育下逐步实现的。还有一点更不能忘记:*这些改善都很显著,而有一点则更显著:这些进步中却无一桩一件要归功于机械发明的成果。*

这样说并不等于否认 18 世纪以来进步概念乃至学术思想界,与系统机械发明、科学发现、政治立法、社会发展之间,始终存在着互动关联。因为,一个部门的发展往往引发其他部门的努力和改进。所以,路易斯·塞巴斯蒂安·莫西耶(Louis Sebastien Mercier)在其 18 世纪的乌托邦著作《2440 年》一书中慨叹道,"有几何学、机械工艺以及化学作武器,人类之完善还会有止境吗?"的确啊,何时终止呢? 作者专挑这个遥远年代表明,遥远的未来刚好符合遥远的过去,甚至大有取而代之的势头。

这位莫西耶的作品只是一例,19 世纪又出现大量类似作品。虽然莫西耶的预言许多未曾实现就提前消失了,文明发展趋势这时却促成一种观念,认为机械手段,因其设计方法的理性特点以及运行的精准特性,就具备一种道德能力,甚至唯一的道德能力,能为人类自身的进步设置一套新的衡量标准。这样,便自然而然地把新技术——乃至新技术的拙劣体现——都等同于人类自身的进步。各种罪恶,不再从人性潜质缺乏当中寻找原因,反而从机械化运用未达最大限度去找理由。

　　古典哲学和宗教里,完美概念指人的自我修养或灵魂救赎。人类各种社会现实,如组织、体制、习俗、规约等,不过是这种精神道德努力的副产品,其中当然不包括技术的范畴。而及至本笃会教规将体力劳动上升为虔诚的表现,这种理念也就宣告结束。人类精神自我系经济体制和物质文化环境塑造而成,并从中获得实际内容。如今将自我从这些环境内容中剥离出来,令其孤立存在,这是个天大错误,无异给宇宙绘制那个机械论模式图。不过,这样做倒有个好处:它激发了人类自觉参与以及坚韧不拔的努力。另一方面,进步学说还把社会改进理解为外化的、自发的含义:无论个体主观上如何选择、如何奋进,只要社会总体接受越来越多的机器以及机器制品,并将其当作人类生活的主要目标,这个进步就能获得保障。

*207*

　　机械发明如此迅速、如此新异、如此泉涌而来,截至 19 世纪中叶,就连温文尔雅的谦谦君子爱默生,心智那样均衡的人,虽然还坚持反对实用主义教派的形而上学理论基础,却也难免受到这种观念熏染,惊呼道:"我们这时代的奇异光彩遮盖了有文字记载的任何时代。我一生有幸目睹了五大奇迹:轮船,铁路,电报,光谱用于天文观测,照相技术。"这个过早唱出的赞歌,把一个难以描述的奇迹屏蔽在外了,这就是我们电子时代种种奇迹:电子显微镜、原子反应堆、遥控绕地宇宙飞船,还有计算机。

　　爱默生还在其另一场合曾耐人寻味地说:无论你走多远,原来自我都会永远会伴随你。当代进步改革家们绞尽脑汁采用新知识新方法,不遗余力推出并改进这么多机器及其产品,就为了逃避和抹掉人类最核心的任务!这任务是什么?就是塑造人性、引导人性的正确发展。按照机械文明设想,人类每一种弱点和欠缺很快都能找到补偿办法:机械的、化学的、药理的,等等。电弧最初发现时人们就欢呼,夜间犯罪终于有了防治办法。紧接着,X 光盲目使用了半个世纪之后才发现其种种不良后果。同样,滥用抗生素、草率实施外科手术,来解决一些本可用其他方法治疗的机体问题,例如额叶脑白质切除术……等等。

　　机器代表道德、代表政治,也代表物质商品,因而象征着希望。这一理念,在爱默生文字中也有所体现。仅此一点就表明,机械进步论已经建立起多么牢固的掌控权!爱默生 1866 年写道:"发明的日新月异,实在是一种威胁。每当我见到铁路,我就赶紧寻觅一位共和党,告诉他我们得赶紧引进自由贸易,撤销关税局,因为欧洲的旅客不久就会排起大队汹涌而来。所以,每当我看到车站站长在把大牌子'小心火车'高高挂在铁路上方,我常想,他必有其另外一种更深的蕴意。"

　　爱默生几乎没有猜到,超级技术装备不仅引来共和党人大联盟,还引导出一连串破坏性的专制主义军事机器。如今一些标榜"前卫(avant garde)的"思想家,就是这种旧式陶范翻铸出来的。他们至今相信,采用电视等快速通讯传播技术,能促成无障碍沟通理解;其中也有些人执迷不悟地对技术进步抱有信心,相信靠直升飞机发布无线电讯号,就能疏导交通,解决公路车辆拥堵,并以此证明技术的高超效能,却不能从交通拥堵看到其真实含义:这是一场大溃败,它显现了现代工程技术、社会管理控制、交通规划、城市规划的通篇无能。

最初相信机械发明能救赎人类的人很难解释,为什么航空运输开始勃兴的那十年,恰好也重新严格控制护照管理,而且是世界性的。此前,在 19 世纪末曾经基本取消了护照限制。简单说,机械和科技进步能保证人类福利随之改善,这一信念到了 1851 年已经开始动摇。这一年刚好水晶宫建成。而如今,这一信念则已完全站不住脚了。

无论是最初相信科技进步,或是后来感觉幻灭,都反映在阿尔弗雷德·丹尼生的两首诗中:《洛克斯雷大厅(1842 年)》和《洛克斯雷大厅六十年后(1886 年)》。诗人年轻时代不仅欢呼过火车问世,还热烈迎接了航空时代来临。用作者自己话说,这样的成就,让欧洲人生五十年强于在古中国的一个轮回。不过,他最终得出相反结论,原先设想的空战会酿成"全人类议会""全世界大联盟"等等美梦,如今已风光不再,无人相信了。从此,诗人一改既往的乐观,从敦促大家"向前,团结一致向前前进!"重回自己早先的口号,"咱们收起这种前进的呼喊吧,一万年以后再说!"

总之,机械进步必将促进人类进步,这一信念简直成了宗教替代品(an Ersatz religion),并为新绘制的机械论世界图像拾遗补缺:它明确树立一个目标,即,彻底抹煞历史,创造一个更美好未来。为此,这种思想体系中求变的核心,不仅成为一种天然事实(也确乎如此),而且成了人类社会呼之欲出的价值指南。紧接着,抗拒变革,或千方百计延缓变革,便成了大逆不道,成了"违抗天理";最终会因藐视太阳神及其指令而给人类自身带来危险。

基于这种假设,既然进步带有上天恩赐的含义,倒退便几乎不可能了。就在一战爆发前几年,H. G. 韦尔斯一部较好的小说《新机械小镇(The New Machiavelli)》当中,被流放的男主人公记写往事,慨叹道:"再也没有国王或者地方议会敢于抓捕我、欺凌我了。再也没有教会、国家能够封嘴不许我说话了。这种残酷无情镇压民众的强权已经完全消失了。"虽然那时已很临近灾祸,而一位训练有素的头脑,仍然天真地相信科学技术新发现法力无边,他完全不可能预见到不久就会出现希特勒、斯大林……而且他充分相信,人类进步趋势不可逆转,虽然很快,到了 1914 年,他自己也笔锋一转,在其《自由世界(The World Set Free)》的新作中,以现实主义笔触生动描写了整座城市毁于一颗原子弹。

渐渐地,习以为常的进步观念又支持后来问世的进化论,并从中获得反馈支持;只不过二者间是一种不正当联姻。因为,恰如朱利安·赫胥黎所说,进化不是一种线性过程,而是"发散式的、稳固的、推陈而又出新的。"有机生命转变过程中,抗拒变革、固守自身势力,与诱发新颖性、实现进步的势力同样的强大。因而,某些暂时的促进要素会在不久后显得适应不良或者开始倒退。 *209*

不管怎样,有一件事很显然了:变革本身并不构成价值,甚至也不可能自动生出价值体系。新颖性并不能充分证明有关事实的进步性。它只是引人耳目的漂亮话,只是花里胡哨的广告词,是为商业促销产品服务的。至于说技术革新始终是人类进步的主要源泉,这种理解简直是一种破烂不堪的文化人类学寓言,如我在《机器神话》上卷中所说,它在人类本性和文化的深入分析中根本站不住脚。一旦现代人类参照自身能力和终极目的,对自身物种的延续及选择型改进有了深刻理解,他们就会发现:眼前有许多新选择,而非仅仅盲目地去适应自然或者自身什么新技术。

### 3 理想国产生了什么作用

柏拉图有个理论,认为人类社会可通过理性方法自觉改造,从而实现改进和优化。其中他所谓的理性方法,实际上就是艺术创造。到了现代,这种理念再次回潮,具体表现就是托马斯·摩尔和他的乌托邦作品。摩尔这本书还翻回头来成了同类历史文学和文献的总代表;而且诞生于一个很富革命性的世纪:新大陆的发现和开发,哥白尼的《天体运行》一书,都是这一百年间发生的。还有,如本世纪美国土木工程师和教育家亚瑟·摩尔根(Arthur Morgan, 1878–1975)所说,假如摩尔本人连同他认可的阐释者,西斯罗蒂(Hythloday),都曾直接了解秘鲁印加文化遗留下来的政治制度,那么,他这部乌托邦作品,就会给一再浮现的机器神话之历史真实性添加浓墨重彩的一笔。证据就是,印加文化中特有的等地森严社会组织形态及其特殊产物,巨石阵(且还不说他们崇拜太阳神的宗教组织),都惟妙惟肖地再现了古埃及的金字塔文化特色,尽管尚未找到透彻的解释。

一比较就会发现,柏拉图及其以后的理想国经典思想,虽绵绵不绝,却远不如后来技术进步拜物教的影响强大而深厚。两个世纪以来的世界巨变,哪一桩都不能归因于理想国,谁若那样做就太愚蠢了。因为,即使依照理想国模式在美国或者其他地区建造 *210*

的理想主义殖民地,也是屈指可数;更何况,其灵感还大多来自一些宗教的千年梦想,如:摩门教和犹太复国主义教派(Zionism)。至于少数较为成功的新型殖民地,如纽约州的奥尼达(Oneida),衣阿华州的阿蛮纳(Amana),也是短时期自给自足,而不久就自生自灭了。

可是,理想国文献,从一开始就与同时产生的集团性机械社会组织体制之间,存在千丝万缕的隐性联系。而且,我们至今才有充足资料显现它后来历史发展的清晰脉络。假如人类发展的真实目的就是为了建成一个优良的社会,那么,该社会的制度最终就必须依照机器效率来运转;因为,这个制度塑造了该社会的每个部门和领域,目的就是要它们服从这种运转的要求和效率。

表面看,理想国概念中隐藏一种仿佛同进步概念相对立的含义。请看,一旦达到圆满,理想国倡导者们便发现无需继续进步了。只要共产主义已经实现,就连马克思也会丢弃他钟爱的黑格尔意识形态。可见,理想社会可以像供油良好的机器一样,在专制主义体制指导下永远运行下去。一些社会动物,如蚂蚁和蜜蜂,行为习性都证明,如此机械化的集体行为,在生物王国内完全可行。

从亚里士多德对古希腊各联邦政体首次比较研究之后,理想国设想的经济社会形态又产生过许多变体,且差异巨大。而只有少数几种经典理想国设想——尤以威廉·莫里斯为代表的《乌有乡的信息(News from Nowhere)》——不赞成采用共同的基本设想,亦即:依照共同的意识形态蓝图设计一个总体社会,并把个体享有的自由渡让给有组织的社会;尽管这种自由,即使在最低等生物那里,也程度不同地属于不可剥夺的天性。

即使机械论宇宙图像尚未完全占领西方人精神思想时,经典理想国的设想,尤其是柏拉图和摩尔这两种影响最深远的模式,也已经显露了这些弱点。雷曼德·瑞尔教授(Prof. Raymond Ruyer)曾透彻考察过理想国理论,他认同我在 1922 年提出的分析结论:几乎所有的理想国理论都强调规则、一致、极权主义、孤立,以及专制统治。还有,他们也敌视自然属性,这导致他们对自然环境施加残酷破坏,用几何形式或者机械方法对自然实行改造,还特别喜欢用人工制成品代替自然产物。

如此一意孤行的主张出现在足智多谋、非常人性化的作家托马斯·摩尔笔下,实在匪夷所思。因为,总起来看,摩尔描述的社会生活基本上是中世纪乡镇加上农村庄园生活的理想化再造。同样构想,在斯托(Stow)早期对伦敦生活的调查和描述中也能见到。只不过摩尔给这种模式强加了一个非常矛盾的制度框架,且在他看来是"理想化的",他在其中将整齐、规则、一律等特征当作目的来追求。难怪他会鼓吹说,只要看一个理想国,便一通百通了。从这样的话语中,我们还能找到另外的解释吗?摩尔理想化联邦体制的中世纪外衣下面,包裹着钢铁般冰冷的机器人,而且已经开始摆动人造肢体,摇胳膊踢腿脚,用铁爪开始采摘生命的果实了。

此书花费这么大力气,试图证明实现人类福祉与专制主义或称之为冷酷无情的极权社会之同一性,意欲何为呢?这种不能怀孕的干瘪妄想,类似机器人、人类飞行梦想等,都已在人类精神领域漂泊了数千年。终于,在机械论宇宙图景最终成型的当口,理想国才开始扮演了个新角色:它给机械化迅猛进程即将为人类推出的"理想化"社会提供了一个预制模型。工业化、现代化以来,局面一新。虽然当今很少有人怀疑工业社会即将实现的理想模式和最终目的,实际上,它在走向凝滞不动的终局(static finality);届时,制度之任何改变都将不可能,除非遭受全盘解体或彻底毁灭。

简单说,原来,乌托邦思想,或者理想国,都不是非常遥远、不着边际的理想幻梦,恰如当今社会发展运行中那种迫在眉睫的停摆。现实的看,丰富的理想国文献,接受科幻小说加盟之后,便给当之无愧的进步宗教牧师们创造的未来世界,及时提供了一个横截剖面,内容大家一目了然。

请不要误会这段论述:这样说一点也不牵强附会。机械化实际进程并未受到有关理想国出版物丝毫影响,无论思想类或者科学类的。理想国设想基本上没有影响技术发展,唯一例外恐怕是培根的作品《新亚特兰蒂斯》。虽纯系偶然,这部作品像贝拉密的《向后看(Looking Backward)》一样,也依据当今一些发明革新来推断将来社会景象。贝拉密也曾像傅立叶一样,给社会发育提供过一种共产村社模型(phalansteries),只不过马克思和恩格斯都拒绝接受。可见,如果我们把实际进程推想为这样:技术进步的非凡速度反而促进了理想国原则的合理性,进而还推出社会效果,令最初理想国作家们窘迫万分、无地自容,这可能更符合真实情况吧?俄罗斯哲学家别尔加耶夫(Berdiaev)曾经说,"理想国的设想如今要比历史上更富有现实可能,人类因此面临更为困扰的问题:如何阻止它的最终实现……如何回归非理想国的社会状态,不要那么'完美',宁可多些自由。" *212*

从中可再次看出:不是机械化的失败,而是它不费吹灰之力的巨大成功,给人类带来了难题。因而一个迫在眉睫的任务,就是认真审视所谓理想国图景中所谓的社会福祉。理想国的真正用途在于其类似"测试气球"的功效,它能预测出我们有可能造就出什么样的集体蚁穴!理想国作家们给未来提供的形形色色美好社会模式,实际上并非新黄金时代的宣传册,那黄金时代太茫远无边,难以实现。不是的,正相反,虽然它只是对可怕未来现实的纯主观设想,却极容易成真!全因为有了发达的技术条件!

所以，换句话说，理想国，或者乌托邦，其实就是大器无形、无所不包的巨型机器之秘密目的地。同样，法国神甫德日进，也用空间关系术语和莫名其妙的欣喜，描述了同样的目的地，且称之为灭点(Omega point)。所以，趁为时未晚，我们来简略思考这些警示，以便未雨绸缪！

## 4　预制理想国

系统读过以往两个世纪理想国文献的读者都清楚所谓"未来的事态发展"，而且他们的见解远比那些逐日密切追踪报纸报道的人深刻得多。若把全社会各领域发生的变化收拢到一起，我们会看到，理想国的设想就逐步明显了；这些设想分别超前了一个世代到一个世纪。

换一种假设，若读遍科幻小说，从威廉·蒲(Poe)和儒勒·凡尔纳(Jules Verne)，到H. G.韦尔斯和奥拉夫·斯塔普尔顿(Olaf Stapledon)，且不说当今浩如烟海的预言八卦，均一览无余，那么你就能对当今出现的新景象料事如神。比如说，早在1883年，一位科技先知不仅预言了电车，沿光滑的轨道平稳行进，而且提出改进意见，这些具体意见在美国直至20世纪30年代才得以实现。其实，就是在马路中央划一道分界线。[①]

理想国有个突出特点，这让它在机械论思想体系中与众不同：它试图在具体把握社会概念的基础上去操作解决错综复杂的人伦联系。另外，理想国主要思想宣扬的理想模式，实际上就是专制主义社会，其最高统治者会凭借机器手段操控一切人类活动。将社会的大多数职能转变为机械的、电子的形式，将工人置于严格控制之下，以期实现"他们自己的最大利益"。19世纪中期一位颇具影响的理想国作家，厄蒂内·加比特(Etienne Cabet)非常天真地描述了这种组织形式，他说：工人们"会依照制造部件的种类数量划分为等量的专业小组，每个小组永远加工同一种部件。工作场景纪律良好，秩序井然，简直如同军队。"简直足够了！

可见，19世纪预制理想国构件中早已经预设了机械秩序、人之服从等要素。只是要等到1933年芝加哥世界博览会召开才有机会正式宣布，这种理想国秩序将成为世界性的主题。他们在博览会入口大门上方张挂标语，宣告"由科学去探索，交技术来实施，人类只消听命照办！"杜撰该标语的头脑无疑相信，这一结论如此明显，结局如此大慈大

① (Ismal Thiusen (pseudo. ), "The Diothas, or a Far Look Ahead, "New York; 1883)原文注释。

悲,以至此外无需任何解释了。好讽刺而又讽刺之极,该博览会的主题真的命名为"进步的世纪"。

进步,人类只消听命照办! 好一个进步! 可是,请想一想: 假如人类进化从一开始就普遍选择这种进步的原则和方向,那么,人类早就卑屈归顺自然了,早就屈服于自然状况,而将自身进化及环境改善彻底断送掉了! 可是,就连最低等生物都懂得从大自然提供的广泛机会中精心选择出最适合自己的生活环境和生存方式,目的不就为了能弘扬它们自身的本性和特点吗?

这种僵死的理想国思想,稍加精细打扮,就是我们当今滚滚而来的总装配线、宇宙飞船、计算机、闭路电视、原子反应堆。阅读过我的著作《机器神话》(上卷)的读者都能看出,古代工程师、官僚、军事首领头脑中那些神话,又开始严重入侵了两百年来的经典理想国设想。只是很可惜,不论理想国作家或者是当代"现实主义"政治家们,都不具备足够历史知识背景预见到,这种新型装配线可以通过更野蛮的战争、革命、残忍的恐怖主义、人类精神错乱等途径最终完成。即使现在,面对以往历史记录,他们仍然故意佯装视若无睹,否则就不得不承认,他们自己的哲学理论体系肢体不全、捉襟见肘。

*214*

可是,假如乌托邦作家们设想的理想体制中潜在不良后果,他们自己一桩也预料不到,或者,根本想不到他们多数人描述的巨型机器实际上是少数操纵,而由多数人从事操作的巨型设施,那么,他们对新兴技术—社会实体的预断则是完全正确的。只是他们在一个问题上则完全天真幼稚: 他们自以为已经看见新世纪人类幸福未来的曙色,以为理想国一旦实现,人类将永远生活的快乐幸福之中。

回顾来看,19 世纪最具进步意义,且写得极精彩的理想国设想,居然出于是最富现实感的作家之一,巴尔维-里顿(Bulwer-Lytton)撰写的《未来的人类(The Coming Race, 1871)》。这是一部长篇小说,书中作者放飞想象力,超越同时代作家的缜密周详(例如,詹姆斯·西尔克·巴金汉),益发逼近后来世界的社会真实。他的直觉和远见不独体现在,他预见到理想国可以建在地下,建在地球深部。因此,他预言了大型地下监狱,这不仅象征了人定胜天,还透露出人类为此目的,必将向机械手段彻底屈服、投降。

这不正是当今景象吗? 或许与《未来的人类》并无直接联系,而成千上万的地下建筑和工程鼹鼠们,受矿洞、地铁及导弹井的启发,正忙不开交建造着下一代地下城市;甚或已经开始将其同地上那些凄凉可怕的建筑物连成一气。三十年后,法国社会学家,加布里尔·塔德(Gabriel Tarde),在其乌托邦著作《地下人类》当中,也再次提出这种生存环境。

《未来的人类》的成员们已拥有一种神秘新型能源: Vril,从而也掌握了毁灭的绝对权力，就是如今掌握氢弹的人握有的特权。只不过在巴尔维-里顿构想中情况更可怕，因为这种能源能缩小，还能可放入空心芦苇管到处携带。把这种新能源放在关键地位就可以掌控人类，也能掌控自然。作者将人类社会安排在地下，从而预见到未来社会专制主义控制新的核心特点。但有个重要方面作者却忽略了：他未曾追踪该体制的历史渊源，专家、官员组成的包罗万象的组织，凭借着公众难以接近的知识和装备，提议想要操控全人类的活动。

而巴尔维-里顿却没去描写这种高度专业化的军事官僚组织，而把拥有新能源的少数统治者描绘成 19 世纪英国贵族般附庸风雅：性放纵、肆无忌惮鄙视与新能源不沾边而任其操控的下层社会民众！如此对下层残忍控制与精英阶层自身性放纵的其妙组合的预言，恰在德国第三帝国得以实现了。只不过，作者巴尔维-里顿，风度翩翩的贵族绅士，未曾理解，这种妄想实际上表明机器的古老神话又开始回潮，首先在人类无意识领域逐步成型，至少是在统治阶级的无意识领域开始定型。具有讽刺意味的是，这种超级能源 Vril 的直接后果，是一种英国产品名称的最后一个音节，它是一种牛肉提取物，叫做 Bovril。

# 5 贝拉密的倒退梦想

巴尔维-里顿之后，爱德华·贝拉密的理想国著作自然就相形见绌，很难吸引现代读者了。但也像培根的书《新亚特兰蒂斯》一样，当今阅读贝拉米的《向后看》那种索然无味，原因在于其中那些大胆设想大多已成为当今司空见惯的小事。比较而言，他预言的 2000 年改革实现的联邦体制，要比奥维尔(Orwell)所著之《1984 年》中那些耸人听闻的恐怖景象更引人注目；虽说这些可怖景象也为期不远了，只不过笼罩一层薄雾之中。1887 年波士顿一位观察家发表一篇《抄录(Transcript)》，表达了作者的冷静观点，认为若延至 7500 年之后看问题，贝拉密的预言当然无所不能，什么都能兑现。此言简直愚不可及，荒唐之至！对照而言，贝拉密的想象要比这位一窍不通外行的"理性判断"更真实可信。

贝拉密的理想国设想如今读起来非常奇特，不仅因为其中所言之事务之荒谬，更由于这些事物所包含的高尚理想。证据就是，尽管作者本身的激情和民主观念，他仍然无所顾忌地全盘接受了那些无可调和的专制主义的种种做法，而这些东西恰是巴尔维-里顿避之唯恐不及的。大型组织和机械化的巨大潜力让贝拉密喜不自胜，正如在军队中，他会情不自禁地用军队模式来改造他的理想社会组织,仅只对巨型机器沿用已久的强制手段略加改造。如同加比特一样,这位独特的思想家,也提议建立横跨大陆的专制组织,并将古代各种控制办法集中起来:纪律严明的军队、强制征召入伍从事劳动、服从中央统一权威部门指挥调遣、由庞大的官僚机构、有效调度,完成各项生产任务;然后,总产量每年平均分配。

简言之,贝拉密把他的理想社会全部交托给原型巨型机器来实施。其办法的引人之处在于,全国性征兵制度同新大陆道德理念背道而驰,因而即使美国内战期间短期施行都酿成招募兵员的激烈暴乱。因为这种方法在美国仍被视为代表了旧大陆暴政和压迫的可憎恶做法(且言之有理);所以,除非非常时期国家存在遭受威胁,一般不会采用招募兵员的做法。但在这里,贝拉密显示了他先知的聪明才智,能将这种办法推广到日常生活,无论战时或者和平时期。

所以,《向后看》一书后来就成为国家社会主义(德国式的)或国家资本主义(苏俄式的)的第一部写真;只不过采用了极为阴险的贿赂形式,亦即,表现为天赐之福的福利国家:通过针对大众的小恩小惠,把一切纪律约束全部放开(虽未彻底去除)。如此造就的新型专制主义,不同于苏俄依古代沙皇模式建造的国家机器,因为,如贝拉密所描述,它是经过民选诞生的,而非军事暴动或残酷的"无产阶级专政"手段。同样,它也不同于后来的法西斯主义,因为,它能巧妙实施强制,却又不必诉诸囚禁和酷刑。凡不遵守国家规则之人,一律清除就是。

贝拉密显然相信,他已成功消除了强制或惩罚手段,因为他相信桑代克—斯金纳(Thorndike-Skinner)的原理,主要靠奖励来控制局面。这也是驯兽师常用的办法,依照斯金纳的观点,社会也是个巨大驯兽笼,或者,一架教育机器。诱饵非常具有吸引力,且非常可信,及时用资本主义原则来衡量。因为它包括:给社会成员,亦即每位公民,提供有保障的固定收入。而且,年金发放方式重要通过信用卡支付,依当时通胀水平,年收入相当于 2 万到 2 万 5 千美元。这个简单手法让公民能从国家库存中直接提取等值商品,还免除了其他环节的生产和交换的转换关系。贝拉密对此方案稍作调整,让年满 33 岁的公民退休,享受半额工资,假如是作家,如贝拉密自己,还可以无限度赚取稿费(对此,贝拉密本人甚至不舍得一笑)。不过最重要的是,实施这一体制会换来消灭贫穷和社会不安定。

贝拉密靠这种供给办法克服了古代巨型机器两个最严重缺憾:他用奖励激励劳动积极性,从而取代了惩罚。而且,还把奖励办法以公平标准普及到全社会,而不是让少数统治集团获得超额高标准待遇;同时,也不截留大宗社会产品,不交给受奴役、无选举权的大多数人,除非举办大规模节庆活动。这也就是教育家亚瑟·摩尔根强调指出的,这种制度继承了古代印加人安第斯帝国通行的做法,贝拉密只不过略加改进,比如:让劳动大军工人到 45 岁一律成为——套用我们最肉麻的谄媚词语——"高等公民";也就是免除一切劳动,(请注意:这是他们今生今世破天荒第一次)专门掌管政治控制!恰如玛丽·路易斯·波纳利(Marie Louise Berneri)所说,"贝拉密设计的社会中,公民们喜迎退休那种欢欣情状就足以表明,那种征用劳动力的做法非常遭人痛恨。"

这种特有的政府组织形式很类似当今美国大学实行的"校友治校"办法。如此乱出主意,就难怪发生那么多行政管理关节炎症了!可是,贝拉密理想国中深深植入了严格的军事管制元素,以至于公民要等到不再负担劳动职责之后才享有选举权。

如今,我们可以从苏俄实例中看清这种军事体制的运作方式:工人如果建立独立的车间委员会就视同叛乱;倡导生产方式改革就视同反革命煽动;批评中央领导机关就视同叛国罪。这就是实现理想国须付的起码代价。

还有,请看看理想国提供的人生历程:21 年用来成长教育,也就是准备劳动条件;3 年强迫劳动,完成各项艰苦任务;再到政府指派的较顺手职业岗位上效劳 20 年;最终到 45 岁强制退休,其余年代用于消闲,其实只有公共社会工作,并无娱乐活动来调剂。由于收入无级差,优异者获得的主要奖赏就是荣誉、地位、权力。以美国宪法为例来作说明,国家首脑成为劳动大军的最高首领,而这种劳动大军是一种常态,因而其政治体制也就成为一种专制独裁。从效果看,这种经济组织模式,实际上使整个国家处于永久的冷战状态。

如今看来,一切先进工业国家多已陷入贝拉密设计的这类轨道中,以至大多数人无法设想另一种生活方式,无法自作主张去左右现代技术提供的种种优势。比如说,其中提议的平等化,包括收入、机会、职责、贡献,似乎都如此顺理成章,公允合理,那么富有"民主"和福利气味,以至于让我们没看见其中一个重要缺项:就是这制度本身无更替方案。而为什么未曾发现呢?因为我们距离它太近了。

这种社会提供的自由,是征兵制士兵放假期间享有的那种自由。对于反对派,或者任何反对该制度的人,则绝不留情面。移居澳大利亚的美国农民最近举行示威,抗议地方当局通过法案禁止他们耕种超量耕地,即使为打粮食饲养自家猪只,也不许可。采取行动后才发现自己犯了个错误:即使到遥远的澳大利亚来寻求自由,在这块开阔、独立的大陆,他仍无计逃避老一套蠢笨法规。

贝拉密并不怀疑自己理想国当中的专制主义本质,他说:"如果有人拒绝接受专制主义国家权威,拒绝参与生产效劳,他将丧失其作为人之一切权利。"为此就将丧失一切人权吗？这位心慈手软的改革家明白自己说了些什么吗？假如不明白，我们见多识广的现代人便能提供更好的注脚，因为我们有更好的实例，这就是苏俄诗人的案例。他以"抵制劳动"罪名被判入狱，因为他夜以继日译诗，写诗；当然，是那种"不合时宜"的诗歌。贝拉密考察其完美联邦制僵硬、巨石阵般的轮廓，虽然天真，却比反理想国的卡尔·马克思更具现实感。因为，马克思早就预见到，社会主义一旦实现，这种国家体制将立即凋萎。

以今天政治经验来看，贝拉密理想国含有诸多冷酷、压抑的内容。而尽管如此，他那时代许多人都热烈欢呼这一即将到来的联邦共和体制，认为这是一种可喜设想，虽然或许尚不成熟，技术上难以实现。全社会狂热拥抱如此典型的残酷军国主义，只表明当时广大工农劳动者所处之悲惨境遇，包括当时所谓的"自由"在内。否则就无法解释，为什么这本书如此受欢迎，无法解释为何该书会对那么多理智而温良的人，包括著名英国田园城镇运动奠基人，埃比尼泽·霍华德。因为，这位改革家处心积虑要追求的，恰是相反的目的——他要给人类创造更多的选择、激励更高的自觉性、主动性。

《向后看》一书创造了最佳销售纪录，美国版头两年就售出 139,000 本。原因之一是贝拉密允诺的这些自以为是的目标：科学指导下的机械化、财富、安全保障、消闲，被认为是切实可行的。而令人不解的是，他掩盖了这些成就所包含的代价；这些沉重代价，连他本人也没看清楚。这种军国主义体制一旦总体实现，其各种部件就可预制、并批量生产。因为，巨型机器的超额生产本性决定了，它必定是共产体制，无论其政体采取何种形式。贝拉密理想国各个分散部件，政治上是中立的，道德方面无可厚非；其许多具体建议及机械改进方案，无可挑剔，无可指责，有些堪称佳作。简略总结贝拉密的远见卓识即可发现，它包含许多可嘉创意，毫不逊于当时已经实现的许多好方法，如外科麻醉术、打字机，我现在就用这种打字机写出这些文字的。当时那个时代，女性还穿裙撑，戴假发髻，而那时贝拉密就预言了一个时代，女性将袒胸露腿，任躯体自由发育；还在烧煤、烟囱冒烟的时代，他就设想了无烟城市、电采暖、电照明。当留声机尚未问世，电话还处于玩具时代，他就描述了大众广播播送音乐，以及通过电话传播人之间的谈话。此外，还预言了依据样本选购商品的商业组织，类似邮购目录，以及当今陈列大宗商品的百货公司。凡此种种，都来了又去了。与此同时，还有罗杰·培根的飞船、卡帕涅拉的汽车、摩尔的孵化器、格兰维尔的磁性电报，以及培根为现代科学研究奠定的基础，也都来了，又去了。

贝拉密这些提案实用而健全，后来又经一位更富想象力作家，H. G. 韦尔斯的发扬光大，他超越贝拉密的理想国，将其拓展到星际空间的范围。可是，很不幸，无论贝拉密的军事组织，或是韦尔斯的萨姆莱(Samurai)不允许族外通婚的种姓制度，除了技术装备之外，其余都毫无现代意义可言。其中的人类社会组织，追逐权力的欲求之类，则已有五千年之古老历史。纵然这些思想家掌握丰富知识，了解宇宙构成，懂得如何组合机械以及机械般社会组织，他们却不能丝毫理解人类追寻的目的为何一再流产；更不理解其恶果正是因将人类简化为机器、降低到机器身份。想促进人类自治，控制数量急速增长，要激励创造性，尤其要克服并最终消灭文明有史以来的古老创伤……这一切基本任务，任何理想国设想都不曾隐约地提到！韦尔斯直至临终仍念念不忘他的设想，但仅限于把改变社会的重大措施寄托给技术人员组成的忠心耿耿的专制体制，再配备一些飞行员。如此而已！

220

# 6　从理想国到坎坷国(Kakotopia)

理想国文献后来逐步浸入科幻小说领域，并投下巨影。而且，乍看之下，两者之相似大超其歧异。比如，两者之想象大多都从现实社会或历史事实推论而来；两者都设想了美好未来；两者都开始酝酿新技术发明以及新的社会模式，等等。甚至，即使说大多数科幻小说要比理想国文献更吹牛更不靠谱，也不等于指出两者之差异。证据就是，这些科幻设想往往提前宣告过当今得以实现的种种成就，且真实而贴近。举例来说，这一领域的当代代表，作家亚瑟·克拉克(Arthur Clarke)，因为他仅将自己创作交给广播公司去播送，而未售卖给美国专利公司申请专利，而至今后悔不迭。

不对，这些浅显差别都不能算数。衡量科幻小说的真正标准在于，它所追求的完美都不能超出科学知识、技术发明的合理范畴。再有，多数作家创造实践中看不出他们想要改善人类福利，或关注人类进一步发展进化。科幻小说这一词语，如今不幸已非常松懈，甚至用来涵盖古老巫术，包括黑色魔术、心理暗示。结果我们发现，许多心理异常、病态幻想，都成了技术幻想作品的题材。这一点，路易斯(C. S. Lewis)说得最清楚。一个很乏味证据，是说某种超智能蚁类入侵人类王国，因为这些昆虫能利用图像符号传递消息。不过总的看来，当今科幻小说无非将古代北欧巨人国或小人国梦幻有朝一日战胜上帝、爱神、智慧之神之类的黑色梦幻，都大大推前了一步。所以，它不仅没想出理想国的美好前景，其巨大努力还常陷入坎坷国(kakotopia)的悲惨境遇，或成了很可能成真的恶梦。

照理说，科幻小说最受尊崇的老鼻祖非开普勒莫属，连名声赫赫的威廉·蒲也名列其次。虽然如此,玛丽奥利·厚普·尼科尔森教授(Prof. M. H. Nicolson)还在其月球探索研究当中郑重说明,科学幻想的超前性,可以远溯至人类古代历史,而且从中能看出古人类对科学技术的浓厚兴趣,科幻小说即由此而来,而且,两者至今仍在互相促进。若认为人类科学理性为避免无意识领域的干扰,而走入固步自封之路,那就未免太天真了。

不过,17世纪的确为这种局面开创了新生面:两次月球航行,一次是1638年佛朗西斯·高德文(Francis Godwin)创作的《月球人类》,另一个就是约翰·韦尔金斯(John Wilkins)描述的《发现月球新大陆》。两位作者大约都是主教。这两部月球航行设想,都重现了开普勒的梦想,虽各有不同内容。两者都探讨了人类飞行的可能性。两者都讨论了关注人类的远征探险,两者都试图克服大地生活的局限性。虽然想借助鸟类或者机械手段实现飞行,他们这样做不是为了享受空中的自由(这倒是人类的真正梦求),而是为了征服抽象的距离感,满足好奇心,这很符合当时已成型的机械论宇宙模型。

*221*

这一特点在韦尔金斯《发现月球新大陆》这部登峰造极之作中,显露得非常明显。该书第一版发表十年后,作者又发表了他的《数学魔术(Mathematical Magic)》,包括两卷:《阿基米德:或机械能力》以及《戴达鲁斯:机械运动》。在该书基本构想中,科学、技术、幻想连手而行。250年之后,H. G.韦尔斯,在可能根本没读过开普勒的《梦想》以及韦尔金斯的《发现》情况下,写下了他的《月球第一人》,并且发现了同样的恐怖生物及其地下掩蔽所,与开普勒设想的完全一致。去月球的方法,从靠睡梦、靠飞鸟、靠机器(最显著的就是勒福利的电飞行器),只有手段差别,促成这种冲动的梦想和动机,则毫无二致。

我想已不必对理想国文献进行穷尽搜索,才能支持我下面的结论:理想国思想如今最得体的表现,不是要告诉当今人类还应当继续探索哪些东西,而是需要预先警告他们,有一些可能出现的害处,需要预先警惕,控制、防范。

我的论述不是要告诉人们,应该放弃这些充满自信的未来探索;相反,我认为,我们有义务严肃对待这些探索,不是想一些理想国作家设想的那样,要更积极热切地进行下去,而是为了克服被动、防患未然,设想更好的未来出路,更好地顺应自然,更好地适应有机界、人类自身,以及人性的发展进化。

经典科幻作品另一好处,是预报灾难和灾害,告诉人们提前预防;即使它们自身并不描述开普勒笔下那些Prevolvan(*大意为宇生早产儿*)以及subvolvan(*宇生先天不足者。——译注*)的可怖形象,那样的鬼怪显然体现了人类无意识境界最深层次的焦虑不安。就连H. G.韦尔斯的早期作品《未来世界的故事(Story of the Days to Come)》中,描绘了那么多先进技术发明、奇妙机器、大规模社会组织，作者那种深刻的悲观焦虑仍清晰可见，恰如同时代作家 E. M. 佛斯特(Forster)，作品《机器骤停(Machine Stops)》中同样表现的同种忧虑。书中写的机器是一种庞大无边的空气调节装置，他的骤然停摆，会瞬间带来绝对的恐怖。

222　　　韦尔斯笔下的技术设计和装置，大多都很实用：飞机、装甲坦克、原子弹，还有标准化教学电影以及大众电视。不过他把全球大社会的设想看作技术发展必然的理性化副产品，距今天现实可就太茫远了。道理何在呢？原因就在于，他独创的有意识构想中忽略了人的各种必要元素。但是，有一点不以他的意志为转移：也不符合他一厢情愿的信仰，韦尔斯本人私下也一再地说：(这些东西里)什么好结果也不会产生！

　　　亚瑟·克拉克一段表白大约最淋漓尽致表达了科幻作家的悲观主义。他这段话发表在《未来景象(Profiles of the Future)》一书的结尾。该书描绘并热情讴歌了技术发展带来的种种成就，作者还满怀信心地预言了下一个世纪的景象。但突然间，包罗万象、科学预制、探索天空之类的黄粱美梦，陡然黯淡下来。克拉克本人也奇怪地返回一系列古老符号，其代表意义分别为愿望、美满、巨型技术，僧侣们无法解答，他自己作为科幻先知也搞不清楚的思想困惑。在《阿拉丁神灯》这一章节末尾，作者克拉克说道："好，我们谨希望这个工厂遍地、机器喧嚣、仓库爆满的世代，终将结束。……而我们的后代子孙，脱离财富累赘之后，会终于回忆起我们大家遗忘的事：这个世界上唯一重要的事情，是那些难以估量的损失，例如美丽、智慧以及善良和友爱。"

　　　阅读这段落，感受那种悲情，忆起以往大量科学幻想堆成的空洞与荒诞，还有为创造那么多无结果技术奇迹而徒然耗费的大量生命青春，我们究竟该冷嘲热讽，还是该同掬几行清泪呢？毫无疑问，嘲讽，泪水，都有道理。人类的魅力和善良，智慧和才干，笑语与友爱，从不需任何技术手段的支撑，虽然这些宝贵东西也会因太贪图物质利益而消泯，不是有所谓钱贵如金，情薄如纸之说吗？还有的人妄图让一切人伦价值和情感能力统统服从抽象智能的培育，或想通过电磁手段来模拟有机生命的各种活动，不是愚蠢可笑吗？

　　　克拉克此处所言恰同其前辈韦尔斯临终前病榻上的话不谋而合。韦尔斯说："(人类)精神世界已山穷水尽(Mind is at the end of its tether)。"总括来看，人类精神思想，无论怎么看，都不像韦尔斯令人心碎的话那样无路可走了。不，绝非如此。不过，新型技术智能，脱开生命整体，专门完成权力和控制任务而不及其他，这倒确实到了山穷水尽

223　的地步：非人化、否定人性、迷乱、癫狂、轻率自残、不懂自我保护，丧失连动物都会使用的本能机理，等等，不都是这类表征吗？可见，韦尔斯的无意识世界传出真义，他的理性

世界反而背弃了他。

　　真实情况是,当今科学家、发明家及技术管理官员掌握着空前强大的手段,他们阴险的技术妄想因此也大大膨胀,实施者胆子就更大,夜间能梦到的,他们都做得出来。因此,他们展示的高超才干,同流行艺术家乱七八糟的作品及其短命继承者们,简直毫无二致。加之,五角大楼的癫狂如今可通过一系列运转模式顷刻实现,这就令局面愈加危险。原因之一是他们的狂妄不受任何其他真义影响,唯独固守它们毁灭生命的意识形态。恐怕只有乔纳森·斯威福特在其讽刺作品《格列佛游记》中讲述浮岛科学院(Laputan Grand Academy of Lagado),才最恰当表达了当今这种强烈的技术表现欲。

　　显然,当今技术能力可以将数学公式、基本粒子设想或分子能量转化为新技术手段,且不会有技术延误,也不受人类理性甄别的干扰。如此高超水平当然就将现代主流技术变成一种科幻小说。前一天晚上出现在科幻作品中的设想,会在明天一早或者来年变成现实生活。正如哈维·惠勒所说,"瞬间信息制造了瞬间危机。"这种真实的大成就并未减轻此类妄想的危害程度。它们制造的牺牲品都是人类芸芸众生,都曾为科学成就欢欣鼓舞,如今又被它所害。

　　于是我们见到了人类历史上从未有过的局面:以往,一种发明问世,往往要经过从最初设想到中间构思,再到最终成型以及实施的漫长周期。而且,这设想越是大胆,其发明过程便越慎重而缓慢,因为所涉及的新工具和新设备要首先研发出来。人类社会为了对付这类突发奇想、贸然行动的灾害后果,往往披复了厚厚铠甲:习俗、民风、传统智慧,加上人类自身天然的审慎。新发明和试验要花费相当时间,这有利于克服其自身内部缺陷和错误,更有利于全社会作好准备去适应它。即使如此,从以往工厂制度问世过程中人类遭受的种种灾祸,我们可清楚看出,人类这些屏蔽和障碍物,远不能提供足够的自我保护。

　　何况,如今情况刚好相反:以往积累的屏蔽都被毁掉了,没有障碍物可以阻挡突然降临的变局。而最新的技术方案无需获得权力才能实施,而是要挟全社会立即接纳它,无论付出何种代价。谁若拒绝,就会被视为反叛,或者,如奥格本(Ogburn)天真的说法,被视为文化扯后腿(cultural lag)。技术后于文化,本是历史的惯例。比如,从总装配线的效率往往能看出社会滞后的程度。试问新技术工艺的创导者们:这些普行的规律,你们可曾一次想到过? 不仅如此,请注意:中国哲学家墨翟设想的大同社会,不是要等待两千年,才有其所需的技术手段问世吗,包括无线电、电视、飞行交通等等? 而当今技术成就落后于人类优秀道德远见,其差距之大,不是令人乍舌吗?

　　当前,一方面是技术发明能力如脱缰野马,另一方面,对技术的痴迷、不达目的誓不罢休的顽劣态度,却拒绝接受人类真义的打造;因为这社会唯一能全盘接受的,就是物质至上精神病及其各种僵化思想。如此说来,技术,也就变成获得了营业执照的非理性。

# 7　勇敢的新大陆

"新大陆"、进步、理想国之类概念,林林总总讨论至此了。若想对它们做个综述或者总揽,不得不提到英国一位杰出作家阿尔多斯·赫胥黎(Aldous Huxley, 1894 - 1963,著名英国作家,赫胥黎家族优秀成员之一,最突出成就是小说《勇敢的新大陆》,还出版内容广泛的散文集和剑桥诗集。1937 年开始侨居美国洛杉矶,直至去世。——译注)。他这部作品《勇敢的新大陆》之价值在于,它终于说完了由约翰内斯·开普勒开了头的长句,画上了句号。虽然赫胥黎这本书出版于 1932 年,当时西方世界经济体系已山雨欲来,岌岌可危。他这部反理想国作品所言的许多景象都已初现端倪,有些已经可圈可点。道理在于,其所利用的知识是从物理学势能、质量、能量之类搜罗来的,这种知识体系正如一个大雪球,自 1543 年开始从山巅滚落,越滚越大。

《勇敢的新大陆》是一部很轰动的讽刺作品,其中那些荒诞不经的预言,如今都可用来彻底戳穿技术官僚们预设在福特汽车生产线当中的那种信仰;可在当时这却很受追捧,因为装配线上一名普通工人每天工资达到五美元! 要看出这部讽刺作品之奇效,须将其放置在对照背景上,将真实世界与每个人多少认同的理想世界作个对比。不过,由于过去四十年技术发展如此迅速而连贯,就让这部书不久就失去讽刺意义。因为反讽的局面居然成真,作为参照系的社会规范反倒消失不见了。

阿尔多斯·赫胥黎创作此书时,资本主义经济活动那种从癫狂到萧条的周期轮回趋势,仿佛已达到最后跌落时刻。即使一些社会保障在前五十年就已经就绪的国家,如德国、英国,也同样如此。维持高效率生产已经不可能,除非分配同样高水平的个体收入和分配商品。这种严重局面清楚摆在每个人面前。挽救这种悲惨局面的办法,要么去"建造金字塔",要么就是"发动战争"。

在美国,还有人死抱住自动化工艺不放,寄望于某些发明创造或者新兴公司企业,重振旗鼓。于是先后出台了预制构件的住宅、房车、廉价而保险的飞机、或者高尔夫球场,意在遏制经济萧条。与此同时,由于局面险恶,许多人索性不再指望技术发明,转而求助于古代农业手工业生产,甚至还有些地方一度靠挖掘地下食品度日,那是石器时代靠渔猎和采集技术求生的方式。简单说，国民经济濒临崩溃，至少在美国，有些地方已退化至原始状态。许多工业城镇又出现以物易物、或采用地方流通票券的交换方式，取代了货币经济。当时人们认为，赫胥黎的书距离现实太遥远，不必大惊小怪。

所以，赫胥黎非但没看出文明这种倒退，退至种族混乱、地方割据、小手工业生产，反而将这种古老技术幻想接续向前推进几百年，进入其特有的千年纪。他设想了一种高度集中、有序化的世界秩序，社会生活的每个方面都被控制起来，编入军事化组织体系。新目标是纪律严明、思想僵化，因而完全丧失生动活泼、自由生长机制。不过赫胥黎超越前人设想的项目，他并不停留在太空飞行和星际邂逅和战争。

赫胥黎笔下技术理想国中生活的鬼怪，不像开普勒设想的月球魔怪。其构造须符合用科学方法来控制每个环节、部件(尤其控制人类)这一目的，从而将其放在中央绝对控制之下。赫胥黎想象力丰富，他意识到权力梦想不会满足于仅仅控制外部环境，最终还想控制人类自身。这种控制不仅包括用遗传基因重塑人体，还要从出生开始就用生化手段改造生命的全部机理，不仅是改变精神思想。

这种有意而为破坏生命的活动，以中央孵化室及调控中心为开端，结合化学药剂注射及休克疗法，在孵化试管内尚未出现胚胎时用子宫外孕来实施。首先精挑细选优良精子卵子，科学操纵者目标是要创造一种严格种姓体系，一种生物学意义上的等级结构，从最高端高智商依次向下，首先是阿尔发类，负责实施整体控制，其次是贝塔因子，负责……直至末端的余普希隆因子，构成一个智能水平递次降低的序列。繁育目标是营造一个符合科学原的世界秩序，其成员无条件接受中央控制，不得有任何自主行为，包括创造活动本身。能自主的，唯有这系统本身。

赫胥黎构想这种世界时，理所当然承认当前趋势产出物以及现实环境各层面的合理性。因而，未来摩天楼高度会数倍于当今，天空会有飞行出租车，以及数百种奇特设计，豪华用具和消费品。他还意识到，最要命的结局，是这些机械和生物控制手段的巨大成功会营造出一种毫无生气的社会，毫无意义的人生。因而，接着还得靠同一路线继续采取对策。

赫胥黎懂得，若采取断然措施实施遗传基因干预，会完全根除一些有用的生物特性，如理解和服从。那会让人类归顺巨型机器的预想失去依据。因而他也看出，有必要实施进一步的调试，让将来的母亲，即使失去受孕能力和哺育体验，也能用激素来弥补这一空缺。另外还有一系列的镇定剂、催情素之类，都可以用来维持情感系统的平衡。其中有些是化学制剂，还有一些，如"feelie"，即可感影院，能给智障者或者懒人提供嗅觉之类感观效果。不过，他绝想不到，到19世纪60年代此类可感电影已风靡全球供观众享用了。以往,巴尔维-里顿和韦尔斯只能想出低素质人口需用武力来操控时,赫胥黎已看出,这正是以往专制主义弱点和要害之所在。于是他想出更好的控制手段:供给足够饮食令其寄生化,外加大量感观刺激以及经常性的高峰性体验,也就是色情市场。

历史上,的确又几位专制主义暴君从这种弱点中获得好处:古罗马的奥古斯都·凯撒不是通过恢复十二月农神节(Saturnalia)赢得盛世美名吗? 佛罗伦萨共和国统治者罗洛佐·麦底希(Lorenzo de Medici, 1449－1492)不是也靠兴办狂欢节提供纵欲场所,让佛罗伦萨市民忘掉了失去自由之痛的吗? 赫胥黎预感到希特勒会照计而行,会将这种群体腐败制度化、普遍化,而令该制度操控者从中渔利。因而,性乱、乱交、提供性满足,就成为一种职责。加上当时避孕药尚未问世,每个姑娘便随身挎着子弹带般的避孕药,以备不时之需。于是,每个人除了劳动工作时刻,其余时光便都陷入幼儿班的梦幻状态:非常驯服、百依百顺,且不费吹灰之力。谁若想独处、想洁身自好、想与众不同、想掌握自己的命运,便都成为滔天大罪。即使顶端那些阿尔发类别,也无计脱此铁范。

可能连赫胥黎本人也感觉这设想太茫远,便将《勇敢的新大陆》后延至"福特时代"以后第七个世纪。这种时间定位,如今看来就非一般的离奇古怪了。作者本人在《重访勇敢新大陆》中大失所望,发现他最担心的情景都已出现在他构想的制度中。有些已在试行,约过了二十年许,更多可怕景象都接续出现。

随后的年代,该制度基本轮廓已明确无误形成。预埋一旁恭候人类的准生命形态已完成自身定义,等待人类彻底缴械投降。人类这个准生命状态,从人工受精和试管婴儿开始(缪勒),婴儿自动塑形工程便在封闭的单独育婴床正式启动(斯金纳);随后,学习机器(斯金纳等人)在密闭室内开始运行,无需人直接照管,即能给婴儿实施教育。一整套电子设备会自动记录其睡梦活动供计算机分析,制定个性发育校正方案。另一套设备会经常提供程序化信息,给分化期大脑发育注入大量数据(麦克鲁翰)。大规模遥控农业装置开始生产食品(Rand);配备机器人的中控装置负责全套家居生活服务,从制备菜单、买东西到家务劳动(希伯格);与此同时,中央控制的工厂会生产大宗商品(韦纳),私人小汽车会在中央集中控制下提供服务(麻省理工学院及福特公司),将乘客接送到地下城市或者分散在外太空的居住点(科尔)。全国决策系统也被集中统一计算机网取代,再用大量致幻剂给退化人类维持足够清醒和喜悦,使之感到自己依然活着(黎瑞)。借助器官移植(巴纳等人),这种准生命体可以延长一两百年。最后,这种体系的受益者们会逐步死去,而毫不感觉自己曾经生活过。

此外,还有个可回收太空舱,所谓"第一个理想环境(福勒)"供每个人作为安乐窝、教室、单元房或快速交通工具(自动汽车或者火箭),直至最终太空舱连同内部主人都一齐进入超级坟苑火化,灰飞烟灭,或放入深度冷冻仓库,以备今后外科研究使用,若不永久保存,准备到火星上重新复活。另一诱人方案,就是延迟人体器官衰老过程,让这似人非人的非实体永远"长生不死"。

还有一步赫胥黎忽略了,不得不由后人推导出来,这就是塞缪尔·巴特勒和罗德里克·塞登伯格。这最后一步就是,建立这一超级机制的操控者,自己最终也难逃沦为这巨型装置牺牲品的命运。证据就是,当这超级太空机器达到无灵魂完美的最终阶段,其最初阶段的人类智能将被吸收干净,完全消灭。因而,人类发展的最终成果,是在其进步的顶峰阶段创造出一尊抹不掉的电子上帝:这是一尊新神,已有当代先知为其撰写了基本清晰连贯却毫无意义的现代圣经或者圣谕。可是等不到临近终点,各星球间互投氢弹,或以科学瘟疫互相坑害,更可能是,用更快的方法得出自己同样空虚的结论。

人类这场浩劫已迫在眉睫,其严重性无法用该制度创造者们喜爱的理性和科学语言和标准来评说。因为,容我再次强调,这其实是一种宗教现象。正因如此,它很像古代佛教学说;说穿了就是,它同乔答摩王子(释迦牟尼的俗姓)的无神论同属一种信仰。如此说来,人类消亡,在发现并不断完善自身进化过程,在那么多艰苦努力和探索之后,最终完全丢弃掉它,自身消失得干干净净,这不同佛祖所言从生命轮回巨轮最终解脱一模一样吗?全盘自动化技术完备普及之日即整个生命世界弃权之时,即有机世界的最终灭绝。这不就是乔答摩王子为人类设想的最终出路——涅槃——吗?他说,涅槃是人类解脱灾难、痛苦、哀伤之唯一出路。大家熟知,每当人类生命正常脉动遭受压抑,这种学说便大受欢迎,尤对那些不幸、落魄的灵魂,特别有吸引力。佛教信仰在印度昌盛几个世纪后,接着席卷华夏大地。如今,同样原因,这种信仰又卷土重来。

可是,请注意:很早就有人接受了人类这一终极归宿的观点,并设法抢先、提前去迎接死神。但是,他们并没有不厌其详地创造发明那么多精制机器去实现这一目的呀;相反,就发明创造而言,这些宗教皈依者们浅尝辄止,仅只发明水力转经轮来表达祷告,仅此而已了。完全相反,他们经过那么多苦思冥想,苦练内心超脱。面对技术手段干预人生,他们的态度如同吐纳空气般超然不觉。这种出世态度给他们带来意外的大奖,是那些崇拜机器的人永远都无法领略的。他们后来选择的方向,不是消灭自身追求幸福、识别苦难的能力,而是强化这种能力。于是创造出诗歌、哲学、绘画、雕塑、纪念碑、庆祝仪式、各种艺术品,并由此重新点燃希望,恢复自身生命活力和创造热情;还用健康、快乐、丰富的性活动宣告,他们充分意识到人类自身巨大潜能,并为此情绪昂扬,信心百倍。而后来技术管们的佛教信仰则绝创不出如此巨大的前景和希望。

我来总结一下:当今社会面貌日新月异,其中融汇着机械进步各种理想、专制主义

229 理想国各种方案、科学技术前景各种合理猜测，它发挥作用之强大是我们始所未料的。各种先入为主的想法总是超前于实际经验，不断召唤人类，不断主导着下一步进程，还不断突破各种阻碍，不断告诫人类，若想减缓变化速率，若想更改前进方向，都是死路一条；而且，这是宇宙本质决定的。而所谓宇宙本质，亦即该观点倡导者所坚持的陈腐机械论宇宙模型。只有透彻理解该意识形态的铺垫作用，才能懂得为什么新巨型机器会如此轻而易举地君临人间。

　　无论这机械论宇宙模型，或是空前快速的机械手段和物质生活进步，甚至连科学断定未来各种恐怖景象，都在技术官僚精英们操控下，让全社会不得不把新巨型机器当作无法避免、且无可逃脱的现实，且非常完美无缺。因为，它每一个反人性的部件都天衣无缝地符合该机器严格要求。阿尔多斯·赫胥黎所希望的"物品奇缺"与"过剩恶梦"之间会出现的"至福盛世(blessed interval)"从未出现过，而过剩恶梦已近在眼前。如今，既然我们距此理想结局仅一臂之遥，就必须有勇气面对这鬼魅般的恶梦，趁它还没扑上来完全制服我们。

# 第九章 核能时代与权力核心化①

## 1 "给史学教师的一封信"

自中世纪以后,人类自身进化与技术手段改进两者就难解难分了。这一观察结论的最佳诠释者当属亨利·亚当斯(Henry Brooks Adams,1838-1918,美国著名记者、历史学者、小说家,著名亚当斯政治家族成员之一。——译注)。以他之见,两者这种形影不离的联系早在它们各自发展之初尚未成型之时即已开始。五十多年前亚当斯就发现,13世纪以来能源生产和利用水平都开始持续上升。而且他得出结论,认为这一要素就是西方文明转型的主要动因。

到了1905年,亚当斯看出,大量使用能源,这并非白拣的便宜。因为,社会变化速度加快开始摧毁整个社会结构,包括当时的先进国家英国和法国,社会都已见衰微景象。于是,他义不容辞担当起唤醒民众的重任,想让他们看清局面,对思想方法、生活方式和社会组织做适当调整。然而未能成功,甚至未能激起死水微澜。而且,他的追随者也未从他的失败中汲取教训。不善汲取教训,正是本章要讲的主要内容之一。机器神话的受害者们固守古老习俗和幻想,不能采取必要对策,减缓"自动化的自动化"进程,有效掌控威胁人类生存的邪恶势力。

亨利·亚当斯值得我们尊敬,原因之一是他通过反瞻进步历程,洞察20世纪将发生的巨变;他从当代用电现状推导出以往(的技术变迁),还能从发现的镭瞻望将来可能的后果。尤其令人称奇的是,可能唯独他一人,深深预感到镭元素蕴含的重大意义。因为,我们能有当今这种物质世界基本概念,这种球体逐层旋转的模式就源自发现了放射性元素的这种特性。随后,(物质世界这种球体逐层旋转的模式)就由亚当斯同时代科学家们逐渐传授给我们了。而一些素养极高的科学家,包括卢森佛德爵士(Lord

---

① 该章标题原文为 The Nucleation of Power,作者实际上使用了双关语,故也可译为"权力形成核心",或"权力核化"。——译者注

Rutherford)，同居里夫妇一样，都是杰出的理论物理学家和实验物理学者，他们对原子能开发利用的技术前景及社会后果，都漠不关心。

当技术史家还来不及拼凑事实充分验证 12 世纪之后能源利用明显上升的时候，亚当斯在大略廓清这一变化过程之后，已悄然放弃了 18 世纪发生"工业革命"这种误导人的概念。他能看出能源消费曲线中这些突变节点，既幸运又很偶然。因为他数学能力很勉强，知识面也不甚完备；所幸，这些缺憾都被他敏锐的直觉补偿了。尤为可嘉的是，他能把能源消耗不断上升与不同能源当家作主的时间递次缩短的现象结合起来，一起观察、思考。这样，他才预言了当今电能必将向核能转化。而且，他预言的时日只消稍作校正，整体描述基本就站得住脚。所以，就能源而言，可用笛卡尔坐标绘制一条曲线来表述其真正进程；这条曲线在进入核能时代之后便陡然上升，甚至窜出纸外，令该结论洞若观火。

亚当斯想给自己的学说找到科学依据，却一个也找不到，于是，为形成某种理论架构，情急之下，他借助一条风马牛不相及的物理学原理，即韦拉德·吉布斯(Willard Gibbs)的相律(phase rule)，帮自己说明问题。但是，这理论工具充其量只能给他提供一个很模糊的比喻，因为，相律只提示留意一个事实：能量扩展的每个明显阶段都会促使物相特征发生改变，而且难以预测。举例来说，如冰、水、汽，即其固态、液态及气态。由于英国著名心理学家、地质学、古生物学者劳埃德·摩尔根(Lloyd Morgan，1852－1936 年，生于伦敦，初学地质学，后执教南非，师承赫胥黎等进化论学者，最著名贡献是创造了动物心理实验方法，称之为摩尔根定则。——译注)在其《层创进化论(Emergent Evolution))》①一书中早有卓见，如今人们就将此类逐次出现的物相称之为"新(层)特性(emergent)"。

亚当斯也发现，该比喻过于粗糙牵强，且产生误导。尤其因为，这种论点赋予能源快速发展这种趋势以某种独立的尊贵地位，仿佛是自然规律使然。其实，它只是人类史上观察到的一个特殊现象和一定发展阶段，是一种复合产物，系由人类技术发明，诸如风车、水车、火药、采煤，连同人类各种活动，包括从事商业、探险、战争、科学探索、政治野心、金融投机之类，综合生成的现象。这些活动，都直接或间接拓宽了社会机器的疆域；简言之，为新生权贵及能源王朝扩大了统治地盘。

---

① 层创进化论，Emergent Evolution，也译倏忽进化论。该理论认为，进化过程中每一阶段都可能有新特性被突然创造出来，诸如生命以及意识的创生，都象征发展进化进程中某些关键阶段。其创生原因可能是由于已有实体发生重新排列，这一假说后来就导致系统论和复杂性理论的诞生。——译注

因此,能源的增加根本不像闪电那样,纯属自然力本身的扩展。不过,亚当斯有种难纠正的加尔文教义信仰,他把历史变局看作天定旨意,与人类全然无关,一如加尔文神学教义认定的,人类下地狱升天堂都先天注定,无法控制,无法改变。这种神学残余强化了现代科学偏见及其教条主义的决定论。冷静评价他,亚当斯对当时世界尚未参透,因为当时人类意志虽然起作用,而人类如何行事却往往起决定性作用。这是克拉克·麦克斯韦尔(J. Clark Maxwell)的意见。

可是,一系列社会组织,包括寺庙、修道院、君主政体乃至资本主义制度,都空前活跃。这就证实了,能源消耗自 12 世纪到 20 世纪明显快速增长。如果说,亚当斯未能解释这种活力的根源,那么,他却超前于同代人向历史追根寻源,并发现了能量利用增大同社会异常两者间这种明显关联。早在 1904 年,亚当斯就看出,权力增大会引发心理变态。他在致友人信中说,"前所未有的繁荣,人类空前强大的能力,堪与彗星媲美的速度,这一切都令全世界紧张、躁动、失去理性、胆战心惊。"此后一年,在给同为历史学者的朋友亨利·奥斯本·泰勒信中他又做出无比惊人的预言:

"统一性、共性,都曾是中世纪人类思想的基本特征。如今这一论断已逐渐让位给多重性、复杂性及其各种证据。科技界对镭表现出的惶惑迟疑就是个证据。然而可以肯定地说,据我估算,照 1600 年以来的进步速率,多则百年,少则 50 年,人类思维和精神状态就会天翻地覆。到那时,法律——作为理论或首要原则——将会消失,让位给强权。道德会变成政治,炸药会达到宇宙量级爆裂度。社会解构的过程将会超过整合的过程。"

我相信,自 1940 年以来持续读我文字的读者会早就见过这样的预断了。这些话后来在亚当斯通信集里正式出版。这样的预言我重复了不止一次,为此我不觉得需要道歉。不过,此处,我须说,这是最后一次引述了:

亚当斯这段话告诉我们什么呢?他是说,物质能量极大增长,但没有伴随相应的智力远见、道德约束、社会警觉,以及负责任的政治指南,这将带来极严重的社会后果。这种迫切性只有一小撮核能科学家认识到了,且为时已晚;因为当时"烈度达宇宙量级爆裂度的炸弹"已终于发明出来。这一巨变带有如此巨大社会破坏性,原因不是能量急速发展这事实本身,而是自古以来的道德规约、保障生命的古老禁忌,以及确保人类能够生存的各种实际办法,都随炸弹一起消散了。

其实在原子弹发明之前,亚当斯的深刻见解就早有根据了,证据就是,独裁政体发展过程中,各种残暴形式,如恐怖、监禁、酷刑,乃至大规模灭绝行动,早已经强化用作执政者常规手段了。1940 年之后,为抵抗法西斯战争,协约国放弃了迄今文明国家都须遵守的战争中的道德和法律界限,也开始照搬法西斯灭绝人性的残忍做法,惨无人道地杀害平民。这种丧尽天良的手段,就为后来大规模杀人武器原子弹的使用开了先例,也找到理由,使用廉价方法取得同样效果。

能力激增另一表现形式,就是专制主义暴政:自1945年起,战胜国以同样理由大力发展核武器,数量足够毁灭地球整个生命世界。亚当斯预言的这种权力大增,迫使全社会对狂人必恭必敬,还为狂人的幼稚可笑狂妄和神经病幻想症提供科学技术支持。

亚当斯死后一年,他的可怕预言就应验了:因为,卢森佛德爵士1919年就从理论上预言了原子裂变的可能性,从而完成了亚当斯1917年确定的最终物相。这时,卢森佛德的主要助手,弗里德里克·索迪(Frederick Soddy)在其论述放射性物质的两卷本著作第四版中说道:

"原子能衰变和能量释放,以及用它来替人类干苦活,都已不再神秘、不再无头绪了。但却日益简化为一个如何精确合理量化的问题,这问题也可能永远找不到答案。不过,我们探索的方向正确,所以也可能有朝一日获得成功。假如这一天真的到来,那么,希望大家都睁大眼睛,看清楚那种危如累卵的严峻局面。这将给人类带来巨大物质资源,但不要以为这重任可以随便委托给什么人,尤其那些在历史上曾把科学成果屡次化成灾祸的毫无道德良心的人。

"索迪敏锐察觉到责任重大,不久他就从物理学研究转入新方向,如何将这巨大能量用于经济目的。可是,身为物理科学教育背景,对其他领域几乎一无所知,思路便集中在国家金融信贷控制、收入分配等手段上,因而在狭窄探索中丢失了宏远目标。不过,此人的远见卓识仍值得我们尊敬!"

索迪之前,亨利·亚当斯已经越出正统科学史传统,采取了两个断然步骤。一是他嘲弄历来学术规则,将有关能量生产激增的研究数据从历史范畴引伸到将来。同时,身为天意决定论者,他认为历史上沿用已久的观念和势力会沿他追寻出的曲线继续运动,即使这曲线已非常陡峻,大有突然停止或进入新物相之势,甚至预兆着将有新因素参加历史进程。

不过,他的第二步却更有意义,证据是他同自己的决定论信念发生直接冲突。他倡导从思想上自觉努力,设立课程讲授对策,准备应对他描述的可怕景象。具体表现就是1910年他撰写的"致历史教师的一封信"。此信若非震动世界,至少惊动了当时思想界。信中他号召科学同仁们注意并深入理解久已发生的各种巨变,思考对策,改造人类社会组织,疏导发展方向以利于人类。因为,局势如若失控,"宇宙当量的炸弹"可顷刻毁灭人类文明。

如此恶梦般的预断始终在西方人心中萦回,自莱昂纳多·达·芬奇记载的梦幻,至布拉瓦茨基夫人(Blavatsky)同样出版于 18 世纪凶多吉少的胡思乱想,乃至爱德蒙德·戴·康科德(Edmonde de Goncourt),都设想过从空气中提取氢气,"制造可怕的杀人装置"。这些信息是从通信中泄露的,来源采自奥斯卡·王尔德书信集中 1891 年 12 月 17 日的一封信件。

亨利·亚当斯拼凑这一结论时,很难从物理学家那里获得有效支持,因为当时他们大多还坚信 17 世纪机械学推导出的世界抽象模式。他的结论很少引起他史学和哲学盟友们注意,也就不足为奇了。而且他们认为,他的警告不符合已知的事实,毫无根据,更没有科学操作的实际价值。他们这种怠惰态度也很像那些杰出物理学家,其中包括米利坎(Millikan),他们虽颇具才识发现了原子内部结构,却坚信人工方法无法促发核裂变。就连原子弹的设计者对能否最终成功,也有所保留。亚当斯未能说服科技界注意这一危险取向,并非他的历史性论点欠缺说服力;而是因为他预言的前景实在恐怖,同时代人谁也不敢相信。

他们这种顽固抵拒态度,只能为亚当斯增添光彩。作为优秀博物学者,他集合科技界各种有用知识,拼出一块新奇而有意义的图景。可是,任何领域的专家,即使已知晓亚当斯预言的人,也不会认真看看这硕大全景;更不相信他已放弃了他的 17 世纪二元论意识形态,即使他提出的图像有实际价值;也无法相信他会放弃始终很灵验的、纯定量的、客观的程序设计。大家认为,17 世纪构想出来的机械论宇宙图像,不大可能在核爆炸面前突然崩坍,更不可能在 20 世纪酿成思想和社会大混乱。这种揣测当时看来太离谱,因此无人认真对待。

可是,假如亚当斯立论正确,此严峻局面就要求一种新观点,新方法,并认真承担新的历史责任了:它要求人类急速转变思想态度,情势之迫切不亚于哥白尼之后科学时代发生的巨变。可惜,如此严峻任务超出了亚当斯的能力,即使照培根大纲要求也难以完成。

如果说,亚当斯的学术盟友对他的呼吁勉强保持沉默,甚至就连头脑开放的自由主义者威廉·詹姆斯(William James)也佯装不闻不问,那是因为,亨利·亚当斯主导思想过于激进。他过分强调未来,以至脱离了当今世界的时序和因果框架,进入到世间万物的有机秩序状态,包括非物质文化形态(如语言、风俗、习惯)以及社会遗产(记忆以及历史)的积累和发展历程。而在亚当斯的教育中,时序和因果论无异于世界的真义;而在有机秩序状态里,不仅历史和未来都交汇于当今;而且,目的会叠加给过程,且在一定程度上改变它。这时,事物连续性不是由外力决定,而是由更多有机体集合成的更复杂场面,以及丰富的环境因素决定的;其中还包含有机生命的遗传特性以及终生积累的经验。这里,有机生命会在延续过程中最终吸收新颖要素,并鉴别和筛选这些要素是否符合自身机体特征要求,从而形成临时或长久的组合形态。

不幸,亚当斯本人过分忠实于 17 世纪后正统科学固守的原子论,深陷在抽象问题和孤立事物研究,因而难以理解他提出的任务,在他自身意识形态假说的框架内是得不到解答的。最终他只好跑到圣母玛丽亚怀抱,以求回避难题。

亚当斯虽将能源快速增长完全归因于带来这一变局的物理手段,实际上他是在一个新要素前栽了跟头,而这问题富含的重大意义至今未得到圆满答案。这问题就是,社会禁忌、宗教伦理以及社会习俗构成的整套保障体系以往曾有效管理了古代社会,如今这体系若逐渐松懈、解体、溃败,会在逐步释放大量非人类能源的同时逐步扩大人类权力;而这一过程是无止境的,它的扩张不会自动停歇。全社会被这种机械化大成就吓坏了,开始拜倒在自动化制度脚下百般顺从。从此,人类各种活动都纳入这一快速扩张过程:领土扩张、人口增长、机械化效率增加、生产率增长、资本积累增长、收入、利润、消费品增长……而这一切附属物增加的后面,隐藏着科学知识的增长,这才是该过程总的原动力。因为,"自动化的自动化"真正开始了。

在亚当斯多数同时代人看来,如此飙然上升的自动化进程,如此故意摆脱古代社会控制规范的张狂,都宣告技术进步取向不可违拗。唯亚当斯一人侠肝义胆,坚持看似有益的发展方向,直至得出可怕的否定结论:人类能力和权力都达到一种难以控制程度,除非对人类习惯、活动、精神、思想、目标重新定向,予以深刻改造和调整。他分明知道自己回天无力,难以实现这些目标,因而预见人类文明必定訇然崩摧。亚当斯虽对此悲惨结局开不出良方,他的诊断却无比准确。他死后仅一个世纪,科学进展和人类退化都应验了他预见的程度,且唯他一人如此有远见。

## 2　古代以及现代新的巨型机器

亨利·亚当斯的预言纵有高度先见之明,而其依据过于单一——能源增长,因而先天不足,只能跛行。他预言的许多事件发生之前,戮向首先还得把新的巨型机器各大部件发现、发明出来,然后测试、组装,最后依照装配成一架完整的组织机构。正如金字塔时代巨型机器一样,离开战争手段和威力,这架机器是装配不起来的。亚当斯的确成功预言了即将发生的重大变化,但却未能预料到,这些势力会组成一种更大规模的集合,而且诞生出更可怕的控制体制。

及至到了这些势力即将形成聚合的关键一刻,许多必要部件还没备好,或已消失不见,或数量不达标,而现成的组织资源又无法配套,无法纳入变革序列。这样,大家只能把亚当斯的预言看作前朝遗老陈词滥调。到 1940 年代,现代技术继续加快进步的趋势,总起来看,仍然有利于人类发展进步。而且这种信念根深蒂固,机器神话仍牢固掌控人类精神思想。以至于人类普遍认为,此类古老信仰很有根据,获得了科学的验证和认可。毫无疑问是"先进的"。简言之,几乎不可挑战!

20 世纪初,日常生活每个领域都在发生此类深刻变革,也并非任何人都无从感知它。此类深刻变化迅猛而来,不单因能源激增,更因交通和通讯开始以空前宏大的规模灵便运转起来。资本主义发展,尽管在许多观察家眼中有分配不均之类的弊端,毕竟正在为更平等的社会体制作铺垫。负责任的执政党政府正一步步推进政治民主,至少在先进的工业国家,通过社会保障和社会财富等途径,保障了平稳过渡。可是,虽然巨型机器许多部件已备好——比如,大型工业组织以及大型商业集团都可以提供运转模型——而该体制的组合,总起来看,却刚刚开始。

整个 19 世纪里,机械进步能逐渐解放人类,这种信念仍很坚牢。持相反意见的,是些空想的"浪漫主义者",诸如法国画家、印象派以及后印象派奠基人,尤金·德拉克洛瓦(Delacroix, 1798 - 1863)、拉斯金、莫里斯,还有些更复古倾向的思想家。他们认为,技术革新的确同时带来种种解放效果,也因此获得更多支持,即使当时先进工业国残酷对待工业劳动者的事情已接连不断发生了。大批谦和守礼、手无寸铁的民众,从欧洲自愿移民到美洲,还有些是迫于专制压力、惩罚或者政治流放,从俄罗斯移民到西伯利亚。旅行不受限制,甚至,包括许多国家的移民行为,都不受政府干预,也无需政府授权。直至 1914 年,非兵役年龄的旅行者,到任何地方都无需护照,除了两个残存的主要专制主义国家,俄罗斯和土耳其。

如意大利史学家,古格利莫·费雷罗(G. Ferrero)所说,"到处盛行航海自由",既自由又安全,就连帝国主义,即使对被征服民族非常凶狠,也在努力恢复秩序和法制,确保个人安全,否则根本无自由可谈。

与此同时,整个 19 世纪,能够自作主张社会实体的总数,包括企业、财团、组织、协会和地方社会,都明显增加。而区域性实体,以往多处于民族国家或者专制帝国压制下,此时也开始重新定义自己民族文化,找回自身个性特征,争取民族政治独立。所以,若有人设想巨型机器那时已开始组装,而且会采用当时最新技术成果充实其每个部门和领域,更会以全新形象问世,那真是不足为奇的。

可是，最近这五十年里，整个局面全变了。而且，变化之巨，是 1910 年以后出生的人凭自身体验和记忆难以设想的：许多貌似无关且互相矛盾的趋向，居然逐步显出不仅不新鲜，反而很古旧，是人类文明最初形成时就有过的东西；完全类似古代各种社会势力在某种意识形态和精神力量推动下组合的产物。而且，照样也处心积虑追求完全一样的目标：征服自然、统治人类。

在《机器神话》上卷，我把这种聚合效应同新宗教诞生联系起来考虑，这新宗教仍然是诸天神的宗教(religion of Sky Gods)。读者一定还记得，在一步步解析 15 世纪以来科学技术逐步异变过程中，我始终紧盯着该过程最终会生成什么。及至我们把分隔在两大领域中貌似互不相干的零散材料拼凑到一起时，立即看出它们惊人的相似：尤其因为，古代神仙、皇帝口中那些佞妄、空想、不切实际的狂言，如今竟都成了现实，还诱发权力扩张和非理性行为恶性膨胀，且难以收敛。下面，我们就按照这些主要部件出现的先后时序，将它们一一凑集起来，仔细对照观察。

最初，这次大变动仍从那个有关宇宙的蒙昧宗教意念开始，我曾将其表述为太阳神重生，或借用当时时髦语言，即哥白尼日心说(Heliocentric system)问世。该新兴宗教的辩护士和支持者们，一度被人们称为自然哲学家，后来，又称之为科学家。这些人许久以来走到世界各地，自视谦恭儒雅、不事张扬，还传播丰富实用知识，推动采矿、水力、航海、战争，后来延及(新)医学、(新)农业、公共卫生等等广阔领域走向勃兴。而且，他们传播的知识如此救生济世，以至于谁也不会怀疑，他们提倡的方法论，居然有朝一日也会沦为伤天害理权威们手中的主要手段和工具。

这新太阳神宗教普及开之后，紧接着，以民族独立为障眼法，马上兴起政权集中的浪潮。形形色色的暴君、独裁者、国王家族亲信成员突现于世。他们推翻封建制度义务及地方自治规定，扫清障碍后便开始下手，首先夺取、掌控私人财产，通过税收、没收充公或索性对弱势群体明目张胆强行掠夺。这些新王公显贵，照样会在王权神授口号下公开宣称他个人就是主权掌权人。伴随这种个人主权的现实，会产生出抽空人性概念的国家主权(impersonal sovereignty of the state)概念。寡头政治和共和制国体下，特权阶级通过制度手段牟取的个人特权、权力和权益，无异于古代国王，而且有过之无不及。古埃及情况不正是这样吗？为行使这种超级主权，必须培训出两种古老秩序手段：官僚机构及军队。对上，令行禁止；对下，为所欲为；否则无从实现主权。

诚然，这样的社会现实在随后的五千年里，任何一个方面都从未彻底消失，某些方面还因传播方式技术进步而大大改进。这些进步包括文字等永久性记载手段、武器和战术进步、等级制组织形式的功效，等等。总之，无论古文化或现代文明，都因古老传统养护而得以存世。它们通过古代军队及古罗马天主教神职组织等制度途径,化作一架架无形的超大机器,且至今已隆隆运转了一千五百年。

新型专制统治者,从俄罗斯的彼得大帝,到普鲁士的弗里德里克·威廉皇帝(Wilhelm),或者法国皇帝路易十四,都掌控永久的军队资源,驻扎在永久性兵营里,由永久性官僚机构来统辖。有了这种配备,即使在电报尚未发明的年代,多少可以遥控远方敌人和分散人口群落。当代中央集权组织形式,较之古代分散的中世纪社区要强大得多;因为后者的封建军队,组织松懈,训练无常,集散无章;地方自治政府也由非专业官吏治理,行使有限权力,且执政时间往往只有一年。

这些转变只突出表明,当代巨型机器中每个重要部件,在以往古代模式中早有原型,无论事实上还是想象中。古今唯一差别,在于古代因技术局限从未实现的美梦如今皆可有效实现了。当独裁政权、军事编制、机械发明互相联手、巩固之后,荒废已久的古代做法便卷土重来: 强迫劳动,战争动员全民。强征劳力常采取奴役或付酬苦工方式,饥饿和监禁威胁足以保障其实施。这样的制度,如当今美国的奴役做法,明目张胆玷污了当今虔诚神圣的自由主义意识形态及其主张。可是,而民主旗帜下奉行的全民强迫服务,要走得更远。法国大革命期间,他们在"民族生死存亡关头"的名目下成了战斗工具,革命成功之后又被自封的帝王继承过来,并用它清算了这场革命。可见,军事组织是古埃及巨型机器的核心力量,从古埃及以后这力量作为大型政府的支柱第一次重新复活了。即使在罗马帝国全盛时期,也从未有过如此大规模人口的全体动员,参与战争、劳役和破坏。

当代史学家和政治学者,或因难以谅解的疏忽,或因浅薄无知,都忽略了全民服役(往往伪善地称为全民义务兵役制)的丰富含义。恐怕造成战争空前破坏性的因素非此莫属。而且,该制度打造了全体民众,使之符合大规模杀人的礼制要求。而有关文献对此则过于荒疏,比如,《牛津大学现代人类历史》的有关法国大革命和拿破仑战争一卷中,该题目只占两页。这个主题下很引人瞩目的是莫德上校(Colonel F. N. Maude)一篇作品,收入 1910 年刊印的第十一版《大不列颠百科全书》。作者记述说:"大约任何国家的成文法律也赶不上法国1798 年名不经传的 1798 年法案,对人类未来产生了那么深远的影响。"这一刻骨铭心评价至今尚未刺醒当代政治家的觉醒意识。

截至如今,强制劳动,诸如搭桥筑路、修建要塞、强迫兵役制的做法虽已渗入每个领域,却一直是局地的、时有时无的。而如今已制度化、常态化、普遍化。国家军队随之成为一种教育机构,把全民塑造成不会思索、言听计从、循规蹈矩的工具。或许偶有不满、龃龉之举,而全民编排成军队的制度性做法,仍可从官僚和工厂编制中找到渊源。而且，还向民众灌输了机械般驯服的奴性。再加上配套的意识形态和情感训练，都强化了日常实际操演，让这种奴性和驯服空前绝后。

这种编制之实效已很明显：那些冥顽不化的社会改革家，如圣西门和奥古斯都·孔德之流，他们从拿破仑那里学来的至宝，不就是用军事手段来操控社会行为，且行之有效吗？于是，这些先知们构想出"一整套如此彻底、完备的革命方案，誓将人类一切法律手段和政治制度推向极端"。这一目标最好不过地诠释了新生巨型机器的特性；而且，如此一场革命正在进行之中。

至此，我来总括一下：国家，作为单纯行政管理机构，以及作为能够实际运转的巨型机器，这两者究竟有哪些基本差别呢？简单说，该差别变化最集中地体现在英语 power 一词定义的长期变迁。按照《新英语词典》溯源，power 在 1297 年语义是"对他人拥有控制和指令（权力）"；到 1486 年，该词语变成"拥有合法能力、身份、或者权威采取行动"；到 1727 年，power 一语开始增添了技术学含义："能够做功之任何形式的能（量）或力（量）"。最终，随着巨型机器建成，一切形态的 power 都可以做"功"了，不论这"功"是建设性还是破坏性的，而且规模空前。这样一来，巨型机器就不单是一种行政组织形式了，它已成为正统机械学意义上的"机器"概念，成为"各种对立实体的整合手段"了。而且，其组织化程度如此之高，以至于可以完成标准化作业，能够循环往复重复完成同种工作任务。可是请注意：power 的全部形式和内容，彼此可以互相增强、互为补充，并最终成为权力五边形最核心的要素。

与职能单一的普通机器不同，巨型机器本性决定了它专门用于大规模集体作业任务。而且，这种运转作业本身正是这大权力系统的重要组成部分。这种大机器作业以古代开凿运河、修桥筑路、攻城拔寨为开端，逐步增加、扩充，至今衍化成工业化全程乃至组成全民教育和消费体制。如此高度的社会组织化程度是史上任何单一政治组织都无法奏效的。尼采曾将战争描述为"国家的健康标志"；其实，他未尽其意，战争实则为巨型机器之躯体和灵魂。依据下述事实可判别巨型机器的活动程度：一场大规模战争结束后，至少要经过三五年恢复发展，其动员和吸收的产业才能恢复元气，逐渐投入局部运营，而且是在有中央权威支持的前提下。

一架架单个机器纳入巨型机器后，其各自属性会因此放大：包括其高能源投入、机械化程度、自动化水平、产出数量等等特性。但是其负面效果同样也因此被放大，比如，僵硬死板、不适应新情况、除了设计中的作业目的外，不能完成其他的人性化目的。它们各种作业目的之最高目的，就是为了综合行使最高权力。

即使"专制"武器尚未发明问世之前，专横独裁与绝对服从这两个元素，就已在每一种军事组织中牢固联手了。因此,战争便成为一种最理想途径,促成巨型机器最终装配成功。而且,让全民活在战争威胁之中,从来是统治者的高招儿,能将向往独立自治、半自治的群体组成牢不可破的整体,并服从自己意志。巨型机器一旦组装成功,任何批评、不服从、越轨违规、任何自下而上的改革意图,都会被视作对整体制度的威胁。

## 3  新的联盟

巨型机器最终形成还有个重要的制度性前提,我放在最后来讨论。原因是,迄今考察巨型机器自古以来发生、发展全过程时发现,古代模型当中并没有这个制度性要素。这要素即一种很特殊的经济学机制,其基础包括:飞速的资本积累、资金不断周转、高额利润,且一起综合起来朝加速技术发展的目标协同运转。这要素是什么呢? 简言之,货币经济。

242

货币权力与政治权力结成联盟,是君主政体或暴君专制诞生的决定性标识,而且,军事机器越是寄生于技术发明和大规模武器生产,国民经济体制直接利润便越大。当然,长远看,后代子孙会发现,这些暂且收益会逐渐被各种成本因素抵消:包括资财损耗、设备修配与更新,且不论人口本身的贫困潦倒。发动战争的人往往打着道德旗号,并把军火商当作替罪羊。其实,战争带来的货币利润却滋润了国民经济其余每一个部门,甚至包括农业。证据就是,由于战争造成难以比拟的巨大资财、商品消耗,以及无可比拟的浪费,暂时克服了扩张性技术经济的长期缺憾——"生产过剩"。战争造成了暂时短缺,照典型资本主义理论来说,便成为维护利润不可缺少的。

反过来,这种经济学活力机制必须通过战争破坏途径或增强军力以备需要的政策途径,把大宗利益让度给政府,否则自身无法运作。加之,须靠资本和现金收入增长来支付庞大的军事开支,当今令人非常恼恨的经济负担,公民个人所得税制度就是这样出台的。如此露骨的措施,即使历代君王也不敢轻易出台。比如,法国皇帝路易十四时代,是经过了巴黎神学家们论证之后,才敢于出台。神学家们的理由是,皇帝王权神授,既然普天之下莫非王土,如何处置天下财产,悉听尊便。直至拿破仑战争时代,在君主立宪制较为成熟的英国,也开始实行所得税制。此前实行的是貌似平等的征兵制度,其做法是通过绑架或者灌酒等方法把一些人拉入海军。美国的情况是,若无 1913 年通过宪法修正案让个人所得税制度取得合法地位,美国政府无论如何都无从获得 1940 年那种大笔财政,去营造美国的新式巨型机器。

现在完全清楚了，国民税收产生的大宗白来之财，已替代了当代经济中的利润动机。无论采用损益会计或成本-利润会计制，都不会明显降低巨型机器的运转效果。证据就是，成本已经并入收益，而未来的可能耗损通过军事设备折旧，乃至直接破坏行为，已经成为新收益之源泉。

通过战争，巨型机器得以扩充其领域和能力，并顺便摆脱了资本主义开发的反馈系统，因而失去自我调节和理性化整理的机能。这就是它的损益账目均衡（close accountancy of profit and loss），如若失算结果就是最终破产。该制度下，重振经济不能靠体制改革，而要依靠重新武装军队和发动战争。因为，整个 19 世纪资本主义制度都处于半瘫痪状态。而且，只有依靠战争，该制度才得免一死，因为它从未成功解决公平分配问题。

而且，货币经济不仅过度刺激了以极度扩张的权力技术每个领域和部门，且使让巨型机器必须立即继续扩张至社会的每一个领域，目的是要一旦发生战争，必须保障所需的大量剩余物资不得，以便去有计划杀人灭种、控制大规模民众。不仅如此，随着国家将社会保险和技术服务延伸到全国范围，全国多数人口，即使明知个人所得税法被操控着养肥了富人，仍将自身安全和保障押给了中央集中调控的经济、生产、分配，以及基体破坏行为。这是技术、权力、财政和军事要素共同构成的大杂烩，这其中的要素无所谓哪个更强哪个更弱，组成巨型机器并协同运作，则缺一不可。这样，巨型机器的现代模型便凑集成功，且消除了历史遗留的缺点以及传统局限。

现在万事俱备，只缺少两样东西了：一个是专制权力的象征性代表形象，它要么体现为一位有血有肉的统治者，或企业集团、或者某种超大型机器手段；另一样，就是一场巨大危机，一场足够凶险、足够紧迫的危机，足以将上述各部件猛然凑集成功。危机一爆发，这最后的集合便大告成功。这一切之先，须得有古代及原有粗劣模式的巨型机器，在新能源和技术装填下野心勃勃，首先亮相，并且为"专制"权力的总爆炸鸣锣开道。

# 4　走向专制

然而，从任何意义上说，巨型机器重新装配成功都决不是各种历史势力不可避免冲撞的结果。实际上，直至 19 世纪末期，照许多杰出思想家看法，西方文明的主要变迁，甚至包括技术发展，仍然基本上有利人类的自由发展。就连非常超脱的思想家，厄内斯特·瑞南（1823—1892，法国哲学家、历史学者、中东语言和文化专家。其有关基督教早期文化以及文明史著作最为有名,阐述了民族主义以及民族认同的由来。——译注)也附和孔德18世纪的名句,认为当时交战国民族主义情绪已经气息奄奄,厌战情绪风靡军队,以至于不实行征兵制已不足以维持最低兵员编制了。

19世纪早期,随着抛弃农奴制、制止奴役制度等措施普遍施行,种种反对势力风起云涌,导致全世界范围内掀起风潮,纷纷要求政府法制、民族自治、社会合作。就连已走上军国主义道路的德国,1912年发生的塞尔本事件(Zabern affair)①表明,政府也不得不为它一名军官粗野暴行在共和国议会遭受谴责。这名军官曾趾高气扬地将当地一名跛足鞋匠野蛮推入水沟,并毒打。这都表明,政治压迫和经济剥削,连同可防控的疾病和饥饿,当时已经开始销声匿迹。

诚然,此类勇敢行动间或被更凶残的大规模野蛮行径阻断,如亚美尼亚和马其顿的屠杀、英国对中国的鸦片战争、英国在南美洲进行的波尔战争(Boer War)中就开始建立集中营囚禁战俘。还且不说西方军队对北京义和团更丢人现眼的凶残屠戮。总之,截至一战爆发前,理性与仁爱之心始终占上风,且营造出民主谅解与同舟共济的社会氛围。可惜呀,这种氛围被一战破坏了。原本坚信人类可随技术进步不断改善的信念,随之破碎。尤当人们看清楚,新技术释放出的新能源,居然把潜在的人性邪恶扩大并全部宣泄出来,令人世可怕得难以置信,这信念最终便彻底被粉碎。

所以,直至第一次世界大战后,人们便一步步看清,新的巨型机器,趁着专制极权国家接二连三兴起的风潮,逐步组装成型,翻然降临人世。其为首者,正是苏俄和意大利。这样一来,原先走向代议制政府、民众参政的世界潮流一下子就掉转方向,虽然这种民主潮流即使在俄国,此前也已持续进行了一个世纪。这种新型组织形式,不管叫做法西斯独裁或者共产主义专政,实质上都是一党专政体制,其基础是一伙自封的革命集团核心,其为首者,则仍是个历史上"王权神授"古旧思想的活化身,只不过他已无需靠上帝来涂脂抹粉,而可以像拿破仑那样,自封皇帝,加冕登基:此种人物包括残忍独裁者(列宁)、魔鬼式德国元首(希特勒)、血腥暴君(斯大林)。他们都宣称自己不及格的政权为合法,因为靠非法手段夺到手中。此信条已经如同柏拉图《共和篇》中人物瑟拉西马库

① 塞尔本事件(Zabern affair),塞尔本系亚尔萨斯地区一小镇,原系法国领土,1871年并入德国版图。该事件是德国军方与当地居民之间的一场大规模冲突,导火索系1913年(另一来源说1912年)11月7日一名德国军官侮辱当地一名跛足鞋匠,将其推入排水沟,实施毒打。此暴行引发当地居民游行示威,当局武力镇压,居民不屈不挠,声言1914年1月4日仍将举行游行示威。1913年(1912年?)12月4日,慑于民众压力,德意志共和国议会,以293票比54票通过决议,谴责政府首脑特奥巴登·冯·霍尔维格首相偏袒军队、蔑视百姓的帝国主义行径。——译者注

斯（Thrasymachuus，约前 459—400 年，古希腊诡辩派哲人，柏拉图著作中的重要人物。——译注）的立论一样古老陈旧，而这些实例本身则已是数千年前的旧物了。

　　这新巨型机器显然不是一夜间突然长大、成型。而人们居然始终小看了它、无视它在现实社会生活的存在，也没有看到、或者小看了它在历史中的作用和地位，为什么？全因为 19 世纪那些美好而幼稚的自由主义梦幻。请看：奴役制度，不是从文明伊始就存在，且直至 19 世纪后半叶仍然存在吗？还有战争、征服殖民地国家、剥削那里的人民，这些都被当作了维护主权国家的"正当"前提。赫伯特·斯宾塞那些过于片面、过于乐观的社会进化论，即使有天大错误（他将工业文明等同于太平盛世），但是，从能 19 世纪最后 25 年帝国主义出现这一事实中引申出野蛮社会复活的，他是第一人！证据就是他的《奴役制度卷土重来(The Coming Slavery)》一书。仅凭这一点，他的理论就值得我们重温，他的人格就值得我们景仰。斯宾塞把对他民族的奴役同福利国家自身联系起来观察，如此见解，他超前了希拉里·贝洛克(Hilaire Belloc)以及弗里德里希·海亚科(Fredirich Hayek)。而更令人瞠目结舌的，是后来发现，这种新型野蛮、原始暴虐，正是通过新技术的途径得以强化，并强加给更多的群体、民族和国家。这样的技术方向，不该深思吗？

　　古代这隐形大机器重新组装成功，发生在三个时期，其间都有段时间间隔：第一个就是 1789 年法国大革命。这场革命虽然赶走并处决了国王，却以更大权力复原了国王的抽象同类物——民族国家。照启蒙思想家卢梭有关全民意志体现在伪民主(Pseudo-democratic)的理论来解析，这场大革命赋予民族国家以至高无上的权力，例如，有权征用全民兵员等等，令封建帝王都垂涎三尺！维多利亚时代一位眼光锐利的政治观察家，亨利·梅因爵士(Sir Henry Maine)，一眼看穿其中把戏，并指出："卢梭《民约论》中所说的专制国家主权，以及集权社会(all-powerful community)概念，无非是帝制法兰西的翻版，其中掺杂着朝臣们为国王增添的种种权威。"

　　第二阶段在 1914 年爆发第一次世界大战前后，虽然其中许多基本步骤已由拿破仑一世完成，并由俾斯麦治下的普鲁士军国主义专制在 1870 年普法战争后又大大推进一步。具体措施包括，招募学者和科学家并入国家机器、用普选为花招抚慰工人阶级、社会保障立法、全民普及小学教育、保障就业、养老金制度等等，都是拿破仑从来没有实行过的，虽然他本人非常崇尚法治、科学以及教育平等。假如拿破仑成功地征服了整个欧洲，假如他赢得时间巩固军事独裁政权，巨型机器肯定会在这时期组装成功，并至少朝现代化形式走了一半路程。的确，到 19 世纪中叶，拿破仑精神仍然阴魂不散，并在青年思想家恩内斯特·瑞南头脑中形成未来世界的幻影，而且，这幻影居然同我们当今面临的现实世界简直不差分毫了：也就是科学技术精英们当家的独裁专政！

一战尚未结束，新巨型机器主要特征都已初露端倪，包括已大体上实现了政治自由的许多国家，如英国、美国，也相继引入征兵制度；而且，为满足战争大量的物资需求，英国还设立了战时工业生产动员制度，虽然同贝拉米介绍的办法略有出入。此外，因为正统的市场经济学者历来认为，战争导致经济破产，反过来会导致长期战争随之破产。为此，英国政府还通过了更沉重的所得税法，课税之重超过历史任何时期。与此同时，科学家也被动员参战，发明了 TNT 高爆炸弹、芥子毒气等破坏性武器，以更快取得战争"胜利"。

如此规模空前的集团操控权，无疑加速了每个技术领域的进步，加上政府操控信息渠道，经过精心过滤，报喜不报忧，美其名曰"鼓舞士气"（换言之就是平息失望情绪和反对声音），让这些"民主"政府第一次尝到思想控制的甜头，并且比守旧的苏俄专制政权实施的做法能获得更明显积极效果。这就给巨型机器，在强制体力和军事纪律手段之外，又补充了个好办法。

奇怪的是，巨型机器压迫人民的特性，居然由俄国布尔什维克革命进行了第一次现代化尝试。尽管列宁及其合伙宠信马克思主义信条，相信西方科学技术和工业化，然而在夺取沙皇政权之后，仍然原封不动继承了原有国家机器。这种制度未曾因经济竞争和工业效率而改变，尽管当今已经腐朽透顶、四分五裂，却已经成功地改造了民众，他们大多数已经习惯了在中央集权制度下服服贴贴生存，崇拜这独一无二、大权独揽的最高统治者。

这场社会革命的民主目的虽然被野蛮地扼杀掉了，虽尚未完全遗忘，专政体制却因不得不继续利用官僚机构，加上巨型机器心理训导，而得以存继。国家从王权神授理论那里继承了最荒诞无耻说法，"国王不可能出错"，并将此口号发展为"党永远正确。"谁反对党的路线，无论党的路线如何荒谬离奇、自相矛盾，也无论新的独裁者，也就是共产党官员，如何肆无忌惮地维护自身特权地位，反党的人都会遭受制裁，被视为异己，依照"流氓"、反革命论处。

这一新型极权统治一旦坐稳权位，任何竞争对手，无论是农会、工会、地方苏维埃、集体农庄、合作社、不能与党保持一致的任何全国性组织或者宗教团体，例如东正教、犹太教，乃至吉普赛人，都会遭受排斥、镇压甚或完全清除。巨型机器体庞如象，却连一只老鼠都害怕。

这种强权体制，在列宁和托洛茨基时代即已非常严酷，到了约瑟夫·斯大林时代则变本加厉。斯大林虐待狂性格，多疑善变，嗜杀成性，就足以表明新巨型机器还短缺原

*247* 型机器一个基本特点：能散布恐惧心理的宗教以及神权崇拜的礼仪。只有添加了这些要素，才能让民众更加透彻地顺服、卑屈，那是光靠恐吓所不能奏效的。正像后来的希特勒、斯大林手段之疯狂，同样表现为肆意大规模屠杀，包括农民，还有知识界、开明人士、训练有素的技术人员、有创见的思想家……这些人员，起初曾都是打造巨型机器必不可缺少的要素。

曾有一度，斯大林依靠恐怖手段几乎成功地将自己变成君权神授的伊凡雷帝(Ivan the Terrible)或者彼得大帝。俄国人经常说，人们只能用原来称呼沙皇的方式来称呼斯大林了。此人曾在各种领域一本正经地宣讲了各种歪理邪说，包括遗传机理、语言的起源，并赢得一片喝彩，被称颂为万能领袖。他这些说法因而成为科学家和学者们的指南，即使那些终生研究学问的人，也不曾得出他那种最高的、终极的、不能反驳的真理。同种风气，同样大胆荒唐的论断，后来到毛泽东那里，也发展成最彻底的讽刺画。

古代巨型机器在斯大林这里走向了最极端：俄国这种巨型机器甚至早于希特勒显露出自身全部邪恶：它必须通过强制人的躯体、恐怖手段才能运作，对全体劳动阶级(包括执政党的党员)实行体制性奴役，它扼杀人际交往自由、旅行的自由、获得知识的自由、集会结社的自由，最后，它把人类牺牲供奉给人间魔王斯大林，以此平息这嗜血成性的斯大林本人的愤怒，延长其寿命。这种体制的效能就是把全国改造成监狱，改造成半是集中营，半是人类灭种的试验场；从这里逃跑的唯一途径就是死亡。法国大革命开创的"自由、博爱、平等"理想，已经被进一步的革命，沿同一杆轴线推入了异化、不平等、奴役。

俄国人对沙皇巨型机器统治长期仰赖中养成一种彻底的顺服，甚至让你说不清他们究竟是被沙皇所迫，还是心甘情愿效忠合作。严酷统治下，间或有少数暴政幸存者找到细小孔隙悄悄苟安，令侥幸躲过劫难的少数生命得以延续。而高贵不屈、敢于公然蔑视暴君的灵魂，可就惨了！比如作家艾塞克·巴贝尔(Isaac Babel)，他就公然要求创作"不轨"作品，也就是拒绝就范，不服从党的路线；若不成就保持沉默，认为沉默也能有效表达立场。结果可想而知，他立即遭到清洗，随即被处决。党认为，你沉默就是不敬、不忠。这场革命用控制思想的手段成批吞噬了它的孩子，这种做法很像他们那些血腥祖先；因为，古罗马滥用暴力的农神节(Suturnalia，为期七天的古罗马狂欢节，从 12 月 17 日开始，期间贵族和奴隶主可以放浪形骸、恣纵无度，为所欲为。——译注)就是这样做的。由于这样的镇压残害，此后巨型机器要花很长时间很大力气，才又重新产出足够数 *248* 量的知识精英，而且，其政治观点和生活态度，都必须符合新要求：技术人员、科学家，以及官僚政客，概莫能外。所幸，那些必不可少的科学家和技术人员，遵守正统科学方法和观念,继续背离道德和社会要求,重新给新的巨型机器源源不断提供了必要的新知识,加速它的运转和完备,完成了它从古代向现代模式的过渡。

斯大林死前,已名正言顺地重新复活了古代巨型机器种种最强制性部件和特征,并予以放大。与此同时,他的科学和技术同谋们,不论自愿还是被迫,也开始拼凑巨型机器各重要部件了。由于能拿来就用,且收立竿见影之效,这古代原型至今在苏维埃体制中占据支配地位,虽经过了现代科学手段予以强化。斯大林死后,像列宁一样,也摹仿古埃及人做法被当作木乃伊供起来供人瞻仰,古今做法之如出一辙! 这一事实本身就提供一种绝好的类比,仿佛是我本人为此书核心论点精心设计的一件事实依据,来支持我的论点。而历史发展绝非我的杜撰,它确乎如此啊,奈何?

## 5　德国纳粹的贡献

历史进程让人们看得很清楚,希特勒成为巨型机器现代化进程的主要执行者,这是他命中注定的;他的这一作用简直要比斯大林更为有效。原因不在于他的精神失常程度稍微轻一些,根源在于: 要让这一巨型机器特殊运作机理开动起来,要有个起码的动机来推动,这就是狂妄追求显赫丰功伟绩,以及痴迷于绝对权力;这一说法同样也适用于技术最为先进的美国。希特勒的极权模式,是在一个科学技术都非常先进的国度组装起来的,他这一模式就是杂交第一代的变种(a base hybrid)——其一部分是古代的,来自古代亚述帝国的模式;还有一部分是改进模式,含有机械化内容,却仍然是十分蹩脚的早期模式(从路易十四直至拿破仑),还有一部分是现代内容,融汇了先进科学技术的种种实用性内容,加上利用最新的行为主义广告手法来塑造整个民族的精神和行为,只不过还要加上希特勒本人的自恋幻想狂中派生出的种种精神病特征。阿尔波特·斯皮尔(Albert Speer)是一位建筑师,后来被安置在希特勒政权中负责战争时期的生产组织。这个人后来出庭纽伦堡国际法庭审判时,说了些耐人寻味的话。他发言中指出了纳粹政权巨型机器具有一些独到的长处。斯皮尔说:

"希特勒独裁政权有别于其历史上一切独裁祖先的唯一主要之点在于……通过技术手段,诸如无线电广播以及扩音喇叭之类,剥夺了八千万人民独立思索的能力……古代历史帝王和独裁者,无一不需要有才干的助手,需要能够独立行为独立思考的人,即使是最基层的政权组织也一样。而现代技术发展水平下的专制统治机构,包括希特勒,则不需要这种人……他们完全可以用机械化来替代对基层组织的领导才能。这种政策实施的结果之一,就是已经形成了一种新型的毫无批判意识的受命者。"斯皮尔的证言中,大约只有一个地方可以当作例外,这就是：这种所谓毫无批判意识的逆来顺受和接受命令,最初就是从政权组织的顶层开始的,他自己就是个绝佳例证。

纳粹第三帝国的首领们视战争为人类社会的自然状态,因而把种族灭绝行为当作实现帝国统治的最可靠法宝,更是确保其种族优越论思想意识战胜对立思想体系的最有效途径。因而,对所谓"劣等民族、族群和国家"实施奴役政策,采取灭绝措施,在他们看来乃是一切崇信"雅利安人种优越论"的人责无旁贷的天职。而且,也只有在永不停息的争斗之中,极权主义首脑们才能确保绝对控制,才能享有仆从们的无条件效忠和顺从;而这种效忠和顺从正是巨型机器顺利运行绝对不可缺少的。

此类倒行逆施引导之下,诸多作恶都变为正常：制度性暴力、野蛮、苦刑、性乱等罪孽,都无可厚非,甚至变成陪衬"新秩序"的可嘉举动。当然,这类糟粕从一开始就公开横行,德国以外其他国家的正派人则不知就里,竟然欢呼这个国家体制代表了"未来潮流";殊不知,不论细看其指导思想或所作所为就都能发现,纳粹主义其实就是历史下水道回流倒灌冒出来的黑臭水。

希特勒一心想马上给巨型机器树起永久的最高威望,便不惮以战争手段牟取一切瞄准的目标,且迫不及待;他靠威胁和卑劣,通过或不通过 1939 年签订的纳粹—苏联协定取得斯大林默契,都能达到自家目的。希特勒还比斯大林技高一筹,很有效而且很快争取到知识分子和教会的合作;还复活了邪恶的种族主义情绪以及存在主义哲学,宰割外加凌辱,且将其巧妙包装成健康情感和可敬情绪,这就恰好补充了机械论宇宙模型奇缺的内容,以及上一个世纪乌托邦理想中遭到诋毁的东西。其后,在臣服奥地利、奴役捷克斯洛伐克、吞并波兰、征服法兰西等一系列行动中,希特勒向全世界表明,他不在乎巨型机器有什么潜在的积极意义,却更懂得如何调动其魔鬼般的破坏效力。

此外,希特勒同像斯大林一样,到 1939 年为自己制作完成了王权神授的君主外衣,开始君临德国民众,而且无需古代日耳曼贵族、大地主、军团首领的祝颂,无需艾森、汉堡、柏林富豪们表态,便登堂入室,君临德国天下,当今一些统治者同样是这样做的。但他确也赢得教会和科技界多数人的忠诚支持,其中包括反对启蒙的预言家,如存在主义哲学家马丁·海德格尔(Martin Heidegger),他就不断念诵了祝祷词。

为确保全民牢不可破的团结一致、对领袖忠贞不渝,官方把作家、艺术家、音乐家、心理学家都动员组织起来,强制他们用作品宣扬这种精神面貌。换句话说,纳粹体制可以为集体失业创造出最佳的古代法老式解决办法,那就是青一色的劳动大军。同时,中小学校、大学广泛实行军训,用野蛮训练培训军事作风、扼杀个性,直至完全服从。这种做法不仅在一战时期得到证实，而且从费希特(Fichte, 1762－1814，德国哲学家，理想主义哲学运动奠基人之一，通常认为他的著作继承康德哲学，同时引领起德国理想主义哲学家黑格尔的唯心主义，因而也是德国民族主义思潮的奠基人。——译注)的时代倡导之后就从未停止过。一句话，德国人不仅扩大了古代巨型机器的使用范围，还做出重要技术革新用来控制民众；这类革新包括，秘密侦听、民意调查、市场调研、输入电脑的私人档案记录等种种做法，都被后来的大企业巨型机器用作有效手段掌控员工。不仅如此，作为后备手段，凡遇冥顽不化、宁死不屈者，当然还有刑讯室、焚尸间随时准备伺候。

可是，每个专制暴君和制度，只要他自我封闭，只要他刚愎自用，只要他拒绝忏悔改错，就一定给自己营造出复仇女神。而且，天地良心，该体制首批牺牲品恰是这些统治者自己！他对国家民众的有效控制，渐渐被自己杜撰的仇恨、幻觉、撒谎所破坏，自己相信了自己杜撰的谎言。请看斯大林的结局：他就冥顽不化、死不相信真实情报，不相信德国对苏俄已经大军压境，这种灾难性误判让苏军丢尽了脸，几乎从一开始就彻底战败！而到这场决斗的终局，轮到纳粹德国巨型机器同样沦为其领导人病态性格的牺牲品；这些领导人意识形态上刚愎自用，情感上喜怒无常，比如，他们把大量军力耗费在守备、剥削、榨取周边占领国家，因而贻误战机去争取全胜。同样愚蠢的是，他们杀灭了千百万无战斗力的俄国人和波兰人，仅仅就为满足自己病态的仇恨和蔑视心理；不然这些人力可以用来补充战争和工业生产。此外，这种专制制度还通过饥饿、酷刑、死亡等手段白白损失了六百万犹太人；而其中许多人，直至面对难以置信的死亡厄运，都曾始终是热忱的德意志爱国主义者；他们的才智热忱若能合理调用，必将大大增加生产和战争效率。

那么，发生这么多误判，许多军事行动惨败，俄国和纳粹巨型机器岂不就彻底完蛋、毫无踪影了吗？因为，这些岂不证明它比金字塔时代无形巨型机器更加不可靠吗？实则不然，而且这些错误起初并不影响纳粹德国一开始占尽先机，获得一系列巨大军事胜利。不仅如此，德国的成功还促使英美竞相效法，也开始攒造巨型机器。历史常伴有奇异的辩证法，希特勒扩大和重振纳粹德国巨型机器的做法，居然诱发出新条件，导致后来出现反制手段，让人类能以暂时消灭、制止了它。

因此，巨型机器不仅远未因其统治精英们大错误而声名狼藉，相反，还被西方盟国抄袭过来，按照先进科学路线重新炮制。用机械、电子和化学手段替下慢吞吞的人力部件，然后接通动力源，便让以往各种权力体制如同青铜时代投枪般相形见绌了。简言之，纳粹制度在其死亡过程中将其全部病菌传给了美国对手，包括各种强制组织和身体破坏的办法，还有为实施这些手段所必须的情感和道德堕落，应有尽有。

在伤天害理、丧尽天良方面，希特勒要远超过斯大林。证据就是他非常善于释放他人心中潜藏的无意识破坏力。他在当权的十几年里已经将人性堕落发挥到极致。他任用的医生，甚至口述着神圣的希波克拉底誓言打着令人作呕的科学实验旗号，对人体实施酷刑；其下劣凶残，即使精神病人在病态幻想中也不堪入目。希特勒在世界舞台上将独一无二的"荒谬戏剧"成功地转换为"残酷戏剧"；而那些前卫派戏剧至今在美化他的劣迹，这岂不从反面证明了希特勒的巨大成功吗？

在其短暂的权力巅峰上，希特勒和他的代理人成功地瓦解了人类价值理念，摧毁了人类历经数千年艰难积累下来的道德禁忌。人类当初形成这些必要禁忌，就为了防止人类自身爆发破坏性幻想症。赫胥黎在其《勇敢的新大陆》一书中预见的种种邪恶，在这第三帝国生命史中无一遗漏。纳粹二战中的首次军事胜利，全部炸毁华沙市中心，继而于1940年彻底毁坏鹿特丹，其所使用的技术，恰是人类第一架巨型机器专门为此研制出来的。德国人深谙其要，如史书记载亚述王国纳齐尔帕二世（Ashurnasirpal）所吹嘘的，"我砍下他们的头颅，焚烧他们的尸体，我倚着他们的城门高高堆起他们的尸骸和头颅，将活人插在木柱上，我屠杀全城，将其洗劫一空，让城市变成空旷的土堆，变成一堆堆废墟，将活捉的男女投入烈火，我都做到了。"古代这种精神病般的功劳奇勋，等待着我们当今"进步时代"来核准，来将其惨绝人寰的行径常态化。

甚至在纳粹还没上台时，这种毒素般的思想就已在"先进技术与军事思想家们"头脑中蠢蠢欲动了。采用空袭大规模屠杀平民百姓的创意，最初是美国将军威廉·米歇尔提出的，随即意大利将军道西特（Douhet）予以支持，他认为这种办法较之进攻明确的敌军可获得廉价、速胜的效果。接着，墨索里尼吹嘘进攻阿比西尼亚手无寸铁的村民，并大获全胜。从此，这种战争手段便成为一种通例到处上演。德国人也就将其华沙和鹿特丹的残忍做法推广到了英国城市，首开记录的就是1940年九月份对伦敦的轰炸。

作为有效获胜的一种军事战略，这种残忍手段反复被证明消耗巨大，而且徒劳无益。战后美国官方调查发现，二战时期美国空军即使针对整座城市的轰炸，也只有20%左右的炸弹落到预定地点。从伦敦到考文垂，从汉堡到德累斯顿，东京和河内，战争实践证明，实际军事效果与其所需的工业投入相比较，简直微乎其微。可是不幸，部分由于1940年英国的危险处境，丘吉尔采纳了林德曼教授的倡议，对希特勒以牙还牙，也开始对德国实行报复性狂轰滥炸。1942年，美国空军也照计而行。这岂不就是在道德行为上对希特勒无条件投降了吗？

同样，凭天地良心，如此依赖狂轰滥炸大规模杀人来取胜——尽管一度煞有介事地称之为"全歼"——却推迟了民主理想的实现。证据就是这样做，是依靠空中武器打击，破坏桥梁、铁路及其他飞机。可是,物物相克,例如斯大林格勒大捷却刺激轴心国联合研制出长距离火箭轰击能力,纳粹德国顷刻依靠这种科技优势进一步威胁要使用原子武器。双方角斗的结果,美国抢先一步,将早已箭在弦上的巨型机器各零散部件,照20世纪水平和模式凑集、装配成功。巨型机器一直缺少的部件,终于在战争压力催迫下揭开面纱,投入应用了。也就是亨利·亚当斯早已预言过的"宇宙级爆炸力量的炸弹",终于问世。催生这一技术的组织,其本身就扩充了巨型机器的每一个方面,并以难以计算的级数强化了它的总体破坏力。

这一巨大无比的技术转变,是悄悄进行的:资金是秘密的,参与的科学家,组织形式是秘密的,互相间不通消息,谁也不知道谁在干什么;使用的知识和数据也是秘密的,项目宗旨当然更是秘密的。无论他们的猜想如何贴近真实,直至第一颗原子弹引爆,才真相大白。这样,通过原子弹研制成功,第一架现代巨型机器那些分散、游离的部件,被一件件凑集、装配起来。这种新形态,将迄今为止牢固建立起来的规矩、限定,不管它是约束科学、技术、社会、还是道德,都一古脑抛弃干净。而且如古代巨型机器一样,也把如此难以扩张的权威和能力——历史为证——交托给了这样的决策者:他们的理智和知识,即使托付给小得多的权力,也不懂得如何使用得更好、更人道、更聪明。

253

当今世界危如累卵,而万般难题首当其冲者,是如何防止人类自我毁灭。具体而言,是如何防止人类毁灭在那些丧尽天良却屡次发疯的领导人手中。

这一难题还找不到答案,一个同样紧迫的新难题又匆匆而至:如何防止人类集体陷入新型集权机制(totalitarian mechanism)掌控,而不丧失自身的科学远见、技术能力,这新型集权机制就是靠这些优点和能力创制成功。爱默生1832年那些话说得多好啊,他仿佛预见到我们当今必有的困局和恐怖,说,"别让小孩玩刀具。别相信人类,善良的上帝啊,别再扩大他们的权力了。让他们先学会怎么用好眼前这一点点微小权力,别再给新的、大的了。假如我们为所欲为,这世界将会何等景象啊,难以设想! 轻剑运动一定要立个规矩和禁令,年轻人不学会并保证决不能挑出对手眼球,就不准参赛!"

# 6　聚变与裂变

人类经过三个多世纪的漫长准备,最终才凑集各种必要的知识、思想和能力,制成了原子反应堆和原子弹。尽管如此,事到临头,若不是面临旧式巨型机器直接军事威胁,若不是眼看德国物理学家就要把原子弹研制成功送到希特勒手中,若不是清楚看出希特勒会手握"绝对武器"讹诈要挟各国投降，若非这一切原因，盟国方面也仍不会形成足够权威，克服和平时期巨大惰性，人们会习惯于样样事情一如往常。

截至1941年6月，德意日三国结成的专制主义轴心国联盟，眼看就要控制全世界了。如此猖獗气焰，也激发"民主国家"方面同样也集中物质力量准备应对；虽然那时美国尚未卷入战争。尽管历史记忆和教训已经淡化，仍然可以看出，面对被胜利冲昏头脑的轴心国军队，任何妥协都不足以阻挡他们节节取胜的进攻势头，更不要说印度人对付英国政府采用的那种非暴力消极做法；因为，纳粹德国的目标是奴役全世界、毁灭全世界。如果证据还不够多，请看看战争期间被纳粹残杀的两千万犹太人和其他民族。泰勒（A. J. P. Taylor）及其追随者，喋喋不休地吹捧希特勒，将其美化为理性政治家，他只是在追求很有限的民族利益等等，千万百计掩盖当时严重局面。如此卑劣的胡编乱造，真是历史学界最丑陋、最丢人的实例。

及至1939年战局明显要覆盖全球之时，巨型机器必须的部件，不仅规模扩大，品类繁多，而且形成密切合作。每个国家都日益形成了自己独立运转的巨型机器。社会生活每个环节和节奏——食品配给、燃料配给、衣物生产、建筑项目等等——都纳入政府控制范围。大家对中央政府规定的措施毫无怨言。义务兵役制度不仅用在军队，也通过生产领域向整个国家完成了普及。

工业纳入新轨道运行，起初并不顺利。后来由于19世纪形成的卡特尔、托拉斯等产业垄断形式，发挥积极作用完成了产业组织改造，纳入政府控制同时走向协调。大企业显然受到生产整合之后巨额金融收益的诱惑，因为新生产方式会在保证原有成本水平上获得巨额利润，从而在保证最大限度生产的前提下获得最大限度的财政收益。因而战争越深入进行，这种巨型技术链接就越顺畅，而些许局部忌恨和争斗不会影响大局。

虽然如此，要最终造成新的巨型机器，还需要两个主要元素，而且其中一个已经遥遥在望：专制统治者。众所周知，宪法授权美国总统处理紧急特殊事件，这是直接仿照古罗马法先例而为。战争时期，为保卫国家利益，美国总统享有无任何限制的权威，采取任何必要措施。这是以往任何时代独裁君主都不曾享受过的。仅凭希特勒可能获得超级武器这一危险，美国总统罗斯福就有权在国会批准预算前提下，动员必要的人力和智力，开发研制热核反应堆，以及原子弹。为确保成功，古代巨型机器的一切高精尖部件都得转移到新轨道上来，以适应新的巨型技术组织要求，满足科学研究的需要。权力集中不足，就难以保障转向军事——工业——科学新体制的重大举措。而正因有了这种新体制联盟，从1940年的1961年，美国掌控着绝对破坏权力的现代化巨型机器，就正式诞生了。

在古希腊时代,仅靠阿基米德一个人的智慧就歼灭了古罗马舰队。如今,一万个版本的阿基米德被复制出来投入战争,扩大战果,克敌制胜。举个很小的例子,诺曼底登陆时,普通士兵发挥聪明才智,砍断凌乱障桩,有效地为盟军坦克扫清前进道路。如今有无数此类事例,采用新技术、新方法,如雷达、声纳,更不消说还有喷气飞机和火箭,尤其有了原子弹。而这一切都是在战争的巨大压力诞生的。离开战争这一因素如此众多的智慧和力量很难这么快形成大联合。

255

原子弹创制的过程,实际上悄悄把新的巨型机器引导出台了,虽然当时几乎还没有觉察到在发生这么大的事情。证据就是,原子弹的成功,把科学技术人员拥上这新权力结构的核心地位,接着研制出一系列新武器,并让起初纯粹为应对战争危局建立的控制体制画上了完满句号。

一夜之间,美国民众和军方的最高领导人突然就获得了铜器时代诸神渴望的巨大权力,拥有了人类统治者从未使用过的权力。从此,科学技术人员具备了不可替代的作用和地位,他们占据了新型等级结构中的最高位置。新型巨型机器的每个部件,也都依照专业型知识的要求予以改造。而为了开发这些专业知识,曾专门设计出高深的数学分析和精准方法;而与此同时却因此而阉掉了人类其他宝贵价值观念和人文目的。

接下来发生的一系列灾难性大变局,全世界都看到了。有意义的是,释放热核能量这个想法,亦即巨型机器以现代形式重新组合并且投入大运作的这个最主要事件,其最先创意者居然不是中央政府,而是一小撮物理学家。同样有意义的是,我们该看到这个事实:这些极力倡导使用热核能量的人,其本身都是些非常文明、非常讲道德、文质彬彬的人,其中最著名的,有阿尔伯特·爱因斯坦[①],恩里克·费密[②]、雷欧·茨拉德[③]、哈罗

---

① 爱因斯坦,Albert Einstein,1879－1955,美籍德国理论物理学家,1905年创立狭义相对论并提出光子概念,1907—1916创立广义相对论。创立光电效应的定律,曾参加反战和反法西斯主义的斗争,反对使用核武器。获得1921年诺贝尔物理学奖。——译者注

② 费米,Enrico Fermi,1901—1954,意大利核子物理学家,研究慢中子引发原子衰变,最早实现了链式受控核反应,获得1938年诺贝尔物理学奖。1939年赴美,1942年主持建立世界上第一座核反应堆。——译者注

③ 茨拉德,Leo Szilard,1898—1964,美国物理学家,生物学家,生于匈牙利,参与自持链式核反应堆的研究,对于研究原子弹的曼哈顿计划发挥作重要作用。后来研究生物物理学,倡导和平利用原子能。——译者注

德·乌利①,等等。如今,假如我们要指控一些科学家,指控他们试图建立新的神权制度,借此复辟极权专制权威,在人间挥舞起魔鬼般的权仗……那么上面这些人,就是这类科学家的最新人选!而这些科学家后来的同谋者和继任人,则都具有非常讨厌的个性特征,那就另当别论了。他们这些新特征,来自巨型机器统辖下的新制度,来自非人道观念;而且这种观念已飞快融入整个计划之中。至于原子弹的首创者,他们则过于天真,至少在事情开始阶段,因天真而未能预见到他们艰辛研制项目的可怕结局。

这些物理学家敏锐地意识到,威胁迫在眉睫了;他们认为,原子裂变的专门知识一旦被独裁专制统治者掌握且匆忙投入使用的话,将不堪设想……于是,这些科学家们做出了政治上和军事上都非常不妥当的判断并得出结论:当时他们自己具备的科学知识和技术培训状况都不足以抵挡可能发生的灾难性结局。由于担心纳粹分子可能首先造出原子弹,从而把握战争绝对优势,爱因斯坦及其同僚们,来不及缜密斟酌对比各种可选预案,就把一份提案文件交到参谋长联席会议主席案头:美国应该制造这种武器。现在看来,他们的担心不无道理,他们的警觉也堪称模范,值得赞许。但是,假如一个世纪以前,当亨利·亚当斯以及弗里德克·索迪各种警告频传之时,他们能够利用自己公职身份的优势充分留意过、思索过这些警告,如今对突然爆发的问题也就不会失于应对,包括如何动员人类的知识精英采取防御措施,让这种具有大规模杀伤力的能量不要轻率释放。可惜,他们的技术训练背景局限了他们的眼界,让他们只能看到:假如这种科学知识不断积累,以及飞速转化为应用技术,这种背景下,假如不顾及可能带来的社会后果,必将如何如何……这种情势下采取必要抉择,当然明确无误是个绝对命令了。

任何一个同样关注人类命运的当代人都能理解当时爱因斯坦做出这一提案,以及罗斯福总统批准这一提案时的心态。很可能,如今的批评者若处在当时境况下,完全可能作出相同决定,会犯同样的悲剧性错误。但是如今则完全清楚了,这样一个重大提案出台的历史背景过于狭窄,决策者所受局限太大了。这是个迫在眉睫的重大决策,迫切需要一个投入实施立即产生预想效果的方案。即使其后果会破坏人类的未来,也在所不惜。现在看,提出制造这样一种具有"宇宙级杀伤力"的武器,却未能同时要求采取道德和政治方面的安全措施,这决定本身就显露出,这些科学家在考量自己职业任务可能产生的实际后果方面何等无能。

---

① 乌利,Harold Urey,1893—1981,美国化学家,因发现了氘,亦即重氢,获得1934年诺贝尔化学奖。后又研究地球化学和天体物理学,对于研发原子弹,以及地球和其他行星的起源理论,郡有重大贡献。——译者注

现在清楚了：是有权力误用和滥用的预备性工作在先，后来才有第一颗原子弹的爆炸。之所以这样说，因为早在原子弹尚未投入试验之时，美国空军就已经采取了迄今为止"最难以设想的"做法，不加区分地轰炸、灭绝手无寸铁的平民；手段之凶残与希特勒无异。大约只有在施虐者与受害者距离方面，两者不一样。因为希特勒的下属们在布岑瓦尔德和奥斯威辛的集中营和毁灭营，采用的是另一种更贴近的杀人办法。利用凝固汽油弹，美国空军一夜之间在东京活活烤死十万日本平民！可见，早在所谓"终结者"武器，原子弹发明以前，道德沦丧和族群灭绝的彻底堕落早已整整齐齐设计成功，为原子弹爆炸完成了铺垫。

制造原子弹的计划一旦获得批准，投身这一计划的科学家们，立即被自己的错误前提设想所框定，不能不接受这一项目的军事应用。后来的事实证明，他们的错误是难以疗救的，因为，无论他们的良心后来多么痛苦地折磨自己，也无论他们一些较为理智和冷静的领导人花费多大力气要唤醒人类，让人类从此遵守誓言不再使用原子弹。因为，后来发生的事情，远比一件致命武器的发明和制造本身更要可怕。就是，原子弹制造行为本身又进一步加速了新式巨型机器的组装和完善过程，而且，*危险而迫切的军事对峙一旦结束，如何保持这一巨型机器的有效运行，也就是如何保持永恒的战争状态，就成为绕不开的事情了。*

自从原子弹投放之后至今，世界上仅出现两个现代化军事巨型机器，一个美国，另一个苏俄。他们两个都想把自家梦想推向其他国家，包括通过积极扩张、激烈角逐、疯狂强制等手段。而最终结局是，他们两个要么同归于尽，要么与其他同种巨型机器结成全球性联盟。就人类发展趋向来看，第二种结局并不比前一种更有希望，唉……！唯一的理性选择，是设法瓦解这种军事巨型机器。

必须承认，自然科学和超级技术在 19 世纪开始持续汇拢合流之际，即使没有战争的刺激和发明原子弹之举，这种结局也已并不遥远了。但是，恐怕要再过一个多世纪的时间，才能达到此后十年就发生的局面。战争证明是一种最理想的积极介质，有如培养致命因子的肉汤培养基，促其迅速分裂增生。此过程中，我们再一次看到古代发生的情况：文明最初的聚合机理(original implosion of civilization)，仍然是那些要素，通过扩大能量和人类能力，释放出巨大的破坏力量，抵消了建设性效果，还培养出相当程度的集体非理性，久久掣肘人类理性力量，极大耗损了理性创造成果。同样，我不得不再次质问，如我在本书上卷跋中所问的那样，"如此非同寻常的权力和生产力与非同寻常的暴力和破坏，两者在人类历史上屡次缔结姻缘，这难道纯粹是偶然现象吗？"

金字塔时代的成就与当今核武器时代的成就，这两条平行的线，被迫合并起来合而为一了，无论你多么不愿意接受这一结论。人类史上君权神授的帝王，又一次地集中起人类社会全部创造力和天赋特权，在可敬的神圣神职机构和普世宗教(universal religion)，以及政府主导的科学事业(positive science)的支持之下，以一种技术上更加完备而周详方式，开始重新组装巨型机器。假如你不考虑国王(美国战争时期的总统)的角色，不考虑神职机构(科学家们的神秘独立王国)的作用，不考虑官僚体制和机构的空前扩大，也不考虑军事力量和工业生产的现实体制，你就无法真正具体了解所发生的事情。只有在金字塔时代的历史条件下，各种看似分散的、偶然的、孤立的事件，才会逐渐集中组合起来，结成星座式的架构。而现代的专制主义的巨型国家机器，有机械发明和电子发明的各种机构和成就来强化它，又与巨型机器互相依赖，互为发展，互为利用；其最终效果证实，这是希特勒为奴役全人类所做出的最为邪恶的贡献，假如说，在这一问题上，他完全出于无意识。

人类始终在探索物质宇宙的基本构成要素。现代人类在这方面的最高建树之一，就是终于看到释放太阳神所操控的能量可能带来的巨大恐怖。人类这一建树和领悟，源自自身因战争而灭种的恐怖，更源自生物界可能整体毁灭的恐怖。因为这状态会瘫痪一切生命之泉，粉碎任何试图保留生命的努力。若令事态朝这种方向继续发展，如果让冷战的危机持续、加深、扩大，亨利·亚当斯所预言的不祥结局的概率，就会大大增加。

# 7　古今巨型机器对比

现在可以来进行比较了，看看古代的和现代形式的巨型机器，各有哪些特点和区别。不过，开始比较之前，先让我着重说明一点：人类是在新型巨型机器重新出现并定型的时刻才真正认清，古代就曾有过此类事物，只不过以往始终不明白它的构造和实质。稍微一比我们就会发现，其差异与其共性同样有意义。我尤其认为，两者深藏不露的共性，恰恰给漫长的历史进程，尤其给当今刚刚开启的时代，揭示出新的含义。

新旧巨型机器两者特征都表现为庞大的机械技术能力：它们首先是大型的民众组织手段，能执行并完成小型劳动集体和松散氏族群体或地域性群体无能为力的浩大任务。然而，由于古代巨型机器毕竟以人类部件组成，因而其他工作的每一阶段都难免人类固有的局限性。比如，即使在最严酷凶狠的监工工头看管下，一名奴隶能够产生的劳动效率，充其量不过十分之一马力，更无法让他无限度延迟工作而不降低劳动效率。

古代和现代两种巨型机器的最大差别在于,现代类型的巨型机器越来越多地采用更可靠的机械手段和部件;同时,它不仅降低机器超强运转对于劳动力需求,而且还通过电子设备实现瞬时遥控。尽管该系统各连接关键仍需人力机制来支持,现代巨型机器毕竟已经在时间和空间上都超脱出原有局限,因而可以在辽阔领土范围内像一个看不见的大机器那样整机运行起来;其各工作部件都通过遥控和瞬间通讯指令联机运转。因而新型机器支配着无数各种类型的机械部件;而且具备超人力的效能和超人力的机械可靠性,还具有闪电般的速度。若无文字发明在先,古代巨型机器就难以设想出来;古代集权统治制度曾屡次因通讯迟慢而瞬间倒塌。因此,古代统治者处心积虑想改进水陆交通,配备快马和奴隶接力快速奔跑,或者单层甲板大帆船,用一队奴隶组合牵拉。

一旦发明了电报,继而有了电话和广播通讯,这些局限就都消除了,长途控制就没什么障碍了。理论上说,世界上任何一点都可以实现与另一点的瞬间通话,视觉传播也瞬间跟踪而至。人类自身的快速交通,也很快实现了:以往靠生翼信使在天上人间传信,如今不也在每个飞机场实现了吗?不久之后,两马赫速度的现代天使可在半天之内飞临世界任何地点。权力、速度、控制,是任何时代的专制君主制度的主要部件;所以,如何消除这些要件难以摆脱的自然障碍,就成为古今巨型机器共同操心的主题。

而对于多数人民来说,古代巨型机器的运行,意味着用最大限度的惩罚赚取最小限度的收益。这种做法如此普遍,以至于国家最高层级的管理官员常常也难免遭受同样的凌辱和强制。因而整个社会就周期性陷入惩罚性苦役,若不完成规定份额将面临更严重惩罚。只要是实行巨型机器统治的地方,都有丰富文献佐证这一历史实情。除了我征引过的资料以外,容我再举卡尔·维特福格尔(Karl Wittfogel)引述《摩奴法论(Laws of Manu)》的文字:"假如国王不是无止无休地折磨、惩罚那些该惩罚的人,强者就会蚕食弱者,将其看作上了烤炉的活鱼……唯有惩罚能治理万民,也只有惩罚能以保卫他们。"

仅从这一实例中,我们就能引伸出结论:巨型机器最初就是少数握有武器、尚武好斗部族的创造发明,他们还发明了组织化的战争,将无条件服从、定期纳贡强加给消极被动、无抵抗能力柔弱驯服的新石器文化农牧民;这些农牧民就是后来漫长历史时代中人类的最大多数民众。虽然说,现代巨型机器同样是战争的产儿,我们却很快发现,它却成功地避免了过多的强制做法,主要靠一种更巧妙的强制——奖励手段,替换了残酷的惩罚。

另一方面,这种体制永远难免自身一些特殊代价:比如,它永远需要动用大量人力当作监工来驱使奴隶劳动,十名奴隶的班组至少要一名监工;这样的关系,必定产生摩擦、仇恨、降低劳动生产率,还会消耗许多优秀智力资源,令其无法投入更有价值的创造活动。我们简直难以猜想,像前苏联和中国那样的国度里,有多少有才华的外科医生和智者,被投入恐怖生活而荒废掉了。更糟糕的是,这种压抑个性的陈规陋习,野蛮恐怖和残酷惩罚,还蔓延到劳动场所以外,侵蚀着人类关系的其他领域。历史证据表明,频繁爆发的密谋、起义、投毒、奴隶暴动,无不极大降低了古代巨型机器的效率。显然,该巨型机器的非机械部件内,还有极大改良的余地,将在下一章详细讨论这其中的改良措施。

# 8　牺牲人类,救赎机器

　　一种专门的意识形态潜藏在古代和现代巨型机器内部,并且将两者牢固联合起来。这种意识形态完全否认生命现象的基本需要和目的,目的就是为了强化权力机构本身,并扩大自己势力范围。新旧两种巨型机器的基本价值取向,都直接指向死亡。而且,它们越接近实现统一世俗世界的完全控制,其最终形成的结局也就越令人类难以逃脱。经历过战争通盘动员形式之后,大家都熟悉了这种常有的历史驱策力,因为军事暴力——有别于一些偶发性的小规模的动物侵略行为——就是特殊形式社会组织的历史性产物;而这样的社会组织早在六千万年前就已经在蚁群社会组织形态中形成了。后来,才在金字塔时代的埃及和美素不达米亚地区的社会当中又重新建立了起来;并且,其中阴险邪恶的组织特性,制度化成就,都应有尽有。

　　所有这些古代特点都在 19 世纪重新复活了,特别是一群群集体献身给死神的做法。仅仅在过去的半个世纪当中,大约有五千万到一亿人口死于非命——跨度这样大,因为实在难以精确统计——或因暴力或因饥馑,有的死在战场上,有的死在集中营里,有的死在被轰炸的城市里,有的死在了被焦土政策改变为赤地的农村地区。不仅如此,我们还接到美国当局反复发出的讯息,而且他们不无吹嘘之意,说假如美国和苏联这种热核装备完好的国家之间爆发战争,第一波次打击之下,两个国家的人口在第一天就会死掉四分之一至一半。

　　以一种有理由的谨慎,这些官方预测再没有继续公布采用其他日臻完美的种族灭绝手段的进一步打击之下,第二天,第二周,第二个月,第二年,以至于第二个世纪的损失状况,因为显然这将会涉及到天文领域中去,给那里造成的不可预见的后果,而且永远无法修复。(而一些自然科学家们的狂妄自负简直无与伦比,居然认为他们有能力预见到,这些效果仍然不会超出美国政府委任的专家们的操控范围以外。)

在当今各种技术手段大肆登台表演纷纷投入应用的时代,大规模杀人技术也不甘落后,不仅范围扩大,速度也加快了。核爆炸和火箭技术的宇宙探索,这两项都是从战争需要当中演化出来的;直至目前为止,这两项仍然是人类杀人技术中最为显著的代表;此外,可能还得算上这两项技术都须依赖的通讯技术系统了。这些新技术,无论其"超级杀伤"能力有多么先进、多么成功,都决不服务于人类*自身*任何目的,无论是古代的还是现代的人类目的,它一概不予理睬。这一事实仅只表明:当今的专制主义武器、专制主义权力、专制主义控制,连同其种种疯狂幻想,已经跌入到多么深重的精神失常状态之中而无力自拔!弗洛伊德画出一对平行线:一侧标注了许多所谓古代原始部族的种种祭神礼俗仪式活动,另一侧则标注着当今人类各种精神病人格的种种行为;也就是说,两者几乎雷同。弗洛伊德或许已经目光如炬,可是,搜遍人类以往各种文化,也找不到古代人类曾有任何做法,包括他们杀人搜集头颅骨、同类相食活吃人肉、魔魔巫术杀人害人等等——在迷信、野蛮、疯狂、道德沦丧的程度上——能够与当今受过高等培训的科学家、技术人员、专家、军事人才们互相媲美!这些高等人才们,用他们的缜密计划,实施集体屠杀制造死亡,其规模之大只有当今技术手段才做得出来!

就在我撰写此书时,上述这种官办愚顽又一具体实例浮出水面:美国空军为处理试验用致命毒气,有关机构开凿一孔深达 1500 英尺竖井,将大批此类毒气罐倾入其中。首先,从源起地点到该竖井长途运输毒气会有风险。此外,该竖井所在地靠近的丹佛市素有疗养胜地之美名,如今该地却经常被引发一系列地震。据推测与此打井工程有关。于是,这些自作聪明,操作和使用该新式杀人武器的造孽者们,便面临一项困难抉择:要么承担风险,因危险材料处理不当,地震可能引发毒气泄漏。要么便将此井彻底填埋。即使那样,若遇一系列地震仍难免发生同样后果,所以即使投入更大努力,仍难逃责任。

我们当今这推重死亡的文化(death-oriented culture,*垂死文化,与重生文化相对。——译注*),许多行动都在发展科学、军事需要名目之下获得了官方批准。其实效无非要掩盖,或在被揭露时作为借口,隐匿其反人类罪恶性质。一些现代国家心甘情愿投身其中推行这种战略,就此而言瑞典毫不逊于美国。实际上,该行径对其本国居民同胞之危害毫不亚于对其假想敌的危险。这清楚证明两点:人类的道德堕落以及人类良知和理性已经瘫痪,已负不起责任。难怪当今某些青年才俊看待他们那些昧着良知忍气吞声的前辈时,常用一种惊惧而愤恨的目光。其中不无道理。

与当今文化制造的规模空前的死神崇拜相对照,古代埃及金字塔时代发展起来的死神崇拜,连同其无比夸张的金字塔建筑,祭神的礼节仪式,细致入微的制作木乃伊技术手段等等,都形同儿戏,不过是古人类非理性状态的极其幼稚的表现而已。事实上,由于古代人类几乎每一方面都不得不依靠手工操作,使用手工工具和手工武器,古代军事机器所制造的屠杀和破坏,也就大受局限,因而其后果也就可以修复,包括他们规模最为浩大的战争行动。而在当今,由于先进的科学和技术已经把这些障碍和局限性统统去掉了,我们当今文明的本质,以及人类自己选择的命运,也就一览无余。

是的,超级大型机器的宗教神职机构和人员们,以及它的好战骑士们,的确能够灭绝人类。所以,假如约翰·冯·诺伊曼①的理论正确,要毁灭全人类,这些人是做得出来的。任何单纯的动物性本能,任何简单动物性的侵略冲动,都不足以解释这种越来越猖獗的倒行逆施。但是,假如人类最终能够免于灾难,能够救赎自己,仅靠动物性自我保护本能则是不够的。人类不能不去寻求某种更高一些的东西,需要大大提高自己爱憎情感的敏觉程度,提高鉴别善恶的道德判断能力,提高坐而言起而行的行动胆略。这些要素都有必要在全世界范围内积极倡导起来。

---

① 约翰·冯·诺伊曼,John von Neumann, 1903—1957,原籍匈牙利,少年聪颖,悟性极高,解决难题能力非凡。毕业于苏黎世工业大学后到美国,学术领域极其广泛,贡献卓著。有多重身份:数学家,对于量子力学、量子物理、数理逻辑等等领域研究都有贡献,对于高速电子计算机研究也应用成绩卓著。后来对于核物理、热核反应、氢弹模型和试验等,都有贡献。著作有《量子力学的数学基础》等。——译者注

# 第十章　新的巨型机器

## 1　寺庙里的秘密

原子弹发明研制过程中,新巨型机器之各重要人类要素不仅各归其位,且被赋予特殊的角色和任务。于是,这项工程的总司令由物理学家罗伯特·奥本海默(Robert Oppenheimer)担任,也就毫不希奇了。

这样一种奇特的权力组合,让权力参与者一个个享受到他们从不敢设想、且毫无兴趣的巨大权力。为确保军事秘密,他们信守诺言,不惜牺牲个人作为公民和人的基本自由权利;而作为该项目的专家,他们又享有空前巨大权威和自由天地。有了政府支持,科学家破天荒第一次简直可以无限量调动资金购买器材设备;而且为一项任务从未动员过这么广泛的专业人员。大约只有赋税来源最雄厚、人口众多、物质资源丰富的国家才能负担这种超大型项目。紧接着,一种法老气味的权力核心,便在立宪国家权力核心中悄悄形成,尽管宪法规定该政府只享有有限权利、并须处于公众的经常监控之下。

与此同时,科学家的工作环境也从未如此糟糕:被迫工作,不允许自由学术交谈,不允许与外界交流,也不允许与同事们互相交谈。即使这种禁限为战争所需,保密本身已成为一种特殊权威的代言人,成为一种控制手段。保密措施之严厉已经达到匪夷所思的地步,例如,重水发现者哈罗尔德·乌利教授(Prof. Harold Urey),他开发了该物质的研制工艺,却不准他向生产该材料的杜邦公司学习相关工艺技术。

可见,每一个专制主义体制的奥秘就是守秘本身。实行专制集权统治的秘诀,在于限制私人之间、团体之间的交流沟通;具体做法是将统一的信息分割成诸多孤立的小块,让任何人都仅只知道总体真相的一部分。这其实是政治阴谋家的老伎俩,而如今已经从权力核心——也就是所谓的"曼哈顿计划"——普及到军事化的整个国家体制。尽管很讽刺,就连该等级结构顶端的人,也无法获得全部信息,拼凑出一个全景。

如此自我封闭的知识系统却想长久维持,其艰难程度显而易见。幸而科学体系各分支实际上都已自然成为一个秘密机构。诸多学科已从语汇上实现专门化,各自概念神秘兮兮、秘不授人,所用工艺精密细致,其向非专业领域,即使向密切相关的领域,提供的讯息又如此有限,以至于不相往来、互不通气就足以显示科学家的职业特权。有位物理学家朋友最近对我说,"我们研究室每周午餐例会上,我们从不谈论业务活动。这些题目过于机密,大家无法开口。万般无奈,逃避没话说的尴尬,我们只好聊最新型的车模,最新型的摩托艇。"

面对诸多局限,曼哈顿计划大告成功。这大约表明该体制具有优势,能将宽广范围的理论和技术人才整合进入协调运作,从而大大克服了专业分割和互不通气等不利条件。参与研发核裂变技术的众多物理学家、化学家、数学家来自各个先进国家,实际上是个国际协作团队。这一事实表明,培根时代科学探索及新技术时代所要求的国际化合作,终于得以实现。集合到旗下的,有匈牙利人茨拉德(Szilard)、维格纳(Wigner)、特勒(Teller)、但尼·博阿(Dane Bohr)、德共叛逆福克斯(Fuchs)、意大利人费米(Fermi)、美国人奥本海默(Oppenheimer)和乌瑞(Urey),这么多人的参与,让美国阵营获得了极大优势,那是纳粹的雅利安人优越论所望尘莫及的。

这种组织形式既然加速了原子弹的研发,因而也有可能成为某种更高级组织的原型。若在无战争背景要求保密的常态下,或许会超越巨型机器的古老局限成为一种模式,催生后来的联合国,服务于良好的宗旨,包括最大限度提供知识和能源,建立国际交流与合作,最终采用道德手段控制不成熟科学知识,使之不要滥用于任何违反道德的目的。当时这种知识、智能共享、国际间交流合作,已成公开的秘密。以往总是将知识分门别类、秘不授人、存入顶级科学档案或小心翼翼刊载在科学杂志上,对比而言,公开的交流共享合作,当然更有利于创建人类的美好未来,让以往做法相形见绌。

然而,独有跨学科合作的良好愿望还远不足以整合领域宽广的专业知识界。是不是至少还需要转变一下 *Weltanschauung*（世界观）呢? 转变科技界由来已久最传统、"最优良的"的世界观呢? 这种世界观将研究对象严格限定在可明确表述的数据、可重复的试验领域以内,而否认并排斥自然世界和人文世界之间时刻都在发生的交互作用;而殊不知这两者最终都要聚焦到人性内容和人格特征。科技界研发出足以亡国灭种、彻底毁灭人类的核武器,千错万错,错在把这种武器交到这种不可靠的人手中,他们的显赫科学成就迷惑了同时代人类,以至大家都看不出来,产生这些武器的人类文化还有种种致命的局限性。

当今强大得怕人的权势和武器在人类史上从未有过先例,即使在想象中也从未出现过。而且通观人类历史,就连小得多的权势也曾严重歪曲和颠倒人格。正因看出权势足以膨胀人格这种邪恶效果,才令基督教神学将骄横视为罪中之最大者。美利坚合众国和苏联的统治者中,因掌握"绝对"致命武器而冲昏头脑,紧接着意识形态便颠倒善恶黑白,继而"思想僵化";这些"思想"紧接着又发酵各种病态怀疑和冷酷敌意,这效应令人想起纪元前 14—前 12 世纪记载的瑟梯神(Seti)陵庙墙上铭文;不过威尔森的考据则提供更古老原型,那就是古埃及太阳神 Re,该凶神恶煞总想象全人类都在跟他作对,于是密谋消灭全人类。当今世界就很类似这种局面。

军界人士自一开始就挥舞核武器,威胁要毁灭人类,俨然铜器时代的专制统治者。他们那些御用卫道士们则更以氢弹的巨大破坏力发出威胁说,要在紧要关头摊牌。这种挑衅行为正如古代冒险家制造危机之后自己铤而走险。如今,各种思想库参谋赞划之下研发的热核武器,直接效果是培植出明显的病态反应心理,进一步导致研究开发了细菌武器和化学武器,其恶果因本身特性更加难以控制和纠正。

阿克顿勋爵(Lord Acton)对权力讲过非常著名的话,这话流传太广,难免走了样子。但其基本原义则未变:"权力最腐蚀人,绝对(专制)权力则绝对腐蚀人。"如今,这种效应则表现为核武器带来的腐败,对其掌控者的腐蚀作用,以及参与研发这些武器机构参与的腐蚀作用,加上古代巨型军事机器制造的普遍的惨无人道,这些都加剧了当今"民主国家"政府盲目照搬古代做法酿成的危机。

1945 年轴心国投降,结束了第二次世界大战。而战争结束时期已经化育成功的巨型机器并未因此解除自己的超级杀伤力武器,也没有放弃统治世界的计划;所依靠的手段就是,声言还存在全人类被毁灭的威胁,这样就能让军事与科学的联盟享有超级权力。理想境界,还远远没有眉目。虽然工业和政府的原有机构都已经陆续恢复了各自丰富多采的职能活动,军事精英们却在机密要塞当中强化了自己的实力;这一机密要塞构筑得如此精妙,采用了古代五边形象征含义,完全超出社会其他部门的公开检查和能控制的范围。获得国会同意之后,他们通过优厚津贴作为"研究和开发经费"——实际上就是开发武器——而把自己触须伸到整个工业生产和学术界。结果让这些本来很独立的领域和机构都沦为全部专制统治过程中俯首贴耳的随从。

这样,这秘密要塞的领域范围就不断稳步扩展,其周围围墙加厚了,越来越难以穿透。依靠一些简单手段,包括制造新的紧急情况,酿造新威胁,拟想出新的敌人,通过随意幻想来放大所谓"敌人"的邪恶企图,这样苏联和美国的巨型机器,就非但没有总结战时经验适时予以拆除,反而升级换代发展成为永久性制度手段,也就是现今成为一种永恒的战争状态,亦即所谓冷战。如今大家都看明白了,这种形式的战争,其对于科学研究和技术发明革新的需求量与日俱增,已经成为维持超强技术生产能力全速运转的最为有效的手段。

这一发展过程中，两个最大的超级巨型机器互换了特点。苏俄的巨型机器抛弃了古代祖先的陈旧形式，越来越沉重地依赖于科学和技术武器，而美国巨型国家机器则接替了继承了俄国沙皇—斯大林式统治体制的落后特色，对其军事力量和中央控制手段两者都予以巨大增强：建立多种机构，包括原子能委员会(AEC)、联邦调查局(FBI)、中央情报局(CIA)、国家安全局(NSA)等等，每一个秘密组织的工作方法和政策，都从未交公民公开讨论过，当然就更是从来未遭受过任何有效的挑战；当然也就更未听说国家立法权威部门曾经消减其权限。这些机构已经完全成熟地建立起来了，它们如今已经敢于蔑视和不服从国会或者总统的权威。

这种无限增大的组织机构，已经超脱于民众的批评、纠错和控制能力之外了，恰如金字塔王朝时代的组织建制一样的刀枪不入。虽然说，现代巨型机器，恰如任何其他类型的机器一样，无非都是履行某种工作职责的手段而已，而这种巨型机器的工作职责，无非就是全人类毁灭机制过程的精致化而已；而这一工作职责，无论是在美国或是在苏俄，都占用类人类广大的科学技术人力资源；而且，这一工作似乎还减轻了它自身所带来的沉重牺牲，从而还证明了自己存在的正当理由。巨型机器所留下唯一没有答案的问题，就是这种毁灭的降临是很迅速，还是很缓慢；其中负面目标，早已经包含在支配该系统的种种意识形态假想之中了。当今这一代艺术家就曾——通过自己反艺术和非艺术的艺术作品——间接揭露了这种目标。所以，我们很快就会发现，他们要比那些发明这种集体诱捕人类陷阱的科学家和军事家们要更诚实些。

曾经容许新的巨型机器组装起来，并成为民族生存永久特色的这一代人，始终不愿意直面人类基本价值和目的已经流产这一基本证据。他们接受全人类毁灭这种前景，把它仅只看成战争的延续；却未能理解，武器数量和爆炸力激增，更会变成一种比原来战争本身更可怕的倒行逆施。广岛原子弹爆炸之后的这代人类，恰如一只被巨蟒绞缠住的猴子，连一丝丝理性声音都喊不出来，只有闭起眼睛，等待最后时刻到来。

直至如今，人类的暴虐始终因政府掌控在手的物质资源极为短缺有限而难以大肆膨胀。古代巨型机器都必须靠人力维持，因而始终未能超出人类的范围尺度，何况难免外来攻击或内部腐败。而新的巨型机器则不然，它不受此局限。它享有广泛的民众忠顺，可以从心所欲掌控一系列有效机械设施，而只需投入有史以来最低限度人力资源。难以设想的是，它还有迷惑人的隐身伪装，对操控它的人也严加保护，使之远离要焚毁火化、赶尽杀绝的牺牲品，以求感情上不受伤害。

于是，这种高水平残忍便极大地放大了巨型机器的自动化杀人机制。那些战略家们,视一天杀死数百万人不置一顾,认为无异捻死一堆臭虫。在他们看来,只要"恐怖均衡器(balance of terror)"失效,死掉同样数目的本国同胞,同样在所不惜。

简单说,巨型机器的意识形态要求整批人殉,用完全相反的意义补偿生命世界丢失的意义。于是,太阳神崇拜老传统,在最后这科学祭坛上又回到阿兹台克时代原始形态,同样残忍、同样非理性。不同的是阿兹台克祭司是用手一块块、一件件分食祭品内脏。这样做,其惨不忍睹、其令人作呕,可想而知。为避忌难堪,祭司们想出妙招: 谁若见此景象胆寒、不敢食用,必遭同样下场,这样就可以放胆吃人了。五角大楼和克里姆林宫的祭司们则无此忌讳,他们不必设计发明这种胁迫办法。因为,他们深藏在地下掩体内,可以从容不迫完成每一个操作细节,只消轻轻按下一个个按钮。他们的位置,无人能及、无人敢碰,凛然不可侵犯。当今人类命运,就掌控在这种人手中。

## 2　高等级祭司退位

巨型机器制造的诸多牺牲和不幸结局当中,首要一个就是当今人们对科学技术界的无条件崇拜,都以为是科技界打造出了这架巨型机器。之所以这样说,是因为科技界作为新极权制度成员之一,取得赫赫成就的同时也构成一种威胁,因为科技界从此丧失由来已久的美德: 超脱地追求知识、用实验验证知识、并与同类共享知识,同时把知识交给公众检测、校验、纠正。

既服务这架巨型机器,同时又洁身自好、不染尘世、保持科学独立高洁,想做什么就做什么……这样的事情谁能做到? 天下没有! 因为,战争要求绝对保密制度,已成为和平时期(亦即冷战)一种永恒的制度特征。反过来,为补偿这种损失,新决策机构开始实行一种从未有的特权,自认为有权力把一种荒诞的冷战假设,看作凝固不变、不容挑战的冷战现实。因此,热核武器战略可行性理论研究所谓"客观调查"结果发言人之一,赫尔曼·卡恩(Herman Kahn)索性拒绝考虑维护和平的可能性。我们从他所谓客观调查中可以看出,这个新科学体制其实包藏祸心,他们仅只回答小心设计好答案的问题,而这些问题本身就已经决定了答案的性质。

当然也有些科学家不赞成巨型机器的专制主义思想,其中包括从一开始就参与原子弹研制工作的头等科学家,他们后来退出了实质性研究项目。这些科学家成长在较为尊重学术自由和道德选择的环境氛围,所以一旦意识到亨利·亚当斯所说的"道德已经变成政治"已经变成现实的时候,他们就不遗余力地批判和抵制巨型机器的专制武断做法。这些仗义执言的正直科学家中，爱因斯坦、茨拉德、韦尔纳的名字都赫然在目，当然这里只罗列这些已故者。反过来，无论美国政府或者苏俄政府无疑都能毫不困难迅速罗列出一大堆不那么名誉的——或称之为不关心道德标准的——思想家，其中尤其是那些既不关心道德，又不在乎研究思想自由的年轻一代科学家，他们的成长环境早已故意把他们塑造成这种样子。

令他们丢人现眼的是，两个国家的叛逃科学家，到了对方却都在同样条件下认可了巨型机器，也承担了对外难以言说的重要任务和宗旨。接着，这新一代科学家就从传统的科学领域中彻底消失不见了。他们已经潜入军方委托的地下秘密研发活动。从此，他们成为新式"精英"，亦即法老帝国时代甘愿效忠寺庙、掌握秘密知识之僧侣阶层的现代同义语。他们也同样是法老巨大权力的分享者。他们为此享有巨额工资、优厚的地位、大额资金和众多助手、额外津贴。他们也为这些好处交出了自己的生存权利，以及无限制追求知识的自由权利。

第一颗原子弹爆炸还不到十年，巨型机器就逐步发展到操控了美国经济领域的全部关键部门。它的中央控制系统已经远超出飞机场、火箭基地、炸弹制造厂、大学，而远涉到一百种以上的相关领域和机构，将这些原来分散各自为政的机构捆绑到一起，服从统一指挥。研究表明，金融补贴、教育资助等等，都无休止贡献给了巨型机器新统治者们的"生命、繁荣、健康"，其为首者正是巨人般的戈利亚人（Goliaths），他们披挂着青铜甲胄，声嘶力竭要毁灭整个世界。很短时间内，首批军事工业科学家精英们，摇身一变，就成了最高的权力五边形，亦即五角大楼最高领袖。因为他们也整合了官僚体制和教育界全部主流资源。

接续 20 年里，热核能源研发项目花销达到 500 亿美元，超过美国为二战提供的全部军费开支。接下来的冷战时期，这种维持巨型机器的特殊构造，每年耗费美国资财都超过 500 亿美元。根据拉尔夫·拉普（Ralph Lapp）的统计资料，每年仅为研发的支出就高达 160 亿美元。其中空军为研发热核能源飞机，一年要开销至少十亿美元来证明该创意并不可行，虽然与此同时该笔款项正在白白浪费掉。因为，军方正在研发的火箭项目已使这一设想全无必要。可见，不痴迷巨型机器神话的思想家们，完全可以通过废除一张武器蓝图为这个国家节省数十亿美元。

显然，这些误入歧途的专制权力必然会杜绝任何独立调查，同时断然应允巨型机器操作者的任何意见。否则，如此威胁生命的战略本身就难以逃脱公众讨论，以及尖锐的评议，以及紧接着的民主监督。鉴于此，他们排斥任何有知识的人，不允许他们加入专制集团，以免他们挑战既定政策。正因如此，五角大楼科学委员会前顾问，赫伯特·约克(Herbert York),只有在辞职之后才能公开发表言论,告诉我们说,"假如今后大国之间仍然只在科学技术领域内讨论解决方案,最终结果必将是国际局势更加恶化。"

1945 年之后的 25 年内,巨型机器又完成了许多部件,眼看能在世界范围内开始运转了,却遭受到意想不到的障碍。非常古老制度突然窜出地面,成为拦路虎;原因是 20 世纪 50 年代同时出现两个巨型机器称雄于世:苏联和美国。外加一个同样专制独裁、却非常古老的中国,它从极其古老破败中重振旗鼓,也走上准科技路线。前两个帝国,各种武装都齐备:核反应堆、氢弹、宇宙火箭、电视、化学镇定剂,还用计算机实现了系统整体操控。从政治上看,苏俄的巨型机器要更先声夺人,因为它利用了沙皇原来的基础。

对比来看,美国巨型机器就稍逊一筹,因为它需要装样子:代议制的政府框架、民众自愿参与之类,都限定了它的步伐。当然此外还有老传统,维护个人自由、宗教自治和法人独立,这些都很难一笔勾销。但事实上,政府和全国经济已由大约两百多个大集团公司操控,且许多已在国外取得立足之地。钢铁、汽车、重化工、制药、石油、电子、飞机、火箭、电视、自动化控制技术以及其他许多辅助工业,不消说还有金融、保险、广告,都照统一原则组装成一个整体。笼统来看,各个部件可以互相置换替换,因而即使是一堆最复杂庞大的工业群,也可以拼凑成一架庞杂的整体大机器。

一个多世纪以前,英国社会学家本杰明·季德(Benjamin Kidd)就巧妙地赞赏过这种局面。他曾预见到这种趋向,当前"自由主义"思潮前进方向,完全背离了其支持者的预想。他还预言,不是国与国之间而是两种敌对的制度之间,即将发生一场生死搏斗,较量谁能统治全世界。在他分析基础上,我们稍加新经验就能进一步预言新的未来:尽管美国自视为"自由世界"的保护神,而如今这种自由已证明是历史状态的延续——充其量是抵抗中几处掩体,套用军事语言来说——而且,各种快速问世的发明革新都促使敌对体制聚合到一起。于是,为全保自身独立存在、巨型机器就不得不毁坏各种备案,包括历史的、传统的和未来的,这样就能确保自身垄断操控地位。

271

如此看来,克林顿·罗斯特(Clinton Rossiter)在其《立宪专政》(Constitutional Dictatorship)研究中所分析的政治层面变异原理适用于一切巨型机器的运作。它表明,一切巨型机器都有个共同特征,它倾向于自给自足,要吸收它支配的一切组织和体制资源,将其转化为自身构造,否则这些资源会转移和消耗它的势力、破坏效忠精神,使巨型机器无法扩展,甚至陷于瓦解。

无论苏俄或者美国的中央集权政府组织机构,不接受公众不受选举制度控制,能将制造"永恒危机"的技术推向极致,以便巩固自身权力;这权力最初就完全是设计来应付难以化解的危机的。

苏联围困柏林就是这种趋向的绝好的例证；而中央情报局不顾苏联抗议，持续不断向苏联上空派遣 U－2 间谍飞机，目的就为了破坏 1960 年即将在巴黎召开的"峰会"，这种动作同样是很好的证据。巨型机器的运作、行动，似乎表明，他们仅只对权力体制本身负责。而广大民众的利益和诉求，他们则不闻不问，甚至故意诬蔑。正如酣四汉斯·J. 摩根托尔(Hans J. Morgenthau)教授所说，"热核战略这是个大问题，甚至无法作为一个实质性议题提交给国会或全民自由讨论。因为若没有足够专业知识，就无法作出合理判断。结果，有关全民族生死的大问题，就只好交给技术精英来决定了。"

从原子能到制药工业的广大专业领域范围内，决策质量都会永久影响人类命运。而且可能让全人类瞬间毁灭。而这些决策者却是自封的、为所欲为的专家和科技人员，他们不受人类良知管制，全凭自己对职责的理解来独断专行。

这个统治集团经常产生错觉和梦幻，证据就是他们那些荒唐行为、前后矛盾的推论和判断，还有各种正式出版的声明和报告——比如，一个接一个的"猪湾危机"，等等。他们这些梦幻只有一种悲惨结局，为掩盖这种不幸终局，他们手伸向四面八方，增派间谍密探，千方百计扩大自己领地，要与全人类为敌。最初以研发核反应堆为开端，一个自命不凡的专家团体，煞有介事地正式接管了人类的全部活动：从人工体外受精到太空探索，已经无孔不入了。

新的巨型机器可怕之处还在于，它已经在美国和苏联都派生出非常可怕且不断增长发展的种姓统治家族。这个家族堪与土耳其专制统治集团极盛时期的近卫军组织媲美。接下来的就该从这近卫军中选拔精英，从摇篮时期培养，或许也要动些小手术，以保终生对巨型机器效忠不渝。约翰·荷西(John Hersey)在其《收买孩童的人(The Child Buyer)》一书中说，为巨型机器培养后代是个很值得深入研究的题目，迄今尚未充分。不过，如今已有了指望：这就是用冷冻精液和卵子，实行人工受精，在人造子宫内定向妊娠发育。这千古大业之第一步已正式提交审核，据称是科学技术发展的必然结果，如此喝彩者，在巨型机器核心层中也绝非一人。于是我们听到完全一样的箴言："既然可行，那就必须完成。"

不过，巩固巨型机器统治的更重大举措还在后面，而且，完全是时候了，我们该预先知道它的必然产物，以便召唤它的克星来对抗它。假如说太阳神宗教统治的第一个产物，是能力和权威的联姻，结合成王权神授的国王个人。那么，当今这第二个产物，就是换下这实体国王，而采用官僚—军事组织来替代他，尽管这统治者仍然是个活人。而第三步的完成，就一定要等到发明出一种纯机械的最高统治者，虽然全不用人类器官和部件,却能顺利履行最高统治者的全部职能。

　　19 世纪中叶,瑞士西北部古城巴塞尔的伟大历史学者,雅各布·伯克哈德(Jacob Burckhardt),早就预言了一种全新统治方式将替代古文明,这种统治不用法律也不用权力,却比以往任何专制主义都更加横蛮无理。他说,"这种专制制度,不会重蹈王朝轮替的命运,因为以往的王朝太心慈手软了。新暴政将完全由军事长官操控,他们自称共和党人。我至今不愿意设想一种新世界,其统治者居然全然不理睬法律规则、民众福祉、辛劳度日、实业、信誉、等等,等等,全然不顾。孜孜以求的,就是想用野蛮兽性解决一切问题。"

　　这样的世界还需要他来想象吗? 不是已经近在眼前了吗? 如果说历史学家伯克哈德的预言还有什么不足之处,那就是对未来暴君的弱点估计不足,过高估计了他们的仁慈。这些暴君,因其"客观性"、"中立性"、"就事论事",他们已经完全能够驾驭更专制的统治方法,其残忍、罪恶要远远超出古代军事首领。

　　新巨型机器由于已经转轨到先进技术基础层面,终于通过最超脱的电子形式把最高决策人和王权神授的君王带到人间,亦即中央控制计算机。这计算机虽然起初是为解决天文计算而设计发明的,如今却成为太阳神的人间代理人。在程序专家巴别季(Babbage)尚未完全成熟的电子学与机械学转化互换方案中,计算机中可更换部分是电子电荷,它用天文电子学替代了天文机械学理论,从而赋予这种发明装置全新的宇宙神性:无所不在,却全然无形。

*273*

　　计算机就依靠这种形态获得了更高级的储存信息和解决问题的能力,几乎能在瞬间整合非常庞大而复杂的变量,它容纳数据的能力大大超过人脑一辈子处理问题的能力。如果人们忘记了这近乎神力的机器其实是人类大脑发明的,而且必须首先输入数据和程序方法才能解决问题,那么,卑屈的人类就只能站在一旁顶礼膜拜着机器神灵了。另一方面,那些了解并认同这一新技术的人,却难免产生新幻想,以为自己就是神灵,至少是这无所不能装置的新同伙。

　　这种万能计算机有个优点,令它超越一切人为决策:它有闪电般的计算速度;而且,只要不出事故,只要并非万无一失的人能提供局部信息和指令,它就能万无一失。虽然不得不承认它才艺高超难以超越,它却至少有三个致命缺憾:计算机也难以避免王公贵胄决策当中历来遇到的致命局限:决策过程只关注宰相大臣的意向。而王权制的常态往往是这样:臣属从来在一切细节筹划妥当后,再向国王请示最关键问题的指令。计算机的数学模型和编程员也正是这样。而为了执行这些信息和指令,不必考虑人世间任何应予关注的内容,否则这些指令就无法实施。

不幸,计算机的知识都是这样加工编程而来,因而无法像人类大脑那样与常变常新的客观世界经常保持一致。证据就是丰富的客观世界只有很小一部分可以抽象化为象征符号储存到计算机内。还有一部分无法量化的内容,以及客观上观察到却无法记录的内容,包括从原子微观世界到生物世界的广大领域,都是计算机绝对无法囊括的。因而纵然运算极快,计算机指令也无法对有机世界的永恒变化作出定性的反应。

## 3　无所不见的眼睛

按照古埃及神学的说法,太阳神,也就是瑞,其最独特、最重要的器官是眼睛。瑞的眼睛有独立生命,可以离体而不死,还能为宇宙过程和人类活动发挥创新和导向作用。计算机问世之后,就相当于巨型机器的神眼,这巨型机器也就成为当今世界重新复活的古代太阳神。计算机因为无所不在且全天候值班,就成了一种"眼线"、"私人侦探"。于是,谁若掌控了计算机统治体系,谁就掌握了绝对权威,因为他靠计算机知道一切,任何人敢违抗,必遭惩罚。

确切地说,巨型机器投入运转需要三个条件:集权(包括政治和经济权力)、快速通讯和交通,加上一个信息储备系统,这系统最好能明察王权制度内一切事件的来龙去脉。只要这三条具备,中央机构随即就能垄断能力和知识。科学时代以前的人类统治者从来无缘享用这一切资源的大集成:车辆交通慢吞吞,信息传递稍远就走样子,只好靠人力信使鸿雁传书;信息储存则时断时续(捐税和流水账除外),且常毁于兵火之灾。因而每一代继任君王都要重修编年史或索性推翻重写也就不足为奇了。唯有天堂里才有无所不知、无所不见、无所不能的神灵,只有他们才能真正掌管这巨型机器体系。

如今有了热核能源、电子通讯、计算机,现代巨型机器所需一切部件不是都齐备了吗? 所以,天堂临近了! 理论上说,可能不久的将来很快就会发现,新上帝——也就是计算机——通过其新型僧侣阶层,就能发现、定位、同时用语音或者形象操控我们星球上每一个人,它的控制还通过类似病例的案卷能做到无微不至,从出生到为人父母,从全部升学经历、患病记录、精神失常(若经过治疗)、婚育、精子库、收入和信贷记录、社会保险支付记录、税收和退休金、连同临终前外科手术做器官移植等等,应有尽有。

总而言之,个人的一切,包括行为活动、往来交谈甚至连梦幻、欲念,都难逃这神眼跟踪。一己生命的一切迹象都被记录到计算机数据库,接受通盘监控和管理。换言之,不只是侵犯了隐私权,简直彻底打碎瘫痪了你个人的自治状态,其实就等于消散了你的灵魂。

以上的描述若在半个世纪以前，一定让人觉得荒诞不经，难以接受，那怕是作为讽刺作品。当时科幻小说家 H. G. 韦尔斯的《当代理想国》问世时，也仅仅勉强设想其中中央识别控制体系，而未敢推广到社会生活的方方面面。甚至 20 年前，这种太阳神瑞眼睛之说，在有先见之明的诺伯特·韦纳(Norbert Wiener)著作里也仅只约略猜想到了而已。而如今，这架庞大机器的可怖轮廓已横空出世，另一位观察家，艾伦·韦斯汀(Alan F. Westin)的调查则提供诸多证据，表明当代许多公共管理机构的确在采用新发明新技术侵犯了个人自由。

韦斯汀的报告，虽仅只一描而过，却也反映出许多官僚机构为各种目的搜集个人信息，最后凑集起来已能满足一台中央计算机信息储备容量要求。其中不止我列举的那一点点，由于采用了化学电子缩微技术，让更多资料得以储存，包括民事案件辩护记录、忠诚记录、土地房产记录、许可证申办记录、工会卡、社会安全记录、护照、犯罪记录、汽车申报记录、驾驶证记录、电话记录、教堂记录、就业记录等等，总之，集合到一起就成为一整套庞杂社会生活原始而最简单的抽象记录了。

这种全盘监控手段是随宏观机械学向微观机械学的飞跃逐步实现的。所以，借用韦斯汀的话来说，前十年采用的高密度缩微胶片"就已经让位给了彩色成像技术，它能把整部圣经凝缩记录在不足两平方英寸的胶片上。或者，能够逐页照相记录国会图书馆全部文献，然后录入四个抽屉的文件柜里"。具有讽刺意味的是，这种巨大进步是国家现金储备公司研发出来的，且并不因此丝毫降低该发明的奇特性。这就再次验证了前述的权力五边形的真实存在。

如需一种证据证明科技时代僧侣阶层法力无边，向全人类宣告这种具有神性的计算机有能力担当人类的最高统治者，那么，仅靠前述这项发明——亦即铺天盖地的资料搜集能力——就足够了。有了巨型机器，人类生活的最终含义就清楚了：完全用来填充无休无止的数据库，因为唯有这样才能保证权力体系能够永久统治下去。

那么，最终能够操控现代世界的力量源泉，又到哪里去找呢？它就深藏在这最可怕奥秘(Mysterium Tremendum)之中，它掌管着全部权力和知识，此外一切鬼花招都是小把戏，包括一切控制形式若无人五人六的统帅权威，也都无足轻重。如此庞大的科技能力，谁敢小看它的潜能？谁能逃出最高统治者的法眼？只要反叛，任你逃至深山更深处，亦应无计逃脱它追拿！

如此大量信息都通过电子手段微缩成最小形态储存到最小空间里，此进步大则大矣。不过，早此十年，当这种技术手段正呼之欲出之际，它可能带来的结局已被一位罗马天主教神甫推导出来了。当时人们还看不出巨型机器正在组装成型，统治集团也没有像当今这样忙不迭采用计算机来优化其统治……做出此预言的就是法国神甫德日进(Pierre Teilhard de Chardin)。他说，若找不到办法阻拦这种趋势，也没有自然手段推迟它的到来，那么，几十亿年的天体进化史以及生物进化历史就会走向——毋宁说，无可逃遁地被吸引到——这种可怕境地。

既然本书重要目的之一就是讲清楚，这种危险结局实际上很难预料，尽管不是完全没有可能。同样，人类发展进步大功告成的理想结局也同样难以预料。所以，后面我还要详细广泛论及这些问题。不过此刻，容我斗胆对当前局面讲一个更有把握的预断：等不到"人类现象"到达终点，我们这星球总体的运作机理(the Planetary Supermechanism)早已先行破灭解体了。

# 4　组织化人类

巨型大机器，无论是古代的或是现代的，也无论其分门别类的机理和运作具有多么高超的自动化性能，脱离了人类的有意识发明创造，都不可能自行创生问世。而且，这种超级的集体大机器，其性能绝大多数起初早就潜藏在古代的原型人物之中了。这个原型人物，不是别的，就是组织化的人类(Organization Man)。从最古老氏族整体形式开始，直至最高政治权威的组织形态，人类这一整套的发展序列都是组织化人类的延展。这个组织化人类既是这巨型机器的创造者又是其被塑造者；既是这机器的原初推动者又是它的最终牺牲品。

由于缺少可靠证据和记录，古代劳动机器和军事机器，各自问世孰先孰后，如今已经很难查考。就连统治机构究竟是谁先培育的，是僧侣阶层、官僚集团，或是军事统帅，此类问题也大多无意义了。因为，无据可查！所以，如今我们对这个组织化人类的描述，须从一个全新的视角开始，从他如何显形的时代，通过文献和象征手段，逐步呈现基本形态的过程来考察它的历程。旧石器时代的岩洞文化阶段结束之后，人类最早的确凿无误的文献记载就是寺庙经卷了，其中就不厌其烦地用表格方式罗列收到及支出分配的谷物数量。由此看来，官僚管理体制每个阶段都有的这种明察秋毫、谨小慎微的特征，最初很可能就是从寺庙中繁琐的礼节仪式中衍生出来的。因为这种高度秩序感，无论与狩猎行为或偶然发生的组织化战争危险，都无法类比。然而，即使最后这种人类组织化专门活动中，我们也发现相当多的原始记录，其中以确切数字记载着俘获了多少战俘,围捕到多少只动物,缴获了多少战利品,等等。可见,甚至从这样早的古代开始,组织化人类一大特点已经体现出来,这就是他们已十分关注数量的精准记载。

从人类组织化和机械化过程中每一阶段,我们都能看出原始人类强烈的习性和聪颖,这些特质深藏在人类生命属性之中——而且也是其他许多物种都有的——他们极其喜爱尊奉礼制仪式,喜欢从大量重复动作和有秩序的感觉中获得满足;这种有序性活动逐渐帮助人类不仅获得了有机世界的节奏感,还帮助人类建立了与宇宙天体事件的联系。

似乎,就是从这一连串重复的、标准化动作当中,从这一系列越来越超脱出身体功能和大脑功能的习惯动作当中,古人类在一点点演变,最终,组织化人类出现了(Organization Man)。或者,让我们换一种说法,当人类一点一点地,一个接一个地,摆脱自身各种器官和功能的束缚,并且,与此同时,还一点点摆脱历史上逐渐积累形成的艺术的、文化的厚重附着物,这样,人类自身所剩余的东西,就只有机械构造的骨架和肌肉活动能力了。这些东西无疑都是有脊椎的生命都必须有的,但当把他们作为个体看待的时候,却又毫无生命意义。

当今这个时代,不是就通过机器人形式,再度发明了这种"理想的"生物吗? 可是,它永远只能作为人类生命中一个附属物(recognizable part)而存在,作为一切人类文化不可分割的一部分而存在,因为组织本身从来不可或缺。正因机械化秩序的根源可以一直上溯到这些古老渊源,更由于机械化在人类发展史中作用如此重要,我们才能深入理解,把组织化人类孤立地看成自我构建的人格,是多么危险的论点;因为它将其同自然生态基础以及文化渊源都完全割裂开来。这些基础条件,纵有诸多局限和不足,却是完整人格发育的必要条件。

可见,组织化人类可以简单定义为人性的一个组成部分,它为人性的继续发展完善提供基础,以便在继续发展中发扬人性其余潜能。这些潜能储备用来控制、支配人类的其他能力,将其逐步安排到有秩序有节奏的集体组织体制中去。组织化人类又是古代类型和现代类型的超级大机器之间的过渡环节;恐怕就是由于这个原因,历代政府部门的专职官员们,在漫长的历史过程中都很少发生变化——看他们役使的奴隶、兵员、臣属,亦即控制者和被控制者,这些东西经过五千多年历史沧桑,却很少发生变化。

正像任何其他类型的文化一样,组织化人类同样是人类活动的创造物,虽然把他们塑造成型的原材料仍属于动物界系统,没有脱离生物的本质。若把组织化人类描述成纯粹的现代产物,或者说,组织化人类完全是先进技术的产物,那就难免时间框架错位,张冠李戴了。因为,它完全是个极其原始的"理想"类型;是从生物丰富的潜能中雕刻出

278　来的,只不过它大多数器官都被摘除了,或被涂抹香料处理过,或被风干,大脑已大大缩小,就是为了适应巨型机器的需要和要求。(当今对于人类潜能缩减现象有个很流行而独特的说法,叫作 head-shrinking,所谓脑残,惟妙惟肖,真是入木三分!)

　　社会学家威廉·怀特(William H. Whyte)①在一个很有限的范围来考察,就在美国大型经济法人组织这样一个严格限定的条件范围,通过观察他精彩地叙述了,这个组织化人类在接受上级指令之后进行一系列遴选、培训、调教的具体情况,以及那些为数很少的"幸运者",——或者,至少是"来碰运气的"少数人——经过遴选至培训的一系列加工过程之后,最终融汇成该工作机制中合格而流畅工作部件的全部过程。但是,要知道,这仅仅是全部社会塑造过程中很小的一部分啊,整个培训过程,从幼儿时期教你学会上厕所开始,有福利国家的政策作为保障,囊括了人生中的方方面面,直至器官移植,直至临终关怀和死亡。

　　如此塑造组织化人类过程中所包含的外部压力以及压力程度,我想,可能都不会比古代社会同种操作的压力更大;原始时代部落酋长打造氏族社会的统一性时,为确保每一个成员都懂得并且遵守自己古代传统和礼俗、规矩和仪式,他会很费尽心机。如今组织化人类的形成,则不会大于那个时代种种操作中所遇到的压力。如今通过强大的义务教育手段,通过强制的兵役法,通过弥天盖地的大众传媒,会毫不费力地照样给几百万人打上同样的烙印,就像古代氏族社会里培训和调教那些天天相互见面的几百人一样轻松自如。社会学家,马克斯·韦伯采用了一个说法,即所谓"官僚主义人格";他并且认为,这种官僚主义人格,命中注定会成为现代社会的"理想(人格)类型"。依我来看,假如现行社会各种力量和势力组合方式维持不变,而且按照目前方式继续运行,也保持不衰减,也不改变方向,马克斯·韦伯这一预言是一定会应验的,而且会非常容易。

　　那么,组织化人类具有什么美德吗?几乎可以这样回答:他所侍奉的机器有什么样的美德,他自身就具有几乎同样的美德。如今在每一个人类组织、人类单位的脸上,都打上了机械规则性的烙印。许多通行的说法都反映出这一事实,比如:跟上项目速度,服从命令,"别胡思乱想(pass the buck)",不要作为个人牵扯到他人困局当中,有多少事就办多少事;也就是说,要完成桌面上的任务;不要顾惜任何人道主义考虑,无论在多

————————————

① 威廉·怀特,William Hollingsworth "Holly" Whyte, 1917–1999,系美国社会学家,新闻记者,人物专访作家。出生于宾州西切斯特,早年毕业于圣安德鲁斯学院,以及普林斯顿大学,后来参加海军陆战队,1946 年加盟《财富杂志》。1956 年写成了他的第一本畅销书《组织化人类》,这本书是《财富在职》赞助他完成一项广泛调查之后的作品,主要调查对象是一些大公司的董事长和首席执行官,包括通用电气和福特汽车公司,等等。——译者注

么重大的任务当中；永远不要追问指令来源，不要问为什么，不要追问命令的最终目的；每一道命令都要执行到底，无论多么不讲道理；不要作出价值判断，接到任务不要去推究它的上下关联；最后，只要是妨碍完成命令的任何人性情感、感觉、情绪，以及理性的道德考量，合理的疑虑担忧，等等，等等，你都要彻底摈除干净……这些，就是官僚主义制度的职责标准；而且也是组织化人类得以荣发昌盛的基本条件，这是自动化集团系统中名副其实的自动化机制。机器本身，也就是组织化人类的标准模特；换言之，组织化人类的模型，也就是机器本身。而且，随着这种机制的理想化、完善化，生命自身的残余，维系生命本身所需的各种特质，则越来越少，直至最终，完全失去了生命的真实意义。

最终，组织化人类失去了存在的任何理由，它存在的唯一理由就是作为巨型大机器里非人化的加力机制（depersonalized servo-mechanism，也译作伺服机理。——译注），为巨型机器添加动力。就此而言，阿道尔夫·艾希曼（Adolf Eichmann, 1906－1962，德国战犯，二战期间参与希特勒灭绝犹太人的残酷行动，后来逃往阿根廷，后被以色列人抓捕归案，被处绞刑。——译注），这个唯命是从的刽子手，他奉命执行了希特勒的多少政策，以及希姆莱（Himmler, 1900－1945，德国纳粹集团二号人物，战争罪犯。曾经担任党卫军首领、警察总监和内政部长等要职，参与了残酷迫害犹太人，反法西斯人民和战俘诸多行动，二战战败后被俘自杀。——译注）的多少指令，每一次都是不折不扣的忠实执行，他真该被拥戴为当今真正的英雄人物。当年奥斯威辛（Auschwitz）和贝尔森（Belsen，德意志联邦共和国东北部一村庄，二战时期这里建立了集中营。——译注）集中营里靠老式手工操作才能完成的活计，如今我们用凝固汽油弹或者炸弹就能办到了。不过，老式方法虽然速度慢，却要经济节省得多；因为，他们小心谨慎地保留了行刑的各种副产品——摘取下假牙上的黄金，尸体上的油脂和骨粉用作肥料，人皮用来制作灯罩，等等。如今，每一个国家里，都有许许多多的艾希曼式人物在担任执行官，无论是行政机构，或是实业界公司，大学里，研究所，实验室，以及军队部门——这些人，衣冠楚楚，整齐干净，不苟言笑，唯命是从，时刻准备执行上峰来的任何指令，准备实施任何正式批准的荒诞想法，不管这些想法多么违反人道，多么缺乏现实依据。

组织化人类获得权力越大，便越滥用权力，同时越没有畏罪心理，而且由于他善于利用人类伪装，这就使得这种"理想化类型"更加具有威胁性。组织化人类的机器人机理（robot mechanism），甚至能模拟人类肌肉和血液——个别穴居人的实例除外——因而仅仅从外部很难区分他与有理性人类的不同之处；表面看，他平易近人、低调、友好亲善。比如希姆莱，他甚至是个很合格的"热爱家庭型人物"。

人类早期文化中没有见过这种类型。即使当今文化中,这种类型的加力机制也曾经安排了罗马斗技场中角斗士的格斗表演,还操纵了宗教裁判用机器压碎人的骨头……组织化人类获得的机遇比较有限,但自从巨型机器技术进入人类生活每一个领域之后,他简直左右逢源,机会到处都有;组织化人类曾经单枪匹马,为数很少,基本上只限于官僚机构和军队组织自身。而如今则大成气候,浩浩荡荡,连绵不断。而且,由于他抬眼四望环顾四周时,看见到处都是自己的形象,他就误认为自己也就是人类当中正常的一员。

耶鲁大学研究人员斯坦利·米尔格里姆博士(Dr. Stanley Milgrim)指导的一项心理学实验清楚地告诉我们,古代组织化人类特有的那种盲目服从特性,已经多么有效地植入现代人的人性。这份研究成果发表在《心理异常和社会心理学杂志》。该实验参与者们试图找到答案,什么样的人会奴性十足地听从命令,把自己同类塞进瓦斯炉焚烧;或者,做出像越南战场上那种惨绝人寰的举动。他们选了 40 名人员参与实验,各种年龄都有,并告知他们该试验是为了验证惩罚,主要是电击,对学习成效的影响效果。

被测试人员在操控台前就座。操控台有 30 档变换按钮。隔壁可见一观察室,有厚玻璃同这 30 人隔开。观察室内坐着一位自愿的"学员",接受学习能力变化测试。经过训导按照指令扮演自己的角色,也就是接受电刑,实际上完全不通电流。操控台上不同档位,代表各种不同的预设电流强度,分别从微弱到强烈不等,作为发生错误的不同惩罚强度。操控台上危险这一档之后,还有两个档位,标有最危险符号 XXX! 测试当中,这位志愿者学员照预先培训,在"遭受"300 伏电击后作痛苦万状表演,如大声惨叫、用头撞墙,而仍要求教师继续测试,继续加强电流。此时,操控盘上还有 10 个等级电压档位尚未启用。

当观察室内的学员遭受折磨表现出极大痛苦时,40 名被试人员中只有 14 人违抗试验指令,不再继续合作了。而坚持合作继续加强电流的人员中,有些则因于心不忍让此经历中留下情感伤害阴影,然而,在"为科学的利益"口号鼓励下,仍然有 65% 的被测人员继续提高电压直至超过危险警戒线。

依据 40 人试验,当然难以作出决定性判断。但终究有助解释一个现象:文明人类,在一定条件下,比如,有最高权威作后盾,无论皇权、宗教、军界、或如当今——科学界,给他们撑腰,他们就敢冒天下之大不韪,敢于以身试法、目睹乃至参与各种暴行。这试验还表明,这件事情在我们美国文化中更容易实施,因为我们的文化预设了一个重要条件,就是若想获得"纯客观"结果,就必须在纯科学的实验中排除任何主观情感、感觉及任何主观反应。因而这种试验中,受试者放弃了同情心、共有的人类感情;其中大多数更下定决心，不仅目击此事件，而且参与协作，在权威部门指使下用自己行为残害他人。这一实验可能还解释清楚了，最初在严格科学研究意义上采用动物做的活体解剖试验，为何后来逐渐突破界限进入人的领域。

上面这段叙述是不是太离奇，令人简直不敢相信？那是因为当今这种做法太普遍了，令人不敢相信这是真的。因此，让我再用一位科学家的原话来说明这道理。他是一位著名生物学家，诺贝尔奖获得者，并被同仁赞誉为当代生物学的先驱。从其著作看，这应该是一个非常理性、很正常的人，丝毫看不出神经质的紧张压力，无任何邪恶迹象。作为遗传学家，他面对一群科学家同僚提出一系列改善人类生活的创意；但是，可惜，他这些美好品格似乎将这些提议都一笔勾销。他说：

"总体来说，人类必须重新振作，无愧于他们当今巨大成就。除非一个普通人完全看清科学家们究竟发现了一个什么样的世界，除非他理解当今技术的含义及其可怕的后果，除非他彻底觉醒，找到自己的岗位，心甘情愿担起责任发挥建设性作用。如若不然他注定要沦为巨大机器上一颗无足轻重的螺丝钉。那样，他决定自己命运的权力连同决定自己命运的愿望都会凋萎。人类的少数统治者最终将有办法把他们统统舍弃掉。"

这位科学家不是我杜撰的，他就是赫尔曼·穆勒（Hermann Muller）。当这位科学家描述新巨型机器的设想和目的时，我已经完全描绘出古代以及现代巨型机器的轮廓。可谓英雄所见略同啊，而更奇妙的是，十年研究之后，如今我可以给穆勒的话提供大量佐证，包括一长串其他科学家的名字，其中有些不像他那么名声显赫。所不同的是，希特勒在穆勒所设想的前景中排除了犹太人，不允许他们"找到自己的岗位，心甘情愿担起责任发挥建设性作用"。纳粹分子艾希曼（Eichmann）及其同僚们对这些一钱不值的非雅利安人种的最终裁决，是按照希特勒的命令，将他们统统送进了焚烧炉。

"最终将有办法把他们统统舍弃掉"，这些话听起来多轻巧啊。但大事决断如此轻巧，岂不太邪恶？如果说成"把这些害人虫铲除干净"，岂不更切题？巨型机器这些忠实奴仆们已视之当然地认为，世上只有一种观点是正确而可接受的，就是他们代表的世界观；这世上也只有一种知识，只有一种事业有价值，就是他们维护的事业，或者直接从属于他们这个事业的事情。结果，他们当然也只认可一种人格、人性，也就是他们的军事工业精英们驯化出来的人；因为可赖以操控巨型机器。

在他们看来，这种局面是不可挑战的；而且，他们认为有权依据自己设定的可怜标准来规定人格类型。而且，必要时，谁若敢挑战他们的做法，否认他们目的的合理性，就会去恫吓别人、强制别人。可见，这就是组织化人类的最终要求，胁迫全世界服从他们岌岌可危的形象。

# 5　包打天下的控制技术

人类文化发展变迁至今已显露许多非常类似物种进化过程的特点：首先,总趋向于形成种种个性特征;其次,个性物种发育形成须适应环境,同自然形成有取有舍的互惠关系;但随后,人类不断探索、移民,通过垦殖扩大了不同民族间交往、沟通、通婚以及和衷共济。这种背景下,物种与自然环境的原始一对一依赖、互惠关系便逐渐被遏制。当然,尽管如此,为方便起见仍可将我们这个物种统称为"人类"。但是,这无异于玩弄词藻,因为迄今没有统计学证据能够确定我们这星球上存在某种一模一样、到处都有的物种,名曰人类。迄今为止,没有任何政治体制,没有任何意识形态,也没有任何技术,更没有任何一种人格特征,曾经独领风骚,独自统一过这个星球,从来没有。换言之,人类从未有过均一化状态(homogenized)。

这里所讨论的人类习俗和文化局限特征,同样适用于人类的历史归属特性。因为,既然世上无任何地区、任何文化能满足人类全部潜能的发展要求,因而人类史就不曾有任何一个世代曾成功地蕴含了人类全部美德和才智,一个也没有。不仅如此,事实上直至我们这一代为止,前人无任何一代曾如当今这样虚妄、狂傲,居然构想自己就可以生存在眼前这短小时间段,只接受已发现的信息引导,毫不考虑更长远的以往和未来,不考虑未来可能的目标和理想,把当今这代人类的特殊要求,错误地当成历史人类的绝对的、最终的要求。这种做法,史无前例。因为,当今这代人吹嘘的这种信条,简直连纯动物生存方式的基本需求都难以满足。证据就是,任何一种高等生物都懂得,它们须靠交配、产仔、育幼来操心未来,有些生物甚至有先见之明,懂得储存食物,未雨绸缪。

以往的人类文化,考虑到延续和积累,往往过度强调习俗和传统,甚至连其中错误做法也予以保留,生怕革除这些弊端会丢失其好处和成就。而当代观念则认为历史的东西不仅不必尊重,还须予以清算。这就是巨型机器技术体制的典型态度。就此而言,文化人类学者拉格兰(Raglan)的话很有警醒作用,他说："通常认为文化衰朽是保守主义冰凉的手在作怪。其实,宗教和政治理论和信仰当然总相信古人不会出错,才导致文化的衰朽……而另一方面,人们更不曾留意,假若背离历史传统则更容易导致文化衰朽。"

当代文化催生一种只顾眼前不顾长远的行为方式,仿佛活力代表绝对价值;要求稳定,一切不利条件都需姑息保留,以至于否认生命延续性,甚至否认物质世界的客观存在。殊不知,若所有化学元素都像放射性元素那样不稳定,我们这星球就从不会出现有机生命,也更不会——如罗伦斯·亨德逊(Lawrence Henderson)证明——预设形成生命的取向。

人类文化缓慢累进的历史纵有诸多挫折、失败,纵有许多因循守旧、固步自封,纵然蒙受过各种打击和流损,而积数十万年进步之后,它终于成就一个丰富多彩、气象万千的人类世界,而且堪与自然界亿万斯年形成物种的蜗牛速度进化史相媲美! 每个种族、每个民族、每个氏族乃至每座城市和乡村,都曾为"人类"孕出新种,这些新种均须有足够共性,证明自己显然属于智人这个种属;又须有足够特异性,确保他有可能实现更高远更宏大的愿景。即使就人类那些最普通共性来看,如语言能力、社会组织、道德标准等,也从一开始就存在两极发展的趋向: 一种趋向强调个性特征和自立自治;另一趋向则强调更宽广范围的团结组合,强调群体保持必要的均衡一致。前一种显然是自我中心的、本土化的,其指令来自个体内心;第二种趋向则指向一致性、普遍性、全球化,其指令则来自群集间交流、沟通、共适。

人类这种综合的发展趋向经常通过回忆、反思进入精神世界,积累成觉悟;有时还会在原始族群中形成相当深厚的悟性;这在历史上都是经常发生的真实情况。但是,唯独到最近这几个世纪,我们才刚刚开始有能力说清楚哪些条件有利于人类文化发展,才刚有能力分清哪些发展是有利的,哪些是有害的,因为这些所谓发展,其实导致文化功能瘫痪,导致死亡。如今,谁也不敢说我们有足够知识说清历史文化进程的真相,无论考古学、文化人类学或者是历史学,都做不到。可是如今我们对生物和社会进化进程已经了解很清楚了,因而懂得任何有利于多样性、选择性、变异性的环境条件,都须与反向因子配套存在;亦即,还须有那些有利于延续性、稳定性、规则性以及普遍性的反向环境条件来配套,上述进化才能实现。这两方面,无论缺少了哪一方,生命的发展、进化,乃至生存,就会受到威胁。

自身在山中,怎识山真面? 人类处境正是这样,对自身社会文化很难做出纯客观判断。虽如此,至少已能看清当今的危局,这危局还缔造出各种稀奇古怪思想家和主张。比如,当今文明的一个层面——技术这个层面——胁迫其他层面,包括地理、生物、文化人类等层面,如今技术挟天子以令诸侯,独霸天下。那些丧心病狂的技术至上论者居然宣称,整个生物世界当今正在被技术世界取代,人类要么对技术俯首听命,甘愿受它摆布,要么放弃自己的存在。

技术不仅妄图在人类世界独霸天下,即使在自身领域,它也把技术自身的不断变换更新摆在高于一切技术效率的位置，为此甚至不顾自身延续和存继，听来简直很讽刺。因而，这种体制的生存条件就违背了生物世界所需的条件。这就要求加强自我保护，要求人类社会绝对顺从。为实现这种绝对顺从，它强制推行一种包打天下的控制技术，而且首先从控制人类开始，而且从怀胎以前就开始。这一整套控制手段就是巨型机器给我们的最高礼品。而且，若不令全人类彻底拜倒在这洋洋自得的"机械论的神话"之下，对它无所不能、无所不知、无往不胜心服口服，它永远休想发展到当今这样的高度。

284
　　我们再回来看下列内容，看看未来世界为我们准备了哪些发明创造；这都是向机器神话缴械投降的人们正忙着推荐的东西。其中有亚瑟·克拉克（Authur Clarke）提供的物品单。他开列的十余种技术开发成品，从登月计划到天气控制，从悬浮动漫到人造生命，不一而足，但无一项稍微涉及到人类使命，尽管这项使命才是最重要、最迫切又最遭到忽略的内容：那就是教会人类怎么做人（to become Man）。人类若在这根本问题上懈怠哪怕一个世代，也会让全世界倒退一个地质时代。而如今有理由推测，这种可怕情形当今已经开始。

　　有一套发现和发明则是技术先知们始终深恶痛绝的：那就是人类自身的能力和手段，因为这些东西会将技术置于人类的经常评估和监控之下。所以，他们反其道而行之，为了预防人类这种应对手段，他们不遗余力开动宣传机器，让人们相信当今一切能设想出来、为人能接受的生活方式，无一不是技术手段提供的。

　　当代文化创造了一代孱弱不全、驯顺温良、科学精制的人类动物，他们完全顺应纯技术环境里的生存状态。他们的诞生过程与该环境的转型改造同步而行。赢得这种效果，一方面靠物质刺激来强化人格整齐划一；另一方面则依靠剥夺任何不符合巨型机器规范的自由选择机会。统计资料表明，美国儿童，若每天看电视 3—6 小时，结果在幼儿园里唱的歌也大多是商业腔调的广告词。由于整日观看电视里"超人"、"蝙蝠侠"以及各种妖魔鬼怪，他们感知现实世界的能力完全迟钝了。结果，也通过非常艰苦的努力纠正他们的巨型机器依赖症，重建充分的个人自治能力。驯导过程中你会发现，巨型机器对他们的影响和控制深远而强烈，它用自身老一套法则塑造儿童精神心理，而且有效性大大超过最有权威的家长。难怪这种文化中成长大的第一代，面临他们特有的"身份危机"。

　　所以，这样的教育其实已经塑造了一种新型人格，从出生就被打上巨型机器形形色色的烙印，如不会直接应对真实声，像讯号或者不会处理不同图形和具体物象；或者一担责任就产生焦虑，或者，体会不到自己的生命状态，除非机器发出指令或许可，外加机器上帝提供的超级有机设备的援助。许多研究案例表明，这种教育已造成了儿童的全盘依赖状态。而心怀叵测的及其统治制度的先知们，竟然欢呼这标志着人类的最终彻底解放。而解放了什么呢？这种解放摆脱了人类赖以进化荣发的条件和环境，那是一种积极向上的、有索取又有给予的互惠关系，有一种不用编程序的丰富多彩而互有感知的环境，人文环境和自然环境，虽然那种环境充满困难和挑战，有各种诱惑，各种艰难选择，又意料不到的惊喜，还有从天而降的奖赏。

285

这里，我们再次发现，创建这控制之最初几步完全天真无邪。例如斯金纳(B. F. Skinner)发明的学习机。这种机器用于语言类科目，因为准确记忆要求有大量重复、纠错练习，所以这样的机器原本可以大大减轻教师负担，学生迅速长进，直至进入不靠机器辅助的新课程项目。当然，这样的设计无疑符合教学双方的共同利益。

所以，此类机器无疑可以作为很有帮助的学习辅助工具。但是，在机械化生产那种横扫一切的趋利倾向下，这种偶一为之的省力手段就被普遍化、永久化，应用到了每个科目，每个年龄组。这就意味着把原本可以投给人类的时间、金钱、资财、精力、情感投入……统统投给了机器。终究，自幼养成的良好学习习惯以及有意识强化记忆训练当然会产生更好学习效果，而且应用领域更广。而它遭到排挤，全因为这样的人类介质难以创造机器那样的发财效果。

实际上，这种编程手段实施的虚假教育恰是政治专制主义最好的助手。假如让这种教育理念和体制普及开来，将直接威胁独立判断能力、创造性思维，以及逆向思维和批判能力。后拿破仑时代的法国，教育部长吹牛，说他能实时监控全国每间课堂里教师讲课的实况，的确很惊骇了！但毕竟还未能扼杀人与人之间的交流对话，做不到消灭人的每一个自发反应动作。因为，这时候的教师仍是看得见的真人，你可以为难他、不恭敬他，也可以抗命；课堂里的孩子们，无论纪律多厉苛，同学间至少知道彼此的存在，能表达自己的存在，无论是调皮捣蛋或违反纪律，总之会同教师有一种互动！这样的接触，嘲讽了这位教育部长吹嘘的整齐一致！而到了巨型机器技术的时代，情况就变了：它要求透彻的顺从，要把人间交流最后一点点痕迹都彻底抹掉，实现通盘控制和彻底孤立，好让它自己替代一切。

当今社会因为缺乏训练有素的合格教师，官方教育专家们便急切呼吁加速研发精致教育机器，解决一切教育难题，而不是想方设法说服合格人才进入教育领域，更不想办法减少那些足以损毁人性的死板教育程序。他们不仅支持广泛采用机器和计算机代替教师，而且不遗余力推行各种单向的教育和沟通方式，比如，用卫星电视、广播节目等传输手段全盘代替以往的有来有往的双向交流沟通和积极参与，包括传统的课堂教育，那里通常情况是老师学生每天面对面交流、讨论。

286

这是靠机械手段来解决数量难题，实际上是通过机械手段简化内涵要求而实现人员大增。这样做巩固了从古至今的巨型机器制度。

如今这种简单的学习机器已经研发成型，1964年纽约国际博览会上就展出了一款产品"未来的学校"，最终形态很类似外太空密封舱；它要求每个学生都进入一间圆形狭小舱室，扮演一种所谓"学习幼虫（learning grub）"，终日在卵圆形舱室内摄取中央控制室提供的加工信息。于是，我们看到，食品生产序列加工厂的广告词所说的"从头到尾不经过人手"，在这里离变为机械行为主义更大胆的宣传词，"从始至终未经人性加工（nothing touched by human personality）"。由此可见，古代就有的最残酷处罚之一，单独囚禁室，如今原封原样搬回来，成为学校的标准设施。

该设备主要目的不仅在于把学生同人际交流隔离开来，更在于让学生处于孤立状态，无法接触真实物质世界，只有经过上级编程的信息内容。这样，学生就只能完全彻底把自己交付给巨型机器了，除此别无选择。而且，这样的体系一旦牢固建立，人类其他事物也都只有通过这条官方渠道才能进行，随之当然也就处于官方经常监控之下。可见，这与其说是教育，毋宁说是调教牲口。这种安排之下，相当多一批人已经被调教驯顺了，至少在内心深处。这些牺牲品显然毫不知晓，这种所谓技术进步其实给他们的人格造成多么大损害。可以说，这简直是人类堕落的一个可靠而令人不安的证据。

当代人对于技术进步已经习以为常，司空见惯，因而逆来顺受而毫不自知。既然它武断专制、不可抗拒，所以不论后果多么丑陋、痛苦、残害心灵、毁坏躯体健康，只要是新技术产品，就爽快接受，不论是超音速飞机、新型袖珍学习机，而且心满意足，尤其有科学指南以及最新技术研发之类的说明。

大文豪托尔斯泰很久以前就在其论文《艺术的本质》当中曾尖刻嘲讽过这种普遍性的愚昧无知。他说，当今人们糊里糊涂关闭窗户，把室内空气呼吸干净后，再用机械手段将其泵回室内，却不索性打开窗户。托尔斯泰未曾料到，大约过了三十年，这种荒唐事居然应验而且普及了。而且不仅仅为了城市环境中防尘和过滤有害气体，而且在开阔空间，空气充足新鲜地区的住宅和学校楼房，其设计者也采用这些设备。其实那里环境安静舒适，换气扇噪音反倒破坏了环境中的安谧。

更加不幸的是，如今托尔斯泰的讽刺已经失去了意义。因为当今局面已经防不胜防，人类整个生存环境已经按照前述原则重新改造，以至于人的整个一生已完全无法抵制外部技术控制。以往人类总担忧设备不足，信息或者理论不够用，担心技术手段缺乏无法实现广泛交流沟通与合作。而如今奇怪的是，许多人似乎仍然有这种担忧，实际上情况刚好相反。人类生存环境和社会组织并不见僵化和停滞不前，唯有技术自动化本身才有这毛病。这样的技术控制下,是可产生出滔滔洪水般的活力,因为它存在的唯一宗旨就是要每一个部件不停地发生变化,而唯独这体制本身保持僵硬不变。人类因而丧失了掌控自身的任何能力,因而沦为一种物体,任其巨型机器按照生产原子反应堆和计算机的方式,随意加工处理。

现代人类如此顺从接受外部控制,即使体验过以往几个世纪中实现的区域自治和个人自由,因为面临的内外两种压力使然。单凭人口激增这一点,不仅包括人口规模还包括人类官僚机构组织规模和数量的激增,就足以让人胆怯,丧失自信。只要看不见或者肌肉操作能力以外的事情,他都不敢去尝试打交道,他感觉这世界从来未有如此陌生和让人害怕。

一旦他熟悉而难舍的小环境消失或瘫痪,他就会向一些概念性组织寻求安全保障,如保险公司、工会、劳联产联,这些机构也会代表权力部门发挥职能。但不幸,这些机构的荣发也要靠进一步扩充编制、集中控制才能实现。因而,如艾瑞克·佛洛姆(Erich Fromm)一个世纪以前所说,"逃避自由",产生了新的解放形态,永远逃避责任,永远不愿有所担当。

如许多科幻小说家描述的,技术发展到最终阶段,组织化科学活动便开始直接动手,包括物理学或化学手段,都来摘取以往人类采用其他手段间接下手——比如宗教、道德、法律——却收获甚微的事情,这些间接办法包括敦促、劝说、警示。但是不论用哪种方法,目的都是为了改变人的本性。就此而言,科学踌躇满志地宣称,可以通过基因移植,加上进一步改换人类生存状态这一途径从根子上改变人类原初状态,而且担保不会产生任何意想不到的异常和阻抗。如此大刀阔斧改造人类的做法,以往的君王圣贤虽然想过,却从未成功过。比如,曾经设想从活人身上摘取内脏。这些事情,当今科学家们用活体移植器官途径,做手术已经获得成功了,包括化疗、电控等做法。而且不止如此,当今科学对此类尝试如此殷切痴迷,以至招引各种"慈善事业"基金会投入大量国家资金促进研发。因而我担心,等不到我这些议论刊印发表见诸公众,他们已然会作出果断决定,将人类进一步发展进化置于死地。

所以,人类一旦完全彻底屈从于巨型机器,他将面临一种什么样的可悲命运,这问题答案和预警,实际上已有人提供了:这就是当前大权在握的科学家集团。我们可以随便援引 100 种实例,证明当今主观意图的胡作非为,虽然用了貌似合理形式去实现"下一步的文明进步"。这里我仅举很少典型实例,证明这种可怕的前景:不久前一家大型国际制药公司赞助召集了一次科技研讨会,题为"未来的生活方式",宗旨是为将来公共服务构想新的途径和方法。出席会议的人,都是鼎鼎大名的国际科学家们(详细报道见

288

戈登·沃尔斯顿霍姆,Gordon Wolstenholme)。

会议从提交论文中选出一个讨论题目:若想提高人类遗传基因水平,该采取什么控制人工手段灭掉那些不良基因,因为自然选择当今已经难以淘汰它们了。这题目自然引起下一个问题:如何选择优良人种采用人工育种途径定向培育。接下来的问题,自然就是人类是否天赋有权生儿育女? 对这个问题,与会者中有一位科技史家语出惊人,他说:"关于克利科(Crick)所说是否人人都可以有权利生儿育女这个人道主义价值观的争论,我的观点是:一个社会若对人们福利充分负责,包括健康、医疗、就业、失业保险等等,那么,这问题的答案就是不可以。"

若将一位学者在学术会议讨论中随便的议论紧抓不放,似乎不大妥当,即使他已经同意媒体公布这见解。但问题是,他这个回答斩钉截铁,如此荒唐透顶,就不能不看作是非常普遍流行的论点了。我们已经有太多这类自诩合格的统治者一再坚称,为了保证获得各种福利,反过来你就得认可官方强加给你的限制和要求,包括合作、服从、严格保持一致,等等。很类似当今住院医疗时你不得不服从医生制定的各种规矩。

289 不过,这种义务中含有一些超乎严格遵照医嘱之类的邪恶内容,如会嘱咐有遗传性缺陷的人不要如何如何等等。接下来的讨论表明,这种预设含有一种假定,似乎科学家有权力依照自己片面、有限的标准,来选择精子和卵子进行人工定向培育。佛朗西斯·克利科爵士的确要走得更远,他认为人们有权通过实验室途径改变人类基因,即使因此不幸培育出个妖怪,也咎由自取。

不过这场讨论参与者显然还缺少某种重要元素:掌握必要科学知识和技能,因而能实施这种科学进步控制措施的人,他们是否意识到自己首先有义务拿出足够证据,证明唯独他们自己有资格为全人类决定未来的人种类型。由于没有这种证据,更由于人们天真地相信科学水平自身已经足够作为证据,因而谁都不会为此难堪。这场讨论中几乎无人曾想到人类数千年历史已有几千位圣贤早就冥思苦索过,什么品行才算人类最可取的品格,又有哪些特性需要改变或者取缔,哪样一种复合型个性,或不同人格的合理配比,才最能产生出高品位的优良人格。

其实这问题早有答案了,人类一代又一代文化早就构想出了最佳答案。实际上各民族各时代都有过自己的理想人物,而且塑造了男神仙女、英雄豪杰、先哲圣贤的壮美形象来歌赞他们,这样的梦想和努力从未停歇过。当然,如我们大家都知道,这类偶像及其变种不曾有任何一种特别有效,当然放之四海而皆准的事情更从未有过。且说古希腊那些神祇,无论宙斯或阿波罗,也无论普罗米修斯或是海法斯托斯,或海拉克利斯,或阿基里斯,或奥德修斯,皆非完人,皆非尽善尽美,没有一个符合完美标准。再看后世的宗教和哲学,那就更加自觉努力了,分别创造出各种理想的人格类型。而面对诸多选择我们更加茫然无措,孔夫子儒学、老子道家、琐罗亚斯德教、佛教、柏拉图主义、斯多葛学派禁欲主义、基督教、犬儒派哲学、穆罕默德的伊斯兰教,都清楚阐明了他们理解的完美人生,而且还往往对以往文明倡导的廉价品表示审慎的反对。而这些主张自身,即使从他们倡导的道德框架内,也提不出可信的理想人物典型。哪怕是个出色的个人典型,比如,类似苏格拉底或者阿西西那种佛朗西斯之类的人物。而且,历史记录中不是还有个最发达的文化,希腊化时期(Hellenic)吗? 他们在这问题上索性根本未曾形成共识。

我重申,这里所说的意思是,这个问题有意义的解决方案只有一种,就是大自然很久就已经选定的抉择,这就是: 既然无一种方案能囊括人类的全部潜能,那就只好为未来准备好无数个候选方案,包括生物学的,也包括文化的多样性选择。我相信,任何一种文化、任何一个种族、任何一个历史时代,他们能够做出的最大贡献,莫过于为这无尽无休的伟大主题产生出自身最新鲜、最丰富的多样创造。

许多生物学家,只要他们的知识不局限于分子现象的,就都会相信,想通过选择个别基因的途径改良人类的哪怕很小一部分内容,也是海市蜃楼。以往对低矮品种安格斯牛进行的育种试验就是妄图选用个别基因,结果不攻自破,以失败告终。如今杰出科学家缪勒和克利科宣称可以采用直接干预途径改进人类品格,他们自信这办法不仅可行而且最为理想。"我们既然能做到,我们就必须做成功。"如此愚顽仅只表明,古代法老们的梦想如今仍然多么牢牢地擒获着这些大思想家们的灵魂。恰如深度冷冻尸体希望它将来能复活一样,用基因改进人类无异于香料涂抹制作木乃伊的当代版本。古代金字塔时代巨型机器首次装配成功之际,就曾诞生过此类不死神话。接下来的结论也就不言而喻了: 人类品格当中,迄今能够逃出理性控制的部分,正是那些制造了此类荒诞神话的人们。

此言谈中令人深深生疑的,还不在其科学见解之深浅,而在于这种人不知深浅,不懂得慎重、自警、自我约束。我们见过否定历史,见过因无知而犯的错误,却真没见过如此大胆撇开历史,撇开人类知识和经验积累,如此明目张胆犯荒唐奇离的大错误。我这里所说的历史,不独指人类发展史,还包括有机世界进化史。举例来说,蚂蚁王国,形成自身的特有蚂蚁类型,构成自身社会结构,同时牢固控制自身这种物种取向已经六千万年了。我们从它们的做法中岂不看出人类同样的前景吗?哈,勇敢的新大陆啊!

科技王国也成功树立了一座新式的金字塔式统治,顶端权威机构向下有一条单向传令渠道,仰赖掌握了很有限的人类知识,却大言不惭自诩有权利就人类命运的重大问题替全人类讲话,实际上他们的经验无异其他普通人一样浅陋。此类科学技术手段制

290

定人类未来命运的各种会议上，几乎全不考虑普通人有权利投反对票。而即使在封建社会，正如麦克·布罗西(Mac Bloch)指出的，"诸侯对君王称臣纳贡，无论多么卑屈，毕竟是一种往来互利的真正契约关系。任何一方有权利反对武断权威，这不仅是题中之意，而且往往有明文规定。主权国家有责任保护臣民，正如猪倌(swineherd)有义务对雇用他的财主负责。"1090年阿尔森一位僧侣就这样记述的。而如今呢，这种宝贵权利——亦即人们有权不合作、有权投反对票——这样的权利被彻头彻尾地剥夺了，而且往往打着维护公众利益的旗号，剥夺了这些公众权利。

291　这种靠技术缔造未来的讨论中最可忧虑的是，这些科学家们表现出根深蒂固的宿命论：他们完全排斥彻底扭转当前取向的可能性。这种宿命论的典型代表就是社会学观察家雅克·埃鲁尔教授(Prof. Jacques Ellul)等人。他们憎恶巨型机器和大技术的局限性，有人还迫不及待要加速这架机器运行步伐，即使当今人类已有众多宝贵文化遗产和成就被成批抹煞，毁弃。

容我最后再举个实例，选定这个事例，因为它不幸最为典型。在《遗传学和未来人类(Genetics and Future of Man)》这本书中，有一位资深社会科学专家，公认的著名人口学者，公然宣称，"将来肯定会采纳有意识控制基因遗传的做法"，而且一旦采纳这种办法，"它会很快加速科学技术发展。科技发展了，反过来会有助于遗传学改良。再接下去，又有助于科学技术发展。如此循环往复，以至无穷。"他的结论是，"人类一旦控制了自身生物进化历程，从此就奠定基础去征服和控制其他一切。最终，整个儿宇宙也会听他掌控。"

这言论简直可以作为古代科学思维——连同团团转理论——的绝佳样本，储存到博物馆里了！其中有关自动化的独特构想，既然"肯定会被采纳"，听起来如此不可挑战！而这位科学家忘记了，他提出假想却未经验证，而且根本无法验证！它立足于一个虚假前提，它将人类、人类发展进化等同于科学技术的无条件支持。

而且，退一步说，即使这些科学家有把握确定胚胎发育成理想个体所需的各种基本品质，那么，他们又凭借哪些合理依据说服别人相信这些生物基因可以通过放大、强化、广泛分布等等途径最终实现人类世界的理想目标呢？事情似乎刚好相反，我们似乎更有理由相信，有必要保存自然界更为丰富的人类基因库，唯有依靠这些遗传资源才能实现人类进一步发展进化。而且，无论人类未来或是人类形成之前的生物依据，莫不如此。尤其因为，当今世界这种如此激烈的文化失衡和裂解，特别需要依靠差异极大的人类特性和人格类型逐步组合才能最终克服、校正。

至于说将科学家和技术人员定位成人类进化的最高产品，定位成"至善之境"的最终结局;果真如此,皆大欢喜呀! 问题在于,这些科学家们自我描述如此孤芳自赏,读之简直令人脸红。这种自吹自擂,若非已成流弊,岂不沦为笑柄? 而且,如今大家普遍相信的事情已然构成一道屏障,阻挡人类形成差异巨大的人格组合,当然也无法对前述科技公式构成反叛势头。

这一提议暴露了控制办法本身荒谬绝伦:试想,这样的提议多么荒唐,他们想用有限的智慧,协同他们特定文化的有限设备,立足短暂历史瞬间,就有资格绝对掌控全人类无限的未来吗?

他们所宣示的决心中毕竟有个词汇需加个注释,就是"征服"一词的具体概念。"征服"这个词汇在何种意义上会同人类在宇宙中的地位扯上联系呢? 此外,它同不同物种间的合作以及互动,以至对人类通过有机界更高级生命形态超越自身生物局限性等等,又会产生什么影响呢? 须知,"征服"一词让人想起陈腐过时的军事帝国思想,无论当今权力体系如何给它打气,它也只是陈旧意识形态的化石,是古老文明留下的陈迹,令人回忆起古代文明最初那些伤痕累累的故事,从那里产生过战争、奴役、有组织的破坏行动、种族灭绝……"征服"这个词语同"教化(cultivation 也译栽培、耕作等)"是一对宿敌,代表了历史上对立的两极。

简单说,"征服"这个词汇,从任何意义上都无法代表人类最高层级的发展状态,虽然征服者本人从来不这样想。人和健全的生命世界发展观都会尊重生态学基本条件:合作与共生,外加竞争与对抗,证据就是,即使猛兽也是食物链条的组成部分,它不能随随便便"征服"自己的猎物,除非捕食需要。所以,彻底征服这想法本身就是现存权力体制推导出来的概念。它不代表那种大家都愿意看到的和解,而体现一种病态的瞎折腾,倒行逆施,还要靠这体制自身的好处予以强化。至于那种无以复加的狂妄,认为"最终人类能够拥有整个宇宙",大家想一想,某些收容所里难民常觉得自己是世界之王,与此相比,这种狂言不是梦中呓语,又是什么? 如此狂妄,距离可能性怕要有无数光年的距离呢!

幸好人类安全的决定性要素在于下列事实:人类每一代文化的试验性错误以及主观的瞎折腾,都不会有意识永固在自身基因中。从某种程度上说(这是其他物种做不到而特别羡慕的),人类每一代都能重掷基因色子拼成新的组合,让新人类有机会修复旧创,重新开始新探索新实验。我们每一代文化不都修复了许多历史错误吗? 其中包括那些给人类发展带来重创的痼疾,如战争、剥削、奴役等等。何况这类痼疾从未刻入人的血肉,可以通过基因遗传给后代,从来没有! 所以,如果将来人类发展的崭新前景被关掉,那就是权力体制有意而为之,而且,是为了迎合技术官僚体制代言人的旨意。

但是,若把技术上可能发生的错误当成人类不可避免的未来,例如认为"遗传基因控制方法必然会实施"。这种态度只会给权力机关强加的诸多外部限制再增添机体上的强制被动。这样的信仰往往自诩先知,加速全球巨型机器最终铆接整合成功。这样的取向和超大规模权力结构,将是人类最严重的威胁。届时我们就会看到,一方面是人类继续沿循文化承传的途径一代代重新编程,一种文化一种文化地改进加工,甚至在个体层面上每个小时都有人动脑筋改进行动方案,修改工作计划;而另一方面呢,基因控制却会编订程序让人类从此消失,代之以侏儒般低能儿:那不过是一种凝固不变的部件,不具有人性内涵的自动化装置。幸而人类凭借自身文化发明至今成功地抵制了这种不幸结局。

# 6 电子耗散(Electronic entropy)

还有一种未来,若当前这种盲目发展势头不加遏制,另一种厄运就为期不远了:这厄运并非人类发展遭受捆绑、阻碍,随每日小错最终堕入终日昏昏噩噩无意识状态(Unconsciousness);或逐渐蜕去人类自身全部智慧和能力归顺全球巨型机器;也非冒险的选择性繁育,或如查尔斯·普赖斯教授(Prof. Charles C. Price)和约书亚·里德伯格(Joshua Lederberg)所预想的化学合成方法,用种种可怕的生物学手段。这已由奥拉夫·斯塔布里顿(Olaf Stapledon)的未来设想详细描述过。

可能是这样一种结局:智人(*Homo Sapiens*)会走上一条捷径更快到达终点。这条捷径在许多现代艺术作品中已经有所反映了;如马歇尔·麦克卢汉教授(Prof. Marshall McLuhan)及其门生的作品淋漓尽致表现淫靡之事,不惮制造幻想。貌似强大而外强中干的巨型机器,因其僵硬规制,注定要引发自身的克星(antithesis):电子系统本身的反程序,更快速的混乱、无知以及耗散。当今与麦克卢汉教授同一代的人,出于反叛专制统治和奴役,会谋求彻头彻尾的"自由解放",不要任何组织形式、不要文化传承、不要任何人生目的,彻底不要建设、彻底否定组织形态、彻底根除创造性。讽刺的是,如此彻底回归紊乱无序,照概率理论,恰会生出最凝然不动、断无别样的终局:"物质"的非组织状态。

按照麦克卢汉教授描述,这种"彻底解放"的第一阶段,全球快速通讯体系会拆散以往的文化形态和组织结构:首先,机器自身就会消失,代之以电子同类物或代用品。从麦克卢汉教授梦话般预断来看,他似乎相信这局面已经开始发生,团团转的运化巨轮即将消失,整个人类将回归原始状态,重新回到无思想无智慧,唯有感觉知觉而无语言的生物群落。麦克卢汉教授发明的这种电子魔术幻灯中,不独旧式机器会被永久淘汰,就连自然界也会被改造被替代:丰富多彩、千变万化的大自然将丧失各种具体物象,丧失清晰有序的经验形态,唯一可能留下的残余就是声音以及如今整天出现在电视屏幕上的"可以触觉"形象;或从中衍生出的、可输入电脑的抽象信息。

294

　　这究竟叫一种什么状态,我们从精神病学研究当中可以找到答案。这不就是麦角酸之类的致幻药导致的主观精神分裂症吗,不同之处是靠电子手段使然。依照麦克卢汉教授理论对应的现实情况看,那不就是电子手段诱发的大众精神病吗? 因而毫不奇怪,既然当今快速通讯系统都装了全球接口,因而全球各地该病症候就可以很快检测出来了。只不过麦克卢汉教授却将此病症候当作诊疗方案了。

　　有人提议将人类关在时间鸟笼里,让他无法接触历史和未来。这鬼主意非自今日始,也非当今铺天盖地电子通讯时代独有的事件。用这种办法实行中央集权控制,这鬼主意的古代名称叫做"焚书坑儒"。一旦信息流通又可能导致丧权的时候,这从来是专制集权最爱用的办法。古代中国自前 213 年秦朝最后一个皇帝(实际上自秦朝始皇帝开始。——译按)首开先例之后,历史上烧书的事从来未曾中断过,尤当书报检查不奏效之时。

　　我们这一代人说到烧书往往联想起 20 世纪 30 年代纳粹点燃的大篝火,其实相对而言那不过小事一桩,因为只涉及到全世界图书收藏很小一部分。而如今轮到麦克卢汉教授用技术手段来实现专制控制了,他想制造全民的文盲状态,彻底消灭全部永久性文字记录,今留下官方批准的计算机有用材料,并且仅限少数人使用。如此彻底抛弃有价值文献材料的做法,无异于抹掉人类的集体记忆,将人类经验减缩到当今一代人范围,而且非常短暂,因为这种瞬间储存手段本身就是自生自灭的东西,因而效果上会把人类带回原始状态,甚至赶不上氏族部落文化。因为他们尚且重视文化承传,证据就是无文字部族往往依靠口头传诵方式,大量重复,靠大众记忆保全了部族大宗文化,为此即使丢失一些创造发明也在所不惜,唯求不丢失自己民族的古代根基。这种口传文化往往有很多行吟诗人,他们游走四方,随时念诵整部荷马史诗《伊利亚特》,而无需查考任何书卷。

　　这种"急速革命"(此处原文为 Instant Revolution,实际上是前面快速通讯革命,或信息革命的鄙称,作者将其看作一回事,下同。——译注)要想成功,就得在全世界范围开始烧书,消灭公众视野内一切永久性文字记录和传媒。历史上专制主义非常崇奉

295　　　这一信条,恰如19世纪的无政府主义实行的"将一切文件焚烧干净"一样。麦克卢汉教授诋毁人类文字记录的能力突出反映在他敌视"掌握了文字印刷手段的人类(Typographical man)"。这词汇本身就是他凭想象编造出来的,但的确不仅助长了对书籍的破坏,还助长了长期不爱读书的风气。如今风行于各大洲的学生厌学示威游行也是这类表现。如同专制主义其他表现形式一样,电子快速通讯只不过提高了该文化的速度,并未改变其方向,这方向就是走向文化裂解,或者用麦克卢汉教授的话来说,亦即"氏族共产主义"。实质上它是"原始公社"之类的最终克星。至于"共产主义",那是麦克卢汉教授兜售专制控制搞公关所用的委婉语而已。

　　　如今所说电子通讯显然已为人类增添了新本领,为联系沟通与合作提供了新途径云云……其实是19世纪思想库中的陈词滥调,只不过麦克卢汉教授又拿来翻新改造成他的私货。其实,在电视尚未改进成熟还不能投入商业生产时,其缺点已经十分明显,那是在1945年。

　　　就此而言,我于1934年,电视尚在试验阶段,就在拙作《技术与文明》中毫不迟疑地提出如下观点,我解析新技术的含义时说:"从电报之后,一系列新发明陆续问世,克服了空间阻隔把人类联系到一起。从电报开始,接着是电话、无线电报、无线电话,接着又有了电视。有了这些技术辅助手段,结果我们发现,通讯方式又回到原点:人与人面对面的交流沟通。我们互相联系起初不就是这样开始的吗? 结果,直接沟通克服了起初的时空阻隔后,如今仅剩下技术条件和有无设备的障碍了。及至可视通讯替代了无线电话,直接沟通的局限仅剩下还摸不着对方了,是不是呢?"

　　　这些文字中,我首先指出了电子技术的应用与含义。但与麦克卢汉教授不同的是,我还指出其缺陷:"全球范围实现直接电子通讯并不足以形成更有价值、更开放广阔的人性。"进一步我还指出,保持必要时间空间距离有助于交流沟通的各方形成理性判断以及通过沟通讨论促进合作,免得发生说话不动脑子、弹指就决策的失误。接下去,我说,"如今人类沟通障碍消除了,首先它可能构成一种危险,恰如古人流入新区,首先互相摩擦的领域会大增……接着有可能引发并加速群体骚动,如战争前夕常常有的

296　情形。"

　　　麦克卢汉教授素被奉为电子时代的卓越先知,三十年之后,我这几页议论恐怕会大大贬损他这种地位。不过也为他扫荡掉诸多敢于竞争的对手,让该领域没几个人再敢出来给胡作非为提供合理论据了。因而最终,我们通过集中讨伐这位麦克卢汉教授,就能逐渐澄清该领域各种各样的胡扯八道。

　　　以往的技术时代,轮船、铁路、邮政系统、电报、飞机陆续问世,而且都先后被颂为救

世之宝,说凭借这些工具能突破地方局限,扩大交流,解决自然资源和文化资源的不均衡状态,最终促成世界范围的政治大联盟。成立所谓"全人类议会,进而建立世界联邦"。当时"进步的"思想家们相信,一旦技术联盟成功建立,就能实现世界大同盟。也就不到两个世纪的时间,这些梦想一个接一个都破灭了。人们发现,随着技术进步,道德裂解、对抗加剧、集团性大屠杀接踵而至,不仅在局部地区,而且在全球范围内越演越烈。我们找不到理由相信仅凭电报和电视就能让人类更好地相处。因为这些东西本身与人类理性化、合理化完全无关。更因为这些技术手段唯独服从五角大楼权力机构旨意,而不能拥抱整生命世界的每一个方面。

为了解决这个问题,麦克卢汉教授及其追随者们想了个简单办法:采用巨型机器的先进模型替代人类自身的一切自治权利。他声称,大众传媒"还没设想出来就先把它毁掉了(*media are put out before they are thought out*)。其实,大众传媒脱离民众,这本身就扼杀了大众传媒的意义"。说得对极了,麦克卢汉教授不慎一语泄露天机。由于整个技术世界本质上都是人类身体器官的延长,包括其大脑。所以,依据麦克卢汉教授的逻辑,这种外围构造,因其庞大和无所不包,势必会冒充人类的自发要求和意愿。因为,既然"技术已然是人类躯体的一部分",违背它或者脱离它都是不可能的了。"一旦人类把自己的感觉器官和神经系统都交付给他人操控,那些人就会用来牟利,通过租用我们的眼睛耳朵乃至神经系统来谋取私利。届时我们也就剩不下什么权利了(应读为自治权)。"

最后这段话,可以理解为一种警告,告诉我们及时摆脱这种可怕的权力体制。而在麦克卢汉教授看来,超级技术最终要求人类彻底投降,他说,"在电子控制的通盘制度下,人类全部生存内容只剩下知识和学习知识。他这话倒是讲出了人类潜力。除了这微不足道的学术含义以外,他所关注的就是那些能够编程的所谓知识了,如他所说,"如今我们有能力将整个世界全部编程装入计算机记忆库了!"看来,这就是他们最终找到的阻碍和抑制人类发展的最好途径。

*297*

其实,文字书写和印刷不仅没有破坏人类的口头交流,还帮助绝大多数地区的人们克服时间和距离障碍,加强了口头交流。古代口传史诗《奥德赛》成书之后,荷马就不再仅仅对一个村落,而是对全世界诵诗了。古埃及《一个能说会道的农夫的故事》,一旦能写在纸草上,就不会被强权镇压消灭,如今数千年之后仍在传诵,全因为书记官们记载和保存了它们。

人类的沟通交流也像技术其他门类一样,综合技术类型永远优越于单一技术类型,因为它可以调动各种技术手段,而不是仅只为适应强权统治集团的需要。只不过,能以传世的,永远是荷马史诗史诗般的名著,或者有深远意义的事件,例如那一个能说会道的农夫的挑战强权的故事等等。至于一些日常生活琐事,不外声色犬马吃喝玩乐,不广为流传也罢。

视觉听觉范围内的部落文化,亦即麦克卢汉教授所谓"地球村",实际上是个骗局。因为,真正的交流沟通,无论口头或书面,也无论短暂或长久,都限于共享一种文化的群体内部进行,而且往往须讲同一种语言,虽然不排除通过个人努力学习新语言,广泛旅游,拓展交往边界。但无论如何,想完全否认或排除这一切局限,是电子学技术本身的一厢情愿。因为它否认有机界的最大特征,包括生物界和文化形态,他们承认和接受局限,为的是保障生命能获得最佳选择机会。实际上,无线电广播已经获得广泛成就,比如,它不仅在局部地区也在全球传播占了上风。证据之一就是 1968 年春夏之交布拉格人民起义。那是一场自发的抵抗运动,当时手提无线电发射台就发挥了重要作用,充分显现了这种新技术针对小团体动员的有效性。

请注意:这绝不代表某种部落文化,相反,它充分显现了一座历史名城里训练有素、高度组织化和历史文化认同的公民群体的自觉行动。设想,若布拉格的人口零碎散布在捷克斯洛伐克的广大土地上,形如一座杂乱无章的"巨型城市(megalopolis)",除了中央集权的广播电台其余谁也无法召集起来,这种群落用一股小部队就能轻易拿下。

电子传媒表面上克服了距离阻隔,实现了多媒体仿真传输,却为此付出沉重代价。真正的交流沟通,每种沟通介质都须发挥独特作用:看得见的手势、当面对话、书写语言、印刷材料、书籍、广播、电话通讯、留声机、磁带录音机、电视等等都要使用,而非仅仅使用广播、电脑、电视。一个成熟、有效的通讯技术,会调动一切沟通手段放到合适的地方,使之各得其所,各展其长。正如交通资源设施,你若完全去掉灵便自由的步行交通,必定会加剧交通阻塞,若不然就是郊区的无边际蔓延,通讯资源配置的道理也一样。我们需要一种多元技术的、各种层面兼顾的、随人类需求灵活变通朝的技术配置,这样就会适应人类一切正当目的。所以真正符合该标准的,唯有人类自身生命那些财宝了。

麦克卢汉教授屡次指责口头沟通联络不准确、无法留存。其实,文化人类学研究已反复证明,这些毛病恰是任何原始部落都不能容许的,除非甘心冒险自己族群解体。可见,如果当今人类文明遗产继续遵从麦克卢汉教授敕令,照计而行,我们会眼睁睁看着人类文明解体,而且,这局面当今不是*正在我们眼前发生吗*? 我们想一想,人类自由是怎么实现的? 不是从岩画、原始雕刻那些生动形象开始,一点点发育逐步有了书写符号、印刷书籍,直至实现人类空前高度的个性化特征,才获得真正的自由吗? 有了这种自由,人类才逐步突破眼前稍纵即逝的时间束缚,进而突破眼前狭小空间的局限,看到视野以外更广阔的世界,进而去挑战祖辈经验,进而尝试改变今后长远行动计划。自由,不是经过人类这样缓慢归纳世界概念逐步获得的吗?所以,那种让人类只顾眼前,只知道、看到眼前,纯粹是医学上用来诊断脑残的标准啊!

麦克卢汉教授有关电子技术时代的高见已经广为接受了。我认为那是因为他的见解夸大了威权体制主控部件的反叛作用,且将其通俗化。麦克卢汉教授认为飞速的信息革命会让全球缩小,变为"地球村"。他这说法实际上将无文字时代跛足文化的局限性同当代文化的乖戾,两者互相组合连接起来。前者让全世界分散的农耕文化人群沦为军事征服者手到擒来的猎获物,任其宰割剥削;后者则让大群人口归顺一小撮统治集团,甘心情愿为他们的利益效劳。

因此,这种电子通讯制度非但不会提供任何自由通讯条件,还小心谨慎加强筛查控制,生怕放过任何"危险"思想,亦即不符合他们要求的非正统观念和主张。这样的制度怎么会容许自由讨论和对话形式呢?那是真正的口头交流才配享受的精神财富。所以,我们见到的都是些精心安排的独角戏,虽然屏幕上有许多人在说话。假如一个大型生物群落完全依附这种统一操控的口头宣传,即使能传播到全球每一个人耳朵里,恐怕最终也事与愿违。因为,这会导致整个群落越来越愚昧无知,最终双方都会变得不可理喻。最终我们看到的,将是当代文明重蹈覆辙,步金字塔野蛮时代的后尘:几乎完全可以预料,人类会用电子手段搭建起当代的巴别塔。信息革命带来的全球通讯若纳入这样的运行规则,确定无疑最终会导致人类被开除人籍,因为它同任何一个明确无误的文化族群都毫不沾边。

所以,我们该认真详细重新审视这种信息革命可能带来的临床景象了。它拥有快速知识、快速权力,当然还有快速毁坏。这景象本身就足以引起人类高度警觉。不过,好在这体制内部已经开始出现反叛,开始挑战它的继续统治,如果说还没有威胁到他的存在。

# 第十一章 高科技废园

## 1 空调金字塔

金字塔时代设想的天堂,静止不动,一成不变。但是那时代作威作福弄权的本领却毫不逊于当今高科技时代之无情无义。每位法老治下都建立新都,改朝迁都换变之快,让当今政客们也望尘莫及。每座金字塔周围都建起座座寺庙和僧侣住区,工程规模浩大,充分汲取着尼罗河流域充沛的养育能力。当时人类第一代丰饶经济刚刚冒出地平线,金字塔文化不仅维护了这经济的均衡耐久,还提供雄伟物证,证明那个时代新生的宗教蕴含着雄厚的超然力量。

我们今天的巨型机器就用大比例复制了金字塔时期古代巨型机器的许多早期特点。若说古代那些凝然不动的庞然大物支撑了古代芸芸信众,相信法老的要求正当有理,证据就是他王权神授且永生不死。那么,我们当今这活跃灵动的金字塔复合构造——摩天大楼楼群、原子反应堆、热核武器、高速公路、宇宙火箭、地下控制中心、热核战争的超大规模掩体(或称坟墓)种种,不是也在为新的宗教正名,提升其地位吗? 试问: 历史上有哪种宗教曾经高举起如此繁多的权力象征? 曾经造出如此透彻的控制体系? 曾经团结如此众多的分散教派? 曾经剿灭如此丰富多彩的独立生活方式? 或者,曾经宣称自己拥有如此庞大的宗教信众? 这些信众通过言语或行动赞同这个巨型王国,赞赏它热核力量和电子神灵的荣耀。科学技术僧侣们创造的奇迹都是千真万确、货真价实;唯独他们的论证王权神授的理由和依据,全都是伪造的。

象征地看,新型金字塔复合体入口处高耸雄立的,是庞大的热核反应堆。它象征青
铜时代至高无上的强权和征服大众的鬼花招: 夸口能瞬间消灭整城人口! 对这种热核实力的早期表现以及随即造成的更大破坏后果,我们只能借用梅尔维尔在其《莫比狄克》中对那个发疯船长所说的话,"我的方法和手段无一违背理性标准。唯独我的目的完全疯狂。"人类从17世纪开始不遗余力扩大升级能掌控的物理学能量,为此不吝耗费

巨大实验室资源和理论研究功力,如今终于让原子核裂变成功,这不是最完美的终局和证据吗?

于是,太阳能量经过人类操控,以欧氏几何学的精准,同各种更小能量装置连成一气。从此,太阳神实际上实现了人化。这太阳神教的僧侣们也因此跃上普天权威的地位,而他们宣扬的,实际上也是一种加尔文神学主张(**加尔文教认定人类无法经过正义行为获得救赎,主张恢复被天主教背弃的"救恩独作说",反对逐渐成为天主教主流的"神人合作说"。尤其初期主张,极端排斥异己。——译注**),只不过稍加改头换面,责令信众乖乖服从天定厄运:下地狱去,唯留下那些被选中的精英;亦即技术官僚机构精英们才能得救。简言之,就是耶和华所说之末日审判的现代版!

核裂变的奥秘一旦破解,便开始急速建造新型金字塔了。美国战略家们不到十年已经不得不发明专门词汇"overkill(过度残杀)"来指代他们手中武器的超级杀伤力。全球现有大约30亿人,而他们武器的杀伤力却足够毁灭3000亿人! 具有超丰饶的负面效能,让制造死亡的手段远超出维护生命的手段,这就是如今我们造就成功的新型经济!

而追随古代金字塔的实例还不仅限于上述内容。环绕巨型机器核心集团逐步向外扩展,是一圈比一圈更小的职能机构,包括种种研究所、思想库。这些组织如同散漫的兵营,稀稀落落散布在大地,一个个远远离开居民中心,因为那里还有怀念古老生活价值的人和实物,怀念史上各种信仰形态和生活方式。其实,这种新型金字塔文明最理想的象征就是沙漠,尤其是位于沙漠的 Los Alamos,因为这种地点最适合他们的理念和意识形态:这种终极环境经机器反复透彻加工后,已丧失任何生命迹象。大型机构当然要需要组建下层小机构来支撑它,比如需要建造原子反应堆来生产燃料。除却少量放射性材料有利于新的研究项目,且投资不大,不会引发大规模爆炸之外,原子反应堆其余的产品都是长效的、毒性很强的废弃物,外加热水,上帝真是讽刺啊!

有关原子能研究的科学知识,也给人类带来远见卓识,让我们看清整个宇宙的真实结构。而且近年还在天壤之别的有机界和无机界之间架起了桥梁。人类知识界数百年来积累的知识资本总量正待回收红利,亦即用于创造更有用、更有价值的知识为后代造福,假如我们还有幸留下后代。但是,当今建造金字塔的直接效果却堪比古代金字塔时代,且有过之无不及。这样,为了逃避"过度残杀"我们不得不接受更多的热水,也就是耗费更多财力物力去维持这种疯狂膨胀的巨型体制。热水是有用的,问题是,有许多更安全方法也能生产它呀!

想象中的科学技术成果与平常使用的科学技术效果之间有个巨大差距。这差距要求我们充分注意这种超级专制武器及其微不足道的军事收效。从第一颗原子弹投下之

302

后20年来,核武器实力成绩可简括如下：毁灭了两座中等城池,长崎和广岛,杀死人数相当于以往常规武器制造的慢性死亡小规模集体死亡人数的总和,包括东京和德雷斯顿使用的凝固汽油弹,德国纳粹死亡营用毒气和制造的集体屠杀。此外,西班牙和格陵兰失事的两架载有核武器的飞机,也遗散了经久不去的有毒物质,最终恶果还不得而知。

以美国为首的两个核大国的核军备竞赛最终是什么结果虽不得而知,已非常清楚的是,整个地球土壤遭受金属锶90以及衰减期更短的放射性碘的严重污染。同时经污染链条进入了食品序列,特别是婴儿奶粉。土壤、水源又因遗弃放射性垃圾受二次污染,由此还引起癌症高发病率,以及基因变异或然率增高,最终后果要经两个世代才能最终看清。

简单统计地下掩体中能够躲避核灾难存活下来的人数并无助于考察他们遭受心理伤害的程度。当他们来到地面,见天空仍在飘落毒雨,地面满是腐烂生物碎屑,食品多是致癌物质;整个局面惨得令人发狂,那些军事战略家们就会诉诸另一更为疯狂的杀人方案,采用炭疽病和肉毒症等办法大规模杀人。另外,那些养尊处优的精英们,无论政府或军方,或许会像希特勒当年在地下掩体那样,以自杀了结自己,是否不敢面对躲过热核速死的人们却辗转废墟,谋生无计？

简言之,截至当今,原子核裂变的科学研究成绩带来的负面效果要远超出正面效果。就核武器来说,唯一好处是它暂时壮大了新型巨型机器阵营,为它的工业生产、官僚机构、科学技术积累了资本。相反相成地看,热核武器的最大收获在于精神方面,有助于人们了解宇宙构造,更深入了解宇宙的本质,重新思考那个产生了生物以及人类的地方,彻底弄懂人类最终会选择这里定居下来,究竟为什么。

最后,建造核武器金字塔最可怕的后果不是这些武器本身,甚至也不是它要实施的无法取消的灭绝人类行动;假如这种行为继续下去,最终结局可能更要糟糕,而且同样难以挽回。它最可怕的后果是将这种巨型机器天衣无缝地强加给整个宇宙,使之成为纯"智能活动"的终极产物,同时将一切人类特性、一切人性表现都彻底否定,甚或完全消灭掉。这种最终结局和构造的蓝图已经备好了,并宣布为人类的最高级归宿。

所幸,这部巨型机器自身也出了麻烦,证据就是它过早地依赖热核武器。因为,挥舞核武器这个主意本身就制造了一种陷阱,因它有一种非常微妙平衡的机理,因而已数次几乎将该星球居民全部卷入其中。假如这种情况发生,这巨型机器本身也就同归于尽。由于建造这现代城堡的技术官僚们趾高气扬、飞扬跋扈,致使整个五角大楼上空始终笼罩在热核武器善恶大决战前夕的血色黄昏(ragnarok)之中,也就是很久以前北欧神话里就预言过的众神的黄昏(Twilight of Gods)。到时候,整个世界会腾起烈焰,世间一切都将败给狡猾的侏儒和凶残无比的巨兽。古埃及金字塔时代第六王朝,就在猛烈的奴隶起义中彻底坍塌,当时尚无当今这种宇宙级的爆炸破坏力。未来或不会像北欧神话那样狂烈热闹,但对于巨型机器来说却绝对同样来势汹汹,或许这样的局面已经开始?

## 2　飞向外太空,脱离真实世界

　　巨型机器为了实现自己的非理性目的必须依赖一系列具体机器和设备。这些机器设备的一个突出特点就是它们必须汲取最大的能量储备,必须利用高精尖技术资源,去首先实现那些相对而言更迫切的目的,否则巨型机器最终的目的就无法实现。巨型机器的自然观念否定自然过程,违背自然结构特点。它只在意自己的唯一目的,如何用它的低能和编程系统替代自然界和人类潜能。它自身结构中包含的所谓进步,都与人类无关,唯独关注巨型机器及其附属物。而这些东西的价值取决于它们解决难题的能力,与人类价值丝毫无关。

　　马歇尔·麦克卢汉教授说过一句话:"传媒就是信息"。他这句经典论断绝妙地概括了巨型机器的上述特征。半个多世纪以前,我自己曾经是个无线电业余爱好者,因此我很懂他这话的意思。我当时订阅《现代电子学》杂志,其中介绍的最新颖无线电通讯技术让少年的我如痴如醉。最终我自己攒成我的第一台无线电收音机,能收听附近电台播音消息,这让我兴奋异常。接着我继续增添器件,改进线路板,尝试接受更远电台消息,还把音量增大。但是,我从未费劲去学摩斯电码,也没去相信我听到的所谓这句话*传媒就是信息*。假如我不慎成了专业无线电技术人员,或始终沉浸在我青春梦当中,我就不会去追求更优人文价值的目标了。我这段小经历适用于一百种其他技术追求。若一个人对研发传播介质津津乐道,而对信息本身的内容毫无兴趣,就会沦为非理性终极产品,即所谓不假思索称之为"合理化"过程产物。

　　核弹无疑是巨型机器权力的终极象征,载人宇宙飞船可能就更能体现这种体系的原则精神了。因为这种飞行器需要极大能量,设计精度要求极高,设计建造以及运行成本代价高昂。因而也是人类谋求的各种有形,有益事业中最没用的东西了。唯独宇航员可以给五角大楼挣来国际声望。有了大宗财力和燃料支援,现代人类的确开始征服宇宙空间了。可是,这种行动的同时,巨型机器却也进一步征服了人类。宇宙飞行探索的第一个目标是一颗无生命的荒寂行星。这简直是个绝妙的象征。那里连生物都无法生存,遑论人类去永久居住。

恰如超音速飞机和洲际导弹,两者都能携带核弹头。其中宇宙火箭主要用来震慑假想敌的。这种战略设想背离常规战争的规范,仅在有限的人员中进行。通过威胁或者控制更大范围的人口,比如说整个大陆或半球范围,以期达到制胜目的。就当今精神压力实际而言,完全可以制造这种情况,让科学家有理由研发无人宇宙飞船,无论研发星际通讯或者外太空探索,或者更好的天文观测。

苏联和美国花大力研发宇宙火箭其实另有深意,而且包藏祸心,是个反人类的目的。这目的大得无法掩盖,而且已经逐步得逞。火箭研究起初是军事目的,如今获得洋洋自得的效果,因为可以从外太空空间站万无一失的投放热核炸弹了。实际上,载人宇宙火箭和空间站并非不可避免,也并非没有不行。它其实是迷醉于军事强权的具体产物,由于害怕同样崇拜军事武装的假想敌占据军事优势,获得宇宙制空权。我们的领导者们似乎在掩藏他们杀人狂想的真正意图,因而将各种武器称之为"硬件"。

开普勒创作幻想小说《梦幻(Somnium)》时并没有义务计算登月旅途的成本。这成本数额就由当代科学家沃仑·维沃博士(Dr Warren Weaver)煞费苦心计算出来了。他说,结果如下：美国载人宇宙飞船登月计划单独花费的资金,可以换算为以下开销(而且有理由认为苏联方面的开销也大体相同)：

可以共给美国全国教师工资连续十年每年增长 10％；也可以向 200 所小型学院每年供应 1000 万美元；可以解决 5 万名科学家的教育培训；建造 10 所医学院,每所耗资两亿美元；建造和供养 50 所全日制大学；可以再建立 3 个洛克菲勒基金会,每个基金会拥有五亿美元资财。请注意这些目标都集注于教育,也就是说用于科学目的。足以见得,这些评论不是外行人的无稽之谈,他很懂如何进一步发展科学研究。如今的科学目标,是想在荒寂无人的太空,以无比昂贵的代价养活一群人,完成微小工作,目的就是为了完成一种非常空虚——若非有意识的破坏性——功业。对比而言,维沃的设想的目标至少还能拯救和振兴当今奄奄一息的科学事业。当然,对维沃的意见,我这里就不准备发表我的保留意见了。

最令人惊异的是,我引用伯克哈德(Berckhardt)预言的未来军事敢死队。这样的举措表明暴君统治体制下统治者"完全不在乎法律、人道、生产事业、劳工权益、信誉,以及道德等等,一律不在考虑之列"。这一段话活画出军事工业科学精英们的心态。为了研发杀人的精密技术,为了登月,他们耗费了天文数字的资金,而无视人类实际需要,以及经济后果。如此一意孤行都证实了伯克哈德所言不虚。

# 3　太空苦行①

　　尽管冒天下之大不韪，把古代金字塔和当代金字塔放在一起对比，且言之凿凿；即使如此我仍然认为，使用宇宙载人太空密封舱这个主意非常像古埃及大金字塔内储存法老木乃伊的陵寝内室，里面摆满各种缩微器物，都是他升天之后用得着的东西。这两种做法，如出一辙。

　　准备探索外太空过程中，科技文明的辩护士们已经论证过，人类的生命可通过人为手段长生不死。缺少这一点，以光年来计算的旅程就无法完成。于是他们提出，这种星体速度状态中，任何生物都会处于昏睡状态，因而自身质量会抽缩，而且根据爱因斯坦相对论，身体不会有内脏损害，也不会感知时间流逝，因而过千年如一日。生命体征都会相应减缩，或者搁置。这样一来，我们有一次看见古今两个时代的鲜明对照，古代的象征主义做法以及当今的货真价实的行动，两者对照如此酷似，令我的描述更像是离奇的杜撰！好在列举的这些资料、数据和历史内容，公众都可以随便查询验证真伪。

　　其实，太空技术制造的这种绝缘密封太空舱，很类似将人暂时做成木乃伊，让人在这种状态中维持最低限度的生命迹象。或者毋宁说，只要飞行过程中不四分五裂，就可以了。古埃及的墓葬若可比作静态火箭，那么，宇宙飞船就可以比作一种动态的陵寝。无论那种情况，都是用精制工艺将主人公悬在空中的运动状态。

　　全部努力的最终目的无非就为了启动整架巨型机器，让它最终能如同一个活人一样动作起来。而与之同时又让人类自身，连同其生存环境、生存状态、生存目的都降至最低限度，以便接受外部操控。

　　古埃及对法老的处理，操作人将法老放置在能够升天的太空飞船中，还让人们相信法老仍然活着，而且能发挥自身功能。而当代的宇宙飞船做法刚好相反：本来是很好的活人，非要被迫经过严格训练剥掉自身各种活力和活性，只剩最低限度的机体和精神特征，以便能经受住类似攀登到珠穆朗玛峰顶时的残酷感觉。

　　这种担当显然需要宗教情怀和冒险精神的互相结合才能胜任；否则那些生龙活虎般的宇航员们很难舍身参与这种生不如死的古老礼制。除却超人的勇敢，除了接受出

---

① 原题 space travail。此例突出代表了作者风格才智，他把 space travel（太空旅行）与 space travail 这两组语音极近、语义几乎相反的词组故意贴近使用，反衬对比，讽刺效果力透纸背。——译者注

师未捷身先死的可能命运，这些人要有极为深沉的宗教信念；若考虑到他们尚不知自己还担当着天堂信使，便让此行更添战马西风，益发壮烈。中古时代基督教那些隐士们正因有这种坚贞精神，毕生将自己囚在阴冷斗室，靠人专门从窄缝递进食水维持生命。可见，这种崇高的牺牲精神并非没有先例。可是呢，如今人们却将这种现代礼制当作一种好玩的、艳羡不已的"下一步"，亦即人类一反自然常规支配自然的下一个必然步骤。请问：还有任何其他证据能更雄辩地证明，机械论神话已牢牢操控了民众头脑，还需其他更好证据吗？

请注意：当代太阳神宗教唤醒的牺牲精神如此舍生忘我，义无反顾，于是我们见到，三名俄国人，一名物理学家，一名微生物学家，一名工程师，三人自愿进入密封舱囚禁一年。主要目的就为了证实，长时间生活在很有限空间内也可以不死。这空间面积 12 平方英尺，靠循环装置反复利用人类排泄物供氧和水，吃脱水食品以及 60 平方英尺面积的暖房栽培的富含维生素的豆瓣菜（watercress）等绿色植物。就生理机体而言，他们活下来了，熬过了苍白无物的时光，战胜其中必然的人际关系紧张，存活下来了。关系紧张到不敢下棋，生怕因为输赢激化这种矛盾紧张，发生不测。

可是这种苦熬，即使成功，又能证明什么？一无用处，二无意义。因为这种宇宙旅行中最可怕的环境条件都不存在：失重、缺氧、脱离地球孤独生存、无时无刻不在的危险，包括机械故障、机体功能紊乱、重返地球大气层时种种危险产生的焦虑症，都不存在。所以，这试验中人类的武勇精神真实可贵，而环境条件却是虚构的。仿佛这事情孤立存在还不够荒谬绝伦，试验结束前一个月，俄国官员在公然宣布用活狗进行的太空飞行试验表明，仅 25 天之后就发现明显内脏破损，免疫力下降。

这些徒劳的努力都是想弄清楚人类在宇宙生存的最低物理环境条件限度，而结果简直不用强调了，却反证地球大自然生动活泼、气象万千环境之重要。没有这些充沛的活力环境条件，生命就不会荣发。但是，要靠太空密封舱存活很短一段时间，不管这舱室多么狭窄、艰难，满足其中生理要求要比满足精神需求容易得多，因为感官丧失、失去自我定位，会很快导致精神分裂。正因如此，开普勒最初梦幻作品中已预见到这种问题，并且支招采用麻醉镇定剂，让登月过程中能忍受这段时间。虽然他估计过于乐观，以为旅途只需四小时。

如今，长时间的宇宙飞行所需要的环境条件特点，包括远离人类丰富多彩的陆地生存环境，缺乏人类习以为常的精神需求和情感表达，唯独只有航行技术必需的种种条件，遭遇危险不测能采取的应对方案也极有限……凡此种种，以往人类在远洋航海都曾遭遇过，并不陌生。当然此外还有经常的惶恐，唯恐遭遇自然灾害，如风暴，或人的判断错误。所以,古代远洋航海归来的人往往因为克服了种种艰难险阻而信心百倍。同样道理,宇宙航行也能帮人类找回自信,通过克服各种技术和人文困扰,因为有自动化装置,他们一一按下各种按钮,便逢凶化吉了。

可是不幸,宇宙飞行给地球上广大居民带来的祸害要远远大于宇航员遭受的煎熬。而且很有可能,若当前这种管理人类的方式不检讨不改进,他们会终生忍受宇航带来的祸害,而丝毫享受不到宇航员享受的荣光和幸运。可见,宇航技术带来的最终成果,就是建立一个小小的试验模型,弄清楚了各种要求、数据和标准,准备将来囚禁大规模人口。这种虚拟状态的生存方式及其永久化,将宣告巨型技术的最终流产。

巨型机器胃口很大,破坏性很强。可能因为"征服宇宙"会成为它唯一可行的克星,这就让许多青年人更自愿出来奉献青春了。这样就可以免除巨型机器自身随同大规模杀人、全球施用落叶剂、让整个人类一片片凋零,而自行毁灭的厄运。俄美两国巨型机器间的竞争因此可理解为威廉·詹姆斯所说"道德竞赛"之另一种版本。可是,既然这种宇宙竞争容许毁灭人类的武器长存于世,并且事实上增加了致死的可能性,这种大规模竞争就不会带给人类礼让换来的永久性保障。这情景恰如国际足球赛,往往因过分敌意和大打出手不欢而散。

不过无论如何,宇宙空间军备竞赛的直接后果有利于权力有利那些仰仗权力五边形获得财力支援的人。读者不需要我来提醒,他们包括直接间接维系于军事工业的集团、工会组织、中产阶级投资人,当然也包括仰仗投资于金融、管理、科技研发事业的人们。为此,宇宙研发实业已经抽空了本来可以用于民用的资金和人力。宇宙探索不像地面探索,它无尽无休,投入的资金永无止境。从这个意义上说,宇宙探险也具有战争那种邪恶诱惑,尤因它复活了古代情感供当今大众消费,这种情感曾召唤起 16 世纪及此后冒险家出征去探索并且发现了新大陆。

由于"开放"宇宙空间、高速运动手段、选择定居点等等举措无不为人类带来福祉,克服了以往天地狭小、行走缓慢、老死不相往来的生存状态,让宇宙探索一度成为人们期望获得最终解放的康庄大道,就连足不出户的人也发出同感。科幻作家韦尔斯 20 世纪初期就满怀欢欣地预言,终将有一天,"人们就站在地球上就像站在机橹上,伸手就能摘下星星。"说来可叹,人类征服星际空间和时间的伟大事业开始了。这是人类亘古以来了不起的技术成就! 可是谁能预料,如此业绩竟会变成羁绊,掩抑人类精神无法正常发挥,耽搁了最重要任务:加强修养自身人性,落得让技术胜利者恶言毒语冷嘲热讽。可是谁又能如此料事如神,防患未然呢? 说来可叹啊!

这种征服空间手段,即使以往更有利条件下,也曾显露种种缺点。那是超音速喷气机洲际飞行初期,实际飞行过程很难受、枯燥无味,而航空公司当时能提供的消遣,只有类似饭店宾馆能消费的那些低俗玩艺儿:酒水、电影、吃食,再有就是充满性诱惑的女空乘人员了。于是在飞机上,只有一闪而过的危险和偶然想到可能即刻死亡,才让旅客想到自己的真实处境。

当时想象不到科学发现能够依靠全新的原则克服重力障碍,所以当时认为宇宙火箭不可能造得太小,造价也不菲。也想象不到,宇宙太空密封舱能够造得很大,如同大型客机二等舱那样豪华舒适。可是静态的密封舱可以按照大尺度建造,而且如今已经开始建造这种大型空间居住站了。那些置身于这种超级构造的旅客们,只有按照星际旅行的要求重新调整自己生存方式,不得与自然直接接触,不去管四季轮替和昼夜差别,周围环境无温度和光线变化,不得与人们交往,除非通过指定的公用渠道。

超音速飞机和宇宙探险技术,显然都不是主要为了增进人类福利而迅速研究开发成功的。如果没有军事竞争的压力和好处,人类原有的交通方式,那种较稳定、较安全可靠、较多样、较为人性化的交通工具,一直存继到 1940 年,本来可以持续发展,并且获得种种改进,而不让大型飞机接二连三毁坏一座座城市的景观、污染空气、制造噪音。

因宇宙飞行不像其他交通方式,它离开巨型机器全体动员就无法开发。而这种动员往往耗掉整个国家的资源。因而这种事业很大程度上沦为一种象征,首先标志着通盘控制,其次表明能够普及这种控制,并将其延伸成社会进步的牢固象征。实际上,最终目的在于将地球这庞然大物缩减为台球般大小。不过它还有另一特点,如《宇宙技术(Space Technology)》一书作者之一所说,"宇宙也是一项工程,无尽无休……要求工程师奉献最高超技艺。它拥有物质世界探索的全部精彩,外面却捆着封条:*我们的生活方式。*"(斜体系我编排)

最后这三项规格标准显然最重要:作者所说"我们的生活方式"系指人类古代权力社会的生活方式:以一种包罗万象的方式无尽无休追求技术新颖,无尽无休的制造、消费,生活填满高档奢侈消费品,空虚无聊的快乐。从普通人视角来看,宇宙技术实际上开创一种否定生活的新方式,用最快捷的速度,在毫无差异的环境中,在无任何变化的条件下,奔向一个同样毫无差别的目的地。仿佛,那样一个世界里,到处是希尔顿酒店、霍华德·约翰逊饭店(Howard Johnson Restaurants)。若这判断准确揭示了喷气飞机带来的世界现状,那么它无疑更适用于外太空飞行。证据就是,无论外太空飞行密封舱或它要抵达的目的地,与诞生了生物世界、人类、人类精神的环境相比较,几乎毫无共同之处。

正因如此,巨型机器卫道士们千方百计诋毁人类生活,技术官僚的知识界也毫不犹豫随声附和,目的就为证明他们无条件随附巨型机完全有理。亚瑟·克拉克说:"完全可能,只有到宇宙深部,面对比地球残酷、复杂多倍的环境,天才智慧才能发挥到极致……呆子们可以留在平淡无奇的地球,真正的天才精英只有到宇宙深处才能大展宏图。那是机器的王国,而非血肉的属地。"

居然如此赞美称颂巨型机器及其维护者!在脱不开地球的呆子们听来,是不是已经狂妄、荒谬到了无以复加?因为,认可克拉克所谓"真正天才精英"标准,只有否定人类全部真性。可问题在于,地球上90多种稳定元素不能代表其他星球上物质状态吗?迄今无任何科学证据能否定这一点呀!还有,假如宇宙其他地方也有了智能生物,有了种种更高级功能,那也不是因为他们在宇宙探索中远超出地球公民探索"更残酷、更复杂"环境的努力;而是因为在探索生命奇迹这一点上,他们比我们做的更努力、更顽强、更持久。但是,哪里能容许我们最充分探索这种生命奇迹呢?答案只有一个:只有高级生物的灵觉(consciousness,*也译觉悟、彻悟等*——**译注**)。

无论昏昏欲睡的宇宙飞行,或千年不醒的催眠曲,无论多顽固多漫长,都无望找到地球人已实现成就的一丝一毫。我们自己这颗星球还有无数奥秘尚待开发,其价值意义并不亚于银河系以外那些大奥秘。这些探索即使都成功化为知识,也无论这探索多深入、多遥远,都只是亿万鲜活生命物种总的一小部分。所以,那些只能在"宇宙中荣发、在机器王国里荣发"的所谓天才智慧,其实是些热耗散才子(genius of entropy)、反生命才子。随着宇宙探索不断开展,上帝的宿敌,人类的宿敌,也纷纷复活;只不过采取了后浮士德①的形态。可是,万变不离其宗,只要人情愿将灵魂卖给魔鬼,魔鬼就会按老规矩向他行贿,回赠以无边际的权力,绝对控制,不仅控制其他一切王国和采邑,也控制生命本身。

# 4　后历史文化

巨型机器的每一个部件,都是独立发明出来的;这些产物几乎与人类发展结局不期然而遇,或许只在幻想和杜撰小说中偶有显露。科学技术发展每阶段的目的性都很具

---

① 浮士德(Faust\Faustus)原系德国传说中的一位著名人物,相传是占星师或巫师。为了换取知识将灵魂出卖给魔鬼。许多文学、音乐、歌剧或电影都以这故事为蓝本加以改编,如歌德的《浮士德 1》《浮士德 2》。——译者注

体、很有限，而这些相对狭小的目的最终组合成连贯的整体，组合成具有自组织能力，能够自我扩张发展的自动化形态，这样的过程和趋向，则是许多智能人才自觉努力的结果；否则，这个总体不可能产生。就此而言，巨型机器的目的性及其高度复杂的综合性特点，这个组合过程很类似语言的发展和形成：这种综合体唯独到了其最终阶段，你才能看出它漫长发育进程的最终指向。为了透彻了解这个历史进程，我们得从当今一点点回溯历史：

由于技术实质上是一种生命活动，每一个环节都如此，因而技术进程中一些多余的生长和整合效果都会威胁到生命自身，这情形我们在许多失衡生物体上都能见到。巨型机器发展的最终结果如此背离人类本性，以至于等不到它最后的庞然大物组装成功，反抗已经开始了。我们目前的评论和分析研究，即其一例。所幸这机器还没有最终装配完成，所幸它已经暴露，所幸它就是打错了算盘的产物；各种误判和丑行降低了它的管理权威，让人质疑它的基本理念、设想和最终目的。

评价这样的结局，我们又得回顾亨利·亚当斯的研究。他分析了13世纪之后科学技术飞速发展、能源消耗激增的事实，他说："这最后这几个阶段变化如此迅捷，假如人类思维仍可作为普遍有效的办法降低分子、原子和电子的势力，降低到容易驾驭的程度，也就是返回古代元素的形态，水气火土四种基本元素（*西方古代宇宙观也有类似东方的五行之说，只不过是水气火土四种基本元素。——译注*），假如人类能够继续释放自然界的无尽潜能，若能控制浩大无边的宇宙力，后果可能非常神奇，一如水化为蒸汽、蛹化为蝶、射线化为电子。"即使那样早的时代，亚当斯的预言已经如此完美，但却让他的同时代人无人敢信。

这种倒叙法解释人类发展进化的视角，在罗德里克·塞登伯格（Roderick Seideberg）的著作《史后人类（Post-Hitoric Man）》中展现得鞭辟入里。塞登伯格描绘这种史后人类说，这种无心智的生物居然是人类进化的最终产品，简直成为莫大讽刺。这种结局完全是人类特征超大发展（Hypertrophy）的结局，这特征就是人类的智能。塞登伯格指出：随着科学技术飞速发展，"人类独自变成非常超前、成为某种不知所终的东西，独自存在于一种同样容易驾驭的宇宙里。"假如科学要求人类"客观审视自身，把自己也看作自身体系一个组成部分，那么他自身也就成为工程计算中一个经得起检验的质点"。

所以，一旦智能活动随自身逻辑指引走向反人类的道路，局面就无法容忍了。简单说，科技时代超级技术王国铺天盖地的胜利及其难以掩抑的喜悦，与人类屈从于人类智能创造的反人类工具，二者不相上下。这种大功业无论如何必将唤出自己的复仇女神斩断智能活动同其万种根源的联系,甚至斩断生物自我调节、自我保护的资源和根基。因为智能技术虽然强大,但它唯一无能为力、无法用任何形式输入自动化程序的,就是生命自身的特性。

塞登伯格认为,这种转变是生物进化过程无法抵挡的趋势,它会迫使人类返回古代生命的驯良的浑浑噩噩,最终陷入无意识状态。尽管这进化曾推动人科动物产生过智能,又最终演化为智人。而无意识状态还不如动物性的昏睡,因为,偶然性基因突变、环境条件的无休止变化以及有目的的主观探索,这种情况下都已停止。因而无法参与后人类时代智能活动制定的计划,只能任凭它去维护巨型集体的永久控制。

幸好这种凝固、僵死的情况尚未最终成为定局,生物学解释人类未来前景的假说毕竟还只是假说,何况纯逻辑的推导往往大可怀疑。人类的生物学进化在以往 200 万年中无疑加快了脚步,而且主要只在一个领域取得成绩,就是人类神经系统扩增,而且沿循愈发协调统一的脑神经系统方向继续进化。但是这一进程的受益者不只是智能活动本身。其余领域,如情感、感觉、想象力之类道德文化、人类交往乃至艺术活动皆必不可少的特质,也都大大扩增了。塞登伯格也像卡拉克一样,似乎故意忽略了人类精神世界这类非常丰繁的大收获。

人类靠凭借自身创造和储备的丰富象征符号体系极大地丰富了自身,因为这些符号不仅传达意念,不仅衡量抽象智能活动的价值,尤其能考量权力系统所需之有限智能活动的价值含义。许多证据都表明人类已经忍无可忍,开始抵制和反抗这些不健康取向。而这些取向塞登伯格则未予以足够关注。下面我们就要讨论以往半个世纪里日益显露的这些更富破坏性倒退现象。

亘古时代,人类原始生命力曾经不自觉的,有时甚至是非常野蛮粗暴的,纠正了自己那些过于冷峻的智能活动。如今人类起而自救,防止自己跌入塞登伯格预言的深渊,避免沦落到普遍昏睡状态;于是,我们又见到这种原始生命力量重又洪波涌动。当今过于依赖计算机智能控制,但由于缺乏许多人性化内容,一旦遭遇世界性危机,势必干犯众怒,大众怒火冲天,无法应对。届时整个结构都会瘫痪,根本谈不上实现最终的通盘控制理想状态。不过,假如智能活动果真能顺利开展,它或许能克服自身严重抽象符号自恋症,发挥自身潜力,力挽狂澜避免危局。预警智能或许能修正错误的假设,克服自身固有的局限性。下面我们就要提问,这样的局面是否已经开始发生?

*314*

然而塞登伯格理论之所以有市场,是因为他这些荒诞不经的未来并非我们这一代人所作的孽,而是有个深远根源;并非由于当代科学家看穿了原子核宇宙构造,这一代人才如此膨胀张狂。将一代人的知识生拉硬拽牵强附会到处推广的做法,古已有之。

德日进有深厚宗教修炼根基,懂得躲避浮名与权势诱惑。然而即使心静如神父德日进者,也未幸免跌入这法咒的圈套。他的感言说,"既然弄懂了荷尔蒙,看来我们距离操控自身身体、乃至操控大脑生长发育的日子,都已为期不远了。而如今又发现了基因,似乎不久我们就能操控遗传机理了。"

足智多谋的耶稣会神父德日进出版过一系列书籍,为首一部是《人类现象(The Phenomenon of Man)》。这些著作阴险狡猾,读之如踏上滑溜溜小道儿,还盖着刚落的雪,即其中那许多词藻华丽的比喻。这些书里神父作者也匠心独具描绘人类这种可能的终局及其特点。而且或许可以说,他的讲述可能要算该题下最生动传神的版本。我想,就淋漓尽致洞察巨型机器威权体制之狂妄自负、声称它将操控人类精神思想而言,再找不到比这更绝妙的言论了。德日进主要从生命进化的层面来阐释人类发展进化。由于是从这个角度来展现未来,他便给地球已有的几个层圈另外添加一个地质构造:亦即在岩石圈、水圈、大气圈外,他又发现一个圈层,且称之为 noosphere(**人类圈、理性圈、人类知识总和。——译注**)。他说这是一层膜,精神的薄膜,且刚开始覆盖地球,正逐步形成一种清晰可见、日益整体化的有意识特征的脑组织(conscious cerebration)。他进而将此进程称之为"统一化、技术化(technification)人类地球的日益理性化。"实际上,这无非就是巨型机器的玄妙版。

不巧,德日进这里乔装打扮的科学语言所表达的思想,无非就是南森尼尔·霍桑(Natheniel Hawthorne)一个世纪前在《七座山墙的房子》中借剧中人克里佛德之口说过的话:"……那时就会有电力、有魔鬼、有天使、强大的物质能量、全覆盖智能活动……"克里佛德欢呼道……"也就是说,依靠电力帮助,整个物质世界就变成了一条巨大神经,眨眼之间振动就达到数千英里以外? 或者,毋宁说,地球是圆的,就像个大脑袋,有大脑,有其固有的智能活动! 或者,我们更好说,那其实就是一个念头,一个想法,转念一想之间,已经不是我们习以为常的物质形态。"你看,这富有诗意的头脑仅三言两语,就将这行将粉碎整个机械论世界图景的新型机构,叙述得十分透彻。而当时,专业物理学家还没有问世呢。

315　　　德日进的贡献在于将霍桑的直觉大大推进一步。可他在这样做的同时却将其狠狠地推到相反方向,具体做法是将其同人类动机捆绑到一起:用一种毫无生命特征的智能去征服自然。德日进设想的巨型机器同样敌视人类进化过程,不赞同人类进化最终能走上自治、个性化、自我超越的道路。他认为,人类进化发展的最终结果,是明确的人类特征将会消失,缩减成为专业化细胞,如同心脏、肾脏专一功能细胞那样,构成他设想的人类圈,此外别无他用。到这个地步,人类的自觉精神会蜕变为某种脑外浆体的超脑

(ectoplasmic super-brain)，无所不知，无所不能。这就如同创造出一种毫无爱意的上帝，与此同时人类自己便会否定自然，同时毁灭自身。

想要认真评估德日进的思想几乎不可能，因为，他作为古生物学者，曾参与北京猿人的发掘，在他的专业领域内有独特权威。而且，他很聪颖，借助分子物理学比同仁们更快领悟一个明确结论：物质的宇宙同样也经历了历史的演进过程；这过程从原子和分子的自组织以及规格化开始，然后不停顿、不中断地延续下来，经历了更复杂的原子和分子构造，直至形成复杂化合物，乃至更高级的组织形态，直至无限复杂的、能自我复制的、有机分子团的生命形态。随同动物进化过程，最后产生出了意识，以及有目的的生命组织形态。而且迄今为止，一切进行正常。

而德日进对大脑的进一步描述却有待深究：因为他认为，人类未来的进化，取决于他能否毫不修改地接受 17 世纪以来就开始流行的进化理念，亦即，进化就是觉悟、意识之类，都只能由智能活动来衡量。而日益抽象化的智能活动，其最高形式就是数学。数学是人类精神的最高表现形态。说到此，可能是诗人威廉·布莱克(William Blake)拯救了德日进，让他免除一次犯错。布莱克说："上帝不准把真理仅局限在数学演算范围之内。"但是，如果德日进立论正确，科学和技术中后来大量涌现的抽象智能崇拜和赞歌，必是遥遥在望的神性境界，宇宙一切进程都将会聚集到那里。

为避免疑窦丛生和不必要的争论，让我逐字逐句引用德日进在其《未来人类》一书中的原话。据德日进的看法，人类最终命运的证据已经很明显，因为，"就物质世界方方面面来看，包括生命和思想，研究工作者已经成千上万……研究活动直至昨天还曾是个奢侈，随发展进程已经变为人类的主要功能和活动。至于这一伟大事件的意义，我只有一种方式来解释它，那就是人类圈展开过程中释放出来的剩余能量太大，而这一过程受自然进化支配，如今开始形成一种新的构造和功能，我将其称之为'大脑'。"

对极了！这里，生命过程被简化为单一智能形成过程和功效发挥。同时，我们这颗星球上生命进化的无限潜能被大大减缩，唯剩下理性组织和集中控制这块内容。照德日进的论点，这种过程会朝他预言的人类圈方向发展，形成整个一块世界级大脑(world-brain)，而个人以及个人的灵魂、个性等等，都丧失了意义，也失去了进一步上升的可能。思维便成为生命唯一的表现形态。其实这样的论述从笛卡尔就开始了，当时他说，"我思考，故我在。"到了德日进这里则将其推向顶点，他说，"总体的大脑在思考，因而不需要我思索。"按他这说法，在这个灭点位置上，宇宙进化过程就最终完成了大业。这倒真让我们当今这一代人能天堂实现涅槃：靠电子方式获得救赎，尽管违背了基督教的教义。

　　居然将纯智慧捧上神坛！这样的描述不能算科学,只能算神话和末世论。从这里的剖析来看,其好处在于它清晰揭示了巨型机器中潜藏很深的形而上学和神学的内容。这样我们就看清,人的内容在电子上帝的关怀拥抱中被吸收到地球的人类圈,于是人类特性和人格,便彻底消灭。这样的结局在德日进看来,就是人类的最终结局。他写道："我们理解的本我(ego),即其自身的消失和寂灭,它以一种最真实、最恒久的趋势走向终极,亦即集体和普遍的世界。"德日进的眼光中,人性的优良特质最终只会在中心位置上展现出来;到这时候,本来分散在思想地球的广阔表面上的众多小型中心,会由大彻大悟的聚合将这亿万颗小中心的光芒都最终汇聚起来,。"

　　姑且假定德日进的头脑有能力通过推导当今各种发展趋向,合理推导出人类物种的最终命运。我们仍然发现这位充满济世情怀的基督徒,已全身心背叛了神学正统,甚至更糟糕。他事实上已将自身思想同新神灵的思想,很武断地等同起来,自己开始扮演上帝的角色！他将自己以及人类的未来同智能活动互相挂钩,同时自己提前投降以加速它的取胜,证据就是他倡导和支持的专制压迫制度。德日进神甫的全部论述完全符合生物学框架标准,但却建立在这样的基础上：它彻底否定任何生物都具有辨识信号的能力,而且是一切生命的基本特征,德日进却否定这一点。因此,不论他所说的生物世界成员集结得如何紧密,也不论它们互相之间如何近似,你永远找不到两个完全相同的个体。生命世界令人称奇的巨大潜能也正在这里,包括生命发展的无法预测,包括它的各种奇迹！所以当今生物学家坚决认为,正是这一事实,一方面划清了有机生命世界与有机世界以前的均一状态和必定如何如何的世界;另一方面也划清了生命世界同机械的和电子的人造物之间的界限！

　　粗略的看,德日进的有机生命神秘主义与技术官僚体制神秘主义,恰成对立的两极。但若细看会发现,它之顽固和封闭则同有机世界完全风马牛不相及。阅读他的非正式传记会看到,这是一位谦谦君子。而他那些论点之武断专横、否定人性、彻头彻尾唯物,则与巨型机器的其他卫道者们毫无二致。因而每当述及全球人类状况,他总习惯地称他们为"基本粒子";而同一场合也将人类精神称为"沙粒"、"微粒。"

　　这犹如自星际距离以外观察人类特性,因而他担保人类特有的行为模式和特征都会消失,唯独遗留下专业化的思考用脑髓(cerebration)神经活动,并与宇宙智能中心体系相连。因此德日进神父将生命缩减成抽象信息的集合,这集合能够分类编程,装入人类圈电脑。1955年德日进不幸早亡,未能见证电脑设计微型化和普及,而这些刚好验证了他宣扬的技术官僚超验主义和宗教集权制。

　　那么,他以宗教技术官僚制度学说来预言人类未来,若此说错误,根源又何在呢?

根源就在于,从 17 世纪开始,机械论的宇宙模式刚刚凑集成型的时候。这种学说之激进和武断,甚至超过了历史上的宗教。它索性把人类,人类本性乃至整个生命世界,都摆在无须解释说明的位置上。其使用的伎俩主要包括,生命世界简化、降低为组织化智能活动的抽象功能。信息被等同为生命存在。这种智能活动其实仅为生命之一小部分,却被放大为"人类现象"中铺天盖地的形象。德日进完全忘却这一事实,将智能指令看作无条件的、绝对的,因而必然也是反生命的。

　　所幸,他这假想目标使用许多语汇陈述过,"为知识而知识。可是同样,或许更加如此,知识是为了权力。"他明确无误地说,人类主要职责是弄懂"他们的首要职能是透彻了解、理智地整合与操控那些环绕他们的能量,目的就是为了更好地了解和操控它们……"从这些话中,我们不得不推测,生命世界,即使从最低级阶段,就是从物质增生开始的,从形成生态组合开始,逐步发展成高级生命形态,能够互相援助、互相支持、形成有性生殖,从而有希望不断更新的。

　　根据德日进的理论,为了不断浓缩覆盖全球的这大脑层圈,人类首要职责就是不断推进当今西方人类从事的事业,而且更自觉、更有效、更持之以恒。这样一来,人类那些创造性潜能,那些不独属智能活动且往往先于智能而形成和强化,甚至超越智能活动的种种才干……都会随信息智能的集中编程而归于寂灭。而且不会让德日进产生丝毫疑虑不安,不会令他反思自己理论框架。他对自己结论迟疑不决,恰如亚瑟·克拉克的首尾不一,都显露他们理论依据之脆弱。若说德日进是一位坚贞的基督徒,是自己教派中一位被动顺从者,内心些许异教意味;那么,德日进后来则像补叙感想那样顺便也写下,爱的观念是人类组织联系中一个重要方面,是生命世界最高的王冠,云云。可是试想,在一个没了躯体和灵魂——也就是爱的形态和归属——的人类层圈世界里,这样的爱能有什么地位? 或者,是否也随信息而汽化,云散烟消?

　　德日进这是在自欺欺人。他为地球设想的人类层圈根本没有人类之爱的地位,正如未给充分发展、充分个性化的人格人性之出现和发展留出空间和地位一模一样。人性这类事物系于宇宙进程,也超越宇宙进程。这种联系正像基督教神学所讲述的耶稣·基督。爱是什么? 爱是一种品格、一种特质,它映射出人类同其哺乳类祖先的血缘联系,它又保证人类不至重新跌回到遍体铠甲的蜥蜴和飞行爬虫之类的冷血世界……德日进口口声声谈爱,却在实质上否认了爱的起源。证据就是他将人性看作某种类似"红血球细胞和稍纵即逝的品格;类似一种监狱,我们必须想方设法逃脱它。"如何逃脱呢? 他自告奋勇为人类发明了一种更大的监狱,大得永远都无法逃脱,这就是极权主义超级机器。同样,我们还是引用他的原话来验看他的结论有多么残忍悲凉。

德日进在《人类现象》这本书中还说："现代极权制虽很残暴,而它是不是扭曲了某种堂皇壮丽,因而更接近真相? 答案是毫无疑问的: 伟大的人类机器(the great human machine)"。这可是德日进原话的措词,"就应运而生,被设计出来担当职责而且必须投入运行。其工作方式是产出超丰富的思想。"而这种超丰富之目的显然是为了增加全球机器能掌控的范围和权力。Q. E. D. (这论述有待进一步证实)。只不过巨型机器这超级大脑自鸣得意的日常运转中,有一项内容德日进未曾看到,就是它越来越自体蚕食,消耗数据、讯号、符号、方程式、理论假说……而这些东西同人性或同地球生活丰富内容,几乎没有联系。它们如此远离真义,因而从任何意义上看都很偏颇、不均衡。德日进则变本加厉,将当代技术开发的巨大能量一古脑都献给这种世界。这样,我们几乎也就不必猜想了: 所谓人类之爱、性活动以及艺术和生机勃勃气象万千的梦幻世界,等等……那可曾经是我们人类走过来的道路吗?

无论用我所说的巨型机器,或用德日进更喜欢的(该机器的)玄妙说法,亦即覆盖全球的"大脑薄膜",或囊括全人类活动的"抽象智能",或者是为强化这些知识和权力而消减和浓缩全人类的活动,凡此种种,万变不离其宗,就是形成一个超级大脑,一个超级控制中枢,让全球任何地方都无所逃遁,哪怕想逃脱出地球! 这样一种专制主义构造,若最终装配完成整体,必定千百倍凶恶于其当今散乱状态。然而,这种专制主义体制构造,在下面这种意义上却是一种别出心裁的发明: 它在设法逃脱进化过程创造性自我演进,却充满变数、挫折和悲剧的轨道。不过该全球性体制的最终目的,无论在它的操控者或德日进看来,都是一个: 千方百计缩小生命世界的潜在能力,以便加工编程存入电子上帝的王国。为此之故,那些无法加工制作的内容,比如人类历史、个人以及整体的发明创造、自觉活动、超凡脱俗的精神思想,就会被当作毫无价值的东西弃诸一旁。无用,是说在巨型机器看来,它们百无一用。

如此说来,灵长类一路长期进化,最终岂不适得其反吗? 更不用说人类自身艰苦卓绝的历史进程了。德日进为人类设想的最终命运被完全纳入全球超级生命机理。但是以其截然的无意识状态——仅就一堆松散、互不相关基本粒子而言——几乎与罗德里克·塞登伯格描述的境界完全相同。此外的人类生命特征就所剩无几,在机械电子手段造就的人类空壳中孤自飘零。人类的担当、创造、潜能,也会一个个被废止,或被改头换面成为死板形式,通过编码形式纳入巨型机器运行的轨道,人类长远发展前景也因此断送。于是,这个无限丰富、生动无比的世界也就此告终,化为静止不动状态,唯独留下无休无止的、毫无疑义的信息交换。而这种信息交换制造的混乱只会瘫痪真正的发展机能,即使它也有思想。陷入混乱则确定无疑,因为创新和独创永远无法预断,除非也陷入无序。

　　说来奇特,如此空虚、不负责任的、无所事事的生存状态,居然被日本一位独立"生命机器研究集团"描绘得十分可爱。该集团杜撰了一种全球化超级社区,采用技术生存手段,几令扎米亚京(Zamiatin)所说的《我们》与阿尔多斯·赫胥黎(Aldous Huxley)的《勇敢的新大陆(Brave New World)》黯然失色。记得在《城市发展史》里,我曾用最后一帧图片,配发说明文字,讲述过这种全球化理想的高超生活理念①。如今我只可惜,这种理念至今无英文版本可咨询。

　　德日进想象,将来地球人类圈层承载一种电子手段伪造的社会生活,住满了无数 *320* "被解放了的"人类"颗粒"。这样一种生存状态,无所事事、毫无目标、毫无意义,一如荷马史诗描绘的冥府(Hades)。因为,对于这些人类幽灵来说,连稍加思考都多此一举。他们只剩下了"快乐";这快乐已成为巨型权力机构剩余的最后抽象部件。不过,荷马不像日本那家先进的研究团体,他知道他描绘的是地狱。若此种行尸走肉般的无生命态(non-life)竟是人类全部奋斗的终点站,那他们一路拼死拼活奔向这里,究竟为何?

---

① 即清明上河图某些片断。——译者注

# 第十二章 承诺、小恩小惠、灭顶之灾

## 1 初见繁荣

直至 20 世纪以前,机械工业生产方式的拓展始终遭遇关税以及民族国家组织建制阻拦,迟迟难以推进,这些阻拦实际上反映了更古老时代短缺经济的特征。那时世界许多地区都长期受困,包括人口过剩、商品短缺,甚至连每天口粮都难保证。当时经济法规基本上能管好工厂生产和市场分配,赌博和投机则当然不在此例。保障丰年农业顺利运行那一点点边际效应,也会因连年干旱、一场蝗灾或暴烈瘟疫随时一扫而空。节衣缩食以求生存的勤勉习俗,自文明伊始便被人为的短缺拮据不断加工强化。这做法往往表现为统治阶级巧取豪夺,故意制造农民贫困,陷于破产,而营私自肥。

自然资源短缺,农业生产落后,加上社会制造的贫穷和无权,这一切迫使劳动力必须找机会每天工作。

威权社会为了强制推行劳动力组织方案,农民手中夺下英国社会的公共农业用地,从而降低农业日工资水平。从而顺利圈起大批失业壮劳力,送入作坊或厂区;而将其妻儿集中到小作坊或矿洞,每天工作 12—16 小时,挣一点点可怜收入。仿佛就为了讽刺这个时代,实用主义哲学家,杰瑞米·本森(Jeremy Bentham),便应运而生,提出一个"理想的"社会组织结构:一半用作工厂,一般作为监狱,这两只翅膀都交中央政府监管。

说来简直难以置信,几乎两个世纪过去了,资本主义工业家才终于认识到,这种制度严重地限制着工资和购买力,而且最终制约了市场发育;让新发明和大批量生产可以打开的商业机会难以兑现。

而资本主义经济费尽千辛万苦,却营造出一个自相矛盾的目标。它一方面教导穷人节衣缩食、安贫乐道,另一方面通过制造"需求",以求扩张和发展经济,并且认为这是资本主义进一步发展不可或缺的基础。制定这样的目标却事与愿违,证据就是扩张经济不仅有利于满足社会长期的商品需求,而且有利于刺激各种需求增长,还有利于提高全民的生活水准和消费水平。

社会消费最初是依照种姓等级、职业区分以及家庭地位等差异来划分不同标准的。不过依照这种原则就连最贫穷的工人最终也有望分得少量中产阶级才能享受到的安逸；而中产阶级则有希望领受到贵族享有的舒适豪华，包括他们挥霍无度、从不计成本的消费习惯。（当今社会那种信用卡透支恶习，不是这种由来已久的贵族作派，又是什么？）

说来奇特，机械化大生产这个最主要效果，如今才被我们认识到。但是这种现象基本上已经消失了。这就是随人口总量增长逐渐离析出一部分劳力走向家务劳动市场，同时让另一部分剩余劳动力去补充常备军、都市警察以及政府文职人员。西方社会有史以来从未有过整个19世纪那样丰富的社会服务人员，而且价格如此低廉，此情况一直延续到第一次世界大战爆发。仿佛我们如今才发现，当时不仅富户人家，就连中产阶级也都过上了其乐融融的温馨日子。因为这些阶层才是新型权力体制最主要的受益者，享受着廉价家政服务以及丰富价廉的商品。所幸，当时工会组织不断争取工人福利，改善工作条件，缩短工时，提高工厂工人工资，并且最终延伸到工厂范围以外改善工人福利。

虽然这种改善总在持续，长期来看工人工资水平却基本上入不敷出，常常交不上房租，也无力支付机械化大生产和大农业提供的剩余产品。因而出现市场商品周期性过剩，而这种情况又由通货膨胀或"调控物价"（也就是人为制造商品短缺）来调节，当然最终后果只能由投资者和工人共同来承担。于是，盈缩交替，丰歉无常，危机如此循环往复频频袭来，完全可称为"生意周期"。虽然经济萧条曲线又通过各种措施予以缓冲，包括失业救济、社会保险、养老金制度等等。但这制度本身不仅无所作为而且拿不出更好的办法。这情况社会管理者们认识得太晚，待他们意识到必须抛弃原来有关节俭的说教，为时已晚。但是若不扩张经济，大生产创造的经济繁荣和活力则无法持续。

社会观念的变更往往非常深刻，从来难以一蹴而就。不知道经过了多少试探性的创新措施、变通办法，其时间地点如今已难以确定了；总之，溪流汇成江河，最终形成一个大政策，古老的短缺经济经历多少萎缩、萧条之后，首先在发达先进国家完成突破，过渡到了丰足经济。或者说，形成一种分配效果非常糟糕的丰盈富足。因为机械化大生产潜在效应姗姗来迟，原来只有收入水平很高的富裕阶层才能享用的商品，如今在中等收入水平阶层中也开始普及了。这种扩大消费和提高生活水准，以及扩大销售的过程——从理论上说——完全可以一直延续下去，只要市场本身不因自身过剩丰富而遭破坏。

旧经济向新经济过渡,最明显的突破可能发生在汽车制造业,而且成为一个范例逐步推广到其他产业。这种大批量生产的工业若想维持一个群体消费市场,必须给较高收入群体大力增加购买力。亨利·福特当时就意识到这一点,他立即给总装配线上工人制定了较高工资标准。工人对这种机械化生产带来的富足还做出了另一种贡献,表现为他们重新调整家庭花销,斤斤计较支付房租和饮食,节约每一个铜板,攒钱购买汽车。林兹(Lynds)最早对《中产阶级城镇(Middletown)》的研究,就真实记录了这种情况:消费重点从日常必需品转向享乐机械化产品。这种畸形消费模式也预示出后来全社会的病态消费观念和行为。全社会总产值 GNP 的极大增长并无助于纠正这种偏差。可是呢,一旦认识到机械化大生产就离不开大批量消费,丰足经济之路,连同高消费,就成为唯一选择,而绝对不会再回到节衣缩食的日子。

其实早在 1929—1939 年经济大萧条之前,这种当时所谓"新资本主义"观念在美国已经开始小规模普及,证据就是新口号"每家一辆汽车"替代了老口号"每周末都能吃上鸡肉"。可惜,刚刚认识到大规模分配的必要性,却随即爆发了严重经济危机、通货紧缩和大萧条。这局面又刺激人们想到,以往公式中,还缺少更重要的东西。

究竟缺少什么,已由第一次世界大战证明了,而且由第二次世界大战中建构的巨型机器解决了:也就是唯有战争——或者准战争——才能提供无节制需求。国家招募制度一个"全民总动员"口号就让爱德华·贝拉米的全民国家设想一步到位。随之还推行了许多新制度,包括信用卡、战时工业利润保障制度、提高全民收入水平(最低三分之一人口群体除外),尤其重要的是还制造出一个妙招:靠永不停歇的破坏来处理掉各种产品,即所谓带着复仇心理的大规模高消费。

战争的后果之一,是经济重心转移给了国家,也就是新的巨型国家机器。从此,依靠修补战争破坏,靠发明和研制新的破坏性武器,靠投入更复杂的技术和更昂贵资金,最终创造出全部必要条件,首次实现了充分就业、充分生产以及充分的"研制和开发"。

有了这些"理想"条件——动力机械、中央控制、无限制的浪费和破坏——毫无疑问,不仅保障了巨型机器的巨大生产能力,同时也保障了空前规模的人口都能因这种办法而受益。因为,工业生产本身可以补偿高工资开销,办法就是将高成本转嫁给日益增高的消费者群体。而这些消费者则难逃潮水般的商业广告宣传和"教育",不厌其烦地告诉他们去消费那些能够大批量供应的工业产品。仅从纺织品一项来看,就几乎可以断言,一种丰饶型经济已经局部开启。

不过,纸面收益要大于实际效益。因为这种估计未将各种负面效应计算在内:诸如日益贫瘠的农田以及矿产资源、锈迹斑斑的报废汽车停放场、堆积如山的废纸和垃圾、被毒化的生物资源、高速公路上每年上百万的死伤人数……凡此种种，都是该体制难以摆脱的副产品。所以，我们的丰饶社会文明，时刻排放着有毒排泄物。

丰饶经济总体生产量实际只产出较小的纯收益，这是他的鼓吹者不乐意承认的。虽然如此，丰饶经济毕竟还有个积极效果，它极大抵消其负面作用。这就是它让巨型机器意识到，不仅需要增加生产总量，更要将产品平均分配给全民。大批量生产显然有两项内容，在后果上(若非其本意)引导出良好道德原则。首先，生产的基本商品，都是我们人类文化的产品，一旦丰饶，就应该平均分配给全社会每个成员；第二，只要劳动生产还依靠人力维持，生产效率就不能依靠剥夺、强制、惩罚，而主要依靠差额奖励。这样的收获非同小可，简直具有革命的意义。

宣布最终结论之前，我们先给这种制度做个公正评断。整个 19 世纪是工人阶级国家的天下，实际上直至当今，比如在我们美国，整个经济的民主化进程似乎催生出许多社会福利。大批量生产在生产订单规模很小，或即使很大而市场需求很不稳定的情况下，生产很难保障效率。这样明显的事实起初并未被看作是严重挫折。

如今这种丰足已普及到数以千万计的各地民众。而在古代的确只有很少数零星分布的原始社群偶尔会有这种好事情，而且大多因为自然界的恩赐，比如西北太平洋沿岸鲑鱼成群洄游的季节。这时候，这些部落往往实行绝对平均主义，Potlatch 习俗，即印第安人的冬季赠礼节。由酋长无偿赠送礼品给平素比较困难的氏族成员。拉丁美洲古文明成就，无论印加人或秘鲁人，能成功地治理疆域辽阔的帝国，首要奥秘是他们的组织建制保障了物质生活资料丰足。虽然那制度很强制、很严格，往往拆散地方社会许多血亲纽带。他们毕竟能靠制度性收藏的剩余产品，最大限度保障了社区的生活资料分配。

掌控资本主义企业的人很久不懂得这个道理：将欲取之，必先予之。(说来奇怪，这题目下重要文献不是美国人首先编订，而是出自法国人之手。)可是，1945 年英国工党在大选中提出"全体成员，人均一份"这样的口号，在人类历史上早就不是第一次了。整个19 世纪这个口号就是一切社会主义政党的纲领。后来，由于机械化大生产和超级社会组织出现，才让这种目标得已初步实现，特别是通过战时生产。于是，这种思想的美妙前景暂时蒙上了乐观色彩。不仅可信，还相当可行。

如今，发达工业国家中这种成效已非常清楚，简直无需连篇累牍的数据资料来佐证，简略提些要点就足够了。比如，1848 年《共产党宣言》中以工人阶级名义提出的各种革命要求，其实在多数国家都已普遍实现了，包括那些实行寡头政治"安全资本主义"，也就是实行"自由企业"的国家里。尽管单调乏味的苦重劳动和恶劣环境尚未完全消灭，但通过缩短工时、减少工作日，以及喝咖啡时间、带薪休病假、合法缺勤、延长休假时间等等措施,劳动者境况已大有改善。可是,财富的最高表现性是,比如特权、政治豁免权、军权都仍然能从全社会榨取很大的经济利润。不考虑这一层,社会产品均衡还在日益增长。此外,医疗福利、义务教育、失业保险、贫困救济、养老保险等等社会福利也都日益普及,而且主要不是通过个人的努力、而是通过工业农业生产率总体提高。

总之,从野蛮拮据的短缺经济走向放纵享乐的富足经济,这一巨大变化可以总结为一个明显对照。一个世纪多以前,苏格兰人麦考利(Macaulay)在严峻的经济大萧条时期曾经写下这样的话:失业工人与其接受财富被剥夺的现实,还不如冻饿而死。这里所谓剥夺财富,包括因为领取失业和饥饿救济而缴纳个人所得税。而如今,对比来看,美国的失业工人已经开始要求,不是工作劳动权利,而是要求每年有最低收入保障的权利,至于是否真的参加劳动,则无关紧要。

且这要求不仅不被看作荒唐,还被中产阶级改革家们巧立名目——比如征收"负收入税收"之类——而大肆推进。在我的《技术与文明》那本书里,我也在更直截了当的命题下提出一个类似理念"基本共产主义"。虽然当时我曾幻想,且至今依然这样想,社会要实行一种最低生活保障制度。而且,我提出的标准要低于当今福利国家中那些不假思索接受贝拉米主张的人们所实行的贫穷救济保险和失业保险的保障水平。

然而,大批量生产必定引来大批量消费,假如这个观点被广泛接受,紧接着有两个因素就必须认真考虑:第一个就是,有史以来的许多传统产业和服务业,由于再无力同大生产的工资水平和生产效率竞争,必将逐渐萎缩、凋零。手工劳动不仅遭受自动化生产的必然逐步淘汰,更因为手工劳动的高成本不得不要求按小时支付工资,而这种高额工资,只有机械化大生产有能力支付。针对此情况,生产部门投入大力量研发多功能机器人,首先用来负担家务劳动。但是,看来前景不妙,首先价格不可能低廉;此外,能否完全自控作业,也值得怀疑。因而已有预言说,21世纪将投入大力量大力增加黑猩猩的智能水平,用它来负担原来由人类奴隶们负担的工作。

但是,人类文明的古老缺点一旦全部消失,比如,累断脊梁的苦重劳动、伺候权势阶级的低贱劳动,一旦都没有了,紧接着又会有个更严重的后果。我们如今已开始发现,我们舍掉了强迫生产,而换来了强迫消费。但很不幸,强迫原则仍深深刻写在制度环节中,而且是接受好处必须服从的条件。以往是承担劳动工作的义务和责任,如今则要求承担消费的义务和责任。以往别人对我们进行勤俭教育,如今则诱骗我们挥霍消费,以及肆无忌惮地毁坏。与此同时,大多数人口发觉自己面临无需工作、无需费力、寝浴温汤般的空虚无聊生活。

解放了的大众如今面临的,正所谓那种地位优厚的少数阶层迟早都会面对的难题:

如何处置自己大量剩余消费品和时间,以免被前者所催肥,被后者所宠坏? 大批量生产　　327
不断扩展,还带来始料未及的惩罚,其中最为严重的莫过于百无聊赖。图斯坦·凡勃伦
(Thorstein Veblen)讽刺地称之为"闲暇作业(performance of leisure)"正非常无聊地、迅
速地、无可避免地替代了"劳动作业"。

可见,人类如今正处在变换营房的过程中,无非从原有古老监狱的住地换住到现代
化翼楼中,其实仍旧脱离不开古代金字塔时代的基础。只不过有更好的通风换气装置、
更清洁卫生、更好的视野,此外一切仍旧是监狱,而且更加难以逃脱,因为这监狱如今声
称囚禁着空前庞大的人类种族。另外的不同在于,以往这监狱的生产率和协调一致大
部靠外部手段来控制,包括光怪陆离的宗教仪式、宫廷礼节展示和表演;而如今的控制
手段大多内部化,因而益发难以摆脱。若用数字说明这种心理压力,珀特(Potter)的统
计结果就非常适合:截至 1900 年,美国广告费用每年花销掉 9500 万美元;至 1929 年,
每年花掉广告费用 11 亿 2 千万美元;截至 1951 年,每年花费掉 65 亿 4 千 800 万美元;
而且从那以后始终在上蹿。即使参照人口和生产率的新增长因素,这种无节制的增长
仍然清楚表明了强迫消费的猛增势头。

## 2　巨型技术的盈利和成本

一些先进西方工业国家已牢固树立起自己的福利国家形象,这些国家里,巨型机器
技术所需的前提大多已经满足;这前提主要就是源源不断的商品流,如先前我引述过
的古希腊诗人特列克雷蒂(Telecleides)古代韵文中描述过的那种情景。这些产品不仅
符合需要,还达到完美的技术标准。比如我们的住所,一台电冰箱已经完好工作了 16
年,其间仅只小修了一次,应当说是非常好的产品。它有冷藏室和冷冻箱两重功能,设
计标准都达到永久性能。虽然不好用同种语言嘉许当代汽车设计,但几乎不必怀疑,若
他们像对待生物技术标准那样处处留心,而不是煞费苦心研究市场调查和时尚专家的
意见,汽车城底特律同样也能生产出最佳产品,也能像电冰箱那样经久耐用。

不过,即使他们把技术标准、经久耐用、社会效率乃至人的满意度,也放在生产企业　　328
的领头羊位置,大批量生产及其财政体制前景又将如何呢? 须知,当代财政业绩是建立
在不断扩张、不断更新的基础上,是与前述目标背道而驰的。为了能保障最快吸收、消
化自身的极大生产能力,巨型机器和技术采用了数十个门类翻新的手段:消费者信用
卡、分期付款、多重包装、非功能设计、俗艳新巧、材料以次充好、制作粗劣、伪装起来的

不结实、不断花样翻新故意强制更新换代,等等。大批量商品生产若不依赖广告大肆吹嘘,引诱消费者,必然逐渐萎缩,回归到商品正常更新需要的状态。许多商品也能逐步稳定在有效设计水平,因而每年需要最低限度的更新轮替。

可是在巨型机器和技术状态下,财政利润动机操纵了一切阶级,这是农业社会绝对不会发生的现象。该生产事业的目的主要不是用最低限度的生产投入来满足人的基本需求,而是为了扩大需求,不管真的假的,都强令它服务于巨型机器强大的生产效率,以便产生出最大财政效益。这就是巨型机器及其权力综合体最神圣的运行原则。廷库里(Tinguely)等先锋派艺术家们创作了各种"雕塑"作品,设计出来就能爆炸或顷刻坍塌,目的就为了揭露巨型机器这种伪装的敌意。凡是注重技术创新或者迅速占领新产品开发的领域,都迅速升值赚钱,道理就在这里。

这种体制投入最少的领域,就是有选择的更新,以及如何限制非理性消费来控制生产数量。有一笔巨大浪费大约至今从没人测算过：每年我们浪费数以千计的胶片和感光纸,这些废品都是大量随意抓拍产生的。影像冲洗出来交还给原主后,几乎就再也不多看一眼,随即作废。就仿佛我们眼睛瞬间捕获的美景还不足以表达快乐和价值,非得将其转换为技术产品才肯罢休。同样,我们也无法测算出每年浪费数量惊人的录音带,无论是记录了商业会议或者学术研讨会。其实那些会议有价值的内容,无非参加者记住的一点点,浓缩成几页纸足够了。

废旧胶片和纸张都可以焚毁,且焚毁之后不会产生大量有毒气体污染环境,因而多少可以弱化我这里的激烈评论。因为它们不像废旧汽车和有毒化学制品那样难以消纳。可是废旧胶片和纸张的主要功劳在于通过大量金融收益和投资回报,证明此类技术发明本身不仅有理由、有必要而且很神圣。(*可是,我得赶紧补充一句,电影、照片和录音带,这些东西如果使用得当而且有所选择,则功德无量！我这里批评反对他们,只针对欲壑难平的自动化生产和消费那种无休无止的程式而言,而其背后的始作俑者和推手,是追逐财政收益快乐的权力体制！*)

不幸巨型机器并非所有产品都像一次性纸杯或者能自动爆炸的雕塑那样容易自行腐解、自行消灭;这类产品过分使用其后果也并非无关宏旨。为保证巨型机器和技术平稳发展,带动 GNP 稳定增长,必须满足两个条件：第一,全体社会成员必须忠于职守,保证接受、使用、狼吞虎咽地消费和浪费、最终销毁足够数量的商品,以确保该机器不断增效。但由于这机器的生产率是无限的,因而这一任务并不像看起来那么轻松简单。因为,不仅巨型机器技术不顾社会的基本需求,诸如为无法依赖国家补贴的低收入群体提供住宅,因而为履行消费义务,工人自身必须增加自身的生产负担。

结果,这个体制应允的缩短工作日等措施,就变成了一种谎言。为保证达到高消费水平,工人家庭不得不增加就业成员,双重就业现象,即所谓"星月打工一族"就是这种背景中出现的,而且日渐普及。若当前取向不纠正,还有继续扩大的可能。当然最终结果就很讽刺,原来答应缩短为每日 6—7 小时工作,又返回到每天 12—14 小时了。工人重新跌入原来工作时间长,休息时间短,无法休闲,无法消费的状态。家庭主妇也因贫穷外出找工作,即使在生养孩子时期;终极目的就为了维持超限度的消费能源源不断。

第二个条件也同样苛刻。全社会人口的大多数必须放弃原来熟悉的生产和生活方式,包括原来习以为常的操作习惯,诸如砍斧头拉锯子之类的稍微费点体力的普通作业都被替换了,唯独留下那些能用机器的工作。这样一来,巨型机器一开动大量文化遗产都会消失,首先是体力劳动和手工技艺,甚至包括家用和日常生活常见的操作,诸如菜园锄地,锯木头,乃至行走、划船、使帆之类,只要有汽车和汽船的地方……全都不见了。甚至包括削铅笔、开罐头、切一片面包之类举手之劳,也都用机器,而且电动的最好,仿佛不这样就不够带劲儿! 要知道,哪怕为了自身健康着想,最低限度的体力活动也必不可少! 结果呢,为了维持最低限度体力活动,又得购买家庭用固定自行车、电动按摩器,在家里锻炼,激活行将退化的筋骨。如此一来,古代贵族才有的鄙视任何体力劳动的恶习,就向全民成功地普及了。

如此过分依赖机器已超越了实用标准和限度,它简直具有宗教礼仪般的强制力,如同跪拜于圣像之前,不敢越雷池半步。如果是机器不能做的事,或者不是为了机器做的事,就索性不做。这种状态已在户外野营活动方式和用品中达到登峰造极状态。其中包含的全套价值观念本来为了回归自然,享受亲近自然那种更原始、更野性、更粗犷的感觉。而如今的做法,简直如同滑稽戏:把城市生活中熟知的一切统统搬到大自然环境中,包括从煤气炉到电视机……可谓无不应有而尽有。

这种取向如不采取措施大力纠正,我们就足以预测其后果了:社会若让机械化当家作主,最终取胜,人类全部活动必将纳入该系统死板僵硬的自动化和单一工具技术体制之中。最终结果,凡是不能纳入这种系统的东西,包括生产生活方式,就都会被排挤、压制、根除。如此看来,这种体制一旦逐步显化,将因其阴森可怕而遭大众愤怒抵制。

如此为了巨型机器的利益而丧失社会自治能力的做法,还会造成另一前景:谁也不能奢望继续享用去年的产品了;即使已经订购的产品非常坚固耐用,即使比较而言要比新推出产品更可心,超越年限你也不能继续保留使用。理由就是违背了巨型机器运行的要求和利益。一句话,超越现有框架的生活内容,一律不得采用,你不得标新立异,不得独树一帜,不得有自己的任何要求,否则就是存心搞破坏。难怪我们看见了嬉皮士们替我们表达出的愤怒,他们完全不同于种种不适当的反抗行为! 不服从、不纳入巨型机器的轨道,就是异教徒,就是为非作歹,若不是神经失常! 所以,丰饶经济的头号敌人反倒不是马克思,而是亨利·梭罗。

## 3　巨型机器技术的小恩小惠

我们如果不周详观察,细致理解巨型机器提供的贿赂,会觉得它非常慷慨大度。而且,假如消费者乐意接受它提供的全套供应,用足够数量的消费保证其全套设备顺利运行,那么他肯定能获得这丰腴经济颁发的赏金、特权、快乐、教唆、小恩小惠。只要除了这些供应之外,他不再要求任何额外商品和服务,他无疑可以享受到很高水平的物质生活,至少是一种专门制定的规格,那是以往任何社会都不曾有过的,而且豪华用品还要多于舒适享受,虽然许多生活必需品反倒被排挤出去了,甚至在《享乐城市(Fun City)》中也难发现究竟少了什么。

美国当今社会许多成员就在一些华而不实的名目下投标该体制倡导的所谓"伟大的社会"计划,也叫做"大都会经济计划"。这种以过程为核心的技术经济看来不仅不可避免,似乎还很得人心,因为它通向"进步"。谁敢反对"进步"呢? 有了这些好处,这被福利国家制度惯坏了的民族就会紧跟市场供应,其余就什么都不闻不问了。

美国人从出生到上学,再到接受电视教育和监护,因而早已习惯将巨型机器看作最高福利,看作"人类征服自然"的最高成就;因而不会把极权统治全部控制自身发展的境遇看作一种上当牺牲,反而看作一种相当不错的功劳。唯独盼望日益接近和加入这大手笔,就像当今靠手提收音机同广播网络建立牢固联系那样,即使行走在大街上。久而久之,他们逐渐相信,他们的一切问题都有人为他们解决得很好。人类之罪似乎只剩下违背巨型机器的指令了。于是,不久他们发现,自己的生活被牢固局限在电视屏幕。

我们有那么多成就、计划项目,以及美好未来,我这样说,是不是过于夸张,言过其实? 这些东西当真是头脑正常的人不会去享用的空幻无物的海市蜃楼吗? 很不幸,显然都不是! 这不可能是夸大其词。请看该制度发言人为 2000 年颁布的科学技术发展成就预测,包括赫尔曼·卡恩(Kahn)、斯金纳(Skinner)、西波格(Seaborg)、丹尼尔·贝尔(Daniel Bell),还有更多不属于主流媒体的研究技术史的预言家,这里就不一一提及了。

在许多头脑简单的美国人看来,这种前景简直美妙之极,甚至难以抵挡,如同抽烟成瘾的人一样,他们如今如此迷恋技术"进步",以至于不顾威胁到自己身体健康、智力发展、人身自由。在他们看来,人生在世要承担责任义务、要奉献自己的智慧才干,都成为梦幻空谈,那不是生物正常生存应有的状态;更无所谓人类生存最高宗旨,有觉悟目的性之类的奢谈。

保持毫不费力的经济丰饶,将其作为自动化生产事业的最终目的,然后持续不断买东西、消费,并当作履行爱国义务……新经济就这样一点点消磨掉财富与个人正当努力之间惯有的桥梁。理论上说,简直只要张口提出要求,样样东西就都齐备了! 简直不必等到千禧佳节(Millennial day,基督教神学主张创世纪的每六天代表一千年,如今已经过去六千年,从20世纪开始就是第七个千禧,耶稣·基督将重新复活,亲自为王治理世界,然后末日审判开始。——译注),世风日下,人心不古的风气就已经开始,应和商品广告吹嘘的经济丰饶,开始自己下手巧取豪夺:街头小偷、商店扒手、白昼抢劫、入室盗窃,只有反社会心理或者极端贫困状态才会有的罪行,如今都流行开来,他们更主要是心里贫穷,似乎自己的需求今生今世永远不会满足,因为丰饶经济认定他们要幸福必须拥有这些基本享受。因而只有偷盗才能填满这种欲壑。如此之道德沦丧,无论多平等的分配制度也无以应对,注定随之沦丧。

更有甚者,为着享受物质生活丰饶,享受自动化生产创造的奢侈品和象征性富裕,这些迷醉机器生产的人,已经准备放弃自己作为活人的各种特权了:包括享受人生、享受自身感官快乐而不需它人干预,这是指用自己的眼睛观看、用自己耳朵倾听、用自己的双手劳动、用自己的双腿行走、用自己的头脑思维、用自己躯体与同类性交从而为人父母……简言之,用自己的生命与自己的同类交往、与直观环境互动、与历史文化的传承沟通,充分意识到,技术只是这大千世界一个微小的组成部分。

为享受自动化,全人类中相当大一部分人口,自己已经甘愿充当自动化机器人了。或者说,假如越来越多有机生命瘫痪现象以及愤然离世出走的局面还不足以唤醒人们意识到,这一难以抵制的机械化进程实际上很不得人心;因而这一进程还远达不到动摇机械化牧师和先知们信仰的程度,这样的局面,也就是人们屈从于自动化,自身也变成自动化机器人的局面必然就会出现,

至少有一点很明显:任何民族一旦多数人选择机械化大生产和制度形式,或者被迫接受该体制而不动脑筋,他们此外就再无其他出路了。但是,假如人们乐意交出自身生命全部主权,这种权威制度会向他们慷慨提供种种好处:而且是机械化分类、数量上有多种选择、有科学配方、有技术保证、有技术操作指南、有中央官僚机构监督下的社会分配……应有尽有,不一而足。其处置为增加产量,如今却赢得社会生活全面效益。机械

社会的一位忠实成员,会享受到这体制提供的每一种好处:只要他和他们的群体放弃自己任何要求和愿望,只要他们不干预该体制的数量、质量,也不质疑它的决策权威。这种社会文明中,两宗不可饶恕的罪恶,或者毋宁称之为千刀万剐的邪恶,一个叫做自制,另一个叫选拣。

"可是,难道这样的交换还不公平吗?"支持这制度的人如此质疑道,"这种机械化生产方式和技术制度,不是用它惊人的神奇创造出了人类梦寐以求的充满鲜花蜂蜜世界吗?"诚然如此! 巨型机器提供的商品,以及应允给未来提供的商品,都千真万确: 高水平的标准化,充分注重"机械效率",至少商品样本富含高科技,组合、装配、检测合格,可谓人世间少有的成效。但是,假如这样的知识只有少数地位优越的人、那些擅长抽象思维的人才能充分领悟和利用,即使他们人之常情的体验还不如小孩子成熟,试问,这样的知识对于地位最有限的人来说又何益之有? 文明社会不是已经有了闻所未闻的商品分配均等了吗? 虽然这种均衡在较为贫困的原始社会要更为普遍。

电冰箱,私家车,私家飞机,自动供热器,电话,电视机,电动洗衣机,这些东西不该有吗? 再说,那些免除苦重劳动的轧路机、装载叉车、电动升降机、传送带,以及数以千计的其他有用发明创造呢? 那些免除可怕脑力劳动的会计账目计算器和计算机呢? 还有,外科和牙科医生那些精湛技艺呢? 这些不是显而易见的成效? 为什么电子机械网络疏漏些许古代产品和好玩的东西,一些人就泣涕涟涟呢? 一个精神健全的人,怎么可能对石器时代一去不复返而黯然神伤? 假如这些商品本身一件件都健全可靠,我们有什么理由谴责将其集成为生活方式的社会和生产制度呢? 政府发言人如是说。

是的,假如我们孤立观察它们,评价巨型机器技术产品的直接效应,这样的要求和供应,则都正当正确,其成就也千真万确。但是,若不是把它们放在人类长远目标和生活价值和意义的宏大背景上看,这些成就不仅无可厚非,而且千真万确。巨型机械技术的任何组织形式,它任何一种节省劳动的设计发明,它的任何一种新产品,不论多么大胆远离古老形式,都不可以用来恣意贬低、随便诋毁,更不容抛弃。但是,必须附加一个限定条件,而这条件恰是权力制度辩护士们故意忽略的:要这些产品有价值,必须有一个前提:就是更为重要的人文关怀必须受到充分重视,而不能全盘否定、彻底根除。

佛朗西斯·培根奉献给我们的美好前景许多都依然有效,将来更加有效。这里我只想证实一点: 他所说的这一切好处不是无条件的! 正相反,片面实现这种目标,仅只满足巨型机器的要求和利益,无休无止地刺激人类"快乐中枢"以换取巨额利润,丝毫不顾及人类还有其他职能和目标,这样做会带来严重后果。对此,我们不能不认识,不可不努力纠正。巨型机器和生产技术造成忧虑,不是因为它技术失效、功能瘫痪,而是因为它不管质量唯求超额数量。这种恶果在机械化世界图景中已非常明显。它不管有机生命和有机过程反馈的需求,过分强调数量和速度,仿佛数量本身就能保障无限数量生产产品的价值。

显然,头脑清醒的思想家们质疑的,不是机械电子产品本身,而是针对其生产制度未能经常关注人文需求,发现这些缺憾也不及时有效纠正。幸而当今这类定性评断和批评反馈已开始汇入该制度核心,采取了"利润成本"评估形式,通过工程师和技术人员实施的。就是说,已经正式承认该生产方式获得机械技术效益的同时往往付出沉重的社会代价。进而可以确定,在决定无条件接受巨型技术提供的好处之前,要仔细斟酌其中包含的赤字,从而断定收益和代价是否相当;还有,假如暂且符合这种盈亏标准,那么长远看是否也达标等等。在一种生物技术(biotechnic economy)构成的经济中,单一追求金融收入目的往往导致这种评估效果很不全面。

## 4 只注重数量,不注重质量

大生产技术最严重的毛病源于史上威权社会中牢固的组织原则,是难以纠正的;它更直接来自该原则肆无忌惮投入实施,致使人类生命窒息,很多地方被超大数量塞得死死的,而首先就是生育过量。如今能看清楚,这种过量除了好处,还有沉重负担乃至灾难后果,尤其糟糕的是,威权社会生产负面产品(比如烟草和杀虫剂)如同生产有营养的农作物一样,照样都能获利,甚有更高的利润。

数量增加本身不一定就有益,这道理很久很久以前人类就已经发现了。当时只有少数权贵掌控着丰富产品和服务。如我前面讲过的,古代权威"文明"社会遇到的首次挑战发生在公元前8—前6世纪。当时出现一系列先知和哲学家,这些人是当今丰盈经济理论家的先驱。他们认为无节制贪求饮食、金钱、权力、性放纵快乐,会导致人类社会各种弊病,因而提出一系列新的自觉控制措施。从那以后,有钱有势必定联系铺张浪费这类炫富行为,就不被社会所接受,不再被当作人类成就的表征。相反,几大主要宗教和哲学流派倡导勤俭有度、节制、节省,拒绝骄奢淫逸、铺张浪费、我行我素的糜烂作风,以求自身内心均衡和精神升华。

虽然人类文明在很大程度上接受这几大宗教和哲学思想督导之下,又继续前进了将近2500年。但是,这些思想即使在最其兴旺时期,也未能彻底更换古代权力体制,更未能预先阻断当今社会的权力垄断结构。原因有二:一是当时这些新思想主张中,没有一种发展得足够强大，足以消除古代文明社会的主导要素：战争、奴役、经济剥削；也不足以克服当时社会弊病，因为当时文明就立基于此。同样软弱的，是它们那些主张，如节省勤俭、节制有度、拒绝骄奢淫逸之类。设计出这些主张要么是让信众满足已有境遇，尽管很贫穷；要么就向前看，指望从想象的死后永生世界里获得种种补偿。可见，这些思想主张都不着眼激励今生今世的人生，因而同样软弱无力。

结果，这几大宗教作用微乎其微，除却提供一些无关宏旨的补救办法，主要是，比如，自觉的善举，希图让丰足的产品公平分配给全体社会成员。因而，它们无例外地强调个人修炼、提高心性；说人应该去争取内心的、主观精神的收获和奖赏，因而恰好颠倒了古代过度重视物质利益、权势地位的思想主张。实际上，高级生命活动往往形成并维护数量因素和质量因素的均衡态势，诸如权力与博爱的均衡，所谓恩威并用，这样才能保障生命世界的最佳质量。无论是不讲质量的权势或软弱无力的美德说教，都无法完美解决人间万种难题。

至于在产品丰盈的经济时代，现代人类遭遇的难题同古代自然界遇到的情况离奇相似。当代人类的问题是技术生产方式引起，而古代自然界难题是因物种繁育过快、过盛。生物学家早就熟悉一个道理：任何物种生育能力——包括那些生存环境适度的物种——若不加节制，都足以因发展过快而盖满整个地球。所幸地球有一种机理，施展各种限制措施，时间、范围都恰如其分地影响任何一种发展过头的物种，以确保物种均衡。人类以往面临同样的威胁，因而，除了总摆脱不掉疾病、瘟疫、战争、饥馑，自身还创造了杀婴、交媾而体外排精、同性恋、自愿的性压抑，间或采用机会主义避孕措施来替代。

以往三百年全世界人口明显上升，虽不十分恒定，原因也至今不甚了然。因为这情况即使在技术并未大发展、自然资源也不丰饶的地区，同样也发生了，而且那里生育习俗或优生养生文化并无明显改变。导致人口激增的原因和环境多种多样，而不论哪一种，与所谓人口爆炸(population explosion，*应译人口激增。*——译按)现象同时发生的至少有西方文明中生产技术水平大爆炸(巨大发展进步)，而且两者有个共同的终点站：生命世界衰亡。

人类物种这种高速繁育进程其实是没有办法无限制持续的，而人们却迟迟未能认识这道理。首次觉悟就是托马斯·马尔萨斯(Thomas Malthus)人口理论诞生，而且几乎紧接着，就有了物美价廉的避孕办法(主要是冲洗阴道)。实施后很快在英法等国家奏效，人口增速减缓。因而到了1940年人口专家测算，再过一个世纪，人口将趋于衡定，甚至在法国这样的国家，人口还会稍微减少。尽管这些预言并未完全应验，不过人口毕竟下降了。这一事实表明，通过智力投入，生物学意义上的群落过大问题是可以避免的,并且正在避免。如今无需花很大力气,各种避孕措施应有尽有,应用得当就可以将全球人口降低到适当水平,而且方法简便易行。如今障碍不在技术,而在于心理学、社会学以及文化意识形态方面。

不幸的是,技术至今不能跨上内涵发展之路,更不能摆脱经济动机去限定机器和及其产品的增长,因为,权势和利润必须依赖为消费者提供大量产品,要在最短时间内提供保障他们的消费。

所以,长远看——所谓长远粗略说大概一个世纪——我们当今这种机械化大生产扩张体制,若不加节制,则很可能让我们这颗星球再也无法居住,就连维持当今群落规模,也无法生存。长远看,如果那些疯狂扩张的势力不加节制,许多物种即使缩小种群规模,也难逃一劫。请看一个事实:有位道德良心科学家,李·杜·布里基博士(Dr. Lee Du Bridge),居然支持大量直接使用杀虫剂、灭菌剂以及同样有毒性的药品,理由是这种产品的环境效应至少要十年才能评断,并且直截了当说"生意不能等待"。由此可看清这位科学家的科学道德担当,比不上他对金融财政压力的关注程度;还有,在他看来,捍卫人类生命在生意面前,算不上首要任务。

一个世纪以来对滥用科学技术的警告和宣讲也不算少了,早在禁用滴滴涕引发剧烈争论以前,1955 年,文纳·格仑论坛(Wenner Gren Symposium)就通过《人类活动在改变地球面貌中的作用》的调查项目,清楚记录了不负责任滥用科技发明导致环境破坏的严重后果。这一研究影响深远,召唤起一大批优秀生物学家又提供大量分析和数据,其中最突出者要算瑞切尔·卡尔森(Rachel Carson)和巴里·考姆纳(Barry Commoner),他们的分析将这一思潮迅速推向成熟。

以至连不大关注大批量生产给个人带来严重后果的人,也开始承认环境恶化以及生态失衡的统计数据现实了,开始检讨这种超级技术经济的副产品了。这种大批量生产的可笑后果,现代经济大生产产品一旦同时分配倾泻而下,或使用过于频繁、过于自动化——如当今电视机——它的好处立即消失了。原来的生产方式和产品常为一件消费准备广阔选择机会,充分尊重个人兴趣和嗜好;如今却成为一种制度方法,怎么能确保最大消费就怎么办。结果,我们看到这种情形:用车辆将一万人同一天集中到荒郊野外,去享受同大自然亲密接触。结果大家彼此发现荒野消失了,周围又是一片大都市情景。

简言之,大生产方式不仅没解决短缺问题,而且让这问题用另一种形式重新出现,且更难解决。结果表现为严重缺乏生命力,且其直接原因居然是无法使用、无法忍耐的产品丰富,而短缺依旧!诚然,缺少的不是机械化生产成品本身,不是机械化服务项目,而缺少一种丰富人格人性的发展机会,缺乏基于另一种价值形态的人生选择;这种选择与生产率、速度、权势、威望、金钱利益之类的物质兴趣完全无关。当今总体环境设计或个别社区,或它们任何一种典型形式和人格化产物,你从中找不到任何好东西会有利于均衡发展、健康生长、清醒的人生志向……上述各种毛病和缺憾不独见于具体产品,还广泛存在于整个制度：这制度缺乏敏锐反应力,缺乏警觉评价头脑和改造高手,缺乏体制内监控机制,缺乏行动和反馈间的协调,缺乏张与弛、扬与抑之间的互动机理……而这些正是有机生命体系必备的特质,尤其是人类自身的本性。

歌德曾写道:"一声禁令,主人意志立现。"这话不仅适用于天才作家写作,也适用于一切有机生命。所谓有机生命,说的就是选择,选择组织形态,也选择数量规模。一切生命都存活于一个非常狭小区间内：冷与热、营养和饥馑、水分和饥渴,三分钟不呼吸人就死亡,几天不喝水,一个月不吃饭,就无法生存。然而,过犹不及;丰盛很可能还意味着短缺;而丰足且能储备,那就是均衡之首要条件;有了丰足,生命才有可能实现自由和昌盛。人类不是靠持续不断消费无限制的丰足兴盛起来的！简言之,当今现代技术盛宴中最缺乏的,莫过于那些具体的生命特征,这些也正是伽利略、笛卡尔及其后来追随者们首先系统地否定,并予以彻底排斥的东西！

*338*

# 5 面临寄生前景威胁

丰饶经济体制下,即使照当今美国已确定的生产限定标准,它难以摈弃的巨大收买作用——体现在保险、安全、安逸、富足——很不幸,还是会带来同样巨大的代价：就是普遍的寄生生存状态。以往文化中早就有类似争斗：荷马史诗中的奥德修斯派往忘忧国的侦察兵不幸被敌国万种逍遥迷醉,他得派武力去救援。古代许多帝王都发现,为赢得臣属忠顺,容许或采用感官引诱办法,要比武力强制更加有效。寄生关系一旦确立,寄生体就认准这宿主,进而吸吮、索取宿主的营养财富。寄生现象在动物界很普遍,因而我们有丰富证据去猜测它对人类世界可能产生的后果。

当今的机械化大生产和技术体制在赢得全社会无条件认可和接受之后,作为回报,它开始提供不劳而获的生活享受,用最低限度的体力活动获得丰足的定型产品,其间没有任何苦重的劳动、难以承受的牺牲,都没有。这是一种分期付款的生活方式,而且使用可透支的信用卡。不错,当然会有最终结算：就是那种存在主义的晕眩和绝望(existential nausea despair,即悲观厌世心态。——译注),不过那时在最后接到罚款单时候才看清楚的。如果这位幸运的人类样本,同意放弃自由自在、依赖自己、自治自主的存生方式、将自身永久附属于利维坦式的海怪寄主,它就能毫不费力获得许多产品和服务,外加丰厚的奖励。如此之丰盈,以往甚至花费艰难努力也难以享用到的。只要他不挑不拣,全盘消费,当然是要在冷硬如铁的时髦、流行专制体制下消费。

屈服的最终结果,如罗德里克·塞登伯格教授所说,即退回原生态的无觉醒状态,丧失一切意识,连其他动物为维持生存必须保有的最低限度意识也不再具备。再加上致幻剂作用,这状态就正好符合官方操纵者和调节师们所说的"意识的延展"。或者,一些公共关系专家们提供的同样具有镇静作用的词汇。

若需证据证明电子控制的本性,最好莫过麦克卢汉提供的证据了,就是他所谓的"电磁技术(Electro-magnetic technology)"。他在《理解媒介》一书中说,电磁技术"要求人类彻头彻尾服从(*utter human docility*,斜体格式系我添加)","还要你不声不响,一如某些原始生物,脑在颅腔外,神经也在皮毛之外。人类也必须依照伺服机械原理(servo-mechanistic fidelity)来伺候这种电控技术,一如伺候自己心爱的独木舟或者舢板,如同熟悉自己周围地形以及物质环境其他要素那样熟悉并顺应配合之。"麦克卢汉还不以此为满足,竟悍然否认工具和器皿最基本功能是为人类服务,还用同样狡猾的诡辩再次强调金字塔时代强制正是电子复合结构最理想的特征。

结果,这种"特大收买"被证明并不比绑架者的糖果更甜美。巨型机器提供的这种寄生生活,实际上让人类重新回归母体子宫,只不过如今已经是集体子宫。幸好,哺乳类胚胎是唯一能克服此局限的寄生环境,胎儿出生一啼哭就宣告它的结束。可是请注意:人类个体一旦离开母体子宫,原先适合它生长的环境条件便成了新障碍。此刻,若想阻碍婴儿生长发育,最有效办法莫过用各种自动化办法,电子的、化学的、机械的设备,最大限度地满足他一切需求、一切愿望、一切即兴冲动。因为,有机生命世界的全部发展进步,都需通过个体自身的努力、自己的兴趣、自己的积极参与,此外还需要激励起些许反抗、些许争斗、阻止,以及有意的耽搁、所谓吊胃口。试想:就连老鼠群类中,交配之先也讲究求爱呢!

这种条件对于人类发展进步则尤为重要,因而在各种竞争领域内人类有意识规定各种规则、界限,包括时间、空间规定。比赛的严格规则加上违规判罚办法,一切按规矩来,全然不管参赛运动员个人意念和情绪。比赛本身最重要的内容在于人类对垒中那种紧张的拼争,而不只在比赛输赢。实际上,取胜若太容易,就会败坏比赛的快乐,即使对于胜者。威廉·詹姆斯一度曾说,假如足球赛的目的只在于把球踢入门内,那么取胜的最简便办法莫过于夜间偷袭,然后丢进……照此种低俗比赛规则所说的成功,最近有人就建议，与其性交还不如手淫……

可见，巨型机器提供的这种生存方式，毫不费力、按电钮自动化、平淡无奇，完全是按照快乐原则设想出来的，它甚至缺乏比赛应有的紧张痛快的节奏感。古埃及或者古希腊的奴役制度中，奴隶的生活或许还快乐得多，特别是那些从事艺术活动和手工艺创造的奴隶们。因为他们至少还能满足自身生命活动的需求。就此而言，我们还能找到更多生物证据。动物饲养员发现，若给动物提供整只动物——像自然界里那样——供它撕扯开来，这动物更容易管理，这是相对于给它碎块大肉直接吃而言。所以，假如兴趣激发努力，那么反过来，努力也能培育和维持兴趣。

有时为了享受一下，如大病初愈需要休养，或者想消除疲劳，可以假想自己进入准寄生状态，就像患者住进疗养院或旅客舒舒服服躺在船上。偶一为之，无可厚非。但是，若想以此为人类长久的生存状态，或者，若想以此作为人类自古以来拼死拼活努力奋斗抗争的目的和理由，就等于忘记一个重要原理：忘记了人类最初是从什么状态逐步努力并最终出离动物世界的：他们选择了一种更艰难困苦却更丰富多样的生存方式，那是其他动物都不会勉强自己的选择。

人类同自然界之间无脐带相连，"保险"或"理赔"之类都不能当作人类发展进步的指南。若说热带气候过于舒适易引发懒散嗜睡，那么正是艰难困苦中，比如沙漠边沿、大河泛汛沿岸诸如此类不利的、贫瘠乃至略带敌意的环境中，人类精神得以攀升到最高峰，远远脱离动物的局限，不仅实现自身的均衡发展，并且到达了人性的极至——超越自我，尽管能做到的并不很多。

人类驯化动植物并未令有关物种完全因寄生而全盘退化。最近利希特(Curt P. Richter)用挪威鼠做实验表明，长期人工养育造成更严重后果。挪威鼠人工养育自 1800 年开始，当时是为给民间捕鼠活动提供诱饵。五十年后，一种家养白化品种正式育成，且表现明显遗传变异：无齿、无毛、浑身摆动、眼睛先天白内障，这些特征都是野生挪威鼠所没有。

利希特从家养白鼠的后果推论到"福利国家"带来的同种后果：丰衣足食、无危险、无压力、千篇一律的环境乃至气候，等等。但是他注意到，如此丰足的条件下，生物退化现象依然发生了：抵抗疾病和疲劳的肾上腺个头缩小；而调节新陈代谢的甲状腺，功能减退；因而挪威鼠脑和智力水平都会降低也就不足为奇了。与此同时，性腺却过早成熟、肥大，且活性增强，都是生育率提高的结果！多么酷似人类状况！

利希特还注意到，保护过度的人类群落会发生同样病理现象，这些疾病都增多了：关节炎、皮肤病、糖尿病、循环系统疾病、肿瘤类疾病，分明是性激素分泌过旺所致。此外个体活力水平下降,神经和心理疾患增多。这还不是最终的结论和证据,但却明显提示我们思考: 经济优越性究竟应当如何评断? 能仅仅依据能否提供最大限度福利,保障人口躯体的生存,而生命活动降低到最低限度……这样来评断,势必招致公开怀疑,人们会认为这样做完全无视生命的有机综合需要,*包括负面的需要*,因为每个物种的生存发展都离不开它。

对于这个问题,生物学家帕特里克·格迪斯很久以前发表的高见至今切题,他在《经济原理分析》一书中说:"导致生物界退化的条件,我们大体上清楚了。主要是完全不同的两种条件: 第一个是得不到食物、光照等生命要素,因而导致营养不良和虚弱;第二个则完全相反,它类似生命终止状态,虽然有丰富的食物供应,也不遭受不良环境因素威胁。尤其值得注意,前一种原因仅仅压抑——顶多灭绝了——某些物种;而后一种原因,由于滥用自身神经和其他构造,让生命活动过于简化,导致生物发生更危险、更透彻的退化。这种严重的退化在生物界数不胜数的寄生生物演变史中简直比比皆是。

至于当今机械化大生产制度导致的人格变化,则许多已经显现。由于这种制度提供的生存方式,让人不动脑筋,更很少费力气,也无需多少兴趣,虽然其中许多问题仍有待重新衡量和评断,不过其中包含的两个极端取向已很清楚: 婴儿化和衰老化。心理分析专家早就懂得人类有一种固有取向,总想回归母亲胚胎。即使已经脱离这个安乐窝,新生儿仍然幻想自己继续生存其中,自己无所不能,为所欲为。证据就是,他只消一啼哭,万事大吉。他只消豪迈地一哭喊,环境里即有回应: 慈爱的脸庞会看顾他、爱抚的手抚摸她,更有满盈盈母乳送到嘴边。

现代人类造就的这种自动化制度,其潜在用心是要将人一个个养到成熟。可是,婴儿起始状态中他分不清哪些是环境,哪些是自己;这状态后来发展为他索性不能辨认自己;而且,只要环境不能直接满足他的项目,他一律都不想去争取。这种一想到就会有的现代魔术,其代价深重: 就是彻底的依赖! 假若不继续成长,把哭闹的孩子同屈从的父母两相分开,只会导致重要器官继续滥用,进而重新进入彻底的无头脑状态。

假若自动化生产体制就从这种婴儿式依赖开始,而且将全过程成功地强加给全社会,那么,其结尾必将是产生出衰老的、异化的、退化的一代,主要特征就是人类已经形成的职责、能力全部消退。大生产自动化机理在最后运作中,人为造成未老先衰,因为它降低人类活力、使人陷入无助、无头脑、精神脆弱、职业领域内百无一用。这恐怕是老年人最糟糕的结局。当今那种泛滥成灾的色情文学描写,可能就是这种衰老的证据。因为衰老,当积极的性能力丧失,便开始迷恋抽象造型,或者追求性趣味的残羹剩饭。

如今老年人临近退休往往心情沮丧,虽然仍年富力强,也感觉自己未来已经无用,再无自己的岗位、自己的职责，这是令老年人最不堪忍受的。一些聪明人用各种办法尽量推迟这种被抛弃、边缘化、寄生生活状态，而巨型机器的做法恰相反，只要它自己满足，它就会把老年人早早投入上述不堪境遇。结果人们发现，自己从婴儿时代突然就进入老年，中间没有成年、成熟、自主、自我实现来充实人生。

谁若怀疑这种强制集体寄生生活的制度性安排，这里有大量证据告诉你，自从有文字记载的历史以来就已经存在。最明显的例证就是，统治阶级一旦掌握政权，"满足心中一切愿望"之后即感觉空虚无聊，紧接着慢性背叛、生病、焦虑、忧虑、心理自虐等等，都接踵而至。少数统治阶级、地位优越者，面临的最大苦难就是感觉人生无聊。美索不达米亚的"自杀对话"，以及"古代人的聪明冒险"等文献，都是很好的证据。

古代国王历来喜欢吹嘘，发号施令是他们最无关紧要的愿望。他们看来，权力的最佳证明是无尽的享受，享用不尽的美食、美酒、珠宝、美服；家臣、奴隶，云集阵下，无尽无休的声色之乐，还有无尽性交机会，这里连色情快乐也要靠批量度量统计了。以往只有国王及其朝廷才能享受的丰饶富裕，如今被巨型权力体制当作最高礼品奉献给了全人类。

但请注意两种局面中的差别：古代制度中含有一种补偿机制，而该制度一旦普及，这种机制就消失了。因为古代寄生关系的形成，是基于少数人原来的掠夺本性，这些统治者必须冒险，甚至冒死以赴，才能征服其他族群，剥削人数众多的农民阶层，特权是他们付出代价一种很暧昧的补偿。即使一些成功的君主，获得政权，他人称臣纳贡之后，同样逐步返回寄生状态。当然还得提防农民起义、叛臣举事之类的危险，何况还有其他强者觊觎边境，包括忍无可忍的农民和奴隶联合起义，推翻朝廷。古犹太人举家迁移走出埃及，就是这种实例。

一听说有变乱或即使感觉会有，统治阶级马上操起权仗、宝剑，重新彰显自己的权威。这种紧张让寄生制度既得利益者永远处于风声鹤唳草木皆兵的警觉中常备不懈。因此，他们平常要借猎杀虎熊常试兵刃，不敢稍有松懈。否则，陷入寄生惰性，贪图安逸，会很快被更强者取而代之。

因而，旧式战争并不总照搬兵家标准方式去兼并古代经济的多余能源和实力，它也让统治者与下层真实社会保持经常联系，因为那里丰饶的生产和经济，往往是权贵们最容易忽略和遗忘的。但是照我们当今军事机构的建造方式，就连这一点点个人危险和防范意识也不见了。所以，一旦有战争，唯一安全的群体就是这个军事特权集团了。他们可以躲藏在地下或者水下掩体内，因而除非自己发动细菌战，就会安全无事。假如建立全球控制系统，势必同军事超级机器互相勾结，那时，将形成全人类的寄生状态，也就是人类的潜在能力即将彻底被败坏。

　　威廉·詹姆斯在《如此生活值得吗?》一书中,生物学家给寄生关系的解释补充了一个心理学条件。他说这条件就是,高级生物的生命活动总是在两个极端之间摇摆晃动:快乐与痛苦、积极与消极、好与坏。不仅如此,如果仅只生存在一种状态,比如,只有快乐无痛苦,只有丰裕无拮据,就会败坏生物充分表达生命力所需的两极性。"有种现象很奇特:艰难困苦并不一律削弱对生活的热爱,相反却激励了对生命渴望和热忱。生于忧患,死于安乐,享乐是倒霉的专属根由。艰难困苦常能激励斗志,胜利时常索然无味。我们圣经中那些最悲壮话语,不出自获自由之前的犹太人,恰是所罗门国王获胜最光荣的时刻所说的。"

　　就连原始社会中,我们有理由推断当时人要经受诸多苦难,原始人似乎也懂得这种相辅相成的道理:快乐与痛苦两者互换,只要不超出合理限度,至关重要。因此他们为人生各生长期规定不同礼节仪式(rites of passage),包括成人磨练礼节(ordeals of initiation),该仪式常伴有肢体造残之类的内容,目的就让受礼者锻炼苦行修炼的坚强。试想,若谋生所需的体力消耗、紧张、危险、出大力气等等都在安逸生活中成了多余,当代人又如何维持健康呢? 如今种种机械化锻炼手段就是这样背景上应运而生的。但是这种条件下,体育运动可以暂时替代劳动,但不幸,体育如今已在权贵社会按照高额薪奉规定成了专业人员的活动,供千万饱食终日百无聊赖的看客们观赏、喝彩。这些观众够积极参与体育活动的唯一方式,就是小不如意即蜂拥而上,群殴裁判。 *344*

　　这种半寄生文化中长大的年轻人,他们未经氏族民俗民德习染,又缺乏父母耐心调教,自己杜撰了一种代偿品:组成杀人团伙,残酷的自虐,随意破坏公物,不要命的飞速摩托车赛。古罗马的文化中,流行他们的特大规模的寄生生活,各种纵欲,斗兽场,虐杀狂;过久的性放纵和暴力狂,终于开始大规模杀人。我们且慢接受丰裕经济能给我们带来美好生活这种神话,我们最好仔细察看历史上社会解体和道德沦丧的大量证据;有关内容我在下一章要详细讲述。如今各种文化领域内,这类现象都已经十分明显,包括巨型机器还来不及深入的国度。

　　说到这里,我再一次感到不安,如同写《城市发展史》时那样。幸好,一个多世纪以前,欧洲一位很有先见之明的政治家,阿列克赛·德·托克维尔早有预言。他在论述新大陆的美国民主时说,早就预见到新技术可能给人们带来的美好前景。他说,以往七个世纪是人类实现经济进步和政治平等的历程。当然,也预见到为此必须付出的代价,他说:"我力图细述这新社会的特色,在这块号称人人生而平等的土地上,专制主义正不断努力以种种廉价低俗的享乐,窒息他们的生命……

　　"这里的人类,头顶上站立着硕大无比的监护人权威形象,他总揽保障人们幸福生活的责任,而且照看他们的命运。这种权力是专制的,又是弱小的、规则的、天定的、脆弱的。若其目的是监护人们长大成人,那么这种权威就类似父母双亲;但是却相反,它的目的是让人们永久停留在儿童时代。它要求人们不要多思考,只求享乐就可以了。为了这一目的,他们的政府心甘情愿付出辛苦,条件是它须是唯一操心人,旁人不得插手。政府负责提供日常必需品、保险,负责它们的享受、操心他们的主要关注、指导它们的生产事业、调整财富的陡然降低、遗产的再分配……操心事全没了,除了不让他们动脑筋费心思之外,还有什么可剥夺的? ……

　　"一旦将社会每个成员都收入铁般掌控,且调教好之后,超级权力机构就会将自己的武装力量延伸到全社会。给全社会表面覆盖一层网络,有无数复杂规则组成,即使最聪颖的人也难以穿出升越到群体之上。此过程中,人的意志并未粉碎,却被软化了,弯曲了,控制了。人很少会按自己意志行事,而是常常抑制行动的愿望……

　　"我常想,我刚刚描述过的那种驯良、安静、规则的被奴役状态,完全可以和形式上的自由互相结合,这样做比想象的要容易。而且可能在人民主权的卵翼下建立起来。"

　　除了詹姆斯,还没有第二个人如此详尽地讲述过巨型机器的收买或者威胁。所以,一旦它的全球形势最终组装成功,若想知道它马上会带来的害处,看看以上叙述就够了。从前我们总是从乌托邦幻想或者科幻作家作品中去设想未来,这些情景,如今已空前接近实现,只不过非常令人不安。

图 17 技术直觉

图为一古代模型,石质,状如螺旋推进器或涡轮发动机,对吧?其实都不是。该图成型时尚无任何类似记载,它诞生的时代是公元前 9 世纪。文化人类学者确认,这种标准几何形体是权杖的顶部,属秘鲁查文台地(Chavin Horizon)卡皮斯尼克文化时期(Cupisnique phase)作品。权杖形式很多,冷兵器时代多用作杀伤力很强的随身武器或权力象征,体现政治权威。这里展示的权仗形制若非独有便极罕见。是否有军事用途或其他象征含义,暂不详。但从中除能看出古人类打斗活动的证据,更有意义的是这种形制的权杖端顶,似乎昭示人类某种技术灵感或者直觉,预示一种更复杂的机器构造已呼之欲出。当然,接下来,人类居然等了数千年之久才得见其实物真身。如果这种推断有道理,这证据就将技术发明这一项摆到与礼制、艺术、语言文字等项同等重要的地位和高度。这些内容都曾对人类之理性化、创造力有过特殊贡献。而语言文字、艺术、礼制仪式等项的实际应用和进一步精致细化,则是后来文明长期发展进化的内容。

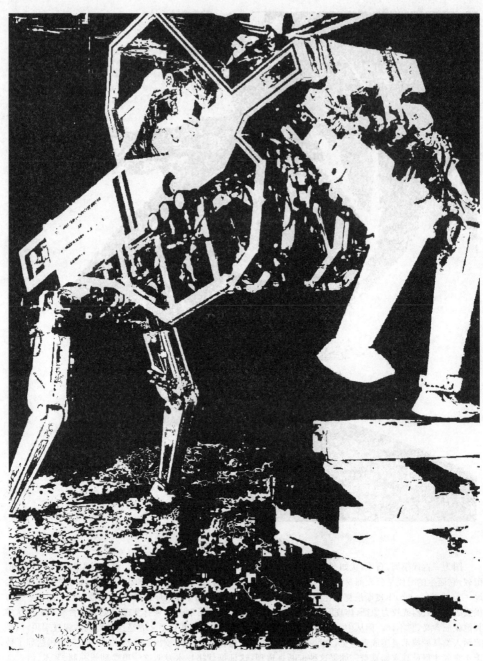

图 18—19  技术表现主义

本书上卷《技术与人类发展》中就阐述过,中枢神经控制整个机体和各器官,曾是人类进化过程中实现最早的技术成就,它把人同其他使用工具的动物一次而永远地区分开来。体育技能表演,从印度瑜伽调息乃至调控心搏,至 1859 年查尔斯·布朗定(Charles Blondin)表演走钢丝跨越尼亚加拉大瀑布,行至一半,高度距喧腾咆哮白色水面 160 英尺,他用背上背的小火炉点火做饭、炒蛋,随后边吃边安抵对岸。这一非同寻常之举成为优良实例,证明人类头脑冷静能够实现的身体自控水平多么高超。从技术层面看,这成就令人叹为观止;只须加注一句:此举上无任何人文价值,下则容不得丝毫安全事故。

当今技术表现主义同样引人瞩目。登月已成为该趋向最典型实例。展现该成就的专业博物馆即将开幕并马上人满为患。其余实例,如喷气动力垂直起降飞机,本来设计限于军用,而这种气垫式交通工具若普及开来定会造成严重空气污染。另一项令人目眩的成就,就是新近展出的自控生物(Cyborg),如图所示,一头先进的机械白象。军方不惜重金研发这种装置,模拟活象各种动作。你能为该研发项目找出任何正当理由吗?

许多有价值技术发明都是受儿童玩具启发衍生而来,包括电话、电影、直升飞机等。如今却反其道而行之,不惜用高精尖创造能力研发玩具,前述白象即其一例。而且该装置电子说明书解说,这头大象能模拟已有生物每一种动作,唯效能更高,成本更低。其实,早在公元前四千纪人类就已完成这种组织化运作了,而且无需任何机械装置和手段。

随着进一步机械化和自动化手段解决各种标准化生产中各种实际问题,将来技术表演的天地很可能从此更为扩大。如今为数不少的生物和医学领域和创新成果都向公众开放,从心脏移植到利用双向电视技术作病理确诊,这类举措大多出于非技术原因:盈利、出名、声望、自我膨胀。冯·维兹萨克(von Weizsacker)的话入木三分,他说:"技术上能做到的任何事情若由人类去做,就算不上技术了……这有愧于这个技术时代。"

无独有偶,乔纳森·斯威夫特(Jonathan Swift)的先见之明也创作出《驶向漂浮岛(Voyage to Laputa)》,展示了这种技术先锋主义,还描述那儿的裁缝"与欧陆工作方式完全不同,他们先量取人体梯度,再用尺和指南针测绘身体轮廓,然后把这些数据记在纸上,六天后奉上新衣,剪裁得极糟糕,尺寸计算完全不对。不过,令人释然者在于,此类错误司空见惯,人们早已见怪不怪。"

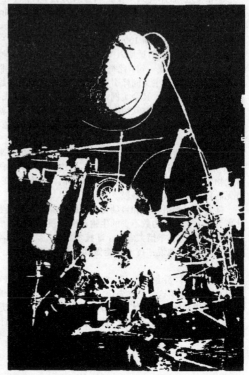

图 20　顶礼巨人症

　　如果说一个世纪以前沃尔多·弗朗克(Waldo Frank)的作品"美国蛮荒(The American Jungle)"入木三分讽刺过美国都市的裂解形象，那么，当今让·廷格里(Jean Tinguely, 1925－1991，瑞士画家和雕塑家，常采用机械题材表现机械动力运动感。——译注)的作品"向纽约致敬"则讲述了人对这种裂解的主观体验。作品用形式主义手法展现超级技术文明时代的混乱无常，是对都市日常生活节奏表面刻板、枯燥的反讽。纽约港务局所在地世界贸易中心双子塔楼，高110层，是这种技术表现主义盲目追求浩大尺度的集大成。这种流派不顾具体环境条件，把每座大都市都开膛破肚，丢弃有机的都市机理。港务局是准政府机构，原本构想出来行使管理职能，首创于伦敦，效果不错，颇得人心。后来插进了金融动机，社会服务功效随即下降。尤其后来主管当局认为自己有责任大力吸引车流交通进城，便新建桥梁、涵洞，结果交通流量超过本地路网和停车场容量，还加剧了本地铁路、轮渡和地下铁路综合交通系统的衰减和失效。该决策导致交通拥挤增多、经济浪费严重、人则退化堕落，虽然也有地价上升投机盈利等收益。这类破坏性结局早就被克拉伦斯·施泰因预料到了，他当时担任纽约州住宅和区域规划协会主席(NYHRPC)，专门著文"都市恐龙"刊载在1925年五月号《测绘图》杂志上。文中详述大都市非常明显的溃散瘫痪趋向，说这都起因于住宅拥挤、水源紧缺、下水道壅塞、街道狭窄、车辆拥堵，市政部门破产瘫痪。可是，恐龙正因四肢发达头脑简单，躯体发展失衡而陷入绝境，纽约世贸中心正是这样一种恐龙。

图 21　环境缩水

　　如今金融财政利益驱动的社会复合体,它的种种代理机构在技术进步幌子掩饰下,感觉自己有义务既能保障财政收益还须能自保,便挖空心思抹掉人类历史上各种人文遗产和造型。佛朗克·劳埃德·赖特给东京设计的帝国饭店虽非他最优秀作品,却仍体现他特有的创作风格:将机械学、有机生命、人物个性等特色都巧融一炉。该地这幢历史性建筑物被替换掉了,而这幢新楼用电脑也完全能设计出来。这就充分体现一种巨大变迁:如今超级技术文化已无所不在,到处横行,压抑个性人性、群体社会特征、区域特征,却代之以毫无品位、千篇一律,到处都能用的形制。结果,个性特色消失了,旅者无论走多远走多快也难发现景致变换,更享受不到旅途应有的愉悦兴奋体验。这情景在电影《2001 年》里有很夸张的描绘,其中说霍华德·约翰逊酒店还提供宇宙飞船服务。

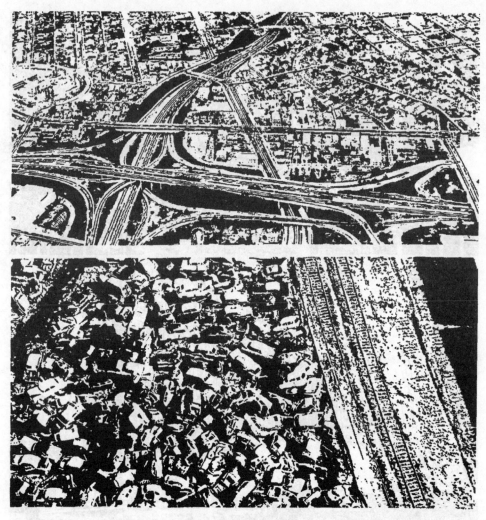

图 22 有组织的大破坏

近年来汽车和飞机交通迅速增长扩张不仅把 25 年前那种灵便多样的交通体系完全损毁了，还一步步将广大城乡景观改造成荒漠地带：飞机场、高速路网、停车场、报废汽车处置场等一处处占地辽阔的交通设施……上图好莱坞和帕萨迪纳交通干道的交叉路口就是个典型实例，向你展示公路设计师有多邪恶，那么多宝贵城市用地就被他们慷慨奉献给了交通便利！幸好在美国这种破坏最为严重的国度，公众对此反应严重滞后，因而纵容了技术官僚主义骄横霸道以及公路工程设计中的生态白痴。报纸有则消息标题说："美国公路规划面临城市日益高涨的敌对态度"。这样的困局和难题都在所难免。其实，只要共同商议出一种建设性政策，组建区域和城市综合协调的组织机构，致力于生态和人文发展协调规划，许多项目就能又合理又有效。

图 23 工业污染,商业萧条

　　超级技术社会文明本身充满活力,但缺少必要的人文内容、理性反馈、它不服务于一种合理的社会目标。结果这一技术文明的尾端产品往往必然是负面的、危害生命的。伴随高消费脚步增快,结果便是"数量越来越多,品质越来越差"。只不过我们当今的单层面会计制度只关注收益、利润、盈利、滞胀。它对生态破坏、人文赤字等大规模负面效益熟视无睹,更无视权力体制带来的大规模文化流产。当今常常把许多问题解释为人口过剩,其实这论调只适用于个别人口高度密集的地区。其实就立即改进生态环境质量来讲,控制权力、控制生产规模、控制垃圾、控制污染,都要比控制人口更为急迫而且更有效。

图 24　大都市沦为鬼城

　　生物学提供的一项最明显教训就是,数量增长若不予控制,必定导致先天愚症、巨人症,进而是生物整体功能失调;甚至因发肿、癌症而早死。帕特里克·格迪斯回顾城市发展的衰落进程,得出一规律:人口超限、拥挤不堪等等,就是《城市文化》一书第四章中讲述的各种症状,这些内容最近都被新的研究所证实,特别是爱德华·霍尔(Edward Hall)的研究成果。虽然纽约五马路熙来攘往体现了大都市独有的紧张喧闹、丰富多彩,而对比来看,各种都市邪恶、倒行逆施、腐败堕落、寄生生活、功能失效等等城市病增长之迅速、广泛,要大得多!以至于寄生性城市很快堕落成病态城市,满城满眼的精神失常、情感空虚、道德沦丧、肌体衰败……最终沦为人间鬼域,死亡之城。

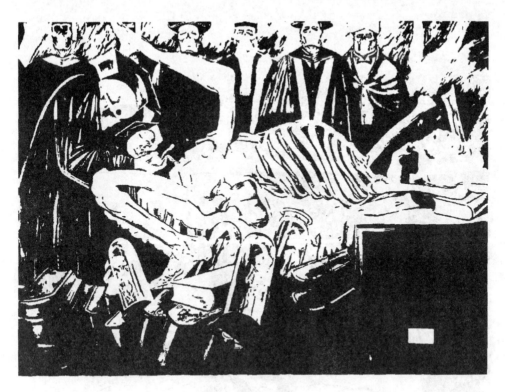

图 25 学术正统

当前学潮汹涌,广大学生的抗议反叛震撼了全世界的教育体制。其实,早此三四十年,墨西哥画家约瑟·克莱门蒂·奥罗兹科(Jose Clemente Orozco)一部作品展现的那幅惨不忍睹画面,就是评论当今高等教育制度。图画中生命那种枯瘦干瘪、毫无人性人味儿、寓意的过度专业划分因而丧失创新力、毫不关注人类价值和基本需求却不遗余力去吹捧、美化、谄媚主流道统等等,等等,尽在其中。绘画借用古罗马典故,将丰产女神生子①以及阿兹台克诸神和祭司们饕餮人殉,食供奉以自肥的情景同当今学术干瘪现状做类比,何其相似乃耳! 其实,早在奥罗兹科绘制成这幅惊世骇俗壁画之先,时任达特茅斯学院校长的恩尼斯特·霍普金斯(Ernest Hopkins)就已意识到此种不良趋势,并采取措施努力纠正学术背离生活要求之类的邪门歪道。证据就是他曾下令拆除不同系别间的壁垒,而且比哈佛大学更早就开始实行跨学科讲学资格认证制,准许合格教授去任何领域讲学。同时他还否决了无博士学位不得讲学这一陈规,而且规定学术职称晋升条件中讲课质量要高于学术论文数量。最典型实例就是,霍普金斯先生挑选了某位一度只教英语的老师,阿特马斯·派卡德(Artemas Packard)担任新设的艺术系主任。后面的事情就不足为奇了:派卡德又聘请奥罗兹科来达特茅斯学院任教,从而绘制出大名鼎鼎的贝克图书馆组画,为该校艺术教学提供一笔重要财富。更早,1923 年 4 月,亚历山大·梅克约翰(Alexander Meiklejohn),时任爱慕赫斯特学院校长,主持一次学生文艺复兴研讨会,主题有两个:一个是"大专生在教育行政管理和课程设置改革中担当什么角色";另一个是"大学生社会政治使命感的重要意义"。他当时担任威斯康辛大学试验学院院长(1928—1933),就率先将学生某些要求投入严峻社会实践,测试他们的知识素养。假若这种可贵首创精神得以扶持、发扬,当今许多紧迫的教改任务早就能通过理性合作得以贯彻实施了,何至惶惶然屈从少数威风凛凛者挥舞的财力威胁呢?

---

① 丰产女神,Alma Mater,原来是古罗马神话中的丰收女神,今已转指"母校",成为另一种含义和用法,已成为日常交流中使用很广泛的语汇。——译者注

图 26　青年人大动员

　　当今年轻一代以他们的理由很不满超级发达技术社会提供的种种富裕却空虚的生活,但是他们的反抗方式本身就显露出,他们很难跳出权力体制的魔掌。何况,他们自己就分不清什么是懒散什么是休闲;什么是自由解放什么叫做不负责任。不久前举办的所谓伍兹托克节(Woodstock Festival)并非快乐青年的自发宣泄,而是地地道道的赚钱诡计,经精心设计安排,利用青年人反叛和天真捞取钱财。节日庆典如此成功,是靠明星大腕盛名,包括歌星和群体(也算一种反文化个性崇拜)等各种偶像。他们通过组织个人媒体上亮相、售卖歌曲专辑和电影光碟赚了大钱。

　　由此动员了大规模私家车和公共汽车,制造了交通拥挤和混乱、道路堵塞、广泛的环境污染。本来这活动是要表达青年抗议(若还说不上消除)该体制的弊端,实际上自身反而倒折射出这些弊端且予以放大和增强。这种大规模动员,积极收获寥寥,可能唯有数十万人挤在一起,摩肩接踵,闹闹哄哄,加上杯盆碗盏凑成喧闹热烈。不过当今这种集团思维方式,严密组织方式,反人性文化,丝毫不怕这种群集性反应行动,因为这种行动本身就同样反人性、同样组织严密、同样处于严密控制之下。如此之混乱喧闹,都用无形纽带——连到财运兴奋中枢,不是这权力复合体的反面影像,又是什么?

图 27 反文化礼教

　　超级机器技术社会特有的单调乏味,连同其标准化环境、标准化食品、标准化消费邀请和享乐邀请、标准化日常规律,千篇一律的单调呆板,不得不靠过度刺激和过度兴奋来仿真生命和生活,结果引发一系列反弹。于是我们看到,各种形式的速度表演,从汽车拉力赛到毒品,从催眠药到致幻剂,电子音量放大器、闪频摇滚灯、超音速飞机从莫名其妙地方来,又到莫名其妙地方去,如此种种,现代技术拼命营造一种反文化氛围,用混乱成功地维护了权力体制的稳定。

　　试将这种多媒体营造的狂躁与理智、健康的和平游行计划做个对比:该计划于 1969 年 11 月在华盛顿举行的全国动员活动中到达顶点。数万名男女老少,当夜顶风冒雨在白宫前庄重游行,每人呼喊一名越战阵亡者姓名,庄严走过白宫。与此同时纽约城的华盛顿广场也举行了同样的集会。其中一个引人瞩目的行动是点燃蜡烛,这是一种古老宗教象征仪式,宛若远古旧石器岩洞里的人类呼喊至今阵阵回荡。虽然这次示威没有实现预期政治目的,其最重要效果是在参与者心中撒播了更强大反文化种子。大家聚在觉醒者、清醒者、能言善辩者周围,做好一切准备,一旦时机成熟,就遵照古希腊成年礼誓言,"勇敢投入战斗,无论单枪匹马还是众志成城。"

佛朗西斯·培根，绘画(1946)，帆布面油画和蛋彩画，777/8X52，纽约现代艺术博物馆收藏。

图 28　群魔乱舞的时代

　　弗朗西斯·培根原想"画一只准备着陆的飞鸟"，不料鸟翅膀的线条显出这幅魔鬼形象。从华沙到广岛，从奥斯威辛到 Song My（中文待查考。——译注）这种魔鬼不仅给人类精神留难忘印记，还生下一堆小魔鬼，到处肆虐，准备肆无忌惮表演丧尽天良的暴行。

图 29 流向生物技术

马塞尔·杜香（Marcel Duchamp）的绘画"裸体下楼"公认是立体画作的上品，它以一系列静态的机械抽象形象，展现人体活动的流动韵律。这幅作品，如斐尔南·乐格（Fernand Leger）许多人体画一样，人体特有的质感简化为一系列机械概念和形式。该创作过程翻转过来，就是仿生电影了，用机器体及其活动来展现生命。它以动物行为研究为开端，逐步制成动画片和电影。此过程中，这种新艺术形式又超越了自身的母体技术。闪频照相机问世，便能在同一张胶片上连续拍摄数帧影像照片，让这种仿生技术大大超过杜香裸体像作品，因为它更生动记录了女性的体态美。

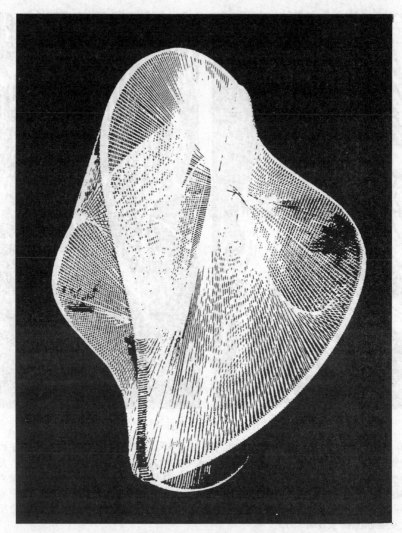

图 30　高度抽象的世界图景(嘉博 Gabo)

图 31　生命之更新（莫尔 Moore）

图 30—31 注　纳姆·嘉博(Naum Gabo)与亨利·莫尔(Henry Moore)

[图 30]嘉博绘制的这幅骨架建构图中，17 世纪的世界图景表现为纯粹的非物质状态：一些历来分界，诸如主观和客观、内心与外界、生命与机械种种……都融入这浑然一体大构造；该结构则重现、再造出遭遇机械学和物理学经典概念毁弃的有机生命世界。这其中精神智慧最高职能之一，即人类抽象能力，把自身功能用到极致，超脱机械论束缚，创造出高度抽象的完美形象。

[图 31]亨利·莫尔该作品来源于两件更早源泉，即有生命的地球和女性人体，主要体现为大地母亲形象，搂抱、保护她新产出的生命体。莫尔该作品中人物稳稳端坐，岿然不动。这一显著特点实际上是全然不赞成当今世界那种躁动不安和分崩离析。它从最基本、最简单层级宣讲如何逐步实现有机生命的复苏与整合——虽然起步阶段也呼应嘉博作品中人类枢神经功能丧失殆尽这基本内容，证据是其人物形象也突出头颅分外缩小和退化。可以大胆猜想，作者借地球和女体这类始祖形象体现生命世界，意在体现生命逐渐更新这一宏远主题。

图片致谢：

1，中，纽约大都会艺术博物馆；下，纽约时报。2，上，达特茅斯学院。3，左，田纳西流域当局；右，马格南(Magnum)的伯特·格林(Burt Glinn)。4，两图皆有，慕尼黑德国博物馆。5，广阔世界。6，上，罗伦斯·鲁宾美术馆，下，IBM。7，尤因·加洛维(Ewing Galloway)。8，两幅皆有，图片世界(Photoworld)。9，上，巴黎图片竞赛展，"Paris Match"，中，(Suddeutscher Verlag)，下，索福佛妥(Sovfoto)。10，左，富勒和萨道(Fuller & Sadao)，右，芝加哥大学东方学院。11，左，跨美总公司(Transamerica Corporation)；右，联合新闻国际。12，左，镜像秀(Mirrorpic)，采自吉龙协会(Gilloon Agency)；右，协和新闻国际。13，上，卡特·汉米尔顿，国际设计摄影家；下左，丹尼·利昂(Danny Lyon)，采自马格南；下右，广阔世界杂志。14，美国国家航空航天局。16，上，两图皆有，艾略特·厄维特(Elliott Erwitt)，采自马格南；下，国际收割机公司。17，感谢美国国家自然历史博物馆。19，电气总公司。20，左，广阔世界；右，戴维·加哈尔(David Gahr)。21，两图皆有，联合新闻国际。22，上，加利福尼亚州，公共工程部公路局；下，艾略特·厄维特，采自马格南。23，上，伯克·乌泽尔(Burk Uzzle)，采自马格南；下，鲍尔·康克林(Paul Konklin)。24，上，哈勃瑞斯图库(Harbrace Photo)，下，亚瑟·特雷斯(Arthur Tress)。25，达特茅斯学院。26，纽约时报。28，纽约现代艺术博物馆。29，左，费城艺术博物馆；右，吉迪昂·密尔(Gjon Mili)。30，阿姆斯特丹艺术博物馆斯特德里克藏品，摄像：鲁道夫·伯克哈德(Rudoph Burckhardt)。31，华盛顿特区，菲利普家族藏品。

# 第十三章　道德沦丧，众叛亲离

## 1　庞然独石阵开始崩坍

当今世界上，至少在最发达的工业国家，这种超级科技复合结构（megatechnic complex）的权威和势力已经登峰造极或很快就要登峰造极；这一点已毫无疑义。就客观可测度的物理标量而言——如，能源消耗量、商品生产规模、资源消耗情况、大规模强制力和破坏力——该体制几乎已实现了其理论含义和全部效能。因而，若可以舍弃人文标准来予以评断，这要算一种旷世未有的大成功了。

这种超级大机器复合体制在美国以及苏俄两大国已在许多领域实施起名副其实的独裁统治。而且比较而言，美国体制可能更有效；因为它还能仰赖自身以往先锋时代那些多技术背景和传统，加上美国的独立精神、鼓励创新以及由此培育起来的发明成果，而始终占领先机。两个超级大国除了互相争斗以及大可不必的雄视对峙之外，其余似乎就只有天下无敌、无可挑战的地位了。不仅如此，他们培育的思维方式经过大众传媒推荐宣扬，已在全人类广为传播。

三四十年前舒姆皮特（Schumpeter）就曾指出，资本主义自身实力创造的各种做法就足以实现自身更替；前来替换它的是某种否定个体的集体主义形式：它不承认任何个人财富、不认可个人的价值判断、不承认个人签署的协定规约，最后甚至不承认个人应得的薪奉和私人收入；只有古代形式的声望地位可以除外。

原来只有资本主义可能出现的情况，如今已可以推延到整个权力复合体了：当今先锋派艺术宣扬的黑白颠倒和道德沦丧已飙升到如此高度，以至于不仅让媒体篡位信息，更喧宾夺主篡夺了主体位置，原本信息是要为主体服务的。这情景就像疗养院里医生和疗养病人角色倒错，正如托马斯·曼《魔山》（Thomas Mann's *The Magic Mountain*）一书中描述的情景一模一样。我们当今整个权力制度已经幻化、已经极富欺骗性。它的商品大多害人不浅，它的福利多为负面，它那些有用发明则变得毫无意义，乃至贻害无穷。更有甚者,它不去努力发现理性目标,不去创造明确的有序环境,却不遗余力酝酿了最大可能的混乱。

所以我们也就不必大惊小怪,该权力机构已在不止一个领域内陷入严重紧张局面。一般说,除遇同等规模敌手攻打,它一般不会遭受正面打击。但是,这种庞然大物却难免遭受本地游击队攻击和突袭,因为他们庞大笨拙的身躯,就仿佛满身铠甲的巨无霸戈里亚(Goliath)难以对付灵巧自如的大卫,因为大卫不着铠甲,不用同类武器而且用不同战法。

当今世界遍地紧张暴露一个问题:军事、官僚、教育领域各种"精英们"读不懂人类对巨型机器空前顺利运行的群体反馈,更谈不到如何应对。它唯一能做的就是继续促进这种反人类进程,虽然这些进程已经不断酿造着敌意。许多地区已无人居住,许多人放弃事业和生活,虽数量还不足引起重视,大规模离世出走、群集性叛逆,都已遥遥在望。

由于巨型机器技术充满活力,且似乎拥有无尽资源,善于调配各种要素应付人类急需,这就一叶障目让执政官们看不清这些冲突的本质。而治疗社会问题的老办法——比如福利国家那些"吃完面包看马戏"的救世药方——不仅毫无效用,且徒增乱局。不幸,正如人体内的健康组织都不如癌细胞生长健旺,因而就社会机体生长机制来看,已经持续半个世纪之久不断累积的破坏和解体趋向,正虎视眈眈欲超过健康和建设性机理的步伐,威胁着要破坏宇宙秩序的规则,以及万物间的理性协调……殊不知各种真正的建设性成就,无一桩一件可以脱离这个基础。

对当代巨型机器造成的社会解体和退化现象,我主要通过考察人类长期以来已经非常明显的主观反应来举证。虽然如此,这里也容我扼要指出,这种类似独石阵的结构已经开始坍塌。很可能,工业国家内大部分人,许久以来已适应了它的福利产品,接受它,并评价不错。他们会继续如饥似渴地要求那些物质福利。然而这些既得利益者却越来越不乐意用自觉努力来维持该体制顺利运转。如今普遍态度是,尽可能多地索取好处,同时尽可能少地贡献力量和责任。最典型表现就是,美国工人互相见面打招呼的用语:"悠着点儿(take it easy!)!"

*348*　这种普遍的松懈和怠工现象背后有一种显而易见的根源:当原本熟悉的技能和方法大多被自动化和中央控制工艺从美国工人手中夺走之后,留给人类的那些东西大多只剩下些消极被动的玩艺儿了:慢吞吞、消极磨蹭、不动脑筋、无动于衷、怨声载道、提不起精神、邋遢,或一言以蔽之曰:心理缺位。即使这位工人出勤到位,人在那里了,却远不是"人在心在,全神贯注"。

既然大机器组织的管理者无力督导工作程序和产品真实流程，为弥补这一缺憾，即使那些地位最优厚的成员，比如产联工会的成员，也往往毫不迟疑地关停整个国家基本活动，以便适应其武断要求。由于把盈利性扩张——而不是理性分配和社会公平——当作运行目的，正统国家机构便提不出任何光彩的、符合道德的解决方案。持续不断的怠工、罢工、静坐示威，有时候原因竟微乎其微，其实就反映公众想要恢复某些遭该体制压制而丢掉的人文首创精神。正因如此，工人罢工和反叛有时候往往针对工人选出的领导人，这些人实际上名副其实体现了已经确立的秩序。

诚然，这个社会那些专业"精英们"，成为利益的核心，社会运行要靠他们，也是为他们。他们从未像今天这么光鲜、受宠、倚重、受赏，也从未像今天这样受追捧、抬举、逢迎、大出风头。就像他们那些古代僧侣祖先，他们养尊处优、仰赖太阳神祭坛上那些供奉饱食终日。

那些仍然死心塌地忠诚古代权力神话的人们，他们是该新型权力五边形体制公认的成员，太阳神勒索来的那一点点牺牲供奉仅能抚慰他们的效忠程度。如我们都看到的，宇航员的太空旅程中要经受身体和精神巨大煎熬，那就是拜访太阳系遥远星球这种圣礼所要求的仪式代价。地球居民通过电视、广播也都间接参与了这种圣礼，也就在一定程度上重新找回了冒险体验。至于关于宇宙末日辩论中那种无时不在的临终感，就如观看汽车拉力赛一样，通过大众传媒的努力，如古代观看奴隶角斗士血斗一样，为大众提供了每天需要的暴力剂量。

上述要点直面凝视西方文明，已经整整五十年了。也就是说，这种巨型机器和技术经济只能靠持续不断的扩张来维持自身的盈利性运转。它不去促进一种均衡经济、有利于生命世界的繁荣发达，它要求空前规模的无节制扩张。这样一种功业，只有战争或者战争的替代品，如建造火箭、宇宙空间探索，才能满足它的胃口。

如今的局面是：若这种权力结构自身组织化程度越高，它就越难找到不相容的异己因素，整个体制因此就更容易因自身机械原因或自然灾害而解体；不过，更可能因遭受被排斥阶级和群体发动的反抗和攻击而解体。因为这些群体被排斥，长期处于受益范围以外。这种体制将战争作为自身活力的核心，因而周遭任何一部分都难免战祸危害。离开战争，当今这种如星际空间般浩大的巨型体系会因自身巨大生产力丧失存在目的窒息而死。这就正应了赫尔曼·卡恩(Herman Kahn)那本书的标题文字"思索那些难以想象的问题"(Think about the unthinkable)。该书作者开宗明义阐明，所谓难以想象的问题，不是指极权主义灭绝种族的大屠杀，他只在此书中揣测了战祸可能出现的统计学结果。所谓难以想象的问题是指如何投入同样数量的脑力和物质资源，以便在全球范围创造出有利于公平正义和平友爱的均衡态势。因此，所谓难以想象的任务，尤其是指如何限定当今权力体制的扩张。

想当年巨型经济制度初创之时，还容许许多"先进"思想家将其诸多社会问题及物质环境质量倒退等等，统统看作以往历史上技术相对粗糙原始的古老制度遗下的沉积与陈迹，一切在所难免。因此，才有维多利亚时代进化论哲学家赫伯特·斯宾塞，连同奥古斯特·孔德以及圣西门学派诸公，都把战争之类军事行为以及各种超自然的宗教表现，统统看成古代野蛮社会文化的遗存物；这些陈迹不久就会被较实际实用的目标所取代，同时人们也会从事一些更理性的工程实践活动（参见孔德所著《三种国家原理(Law of Three States)》）。可是19世纪还没过完，斯宾塞就率先诚恳承认，帝国主义出现提供了完全相反的证据，且令人忧心忡忡。可是对当代大量社会弊端那些振振有词却难以服人的开脱之词却毫不触及当代技术体制的改良和优化，他也就因此丢掉了解开历史疑云的钥匙（参阅斯宾塞这时期发表的《社会改造原理》。——译注）。

如今已看清，现代技术社会文明的全部所作所为并不是要更替金字塔时代沿用至今的老朽无能体制性构造，而是要给它平反，为它张目，完善它使之提纯复壮，然后推广到全球。公道地说，这种体制若放在更加人道、更为人文主义的方向指引下，其潜在的益处仍然很大很大，远未开发利用。可是，它那些固有缺点错误，它背离生态世界要求的中规中矩不走极端，它背离人文标准规范，结果将其好处完全抵消掉，且将其庞大躯体泰山压顶般压盖向整个生命世界的全部物种。证据就是，以往半个多世纪我们目睹的大规模破坏、屠杀，以及越演越烈的环境退化、世风日下、人心不古等趋势，不都同巨型机器技术文化促成的高活力机制、庞大权力构造、高速度和自动化控制，都息息相关吗？这一点还有什么疑义吗？

结果，连技术文明种种可嘉许的成就也都同其负面表现牢固捆在了一起。从我国范围看，过去50年造成的物质破坏以及人文损失总量，就其丧心病狂的野蛮和丧失理智的毁弃而言，都远超出历史上亚述人、蒙古人、阿兹台克人最持久、最猖獗破坏行为。而且，这里所说的各种倒行逆施还不仅限于战争。大批量生产形式最典型成就之一，以汽车为例，统计表明从1900年算起所造成的死亡人数已远超出美国全部战争阵亡总数。若要算受伤和永久致残人数就更高了。

当今这种对权势唯唯诺诺，对迅捷速度顶礼膜拜之风和后果，人们已心生老茧，无动于衷。公众这种冷漠最典型地代表了社会生活其他领域各种类似表现。大批量生产技术社会文明带来的冲击，公众们已听之任之。我们已有两代人就是在这样的环境中成长起来的。在他们看来，各种无端的暴力行为，就是"文明"生活经常的陪伴。给这些暴力行径大开方便之门，提供神圣化通道的，是更多同样荒谬、掺假却光鲜时髦的各种习俗、规章和惯例。

## 2　消殒的守护神

这段时期刚流过不久，回首来路我们发现，眼前那么多抗议、挑战和难题，我们不仅不惊诧，反倒纳闷这些事儿为何不来得更及时更猛烈？社会反应如此滞后，必有原因。首先，最明显原因就是技术本身如此发达，即使面临手工业者拼命抵抗，大技术的进步趋势甚至在工人阶级内部也燃起希望，相信未来更美好，且已近在咫尺。

整个 19 世纪不断有人及时敲响警钟，挑战这种无根据的希望。但由于这些人大多置身局外，是体制外人士，因而全社会将他们当作"前朝遗老"不予理会，说这些人是些无可救药的理想主义者、荒谬透顶的逃跑主义者。

事实上，这个巨型权力体制又是如何建立起来的呢？它首先抛掉传统的社会价值和道德观念，而这些价值观原是人类理解与合作的基础，如今恰如它抛弃人类对自然现象的原始解释，统统被它废弃。巨型权力体制从此得以初步确立；但要继续存在、继续运行，却须仰赖原先价值观留下足够遗存，须仰赖艺术、礼制、仪式维持积极运作。因为原来那可爱、培育生命的世界，就靠这些介质得以延续。一旦剥掉权力的全部历史外衣，留给人类的只剩下两大要件了，且都不足以作为人类自身的标志：一个是自动化能力，另一个是人类身份。前者是科学抽象、技术抽象的产物；后者则是有机生命共有的活力特性；而且是精神尚未形成控制能力，不足以控制活力中那些破坏性冲动的时期。不幸，当今权力体制塑造的当今人类精神，不理解也不承认当今人类缺乏这种人类特性。因此，当今人类处境是一种稳步走向通盘道德沦丧的态势。

*351*

当然，还有些条件一个世纪以来始终制约着巨型权力制造的野性及其潜能。此类条件包括截至本世纪初全球五分之四人口尚且生活在孤立的农村地区，暂且未受到巨型技术社会的任何干扰。

截至遭受机械化和城镇化巨大干扰之始，这些农村社会，无论受权力体制多严酷的剥削压榨，始终能置身局外。尤其重要的是，他们那些古老道德系统始终能维系着社会的团结协作：证据就是，尽管它仍保留诸多古老习俗，却始终固守生活终极价值，包括世俗人文的、崇高神圣的；新生、衰老、死亡；慈爱与性爱，家庭忠贞，互相扶助，牺牲精神和超然脱俗，人间荣耀感与憧憬敬畏天地星月，等等。就连最不发达的氏族部落也毫不逊于大型全国性群体,都能保持自身尊严,维护自己作为觉悟人类的价值理想,平等参与社会进程和项目;而且不全凭工具先进、物质生活舒适来论成败,论英雄。这样的文化储存库,因为自身落后时代而保全了许多最重要文化遗产;这些都是超级技术文化形成过程中所忽略和根除了的。因为这新生巨人只关注如何消除生产率和权力的屏障。

浪漫主义无论作为思想或者行动,曾一度发挥制衡(技术机械论)的作用,重新首肯自然和生命形态,并在一定程度上为遭到机械论宇宙观扼杀的有机世界文明理论和概念恢复了名誉。这场运动的贡献非同小可,它对科学进步的贡献至今可圈可点。证据就是,曾经激励法国启蒙主义思想家卢梭的那些思想,如今卷土重来又有激励了德国哲学家洪堡(Humboldt)和歌德,以及19世纪以达尔文和华莱士为首的整整一代自然博物学家。不过从长远看这些努力鞭长莫及,因为它们无法融进权力结构,除非丧失自己的原则和理想。这情境同丹尼尔·笛福的寓言小说《鲁滨逊飘流记》的情形完全不一样,落难者所弃之船并未触礁沉没,反而更善乘风破浪,驶向远洋海港。

还有些更重要因素也让权力体制免受内部攻击,这就是及时复活的史上组织惯例和风俗习惯,民风民德,以及积极活跃的信仰,它们都为社会提供了价值观的基本结构。17世纪的意识形态,以及随后的技术官僚体制和实用主义哲学,就都缺少这类基本的社会要件。至于随后基督教兴起,基督徒的谦卑孱弱、基督徒的来世追求,以及基督徒的希望期冀,连同新教教派严守道德簿记账目,这一切精神操守的升华,给斯托克的制陶工匠、曼彻斯特和罗维尔棉纺厂的纺工,以及威尔士和宾夕尔法尼亚煤矿工人,在遭受奇耻大辱当中,提供了多少精神力量,增援了多少艰忍和坚韧……如今有人能说得清楚吗? 在当时许多圣洁灵魂看来,置身现实环境之残酷而毫无意义的生存现实,古代宗教渊源的蕴义,至少还包括某些先进、永恒的价值理想。

由于此类传统道德遗产的蚕食浸润,超级技术文明逐渐丧失一些社会元素,因而再无法维持自身完好运行。这些丢失的元素包括:自尊、坚守社会公德、准备为更美好未来献身等道德操守。实际上,只要这些基本道德规范,包括禁忌、戒持、规矩、限制等还能对社会机体发挥"第二天性"的作用,权力结构就能保持自身稳定和持续。如今我们已经能看清了,这意味着为了维持有效统治,少数统治阶级,举苏俄和中国为例,必须效法其祖先公元前四千纪就发明过的冷酷统治手法和制度。否则,为了维持统治,镇压被压迫者的反抗,他们还得采用更"科学的"控制办法,如新近由科学家提供的通过饮用水实施镇定剂等措施。如今,宗教已不再是"麻醉人民的鸦片",因而鸦片(连同酒类、大麻、海洛因、大麦角酸二乙基酰胺LSD等)正迅速变成麻醉人民的宗教。

在预防内部造反和外部攻击方面,该权力体制缺少两项重要保险措施:移民形式的逃生孔道和社会内部控制。因为建立这种社会控制需有广泛价值共识，有条不紊的礼制规约，超自然的信仰基础，如今这些要素却无一幸存。这种背景上，即使最高最发达的机械化体制也会迅速停止运作。证据就是它缺乏自身价值理念，唯关注自身绝对权力，如何支撑该权力不至崩坍。所以为了保证该体制成效，唯一行之有效的办法就是改变整个制度的意识形态基础。而这却是个人文概念而非技术问题，因而它只认可一种人文主义的解决方案。

许多古老礼制和教条已丧失任何实际内容，落得空无一物。而如今依从权力体制要求建立起来的机关、大学、工厂、实验室和学校，皆如此干瘪、如此违反生命要求，如此建立起来的机构，何能指望其日常运作会产生积极意义呢？一个工作日，不管是计算机程序员、巡逻保安员或者装配线上操作工，有何区别呢？一个活生生的、头脑清醒的人类生命，竟沦为按电钮的简单操作员，如此贬低丰富人文价值（若还未使之道德堕落），请问：该用物质商品的何等丰足才能填充、抵偿这种缺损和羞辱呢？假如权力和各种稀奇古怪的享乐——而非生命生活之均衡与完满——反被当作文明的至善之境，那么历代英杰为何一再苦心绕过巨型机器？他们可以直奔主题啊，何乐而不为呢？

## 3　革命的回潮

从公元前四千纪即开始（或许要更早），革命成功的胜算几率几乎始终有利于全副武装的少数统治者。他们盘踞碉堡营垒守护着权力；心中却忐忑不安，深恐革命随时爆发。统治阶级这种惶惶惴惴心态几乎贯穿了整个人类历史。可是，古埃及以来的大量书证都证明，此类暴动和起义不仅爆发了，而且埋葬了强大的金字塔时代，使之名誉扫地。这就颇为耐人寻味了。

18世纪，民众开始推动民主运动，要求取消特权，机会均等，这一波潮到法国大革命已升至顶点。伴随社会主义思潮汹涌，1848年多次革命风暴后，统治者恐惧心理倍增，害怕权力机构遭遇攻击，因为社会主义主张改造现有经济结构。以至最为青睐自由竞争的资本主义，也不得不依靠军事强权和政治权威镇压叛乱，将滋事首领投入监狱、流放、乃至枪决。

而这社会主义究竟什么含义？照最有影响的思想家流派的定义，从圣西门、昂方坦（Enfantin）到马克思和恩格斯及其追随者们，他们的社会主义概念是一种很巧妙集成，包含乌托邦理想主义构想、现实主义理念以及一系列实际可行的技术进步倡议。至于社会权力结构的通盘改造任务，该思想认为，工人阶级夺取军事权力和官僚政权会大大激化统治阶级拼命反抗，包括用帝国主义战争和全民军事动员等手段重建巨型国家机器。一个最著名的实例，就是法国靠全民动员，强征兵役年龄男性全部投入军队，从而制止了铁路工人大罢工。暴力革命若进一步发展，反革命势力甚至会通过战争手段来制衡或剿灭它。

国家权力体制还有一套更强有力的保护伞，这是以彼得·克鲁泡特金为代表的无政府共产主义者运动最喜欢的理念。他们认为工人运动会接受权力体制的意识形态。马克思解说认为，由于机械化生产方式会不可避免导致自动化，因而社会主义的任务就是把国家统治权从一个阶级手中转换到另一阶级手中，而整个社会运作机制维持不变。最为可行的方案就是无产阶级革命本身。而且，一旦革命发生，你很难区分新秩序与其他国家中通过立法和公司法人合同制度建立的社会秩序两者间究竟有何区别，如我们在苏俄实例中所见。因为笼统观察发现，1848 年《共产党宣言》总结的各种革命要求都已逐渐吸收到日常实践办法之中，甚至有过之无不及。

因此，老资本主义制度的恐惧就显得毫无道理了：新建的国家福利体制、养老金、疾病保险、事故保险、失业保险、提高收入水平、扩大生产规模，这一切革命主张实际上增强了、稳固了权力机构，而不是会威胁和削弱它。而且，美国情况也类似苏俄和中国，社会提供的这些福利促使全人口集合到行政管理体制旗下，聚汇到权力机构周围。任何地方就连苏俄革命最初阶段都算在内从未发生的，反倒是那种所谓"瞬时革命"的浪漫主义幻想。该幻想认为经过自发的革命转变，新型男女、新型社会、新型教育制度、新型世界就会突然实现。仿佛蛹之化蝶，从丑陋的资本主义金刚里翩翩然飞出共产主义的金蝶。

如今已经明了，解释文明史中许多退化现象，必须不要忘记 19 世纪狂躁一时的乌托邦理想的贡献以及失策。那种社会理想失败得很惨痛，尤其体现在其理想主义领袖人物巴特拉米·昂方坦(Barthelemy Enfantin)不久就发生的角色转换。此人曾经七拼八凑创设了一种乌托邦社会主义宗教，还制定相应教规、礼仪、服饰、言谈举止，以迎神女先知降临人世，并为新社会秩序加冕。可是这位昂方坦本人很快变成很有成绩的铁路工程师，总揽修铁路事业。所以，19 世纪已知的唯一女先知，玛丽·贝克·艾迪夫人(Mrs. Mary Baker Eddy)，许多方面都不符合昂方坦的预言，原因就不得而知了。

这是一种幻灭，而且，其中讥诮多，而悲情少。问题在于，同样悲惨的幻灭，不仅也发生在老一代理想主义者身上，包括欧文们、傅里叶们、哈特派信徒(Hutterites，*基督教教派之一，主张财产共有，实行洗礼。——译注*)，以及一些分布非常广泛的、与乌托邦有血亲联系的团体，包括摩门教派等等。不仅如此，信仰幻灭同样也发生在追随社会主义理想的广大民众身上。证据之一就是，第一次世界大战爆发时，率先起来支持国家军事机器的，正是先前德国和法国革命的领导人物。当年那些时髦用语和标语口号，如"机械化进步"、"革命的专政"等等，至今在我们美国那些毛头小子口中高唱不止，他们的头脑绝缘于历史知识，无法从以往失败中汲取教训。少数意识形态的统治者将残酷意志强加给多数民众，会造成什么社会代价呢？屠杀，大规模屠杀！而这种屠杀中最终被屠戮掉的，是革命本身。

无独有偶，威廉·莫里斯的生活和事业当中都清晰体现浪漫理想主义以及革命理想主义。尤因二者之矛盾冲突从未彻底解决，就让这种对照和表达极为戏剧化。此人家族从开矿中发了大财，他本人继承财产后，将人生一大部分时间献给诗歌创作以及手工业实践和艺术创作。此人单枪匹马革新了许多技艺，包括木版印刷、彩色玻璃、织造地毯、印制壁纸、凸版印刷。这其中的价值很值得重新冷静评价，现代社会很应当从这实例中继续汲取深刻教益。尤其因为，我们当代文明因为彻底抛弃大量体力劳动，由于顽固抵制任何种类的体力劳动和躯体活动，人类已变得羸弱不堪。

莫里斯由于痛恨社会丑恶、赤贫现象、贫富不均、缺乏正义，后来转而信仰马克思的社会主义学说。随后撰写了新著《乌有乡来信(news from Nowhere)》。该书很大程度上是他的生平缩影，以他的人生故事编成田园牧歌般的理想国。此时的莫里斯已懂得重视机器，因为它能解除苦重劳动；却始终未接受机器权力体制本身，相反还声色俱厉地谴责它。虽然他也相信过渡到新社会非采用暴力革命手段不可。

究竟哪一幅图景更现实可靠，暴力革命过渡？还是甜美的田园牧歌？莫里斯很清楚，他的《乌有乡来信》为英格兰设计的未来，其实是他自己想象的幻景，也是基于他个人担任科姆斯科特庄园大管家人生经历的人世理想图。但是，是否他的美梦就一定比尼古拉·列宁的信仰更加天真呢？列宁在苏俄革命前夜就相信马克思提出的预言：革命一旦成功，货币会消失，国家机器会消亡，连哲学的辩证过程也会自行终结……看来，无论列宁或马克思都不曾料到，革命成功之后，随着少数新特权阶级诞生，旧有权力的等级结构还会重新确立并强化，而且原有的巨型国家机器，还会严格按照上述形式重新恢复。因而，官方官僚体制的共产主义，实际上应当解读为：不要害怕革命，权力结构的每项要素都会保持不变！

威廉·莫里斯是一位守旧的改良主义者，他许多的美景都可悲地流产了，其中却有个清醒的优良品质：他这些设想都建立在人类积极可靠的品质基础上。虽然他铸塑理想国用了个古典范式，他设计的社会生活过于自由放任，不利于人类通过紧张、挫折、艰难、冲突发展自身创造力。透过这田园牧歌般理想国,隐约能看出莫里斯内心脆弱,他有意无意规避了个人生活经历中那些隐痛和悲惨故事。不过,莫里斯《乌有乡来信》毕竟是福音,他号召回归人类中心,削弱权力复合体及其体制性僵化守旧。自金字塔时代以来,这类坏东西曾屡次挫败人类发展,导致人类积极文明屡次流产。

莫里斯展现理想的同时也表露了他的失望,他的失望不仅针对当代工业化,同样针对挺身而出同工业化作对、试图取而代之的革命意识形态。他这种希望心情如今已经普及到西方世界的广大地区,这就多少能解释当今一部分青年人内心那种精神断裂。这种断裂若继续扩展,终将逐步蚕食、彻底毁坏任何铺天盖地的权力体制,不论他自诩为革命的、进步的,或是反动的。

356

# 4　回报以虚无主义

以上我简述了史上各流派思想和重大事件。若撇开这些不看,我们就很难参透当今世界文明已很明显的表象动荡和深层碎裂,而这些现象已比比皆是。同样,当今已很显著的幻灭失望情绪、怀疑论、玩世不恭、今朝有酒今朝醉的虚无主义,若不放在这样背景上也很难理解和评价。正是人类及其钟爱的技术进步和自动化制度,反过来威胁到人类生存,带来同样的破坏性反弹,冲击文明本身,甚至威胁到生命延续不可或缺的基本秩序。如同公元前4世纪希腊化文化解体时期一样,机遇之神变成了主神,混乱之神则制造了新的天堂。

我们今天所见的结局,19世纪绝难料到,即使是那些先见之明的智者。比如,约翰·拉斯金就这样写道:"我微笑,因为我听见那么多人为全世界新科学和技术巨大成功欣喜若狂。我们仿佛重新面临新时代的开端。地平线外既有雷霆,也有曙色。"法国浪漫主义思想家德拉克洛瓦(Delacroix)在巴黎博览会见到新型农业机械,立刻联想到未来战争的可怕武器。事实上,拖拉机的确演化为军用坦克车。与此同时,丹尼生则预见到飞行海军从空中散布死亡。当时诗人和画家以其敏锐直觉,超越多少自诩精明的愚钝政客、军人、工程师,先期察觉到即将降临的危险。人类这种主体生命若不曾在西方世界那些教堂、大学、学校中被缠上香料裹尸布、制成木乃伊,它对技术失衡的集群反抗肯定会来得更快更猛更直截了当,还会采取更理性的行动。

过去半个世纪里险象环生,目不暇给。这情景实际上早有人预见到了,就是俄国作家陀思妥耶夫斯基。这位启蒙主义思想家的一系列作品,特别是《穷人(The

Possessed)》《罪与罚》《九封信的故事(Letters from the underworld)》当中展示了他的直觉。其中在最后这篇里，作者假托贫穷潦倒哽咽抽泣的人物之口(简直就是希特勒的原型)，寓言现代社会整个组织，包括法律、受尊敬的制度惯例、技术进步，有朝一日都将被踏成碎片踢进垃圾桶。届时我们会按照我们的胡思乱想来重新生活过日子。恰如当今越来越多的不负任何责任的群体，比如跨掉的一代、嬉皮士等等，近来创造和表演的生存方式。

　　陀思妥耶夫斯基如此淋漓尽致展现、歌赞社会破坏现象，轻狂乃至超过了作家屠格涅夫在《父与子》中塑造的虚无主义者的虚无主义。屠格涅夫那本小说创作于一百多年以前，描述了那个时代的代沟，与当今情况离奇的类似。作家笔下的反派英雄巴扎洛夫，是位思辨味道十足的虚无主义者。在他看来，社会的传统价值理念百无一用；因此不仅抛弃了国家和教会这些最基本的体制和组织，同样也彻底抛弃他父亲一代人的自由主义思想主张。尽管这些主张含混不清、自相矛盾，却仍常怀忧患意识，关注如何改善民生，虽然根本不思考自身铺张浪费自由放纵的生活常规如何改造。这位英雄虚无主义者巴扎洛夫的彻底打碎旧世界行动如此铺天盖地，他甚至轻蔑将一切诗人和艺术家拽出象牙之塔，通通掀翻在地。还说要统统卖掉他们，去换取更有用的炼金术士。

　　可是请注意：虽然巴扎洛夫坚意摧毁整个社会构造，重砌炉灶，他却原封原样保留了17世纪以后专制主义全套正统信仰：主要就是科学和技术。他根本不懂，他保留的科学理性残缺不全软弱不堪，禁不住刨根问底的批判精神，与他丢弃的那些苍颜白发垂垂老态的教条同样值得怀疑。而且，他未曾考虑到，一旦人类忠实可靠的价值遗产全部瘫痪，包括文明的目的和人类方向，到那时，科学秩序所依赖的价值体系同样也会坍塌消解；甚至更糟，将沦为种种胡作非为的仆从和附庸。这些可怕景象因有限的道德控制，迄今始终未曾得逞。又一实例是，陀思妥耶夫斯基笔下的人物拉斯科尔尼科夫，为体验新奇感杀害了一名老妇。这故事也预言了我们当代的青少年犯罪和成年犯罪。

　　此类犯罪现象已被当代自觉的反文化反生命信仰所巩固和强化了。这种信仰的代表人物，从马奎斯·戴·塞德、塞利纳，到让·戈内，无不推崇虐待狂、胡作非为、色情文学、疯狂、自残，还将这些乱象提升至生命和艺术的最高表现。这些东西若纳入反面形态便失去了道德约束，变得没边没沿了。因而这种所谓信仰或迷信，实际上是给很不名誉的军事阴谋和大规模杀人计划提供道德支持。

　　而这种反生命邪教已经出现，并且获得了最巨大胜利。有两个披着人皮畜生的所作所为就绝妙地验证了这一论断，他们的行为堕落到不只丧失人性，简直禽兽不如。案件中这对英国男女，不仅将两名儿童折磨致死，还将其哀求啼哭嚎啕录音留存，以便将

358 来随时听取、享乐。不仅如此，还将受害者遗体速冻冷藏，留作将来私人开办吃人盛宴使用。这是该邪魔歪道礼制的最后一幕，是要留给该邪教祭司和使徒们将来布道时候是用的。

巴扎洛夫这种虚无主义尚属良知尚未灭尽。他们开启的残杀事业，又由我们当代更彻底野蛮凶残的虚无主义推向极致，表现为丧心病狂地残害生命，残害人类精神心理一切组织化的创造活动，不论新的旧的，凡是保留、探索、激励、扶助人类创造潜能的一切精神思想，统统剿灭。

作为对超级机械文明的反应，此类倒退现象越来越频繁，遍布全世界，而且花样翻新。虽然如此，超级机械文明那些迟钝先知们似乎未能解读这类任何有关信息，他们仍然高枕无忧。该文明既没有从负面反馈中获得任何讯息，表明至少该从理论上容许扭转这种通盘强制和控制(亦即它的辩护士们所说的人类文明终结)；此外，有关该机械技术文明的正面反馈我将在后面一一细述。少数统治阶级在那些抽象数学和技术领域内常显得极富想象力，而一旦涉及到具体的、人类的、有机生命世界的事物，他们思想方式立刻显得非常滞重，仿佛套上了脚镣。

技术精英们终难理解，他们倡导的体制绝非人类最后的选择，更不是最好的制度。也很难看到他们的制度正遭受来自后面的包抄(恰是所谓先锋派艺术和文化)，形成对人类传统的通盘威胁。这种抄后路的攻击如今已经开始。这些精英们口口声声说演变、变化是最普遍的规律，如今却相信唯独他们自己的权力体制能超脱这一规律而永恒不变。岂不是奇谈怪论吗?

## 5 蜕变的征兆

自从法国社会学家艾米尔·涂尔干(Emile Durkheim)①首开"失范社会(anomie)"

① 艾米尔·涂尔干，Emile Durkheim, 1858 – 1917，又译迪克海姆，1858 年 4 月 15 日出生于法国孚日省埃皮纳尔一个小城镇的犹太教教士家庭。法国社会学家，社会学的学科奠基人之一，法国第一位学院式社会学家，社会学奠基人之一，法国社会学家，被认为最有名的经典社会学家之一，对社会学的产生、发展做出了独特贡献。现代结构功能主义学派普遍承认涂尔干的贡献。他认为，宗教是一切信仰和礼制的核心内容，因而在社会文明运行中发挥了轴心作用。涂尔干对人格形成以及冲突过程也有特殊贡献。涂尔干在其著作《自杀论》中分析了自杀的三种类型，即利己自杀、利他自杀和由社会混乱造成的自杀。涂尔干 1902 年后执教巴黎大学。第一次世界大战中断了这位反战学者的学术研究，他的儿子和许多学生死于战场，他受到极大的刺激。1917 年 11 月 15 日在巴黎去世。主要著作有：《社会分工论》(1893)、《社会学方法的规则》(1895)、《自杀论》(1897)、《宗教生活的基本形式》(1912)等。——译注

的研究讨论以来，学界越来越认识到，文明异化与人类自毁已成为当代人类社会一个突出问题。类似问题和表现在其他文化中也存在，比如泛希腊化时代（Hellenistic）和罗马帝国都留下为数众多的相关书证。当今世界面临同样问题：大众社会的典型趣味、追求、产品和享受方式，都无法提供一种有意义的生活，即使对于那些最优厚的既得利益者也同样如此，就更不用说社会底层那些被遗忘与被损害的了。

更有甚者，社会生活整套机制变得异常复杂，生产过程、分配过程和消费过程，同样都变得极为专业化、过分细化，令孤立的个人对自己的独立身份（unaided capacities）丧失信念；从而日益匍匐臣服于他毫不理解的社会指令之下，任凭他无法干预的种种势力摆布命运，让自己命运飘向他不曾选择的终结地。古代野蛮人有各种禁忌束缚，而且他们往往都很幼稚，相信自己部族的萨满巫师、祭司、魔法师能够降服可怕的自然力。而当今大机械生产社会塑造的人类个体，日复一日打卡上班，去装配线就位，操作，久之都麻木了；感觉自己失落而无助，最终获得的劳酬支票却不值一文，因为它无法兑现人生的真正价值。

由于个人无法积极参与社会生活的日常机理，致使大众普遍丧失人生真实感。生活感觉不到精神与外界持续互动，缺乏经常反馈和不断调适，更无从产生创新冲动。相反，只剩下外部世界不断发号施令，而且主要通过组织化的权力体制方式显示权威。就连个人的梦想也得通过电视、电影、光盘来表达，否则就无法接受。

这种文明异化紧接着产生出当今特有的心理问题，即艾瑞克·艾瑞克松（Erik Erikson）的著名命题"身份危机（identity crisis）"。当今这世界，家庭滋养，稍纵即逝；人文联系，稍纵即逝；工作乃至居住环境，稍纵即逝；稍纵即逝的性爱，稍纵即逝的家庭……人类关系链接如此松懈，致使维持社会延续、保障人格稳定均衡的最基本环境条件，统统消失不见了。这个时候个体生命往往突然苏醒；这情景恰如托尔斯泰曾描述过他在阿扎马斯的亲身经历，那是一次著名的人生危机体验：他发现自己来到一间陌生、黑暗的房间，远离家园，举目无亲，四周满是各种可怕邪恶势力。他努力想弄清楚这是什么地方，弄清楚自己是谁……最后却惊恐发现，自己面临一种很可怕的结局：毫无价值度的过一生，然后又毫无意义地死去。

人类文明初始时，个体生命的精神世界和人格身份尚未充分形成。这时，部落会以自身的团体 Persona（**人格面貌。此处可解读为群体特征。——译注**）为其全体成员确立并代行个人身份表达。这种古老习俗至今仍多见于许多家族、社群、职业群体、邻里单元、城市乃至国家。虽然这类地方实际上往往是某种均质大众文化与当地失控的大都市社会处于互相联系融合状态——而这类大都市地区本身已是一种松散裂解、无明确身份特征、貌似都市的荒蛮之地（urbanoid nonentity）——当然，如此濒于危亡的均质大众社会文化，就很难保全残余的人类本我特征了。

超级技术经济社会的巨大活力极大地改变了每一种大型社会组织，也因此造成另一种身份危机。比如，尽管我本人是土生土长的纽约人，熟悉我城市里的每一处街坊邻里，而过去二十年内风土人情无不发生重大改观，让我很难认同这仍然是我的城市；同时也很难再感觉自己是纽约人这种人格身份了。托尔斯泰醒来发现自己置身其中的黑屋子，举目无亲，远离家园，其实是一具黑棺材。仿佛我们童年常常有的回归母亲子宫的梦幻，他觉得自己在非常压抑环境里漫无目标的飘荡。除此之外，找不到更好形象来表述当代人类的境遇。这具集体大棺材，就是全人类"文明"的外观框架：试看那些地下掩体和军事控制中心，不仅体现其物质构造，也准确表达了其精神象征：皆尽技术官僚们坟墓的坟墓。

向权力体制无条件投降，向装备了"自动化的自动化"的权力体制彻底投降，现代人类就这样丧失了令自身保持活力的某些精神资源。首先失掉了生物相信自己能生存下去、能繁衍自身的生物学后代、文化后代和历史后代的自信心。人类放弃自身历史，也因而颠覆了对未来的信念。因为只有将历史和未来融合为当前自觉行动，人类才通过不断创新保持自身的延续，又在求新中不丧失继承和延续。如此循环往复就是生活方式，就是历史延续，岂有它哉！

精神病理学家维克多·弗朗克尔（Viktor Frankl）是纳粹集中营恐怖岁月的幸存者。他针对当今人类生存空虚、生不如死的状态解释说，假如人类既失去了本能指令，不知自己须做什么，"又无传统告诉他该做什么，他很快就完全不知道自己想干什么。"如今，空虚的富裕、空虚的闲暇、空虚的兴奋激动、空虚的性交，全盘的空虚，并非当今这机器导向社会酿造的暂时性弊端和不幸，而是它处心积虑的最终产品。生命一旦沦落成这种无以疗救的慵懒怠惰，活着，还有什么积极理由呢？面对如此狭窄关隘，自杀诚可原谅而不该谴责，它是主人最后不顾一切宣告的自决自治。

因此，我们如今无法回避的文化，是一种过分组织化、过分机械化、过分受支配、过分清楚最终结局的文化。大家参与这种自动化机器空虚无聊的社会经济游戏过程中，人变成了"物件"、"算珠"，被随意野蛮处置。随着整体机制不断改进，人类的人性残余将逐渐融入该机器的运行机制，只剩下一些非生命体，所谓行尸走肉，在愤懑抱怨中耗散最后能量，走向生命的终结。这一过程的具体表现见诸每个人的内心体验：因为反生命的邪教——包括反对秩序、反对智慧、反对设计——正统治着整个艺术界。

除非有强烈反应，足够重建我们的主流意识形态，重建我们的制度结构，重建理想人格，仅靠消极出世，即使做到四世纪基督徒洁身自爱退守山洞之地步，也难以奏效。恰如赫尔曼·梅尔威尔笔下的"巴特比(Bartleby)"所说，消极被动的退守出世，集体而言，简直就是找死。当然真心实意出者又会对巴特比说，"我知道我的岗位，知道我在做什么"。巴特比很懂得，作为会计被判处终生监禁，当然无异于丧生。如今那些闹嚷嚷的失业大军，他们不满意无聊透顶的工作、官僚气味十足的学位，更讨厌令人堕落的军队服役，实际上他们是站在维护生命的立场上，摆出决一死战的姿态，力图恢复自己的身份和与生俱来的生命规划，哪怕采用桀骜不驯的蓄长发、抵制时髦商品、拒领权贵颁发的财金奖赏，都想证明自己较之那些"尽情享乐"的人们更具活力。

可惜这种针对巨型机器的负面反应行动，在一定程度上受限于其所针对的主流势力。正如伊索格言所说，"那人最后成为其所憎恨事物的化身。"它的确跃跃欲试要变成负面权力体系，且同样任性、同样专制。因此当今一些非常激烈的反叛行为恰代表了这巨型机器许多病态特征。一些抗议行动起初是为了对抗权力，结果不仅丑化、破坏了这巨型机器，同样也损害了一切组织结构、客观标准和理性指南。简言之，已经沦为反生命的迷信。若非纯粹巧合，便是荣格所谓同步性(synchronicity)的惊人实例：上述反生命迷信，与物理学家提出的反物质(anti-matter)，居然同时问世。反物质的概念就是，理论上存在的某种一经接触就被否定物质的力量。

目前的人类头脑还很难解读这种物质反应机理，包括其互动、互生、互换；尽管此类现象几乎已风靡全球。所幸的是，这种反生命迷信的每一种特征都由当代艺术予以记录了。如果我们的研究观察着重这种象征的内涵而非审美，从而深入剖析其中蕴义，我们就会发现，这些作品往往都违反艺术家创作初衷。这样，我们就能逐步追踪到当今政治生活和技术活动中各种非理性的表现。而且，这些表现在形式上往往非常符合理性标准，而核心内容却极其违背理性，无论内容或目的，都非常疯狂，最好的例证就是用核武器杀人。

# 6　反生命的迷信

这超级技术文明内外交困的局面，内部混乱外部冲突积重难返的特征，却在不久前由空前巨大的建设成就都完好的掩盖了起来。尽管发生过两次席卷全球的大战，尽管数十座城市几乎被彻底摧毁，各种破坏和损失证据至今却在大约二十年时光里迅速修复。不仅踪迹全无，且仿佛一场噩梦，过后连记忆也难追回，包括那些痛苦地亲历了噩梦的见证人。

362　　如此大的破坏，如此迅速的修复。乍一看，似乎表明社会文明具备某种强大的健康。实则不然，刚直僵硬的构造、似曾相识的老一套，很快都重新出现，虽暂时平息了大众焦虑目光，却在更大规模更大范围内加速了社会文明解体。原因在于，在权力结构飞速、无情扩张的同时，未能及时提升公众的反应，结果让权力结构的破坏性潜能追随其技术发明和金融利润，一起成比率增长。

　　最先发现社会解体的环节，如今开始从精神层面将这种解体更深刻地表现出来。但是，若纯粹从统计学角度，罗列犯罪、精神病态、毒品成瘾、杀人和自杀之类统计数据，只能对通盘退化解体提供一些局部和浅表描述和一个大略总量。而一个很清楚的事实是：发生暴力和违背理性的领域，无论个人层面或公共生活、社会体制，都在过去五十年内空前扩大了。这类领域的确难以衡量难以评价，而这现实并不说明它无足轻重。

　　试问，两次世界大战的大规模破坏后果，其中宣泄的疯狂仇恨、虐待狂、随意杀人……谁能评价衡量？核武器已经制造破坏和后果，包括日本爆炸的以及军事试验爆炸的，也包括更具杀伤力的精神原子弹，导致批准合法进行核试验、细菌弹、化学杀人武器，谁能评价衡量？种种卑劣行径，就靠保密、故意误报以及官方丧尽天良的装聋作哑……而畅行无阻，谁又能衡量和评价？

　　所以，同官方的恐怖主义者比较起来，在押的数百万政治犯和囚徒对人类根本不构成威胁。而官方宏大的杀人计划不仅得到政府慷慨资助，还以其"和平保障"的理由获得百姓们批准。这类大规模杀人项目和计划，都是官方严格督导下制定和实施的，因而更具伤害性。同时，这些计划也并不因摆脱了梦幻世界、拥有了科学实验室、军事指挥中心和政府机构就更不疯狂，

　　此类病态的数据资料，纯粹靠数量分析难以处理得出结果，除非将以往和未来的牺牲都放在一起通盘处理，包括生病、致残和死亡。若想看清当今威胁人类生存，嘲弄技术进步的大规模解体和蜕化，我们就得专门来解读一些纯粹的定性分析证据了：最好从艺术界作品抽取样本和代表。因为，首先是从文字和造型艺术创作领域，包括文学、音乐作品，其中将遥远而微弱的历史颤抖和战栗都记了下来。如同地震仪记录的讯号，往往要再等上一个世纪之久，才能感知其中的可怕内容。

　　继俄国虚无主义者出现后不久，就出现了以诗人、编辑出身的马利奈提（Marinetti）①

---

① 菲利浦·托马索·爱米利奥·马利奈提，Filippo Tommaso Emilio Marinetti, 1876–1944，意大利诗人，编辑，未来运动创始者，法西斯运动的精神领袖，鼓吹法西斯暴行和主张。——译者注

为首的意大利的未来派运动,成员多是文学艺术家。它标志着当代反生命迷信首次明确面世。这些人毫无道理地激烈反对意大利维护自身历史传统,认为这样做会把居民都变成博物馆馆长或者守护人。其典型表现,如同屠格涅夫笔下的虚无主义者英雄人物一样,这种通盘排斥历史的主张中混杂着对技术的天真而糊涂的迷信,崇拜技术的权威和创造力。马利奈提就将技术同各种形式的暴力联系起来:有了争斗、侵略、战争、纵火狂,有了"劈头盖脸一耳光,一顿老拳",就仿佛最原始的暴力表现夹裹挟了最精致的内容。

这篇"未来主义者宣言"像一种病征,兆示新型机械统治的成就和潜力,同时呼唤各种肆无忌惮的暴力形式。这运动的首领人物马利奈提仿佛凭直觉一下子领悟了大机械技术文明的最终命运。

马利奈提 1909 年这篇宣言,几乎提前半个世纪预言了随之而来的世界大战、法西斯、野蛮残暴以及大规模杀人。诚然,这场运动有其积极的一面,正如超级技术文化本身也有正面内容一样。未来主义本是 1890—1915 年世界思想史的一个组成部分,其中也包括新艺术运动(Art Nouveau),以及紧随其后的立体表现主义(Cubism)。它们共通之处在于都认为机械技术是现代文化中最重要的配料,也是新形式的源泉。

这些现代派艺术家曾一度自觉地(也有些许清教徒般当家作主意识)推动同时代工程师作品已体现的思潮,如任尼(Rennie)、帕克斯顿(Paxton)、埃菲尔(Eiffel),并通过霍拉西奥·格林诺(Horatio Greenough)、路易斯·沙利文(Louis Sullivan)等人著作表达他们的见解和主张。技术与审美效果这种联姻,实际上为人类表达感受拓宽了道路。若说艺术家偶尔也情不自禁夸张科学技术和"机器"的功能,或者,将人类价值理想一古脑都赋予科技的抽象衍生物,其总体意图仍然是想提高人类的潜能。

容我强调:如此积极评价技术成效,不该同马利奈提的感性动力、暴力主张之类混为一谈;更不能同其大量攻击历史文化的非理性行动混为一谈,包括达达派艺术(Dadaism)①为开端的最善意主流派形式,它们后来都陷入流行艺术空无一物的深渊。

---

① Dadaism 达达派艺术,简称达达,是一战后视觉艺术以及文学(诗歌为主,也延及戏剧和造型设计)领域内兴起的文化运动。主要活动在 1916—1924 年间,其主旨和特点之一,首先是抗议战争野蛮残暴。他们相信,当代文明,无论艺术活动或日常社会生活都因追求知识的严格规范而受到压抑。因而他们的作品故意夸张表现这种非理性特征,故意排斥艺术的普遍标准。他们的思想和实践深刻影响了后世艺术的创作和发展,包括超现实主义流派(Surrealism)。

达达派艺术家自己认为,达达运动并非艺术,而是造艺术的反。证据就是达达派同艺术创作在每一件事情上都针锋相对:比如,艺术主张注重审美,达达主义则反其道而行之,不管审美,敢冒天下之大不韪,给蒙娜丽莎涂上小胡须,小便器上涂鸦之类的无聊和颓废表现。传统艺术认为自己有载道(转下页)

任何人仔细观察 20 世纪 20 年代达达派的新艺术作品，都会预先窥见我们当今世界景象：他们最初通过嘲讽艺术，久之发展为否定艺术、反对艺术，不久堕落为给反生命邪教垫底的思想基础。你若看过达达派艺术家们早期作品如茅厕壁上涂鸦、便壶雕塑之类，就能料到后来所谓"先锋派艺术"那些幼稚可笑的基本特色。而颇具讽刺意味的是，这先锋派运动以彻底丢弃历史为开端，却始终满足于存活于自己严格规定的狭小历史空间，也就这半个世纪以来的历史。因此这个流派仍然病态地盘踞着某些曾经非常"先进的"试验，而实际上这些尝试已被证明非常守旧、非常学究气了，因而早已沦为非常垂死的作品，恰如 19 世纪意气风发的艺术家起而激评的那些平庸无奇无病呻吟的艺术作品。

起初达达派艺术偶有佳作，虽出于想象，倒也让人觉得他们无非是在放肆地嘲弄主流文化，给一战中吹得太大的"爱国"、"荣耀"、"效忠"之类气球泄掉一些气。这些华丽辞藻过分掩盖了 1914 年爆发那场战争的人类大量愚蠢和荒唐的牺牲。这场荒唐透顶的战争，竟无一国政府足够明智，予以制止；也无一国政府有足够道德勇气退出来；也没有一国政府有这种豪迈气概结束它，直至交战各方都筋疲力尽。就像华堂之上一声响屁，这达达派艺术惊醒当代人，重新审视人类沦落到何等可耻境遇。当时法西斯和共产主义暴政国家还尚未出现，三十年代经济大萧条也为时尚远，第二次大战空袭杀人、斯大林和纳粹德国集中营等等，都还没有踪影。而达达派艺术家以及超现实主义艺术家们，却用他们塑造的破碎大地景观、扭曲残缺人类肢体，淋漓尽致地预告了行将到来的人类灾难。可以说，从 1930 年开始艺术界展现的内在精神世界同科学技术和政府力量，两者便开始轮番交替攀上暴力和故意破坏的巅峰。大机器文化生产和组织有序化的每次成就都伴随着人类精神同样猛烈的反弹，表达抵制，表达反叛。

这种从精神层面传出的残缺、污损、破坏……若要一一细讲，仅此一项恐怕就得写成百科全书般的宏篇巨著。所以，容我在这里从一大堆烂杂烩中摘取若干实例，不外想

---

(接上页)使命，直接或间接传达某种思想信息，达达则唱反调，认为作品无需思想主题，全凭观赏者自己去填充。传统艺术要愉悦感官，达达说大可不必。这样一个思潮居然成为现代艺术中最有影响的主流派，全部讽刺意味或许正在这里。而且，久而久之，它成了艺术的标准裁判，也就在当代篡位、入主艺术圣殿。从思想根源分析，许多达达派艺术家都曾是参加过一战的老兵，精神上经历了一场幻灭，对艺术、艺术史、文明史都极度失望，目睹过欧洲战场上人类互相大规模厮杀，因而鄙视人类，玩世不恭，看破红尘，认为人类一切成就都无所谓价值，包括艺术，他们的虚无主义世界观和玩世不恭及其艺术作品就是这样来的。达达派艺术创作的内容是随意和巧遇，其基础可以说是百无聊赖。客观地看，达达艺术的出现反映出一战之后全人类的迷惘，目睹文明的秩序和制度被战争彻底摧毁，是非善恶整个颠倒过来，人类普遍的茫然无措，都在达达艺术中宣泄出来了。——译者注

证实当今这种愈演愈烈的群集性故意非理性表演、妄想症般的自命不凡、受过教育的装疯卖傻、没头没脑的破坏行为。这些实例展示的顺序,依照事件本身的荒谬程度。

展示一:器乐演奏音乐会。表演场所就是平常听音乐会的大厅。乐队演奏员陆续就座。随后,一名队员操大锯当琴弓,瞬间将小提琴锯成两半。随后,其余队员则抄起斧头大刀之类,如法炮制,噪音震耳,加上电子放大器,完成了这场器乐演奏,最终舞台一片狼藉,无一完物。强忍这场羞辱听完演奏的听众,被报道都参与了这场"新音乐"表演。中途愤然离场者则以其愤怒和鄙视,见证了这些"反乐师"们的巨大成功。

展示二:四分三十三秒的表演。作曲,约翰·卡基(John Cage)。大厅舞台上,只见一位演奏者在钢琴前就座。整整四分三十三秒的时间内,毫无声响。随即,作曲宣告完成。

展示三:上述演奏,由现代音乐评论家评论:"作曲家约翰·卡基写这四分三十三秒的音乐过程中,他开启了通向新音乐的大门。该作品首次演出是在……1952年,其中夹杂着观众席中的咳嗽、座椅吱吱作响,始终伴随着这场演出。"因此,约翰·卡基的作曲给无意识声响赋予了有意识的音乐品格,从而打破了音乐结构与传统定义的最后联系。……如今作曲家往往感觉这种音乐很古旧,原因是它预先安排好了,或者有固定的长度。

展示四:一场偶合。女性组构筑了一只鸟巢,男性组建造了一座宝塔。两组随即互拆对方作品……最终,全体演员围绕一辆涂满草莓酱的汽车,他们将果酱舐食干净。这场表演是美国某所大学的真实事件。

展示五:剪报消息说,美国俄勒冈大学将举办研讨会,"莫里斯·亚洛夫斯基班上的学生最近见啥毁啥。这些表演主题是《破坏是一门艺术过程》,即该研讨会一个组成部分,也是他们的视觉语义学课程……一名女生遍体涂满口红,还刮掉一侧眉毛,一名男生将金鱼放入搅拌锅,再加入些许食盐。一名学生跳上椅子,然后狠狠将蛋糕摔向地面;又有一人用大锤砸碎电视机,另外一人戴上头盔跳上泥制雕塑疯狂践踏。"

展示六:纽约市政当局文娱活动助理主持一次"活报剧"表演。以五十美元一天的价格租用两家挖掘机,在中央公园挖坑。午餐小憩之后,他们又将挖出的土回填坑内。克拉斯·奥尔登伯格,该弱智表演的策划人,据说他创制了一系列此类通俗艺术节目:包括用灰泥堆个巨型汉堡包,再竖起一只巨大口红。而该市雕塑顾问,还一本正经地称颂这类胡来很有创意,说:"任何东西都可以成为艺术,假如艺术家选定它作为艺术品。"

问题是,为何不闻耻笑?为何没看见有人义正辞严地要求市政当局为这种侮辱市民智力水平的胡作非为,为如此挥霍公众基金公开道歉呢?我们只看到公众有节制、有礼貌的沉默。这种无聊透顶的猴子把戏，已经大面积取代了真正的美学创造活动。反艺术事实上已经成为正统主流，还赢得艺术评论家廉价而空虚的赞颂，艺术史家还一本正经地论述其合理性。展览馆为之开辟优良展位，重要博物馆馆长们认同其显赫排名。该重大成就背后有个简单秘密：无论非艺术或反艺术，万变不离其宗者，即该社会文明权力构造的最基本要求：无节制的生产率、迅速成功、大笔利润、巨大的时髦声望、厚颜无耻的自吹自擂！这面旗帜下，任何道德堕落、扭曲倒退的表演，都可以作为"进步"货真价实的符号。

大约三十年前，精神病学家发现，各种手工活动中，绘画可以舒缓心理苦痛，帮助患者逐步回归正常的现实感。当今时髦的反艺术和非艺术活动，却反其道而行之：它们可以诱导大批受过教育的正常青年学生逐渐放弃已很松懈的现实观念，最终彻底放弃自我，将其交给被搞乱的主观精神；或至少表明其目前选择，愿意跟随裂解势力，与那取得执照的疯子们同流合污，共同表演那些古怪把戏。

文化上这种虚无主义，开始是为了反对严格的组织化控制；最终却演变成一种组织化的反制(counter-regimentation)，有了自己礼制化破坏否定一切文化的规程。任何能改造非理性冲动、陶冶人性、启发创造性能力的东西，它们统统反对。

从历史上看，反艺术运动从 19 世纪路易斯·阿拉贡(Louis Aragon)那篇著名达达派艺术宣言中，就获得了最经典的定义：

> 再也不要画家，再也不要作家，再也不要音乐家了，
> 再也不要雕塑家，再也不要宗教，再也不要共和党人，
> 再也不要皇族成员，再也不要帝国主义，再也不要无政府主义，
> 再也不要社会主义者，再也不要布尔什维克，再也不要政治家，
> 再也不要无产阶级，再也不要民主党人，再也不要布尔乔亚，
> 再也不要贵族，再也不要军队，再也不要政治，
> 再也不要祖国，再也不要这类愚蠢无聊的东西，
> 再也不要任何东西了，啥也不要了，啥都不要，都不要了！

如此否定一切当中，唯独少了一个：再也不要达达派艺术了！达达派艺术拒绝遵守它自己规定的箴言："一切真达达都是反达达！"他们走向了反面：如今达达声称可以代表一切！

如今每一个国家，其人口的绝大部分，无论有无文化，无论接受大众传媒诱导，接受

学校、学院、博物馆各种教育熏陶,一律都接受这种疯人院"艺术"的主张,不仅将其当作人类这种无价值、无目的、无意义生活的正当表现,还将其当作唯一可以接受的反映现实的途径。可是很不幸,如此大肆公开宣传和鼓吹的实效,无非强化权力制度本身掩藏的深层非理性本质,把一切足以唤醒人类的证据和记忆统统消灭,包括人类传统;岂不知,改造权力结构仍然要依赖这些宝贵遗产。

因此,依据他们的谬论,真正的艺术体验表现在彻底消灭真善美,无论历史上的或者未来的。接下来,就必须攻击一切健康、均衡、正常、理智、健全、理性、有序、法度、有目的……的任何文化表现。在这价值理念完全倒错的世界,邪恶成了最高善良;谁若有道德判断能力和自主选择能力,能免除破坏或者杀人冲动,把人性目的当作最终目标,他就要冒天下之大不韪,冒犯了重新复位、无法无天、制造混乱无序的最高神灵上帝。因而,如今是一种道德伦理完全倒错的天下!

因此,反艺术运动实质上通过它的这种种表现——从垃圾雕塑到莫名其妙的胡思乱想,从震耳欲聋的摇滚乐,到音乐厅里巧计获得的噪声,从油画画布故意空无一物到吸毒者头脑中的云山雾罩——从其声称要攻击和背叛的敌手那里,既发了财又汲取了技术资源。另有些人口口声声宣誓"脱离"大机器技术文明,他们采取的手段也恰好证明他们同这大机器联系紧密:海洛因、麦角酸、频闪灯、电子放大器、化学以及机械形式的"快速迅捷"等等,无一不紧系于科学发现和财经动机。比如,长期吸食大麻的人实际上已为香烟产业拓展为大麻烟制造备好了基础条件,且更有利可图。据报告,已经开始研究诱人的外包装和上市推销的广告标语了。面对大机器权力体制,勉强算得上洁身自好超脱独立者是另一伙人:他们积极参与了大机器却能隐身其间。而具有讽刺意味的是,就连嬉皮士服装如今也大有市场,开始批量生产了。

反艺术运动向大机器如此殷勤投怀送抱,该怎么解释呢? 最好的解释莫过它扮演的这种双重而矛盾的角色:表面上,它是反叛者;抵制当今这种过分机械化、过分组织化、死板僵硬的科技文明。而实效证明,吹捧权力体制为其最终产品提供辩护,同样有利于反艺术运动自身。它扮演帮凶,让现代人类逐步适应超级技术文明给他们准备的生存环境。而这是一种什么环境呢? 垃圾如山、无法处置的报废汽车、工业矿渣堆积成山、核反应堆、高速公路、巨型构筑物比比皆是,等等。就是如此退化堕落的生存环境,正命中注定要通过建筑学途径演变成均一化的全球"megalopolis(超级城市)"!

这些反艺术艺术家们(anti-artist),以巨型机器威胁下精神消亡为己任,形成一种幻想,想通过个人行为选择来克服这种厄运。在貌似抵抗权力体制、否定其日常规律运作的过程中,反艺术运动实际上乖乖接受了它的程序化产物。

若不信,请看垃圾雕塑这作品的含义吧。该"雕塑"作品的创作者可能是想告诉我们,即使在核爆炸灾难之后,生命世界仍会在很低微的水平上继续存活,虽然早已算不上人类了。而艺术家们则会从废墟中找寻、凑集材料,借助生锈发动机、碎裂便溺器、扭曲线缆和管材、破碎陶制品餐具、开裂散碎闹钟,依靠诸如此类残缺不全的玩艺儿,还是能表达出些许创造意图。假如这就是反艺术运动背后潜藏的深层动机,那么,我们不仅能看懂它,还景仰它的远见卓识(当然留有严肃保留意见),喝彩它的先见之明,警示人类小心避开未来一种很可怕的结局。

如此看,反倒是当今社会欠了反艺术运动一笔敬意啊! 证据就是,它几乎提前一个世纪先于当今科学技术的破坏手段大增加大提高,就抢先预警了人类各种非理性胡作非为及其不幸结局: 寸草不生,荒凉死寂;这景象恰是当今西方世界的特色。假若我们能更充分广泛理解该艺术这种先见之明,它完全可以发挥预防注射的效用,就象是接受足够的稀释剂量能以免疫那样,我们岂不就避免了当今整个社会机体难以摆脱的严重疾患吗?

## 7 精神情感世界被彻底搅乱了

不幸,这种反艺术运动不仅揭示了当今社会背后潜藏的非理性实质,还通过电视电影之类大众传媒予以以强化,为这种破坏性群体胡思乱想提供放大的模型: 妖魔鬼怪、恐怖暴力、邪恶罪孽,都层层叠加,直至最起码的动物生存信念也从我们头脑中被驱赶出去。以往,这种神经病般的冲动只限反复爆发在统治阶级内部,并透过严格礼制仪式化为迫害屠杀行动;所幸其他人口因牢牢系于日常生计、衣食住行、婚丧嫁娶、生儿育女,而不可能同现实世界完全忘情。

如今,维系社会完好的习惯、风俗、道德律等等都松懈了。人类中越来越多的人逐渐丧失理智。你只要读过 1969 年发表的《黑人宣言(Black Menefesto)》就不难看出,美国黑人中那些受过教育的人开始投降了——至少暂时——向 19 世纪几乎灭绝南非全体科萨人(Xosa 也作 Xhosa people,南非东南部的黑人,讲班都语,后来分裂为六个部族,各自拥有不同文化遗产。——译者注)的那些谎言幻想投降了。可是这些谎言欺骗,若比起美国佐治亚州参议员的公开言论,简直小巫见大巫。此人对未来原子弹可能毁灭全人类的前景毫不含糊,说只要美国的亚当夏娃——当然都是白人——能存活下来,并在全世界子孙满堂。

要说清楚这种呆傻症何以流传如此之快，我还得回过头来简述本书第一卷中一个主要论点。该论点早有学者在证据尚不甚充分时就曾间接验证过了，例如阿尔弗雷德·拉塞尔·华莱士(A. R. Wallace)。他指出，人类发达过度的大脑在人类最初揖别其灵长类、原始人类祖先之时，已大大超出人类自身动物性生存的基本需要。这种失衡在很长一段时间内曾严重威胁到人类精神情感的均衡发展。当时古人类这种空前发达、活跃的精神活动，感官对环境因素的敏锐反应能力等，都常为他不受约束的(有别其他动物的季节性特点)性愿望和性活动而遭受过度刺激。因而他的精神情感往往接受其无意识状态的控制，因为他已然摆脱了约束其他动物行为活动的遗传保守性。那时当人类尚未通过礼制、语言等手段创造出丰富够用的文化积累，他自身也就处于这种无意识状态经常威胁之下，尤其经常随意流露的破坏性、自杀性冲动。其实，这种危险至今犹在。

这种精神情感能力，起初从睡梦景象以及原始冲动力中喷发出来；且与光天化日下尽人皆知的物象很难互相区分。尤因社群中其他成员同样有此困惑，同样因睡梦中迷幻景象而终日惶惶。经过不知多少挫折、失败乃至灾祸，最终总算克服了不懂得区分幻想和现实这种无知无能。从此，人类——就因这种很特殊的品格——得救了。这是一种积极进取的特性，至今在婴儿和孩子身上仍清晰可见。表现为总想重复、重温自己的体验，同时伴有同样积极、快乐、不断重复的躯体动作和语音表达。就文明社会而言，这就是风俗、习惯、礼制予以恢复的有序性，这有序框架曾被发达过度的活跃大脑反复摧毁过。但是，人若没有极其发达的大脑，却又无从摆脱本能的支配。

若该假定能够成立，那么人类文明的大问题从一开始就是如何开发自身大脑以及感官世界优异的创造潜力，同时又不被自身生命深处涌动的前理性的(prerational)本能，以及破坏性极大的非理性冲动带入危险境遇。由于原始人类很享受准确的重复活动，他依靠自身这种天赋构建了人类文化的根基。这样，人类才得以用各种意义和有序性建起自身精神世界的稳固结构，形成心理世界的和谐统一与常规运行。

风俗习惯有种很讨厌的惯性，它总要阻碍创造性，即使是有利的革新，它也总要作对，因而其实效就不仅是通过阻挡无意识状态中的非人类冲动来弥补和修复(文化)。可是古人类这种婴儿般冲动和没规矩、无禁忌举动是如此幼稚而危险，就连最稳固的古文化，也未能御防爆发种种威胁生命的非理性行为，包括"撒泼"、"要混""发疯""作孽"……实施系统迫害、人殉、残杀；乃至用假道学做伪装，虚伪的宗教理由，实施疯狂的屠杀和战争破坏。

人性中这种紊乱无序已是尽人皆知的事实。从荷马、索福克勒斯到莎士比亚和陀思妥耶夫斯基，人类这些诗意头脑及其不朽作品已反复把这种无意识状态的狂乱展现得淋漓尽致。所以他们非常清楚，人类文明长期摆脱不掉这种狂野思绪，或至少萦绕着发疯的潜在危险，那时弗洛伊德还远未降生。可是，每逢非理性行为大规模爆发之后，人类恢复其精神平衡的能力，有史以来始终不足以把握自己的本性和命运。何况，许多最危险的非理性行为，都披上伪装，诡称维护风化，虔诚圣洁之类，巧言令色当作道德秩序，硬说这是"上帝的旨意！"

370　　　过去三百年内，这种捣乱因素被放大，而非缩小。证据之一就是权力体制本身不仅有意破坏宝贵的民风习俗，还破坏传统道德价值观念。更严重的是，它将有机世界那些维护稳固的反复运作机理，统统转移到机械领域，剩下人类自己空前孤独面对自身已然无序化的精神世界。他们的日常劳作和宗教仪式，都不再要求积极投入和参与；以往，这种投入和参与发挥了粘合剂作用，将人类均衡心态所需要各种丰富营养物都粘合到一起。缺少这个东西，结果让无意识状态重获支配人类的权力。更可怕的是，无意识状态下的前人类特性(pre-human properties)，如今统帅着强有力的机械资源，这可是它从未支配过的力量。

　　假如一种文化中唯独机器拥有秩序和理性，那么其中人的"解放"就不意味着有更多选择，而意味着人的无意识状态获得了解放；人，也就因此臣服于魔鬼般的冲动和狂躁。既然人类将秩序特征一古脑灌输给了机器，人类自身就根绝了这种重复性行为和礼制活动；尽管许久以来都是这些要素一定程度上维护着人类精神均衡和创新能力。原先文化框架以及人性结构包含的有序特点，如今都作为牺牲贡品，奉献出来换取机械技术成就。如今已看清，这种危局靠任何技术方案都无法解救。只有人类爆发一种极为强有力的反抗运动才能扭转这种局势，给耗空了的人类生命重新灌注自主功能、有序机理、团结协作……这些都是他几乎丧失殆尽的宝贵资产。

　　说到这里，我们应该充分注意到瑞士精神病理学家荣格博士(Dr. C. G. Jung，1875-1961，瑞士心理学家，精神病学家，首创了分析心理学。——译者注。)对他自己人生经历的观察和分析。他在其《记忆、梦想与回忆》(Memories, Dreams and Refletions)一书中现身说法，追忆自己职业生涯中一段艰难岁月。当年他研究幻想的心理作用，当时他发现"一个必不可少的要素就是必须在'今生今世(this world)''找到一个生命支点'"，否则自己的无意识(unconscious)简直会令他丧失理智，精神失常。他说他之所以最终没有崩溃，要感谢他自觉意识到，他拥有瑞士大学的医学毕业文凭，他有义务照管好病人，自己还有个家庭、五个孩子要供养；他还提醒自己，自己居住在熟悉的房子和认得出来的城市之中——"这些现实都要求他每天必须完成一定职责和任务，当然还一再证实他自己实际存在,而非一张白纸随精神风雨上下翻飞。"

这一立场立足于最坚实的现实世界和日常生活的循环往复,却是我们当今热得发昏的技术文明最为欠缺的,尽管它能把每种技术构想立即转化成可销售的硬件。假如一种文化敢夸海口,说自己拥有难以控制的活力,那它就处于某种梦魇般可怕的裂解状态。而且,等不到人类摆脱这梦魇,他们的卧榻——地球本身——会先行消失,如同当今普行的一次性容器。可见,假如精神稳定的基本条件——公认的价值准则、普适的行为规范、熟悉的面孔、建筑物、大地景观,行之有效的职场规则和礼制等等——都不断遭受破坏瓦解,那么,我们这权力驱动的文明岂不日益变成一张白纸,首先被内心的狂野暴力扯得粉碎吗?

针对当今社会解体和倒退,各种疗救方剂都拿了上来。上述分析就揭露了当今这种病笃乱投医的浅陋。前面分析反艺术流派的作品,我们揭露了其中精神价值颠三倒四;这种情形暗合了当今一个普遍现象: 精神病院内外,病人,以及患病群体,都数量大增。而这种危机是无法靠现有体制资源予以纠正的。这种病症太普遍,无法通过疗养院来解救,即使建造更多。这种毛病,罹患者无法通过群体治疗来校正,不论再增多少精神分析学家和内科医生也救不了他们。原因在于,那些有资格诊断和治疗他们的人身上,也发现有同样的病灶。

欲令人类不至彻底忘情生命之真义,似应思谋一种更深刻、更根本的办法,一种全球规模的现代文化重新定向,首先针对当今所谓"文明"人类那种气势汹汹、不可一世的现代文化予以重新定向。拙作《人类的改造(Transformation of Man)》就试图给这一任务提供一个基本框架。

# 8　病理诊断过于乐观

医生研究人体发现,疾病通常并不先表现为周身通体永久性退变,而首先表现为一种抗争,努力想恢复遭破坏的周身均衡,恢复各种受损机能。正因起初并无明显病理体征,因此往往因发现不及时,治疗不及时,酿成永久性损害。

当然,由于这种反应机理表现滞后,因而很容易依据当时表现得出过于乐观的预后诊断。证据之一就是,各种备选方案恰如其想取代的方案一样,同样也缺乏必要的人文内涵。不过,有种现象很令人回味:早就有人深为担忧了,担心当今机械文化如此发展下去,竟是一种什么终结,其中包括那些自命科技新文明秩序的激进预言家。

早在 1909 年，英国科幻作家 H. G. 韦尔斯在其《新世界(The New World)》一文中就说过，"最终，我们或许会发现，20 世纪进程很可能并不平安无事。人类会再次遭受挫折，花代价再次去学习我们未曾学好的功课，接受这种基本而痛苦的教训，重新领悟诚实、亲密、友善、社群团结互助的价值，以及有必要建立全球理事会，商讨如何维护世界持久和平。"这些话是韦尔斯写的，但此韦尔斯已非彼韦尔斯——十年前同一个韦尔斯在《机械进步成效展望》一文中调子曾经那么乐观。

有个可靠证据表明人类已经开始觉醒，这就是学生运动；最有意义的是，这种运动已经风靡全球。而且，其直接动机、诉求、提案却五花八门，什么都有，令人猜想其爆发之深层原因可能是各国共通的根源，无论其文化传统和现实问题如何。这一揣想虽然无须特别证明，不过依据它涉及如此广泛的地区、如此普遍，这一特色表明其总根源只能是权力体制本身，尤其它当今这种技术扩张以及强制形式。简言之这就是一种造反，针对当今这种权力为中心的所谓"文明"。这种造反已经姗姗来迟，已经迟到了五千年之久！

几乎不用强调，这种造反背后潜藏一种深刻恐惧，深怕科技进步的下一步会导致人类彻底灭绝。美国青年有理由认为，美国在越南的残忍行径不仅威胁当地人生存，同样也为人类未来奏响一阕不祥的序曲。假如热核技术之后的一代青年拒绝历史，恐怕因为感觉到未来摒弃了他们，因而唯有"活生生的眼前"才最真实。

听来怪诞，实则该深思：青年人反叛和造反流传如此迅速、广泛，而且如此雷同，如出一辙，却全靠了先进技术传播手段帮忙。这一代青年是诞生、成长于世界核动力驱动巨型机器装配成功后的第一代，其中许多人的祖先，曾经怯懦消极，曾经胆小怕事、三缄其口，如今这些青年人仿佛突然醒来，声嘶力竭喊叫，恐惧、担忧尽在其中。这些忧惧都很有理由：它又是一种愤怒，青年会用这愤怒之火焚毁威胁其未来的各种邪恶力量大联合。

是的，至少，我们当代青年已经觉醒。他们如同霍桑寓言中的人物杨·古德曼·布朗那样，惊惧不已，意识到自家祖先——尽管口口声声虔诚担保——始终在参加与巫师们淫秽可憎的安息日大礼，结果竟导致一系列血腥团体人殉。这种非理性牺牲曾经贯穿了整个人类史，亵渎了人类文明的最高成就。

青年们对眼前发生事件的反抗行为，敏感程度较之祖先们略胜一筹。其中一些青年激进者所作所为，仿佛热核灾难已发生过了。他们设想自己如今辗转于灾后废墟之中，无任何永久避难所，无正常食品供应，无风俗习惯，每天想到什么就用什么；没有书籍，没有学术知识遗产，没有固定的工作和职业，除了一无所知的青年伙伴无任何知识来源。很不幸，这种造反不仅反对权势过度的技术文明，它还反对一切历史文化，不仅反对分工太细、到处滥用的专业知识……总之，一切比较发达的精神文化，它都坚决造反。

青年们在自己无意识状态中设想生存在一种灾难后的世界。就这种生存环境而言，他们的行为符合理性标准：只能靠群集扎堆、摩肩接踵而在才能获得安全和生存延续的感觉。所以许多人逃到乡野，建起临时帐篷，安营扎寨，组成社群，自我麻醉，以忘却寒冷天气、凄风苦雨、满地泥泞、艰苦困顿、肮脏无比，一切都不在乎，接受贫穷匮乏的生存方式。却也从中获得报偿，就是重获起码的动物般生存自信，懂得相互体贴、彼此援助、友善、仁爱；有一点点吃喝，马上大家分享。凭借彼此实际存在、生活减缩，乃至最基本体力活动和情感表达，都会感到愉悦。

由于这种废墟只是想象的，这些演习落难的人仍得从丢弃的秩序中汲取资源。于是，数千人聚集起来驾车远行，赶赴摇滚乐节日盛会，加入广播和电视播放的节目，从而放大自我。再用毒品或者类似毒品的音乐麻醉自己的灵觉和感官。所以，尽管有造反的姿态，不屑跻身正统文明和消费方式，这些青年却迷上另一种腐朽产品，这是纯机械手段营造的原始状态。他们故意将世界缩小成一系列混乱偶发事件，营造一种最终假象，然后起来对抗它。

幸好这只是整个事情的一部分。此刻撰文之日，我收到几封信，是三位青年学生发来的邀请，他们为一个研究项目给两百多名知识分子发信，征集支持者。这些青年，从祖先中断的地方开始，首先确认当今巨型机器同古代同类物的联系，建议召开研讨会，同长辈、老师和朋友一起商讨，能否设计一种更积极有效、团结一致的对抗行动。当然，最重要的会议已经举办成功，而且形成了他们这种团队，这会议就是他们的一个课程，叫做《非理性人类》。学生们从这个课程了解了最终的头号敌人：它不是我们掠夺成性、嗜血如命的祖先，而是人类本性中一种捉摸不定的敌人，盲目的权势欲，这个没头没脑的鬼怪，它浮出水面时，人类还来不及动员各种精神资源和文化手段来对付它。这一任务，显然高于进一步发展技术成就。

不幸，随着青年抗议运动发展壮大，越来越看清一点，不论你愿意不愿意，当代文明自身那种暧昧和矛盾特性，也开始侵蚀进入了这种运动。一方面，以上是奥克托普丝·威廉·詹姆斯(O. W. James)为代表的学者们提出的警告，并提出一些很激进的倡议，诸如断绝大学与权力机构的联系；纠正当今知识为官僚机构服务的做法；给学分制及纯粹形式主义学位制度——所谓博士学位的经济含量缩水。还有一些积极倡议，号召个人积极参与社区日常活动，忠实于道德和社会目标，而不仅去顺从权力结构的要求；(这一变革正是帕特里克·格迪斯五十多年前就曾以大学战斗队名义倡导过的)。如果这种主张得以实现,大学就不会仅仅追求更多的知识学问,而脱离艺术、政治和宗教,而是调动一切资源服务于公益合作,重振社会的全方位生活。

但另一方面,权力结构已给这场反叛运动的方法论打上自己的烙印,因而歪曲了学生运动的理想目的。证据就是他们的行为：霸占教学楼,扭打校方负责人,强硬提一些"不可谈判的"要求,持有枪支武装而有恃无恐,声言举行更大规模暴力,要求恢复种族隔离制度,乃至要求资助反动的意识形态和社会思潮(麦克卢汉主义、黑社会当权、巫师巫术、强制色情文学、性展示、身压石块令人致死、吸毒……)。殊不知这些其实是权力五边形的翻版。至于公然要求取消或者毁坏大学本身,这不是毁灭高尚精神的权威地位,又是什么？你若攻击教育事业层级结构的尖顶,就是毁灭人类文化最重要的积淀和成就。须知,那里也是生活中男女的人格最集中的体现与升华。

这些青年身上表现出的意气风发朝气蓬勃就足以当作条件,直接、立即形成人类团结。依靠最底层权力资源,增进邻里情感,他们就能对抗现有体制,挑战它,分庭抗礼,若暂时还不拆解它。他们通过示威培育了自信,这比示威带来的任何具体成果都更重要。它还证明,人类精神有能力采取主动,为最终目标创造前提条件。这是一次真正的解放,具有永恒的价值。因为,即使它被扑灭了,它也能唤起许多社区邻里采取同样的对抗行动,而以往这些地区、群体乃至广大区域聚落,面对大都市无节制的蚕食扩张,始终消极等待被吞没的命运。而如今,这种精神通过各种方式,表达了自身的存在。

针对权力体制的造反和对抗由来已久。当今青年一代的造反还只不过是最新和最明显的实例。古往今来这些反叛都严重冲击了古老以及现代社会结构。我早在《技术与文明》一书中就指出,这些全国和区域范围内的运动对于建立明确的文化和自治是完全必要的。有助于恢复遭漠视或流失掉的文学和语言。例如,这类运动在以往半个世纪内不被削弱,而因恢复盖尔语(Gaelic)和希伯来语的全国语言地位得以强化。类似情况还包括挪威人、英国人、威尔士人、巴斯克人(Basques)、捷克人、西班牙西北部的加泰罗尼亚人(Catalonia)。然而最明显的表现,却要算非洲和亚洲的民族独立运动。这些地区以往遭受欧洲人掠夺,当作殖民地来治理,民族传统和区域文化遭到破坏。在自然资源方面,环境保护运动发挥了同样的作用,如今更是如火如荼,不仅保护残存的资源,更要在每一个有人类居住的地方都要维护生态多样性和区域统一体。

即使素被称为铁板一块的堡垒罗马天主教内也爆发了这种反叛,反对巨型机器这种一家作主的普世主义(one-sided universalism),反对他们不负责任的政治制度及其不顾社会需求、不理睬民众诉求的作风。天主教正统社会及其严密等级结构内部这种突然觉醒很有意义，由于这一陈旧体制越来越教条化、不可一世，在 19 世纪理性主义冲击下更加固步自封，甚至硬说罗马教皇在教义和道德问题上无懈可击，这样的反叛行动因而就越发可贵。各地抗议活动表明一种深深的不满，不满意巨型机器即使在其升华为新形态之后仍然不想、也无任何作为改弦易辙，弃旧图新，连曾经反对自由思想的罗马天主教内部，乃至令人惊讶的主教阶层和修道院内部都爆发反叛，表明那里也像学生运动一样不屈不挠。这种反叛有各种形式，分庭抗礼，另立门户……虽然分散，自发，却比大规模有组织的对抗更有效力，成为重振社会的序曲。

　　无论社会表象或者深层都有许多迹象表明，或多或少自发反应正在许多地方表现出来。不过挑战巨型权力机构的各种势力目前有优势，这优势来自技术进步的成果。反抗势力的成员，不论空间上多分散，却因通讯网络在时间上能形成团结一致；同样，无论在时间上多么分散不一，却可借书籍、光碟、录音带、经常而灵便的集会安排，而获得空间上一致性。因而反抗大机器的斗争不再是病态的时有时无的阵发行为，而通过经常的自省自适形成持续不断、日益协调统一阵线。

　　当初罗马帝国修筑帝国路网，还配备旅程表，是为了官方使用方便。这种设施帮助保罗大帝，从信条到日常教规彻底统一了基督教地盘。当今也一样，电子通讯和记录系统，即使在中央集中操控的条件下，也有很利各地孤立群体和组织形成联合行动。证据之一就是嬉皮士那些我行我素的做法，通过大众传媒扩散，居然能迅速流遍全国，流遍世界，甚至不借助外力穿透铁幕进入始终封闭的极权国家。反叛行动已经如此不拘一格到处扩散，它表明自夸铁板一块的巨型机器乌龟壳并非刀枪不入。这种四面楚歌的局面中，强大权力结构终于开始解体了。这大机器的解构显然已成当今的时代主题。

　　这种大觉醒的各种现象和证据终于呈现在世人面前，令我们深切认识到当今人类状况。其实一个世纪以来，这种觉醒早就通过各种形式喷发出来了：包括梦想、神话、种种杂无章绪的行动，只不过最初朦胧若梦，难以立即领悟。作家梅尔维尔作品表露他自己无意识状态，不论其含义为何，也不论大白鲸象征上帝还是魔鬼、宣扬加尔文教天定论（Predestination）还是笛卡尔宿命论、体现否认肉身的本真精神（body-denying Superego）还是否定灵魂的本能冲动（soul-denying Id），小说《莫比·迪克》都出色展现了制度势力与技术势力两者的坚固联盟。人类精神正是在这种对立态势中遭到威胁，即将被剥夺自身作为灵肉一致人类的正当合法遗产，虽然全部器官一样不少，不缺损也不萎缩。梅尔维尔借莫比迪克小说中的船长阿哈伯，他被愤怒冲昏头脑，他的愚顽、疯狂仇恨、残忍敌意以及魔鬼般虚荣骄傲，作者描述了虚无主义者孤注一掷反叛行动的共同面貌。那架式仿佛若有必要即使与全世界同归于尽也在所不惜，发誓要为人类遭折磨歪曲的灵魂正名。

通过阿哈伯以及言行乖戾者杰克逊(也算个准罪犯的原型)，作家梅尔维尔既描述了全球权力五边形巨型技术帝国"可汗们"的嚣张气焰，也讲述了他们发动起来的反抗势力。其中，阿哈伯的盛怒和仇恨已难以自制，然后疯狂依赖权力，致使自身最终受控和毁灭。这一主题让梅尔维尔这一作品成为当今解读人类命运的最著名的寓言故事。这位船长追踪猎物，最疯狂时刻竟然扔掉罗盘和六分仪，透过阿哈伯这种疯狂举动，梅尔维尔预言了人类给自己定位的理性工具，惟妙惟肖地预示了当今发生的种种反文化和反艺术现象。同样，船长在躁狂症般专注追踪目标当中，已经不思考内心一念之差，虽然这一念之差足以拯救船只和水手，因而对头脑冷静的斯塔帕克的解劝，或者骇得魂不附体的小孩子哀求，或哑巴非洲原始人的手势，一律装聋作哑，充耳不闻。

377　　　形象地看，人类就陷入梅尔维尔描述的这海上追击，受冒险心理蛊惑，对鲸鱼油和鲸鱼骨垂涎欲滴，加上自己的傲慢虚荣，尤其舍命也不舍弃权力的心态，如此种种，酿成人类当今险境。不过，幸好人类已经清醒面对即将通盘毁灭的前景，深信这些疯狂船长们足以最终酿成这种惨剧。

面对这种凶险前景，每次反叛行动，每场群体抵制，每一声活命呼喊，每次独立自主宣言和行动，无论层级多低矮多原始，都在试图消减、改变这只船的自毁之旅，都在推迟这一致命时刻：大白鲸甩开巨尾拍碎船板，令全体人员葬身鱼腹。当今艺术界种种幼稚、犯罪、弱智的表现，一切表达仇杀和异化现象的作品，只要是努力履行他们理解的理性职责，都有存在的理由。这职责就是充分唤醒现代人类，认识到当今真实困境，勇敢夺过方向舵，依靠星座领航，将船只驶向平安彼岸。

# 第十四章　新工具新理论呼之欲出

## 1　植物，哺乳类，人类

本书开篇，我们系统回溯了始终引导人类一路前行的两条平行的探索路径：一条路径探索地面，尽管迄今从未全部完成；另一条路径探索天空和物质世界一切现象，天上、地下；这些领域无需直接借助人类生物特性和文化成果就能解释和控制。我们从中看到这种探索和殖民过程为西方人类的原始活力开辟了新出路。但恰在这时，新的机械论宇宙模式诞生，开始了它的全面限制，阻断去路；禁限之周密，前所未有。

这里我专门强调：首先是地理探索从一开始就对现代技术发展立下汗马功劳；此外，这种探索还为一次大变革奠定基础，即生命自身变革的基本历程。目前该过程仍处于初级阶段，从形成思维、典型、用理性工具构建领域宽广的有组织协调能力的生命形态，这过程与权力体制有本质区别。权力体制严重缺乏人文要素，这种缺憾始终同技术效能成正相关结伴前行，直至当今把握了自然力支配权之后，在全球范围威胁整个生命世界，成为技术成就的莫大讽刺。唯有一项它至今控制不了，就是人类自身魔鬼般的非理性势力，这力量已让技术智慧彻底丧失均衡。

地理探索显然开创一次规模浩大的革命，这浩大包括数量和质量两方面含义。为全球人口构建了联系手段，增加了能源品种，形成了商品、作物、种族，乃至不同思想互相交流的全球格局；从而打破种族对地区条件适应的壁垒，诸如尼哥罗种族（Negroid races，黑人种族）本来只适应非洲热带地区；尽管这种适应性是经过数万年才形成的。黑人民族从完全适应的热带地区转移出来，以及欧洲人反过来转移进入美洲国家和非洲，这进程是地球上一系列恣意置换过程的开始。在此过程中，权贵集团群体利益和便利始终超越生物学知识水平和社会承受力。以往两百年里自然生态系统遭受到空前严重侵扰和危害，其中包括地区文化的统一。

这种探索至今已经抵达其自然终点，最后边境线已对它关闭。两位宇航员登月成功并不表明宇宙探索新世纪的开始,而标明它的终结。因为16世纪开始的科学技术革命至此已经抵达一个几乎无生命的终点：一颗卫星,荒寂无人,无生命能力,无法居住,地球同样会很快沦落为同样的景象——除非花大力气,想象力、勇敢精神、政治魄力互相结合,团结全世界人民共同对付这历史般古老的权力复合体。若不施加反作用力,令这权力结构减缓速度或变更其自发进程,人类将年复一年接近这种死胡同——无论从哪种意义上说,都是个死胡同。

地理探索在抵消技术发明和组织机构牵制方面,只发挥了暂时效用。虽然如此,它却为新的世界秩序奠定了基础。它能从根本上改变这种独特的机械论世界模型,解决办法就是叠加一个更复杂模型,这模型不源自未形成生命形态的物质和能量,而来源于有机生命世界的本源。地理边界虽已关闭,但一种更深刻的探索却刚刚开始。这是时间空间双重意义上的探索,更是主观和客观世界双重意义上的探索。这种新探索不仅要解决因果关联,还要解决几乎无法解释、无法描述的复杂事物,它穿越时空,还不停地互动。这种有机生命世界如今已接二连三揭开新领域的真面目。当年乔治·盖洛德·辛普森(George G. Simpson)给达尔文的《物种起源》写序言时就曾经准确地预言了这种日益临近的变革,他说："天文学革命和物理学革命,已经在19世纪早期获得巨大进展,但比起生物学革命,这些都算不上根本意义上的变革。生物学革命注定会更深刻地改变世界,这场革命即将降临。"

可是不幸,这场生物学革命却被权力体制支持者们捡过去迅即投入应用,准备当作下一步技术手段独断专行。照他们炮制的独特标准,这种革命推行的结果不是给人类带来更充分发展,而是将人类引入歧途蜕变为另一种或另一系列的生物,经实验室改造遗传基因或经人工子宫予以再造而成。由此,迄今已知的文化史意义上的人类将不复存在,而沦为废料堆。这一系列技术变革将给支离破碎的权力体制——这体制同时又是压缩文化史而剩下的干瘪空壳——增添一种权威。这样的权威,人类却从不容许大自然在自己面前展露丝毫;而且,这是由人类自己的本性决定的。那么,此中有何深意吗?

对此,当代一位诗人讲过非常聪颖而及时的话,可以当作忠告奉献给巨型机器的卫道士们,他们正打磨他们的纳毫米针头(nano-needles),准备永久改变人类本性了。

波力斯·帕斯捷尔纳克在《日瓦戈医生》一书中说："重新塑造你的生命!? 说这种便宜话的人其实从来不懂什么叫作人生、生命,不论他们见过多少世面创建过多少业绩,他们从未感受过生命的呼吸和心跳! 他们只把生命看作一堆原材料,可以任意加工制作,仿佛等他们手指一点就有了仙气儿。问题是,人生、生命从来不是原材料,不是任人揉搓的东西。如果你想知道,它是一种原则、原理,一种自我更新的原理,它常变常新,不断更新改造,万古常新!"

幸有古人类发展历程为证:古人类自身的精神情感似乎比物质环境更为强有力地影响、改造了他自己。因为,相对于纯物质表现的自然现象,古人类更熟悉周围哪些植物可以吃,哪些鸟类、走兽如何奔走动作……除非大自然狂暴肆虐,电闪雷鸣,狂风暴雨,洪水泛滥,火山爆发,他们才去认真感知它思考它。大自然平素仿佛身边一位绵绵细语的伙伴,无论爱恨情仇,石头工具都有情有义有如生命;而有机生命则绝对不会化为石头。即使新石器时代的工具打磨抛光操作将人类引入正规作业的时代,这时,大有改进的物质环境仍主要由活生生的生命体构成。虽然已大量侵入神灵、鬼怪、精灵,神仙之类,且极其灵活善变,令人类自愧不如。

古代文明诚然都已形成制度性产业和强迫苦役,而人类绝大部分则均未彻底沦为权力体制百依百顺的附庸。在狩猎和农业活动为经济主体的时代,人类大部分分散居住在农村,游离于巨型权力体制之外。这种生存状况虽然从未成功改造生存环境、扩大精神活动,创造文明高峰;但也从未跌入低谷,除因迫于外来"文明"战祸而偶有沉沦。

实际上,总体来看,人类文明至今仍在有机的、主观精神塑造的环境中生存、发展,而非辗转于机械制造的、无生命特征的容器内。同时,生命形态,生命标准,漫漫无序到处扩展。这其间人类几经荣发几度衰落,作为生命不可须臾消失的均态,总算胜过诸多衰亡物种得以保全。这其间,只有古代奴役制最堕落的时代才认为那种完全不适合生命需求的环境下,人,也能存活,也能继续苟延残喘! 其典型表现就是古代地下矿洞里的那种非人的生存和苦役。

人类在未曾发明、打造出机器之前,始终与动植物结伴而生,结成积极的共生关系度过了许多地质年代。从人类觉醒、感知自身生命存在那一刻,人类精神活动便开始涉入生命世界。人类的许多基本生命特性都与其他动物无异:性爱配偶以及养育后代时间都很长、结成社会联系、享受性快乐、游戏、娱乐等等。唯有一点很特殊很特殊:人类发觉自己的生存环境不仅能提供足够物质营养保障生存,更重要的是这环境还能不断促进人类自身发展和转变;正是这一发现,促使人类进化、发展出对生命最深沉的热爱。在这一点上,连最简单的生命体也能给人类当老师,它们能告诉你的远超出最先进精密技术成就。假如从一开始人类只能靠机器寻找未来的答案,靠机器提供最基本物质供应,我们人类早就因营养不良、因无聊以及无以疗救的绝望而死掉了。

还记得劳伦·爱斯里(Loren Eiseley)在其《漫长的旅途》一书中对有机生命世界发展转折点做的评述吗? 他写道,爬虫时代不断发展逐步让位给哺乳类时代,这是个重要转折。后来出现的这种温血动物以哺乳方式养育幼仔。他指出,哺乳类时代还有个很突出的繁花似锦时代。当时被子植物不仅让整个大地绿草茵茵,约计四千多种草本植物激活、强化了每一种生命活力。这些植物的花蜜、花粉、种子、果实乃至多汁的叶片,都拓宽了感官范围,增强食欲和味觉,激活脑神经活动,从而极大增加了食品供应总量。

如此万花盛开景象不仅是宇宙大化提供的巧妙繁育方式,更意味深长的是,鲜花带来品类繁多的颜色和花型;这些表现仅用生存竞争的价值内容就不好解释了。你纵然可以说,百合花花萼尽情绽放是在尽现性器官,而大量菊科植物,如雏菊、金盏菊,许多都小小筒状花,其貌不扬却开遍天涯。这就表明,植物世界兴盛的根源可能完全不在于追求品类繁多,争奇斗艳。

开花现象是自然界无穷尽创造力最好的实例,尤因这种现象无法用纯实用主义的逻辑来解释,这更让进化史上这种花团锦簇现象蕴意无穷,它很能代表其他的生命过程。生物创造和美学创造往往紧随进化历程,这自有其道理,而且超越、突破了更古老生命的局限。如此看,假如生存构成进化的全部内容,生命何不永远维持在原始活性软泥状态? 或者,也可以固守苔藓地衣水平而不再前进,而为什么没有终止呢? 尽管可以凭空设想一个抽象世界,既无颜色,也无活动生命任何特征,那种死寂的世界,还算个生命世界吗?

早在人类尚不懂得领会和欣赏美,还不懂该培植美好事物之时,美在这世界不仅已大量存在,而且种类丰富,首先是品类繁多的鲜花。而且人类自身本性也随感官进化和增强不断改善和丰富;其中包括视觉、嗅觉和触觉不断发展,进而通过形象符号以及装饰物、化妆、服饰,乃至涂抹、刻画自身形体来表达审美情趣。凡此种种都是人类丰富社会活动和性爱生活的副产品。从这个概念上说,我们人类其实都是"鲜花的孩子"。

至少一万两千年以来,或许要更久远,人类生存始终依赖同植物王国结成密切共生联系,并深深植根于遍布全世界数以千计的原始小村落。人类文明后来能取得崇高成就,也依赖这种共生联系;这种联系致力于生存环境建设和改善,孜孜不倦认识和栽培各种作物:首先是这些作物的选择、培养、育种、鉴选。如埃德加·安德逊指出,这种文化的重要贡献体现在育种方面的重要成就。它关注作物的颜色、滋味、气味、花色、叶型、营养含量等因素,评价其食用和药用价值,也确定其美学意义。

如今机器当家的世界,不知多少人在科学实验室工作,尽管其中许多自称生物学家,却早已丧失同有机生命文化亲密接触,而且也不尊重甚至不理解其巨大成就。他们已经依据巨型机器的市场要求着手重新协调改变生命的创新过程。例如,植物育种最新成果之一是一个新种番茄,不仅个头儿均一,且成熟时间、成熟数量都相同,这样就便于机械化自动采收和仓储。

从这种奇思妙想又逐渐形成一系列梦幻,包括严格量身订制的新世界。这种世界里,一切很原始的、无利可图的物种,都将被消灭;甚至包括很有杂交育种选新价值的原始谱系。可能最终只剩下人类自身残存的野性,始终潜伏在睡梦蠢蠢欲动的野性,才能拯救他,不至完全臣服于机械的致命控制。

显然,在人类最初发展阶段,人类同植物王国的关系,起初是一种单方面有利,而不是一种有效的互利关系。尽管植物、飞鸟、昆虫,在人类史大多数时间都曾是人的积极伙伴,同时又是他的食物来源。这段时期内,人类对于改进自然植被基本上无所贡献,更谈不上积极培育有利用价值的作物。因而人类同周围植物王国的联系是寄生的,而非共生的。可是后来,首先从保护和挑选开始逐步形成积极的栽培活动,人类从中逐渐发现自己有能力改变环境,尤其是最后一次冰川期消退之后,发现自己能够把环境改造得更宜居,有更多可吃的东西,而且更加激励人,更可爱;而且这并非无关宏旨。人类在给植物安排一种新角色过程中,也让自己更深扎根于周围景观环境,并从中获得更多的舒适和安全。人类是在自家田园、花园和菜园中——这些东西问世,可能要感谢女性的辛劳——找到自己真正的家园,找到了宁静生活,四周环绕着自然世界;虽然这种宁静还很短暂,还很不牢靠。

长时间照料植物的活动,开始于果木树栽培,浆果以及坚果;诸如芒果、榴莲、橄榄、核桃、椰子、柑橘类水果,还有,若亨利·贝雷·斯第文斯推断正确,还有苹果。及至有了果园、菜园、花园,便有了个崭新的世界。在这里,无须费大力气更无须大屠杀,日子就红红火火。人类大约在这里首次窥见到天堂,证据就是天堂一词源于波斯语中有围墙的果园。

很有趣的是,据寓言传说,在另一种花园,伊甸乐园,人类因为偷吃了一个苹果,失去了动物的天真无邪,却获得觉醒,知道了善恶、生死。从此,人类一切鉴别取舍都指向改善生存而减少或抵消相反势力;因此这些鉴别取舍必须时刻警惕邪恶势力,不论它采取哪种形式,从因循守旧到恣意妄为,邪恶暴虐、毁坏自然。诗人瓦尔特·惠特曼在《自我之歌》中虽然歌颂动物的天真无邪,却很清楚人类的生存现实,因而宣布自己不仅歌颂邪恶也歌颂善良,而且很清楚两者的区别。

生命世界生长发展,惟妙惟肖表达,超凡脱俗精神,都通过植物开花这种能力精美绝伦地表达出来了,且其中不乏两性间情意绵绵的意韵。这才是生命世界馈赠的大礼。这大礼到人类手中,会在活跃生命本身以及同样灵动活跃的象征符号互相结合时展现得最为完美;它激发想象,鼓励进一步行动,展现精神世界和日常生活和劳作,声言维护生命和人类之爱。爱之生爱,一如生命延生生命。久之,环境每个组成部分都会为这种

383

反响敞开心怀，即使以爱的名义，我们有时仍可抽身退缩，容它独自存在，宛若一片红杉树林或古老纪念碑孤独自在，让人类精神如明镜般映出它的壮美，而毫不浸染人的干扰。人若一日脱离这种联系，没有情感活动，诸如闻到花草香气、见到鸟飞听到鸟鸣、偶得人间一颦一笑，或得玉手片刻温存……换言之，千百万人如今就这样日复一日过日子，而在工厂、办公室、高速公路上，这样的一日毫无生命内容，毫无人文含义。

你找不到任何机械的、电子的、化学代用品去替代我们整个生命世界，任什么都无法替代它，即使我们偶尔需借用象征性放大装置增强自己的思想表达。打个比方说，如服刑一样被投入鬼域般的超大都市，人们在其中不仅互相隔离，也与任何生命形态互相隔绝，甚至因居住条例不准养猫养狗为伴，这种日子不论多长，都等于完全不学习乃至摒弃掉人类来之不易的全部经验财富。这些财富是人类从地球全体生物约三百万年——尤其是最后这十万年——共生共适活动中提炼出来的。"我们能活命，全仰赖互相帮助。"这是一位战士的战斗经验总结。他这句话适用历史上任何时代的任何生命。而且，不仅适用于人类生存，更适用于人类进一步发展进化。

若让人类严格遵从巨型机器的外部要求，将其全部社会活动和个人追求都限定在机器框架内，那无异于集体自杀。而这样的自杀或者更确说，如此杀灭生物(biocide)，的确每天都在眼前发生。我们精致的机械装备或许能替代有机生命，但决不会成为可以接受的永久方案；除非用在严重事故中，如采用机械肾脏置换受损器官。人类进一步发展进化需要汲取的材料来自全部有机世界，而非其智能活动中某个局部放大；这里所指的是人类操作抽象符号的技能。新的有机世界模型一旦成熟且明白易懂，这古老"机器神话"——那么多剪不断理还乱的技术官僚错误和糊涂理论错误指令，大多都是从它这里流淌出来的——将逐渐松开控制现代人类的铁掌。

## 2　有机世界模式图

古埃及有个比喻非常恰当。而这里我不惮沿用过宽，用它来讲个想法：太阳神降临人间同时还伴有个象征性事件，就是草木之神奥西利斯(Osiris)①也同时复兴。这位神

---

① Osiris 中译名奥西里斯，埃及神话中的冥王，同时又是植物之神和丰饶之神。系伟大女神伊西丝之夫，霍鲁斯之父。本来他是地上的统治者，但他的弟弟——荒漠、风暴、异域之神塞特对其憎恨无比，用奸计杀死了他，并找到他的尸体分成数块，抛到埃及各地。伊西丝用强大的魔力把他复活，他就成为冥界的主宰，公正地审判死者的灵魂，让善良的灵魂永远生活在西方的福乐之地——伊阿卢。——译者注

灵教给人类农耕稼穑、手工技艺以及绘画歌舞艺术,且他本人则不像太阳神那样永生不死,而像人一样也要经历生死。当古埃及社会日益沦为巨型机器的奴仆,民众对奥西利斯的崇拜便逐渐演变为对来世的憧憬,出现了大量思考死亡的戏剧,为保存遗体花大力气制作木乃伊,咒语、魔法、祈祷,依据死者身世财产地位,应有尽有。这种群体心态渐渐将这位生命之神就转换成了死亡之神,虽然生命之神也有死亡的内容。总之,一种假想的生命(mock life)从这里首开先河,被准备好了——这是一种抽空实际内容的"生命",它无尘世生活任何具体内容,无生命之短暂脆弱、漂泊无根,无自我超越的巨大潜能……这些它一样没有。

　　生物科学也遭遇同样的流产:这现象在 16 世纪曾隐约可见,如今则已赫然在目。将生物研究放在科学观察分析基础上是个重大进步,堪与哥白尼的伟大发现相提并论。这一理念是古代意大利医生安德列斯·维萨里系统提出的,他是在人死后解剖遗体,详细描述人体构造过程中形成这一理念的。因为从中了解了许多前所未知的重要真相,包括组织结构以及各器官之间功能联系。随后,显微镜观察和化学方法化验分析死亡组织等手段,也都进一步增强这一理念。当时医生们对新知识如饥似渴,因而当法律干预,禁止解剖遗体,曾经在夜间盗坟掘尸偷偷进行解剖研究。维萨里本人同样眼馋第一手资料,据他的传记作家描述,他曾经参与抽签,将一名死刑犯大卸四块后分得其中一块,以便开膛破肚获得那颗还在搏动的心脏,完善他的解剖学描述。足见他以为尸体可以代替活体,其依据是它有助于更详尽描述机体构造。殊不知这种方法绝对无法描述的,正是活体那种充满活力、功能复杂交织的生命现象本身。

　　总之,人们终于逐步认识到,用有机生命方式描述人类发展进化基本模式,比机械论世界模型图提供的解释方式,要丰富、准确的多。这恐怕是十五六世纪以来科学的最大贡献了。这一贡献价值超过了阿基米德到牛顿、爱因斯坦以来物理学的任何重大发现;当然,上述最大发现其中多少也有物理学的功劳。后来生物科学发展很是滞后,比如,有机物的研究直至 1813 年以前根本不能进入生物学殿堂。这种滞后,据奥古斯都·孔德等人解释,是因为各种科学出现和进展,要遵循一种逻辑顺序:要从一些最抽象、"最基础的学科"开始,诸如,最初是逻辑、数学,接下去是物理学、化学,然后是生物学、心理学、社会学,复杂及丰富程度依次递增。这种说法听起来很合乎逻辑,貌似有理。但是历史的实际情况却是,人类驯化野生动植物所急需的生物学知识要早于天文学测量和历法研究。虽然这些科学问世后大大有利于人类驯化生物;这一结论自然也适用于医学。

　　其实,在解释生物现象的能力上,有机论败给机械论,有两个主要原因:一是有机生命无法直接等同于动力机械,除非将其拆解、简缩成一堆纯粹的机械零件;当然,这主要就认识论而言,而非具体的操作实践。第二个原因就是(孔德也这样说),一旦将有机生命联系于动力机械,紧接着工程师就担任了先进工业的主要角色;当然,也就有了 16 世纪以后物理学等技术科学的大发展大繁荣。

机械世界观和有机世界观,两者间这种又联系又冲突的联系,自 16 世纪以来就成为内涵深刻的 *religious influences*(宗教影响力、信仰、信念、虔诚精神);有朝一日会有人写本书专门剖析这种联系和机理。这本书将告诉我们,即使机械文明近代已经巩固了它对全社会控制之后,无论它乐意不乐意,仍然时不时须从有机自然界获得的新知来修正和补充它的每个方面:诸如育儿新方法、卫生学以及 18—19 世纪浪漫主义思潮涌出的饮食方法,主要由卢梭著作(若非其实践)推荐;连同对游戏和运动兴趣日益增高,有效抵制和改变了加尔文教派和实用主义对它怒目而视的严厉态度。还有一例,就是福禄贝尔(Froebel)开创的幼稚园教学法,就是后世幼儿园的由来。这些做法,恰好与捷克教师、教育家、作家夸美纽斯(Comenius)①倡导的群体培训学校主张成龙配套。这时,民众对于大自然兴趣日增,表现为积极参与业余园艺栽培活动、景观设计和造园、农田体育竞赛以及户外活动,包括钓鱼、狩猎、漫步、登山。这些活动在一定程度上缓冲了机械化的不良影响。并经过将近一个世纪的努力逐渐为更为有机的文明开创了前提条件。

这本书写成后会向我们进一步讲清楚,关于有机世界的新知识——这些新知逐渐懂得如何将生命世界和机械论宇宙互相区分开来——是如何在 19 世纪某个时期引导人类对整个宇宙过程形成一种全新的想象和理解。这种新概念不同于以往那种宇宙模型,因为以往宇宙模式完全排斥生命基本属性,包括生命的企盼、生命的内在动力、生命的反叛和创造,以及生命在特定情势下自我超越的能力,包括突破躯体以及有机生命的局限。

对生命世界的这种新观点很晚才获得适当的名称,那已经是它开始系统探索之后了,它现在被人称为生态学(ecology);而起初人们认为它同有机生命世界的进化原理完全是一回事,因而也仅限于进化论这个专门领域:包括经过自然选择的生物适应和生存过程。这一转变主要归功于达尔文的著作,尽管达尔文不是这个领域的第一人,这简直

---

① 约翰·阿摩斯·夸美纽斯,John Amos Comenius, 1592—1670,捷克教师、教育家、作家。曾任兄弟会最后一位主教,后因宗教迫害逃亡,是普及教育主张的先驱者之一。该主张最终记载在他的著作《大教育论(*Didactica Magna*)》,被尊为当代教育事业之父。他工作游历广泛,先后在瑞典、波兰联邦、德兰斯瓦尼亚、神圣罗马帝国、尼德兰和匈牙利,都工作生活过。——译者注

无需更多证据。

这一新世界观有何意义，以及达尔文究竟作出了哪些贡献，这些问题许久以来就因为达尔文对自己作用估计错误而模糊不清。证据就是，达尔文认为他之所以声称自己有资格戴上进化论的桂冠，是基于他首先创立了生物进化这一假说。他的《物种起源》一问世，莱伊尔(Lyell)就来信提醒他，不要忘记至少还有位学术前辈，拉马克。何况，他自己的祖父，伊拉兹马斯·达尔文(Erasmus Darwin)就持有这种进化论观点。因而后来他很不情愿在再版书中增写一章专门提及这些学术前辈。

不过，即使达尔文有资格享受同哥白尼以及牛顿并驾齐驱的崇高声望，并获得同代人认可，那也不是因为他发现了进化论原理，甚至也不是他发现了自然选择。自然选择的思想观点，无论达尔文或阿尔弗雷德·拉塞尔·华莱士，都是依据马尔萨斯的理论推衍而来。马尔萨斯人口论认为，人口呈几何级数增加，而资源和粮食则以算术级数增加。因而若不加限制，这一过程迟早酿成恶性生存竞争，且以弱势种群整体消亡而告结束。所以达尔文实际上将维多利亚时代资本主义和殖民主义丑恶而残酷的特性转移给了自然界。因此他的理论不仅没有抵消机械论世界模式图的恶劣效果，反而给这竞争图景增添了冷酷残忍的意味。证据就是，用达尔文自己话说，"智力低下的种族被更高智力等级的民族所消灭。"(参见 1859 年 10 月 11 日，达尔文给莱伊尔的信)

*387*

其实，《物种起源》及其后《人类的由来》真正开始获得很高权威地位是由于另一些很有意思的原因。达尔文本人跟随"贝格尔"巡洋舰航行，他靠这种经历搜寻、集中了大量分散材料，这些材料都直接证明物种从最简单原始生物开始，始终在逐渐而持续发展、改变和进化。达尔文则不满足于主观印象获得的宏观进化结论，他开始一点一滴耐心收集细小证据，而且涉猎范围非常宽广，不放弃任何一点有参考价值的信息。其实，生命世界是宏大统一整体，这一伟大见解在空中已飘荡整整一个世纪了，包括一系列思想家，如法国博物学家和数学家布冯(Buffon)、启蒙主义者狄德罗、拉马克、歌德、圣提雷尔(Saint Hilaire)、钱伯斯、赫伯特·斯宾塞等等，都持此说。达尔文的贡献在于给这些敏锐却空泛的直觉注入了实际材料，包括以他自己现身说法。这些材料包括多种形态的知识和数据，都是揭示自然奥秘必不可少的，包括生物生存、生物体变异、发展、进化。其中唯不含数学和物理化学等精密科学。

达尔文创造出伟大生态学理论所依据的条件，有哪些呢？首先，他让自己同这机械论宇宙模型图拉开距离，又因为他不大精通数学反而有利，他因此摆脱了单纯片面观察和解释问题的专业习惯。因为机械思维方式是个大敌，对全面了解自然和有机生命现象是致命的障碍。达尔文担当这一新角色，他这种非专业状态对此反而更有利。虽然他的身份是《贝格尔》巡洋舰博物学家,他却不具备必要的大学教育背景。的确,作为生物学家,他甚至缺乏初等专业教育,充其量只算非常喜欢狩猎动物,喜欢收集豢养海狸。因无固定专业方向,又无任何职业避忌,达尔文精神思想上就无任何阻碍,他心态开放,就能尽情观察接受有机生命大世界任何现象：地质构造、珊瑚礁、丰富多产的海洋、品类繁多的物种,从最低等的藤壶到龟类、鸟类、猿猴……随后,日益宽广丰富的求学治学历程就成为他的整个一生。他夜以继日,不断产生新想法,投入其中而欲罢不能,甚至找不到时间入眠。

达尔文抓紧每个线索,不论哪里来的,他以自身实践体现了一种新型科学家的形象,就连"生物学家"这一委任,也远不足以体现他这新专业的特征,除非用他自己规定的标准。实际上他的身份很多,包括昆虫学家、地质学家、植物学家、育种操作员、动物心理学家,又是对大自然做综合整体研究的学者(natural consummation),原型文化人类学者(proto-anthropologist)。总之,在为生命现象找一个生态学解释的探索过程中,达尔文作为人类一员,作为丈夫,十个孩子的父亲,作为朋友,他的品格已不可分割地融入了他的新思想和情感。甚至,即使他意识到自己卑微渺小、嫉妒自私,因而想努力改变自身现状,也从未能成功将自己中这种联系中完全解脱出来。

从达尔文的全部思想能窥见达尔文其人,不独见其智理犹见其良心,见其识冷暖薄厚、懂亲疏远近的普通人灵性。他不是孤立客观地研究生命现象,而是像圣佛朗西斯那样全身心投入生命世界去热爱他们,他悲悯表演狗狗们训练之酷训,坚决反对当今仍在实施的动物活体试验。在他同整个生物界建起的联盟中,首先是达尔文同一系列志同道合博物学家们建立的高贵同盟,包括吉尔伯特·怀特、林奈直至翰伯尔特(Humbolt)和奥杜邦(Audubon)。

可以说,达尔文本人要比达尔文主义对有机生命世界图像贡献更为重大；达尔文主义假说认为,生存竞争和自然选择最能解释物种变迁的历史事实。然而他本人的伟大绝不仅仅因为他的理论建树,他努力揭示的伟大进化过程支撑了他人格的伟大。更重要的是,为生态学树立了活生生范例,他是第一个,可能也是最伟大的那个生态学者。如此系统、详尽、透彻描述生物界、功能活动与环境机理三者间那种永恒不断、难分难舍互动联系……这样的优秀学者,我们找不到第二个。象征地看,查尔斯·达尔文本人是一个刚健隽永的化身,为我们解说着后机械论时代世界模式图的全部内容。这种新的模式图,基于对生命世界的观察了解,经达尔文以身说法,化为人类一种彻悟,去探索更确切的定义界说和行动纲领。

以此观之,很难说达尔文对机械全无兴趣是一种偶然。尤其,他不屑于使用已有的机械工具。并非没有钱,而是他拒绝购买复式显微镜,却继续用自己习惯的简单老式放大镜。即使镜检,他也分部查看,后来自己也觉得这种愚笨很可笑,最后同意购买显微镜专用组织切片机。因此,达尔文绝不容忍杀死肢解他繁育的信鸽;更不会容忍当今高中教育以解剖青蛙开始的生物课程。后来他发现自己很早对绘画和诗歌丧失兴趣,他很内疚,感觉因此丧失一种快乐,还说"这很可能损及智力发展,尤其损伤道德发育,因为这会削弱人性中的情感功能"。

可见,达尔文天生喜欢探究一些重大事件,深究那些有机生命现象,这些现象有别于非生命阶段的变化,诸如因温度、压强或者纯化学和电学造成的反应现象。他有篇论文讨论动物的情感表达,其中将生物的主观精神反应能力重新归还给科学描述;先前,伽利略及其继承者们抛弃掉了这些方法,认为这些东西与科学客观描述完全无关。尽管达尔文本人日益局限于系统的知识探索,他对生命的热爱和喜好始终不败。这令我想起我的恩师,帕特里克·格迪斯,有一次显微镜见到涂片上草履虫在游动,他兴奋得手舞足蹈。这情景,后来在赫伯特·斯宾塞以及詹尼斯身上都曾发生过;从他们身上不仅能见到原生态的生命,还见到原生态的精神情感。达尔文从生物形体、颜色、拟态等有性选择诸要素的解释中进一步发现,美学表达(且不问其确切含义)也构成有机生命一大特性。华莱士是他的理论对手,态度却很友善,两人还有共同爱好:华莱士喜欢追寻天堂鸟以及珊瑚海(Coral Sea)群岛上那些色彩斑斓的热带蝴蝶。

其实,早在达尔文之前许多思想家都曾思考过生命进化理论,却让达尔文独占鳌头,不是因为他的理论很具体的解释了物种构造和变迁,而是只有他有本领收集如此广泛的资料数据,还对千变万化的大自然特殊现象做过如此丰富的观察和思考。任何一套单独的理论和观察结论都不足以说清生命进化的全部历程,但这样的观察若能像达尔文做到那样集成海洋,就能显露庐山真面目,让极其复杂的联系显现具体轮廓。从理论上说,这种复杂关系中时空整体上任一具体内容,对阐释某细节或某最短暂事件都不可或缺。大自然破天荒第一次能从理性层面接受探索和深究了;而且,不是作为诸多原子的偶然集成,而是作为具有自组织能力的大系统。人类,也经由神经发育演变的途径从这一过程中逐步显现;然后神经系统又提供形象和符号,为人类觉醒配备了思维工具和认知能力。

古典科学思维范畴中,整体只能经由局部来认知;因而往往有意将整体精细分解,然后逐一细致考察、精密度量测算。而依照达尔文创立的现代生态学方法,(构成整体的)局部,其功能和目的只能通过整体才能表达透彻。虽然构造轮廓的具体线条难免某些修改替换,个别局部也会因新证据而必须予以修改补充,关键是永远不能丧失整体,即使因此损及整体的严格定义。同样重要的是，还要将整体放到时间长河去接受检验。因为生命某些转化成果是时间造成的，这些变迁只能通过时间来体验，而非度量、测算。

　　把生态过程大量的轮廓、模型、线索都凑集起来显现一个整体概念，这是一件奇勋；达尔文的杰出贡献也正在这里。他有开放的心态，调查发现的新线索新论点，他会随时考虑。因而后来再版的《物种起源》中他不得不采纳最初被他摈弃掉的拉马克论点，这也颇令那些僵化保守的正统达尔文主义者们无地自容。可见，正因缺少严格系统的几何学思维习惯，达尔文反而能顺利接受、思考某些矛盾证据，尽管它们与他学说抵触，或者需要修改他原来的观点，认为物种灭绝——或称之为自然选择——具有创新性的含义。

　　有了进化论的观点，西方人类就逐渐认识到，自身处于一株家族大树之顶，非常脆弱；而不是以往所说是六千年前形成的得天独厚的高贵专利品。当时说法认为，六千年前"上帝弹指一挥"，西方人类及其同类就被造出来了。如今这一新版《创世纪》不仅更能解释生命世界，同时也比上帝弹指一挥之类的创世记故事更富传奇色彩。新自然史提供的最重要教训，就是这历史本身，这历史是生命逐步积累发展最终掌控非生命的历史。因此，如果说天文探索和地舆探索发现了空间新世界，生命进化的探索则发现了时间的新世界，而且这发现要更有价值。劳伦斯·翰德逊所说的"万物必须适应环境"启发我们，自然界不仅从本质上不敌视生命，而且证明地球自身化学和物理特性均已预设好了(pre-disposed in its favor)，要有利于生命发展。翰德逊这一分析论述最终完成了进化论的全部解释。

　　这一新的视角以时间为轴线，不仅同几千年圣经的短暂历史形成鲜明对照，也同基督教神学主张分庭抗礼，他们主张历史是空白、永恒、凝滞不动的东西，就连19世纪最勇敢的思想家也不敢苟同。比如，素来享有支持进化论宇宙观好名声的黑格尔就认为，唯精神具有演变的特质。自然世界是一个不断自我重复的团团转循环，因而，它"自身表象那种丰富多彩的变换，难免令人生厌"。

　　当然令人厌倦！实际情况刚好相反，在进化论新思想引领下，自由、创新、有目的的适应、应变设计，生命这些特征在生物世界随处可见。这里所说的生物世界，不再是至高无上神意的产物，而是无休止奋斗努力以及即兴发挥的创造成果，这过程强化物种间的互相联系，同时巩固他们固有的方向和目的。进化历程虽然难免障碍、迂回、退步和转折，它却从不放弃希望，始终在协助人类精神形成良性支配态势，通过智慧，也通过感官和情感活动，以及人类日益增长的整合能力，不断整合象征符号与行动，也整合主观和客观经验，而不让任何一方无故受损。这种整合效果足以纠正生命世界回旋上升过程中难以摆脱的痛苦损失、倒行逆施、丧失良机等等弊端。

这种有机世界模式图的新义就在于：它以生命为核心，不仅系于行动与延续，更同物种和生命个体都建立了牢固联系。既往的历史不仅不会消退，还牢牢保存于个体生命记忆以及遗传资源中，甚至保全在整个生物世界实际结构中。同样，它还包孕一种强烈期冀，展望未来，探索方向，它深藏在每种生物功能之中，引领物种持续发展，开拓新境界，即使这境界要求更新战略，要求打通新道路。相形之下，当今那些所谓"进步"和"前卫"思潮，其核心概念无非主张*过去的都得消灭掉*，就显得非常乖张暴戾，也充分暴露它们对生命现象的无知和偏见。"让历史永远过去吧"，他们这样说等于让生命永远终止，无异于公开号召人类舍弃任何美好未来。

人类未来发展的最大障碍恐怕要算以往深陷无意识状态那段漫长历史了；那状态让人类无力自审自赎，而自审自赎却是奔向未来的前提条件。公元前四千纪以来（若不是更早）人类史从未摆脱多种创伤侵扰：战祸、奴役、组织化大规模破坏、种族灭绝，这些烂疮流传了一个又一个世纪，一种又一种文化……其所以如此，就是因为历史上人类始终处于这种通盘压抑和全面专政状态下。

以时间概念为枢轴构成的有机生命延续模式图，可以表现为过程、记忆、文字记载的历史、以往成就和未来的可能成就。这样的时间概念就同机械论模式图中的时间元素形成正面冲突。机械论只把时间当作物体在空间运动功效的要素之一，还常煞有介事要求加速运动以"节省时间"，甚至要求在每个领域都加快步伐，让动力机关能实现最高功效。

至今仍然有许多诸如此类的机械论幻想，我们切莫受骗上当。任何生命体，从受孕、妊娠、降生……至死亡，都会经历一定寿数。唯独破坏性过程极其迅速，唯独热耗散的熵来得容易。所以，按照有机论观点来重新解读时间，我们发现，C.劳埃德·摩尔根、伯格森、格迪斯、怀特赫德等人的时间公式和定义，构成"生物学革命"中的金科玉律，恰如哥白尼、伽利略以及牛顿的时间定义和公式，成为机械学革命中的金科玉律。

达尔文本人虽有极多精妙论述，却从未透彻意识到他把进化论观点和生态学方法互相结合起来，会把那么多重要方法和实践推广到日常生活各个方面；或许因为这些方法破坏了主流权力体制的观念形态。达尔文不仅颠覆了弹指一挥创造宇宙万物的静止图画，其中物种、边界、最终目的等等，从一开始就都是固定不变的。达尔文揭开一幅更奇妙图景：其中的创造过程不是已经完结，而且可以倒推至宇宙进化过程本身。这宇宙过程，如当今物理学家研究发现，开始于元素分化，而元素分化又是从更原始的氢原子原始。这种进化方式既不是乱来又非预先设计好的；然而，某种深刻取向始终指向自组织能力，尽管数十亿年从来神不知鬼不觉，至今仍锲而不舍指导着进化大潮。

生命世界如今已经获得必要前提，保障自身稳定、延续、动态平衡以及自我完善。就这个意义上来说，今后的进化和创造已保障了；而且，若遇到千载难逢好机会，或许还能超越自我。神性光芒偶然闪耀，正是选中这种时刻，而且还要挑选一些异常优秀的人格。有机生命进程这时往往飞升到一个短暂而令人心旷神怡的高峰。但是，另一方面呢，到那时偶发事件大增，反人性的社会组织机构会很猖獗地压制、窒息任何生命表达，让社会解体和恣意破坏占据上风，恰如当今这世道。

后来的结局很不幸：达尔文主义，由托马斯·赫胥黎——可以说此人是达尔文主义的圣保罗教皇——编造的普及版向社会推广，他还给大自然一幅图像，"面目狰狞，血盆大口，张牙舞爪。"当然这就完全遮蔽了达尔文对生命的深刻理解，而且长期以来扭曲了已呼之欲出的有机生命世界模式图。可见，达尔文思想从一开始就蒙上了当时维多利亚社会现实和时代特色，因为当时很时兴工业帝国主义的剥削压迫。这种结局后面的深层原因，这里就无法多说了。《物种起源》一书那副标题"通过生存竞争的优越民族得以保全"，就足以显示这种不良心态。这种粗劣含义的达尔文主义不仅从有机进化理论中剔除了生命的价值和目的，而且让该理论的阐释者很难解说达尔文主义的精华部分：它还剔除了达尔文本人的敏锐、温良、同情心，以及他对生命世界每种活动和表现那种直截了当的喜怒哀乐等情感反应。

达尔文对进化理论和生态观点的贡献为生物学探索提供了巨大动力，尤因当时化学科学进步已经能够证实，原生质系元素合成而诞生，主要由碳、氢、氧、氮。那就更难解释，有机论宇宙模式图的问世何以如此艰难缓慢，且至今未能当家作主？看来主要有两个原因：首先，生物进化过程自然不可能整齐划一、自动化，也不可能前后连贯一致，然而这一过程却被错误地认作机械过程。这种张冠李戴很容易将"生存竞争"一说转换成机械论神话反人类本质的附庸。其次，反过来看，有了生命行为作反衬，机械过程被奉为更"客观的"范畴，从而让机械模型继续盘踞科学精准与合理性的判别标准；包括如何看待主体性决定的生命现象，也依从了机械论。

纵然生出这许多曲折，人类对不断进化过程本身的乐观信仰，截至五十年前仍鲜活如生。约翰·杜威、伍德罗·威尔逊（Woodrow Wilson）等人都热情称赞达尔文的思想正在取代反历史的牛顿套路。可是在随后的五十年却延迟了有机世界模式图的推进。首先，国家间"生存竞争"简直太露骨了，两次大战以及无数大规模屠杀的惨痛教训，让进化论的美好希望破灭了。此间，除系统发生学（phylogeny）专家及少数喜爱思辨的学者，如亨利·伯格森、利昂纳多·霍布豪斯（Leonardo Hobhouse）以外，进化理论真正跌入低谷,遭不信任,普遍认为它已过时,若还不虚假。当然,与此同时,生态学却长驱直入突破了许多禁区。帕特里克·格迪斯就在城市研究中广为征引进化论,甚至推陈出新攀上更高境界。

随《物种起源》一百周年庆典隆重召开,荒疏进化论的趋势终于被扭转,对整个进化过程的更综合更宽广的研究正在大力开展之中。朱利安·赫胥黎,也就是达尔文学术盟友的孙子,如今就联合生物人道主义的支持者,开展反击。所以如今我们见孤立主义(isolationism)、还原论(reductionism)因过分股勤追随权力机关,加速推行各种权力化而遭到起诉,就不是偶然事件了。因为,如此疯狂推行反生物概念,滥用以及控制生物资源,已导致灾难性后果。如今,一切堪称进化论的思想,都必须认同生态学,都必须尊重和推行有机世界丰富性原则,让生产生活的每种变迁不仅适合于人类,不仅适合某一代人,还必须适合于人类的全部生物伙伴,适合于人类生存环境每一部分。

科学技术发动和加快的大破坏,若能在下一代予以制止、控制,让它不至给地球造成永久性破坏,这种大成绩该归功达尔文。是他首先装配成新型有机世界模型和生态大联盟,还有人类和生命世界自组织——亦即自治和追寻存在价值(teleonomy)——的主张终于战胜了机械论,在地球上真正当家作主。

## 3　从权力结构转向全能文化[①]

生命进化,人类进步上升,文化和人性发展,这些新见解的研究或许还不充分,不完备;但若比照这些题目下已有的知识来看,就能非常清楚发现,机械论世界观及其技术工具,相对其承担人类义务和职责而言,简直落后得无药可救。人类越是牢固附属于这种权力体制,就会越疏远自身进一步发展进步的宝贵根基。

以往由于群体性的愚昧无知,不能及时认清这些历史创伤和错误,不能及时纠正权力体制的倒行逆施,结果让一代又一代人类文明不断重蹈覆辙,以致最终精疲力竭。随着当今权力体制领域不断扩展,原来可能换个地方重新开始,换个民族和国度重打鼓另开张,尝试一种新文化,原来完全可能的选择,如今已更无法考虑了。证据就是巨型机器弥天盖地,大众传媒已经普及、巩固了古代的错误。

巨型机器针对生命世界已箭在弦上。拯救人类免遭此劫必须发动一场大革命,首

---

① 这里标题原文为 plenitude 勉强译为全能文化,正文内有详尽解说。——译者注

先用有机世界观替换机械论世界观。有机世界观的核心是人，人类，像惠特曼诗句那样，"冷峻而坚定屹立着，直面一百万个宇宙！"采纳这种有机世界观，我们必须彻底抛弃权力结构的一切疯狂要求和荒唐幻想，从而必须接受有限性、有止境、不完美、不确定、乃至死亡之类的生命固有属性；尤其因为，这是换取完备、自立、创新的必要交换条件。从机械论宇宙模型转换为地球为中心的、有机生命的人类宇宙观模型，如此天翻地覆的重大变革，其含义或许还要通过技术本身来清楚解说。

有机生命世界模型还不完备，未普及开来，但却得以局部实现。它已经牢固确立了，以至于运行了将近一个世纪，包括在机械技术王国内部。而机械论的老套路如此因循守旧，连很详尽技术史讲述电话诞生过程，也不提最初是想创造一种自动说话机器。为此听筒也由亚历山大·戈拉汉姆·贝尔专意模拟人耳解剖图设计而成。

这不过是首次仿生设计，按照生命模型来设计、来仿造生命本身；它并非粗劣的机械仿冒，如沃甘逊制作的钟表鸭子或吹笛子的人等玩具，它是参照、模拟某种已有的生物学实物。所以，后来许多发明，从波莱利(Borelli)、培狄格鲁(Pettigrew)到后来的莱特兄弟，他们惟妙惟肖模拟飞鸟，最终用机械手段成功复制了飞行生物。此类更高等级产品、计算机，直至用电子部件替换机械部件，模拟神经元传导信息原理，才获得重大技术突破。最初是加尔瓦尼用青蛙实验，获得并复写青蛙的条件反射。如今，生物现象对技术发展进步贡献已如此确凿，以至于比较高级的计算机研发团队也必须有生理学家、脑神经专家、语言学家共同参与，毫不亚于数学家、电子物理学家和技术工程师。

赫姆霍兹(Helmholtz)曾很不屑地说起人类眼球，还夸口能用技术手段予以改良。结果除一堆拙劣模型勉强做些演示，一无所获，就如干尸比之于活体脊椎动物。说到仿造人类智能，这比喻就更确切了。因为人类智能活动中，感觉、想象、情感反应、感情、性激情、仁爱等等，协同全部符号系统，共同构成一种难以企及的丰富世界，那是任何机器都望尘莫及，绝不可能摹仿或复制的。

首先，只有生命，具有复制和自我更新能力的有机生命现象，才经得起时间检验，保持自身延续和发展，显示创造才干，暂且扭转热耗散现象。说到自动化和控制论，也就是技术界如今夸称他们的最高成就，那不是最古老的(绝非最现代的)生命模型，还能是什么呢？就类似神经反射，而绝对不是中枢神经大脑皮层。从这种进化论观点来看，若将自动化当作人类发展的目标，那是彻底的倒退。而如今许多领域正在发生这种荒唐事。

这些论述并无重要新义，其要点却须一再强调。不仅仅是说，人类原始工具都是自身器官的延长：锤头是拳头的延伸，刮刀是指甲的延伸，打枣用的木棍是膀臂的延伸；更重要的在于,最古老人类的最原始最复杂工具,在复杂程度上和灵活程度上都要远超过机械组织,古老工具就是以象征结构组成的人类语言。它完全靠手势、语音、形象组成。而且,这些语言元素既有单元稳定性又有无限的丰富功能,能够重新组合成独特而含义丰富的语义构造。

语言这种构造,无论其活跃延续力或它的生产率,都比数学模型构建的任何系统更能表达丰饶经济含义。证据就是它储备了人类无尽的经验,这经验是任何数学和逻辑手段无法替代的。

有机生命模型在范围上显然超越人类活动的总和。就此而言,只要不因实用原因被更简单、更有限的方案所替换,它给机械论避免了许多尴尬。比如,讲人情的村落传统习俗,乃至更古老的动物性的忠良温厚,不知多少次修改了完全不懂通融网开一面的严刑峻法。若将来技术层面能更开放,吸收更多有机生命标准,注重生产数量的概念就会逐步让位给新目标:增加不同品类的产品,创建 plenitude(应有尽有的社会构造)。

我们再回来说本书的主旨。假如我们要防止巨型机器从每一个方面进一步控制、扭曲人类文化,我们就必须依照一种全新的世界模型——不是从机器而是从有机世界,有机生命的复杂结构(生态系统)直接推导出来的模型——推导出来的世界模型采取行动,而且非此不能成功。把从生命过程中汲取的知识——包括最初级简单简陋的生命形态——都结合到世间其余一切可观察、可抽象化、可度量测量的方面。

届时,这种模型将置换巨型机械技术的社会文化,这就是从权力结构过渡到应有尽有社会(plenitude)的第一步。一旦有机生命模型开始上升运作状态,这种 plenitude 社会经济的奋斗目标,将不再是以越来越多人类职能活动来喂饱这大机器,而是进一步开发人类数不胜数自我实现和自我超越的潜在能力,将有意识向机械制度讨还曾拱手交出去属于自己的人文活动。

权力复合体统治下所追求的纯数量概念的无止境丰富,不只是物质产品也包括象征符号的无尽丰富,曾是那个时代的前进指针。如今恰好相反,有机生命体制有自己的指南,它追求质量目标,追求丰富、宽广,排除数量压力和拥挤;因为,自我调整、自我纠错、自我推进这些能力,与摄取营养、繁衍生育、生长发展、修补调整机理一样,都成为自身生命不可分割的组成部分。完备、均衡、整体、主观和客观,内外生命不断互动,就是这生命模型最典型的特征。这种模型和以其为基础建立的经济,其最普遍名称,应该是应有尽有的经济(an economy of plenitude)。这种应有尽有的社会文明不同于仅仅注重数量,或者质量完全不合格的丰饶经济(unqualified abundance)。

当这种有机生命标准得以普及之时,以往卑微狭小、数额微弱、难得再次重现的种种琐事，会霎时变得极为重要，极有价值。就像原先以热量单位卡路里计算营养时土壤或食物中忽略不计的基本微量元素一样，突然光彩焕发，在健康和疾病两种抉择中举足轻重。就此而言，英国古语"过犹不及(enough is plenty)"便益显其智慧。布莱克的名句同样再次强调了这一思想："不够，我还要，还要……这就是徘徊歧路灵魂的呼喊！只要不获得全部，人永远不满足。"(不过这里所谓全部，应该是完备而非万倍！)

Plenitude(全能文化)这个概念——作为满足生命发展进化的必要条件，而且，首先作为美好生活不可缺少的条件——曾经很普遍，那时候它尚未从生命进化和生态平衡的视角来接受科学界定。亚瑟·腊伍卓(Arthur Lovejoy)在《生命世界的伟大链条(The Great Chain of Being)》中指出，Plenitude 这个原则概念有许多传统解说，它最初似乎来自宗教思想，出于好奇思索自然界的丰饶以及上帝无穷尽的创造力。当时生命物种大千世界还被看作静止不动，看作创造过程最终成果，看作独一无二圣谕的产物，即使那个时候，无论生物世界的丰富性或生物迭次上升进化为人类，都未被当作圆满证据证明宇宙万物有知有灵，有天意指使。Plenitude 的含义要远超出丰富的概念，它代表一种状态，保障生命世界的丰富、多样、变化和选择。一言以蔽之，它体现自由，生命的自由属性；这种自由，尤其在人类身上达到顶峰。

自然选择学说在大千世界生物学丰富原理中只言其一，尽管如此，维多利亚时代迷信权势的思想意识，却赋予权力这种负面进程某种模棱两可的角色，从而混淆了屠杀与选择的界限，模糊了生存与发展的界限。因而看不清 Plenitude 的指南意义，不懂得它是生命自治活动和自我引导转变的最基本要求。

幸好，沃尔特·加农博士在其《人体的智慧》论文中，把人类当今该选的目的，连同生命丰富性原理，重新作了界说。其结论源自对人体和器官功能的密切观察和实验，特别是其中涉及情感和感情的自发过程，都有详细叙述。他的研究已经把克洛德·伯纳德和约翰·斯哥特·哈尔丹以及查尔斯·谢里顿的独特研究都大大推进一步，就更莫说达尔文了。

瓦尔特·加农的生物机体研究集注于一个问题：动物生命机理进化形成的奇异功能如何维持生命自身的动态平衡。尤其注重观察信息与反应的协调互动联系，包括对血液酸碱平衡的极敏锐反应功能。同样，生物的原生稳定态(homeostatic)则保障自身完整状态不受损害，无论营养不足或是过丰。因为生命本身这种均衡完整，几乎就是生命资格和健康的定义。

恐惧和愤怒这类基本情绪反应都同大脑中最重要部门相联系。这种反应能力迅即而强烈，无需意识干预和指令，是维护生存的必要条件。不过其效应和意义却超过生命本身。证据就是这种自发机理解放了大脑和树状神经系统,解脱其俗务负担(交给新脑完成),让它去操心更重要的目的。这里,通过有意识象征符号活动,人类由此创造了他的第二世界(second realm),而且符合其更高级的人格需求和社会需要。

生命要能在常变中保持自身完整,同时容许最大限度不稳定和可变能力,以留足应激反应能力,既能随时突破当前需求和刺激,又能保持常态构造和动态完整性,这就是生命活力本质的定义,它完全不同于分子团的胡乱堆积,尤其重要的是,高级和低级生物之间的分野就在这里。虽然一切生物都要不停发展变化,这些变化都发生在多少有明确边界的时空框架之内。证据之一就是,时间无限延长受限于任何具体生命固有的生命时限(time-span),同时受限于丰富的生态世界。任何生命个体,无论愿意不愿意,都是这生态世界不可分割的一部分。

可见,权力经济的首要特征就是无限制放大、过分扩张权力自身,不讲求质量、限定、边界;这种构想同有机模式完全对立。有机世界里,权力永远是生命的功能和目的含义。生命不可能在强制运作体制下繁荣发展,因为其中的无节制变化——也就是超级技术经济强加的为刺激变化的发展变化——会从根本上消除维持动态平衡的环境条件,让自发的发展变化难以为继。

这都是生物世界普适的原理,当然就更适用于人类。人类以往精神思想以及社会文化成就之所以有意义,是因为这些成就服务于一个能够超越当今人类现状的长远未来。如果丧失这种前景,人类就如辗转于水火,如同失去空气和水源。人类伟大繁荣,有赖于在自我生存和自我发展间构建一种平衡,在外部要求和内部应变之间构建一种平衡,在辛苦劳作和休养生息之间构建一种平衡。然而永远需要的,是留足储备应对意想不到的需要,以备大量消耗,以便有选择余地。生命基本要求,生命最终底线,在哪里? 它要维护自身物种身份,维护自身群体成员的身份,且自身同时又是一名无法替代的个体生命,因此它一定要"我行我素(True to character)",它要建立起最低限度的环境条件,以便完成自己这一圈生死轮回……这就是生命的基本要求,也是任何社区、文化的基本要求,而首先是人类的基本要求。

沃尔特·加农的特殊贡献在于,他给古希腊裴底亚学说(Paideia),即儿童广泛心理培训主张,提供了基于试验手段的生理学依据。裴底亚学说的核心内容是全面发展或中庸之道的黄金律。加农的研究证明,人体自发的自我均衡组织机能(automatic self-balancing organiration 请注意:这里我不称之为机理 mechanism)是一个重要基础:有目的的人生追求、自我培训、越来越不受外界因素制约的能力,都以它为前提。这种均衡态势已不是纯数量概念的东西了。它不仅有必要的度量含义,更将各种品格尽收其中,并纳入一种最适合的组织形态。

加农还指出,"就人类内环境经常处于常态而言,我们是自由的,不受内外环境条件制约,虽然这些因素能够扰动我们。"自由? 哪种自由呢? 加农的回答是,"高级神经活动的自由,和它支配的肌肉活动的自由……总起来看,我们发现,生物并不总将自己牢缚于许多复杂社会任务,因为它的生存环境千变万化同时自动保持常态。"我们紧接着要讨论生命面临哪些重要社会任务和使命。

除了承认生命必须保持内部环境动态平衡,加农还指出另一重要特征,同样是机体功能全面发挥不可少的条件:组织化过剩(organized superfluity),其含义是人体会积存超过寻常需要的能量和功能,随时可支配调动。许多重要器官,比如眼睛、耳朵、肺脏、肾脏、双臂、双腿、双手、睾丸,都成双成对。如遇一侧损伤,另一侧会继续发挥职能,保证生命的整体需要,尽管达不到原先最高水平。还有一种应付危机的备用组织状态,确保肌能大运动量活动。这就恐惧或愤怒时通过肾上腺自动释放大量的醣,促发大量能量准备格斗或飞奔。生命进化获得的这类慷慨奖品,同经济原则或机械设计和运行原理,形成鲜明对照。虽然许多谨慎的设计师懂得留有余地,在结构和强度设计中留出安全系数,应对超常情况。不止一座桥梁、建筑物、飞机,都因忽略这一有机生命原则而解体、坍塌、摔成碎片。

当然,加农《人体的智慧》书中揭示的奥秘并不代言一切生命功能。如前文所说生物原生稳定原理,主要指生物自我维持机能及一切与之有关的运行过程;并不包括机体本身的生长,因为生长往往需要暂时打破总体平衡状态。加农的理论也不讨论游戏、劳动、思维之类"多余的"生命活动,虽然脱离这些活动就连动物生命也只能维持在植物水平上。加农的研究主要展示一点:早在数百万年前技术经济远未成型时,大自然就已产出自身特有的丰饶经济形态和它特有的自动化体制了。加农充分意识到他研究的最高意义,在于证明一点:人体的内在平衡是人类能以形成自身更高级功能的基础条件。

同时,加农对生命原生稳定态的描述也暴露任何自动化系统固有的局限性,即使它非常接近完美。这一点我在前文有关自动化和批量生产已有过独立论述;亦即,自动化体制若不从外界不断汲取环境要素,会很快僵化,停滞。因为它自身程序化内容不足以应付发展需要。

加农认识到,自动化在人类进化之始就已存在,而非如今才有的结局,而我们那些技术官僚却看不到这一点。生命进程必须逃脱这种低层级自动化,证据就是灵长类动物神经系统非同寻常的发展进化,尤其是大脑的超常规发展。这一特点成为人类进化上升的主要标志,使之彻底有别于其他古代人科动物。

有一种经济形态想把人类高级功能转化为自动化装置,让它能做决定,制定行动计划,且不借助大脑的功能和记忆,一切靠电脑编程就足够了。加农的研究不仅确立了生物学意义上的自动化原则,还揭露了上述经济形态的许多局限。人类进步之路不能靠这种集团化自动装置,而须依赖个人和社会自动化程度的提升。任何逆此而动的方案,不仅会毁坏人类最发达的器官——大脑,将其变成废品;还会将人类大脑从人类最宝贵精神产品宝库和动力源中剔除出去,这些宝贵产品包括形象、型态、形式、思想、体制、惯例、习俗、结构……人类凭借这些积累才终于超越日常环境那种局限的生存状态。消减或毁坏这些遗产,就意味着将大脑损伤强加给全人类。

*400*

那么,若不想通盘接受自动化将其作为成熟经济的终结,我们必须用注重质量的全能经济替代注重数量的权力结构。而要实现这个预想,还须从人类高等功能开始操作,尤其从那些能帮助人类超脱生物学局限和僵化制度枷锁的功能入手。

身为医生,加农对自己专业以外领域格外小心谨慎,因而在《人体的智慧》一书结论中他提议,尝试将生物模型那些优点用于较大规模人类社区。既然技术和经济体制本质上是生命的产物,那么其中融合的许多生物构造并不符合那些抽象概念和意识假说,就不足为奇了。可是,由于大脑生理学、梦幻研究、语言分析等都不属于加农专业领域,因而我猜想,他从未认真思考过一个重要问题:一旦人类神经发育让人足以超越自身神经反射和荷尔蒙构建的自动化机理,情况会怎样? 而这样的问题很快就会出现。届时,如何防止大脑不至毁于自身极度活跃和紊乱? 因为大脑与许多因素的必要联系,诸如环境压力、社会约束、身体机能,都是大脑正常运行的保障条件。这种不稳定来自大脑精神活动的超常活力,之所以需要了解这种特殊根源,是因为必须采取措施防止这一可怕后果。因此这任务在全部人类经验总结中绝非无关宏旨的小事。

如今自动化技术体制不仅越来越生活化而且日益壮大,就此而言,它们包藏祸心,裹胁更高层次的人类非理性内容。这种情势下推行有机生命模式,不仅要首先总览全貌,每个细部都要提高警惕,看准时机,随时准备突破防线,控制全局。

## 4　如何引入全能文化

就权力体制当今趋向来看,它显然同全能文化理想目标直接抵触。随着自动化和控制论日臻完善,它将人类一些高级职能活动日益纳入它的自动化操控领域,从而剥夺人类控制自动化的行为能力。但是,该自动化成果却是人类超级丰富神经活动的产儿。

在谋求全能文化的有机经济体制下，会将许多自动化功能交由人类意识来控制，且将其分散配置，其中许多将首次纳入健全人格运行的轨道。它们服从新文化引领，不再受限于危难重重的历史，也不局限于肤浅易逝的当下和眼前。

这种全能文化对人类的好处迄今只做过局部、不连贯的探索，且出于自私目的；因为营私自肥少数人常挥霍掉这种经济的丰裕成果。大部分人类历史都证明，个人自由和少数集团享有的文化优势，既证明全能文化的好处，又能导致贪腐；这是牟利经济常有的特征。全能经济创造的生活方式，好处不可否认：财大气粗、豪情满怀、脑满肠肥、活力洋溢，常有新主意、尝试新点子，包括建筑、政权组织、宗教等方面。这些方面后来出现的成就都是小型社会不可设想的。

除了强制手段聚敛财富之外，全能文化最好的实例还在最原始的社会形态中。远在新石器时代园艺和农耕活动尚未受集中控制，尚未推行税收和徭役时，曾有过一段水平适度的全能文化，且未受持续侵扰。这种经济形态和简陋社会，无论马尔萨斯的生存竞争或是马克思的阶级斗争学说，都无法解释；尤多见于环境优良的热带地区，乃至 19 世纪探险家来拜访的时候，仍完好存在。

这种经济脆弱之处显而易见：大自然的馈赠丰饶却无保障，边际效应过于狭小。为确保生存，原始文化往往趋于保守，禁限极多，锱铢必较，不欢迎革新和冒险，甚至不愿意联合邻邦共同致富。这种社会的封闭和弱小，中国哲学家老子有最好的描述和总结："小国寡民，舟车毕具，未有乘者……邻国相望，鸡犬之声相闻，民至老死不相往来。"

是权力结构克服了这种化石般生存状态，就此而言，它对人类是有功的。因为上述原始态的全能文化，因其单薄、孤独、不求进取，极易陷入长期困顿和不开化状态。这种生存方式，梭罗在他的维尔登湖庄园尝试过两年，结论是，不适合终生生存方式；而且并不享受，偶一为之亦无不可，特别是作为度假，逃避催命的快节奏生活，来这里享受清静，一边静心思考、感受，以及回忆和写作。

下一代制定未来规划时，不应回归这种原始态全能文化，而要前瞻一种同类却更丰富的样本，它比最丰饶社会更慷慨大度。这种全能经济的许多可人特征——包括对种种华而不实的豪华不屑一顾——都是权力体制从本质上不具备的。我们之所以敢于挺身而出，阻断巨型机器卫道士们预言过的未来，敢于拒绝官僚体制那种无生命特征的乌托邦，是因为我们确有把握，相信自己的经济方案建立在更合理的模型上，它非从太阳系或其机械后代衍生而来，而是从自然界及其最高产物，从生命自身演化出来的；它包含在宇宙生命万物之中，还从人类精神世界中得以体现和强化。生命世界理想就是生命追求全能，而非单纯的物质或象征性丰足，追求生命潜力彻底释放，从而给宇宙每个方面——无论历史或当今或其他可能表现——都留下自己新印记,宣示自己的新理念、新价值和新生活。

请注意数量夸张的价值目标与有机生态全能文化的基本区别,前者集中表现为发明、商品、货币、知识、信息、娱乐等等的大批量生产。这区别不仅体现在,谋求全能文化的体制必须能保证既有紧缩又有开拓,既有严格纪律又容许自由解放,既有限制又有开放,既有延续又容许变化。因此,全能文化绝非单纯追求数量丰足,更不是干巴巴只讲生产力、无节制的开销、无头脑的消费。

全能文化体制下,数量目标是宽松而非强制的,既容许大宗花销,满足人类高级需求,诸如追求知识、审美、仁爱,寓言故事所说基督身体涂油完成圣礼就是这种实例;同时它又严责为区区小事铺张浪费。爱默生倡导的消费,主张琐事节约,大事慷慨,就是这一概念的核心。但说来奇特却不无道理,若无以往三百年权力结构诸多乱行与祸害,哪有我们如今仔细商讨全能文化各种益处呢?不独想普及给分散各地的小型聚落,还想操心至今尚有数十亿人挨饿的全世界人类。

实现这种良性变迁须有个重要前提,且不易实现: 就是彻底摈弃权力结构那些否定生命的目标和方法,通过自觉努力,让各方面各层次都懂得,活着不是为了颂扬崇拜权力,而要联合起来,通过友爱协作和生物技术,为地球争回丢失的生命领地。无论“知识进步”或者“权力升级”都不足以作为目标,唯有“生命的进步”才是正道。

可是,尽管这种有机生命目标屡次扎根各种文化,却在人类历史上屡遭嘲弄、鄙视、唾弃。说不定还会再次遭此厄运被压制、被丢弃。全能文化的前途并不容易实现。鉴于此,或许这样预测较为保险: 当今势头正旺的破坏势力,绝不会突然调头撞墙自寻毁灭,尽管毁灭是必然的。但有一个迹象有利于人类: 面对全面毁灭的危险,人类无意识力量已几次形成大联合,躲过全军覆灭,赢得局部胜利。这种结局还可能发生。

全能文化的潜能显然不会在权力结构相同基础上变成现实,尽管它自身是权力结构的主要经济馈赠。而且,只要权力结构主体意识仍在当家作主,操控着全部活动和人员,向有机生命模式的转变就不可能实现。尽管如此,若相信该体制背后的推动力不可战胜,不能挑战,也不能控制,同样也是错误的。

凭什么自然法唯独把日益增长的能源消耗作为生命生存的唯一定律呢? 答案是: 这样的法则根本不存在。地球上产生生命的互动过程非常复杂,能源在其中无疑是个不可缺少的组成部分,但是绝非全部要素。生命几乎可以这样下定义: 它是无数千变万化的发明,能调整能源应用方式,将其耗散趋势逆转,为生命的需要和目的服务。早在生命出现以前,这种屏蔽作用就在大气层开始了,弱化直射阳光消减热量,过滤有害射线。阳光照射过多或者不足同样有害生命。可见，调节光照不多不少，而非无节制扩张，恰是生命的主要定则之一。对比来看，超量使用能源，不论什么形式，包括貌似合理的目的，都应严格监管，凡是危害生态平衡的，都应一律拒绝。

我们已经看到，巨型机器万能和不可回避的观点来自王权神授的迷信，也就是最原始的机械论神话。美索不达米亚和古埃及神庙的入口处，耸立巨大的狮子或者公牛雕像，目的就是为了震慑前来觐见的臣民，参观来访者，让他们感觉自己相形之下渺小而卑微。公元前14—前12世纪的墓志铭这样写太阳神瑞的意图："我将君临万民，令他们感到渺小。"当今权力机构的廊下，依然伫立着这种鬼怪般的塑像，仿佛他们的权威不容质疑，不可挑战。虽然它们体现的神灵，待我们拨开帘幕一看，才知道居然是 IBM 新设计的电脑，由偏爱稀奇古怪的博士及其助手编好了程序。

还有一种结局同样可怕，是将权力角色放大的过程反其道而行之，这种思想正居心叵测蛊惑当今青年一代。他们认为，若要避免当今威权社会给将来制造的灾难，必须全盘消灭人类文化积累，奠定新基础，一切从头再来。不幸，这些革命团体设想的所谓"新"基础，包括暴力催生的大众沟通、大众交流、大众思想灌输，这些做法更有利于群众专政而不利于人类解放。它恐怕比当今富裕的正统社会更加惨无人道，证据就是它将人类巨大文化积累视同无物；仿佛无知、残暴、想当然就是最好的解决方案！仿佛人类文明可以一夜间即兴创作成功！

下面这段论述入木三分地剖析古代青铜文化，且在一定程度上弥补了青铜时代滥用权力的祸害，因此这论述更适用于当今文明："这么多负面的组织制度和规章条令……却能延续那么久远，完全因为其中积极效应——尽管常诡称专为少数统治阶级享用——最终都造福于全社会，而且往往协助形成一个包罗万象的庞大社群，将极丰富的创造潜能储藏其中。"如果这一观察结论从一开始就正确，如今就更加正确，证据就是如此发达的技术经济已经普及全球。克服威权社会制度唯一有效的办法，就是将它那些很有用的介质(agents，有手段、资源、组织等多重含义。——译注)一个个转移到有机生态文明轨道上来。引入和实现全能文化的途径，都只能从良知人类(human person)入手，又以这种新型良知人类为结束。

## 5　呼之欲出的文化前景

为这种全能文化的社会制度、经济体制的具体含义开列详细清单，不是本书的任务,而且也非一人所能。不过,既然这种文化的基本原则大家尚不明瞭,而它又很不同于富裕社会(affluence)、丰足生活(abundance),也不同于丰衣足食(plenty,这词汇同全能文化 plenitude 系同根字,与小康社会很相近。——译注)这些概念,我就尝试勾勒它一些可能前景。我相信,将来有机生态模式一旦当家作主,这些成果,未来的一代自会按照他们的方式逐一描摹出来。

其实这些特点,19世纪那些优秀思想家都曾三言两语略略提到过。这些思想家不同于常人的特殊,体现在孔德、马克思、梭罗、克鲁泡特金、威廉·莫利斯、帕特里克·格迪斯等人身上。而且其中几位还身体力行践行了这类根本变革。这一点,我在前面讲述莱昂纳多·达·芬奇时候,曾有简略介绍,体现为:金钱诱惑不为所动,虚荣浮名视同过眼云烟,职业活动种类繁多,专门放慢脚步工作节奏(包括脑力以及体力活动),却再三集注于人类的高级精神活动和文化价值,包括重审政治理论的深刻教训。

这种全能文化最优秀的产物之一——可能因为能量和产品的极大丰富——就是,不终生束缚于某种单一职业或者活动,即使这种职业和活动能够创造如我先前提到的波斯地毯那么贵重的价值,也不值得。因为这种终生束缚实际上是一种奴隶状态,与全面发展的人生无共同之处。但是,开创更多职业生涯并不意味着某些专业技能就要荒废。恰恰相反,这意味着在完成日常人生内容——乃至终生轨迹——的同时,任何单一兴趣和活动,若不与其他活动内容相配合,都无法达到完备境界;因为只有这样才能保障心身全面、均衡发展。

卡尔·马克思就预见到,社会主义制度就可以给人类带来这种深刻变化和结局。比如,一个人可以去钓鱼,却不必作渔民;可以写作,而不一定要成为"文学评论家"。简单说,历来那种密麻麻职业分工会越来越没有意义,因为"如何做人(Vocation of Man)"已成为每一种职业的价值核心。从这一概念说,威廉·莫利斯一生同达·芬奇一生同样具有典范作用。一生功夫修炼成全面发展的人,毫不亚于毕生忠于某一职守。马克思一生中,这一目标从未放弃过,不像他的其他兴趣追求,青年时代拾起,随后就撇开了。

直至1875年撰写《哥达纲领批判》,马克思仍认为共产主义的理想目标,是"结束终生束缚于同一种劳动分工,随之结束体力劳动和脑力劳动的分歧和对立。"从此,劳动不止是谋取生活资料的手段,而尤其是生活的第一需要。从而,某些业余爱好者为爱好而劳动,同任何领域的优秀工匠,欣赏喜爱自己的工作职业,两者就很难区分了。从我个人体验,我可以证明这种主张很有道理。我很难说清楚我更喜爱那种工作,连续数小时笔耕不辍和在花园里收拾花草,两样我同样喜爱。若夺去我这种积极、多样的劳动机会,我会像莫斯利斯一样,感觉简直要发疯。

近来不止一位观察家指出,将来每天劳动六小时,每周五个工作日,大家都会有越来越多闲暇时间,这会不会造成难以承受的空虚无聊? 对此,朱利安·赫胥黎等人就建议,针对这种空白时间开展成年人继续教育,把他们送入学校、大学,补充以往因上班损失掉的学习机会。认为这种办法一石双鸟,既受用,又有营养价值,何乐不为? 但却未注意到一点:当今大学里那种反叛氛围甚嚣尘上,大学生们感觉用脑没意思。宁可用毒品麻醉自己神经,用剧烈声响弄呆自己头脑。

劳动、工作无法取代,除非用更有价值的工作和劳动。这一原理的最好证据,就是某种文化的内容往往成为后代文化中最有兴趣的运动项目,例如旧石器文化中的狩猎。

全能文化和经济已向我们招手,这表明一种截然不同的劳动分工方式即将产生,其深刻差别不亚于以往上流社会完全脱离劳动。这种劳动分工的基本原则,一个世纪前就由一位独特的,若非疯狂的思想家,查尔斯·傅里叶勾勒出来了,就是他所谓的"蝴蝶原理":与其整天守一朵花,一项职业(且莫说终生一种职业),莫如一日几换,许多工种间飞来飞去,调换不停。此人一大毛病就是将一些好主意推延过宽,至其荒谬,此例中他却将工时缩得太短了。不过我仍然可从自身经验作证——且这次有行为主义理论支持者 B. F. 斯金纳教授做我的后盾——连续写作每次四小时或略少,能产生最佳效果。外加体力活动替换脑力劳动,诸如园艺、木匠、劈柴、机器修理等,会让每天每一种活动都产生最佳效益。

蝴蝶原理在其最卑微简陋层次上让无数世代农民辛勤劳作成为一种专利的享受,而且不算受剥削和损害环境的特例。久而久之,农民这种规律作息,时令佳节,日出而作、日落而息的运作数千年无大变化。较之各抱一摊、纪律森严、环境单调的工厂作业,农业劳动有利于许多变换,它容许每小时、每天或者每个季节作业都有所改换。心理学家斯坦利·霍尔在其《自传》的溢美之词不无道理。他说,作为 19 世纪中叶新英格兰地区一名农村少年,十几种农活他样样精通,而且许多活计都是行家里手。全能经济能缩短工作时限,因而有可能重新恢复以往富裕经济时代丢失的首创精神,因为这种经济的受益者大多被迫大宗消费而失去自愿工作的精神。

以往两百年生产技术的快速发展进步,把终生劳动分工推到了荒谬的极端程度。埃米尔·涂尔干有一篇经典论文,专门论述劳动分工的优点,包括给专业技能带来的好处,在当今全能文化即将来临之际,愈加成为宝贵指南,告诫我们该如何趋利避害。涂尔干认为劳动分工是"文明"的主要标志之一,换言之,也就是"巨型机器"的主要特征之一。就这一概念而言,他是正确的。不仅正确,而且因此跻身于经典思想家行列,与柏拉图、亚当·斯密并驾齐驱。可是令人不解的是,这些伟大思想家无一认识到,机械效率与生命效率二者间并无必然联系,当然与生命荣发昌盛就更无必然联系了。

　　当今国家机器已广泛培植了机器"奴隶",因而继续保留古代遗存的终生劳动分工制度,乃至继续保留当今陈旧专业分工及随之消淡的官僚和警察控制,岂不荒谬吗? 而如今大量闲暇时间有待妥善解决,仅靠运动、电视、旅游来填充是不够的。各种形式的工作机会,私人或者公共的服务,都是很好的解决方案。这类工作完全是志愿的、不记劳酬的、决无华而不实的金钱或名望动机。随着社会平均收入水平普遍提高,一些服务项目价格也令人不敢问津,因而护理病人老人之类的看护工作,价格越来越望而生畏;只能指望这类工作越来越转化为友邻之间的支持援助,逐步缓解。全能文化和经济潜在的精神价值,如今已经在青年一代当中逐渐自发显现,虽然还很微弱。

　　有个现象耐人寻味:多重职业(相对于单一专业),丰富人生,这种设想的可行性,最佳实例居然来自第一次世界大战,而且在第二次大战中再次证实。都是危机状态打破平素和平时期的常规之后才出现的。岂不令我们深思? 当时大难临头,很短时间内必须恢复交通,人们不仅换了职业,甚至也换了性格。男的,原来挑三拣四躲避危险,如今甘冒危险艰辛,坚持地下抵抗运动;年轻姑娘,素无训练,甚至从未踩过缝纫机,如今能熟练操作车床、冲床;从未在外工作过的家庭主妇,担当了医院护士、看护,照样伺候病人,端屎端尿、不计较令人难堪的伤病员;中年人,从来躲开危险岗位,如今成了防空警报值班员、急救车司机,安慰照料战乱难民,从废墟中扒出死尸,运输、清理。

　　这些职业角色能在瞬间实现转变,岂不最令人信服地证明并无需正式废止终生的职业分工。我后来专门采访过这些人,若我可以就此判断,许多情况下人的角色和岗位转换让人增加自信和才干。从中获得的收益不是权力,不是利润,甚至也不是声望,而是自身生命的浓缩和增强。战争当中全民族接受这种锻炼,让历来阶级高低贵贱、的陈腐观念相形见绌,难得见人。它表明人性中蕴含丰富资源,国家机器却从未调动过,除了危难时刻。

*408*

　　可见,推行这种一专多能和综合素养,障碍不在人性本身,而在我们当今那种应试教育、专业资格培训教育体制。这体制是各种专利集团强加给社会的,目的是维护他们各自的专业地位、薪酬和油水。这些规定制度虽有各种冠冕堂皇理由,诸如防止不合格人员参与竞争,其实骨子里却为了杜绝新生力量挑战这威权社会本身。结果,自发的首创精神、直接采取行动改良社会的积极性之类就很受压抑,难得一见。如今任何微小创新举动都得通过严格专业审核、资格认证,提交工会开证明、工资标准、晋升条例、行政部门审批、检查报告……就连面临战争非常情况,这类专业障碍也只局部突破,大部分仍森严壁垒。因为,巨型机器盘踞最严密的领域不就是军事机器本身吗?

可能这就说清了一个谜团,为什么靠说服,即使大众和群众组织努力,想克服巨型机器的缺点,也总是收效甚微。就因为这种大众措施从根本上说要维护他们所攻击的体制。迄今为止,比较有效、有前途的重大进展仍是那些高瞻远瞩的思想家们,包括某些小型团体、地方社区推动的改革变化。他们往往采取小步推进办法,从权力结构边沿地带开始蚕食:先破常规、再一点点求变。不图一下子攻占堡垒,而是从中抽身出来,悄悄让它瘫痪。这种主动性一旦普及开来,就让自身力量源泉更有权威和信念:这源泉就是人性本身,以及人们天天见面的小型社区。

只有鼓励分散的大量社团,像联合国那样有职有权的世界性组织才能逐步获得广大民众的支持,一起采取行动制止大规模杀人和灭绝生态的巨型武器,在成员国当中维护公平正义和礼遇谦让关系。要组建一个维护世界和平的权威机构,却不同时强调、强化地方组织和小型单元的自治作用以及地区首创精神,那无异于把专制主义巨型机构又重新铆接组装起来。

权力制度在未能全部实现全能文化之时,对于一专多能、职业多样性的最大非议在于,认为这样做许多领域会减产,如粮食供应、利润、产值。但是,这种减产和低速主要发生在一些浅表、华而不实的领域和品类。而且正是全能文化要求达到的效果,因为它要培育产品的有效利用,因而排斥劣质品。许多领域减缓步伐是必要的,非如此不足以阻断赢利快乐神经中枢的过度刺激。更何况,培养更亲密无间的人类关系同样需要足够的闲暇时间,因此减缓乃至关停某些飞速运行的领域是完全必要的。

最后让我用一个实例集中说明这种对比:如今医生看病,找时间探访病人,详听患者倾诉,潜心诊断了解患者内心状况,调动其积极性,这样做要比化验结果更有意义……但现如今,能这样做的医生几乎已经绝迹。凡是国家机器当家作主的地方,你去看病,不是服从自己需要,而要服从人家一系列体检要求,然后才给你诊断和处方。若有足够数量合格医生任由病人挑选,其精神素养又同化验手段同样充沛可靠,那真是病人的福气,一定能开出更高明的诊断,病患者主观精神状态能在很多情况下超过或代替治疗处方。梭罗有段话讲得极精彩,他在其《杂志》中说:"真正高明的劳动者,不给自己的一天塞满工作,而是顶着又宽又亮的光环悠然踱步,从容品赏自己的工作。"

不把各种领域的活动节奏都减缓下来,你品尝不到全能文化的任何好处。因为,时间紧张局促直接威胁生命质量,恰如生活在局促空间里的人,这种生存状态必定带来心情紧张郁闷,随即败坏人际关系。减缓节奏会带来内心平和稳定,这是充分发挥智慧必不可少的;因为这能帮你开启第二生命,也就是你在记忆、联想、思考和自省中才能感知的生命状态。宗教生活的积极意义及其重大贡献,就是教会人如何"摆脱喧嚣纷扰的尘世以及种种有违神意的乱事"。为此,它们的主要意见不是让你专注技术生产力,而是关注自身内心世界平和宁静。纽约地铁保安人员处置乘客混乱时最常用的口号,很适用于告诫当今巨型生产技术社会:"急什么,忙什么?……脚底下走稳了!"

## 6　昏睡者一旦觉醒

上述已经发生的各种瘫痪和停滞现象很有潜在教育作用,它显露出整架巨型机器对于人类干预具有感应能力,哪怕只是负面感应能力。孩子不听话是走向自治的第一步,即使婴儿破坏行为也可能暂时唤醒孩子的自信,相信自己有能力改变环境。但是,世界大战造成范围广阔的灾难后果,乃至核武器带来的更严重灾害,却仍未惊醒人类采取必要措施保护自己,防患未然。证据之一,不久前居然用故意跋足前行的"超级大国"偷换了世界性组织联合国负责任的成员。

学术团体,尤其是工程技术人员、生物学家、医生,本应把握技术前进的方向,却都一古脑投入权力体制的怀抱;若不然,巨型机器体制当今崩解之势会来得更快更猛。结果,时至今日这些人仍疏于职守,要么未曾预料,要么迟迟不报道包括核泄漏、原子废料之类的灾害,轻描淡写,有意迎合"国策",粉饰太平。

其实已经不断有人提出警告,而且非常及时,如前文我引述过的亨利·亚当斯、弗里德里克·索迪,更不用说大名鼎鼎的 H. G. 威尔斯。可是,当阿尔弗雷德·尤因爵士1933 年提出建议暂停发明活动,以便充分消化、吸收、整合现有的大宗发明成果,科技界却群起而攻之,说他存心不良,此要求愚蠢之至而且办不到。

其实,尤因爵士同代人当时少有人能看出,纯机械概念的制度威胁到人类生存,因为这种制度既无法阻断,也不能修订方向或令其停下来;因为,它没有内在的预警、纠错机制(反馈);它只能一味加速前进,对人类构成威胁。这是后来才发现的。可是,熟悉技术史的人都知道,大工业公司不断提交专利报告,如早期自动电话系统,目的就是为了转移投资方向,消减发明项目,保护自家利益(比如,电车和风力发电机急需的高效蓄电池的研发项目,就因此遭受冷落)。尤因的倡议毫无非分之念,唯一空想之处在于把希望托给错误的人,因为这些人至今受控于机器神话的魔咒。假如尤因忠告获得普遍理解和照办,当今世界岂不要安全得多,健康得多?

这权力机构难以掩饰的溃散裂解在过去三十年已经岌岌可危,而且爆发频率、强度同各其部件的活力都很合拍。若这种失灵失效持续发展，日益频繁，危及环境也危及人口，迟早会爆发类似伦敦闪击战那样的大事件，让全民经受一次大难。据精神病学家说，一些焦虑症、过敏症患者，一旦面临无法逃脱的危难就开始像正常人一样行动起来，最终各种艰难困苦都能应付裕如了。

当今全人类面临的境况，就类似上述精神过敏症面对的处境。这种病态未完全暴露之前，患者本人不承认自己有病，许多事件已经为他发病铺平了道路。但是，只要他能够掩饰自己的病症，日常活动维持如常，毫无自杀压抑感或危害他人的敌对倾向，他可能拒绝去看病，也不愿重审自己人生。往往等到爆发第一次明显崩溃，躯体的或精神的，往往两者同时都有，他才会承认有病，去求助医生。

这种情况下，精神分析法提供的一种办法有助于我们应对当今的群体崩溃。通常从当前病症开始回溯以往遭受的创伤或灾祸，这影响往往藏于内心，平素难以觉察，却不知不觉引偏生命正途。在意识世界唤醒这些陈旧创伤有助于患者重新理解自身价值和处境，从而通主观努力，充分发挥生命和文化的巨大潜力。

最近这两百年，人类才真正弄懂自己身世和历史。这一发现比人类其他任何科学知识都更重要，因为它直接有利于人类生存。艾瑞克·纽曼强调指出，重新开垦人类史的任务，包括让人类清清楚楚回忆起自身以往的邪恶；这些邪恶若不揭露、不悔改，还会重新回来继续祸害他。当今这种大技术文明基于一种奇谈怪论，认为主观敌意无所谓后果，邪恶亦无所谓有无——若有，也指那些可修订机械技术失误——这就表明，这种文化没有资格担当拯救人类这种重大责任。

西方文明当今这种物质环境毁坏、道德滑坡，恰源于同时发生的意识形态败落；好在如今终于开始意识到这一点了。然而要应对这种危局还需要某种大觉醒，非此不足以产生充沛精神力量，实现更深刻变革。就此而言，我们得老实承认，如此广泛的觉醒反应在历史上从未有过，原因全在于以往纯理性化思维和思想教育灌输的结果。而且，照如今情况也不可能很快发生，至少在避免上述更大环境瘫痪和道德沦丧所需要的最短期内，不大可能发生。

半个世纪前威尔斯就曾正确预言，人类正面对灾祸与教育的赛跑。不过他未曾认识到的，正是这有效教育的条件之一本身就是个祸害。这一结论似乎太沮丧、太悲观；但事实证明，国家机器正通过自身超级成就证明，在制造灾祸、酿造道德沦丧方面，它才是一流的专家！

如今，技术溃败瘫痪之凶险不亚于技术人员的抵抗行为，他们拒绝继续支付无谓劳动保持该体制运行，不过他们的行为有可能带来某些暂时性补偿，证据就是他们让人性有机会发挥作用。这种势头通过1965年11月东北部电厂停电事件,以迅雷不及掩耳之势突然爆发。突然间,如佛斯特预言故事一般,机器停转,数百万人既无动力也无照明,瘫痪在铁路、地铁车厢、摩天大楼电梯内……但是并未等候动力恢复,或等候谁从天而降来支援,都逐渐开始自发行动。后来《纽约客》杂志报道说:"当砖石和柏油的城市死了,人反而比任何时候更活泼灵跃。"

这次停电成为许多人一次兴奋而难忘的经历:街面上,汽车能自供能源和照明,照常行驶;市民替代警察指挥车辆;卡车临时载客,陌生人互相帮扶。人们发现车辆瘫痪了自己靠双腿同样能回家,一对对青年男女组成行列,手执蜡烛,边走边谐谑地唱起赞美诗,"听啊,听啊,天使来报吉祥啦!"潜伏已久的人类才智,突破设计完美、平稳运行机械的长久压抑,喷发出来再次开转。本是场灾难却化为一次机遇。机器停转,生命却复活。这次经历激活的那种自信和自力更生精神可以作为工具,裁剪权力结构使之符合人文尺度,将它掌控起来。"让人类来行使管理权!"

诚然,战争局部灾难虽早已突破区域边界,却因屡屡发生早已司空见惯,已不足引发强烈反响。幸好这几十年内常爆发突如其来的觉醒运动,看到大灾难要发生。人口增长失控,超级技术发明研发过度,强迫消费带来的惊人浪费,污染、毒化、滥拆滥建以及随之而来的环境恶化,还不要说更难以处置的核能工业废料……凡此种种,终于创造出足够克星,来克服这些祸患。

如今这种觉醒已经全球化。过度拥挤、环境退化、道德沦丧这类危机已成为大家日常生活无法躲避的大难题。就连边远小镇,也被迫采取政治手段抵制遥远城市的精明企业家来农村地区倾倒垃圾,转嫁危机;因为农村地区也正为如何处理自家垃圾和污水作难。灾难日益临近,除非迅速采取果断措施,其来势汹汹和绝对不可避免……这些要比核灾难毁灭人类的前景更能激发足够的心理反应。就此而言,退化越快就越容易找到有效的应对措施。

即使如此,在人类认识到灾难的第一轮惊骇中,即使能设想出果断政治措施,关键问题仍然是能否形成最广泛的大众参与,这才是最必要的条件。任何足以逆转和改造当今技术丰足社会现状的规划,都不仅要包含严厉禁令,它还必然要求推行广泛深刻的经济和社会改革,直接针对生产和消费、工作方式、就业方式、教育方式、连同娱乐方式的改革,这些内容与当今权力机构提供的方式有深刻差异。

当今一些改良者处理环境污染和道德滑坡之类问题,仅涉及减少汽车废气排放之类的技术层面,岂不知他们未看见这问题更宏大的背景内容。若不彻底而深刻扭转当今"技术生活方式"的前进方向,就无法拯救我们的星球沦为无生命的沙漠。而若不首先针对普通人的追求、习惯、理想这些内容推行一场范围广泛的变革,那些拯救人类的必要重大措施就根本无法执行,更不要说谋求人类进一步发展。

就此而言,我们不敢盲目乐观,即使人类大觉醒第一缕躁动已经开始。千百万人不愿意戒烟,眼睁睁看着吸烟导致肺癌大量证据,仍不放弃烟瘾毒害。此小例就让你信服,改造人类,拯救地球,保全生命世界,我们要面临多大困难和阻力。我们当今不愿意放弃私家车,仅此一项就证明破除陈规旧习有多困难,恐怕非得等到每条干道都塞满,每座城市都变成废墟……

人类要成功救赎自己,先要经历一场深刻的、类似自发皈依新宗教的心路历程：体现在放弃机械论世界模型,代之以新的有机生命世界模型,把人性摆上生命世界最高峰位置;这位置如今被机器和电脑占据着。这场天翻地覆大变革,很多人难以设想,难以理解;恰如当初神圣罗马帝国的古典威权制度转变为基督教的威权制度,以及后来超然的中世纪基督教文明又转换为 17 世纪机械模式意识形态。可是,这种天翻地覆的大变革仍然在人类史上一再发生了！如今迫于巨大灾难压力,这种变革还会爆发！大变局中唯有一件事确定无疑：假如人类能逃脱已编好程序的自我毁灭(programmed self-extinction),那不是因为能拯救我们的上帝走下了机械论神坛,而是因为他重新入主人类灵魂的圣殿！

# 跋　生命世界的上升进步

*单凭权力或知识纵然可以提升人性却无法护佑它，*
*唯有提炼人类全部积累才能将生命发挥运用到极致。*
*——弗朗西斯·培根《知识的进步》*

.................................................................

　　早先写的书中我都是讲述自然和文化成型的过程，人类从这些过程中逐步显现，并成为有机生命世界发展的顶峰。"人类生命，连同其历史性多层面内涵、目的性，是讨论问题的出发点。任何单一生命形态都无法体现这种生命世界，多漫长的一生也无法囊括生命全部内容，任何单一文化都无法容纳生命全部潜质。人很难领悟人性，甚至难以领悟其中少许，除非他深悟一个道理：生命大树其实深深植根于无数微小生命碎屑中，而它的顶尖纤细柔弱，把最勇武的攀登者也拒斥树下。人类活在历史中又穿越历史，且某种意义上说，还为历史而生。证据就是，其活动很大一部分都准备用来揭开神秘的未来。"（见拙作《生命的行动(The Conduct of Life)》）

　　人类形成和发展各层面的丰富内容，用戏剧，用一幕幕上演的戏剧来比喻大约最能说清楚。我一再用这比喻，因为找不到更好的科学分析能公平正确说清人类发展每个阶段每个方面。人类在其世俗生命舞台上轮番扮演着建造者、场景设计师、导演、舞台管理、剧作家、看客观众；而最首要的角色还是演员，而且其终生经历"都成为梦幻的源泉。"同时呢，他又天造地设与这舞台及其属性难解难分，他的命运系于他表演的各种角色、紧随他自己设计的剧情，以至于该戏剧每一部分都含有他自己的素材，多少还包含了他生存的意义。

　　虽然人类昏昏然诞生最初一刻，周围场景，时时，处处，都即兴变幻，人类自己却愈加清醒，愈加明瞭自己担当的特殊角色。直至如今，用比莎士比亚《暴风雨》中人物普洛斯彼罗(Prospero)魔咒更厉害的神力，人类终于占领这舞台的中央。许多场面中，该剧剧情多次被误导被领歪，以致这戏剧开演至今，仿佛，同错误百出、荒诞可笑的讽刺剧也相差无几！可是有时候，这戏剧又突然攀升飞跃，搜魂追命，高潮叠起。每当这时节，道具、服装都不再是喧宾夺主的摆设,而积极烘托着剧情发展。不过却每每重新跌回大地,如《李耳王》最后一幕里,剧情和主人公都陷入撕心裂肺的迷惘。

这戏剧在宇宙大背景的舞台上一幕幕开启,而它的开头和结尾注定永远都无法进入人类的经历。不论我这比喻有什么缺点,有一点可以自信:空荡荡的剧场大厅,舞台道具,舞台布景和灯光操纵机械装置,等等,从任何意义上都不是这戏剧的组成部分,它们无法形成巨大的集团力量把这些演员凑集起来加以培训。就其自身而言,这些物质构造,甚至包括人的躯体,一个都不重要。无论是宇宙的戏剧或人类戏剧,唯有在人类精神思想映照下,才被赋予真义。

世界各大宗教——甚至包括少数更原始的崇拜和神话——都已感悟到,包罗万象的宇宙过程要比这舞台上任何看得见、说得清的具体事物更有价值,更有意义。这些宗教信仰对真理的把握,远比那些鼠目寸光、就事论事的叙述更牢靠,更深刻;因为那些叙述并不懂得整个演出的深意和妙理。宇宙戏剧,生物戏剧,技术戏剧,政治戏剧,自动化戏剧——此处不妨借用帕特里克·格迪斯这些语汇——都为人类的出现和生存提供了场景和环境。若说这本《机械神话》书中我特别强调其中这技术戏剧,那不是因为我接受技术治国的主张——即所谓人类最重要的任务就是要掌控自然之类的胡说……不,并非如此,而是因为,我认为技术本身是整个人类文明的结构要素之一。因而技术在自身发展中总有人类梦想、愿望、激情、宗教动机等等不断推动它,塑造它。这些动因并非直接源于日常生活需要,而来自人类无意识世界的聚量贮备。这些戏剧是在人类精神世界范畴中逐步成型,同样也在精神世界中,这些戏剧一次次光华闪耀,高潮迭起,把人类生存的全部领域突然照的通亮。

人类生存每个世代作息活动都留下大量遗存,从这山岳般的遗物中,包括废墟、碎石、矿渣、垃圾、骨骸、尘土、排泄物……能提取出几毫克放射性精神能量……这就是漫长历史过程的精华。而这很微小产品中能够留存给后代的,又只有若干分之一。这若干分之一,经代代相传已经具有超常品格,能够启迪他人以生存意义和价值理念。就像放射性元素那样,人脑这种活跃而灵动特性非常强大,却稍纵即逝。然而,即使它只存在半辈子,如古埃及那些巨型机器统治的时代,也足有数千年之久。

可见,人类精神这些高度活跃的特性和表现,无论如何都是宇宙过程本身的最高见证,尽管这过程的潜力始终深不可测,直至数百万年前人类诞生,尤其经过人类大脑发展进化人类取得了巨大技术成就,发明象征符号及更复杂的符号体系,充实了意识和觉悟。证据就是首先是有了结构致密的大脑构造以及大脑精神活动产生的梦幻和想象,当然再加上巧妙运用双手,这样,人类才终于学会掌控自己的肢体器官,学会与同类交流沟通、精诚合作,同时学会掌控自然环境中很大一部分内容,令其服务于自己的生存、发展和理想目标。

对人类日常活动冷静的平铺直叙,往往把人类主观精神活动视之当然,平淡无奇;认为精神活动无异车间关注原材料和工具,商人关注买卖活动,大宗生产当然关注它离不开的大型产业组织,无非如此。实用主义习以为常的这种生活中,大脑精神活动虽然无时不在,对"对实际目的而言"却可忽略不计。伽利略就是这样说的,威权社会的支持者也这样主张,认为大脑属性就是计数和度量,这些属性具有客观标准,而且凡无法计数或量化描述的事物都可以忽略不计,有理由认为它们并不重要,或根本不存在。

古代精神思想有多种表现形式,常千变万化地融于宗教和艺术,甚至包括礼制和社会习俗。只要这些精神内容能通过连贯而明确的形式支撑社会生活其他内容,人类的物质追求就不仅合理,而且自身可以天然运作。这样的信仰也不会有巨大损害。但是,随着机械论世界模式问世,日常生活中被它故意排挤掉的内容却仍活跃存在,并继续支配人类生活的其他内容,虽然人类特性大部已去效忠机械技术。培根和伽利略描述的自然界遗漏的许多内容,莎士比亚和巴斯葛都予以保全。就连培根,虽远不如莎士比亚,他却能生动地猜到,无论这"客观"宇宙有多少区域已经能用技术手段精准描摹出来甚或予以控制,却仍有极大极大空间,人类根本一无所知。

可是不幸,一些人却错将思维之"客观性"、机械特性以及可量化表述的特性当作了宇宙的全部真义! 他们不仅无视人类精神在技术以外广大领域的巨大创造,更拒不考虑整个宇宙丰富奇异的进化历程。牛顿身为大科学家,却与宗教文化熏陶未能忘情,因而终生辗转于科学与宗教的纠结: 面对他的杰出学说虽予揭示却无法解释的宇宙神奇、有序和美妙运行,无边际物质世界似与人类情感不沾边,谜团越揭越多……他感到茫然。而那些标榜唯物主义的哲学家们,把艺术、宗教、价值观念、终极目的等等统统抛到一边,唯认定非意识的宇宙(unminded matter)具有"物质第一性"品格①;他们因而也否定了他们自身创造力的源泉。证据就是,计量测算或数学表述是个纯主观概念,只对人类才有意义。当代技术就必须遵从这些计量标准来运行,这同历史上多种技术并存的 *417*文明史迥然两异。从这个意义上说,当代技术文明蒙蔽了人类的眼界,并将人类本身存在看作孤立现象,因而它是个巨大的精神污染源。

---

① 这段话原文是: But those materialist philosophers … who——as they suppose——had left art and religion, values and purposes, behind them, who gave precedence to unminded 'matter,' denied the source of their creativity. 直译应为,这些唯物主义哲学家们……将第一性赋予非意识的"物质"。这段话与机械唯物论宇宙观正面交锋,寄托了全书论述的重要主旨之一。——译者注

　　人类进化发展的核心成果是什么？不就是从野性生存逐步过渡到各种有意义的文化生活方式吗？不就是让生活各方面最终具有了精神文化价值吗？高低文化之间，空虚生命与有追求的生活之间，一个超然、思想活跃、全面发展的人，同一个勉强脱离动物迟钝生存状态的人，两者间的分界线也正在这里。人类通过漫长不懈的努力，不断动脑筋、不断创造条件，从原来没有语言、没有创造、没有艺术、没有家园的生存状态，逐步攀升到自己的最高追求：自己学会如何做人。为此目的，它调动自己最特殊的身体器官致力于高于简单饮食男女的崇高目的。

　　通过一步步塑造自己的器官，掌控其功能，包括最初学会自制，不随意大小便，张弛有度，诸种生命功能各有扬抑，直至学会最艰难的本领：掌控和输导曾经极为活跃的精神世界。这样，人渐渐完成一种比"征服自然"更重要的功业：证据就是他逐渐认识了自然界每一部分，认识自身生命以及自己生存环境的每个部分，从而超越了简单的动物式生存状态。所以，技术在这一转变之初就扮演过积极角色；但它不是该活动的组成部分，且迄今也不是要缩小人类行为能力，更不是要把人类活动领域缩小为技术的习武场。

　　人，是人类自身的最高创造；不过这一演变来之不易，何况尚未最终完结，许多更宏伟任务正凸现眼前。纵观历史，人类曾经历过多少因循守旧、偏见、倒退、滑坡、团团打转原地重复、制度性错误和恐怖，乃至最终社会文明崩解……阿诺尔德·J.汤因比的巨著《历史研究》对这些负面表现列举了卷帙浩繁的证据。然而纵然有这么多阻碍，文明史的征途却如涓涓细流时断时续，表现出高度创造奇迹，造就了真正的发展成果，最终形成特征鲜明的人格人性，有神话的也有自然的、人间的以及圣界的，这些形象继续成为进一步发展进步的方向和标准。

　　如果没有主观精神超越成果作为人类全部发展的前提条件，人类这种天生特别敏感的生物能否度过恐惧和艰难，包括疾病、躯体损伤、意外事故、同类的歹毒、制度性腐败等等；这些弊端都因人类自身觉醒的深度广度加倍放大。当今文明主体意识只相信一条孔道，即科学技术，因而根本无以应对人类生存的巨大危机。包括那些仍然寄厚望于古代宗教和艺术遗产的人——尽管这些遗产仍很丰厚很有精神营养——也对反人类的技术主张毕恭毕敬，因而只有极少数最忠诚勇敢的灵魂敢于挑战它，包括挑战这些歪理邪说最疯狂的表现。

　　人有个活跃而深妙的内心世界，这世界的存在还无法靠任何工具手段来检测。而且，它若不表现为体态、手势、象征符号以及各种创造活动，你无从知道它的存在。这种属性和力量神奇奥妙，譬如原子里聚合力将各成分束集起来，由此规定元素的属性和活动。不同的是,人类内部这种聚合力只可意会不可言传,更无法解释。证据就是精神活动无法将自己由内而外折射出来,它只在外露之后才显其内在与深妙。

可是,几百年来(机械论世界模型)大力消灭精神世界这一定型功效,本末倒置,将造物者贬低在创造物之下,就把这一神奇奥妙简缩为某种无稽之谈。当今这一代更认定它就是无稽之谈,并将这种新邪教奉为生活指南。这种新型简约虚无主义最终推出吹捧空虚无聊的典型作品:"等待戈多"、"克莱普的最后录音带"就是证据,想证明人生顶级内容就是空虚无聊。其实,这反倒尖刻讽刺地给机械论世界模型作了最终结论,包括该模型产生的威权社会以及由此而来的精神价值虚无论。因为,假如一种技术文明不承认精神的真义,这种文明不会认可、支持任何人文价值,包括它自身的最高端产品。

然而,有机生命世界模型也无法否认热耗散理论,它也必须接受崩解殒灭过程是一切生命活动推辞不掉的旅伴。的确,崩解殒灭过程毫不亚于生命活动的更新、有序、建设等功能,同样是生命不可分割的组成部分,同样是生命创造能力中相反相成的要件。证据就是,这两种范畴如灵魂与躯体、大脑与思维那样密不可分,直至因死亡同归于尽。可是,精神世界却有一种潜能,极特殊情况下它会超越有机生命局限,藐视乃至反叛死神的终裁,体现为无比豪迈的自我超越。人类,作为一个物种,意识到自身那种根深蒂固的情结,总想克服、超越有机生命的局限,而且这种热望赋予生命以崇高意义,包括最危险困顿的时刻……这种悟性就是宗教提供的最佳馈赠。当然,它也告诉你,数千年来宗教能够掌控人类的大多数,奥妙正在这里。因该功能常睥睨尘世社会饮食男女,生老病死之类的俗念,便益显其品格独特。所以,它不会像其他许多功能那样,可以从人类动物性需求衍化而来;包括人类技术能力,也从动物性需求衍化而来。

虽然机械论宇宙模型将主体性排除在外,追求完美,藐视和反叛命运,实现超越的豪情壮志,仍不绝迹于技术世界。甚至包括宗教世界中常见的其他表现,诸如为崇高理想准备献身、就义等等。

古人常梦想将普通金属转化成黄金。当然你可以将其看作无知,类似幻想一夜暴富,将其看作幼儿游戏弃诸一旁不予深思。可是细想一想,假如纯粹为了暴富,更好的办法多的是啊!想突破有限人生,这种愿望就是精神活动的产物;恰似没有化学就没有炼金术士的坩埚。而且这种愿望如此顽固、执著、诚心诚意,以至于引诱炼金术士弄虚作假在灰烬中藏入小块碎金。只不过这种突破短暂人生一厢情愿的追求,结果证明要比振振有词的劝阻更接近真理:因为——如今看出来——炼金术士的做法通向另一个奇迹:热核聚变。

历史长河中,人类文化大块大块殒灭或被毁,特别过去这四百年里;而精神世界这块无形体、无组织手段的奇幻领域却完整依旧。或者毋宁说,反倒更强壮了,因为它被纳入科学和技术领域。技术活动本源于人类的前意识,而奇怪的是这道理反遭漠视,依据是科学技术不附加任何主观意图,真理本身并无可引申之物。

如此异乎寻常的简单化,如此自欺欺人,最初是机械论世界模型带来的恶果,即使如今它仅影响到科学较落后的领域,这种模型却依然强大有效。如我先前指出,时间概念比后来发明出来的度量时间工具要更重要;而时间概念是从人类精神活动中形成;当时除了人类裸眼观察星月运行,再用抽象数学符号做相关记载,其他并无任何工具手段。而这些都体现人脑的能力而非其他。时间概念并不来自日晷或计时机械钟表;同样道理,单靠手工作业改进也不能产生机械钟表。

在其《光学研究》一书中,牛顿敏锐指出,人类是从观察分析物理变化现象推究其原因发现了第一定律(the First Clause,也可译第一动原)。他接着说,而这"显然不是个机械过程"。假如我可以修订他这个论断,让它不仅适用于物质宇宙还能推及人类事物,那么我可以说,不只在牛顿所谓无所不在的神灵主使者(Divine Organizer)那里,尤其在人的精神世界中,人类发现了第一定律。

如果我说,人类主观精神活动,包括激情、幻想等,在人类文化形成中具有如同宇宙原动力(prime movers)那样举足轻重的地位和分量,如"物质世界"作用于感官产生知觉,如人类发明的工具、机器能够改造这物质世界一样道理……我想我这样说,许多人就很难接受。而若依照机械论这种片面宇宙模型来看,人类自身便失掉了自己的正位,他已从视野中消失不见,当然也从意识中消失不见;沦为宇宙中一个流放犯,集中营里一个饥肠辘辘的饿鬼,而这集中营却是他自己圈定的。

古人类解释宇宙曾采用人类无法干预的主体论学说。而西方文化在对抗这种学说过程中却走向另一极端。人类一度曾给自己肆无忌惮难以纠正的精神活动提供了太多权威,而忽略了另一事实:人无法全赖精神生活换取生存延续,除非接受其他不患这种妄想症物类的慈悲救济。这一真理当今嬉皮士们迟早会学懂。以往各大宗教共有的致命弱点,就在于迟迟提供不出一种连贯合理的超然世界模型去充分解释人类生活中不以人的意志为转移的主观客观两方面的内容。可是不幸,这种缺点如今却纠正得过了头,反而得出一种同样荒谬的理论,似乎单凭物质生产组织以及躯体活动就能实现繁荣发达,甚至即使世界完全没有精神活动,也无所谓。

我这样分析技术与人类发展进程的互相关联是基于一个信念,相信当今迫切需要将人类生活主客观两方面互相妥协、融合;采用的方法,则须能包容两者。实现这一目标无须排斥科学或宗教,但首先须让它们脱离陈旧古老意识形态框架,因为这框架长久以来歪曲它们发展,限制它们互动。人类发挥主观想象,进而建立组织手段取得巨大成就,包括审美、建筑、机械,都仰赖科学提供和推广的有序合作方法。但与此同时,科学却也降低了主体性地位,将其简化为仅仅是计算机能接受的水平,这就砍断了理性和有序性扎在生物界中的深根。如果我们要拯救技术世界,使之不再服从其当今领导人和假想神灵的倒行逆施,我们就必须从思想到行动都回归到人文价值核心上来,因为这里是人类一切有意义演化的起点和终点。

　　人类生活主观客观两方面这种联合的特殊性,不接受任何过于宽泛的定义:因为只需总结人类全部历史就足够了。所以,只消引用一位诗人寥寥数语,这深刻真理就全部展露。歌德对大自然的描述完全适用于人类文化和人性每一种表现:"大自然既无核心也无外皮,她能够同时外露而又内敛。"基于这种假设,我在描述人类技术发展全过程中对人类生命各部分都予同等重视,而不是仅看到手及其创造的工具。同样道理,我特别强调人类志向、幻想、计划、象征符号等在实用技术发展中的重要作用。因为通过大脑的积极活动,包括知识和积极活跃的智能,技术本身才得以突破传统实践的狭小范围。

　　这种方法如果健全,会得出结论挑战那些异想天开的人。他们以为当今发展动力和组织手段会永存于世,甚至越来越大,越来越强,即使这种强大已威胁要削弱已有成果。如果说人类文化其实起源于精神活动、荣发于精神活动、更新于精神活动,那么,这文化的改造和进步,也只能经由同样精神活动的历程。人类精神创造的成果,同样可以被精神消灭。成长过程中忽略、否认兴趣,同身体伤害后果同样严重。这种教训我们当今这机械主导的世界文明该赶快学懂了,即使就为保全它自己那一点点发明创造。 *421*

　　关于人类在技术发展进程中的作用,历来有两种对立观点:一种认为人类发挥了积极作用,另一种认为人类注定要沦为外部势力和外部组织的牺牲品,因为人类对此毫无控制力。为做个总结,概略说清人类在技术发展过程中的积极作用,我这里专门集中讨论人类主客观世界两者通过两种互补运动形成的互动:物质历程(materialization)和精神历程(etherialization)。听起来荒谬,实际上物质生产始于精神,而精神过程始于有形外部世界,经内在个性心理最终形成精神产品。这些产品须再通过语言或其他符号系统表达出内心多少连贯一致的世界概念。

　　下文有关人类发展的论述,切不可根据表述方式略显类似,就将其混同于黑格尔的唯心主义或马克思的唯物主义,即使这两种哲学有少量抽象真理;因为,它们也承认生生不息、矛盾变化的过程。我则用此抽象原理来阐释具体的人类史。用有机生命概念来理解文化和人的发展,势必将人的主观客观两种生命视作同时存在,而非有你无我互相排斥的范畴。爱默生的《论战争》一文就很接近我构想的论点,他说:"请留意,每种真理,每个谬误,人头脑中每个念头……是如何巧妙包装在社会、屋宇、城市、语言、礼仪、新闻报纸之中的。"我很感谢爱默生这一论断,他的看法与黑格尔、马克思都完全相反:错误以及真理,善良以及罪恶,都各有作用;如后来他在"乌列(Uriel)中所述,"邪恶可以降幅,冰雪亦可燃烧。"

无论精神生产过程或者物质生产过程,都须经过一系列很不相同且不一定完全连贯的发展阶段。而且,假如两者同时发生,则沿循完全相反的方向前进,虽不总按照相同步调,也不总对同一文化之不同领域产生相同效果。如果说精神生产过程最初阶段始于外部世界和生活环境给居民意识中留下的直接印象,那么,物质生产过程则始于人类精神世界,而且是精神自身既无概念更无象征符号的前精神状态,即梦幻、前意识活动,其刺激信号主要来自内心,是性活动、饥饿以及恐惧状态下荷尔蒙以及内分泌激素产生的效应。

物质历程第一阶段源于神经活动,而且这种活动还说不上具有精神特性(mind)。后来出现的所谓的"概念",此时更准确说应称之为幽灵或幻影(apparition),且要比传统所说的鬼怪更为扑朔迷离。这种幻影,严格地说,完全是一种个人体验,它无形,无声,无以言传,因而比夜梦更难以捕捉。这种直觉的东西显然无法靠科学手段予以调查验证。它的存在只能从其后来发展逐一回溯,最终推导出来。不过,身体内部器官——包括睡梦中仍很活跃的大脑——不断发出刺激信号,应当就确定为最早的起点:一切形态明确、组织化的精神活动,都是从这里开始的。

这样一种无形的主观精神活动究竟是否存在,这问题似乎大可怀疑。幸好发现,且不断大量重复发现,这种活动有个倾向,它总寻求一种稳定态。因而,勇敢这个"概念"成为真正概念之前,最初曾经体现为记忆中的雄狮形象。此后,这"概念"要从个人的、无意识的、内心的感受,逐步传达给公共生活领域,让其他成员都能共享,这就是物质历程的下一步骤。这个过程中,这原初态的概念虽然远未形成相应语汇和语义,却能首先通过体态语言得以表达。后世有明确形态因而让全社会共享的概念体系,就是通过这种过程先掌控一个活生生的个人,然后逐步传达给其他社会成员。阿尔弗雷德·富利(Alfred Fouillee)给这种异常活跃的定型阶段概念取了个好名称: *Idees-Forces*(概念原动力)。

这种初生态的"概念"大多都胎死腹中,很少超越其幻影阶段。即使那些有幸能存活下来的,也须经历长期孕育、孵化,并经实验检验,然后才变成实实在在的概念,固定于某一生存环境,如同随风飘荡的籽种落到适合的地方,待机发芽生长。这适合土壤必须是一个活人,虽然并非永远是这概念的初创者。这就是所谓某概念找到化身的过程

(incarnation)。

即使这概念尚未进入语言找到语义时，它已在——如可借用新约的经典描述——人体找到化身了，并通过躯体某些变化体现出来。不要以为这种概念化的过程非常神秘，其实它很普通、很普遍，每天都有。化身这概念也不一定指神学的主显节(epiphany)。在《机械神话》第一卷我曾以"王权制度"这概念为例回溯它的起源，它始于狩猎部族酋长将自身指挥控制权与部落的太阳神崇拜两者互相结合，苏美尔或阿卡德的太阳神奥顿-瑞，再结合强大有力的风暴之神，形成某种超然权威形象，逐步走向王权制度。

然而概念之形成先要找到化身这样一个观点，我们无须回到古代美索不达米亚、古埃及、或者巴勒斯坦去寻找实例。西方如今如饥似渴想往一种反文化的原始形态，力图挣脱僵硬死板的现代西方文明，该思潮最初表现为知识阶层的浪漫主义生活方式，想回归更原始生活状态，起初表现为无拘无束的民间活动，虽不甚分明，产生出最早的爵士乐节奏，距今大约半个世纪。最终，这一思潮借甲壳虫乐队作为化身，如火山喷发般爆裂出来。青年一代思想的深刻变化与其说体现在甲壳虫乐队的惊人成功，毋宁说更体现在他们的新个性和生活取向：留长发、所谓新中世纪风、奇装异服、情感表达非常外露、漠不关心、醉生梦死，却又自发地为后热核时代青年一代开启逃生之路，想立刻逃离巨型技术社会。他们内心的压抑、对这压抑的满腔愤怒，都在甲壳虫乐队悲鸣怒吼中淋漓展现，其余发式、服装、礼俗、歌曲等则都服从个人兴趣。不过其中这新的反叛概念(new counter-ideas)一旦找到青年作为化身，立即清晰显现并被放大。即使这些激情尚未找到适当语言表达，却经过无数人格化身和模仿者，如野火般蔓延开来。

一种新福音书通过鲜明个性迅速流传，它往往表明一种新文化时代即将来临。耶稣·基督降临人世之前或以后不是有许多先知、救世者，正义之师，无论真假，都曾将临人世吗？

不过请注意：这新化身，不论菩萨还是利物浦酒神，无论怎样顾影自恋都无法独存。这种初生态的新概念(formative ideas，本书中也译母概念，系指产生后来事物的原创思想或者理念。——译注)，很像植物产生的单一新突变，注定会死亡，除非找到成千上万同类人格化身并迅速扩大领地。实际上，只有经过这种广泛认同，新概念才能大量复制，经直接间接传播形成专门家和追随者，最终形成大众能理解的口头形式。惠特曼的话很好地体现了这种大众参与过程："我和我的论点不靠争辩取信，而靠我们的实际存在和作用。"这话如同箴言：理解一种信条，最好途径莫如践行其主张。通过切身实践，此信念会通过不断学习模仿逐步推向全社会，最终由知识界予以最适合的口头和文字定义。

概念经过日常生活逐步成熟的同时，它从最初原始幻影、直觉开始，经社会生活磨洗锤炼，经千百万人参与实践，直至最终形成它的社会真义——首尾间这巨大鸿沟终被填平。从形成定义到思辨过程，再到经典论述，经过名师高徒代代习传，最终留下许多大师教诲和学术精华，如孔夫子《论语》、柏拉图《对话录》、基督教《福音书》。这过程中概念化身又因吸收许多已有传统思想而增强，这些传统或已上升成教育体系或仍在定型之中。恰如人格化过程一样，一个概念形成后要永生不灭，须经得起后人反复思考、反复验证。

下一步，即概念走向广泛社会化含义和实际应用，亦称为"组成(incorporation)"。概念从原生态动力开始，经全社区自觉理性予以强化，化为家庭生活习惯、村庄社会风俗民德、都市生活规章、工厂作坊操作制度、寺庙礼制、法庭程序和律令，等等。如果社会不曾广泛采纳不断修订，原生态概念即使已广泛人格化，也会逐渐丧失权威和实效。史有实例：基督教教义的致命缺陷是它自己软弱无力，不能将其道德主张推进政府部门；更不能大胆面对文明史的丑恶：奴役制度、战争、阶级剥削……因此，虽然基督教在许多领域过关斩将功勋卓著，却未免强弩之末，加之内部腐败，最终都未能实现它宣扬的全世界友爱的大联盟。

卡尔·马克思正确认识到，物质生产组织(其实就是技术)很有效地塑造了人格类型。而他的严重错误在于，他把经济组织看成独立、自生因素，全不受人积极干预。其实，生产组织方式不过是概念走向普及多种途径中的一个；概念在此过程中逐步发酵、规范、认同，直至进入社会日常生活实践。从这个意义来看，基督教追求的社会成就直至中世纪才渐入佳境，未免姗姗来迟。虽然那时它建的修道院、救济院、孤儿院、医院已遍布每座城市，且这规模迄今都未能超过。

组织制度拓展后，主观精神动力逐渐失掉个人特色、随意性、互相矛盾、根本失效等特点，因而有能力酿造宏大社会改革了。这种变迁过程既释放新潜力，假如组织不好却又能露出意想不到的缺点。史有实例：最初母系社会，继而王权制，紧接着圣主救赎主张，这些母概念皆须融入每个组织机构并在集体活动中发挥影响，否则不会成长发展为陈旧文化的对抗势力，因为原有文化残余不仅仍在且很强大。加之现有体制根深蒂固，从本质上抵触新概念代表的价值和目标，因而这第三阶段新概念特别需要发展新模式，丰富自身原有内涵。而且，只有经过这个"组成阶段"才能获得广大民众的认可和支持。

这个组成阶段中，新的文化形态，无论好坏，会丧失原有清晰特点。那些坚定支持新理想的人、迅速改头换面冒充新人格的人，这时往往退缩不前，拒绝接受进一步的物化历程。这充其量是一种妥协,极而言之完全是背弃。新概念融入现有组织体制,即使不会因为物质历程走向自己对立面,也要丧失原先的纯洁性。

因此,当罗马帝国在君士坦丁大帝主政时倒向基督教,基督教本身也或多或少倒向异教信仰;不仅容忍古罗马帝国许多习俗,甚至还将其斗技场上那些残忍仪式都移植到基督教的地狱概念中,代表上天的最终处罚,让因罪受罚者的永久痛苦,成为天堂里忠实信徒能观赏的最高享乐。

母概念从前意识开始,先出现于少数人头脑中,直至充分外露和社会化获得多数人认可,母概念的全部物质历程,还包括物质环境的创生,该过程类似象征符号的具体表现,这一阶段可称为"显型(embodiment)";首先要构思剧情,要遴选演员,随即演员要化妆,配备服装;布景、道具一一登场,剧情随即展开,终于完成新型庞大物质构造来表达和支撑这种新概念和思想体系。

原始概念中蕴含的新理想在此重构中初露端倪,且仍然很隐晦,难以外化为简明易懂的口头、书面或者音乐作品形式。举例来说,耶稣·基督起初只是自发诞生的普通人格个性,他怎会料到基督教最终成为非常正式的等级结构组织形态,乃至活动遍及整个欧洲大陆? 而且,这种原本关注世俗目标的民间运动,最终到处建立大小教堂、修道院,大胆宣扬基督原来的直觉设想中所没有的技术创造和美学效果? 这些后果,他根本想不到。然而,虽听来荒谬,若无最初的基督教概念,不会有后来的精神病人不负法律责任的条款(Durham),不会有宪章运动,不会有邦贝格城市(Bamberg)率先执行的主教管辖区,就更不会有宗教裁判所! 对照如今用现状权衡未来的低能方法,依据新概念岂不更能地昭示难以预见的未来吗?

虽然我用西方历史上基督教兴起这一特殊事件来举例,引申出来的结论稍加修改就具有普遍性,适用于一切文化;当然也适用于机械论神话在全世界获胜的历程。

依照时序排列上述概念物化得出的序列过程中,我忽略了自发现象,将其视为分散的、轮廓分明的孤立事件、组织形式或者人格类型,以及思想主张。这些因素尚在不断融汇、整合之中,难免继续经历内部外部变化。因而,比如说,耶稣作为概念化身,并非一次发生,更非一次完善。因为基督教理想保持生命力,须不断更新形象,圣徒保罗、奥古斯丁、阿西西的佛朗西斯以及数不胜数的基督教圣徒,都有这种作用。毫无疑问,这种更替变迁过程中,原始概念会流失些许光彩和影响力,因为老文化的原有概念同后期新因素缺乏亲和力。然而此后的基督教,不论组织形式或大量建筑结构,都压抑它原有的火焰,此后就只冒烟不燃烧,直至当代很晚罗马教皇约翰十三世(Pope John XXIII)[①]时代才又一次腾起烈焰。

概念的物质历程之最后阶段尤须注意,它是个似非而是的悖论;精神内容的表达要比貌似坚固的组织结构和建筑构造更富有生命力,流传更为久远。一种文化即使解体也绝不完全、彻底、最终消泯。它的巨大成就会留下大宗遗产,长久活在人们记忆里,包括运动、游戏、语言、艺术和习俗。西方人很少见过印度神庙,不知道梵文母亲父亲的字根至今活在日常话语中,人们至今这样称呼父母。这表明某些精神因素比任何纪念碑都更坚固耐久。这就是以往文化留下的遗迹构成精神文化的沃土。失掉这些东西,文化环境将会如同月球表面那样荒无人烟。安德烈·瓦拉德纳克研究证明,一种非常古老的文化,口传文化,大多为新石器时代的创造,或许起源于更早石器文化以前,而其一些魔幻仪式和信仰,性习俗,婚配礼仪,民风民德乃至神话故事,流传了一代又一代,这现象几乎遍及全世界。

这种古老文化仍然构成当代社会难得一见的基底。各地的球赛,其实是寺庙流传下来的遗产:宗教仪式中的球原代表太阳,对立双方分别代表光明和黑暗。占星术和巫术当今都有复活迹象,都再次表明这种精神遗产挥之不去。即使一些古老戏剧的道具、布景早就消失不见了,其中某些场景却长久活在民间谚语、唱词、叙事歌谣中,生动流传一代又一代,而且要比石头铭文更久远。如果硬说埃及金字塔是个例外,那么请不要忘记,它虽然坚固,其实却象征造物主的山岳,建造金字塔表达人们向往长生不老,体现穿越时间,战胜有机生命的局限性。

我原本给物质历程的相反过程取名 *etherialization*,意思是精神产生历程。可是阿诺尔德·汤因比用该词表达另一很局限的概念,我就不得不确切说明我使用的语义。汤因比在《历史研究》一书中指出,生物学和社会发展有种明显趋向,就是精神组织及其精密程度越高,该生物个体就会变小且日益简化。进化过程中有这种实例,从头脑简单四肢庞大的爬虫类进化到头脑灵活却短小精悍的哺乳类。以及,15 世纪大教堂尖顶又大又笨的大钟发展到 20 世纪精细准确的手表……粗一看,此说成立。然而汤因比忽略了同样有道理的相反过程,就是前面我叙述的方向完全相反的演变历程。对汤因比说

*427*

---

[①] 罗马教皇约翰十三世,Blessed Pope John XIII, 1881. 11. 25 - 1963. 6. 3(Latin: *Ioannes PP. XIII*; Italian: *Giovanni XIII*), born Angelo Giuseppe Roncalli, 1958 年当选天主教领袖,并入主梵帝冈教皇城直至临终。他组建第二届梵帝冈理事会(1962—1965)虽然未见其最终完成,该理事会的确推进了天主教的思想革新,产生了内容更综合丰富的祈祷文,强调普世教会主张,用新观点看待世界现状。——译者注

的这现象,我宁愿称之为"逆向物质历程(de-materialization)"。

沿着精神历程追索,看得见摸得着的物质世界不断演变、组合为人们头脑中的符号体系。我在《技术与文明》一书中已廓清这一自然史的进程。这里就专门说一个问题:原先组织完善的文化是如何发生"逆向物质历程",而且铺平道路迎接新型原生概念集团军的? 这些原生概念源自反抗原来的支配文化;同时,它们想更替原来文化习俗,却又无法完全摆脱其控制。

当一种文化自身的原生概念已经充分发挥,当它的戏剧已经演完,原来生机勃勃的精神推动力只剩下沉闷无比的礼制,以及不得越雷池半步的强迫规矩。这时,就该新的原生概念接续登场了。可是,面对这变局,原有组织制度、行政规矩结成铜墙铁壁来防范它。其实,所谓惯例(institutions),不就是个终日惶惶然防备改革的封闭社会吗? 因此,精神历程非但不可以从新观念开始,它须先对准对立面的顶端发起冲锋,轰击这庞然大物的各种组织形态。因为,只要这机构维持完好,它绝不容忍新概念存在,更不容它得逞。

可见,精神历程之路往往从旧体制某个溃烂处开始,因为这溃烂必须予以攻击。其溃烂起初只见于物质层面,例如技术落后,貌似繁荣却不关心人类基本需求,战祸连年,物资匮乏,民不聊生;瘟疫流行,环境破坏,土壤退化,水源污染,庄稼歉收,犯罪率上升,敌对心理流行……凡此种种,都是社会解体的征兆,而且带来更多社会弊端。因为受害的民众感觉受到欺骗、压迫,因而拒绝履行原有的职责,不愿承担日常的必要劳作和牺牲,而离开这些社会就无法运转。

酿成社会溃散的原因往往因社会自身极其缺乏反馈机制,不承认错误,更不愿意纠正错误。顽固拒绝推行新思想新概念新方法,尽管这些改良能够带来建设性效果,改进民生,恢复人文价值。若依靠原有机构手段迅速采取这类措施,可以很快纠正危害社会的各种弊端。而若不这样办,会出现更严重赤裸裸的病态局面,那就不是食疗能纠正的了,而必须动手术。

因此精神进程第一阶段虽源自内心,源自梦幻或顿悟,却不能到达概念的水平。实际上,一开始,它首先冲击物质构造,包括破坏偶像等物质成品,有时有组织地去破坏,有时则退出古旧建筑,例如基督徒拒不参拜古罗马纪念碑,拒绝观看斗技表演,不用公共浴池,抽身出来退守他乡。社会的有形部分显然要比潜在思想和学说更容易识别——以及破坏。因为思想藏在心中,例如在天主教为主流社会的西班牙犹太人就顽强坚持着自己的古老习俗仪式。不过,烧书、拆庙之类却极其伤害生存信念。还记得巴士底大狱里种种做法吗?

428

物质历程必定很缓慢，而逆向物质历程却会来得飞快，包括停建或改建新样式，例如哥特式建筑风格大胆置换沉闷的罗马风建筑样式（Romanesque）等举动，都如那个谚语所说，事实胜于雄辩。

当崩解进行到一定程度，就为积极正面的精神历程开辟了进路，因为建设场地清理好了。这时原有社会的修修补补也开始了，总想在炫目新装中扮出三分老相。原来给权贵精英保留的住房，如今打出广告招揽新客；而讽刺的是，这些新房客要么易地重建另辟新屋，要么选购更古老房屋改建新项目，例如将伦敦、巴黎、罗马一些贵族豪宅改建成商用大厦、酒店、高官专用机构，等等。

精神历程就不必提供更具体的历史实例了，只须再强调一点，社会发育进程如同生物世界一样，解体同整合过程是并肩前行的，而且互有影响。观察精神历程，你只消逆行向上去解读物质历程即可，开端往往是物质结构解体，最终回归到开始阶段，你发现生活方式和人格个性开始有了明显变化。因为精神历程进行到一定程度会催生新概念大军团，新世界的理想形象，人类的光辉前景都会接踵而来，乃至占据整个文化，让一套全新人格类型粉墨登场，准备开演自己的新戏。

另一方面，幻灭、解体、异化、破坏，这些过程仍在继续；而且精神方面若无制衡力量，这进程会越来越快，直至任何补救措施都不再有效。这种情况下反生命势力会占上风，舞台中央的演员，原本声称要表演生命戏剧，这时会变成另一种化身，专门表演荒谬、虐待狂、残暴、神经失常。他们的使命已经改变，准备通过自己厄运去惩处制造了反人类罪恶的威权社会。

所幸，已有很多迹象——尽管还很分散、微弱、且常自相矛盾——都清楚表明，又一次新的文化大更替已在孕育之中！这孕育将看清货币经济制造腐败，威权社会过度自吹自擂已经衰朽。这种更替变革是否已充分成熟，是否足以酿成社会结构进一步崩解，以及，能否赶在人类被彻底毁灭之前先制造超级核武机器社会的总崩溃，这些问题很长时间内都是深深的疑问。但是有一点很清楚，可以负责任地预言：假如人类能摆脱这机械论神话，我们原有文化中受压迫者会成为新文化的主导。同样，当前超级技术社会的组织结构也会按照人文尺度重新改造，并重新由人直接操控。这一切若能实现，当今社会各种惨痛景象，包括巨大技术流产，人类遭受种种虐待欺凌，都会作为依据引以为训去构想和制订一种新型的、维护生命的经济模式。

以上是用物质历程和精神历程的逐步演变来描述社会文明全部进程。这理论框架如能成立，当然也能解释科学技术从原生概念逐步演进成熟，包括它们后来最终变成当代威权社会的全部经过。

13 世纪,当罗杰·培根及其同代人提出很富新意的机械发明,这些设想如白驹过隙很快被人遗忘。殊不知,这些灵感直觉到 17 世纪已发育成长为一套定义明确的概念,至今收存在灿若星辰的大思想家著作中,这些名人从坎帕涅拉(Campanella)、佛朗西斯·培根,到吉尔伯特、伽利略、笛卡尔,应有尽有;而开山鼻祖则非艾赛克·牛顿莫属。当时牛顿数学语言如此新奇深奥,只有少数精英看得懂。这些巨人推动下,新型机械论世界模型很快清晰而光彩夺目地打造了出来。在这种新意识形态基础上,中世纪原有的多技术生产丰富格局领地越来越小,虽然它永远给主观精神创造留有表现空间。开普勒、维尔金斯主教(Bishop Wilkins)、约翰·格兰维尔(John Glanvill)等人的梦想,虽然完全排斥人类因素,却成为人类征服时空大业的早期计划书。

如果说科学技术后来转变进步的伟大前景中,"化身"这机理发挥的作用非常有限,那可能是因为自动化将人格的因素排斥在外,因为自动化本身体现新的世界构想。在这种机械论范畴中人格因素处境尴尬:如何面对突现且无所不在的所谓"客观性"? 更何况,科学理论和先进技术孜孜以求把人文要素当作"非理性因素"将其扼杀!

*430*

作为一种补偿,技术迅即发展到物质历程的下一阶段:新发明、新组织大量涌现,于是威权社会体制逐渐显现并开始运作。18 世纪以后,机械学的规则整齐、机械手段之精准,开始进入人类活动每个领域:从天文观测到钟表运行,从军队操练到农田种子条播,从商业活动会计制度到学校的制度化课程教育。

而且所到之处,马上因数量剧增而获得更大合理性,质量被视之当然。如当今我们看到,这种机械论世界模型已弥天盖地,创造出无数的机器、实验室、工厂、办公楼、火箭发射台、地下掩蔽所和控制中心。不过正因此概念已完全组合完毕,我们就可以确定,它未曾给人留有位置,它已简化为一种标准化伺服机制(servo-mechanism),是有机生命世界剩下来的残留物。

如果说《技术与文明》和《机械神话》这两部书在任何其他领域均无独到见解,它们至少勇敢地挑战了——如果尚未有效撼动它——一个强横观点:这威权社会是在外部势力运作中自己演化出来的;而这外部势力不仅人无法控制,连人的主观精神上也奈何它不得!

如果机器自身能产生机器,如果技术系统可以自动繁衍增生,原因类似生物之生长发展的固有特性,那么人类不久将来的前景——相比较塞缪尔·巴特勒信笺及亨利·亚当斯后来的分析而言——会更加黯淡。不过,首先,威权社会本身假若是人类精神的产儿——这里所说精神产儿系源于生物和人类精神概念之物质历程——那么,未来必定仍敞开多种可能,且其中许多都不属于当今体制的范畴。官僚体制提出一个时髦处方,欲将现有控制体制拓展到整个生命世界。可是,假如理性人类不接受这处方,它就难售其奸。人类当今最迫切的任务不是饮忍威权社会进一步胡作非为,而是从中抽身出来,洁身自好,以前所未有的精诚培植修炼自己的精神资源。

431　　　假如这让你感到为难,感觉力量对比大大有利于威权社会而不利于人类人性发展,这时你只需稍想一想:当基督教文化取胜之前,类似做法,抽身出世、洁身自好、不同流合污、挑战罗马腐败等等,在诸多罗马人看来,岂不曾何其荒谬,渺茫无望……

　　　第一罗马帝国时,即奥古斯都大帝(公元前63—公元14年)时代,罗马帝国强权依其军事机器和恢宏庞大工程建造实力一举攀上权威巅顶,雄视世界。那时谁能料到罗马法治秩序创建二百年盛世(Pax Romana)并非刀枪不入的铁壁铜墙? 罗马人无视历史学家珀利比乌斯(Polybius)——相当于那时的亨利·亚当斯——的警告,自认为他们的放纵生活方式能天长地久。当时,他们经济结构紧凑完好,有知识的罗马人从来轻蔑藐视几个无足轻重的基督徒,眼看着他们决计抽身离开这种制度和淫靡生活,从外面去抨击罗马人好大喜功、建造罗马大道、修筑排水沟,自己却照样不舍昼夜地暴饮暴食,消费色情文化。

　　　到马尔库斯·奥尔利乌斯时代,有文化的罗马人又有谁能猜到,仅两百年后,他们最优秀思想家之一奥古斯丁,一位精通文化史的学者,会写出《上帝之城(The City of God)》,揭露整个罗马主流社会的丑陋邪恶,虽然或也伤及无辜否定了美德? 再有,即使胡思乱想,谁能想到此后不久诺拉的保利努斯(Paulinus of Nola),一位显贵,天生的罗马执政官,会在职务如日中天之际身退归隐? 而且,吸引他进入西班牙修道院的居然是耶稣主张的永生。他引退去参悟这圣道信仰,而且从此变得虔诚无比,以至为救赎一位贫困寡妇的独生子脱离羁押,为缴纳保释金,他将自己终生出卖为奴……即使胡思乱想,这种事情谁想得到? 而这种难以料想的意识形态转折都确曾发生;难以相信的行动都确有其事!

　　　假如连骄横一世的罗马帝国都发生了这种众叛亲离、分道扬镳,那任何地方都会爆发。当今世界经过五十年经济衰退、世界大战、革命烽火、系统杀人灭种计划,彻底碾碎人类文明道德基础之后,就更容易爆发反叛和背离。如果说威权社会辉煌技术成就一桩接一桩,这制度从未像今天那样强大,那么,它戕害生命的负面效应同样也从未像今天这样危险:各种无底线的暴力和罪行,效法权力五边形的残无人道,都陆续进入迄今最牢靠、不可侵犯的人类活动领域。

　　　这不是一篇预言:这是在描述眼睁睁的现实:凶狠的对峙、婴孩般撒泼耍浑,取代432　了合理要求与友好合作。是啊,威权社会的物质构造从未像今天这样结实致密凛然可畏,而它的人文基础同样从未像今天脆弱不堪,缺乏道德自信,不堪一击。

我们每个清醒的人不妨自问:一种先进强大的技术文明,当它的人文基础已经四分五裂,它那些物质构造还能支撑多久?一切都来得太快,以至许多人来不及相信事情已经发生了。但是就最近这三四十年里,人文基础眼睁睁从生活现实中彻底垮塌;历经数千年好不容易形成薄薄一层人文财富和道德信念,转瞬间烟消云散,散得如此干净彻底,以至下一代简直不相信文明史曾有这么回事儿!

我们举个绝妙实例说明这种轰然崩坍:1914 年假如有人告诉大英帝国地方执政官,寇尔松(Curzon)之流,克莱默(Cromer)之流,说过不了一个世纪这帝国就要崩塌,四分五裂,他们会相信?因为他们的统计年鉴吉祥如常,爱德华·鲁特金斯爵士还在新都德里设计巍峨大厦,包括自己的豪华官邸,仿佛这帝国还能延续无数个世纪。可是,唯有吉卜林(Kipling,1865－1936,**英国作家、诗人,1907 年获得诺贝尔文学奖。——译注**),虽然是个帝国主义诗人,却通过他的诗歌《萧索的退场赞美诗(Recessional)》预言了一种不祥未来即将降临。

尽管当时情势已很清楚,可是这些帝国建造者们怎能相信大英帝国如此经久的统治效应,连同其人情味儿十足的国名 Commonwealth of Nations(**各个国家的共同财富,亦即英联邦。——译注**)实际上都为以往附庸国的反抗运动准备了条件,他们怎能相信,不久之后,反英国殖民主义,反对英国入侵便风起云涌?而这一切毕竟都发生了,而且世界其他地区也爆发同样的造反毁坏活动,包括美国在内。假如权力五边形这些外围堡垒已逐一攻破,其核心部位最终投降或者崩解,还要很久吗?

东罗马帝国比较聪明,它通过和谈同基督教世界成立妥协,赢得千年苟安。这表明,威权制度若想进入另一种较为通达开明政治体制作为伙伴合作共赢,它自身须足够伟大,而首先它的强大首领及其所影响的大集团都须深刻转变其心与智,转变其理想和目的,因而足以抵制拜占庭东罗马帝国制造的腐朽无能。而同样不能忘记,古罗马文化和基督教文化实现这种混杂不是没有代价的,它消损了新文化的创新能力。可见,直至当今社会进一步恶化解体之前,仍有必要寻找强有力促进生命的解决方案。而是否真正可行则取决于诸多不确定因素:新思想有多大创新力?民众是否已经成熟敢于承担努力和牺牲?因为不付出努力和牺牲,哪能换来人类社会的更本改观?这些问题,在纯技术领域是找不到答案的。

*433*

那么西方文明中精神历程是否已经达到临界点,足以促发范围广泛的抽身出世、众叛亲离,进而最终集成有机生命世界模式图,充分发挥人性引领整个生命世界需求,同时解决技术压力……它成熟到这地步了么?这不是个理论问题,而是实践和行动的问题。不过，这种转变的证据，前面已经提出来了。

要说清社会变革涉及诸多变迁的具体内容，说清如何实现威权社会向生命文化的转变、货币经济向生命经济的转变，即使描摹个大概轮廓，如此浩大的任务决非任何个人能力所及；任何详尽描述都只能是个预想。原因有两个：首先，真正的创新无法预料，除非以往历史文化有先例可循；而尤其困难的，是有机文明意识形态的物质历程虽已开始，却要经历很长时间，几乎同当今威权体制从中世纪开始一点点更替封建制、自治市以及教会经济体制……同样的漫长。这种转变的最初证据往往表现为内心世界转变，而内心变化可能很突然，而且发展很快。只要内心有感悟，每个人都可以采取行动退出威权制度，思想上或行动上行使自主权，不苟同、不迎合、放弃选举权、约束自己、限制自己，这样就能从权力五边形的操控中解脱出来。

这种逆向物质历程以及精神历程，已经开始明显透露出的迹象，何止一百个不同地区，实例真不胜枚举！撇开技术官僚（亦即权力精英）们信心百倍推导的未来，若让我预测一个有希望的未来，是从自身体验中我相信，最简便易行的做法，就是从权力体制中抽身出来，选择地使用现有便利条件，决不盲信盲从富裕社会推销者让顺民们相信的东西。

虽然不可能完全脱离当今持续存在的制度，更无法通过大众暴力造反推翻它，改革应变的希望全在内心，灵魂一旦醒悟，这变革会逐步把自治、首创精神归还给个人。坚定不移抽身出来，拒绝诱惑，放慢节奏速度，终止毫无意义的俗套、毫无头脑的举动，都是对机械论神话及其制造的社会秩序最有威胁最有破坏力的行动。而且，这一切其实不都已经开始了吗？

一旦全能经济替代了权力经济、内心精神和自主纪律代替了强制的外在礼制、个性发展替代了个性摧残、自主精神代替了自动化，当这个时刻到来时我们会发现，态度、目的、方法等一切必要变革实际上一百年前就已悄悄开始进行了。我们还会发现，人类文化中埋藏已久的种籽早就准备好，只等冰消雪化阳光普照，就开始扎根、发芽、生长。若想让新芽荣发苗壮，须让它从以往各种历史文化积累中自由汲取养分。当威权社会自身精神历程充分成熟，最初它那些初生态的普世价值概念还会重新有用。原本那些主要用来管理物质的强有力知识储备和专业技能会继续流传，用来管理和丰富全人类的精神世界。

只要人类生命持续繁荣发展，它就拥有无限前景、无限创造力。因为大自然本性之一就是超越生物本性的局限；为成全这种超越，它甚至万死不辞。

这本《机械神话》书中我就描绘了人类未来这一宏伟图景，而这图景背后蕴藏的伟大而深刻真理,几乎一个世纪前威廉·詹姆斯就已经详细阐述过。他说:"若从当今发达的地位回望过往人类思想史我们会惊讶发现,原本我们心目中如此浩大而神奇复杂的宇宙,如今在任何人看来都那么简单平凡……科学的基本精神和原则并无任何东西阻止科学成功破解宇宙奥秘,确认人性力量其实是其中一切新现象的起点。我们能直接接触到事物的形式,我们能够实际把握的唯一体验,就是自己的人生。哲学教授告诉我们,人类思想中唯一完整的领域是各种抽象元素的集合。我们的科学就像这样全面否认了人性,否定人性是事物存在的基本条件,如此冥顽不化相信这物质世界本质上绝对是个非人性的世界(impersonal world)!因而,随着时间陀螺不停旋转,后代会惊讶地发现,这种愚蠢信念其实是当今自吹自擂的科学留给他们的最大耻辱。他们会痛切感到这种疏漏之极端粗俗浅陋,鼠目寸光。"

时间陀螺继续旋转,詹姆斯当初对科学的评断同样适用于当今技术世界,适用于这种不能自主的、被迫运行、否定人性、权力推动的技术王国。如今我们有足够历史知识清醒知道,这种貌似自动运行的机制背后其实有人操纵,就像当年自动化棋手背后有人操控一模一样。而且,该机制其实并非从地球或空中看到的大自然那里衍生而来。其实它每个步骤都打上了人类精神思想的烙印,其内容既有理性的,也有智障的,更有魔鬼般疯狂的。单凭从外部零打碎敲绝不可能有效改进这种超大权力支配的文明,如今它显然已进入其物质历程石化的最僵硬阶段。任何举措都不足以有效改变它,除非人类思想彻底更新;而这一更新进程,已经开始。

有些人不同意詹姆斯的观点,不相信文明人类"始终是新纪元的开端"。他们也不相信权力社会结构及其组织体制都从自身意识形态逐步成长、定型而来;因而只要这意识形态开始溃散,它的组织结构必定坍塌。这些道理,他们都不相信。因此,这些思想冥顽不化的人才真正预言了厄运!就技术官僚社会现状而言,人类除了"服从"它的计划不断加速技术进步,别无选择。即使将人类内脏全部掏作饲料也在所不惜,也要喂饱这架大机器确保它的存活。可是,我们当中有人已经甩掉了这机械论的神话,下一步就看我们自己了。因为,只要我们选择走出去,这技术官僚监狱的大门——尽管其古老门轴早已生锈——就会自动开启!

*435*

# 参考书目

Though this bibliography has been carefully weeded, certain books of no particular importance are nevertheless cited if they have been quoted in the text. This is my only concession to the scholarly practice of providing detailed citations for every item: a practice that would double the size of this book without sufficiently increasing its value. Extensive though this bibliography is, the student who wishes to explore the field more thoroughly will find further help in the bibliography of *Technics and Civilization* and in Volume I of *The Myth of the Machine*.

Adams, Henry. *The Degradation of the Democratic Dogma*. New York: 1919.
Contains the following papers: *The Tendency of History. A Communication to the American Historical Association:* 1894. *The Rule of Phase Applied to History*. Washington: 1909.
Despite minor errors these papers constitute a masterly summation and forecast.

*The Education of Henry Adams*. Limited edition. Boston: 1918. Popular edition. Boston: 1927.

Anderson, Edgar. *Natural History, Statistics, and Applied Mathematics*. In American Journal of Botany: December 1956.
Appreciative discrimination between the roles of 'pattern thinking' and analytic-mathematical thinking.

Angyal, Andras. *Foundations for a Science of Personality*. New York: 1941.
Classic evaluation of autonomy and heteronymy in human development, handicapped only by the inherent dualism of our language.

Arendt, Hannah. *The Origins of Totalitarianism*. New York: 1951.
Confined to the perversions and horrors of latter-day totalitarianism.

*The Human Condition*. Chicago: 1958.
An acute, often brilliant analysis, which incidentally reinstates the ancient Greek distinction between 'work' as a mode of life and 'labor' as a servile degradation.

Aron, Raymond. *Progress and Disillusion: The Dialectics of Modern Society*. New York: 1968.

Asimov, Isaac. *The Perfect Machine*. In Science Journal: October 1968.
Not unexpectedly, the perfect machine, it turns out, would be God. Q.E.D.

Bacon, Francis. *The Advancement of Learning*. First edition. London: 1605.
With an introduction by G. W. Kitchen. London: 1915.

*New Atlantis*. First edition. London: 1627. With an introduction by Alfred B. Gough. Oxford: 1924.
More directly influential, perhaps because of its brevity and concreteness, than his more comprehensive discourses. Taken with *The Advancement of Learning* it gives a reasonably full report on Bacon's outlook and hopes. For inexplicably Victorian reasons this edition leaves out certain passages 'offensive to present taste.'

Bacon, Roger. *The Opus Major of Roger Bacon*. Translated by Robert B. Burke. 2 vols. Philadelphia: 1928.
One of the medieval heralds of the scientific transformation.

Baldwin, James Mark. *Development and Evolution*. New York: 1902.
His concept of organic selection anticipated Waddington and avoided the pitfalls of so-called Lamarckism while recognizing the agency of social heredity.

Barret, François. *Histoire du Travail*. Paris: 1955.

Bech, S. J. *Emotional Experience as a Necessary Constituent in Knowing*. In M. Reymert (editor), *Feelings and Emotions*. New York: 1950.

Becker, Carl L. *Progress and Power*. Stanford, Cal.: 1936.

Beckwith, Burnham P. *The Next 500 Years: Scientific Predictions of Major Social Trends*. Foreword by Daniel Bell. New York: 1967.
The span of time chosen takes this report out of the scientific sphere, because of the incalculable number of variables and unforeseeable events it cannot possibly anticipate. A perfect caricature of pseudo-scientific prophecy based on the extrapolation fallacy.

Beer, Gavin de. *Streams of Culture*. New York: 1969.

Beiler, Everett T. (editor). *Beyond Time and Space: An Anthology*. New York: 1952.

Bell, Daniel. *The Study of the Future*. In The Public Interest: Fall 1965.
See Beckwith, Burnham P.

Belloc, Hilaire. *The Servile State*. London: 1912.
This book, following Herbert Spencer's *The Coming Slavery*—but before Hayek—correctly identified totalitarian tendencies that were still disguised by liberalism's hopes and assumptions. The argument anticipated and underlined events that were still to come.

Bergonzi, Bernard. *The Early H. G. Wells: A Study of the Scientific Romances*. Manchester: 1961.

Bergson, Henri. *Creative Evolution*. New York: 1924.

Berle, A. A. *Power*. New York: 1969.

Bernal, J. D. *Science and Industry in the Nineteenth Century*. London: 1953.

Bertalanffy, Ludwig von. *Robots, Men, and Minds: Psychology in the Modern World*. New York: 1967.
Reclaims for biology the conception of man as primarily a symbol-making, and thereby self-transcending, animal: in opposition to the reductionist, mechanistic, and passively adaptive conceptions.

　　*General System Theory: Foundations, Development, Applications*. New York: 1968.
A post-mechanistic philosophy of the organism. Rich in reference to kindred works.

*The World of Science and the World of Value*. In Bugental, J. F. T. (editor), *Challenges of Humanistic Psychology*. New York: 1967.

Bettelheim, Bruno. *The Informed Heart*. New York: 1960.

Blackman, Allan. *Scientism and Planning*. In The American Behavioral Scientist: September 1966.

Boardman, Philip. *Patrick Geddes: Maker of the Future*. Chapel Hill, N.C.: 1944.
Useful on Geddes' educational ideas; but fortunately an enlarged and enriched study by Boardman is now in preparation.

Bodleian Library Record: July 1968.
Report on human agents versus computers.

Boguslaw, Robert. *The New Utopians: A Study of System Design and Social Change*. New York: 1905. Englewood Cliffs, N.J.: 1965.
Excellent analysis of alternatives and limitations in "system design," which pierces through the fashionable gobbledygook (secret knowledge) of the systems bureaucracy. Recommended.

Bork, Alfred M. *Randomness and the Twentieth Century*. In The Antioch Review: Spring 1967.

Born, Max. *My Life and My Views*. With an introduction by I. Bernard Cohen. New York: 1968.

Borsodi, Ralph. *The Green Revolution*. Brookville, Ohio: 1965.

Boulding, Kenneth. *The Meaning of the Twentieth Century*. New York: 1965.

Boyle, Robert. *The Sceptical Chymist*. First edition. London: 1661. With an introduction by M. M. Pattison Muir. New York: n.d.

Brady, Robert A. *Organization, Automation, and Society: The Scientific Revolution in Industry*. Berkeley, Cal.: 1961.
Perhaps the best cross-sectional description of modern technology in its economic and bureaucratic aspects.

Brandeis, Louis D. *The Curse of Bigness: Miscellaneous Papers*. New York: 1935.
Like the Founding Fathers, Justice Brandeis realized that both bigness and centralized power were dubious blessings, calling for counteraction.

Braudel, Fernand. *Civilization Matérielle et Capitalisme (XV–XVIII Siècles)*. Tome I. Paris: 1967.
Worldwide survey, well documented, richly illustrated. Both the technical data and the social interpretation are admirable.

Brickman, William W., and Stanley Lehrer (editors). *Automation, Education, and Human Values*. New York: 1966.
Thirty-three essays, thinly covering a wide field.

Brinkmann, Donald. *Mensch und Technik: Grundzüger einer Philosophie der Technik*. Bern: 1946.

British Association for the Advancement of Science (by various authors). *London and the Advancement of Science*. London: 1931.

Bronowski, J. *The Identity of Man*. London: 1966.

　*Human and Animal Languages*. In *Essays to Honor Roman Jakobsen*. The Hague: 1967.

Brown, Harrison. *The Next Hundred Years*. New York: 1961.

Buber, Martin. *Paths in Utopia*. New York: 1950.
　Discriminating assessment of nineteenth-century ideological attempts to reconstitute society, done with insight and finesse.

Bugliarello, George. *Bio-Engineering as a New Dialogue*. In Carnegie Review: Winter 1965.
　A significant re-orientation toward understanding and remodelling physico-chemical engineering in terms of the more complex behavior of organisms. Reductionism in reverse. A welcome interpretation of the new biotechnic age I tentatively described in *Technics and Civilization* (1934).

　*Engineering Implications of Biological Flow Process*. In Symposium on Chemical Engineering in Medicine, American Institute of Chemical Engineers: 19 May 1965.
　Explores the contribution of biology to an emerging biotechnics.

Bulwer-Lytton, E. *The Coming Race*. London: 1871.

Burckhardt, Jacob. *Force and Freedom: Reflections on History*. New York: 1943.

Burnham, Jack. *Beyond Modern Sculpture: The Effects of Science and Technology on the Sculpture of This Century*. New York: 1968.
　Valuable for its data and its descriptive analyses: but points to an extremely dubious (suicidal) conclusion: namely, that life will give way to superintelligent automata. A vulgar example of the tendency to overvalue abstract 'intelligence' as the final consummation of human existence, and to overestimate the survival potentialities of purely mechanical systems, unabetted—and presumably unopposed—by man. See Seidenberg, Roderick.

Burtt, Edwin Arthur. *The Metaphysical Foundations of Modern Physical Science: A Historical and Critical Essay*. New York: 1927.
　Masterly appraisal of the structural weakness of an 'objective' method that excludes any inquiry into its own subjectivity and even denies its existence.

　*In Search of Philosophic Understanding*. New York: 1965.

Bury, J. B. *The Idea of Progress: An Inquiry into Its Origin and Growth*. New York: 1932. Paperback: 1955.

Butler, Samuel. *Unconscious Memory*. First edition. London: 1880. Reissued: 1922.
　Follows up the trail opened in *Life and Habit,* by reference to work of Hartmann on *The Unconscious*.

　*The Notebooks of Samuel Butler*. Selected, arranged, and edited by Henry Festing Jones. With an introduction by Francis Hackett. New York: 1917.

　*Life and Habit*. London: 1923.

　*Erewhon and Erewhon Revisited*. With an introduction by Lewis Mumford. New York: 1927.

Butterfield, Herbert. *The Origins of Modern Science, 1300–1800.* New York: 1951.
Brief and excellent.

Calder, Nigel. *Technopolis.* London: 1969.

Calder, Nigel (editor). *Unless Peace Comes: A Scientific Forecast of New Weapons.* New York: 1968.
A sober and sobering description of the new scientific weapons of extermination. See also Lapp, Ralph E.

Cannon, Walter B. *Bodily Changes in Pain, Hunger, Fear, and Rage: An Account of Recent Researches into the Function of Emotional Excitement.* First edition. New York: 1915. Second edition: 1929.
A classic study: alike as to method, findings, interpretation, *and* human insight.

*The Wisdom of the Body.* New York: 1932.
A fruitful application of a lifetime of physiological research to wider areas of human life, which Cannon never dismissed as outside the responsible scientist's range.

Carson, Rachel. *Silent Spring.* Boston: 1962.
A decisive contribution that dramatized the threat of general biocide through a misconceived effort to increase food production. Deservedly a classic.

Carter, George R. *The Tendency Towards Industrial Combination.* London: 1913.
Examines England's belated attempt to meet competition of earlier American and German trusts and cartels, reviving in new forms the corporate enterprises Adam Smith had thought doomed by individualistic competition.

Casson, Stanley. *Progress and Catastrophe: An Anatomy of the Human Adventure.* New York: 1937.
The data are now dated: but the mood Casson's interpretation records makes it a landmark.

Cassou, Jean (editor). *L'Homme, la Technique et la Nature.* Paris: 1938.

Centre International de Prospective. *Prospective Numéro 6.* Paris: 1960.
The purpose is as significant as the prospect.

Centro per gli Studii Historici. *The Sacral Kingship: Contributions to the Central Theme of the VIIIth International Congress for the Study of Religions.* Rome: 1955.
Belongs in Vol. 1. But nothing in it undermines my interpretation of the earliest phases of Divine Kingship.

Chase, Stuart. *The Most Probable World.* New York: 1968.
A reasonable canvass of the goods and bads of modern technics, by an economist whose *Tragedy of Waste* was a pioneer study.

Chomsky, Noam. *Cartesian Linguistics: A Chapter in the History of Rationalist Thought.* New York: 1966.

Ciriacy-Wantrup, S. V., and James J. Parsons (editors). *Natural Resources: Quality and Quantity.* Berkeley, Cal.: 1967.

*Civiltà delle Macchine.* Round Table on the Future: May-June 1968.
A broad representation of current Italian scientific thought assembled in what has been, for many years, the outstanding periodical on the role of technics in civilization.

Clark, G. N. *Science and Social Welfare in the Age of Newton.* Oxford: 1937.

Clarke, Arthur C. *Profiles of the Future: An Inquiry into the Limits of the Possible.* New York: 1962.
By a knowledgeable, indeed highly inventive, science-fiction writer, who of course means by 'future' the mechanically conditioned and controlled future.

*Time Probe: The Sciences in Fiction.* New York: 1966.
One is struck by the fact that this selection shows so many magical and primitive traits, far closer to the Arabian Nights than to science proper.

Clow, Archibald and Nan L. *The Chemical Revolution: A Contribution to Social Technology.* London: 1952.
Though working mainly from British data, this work fills a serious gap.

Coblentz, Stanton. *From Arrow to Atom Bomb: The Psychological History of War.* New York: 1953.

Cohen, Morris. *Reason and Nature.* New York: 1931.
Important. Though I began as a pragmatist and a positivist, logical analysis leads me ever closer to Cohen's platonism.

Comenius, John Amos. *The Great Didactic.* Edited and translated by M. W. Keatinge. London: 1896.

Commoner, Barry. *Science and Survival.* New York: 1965.
Appraisal of the results of scientific and technological irresponsibility.

Condorcet, Marie J.A.C.N. *Sketch for a Historical Picture of the Human Mind.* Paris: 1794. London: 1955.

Conklin, Groff. *Big Book of Science Fiction.* New York: 1950.

Coote, J. (publisher). *A New Universal History of Arts and Sciences: Showing Their Origins, Progress, Theory, Use, and Practice, and Exhibiting the Invention, Structure, Improvement, and Uses of the Most Considerable Instruments, Engines, and Machines, with Their Nature, Power, and Operation.* 2 vols. London: 1759.

Daedalus, Editors of. *Toward the Year 2000.* Cambridge, Mass.: 1967.
A collective attempt by scholars in many different fields at forecasting and fore-molding. Like so many other similar efforts, it lacks an adequate concept of the future.

Dansereau, Pierre (editor). *Challenge for Survival: Land, Air, and Water for Man in Megalopolis.* New York: 1970.

Darling, J. Fraser, and John P. Milton (editors). *Future Environments of North America: Being the Record of a Conference Convened by The Conservation Foundation in April 1965.* Garden City, N.Y.: 1966.
Enlightening survey of ecological realities. See also Sauer, Bates, and Mumford (chairmen).

Darwin, Charles. *On the Origin of Species by Means of Natural Selection, or the Preservation of Favored Races in the Struggle for Life.* First edition. London: 1859. Sixth edition, revised: 1872.

*The Descent of Man.* London: 1871.
Even more daring than the *Origin,* for Darwin did not make use of the one fossil of an intermediate species then known; yet he adduced reasons for supposing an African habitat.

Dasman, Raymond F. *A Different Kind of Country*. New York: 1968.
The case for ecological diversity.

Daumas, Maurice. *A History of Technology and Invention*. 2 vols. New York: 1970.

Davis, David Brion. *The Problem of Slavery in Western Culture*. Ithaca, N.Y.: 1966.

Davis, Kingsley. See Roslansky, John D. (editor).

Descartes, René. *A Discourse on Method*. Leyden: 1637. Edited with an introduction by A. L. Lindsay. New York: 1912.
This essay is central to Descartes' thought: but the other essays included in this English translation are also relevant.

Dessauer, F., *et al*. *Der Mensch im Kraftfeld der Technik*. Düsseldorf: 1955.

Dijksterhuis, E. J. *The Mechanization of the World Picture*. First edition. Amsterdam: 1950. Oxford: 1961.
An interpretation of 'classical science' from its Greek prelude to Isaac Newton. Copious in scientific detail but lacking in references to those non-scientific aspects of the mechanical world picture I have stressed.

Drucker, Peter F. *The Future of Industrial Man*. New York: 1969.

*The Age of Discontinuity*. New York: 1969.

Duboin, Jacques. *Economie Distributive de l'Abondance*. Paris: n.d.

*Rareté et Abondance: Essai de Mise à Jour de l'Economie Politique*. Paris: 1945.

Dubos, René. *Man Adapting*. New Haven: 1965.
Rich in information on the biological conditions underlying human existence in health and sickness.

Durkheim, Emile. *The Division of Labor in Society*. New York: 1933.
Classic statement, first published in Paris in 1893 with the subtitle: *Etude sur l'organisation des sociétés supérieures*. But much that was taken for granted by Durkheim calls now for critical revision.

Eaton, Stewart C. *Roger Bacon and His Search for a Universal Science: A Reconsideration of the Life and Work of Roger Bacon in the Light of His Own Stated Purposes*. Oxford: 1952.

Edholm, O. G. *The Biology of Work*. New York: 1967.
Excellent both in text and illustrations.

Eiseley, Loren. *The Immense Journey*. New York: 1946.
Fresh insights into the human condition, by one of a new breed of wide-ranging biologists and anthropologists. See Carson, Rachel.

*Darwin's Century: Evolution and the Men Who Discovered It*. New York: 1958.

Eisenstadt, Shmuel Noah. *The Political System of Empires*. New York: 1963
Comprehensive but formalistic.

Ellul, Jacques. *The Technological Society*. With an introduction by Robert K. Merton. New York: 1964.
While this work covers some of the same general area as the present book, it sees the situation in a different light and comes, on theological grounds, to radically different conclusions.

Encyclopaedia Britannica. *Conference on the Technological Order*. In Technology and Culture: Fall 1962.

*Encyclopedia of Science and Technology*. 15 vols. New York: 1966.

Erikson, Erik H. *Gandhi's Truth: On the Origins of Militant Non-Violence*. New York: 1969.

*Psychoanalysis and Ongoing History: Problems of Identity, Hatred, and Nonviolence*. In The American Journal of Psychiatry: September 1965.
A crystallization of Erikson's mature observations: a rare combination of scientific intelligence and human insight applied to extremely complex social phenomena.

Eurich, Nell. *Science in Utopia: A Mighty Design*. Cambridge, Mass.: 1967.

Ewing, J. Alfred. *An Engineer's Outlook*. London: 1933.

Fair, Charles M. *The Dying Self*. Middletown, Conn.: 1969.

Farber, Seymour M., and Roger H. L. Wilson. *Control of the Mind*. New York: 1961.
Raises many important problems both scientific and ethical.

*Conflict and Creativity*. New York: 1963.
This is Part 2 of *Control of the Mind*, and deals among other things with drugs.

Farrington, Benjamin. *Francis Bacon: Philosopher of Industrial Science*. New York: 1949.

Faucher, Daniel. *Le Paysan et la Machine*. In Collection: *L'Homme et la Machine*. Paris: n.d.

Ferkiss, Victor C. *Technological Man: The Myth and the Reality*. New York: 1969.

Fisher, Marvin. *Workshops in the Wilderness: The European Response to American Industrialization, 1830–1860*. New York: 1967.

Forti, V. *Storia della Technica alle Origine della Vita Moderna*. Florence: 1940.
Valuable mainly for its illustrations.

Fouillée, Alfred. *La Psychologie des Idées-forces*. Paris: 1893.

Fourastié, Jean. *Machinisme et Bien Être*. Paris: 1951.

*The Causes of Wealth*. Glencoe, Ill.: 1960.

Francastel, Pierre. *Art et Technique, aux XIX^e et XX^e Siècles*. Paris: 1956.
Recommended.

Frank, Waldo. *The Re-Discovery of America.* New York: 1929.
A post-Romantic criticism of the gods and cults of power.

Frankl, Viktor B. *Man's Search for Meaning: An Introduction to Logotherapy.* Boston: 1962.
A newly revised and enlarged edition of *From Death-Camp to Existentialism.*

Fraser, J. T. *The Voices of Time: A Cooperative Survey of Man's Views of Time as Expressed by the Sciences and by the Humanities.* New York: 1966.
Well-chosen, with copious references.

Friedmann, Georges. *Problèmes Humains du Machinisme Industriel.* Paris: 1946.

*Le Travail en Miettes: Spécialisation et Loisirs.* Paris: 1956.

*The Anatomy of Work: Labor, Leisure, and the Implications of Automation.* New York: 1961.
Specially valuable for critical insight derived from French experience. Friedmann is an outstanding authority on technics.

*Sept Etudes sur l'Homme et la Technique.* Paris: 1966.
Admirable.

Fromm, Erich. *The Sane Society.* New York: 1955.

*Marx's Concept of Man.* New York: 1961.
Emphasizes Marx's original humanistic position, as based on Marx's philosophical and economic papers of 1844.

*The Revolution of Hope: Toward a Humanized Technology.* New York: 1968.
Brief but suggestive, along lines not dissimilar to those of the present book.

Fuhrmann, Ernst. *Wege: Versuch Angewandte Biosophie.* Frankfurt-am-Main: n.d.

Fuller, R. Buckminster. *Untitled Epic Poem on the History of Industrialization.* Highlands, N.C.: 1962.
The verse and the thought are on a parity. Must be read to be believed.

*Ideas and Integrities: A Spontaneous Autobiographical Disclosure.* New York: 1963.
Fuller's faith that the limitless process of technological expansion will find a solution to every human problem would present a far worse problem, if generally accepted, than any he seeks to answer.

*Operating Manual for Spaceship Earth.* Carbondale, Ill.: 1969.
The place of publication must be an editorial error. Such a manual could come only from Heaven.

Gabo, Naum. *Gabo.* Cambridge, Mass.: 1957.
A beautiful presentation of his whole work.

*Of Divers Arts.* New York: 1962.
Recommended.

Gabor, Dennis. *Electronic Inventions and Their Impact on Civilization.* London: 1959.

*Inventing the Future.* London: 1963.
   A discriminating study of technological possibilities and difficulties—including the ulti-
   mate threat of a boring life.

*Technological Forecasting in a Social Frame.* London: 1968.
   Though making use of a list of technological possibilities canvassed by Kahn and
   Wiener (which see), Gabor's list covers 105 items, largely because he is more aware of
   biological possibilities and social needs.

Galbraith, J. K. *The Affluent Society.* Boston: 1958.

*The New Industrial State.* Boston: 1967.

Galilei, Galileo. *Dialogue on the Great World Systems.* Translated by T. Salus-
   bury (1661). Revised by Giorgio de Santillana. Chicago: 1953.
   The only work, as de Santillana points out in his admirable introduction, that gives the
   full measure of Galileo's mental plenitude.

Geddes, Patrick. *An Analysis of the Principles of Economics.* Part I. London:
   1885.

Geddes, Patrick, and J. Arthur Thomson. *Life: Outlines of Biology.* 2 vols.
   New York: 1931.
   The best summation of Geddes' outlook and method, though inadequate in its system-
   atic sociological presentation.

Gerzon, Mark. *The Whole World Is Watching: A Young Man Looks at Youth's
   Dissent.* New York: 1969.

Giedion, Sigfried. *Mechanization Takes Command.* New York: 1955.
   An outstanding contribution to the industrial history of the last century.

Gillespie, James E. *The Influence of Oversea Expansion on England to 1700.*
   Studies in History, Economics, and Public Law. New York: 1920.

Gillispie, C. C. (editor). *A Diderot Pictorial Encyclopedia of Trades and
   Industry.* New York: 1959.
   Plates reproduced from the justly famous eighteenth-century work.

Girardeau, Emile. *Le Progrès Technique et la Personalité Humaine.* Paris: 1955.

Glacken, Clarence J. *Traces on the Rhodian Shore: Nature and Culture in
   Western Thought from Ancient Times to the End of the Eighteenth Cen-
   tury.* Berkeley, Cal.: 1967.
   Able presentation of a sector of human thinking too long neglected.

Glanvill, Joseph. *Scepsis Scientifica: or, Confest Ignorance the Way to Science.*
   London: 1665. Edited with an introductory essay by John Owen. London:
   1935.

Glass, Bentley. *Science and Ethical Values.* Chapel Hill, N.C.: 1965.

Glass, Bentley, Owsei Tomkin, and William L. Straus, Jr. *Forerunners of
   Darwin, 1745–1859.* Baltimore: 1959.

Glennie, J. S. Stuart. *Sociological Studies.* In *Sociological Papers.* Vol. II.
   London: 1906.
   Glennie not only identified and dated the 'moral revolution' of the sixth century B.C.,
   but was an early precursor even before Patrick Geddes of field theory. Though addicted

to an overelaborated terminology, he was the first to invent such necessary terms as 'mechanotechnic' and 'biotechnic'.

Goodman, Paul. *Growing Up Absurd*. New York: 1960.

Goody, Jack (editor). *Literacy in Traditional Societies*. Cambridge, Mass.: 1968.
Important.

Gould, Jay M. *The Technical Elite*. New York: 1966.

Graham, Michael. *Human Needs*. London: 1951.

Grazia, Sebastian de. *Of Time, Work and Leisure*. New York: 1962.

Gregory, Joshua C. *A Short History of Atomism: from Democritus to Bohr*. London: 1931.
The best historic summary to its date of publication.

Gregory, R. L. *Eye and Brain: The Psychology of Seeing*. New York: 1966.

Hacker, Andrew (editor). *The Corporation Take-Over*. New York: 1964.
Analysis by various hands, including Berle and Means, of the scope and methods of corporate enterprise, down to the ultimate bearings of cybernation.

Haden, Selma von. *Is Cyberculture Inevitable? A Minority View*. In Fellowship: January 1966.
Brilliant summation of the case against an automatically expanding technology under central control. Quite independent of my own contribution.

Haldane, John Scott. *Organism and Environment as Illustrated by the Physiology of Breathing*. New Haven: 1917.

*Mechanism, Life and Personality: An Examination of the Mechanistic Theory of Life and Mind*. New York: 1921.
Important. See also Whitehead, Alfred North.

Hall, A. Rupert. *From Galileo to Newton, 1630–1720*. New York: 1963.
See also Santillana, Koestler, Butterfield, and Dijksterhuis.

Hall, Edward T. *The Hidden Dimension*. Garden City, N.Y.: 1966.
A fresh contribution to the ecology of mind.

Hammond, J. L., and Barbara Hammond. *The Rise of Modern Industry*. New York: 1926.
Denigrated by apologists for Victorian capitalism, but still important for the data the latter minimize or ignore.

Hanson, Earl D. *Animal Diversity*. Englewood Cliffs, N.J.: 1961.
A careful attempt to describe organic variety and explain it on evolutionary grounds. But Hanson is scrupulous enough to admit that the explanation is inadequate.

Hardy, Sir Alister. *The Living Stream: A Restatement of Evolution Theory and Its Relation to the Spirit of Man*. London: 1965.
Goes further along the lines opened by C. Lloyd Morgan and E. S. Russell in recognizing the active part played by the behavior of the organism itself in its own evolution. Hardy admits, in discussing extra-sensory perception, the possibility of other factors not open to external observation or recognizable in terms of accepted methods. An independent support for my critique of Galileo and Descartes.

Harrington, Alan. *The Immortalist: An Approach to the Engineering of Man's Divinity.* New York: 1969.
The last silly word in Technocracy.

Hartmann, Georges. *L'Automation.* Boudry (Neuchatel) : 1956.

Harvard University Program on Technology and Society. *Fourth Annual Report.* Cambridge, Mass.: 1968.
See also Mesthene, Emmanuel G.

Haskell, H. J. *The New Deal in Old Rome.* New York: 1939.
Superficial but suggestive.

Hatfield, H. Stafford. *The Inventor and His World.* New York: 1948.

Hayek, F. A. *The Road to Serfdom.* London: 1944.
Recognizes the ultimate tendency of the megamachine, but underestimates the cumulative historic drive of the power system.

*The Counter-Revolution of Science: Studies of the Abuse of Reason.* Glencoe, Ill.: 1952.
Well-documented study of the relation of positivist scientism to technology. Supplements my own analysis.

Hayes, Carleton. *The Historical Evolution of Nationalism.* New York: 1928.

Heckscher, Eli F. *Mercantilism.* 2 vols. London: 1935.
A classic study.

Henderson, Lawrence J. *The Order of Nature: An Essay.* Cambridge, Mass.: 1913.

*The Fitness of the Environment: An Inquiry into the Biological Significance of the Properties of Matter.* New York: 1927. Paperback, with introduction by George Wald. Boston: 1958.
Both works are outstanding, and still important.

Henderson, Philip. *William Morris: His Life, Work and Friends.* Foreword by Allan Temko. New York: 1967.
Has the advantage of being able to use biographic material, particularly the distressing undercurrents of his marriage, that Mackail could not use. Like Paul Thompson's, this biography does justice to Morris' massive contributions as a craftsman.

Herber, Lewis. *Our Synthetic Environment.* New York: 1962.

Heron, A. H. *Why Men Work.* Stanford, Cal.: 1948.

Hersey, John. *The Child-Buyers.* New York: 1960.
A novel whose most ghastly fantasies are all too close to the commonplaces of corporation science.

Hillegas, Mark R. *The Future as Nightmare: H. G. Wells and the Anti-Utopians.* New York: 1967.

Hilton, Alice Mary (editor). *The Evolving Society: The Proceedings of the First Annual Conference on the Cybercultural Revolution—Cybernetics and Automation.* New York: 1966.
Superficial: the participants never asked themselves why all forms of work *should* be abolished, or what might follow if this took place.

Hobbes, Thomas. *De Cive, or, The Citizen*. Paris: 1642. Edited by Sterling P. Lamprecht. New York: 1949.

　　*Leviathan; on the Matter, Forme, and Power of a Commonwealth, Ecclesiastical and Civill*. London: 1651. New York: 1914.

Hobhouse, Leonard T. *Development and Purpose: An Essay Towards a Philosophy of Evolution*. London: 1913.

Hobson, J. A. *Imperialism: A Study*. New York: 1902.

Holton, Gerald. *Johannes Kepler: A Case Study on the Interaction of Science, Metaphysics, and Theology*. In The Philosophical Forum. Boston: 1956.

　　*Science and New Styles of Thought*. In The Graduate Journal. Gainesville, Fla.: Spring 1967.
　　Brilliant study of 'disorder' in science and art.

Holton, Gerald (editor). *Do Life Processes Transcend Physics and Chemistry?* In Zygon: Journal of Religion and Science: December 1968.
　　Fresh statements of the anti-reductionist position by Platt, Polanyi, and Commoner.

Hughes, James, and Lawrence Mann. *Systems and Planning Theory*. In American Institute of Planners Journal: September 1969.
　　Unusually lucid for a work in this area.

Huxley, Aldous. *Brave New World*. New York: 1932. With a new foreword. New York: 1946.
　　One of the most complete and ruthless kakotopias, though from a purely literary standpoint probably Huxley's most ill-written work. Its very ineptness perhaps reveals his personal distaste for the singularly prophetic outpourings of his unconscious. And yet . . .

　　*Brave New World Revisited*. New York: 1958.
　　Written against the intervening background of Nazi and Communist totalitarianism, with the startled sense that the human perversions he predicted were no longer centuries away. Huxley's picture of the new methods of controlling human behavior was closer to reality than Orwell's *1984:* yet he himself in his misguided final chapter, What Can Be Done, invoked chemical agents to enhance 'happiness.' *Happiness?*

　　*Island: A Novel*. New York: 1962.
　　A permissive utopia, where human felicity is ensured by moksha, a hallucinatory drug: that common bond between the Hippies and the unscrupulous technocrats who seek to control mankind.

Huxley, Julian. *New Bottles for New Wine*. New York: 1957.
　　See especially the essay Transhumanism. The new paperback title is: *Knowledge, Morality, and Destiny*.

Jaccard, Pierre. *Histoire Sociale du Travail, de l'Antiquité et Nos Jours*. Paris: 1960.

James, E. O. *The Worship of the Sky-God*. London: 1963.
　　Recommended to those who, being unfamiliar with the religious background of the megamachine, may be skeptical of my interpretation.

James, William. *The Varieties of Religious Experience: A Study in Human Nature*. New York: 1902.

*The Will to Believe, and Other Essays.* New York: 1903.
See the essay on What Psychical Research Has Accomplished.

Jennings, Herbert Spencer. *The Universe and Life.* New Haven: 1933.
Still a challenging affirmation of organic realities.

Johanneson, Olof (pseud.). *The Tale of the Big Computer: A Vision.* New
York: 1968.
A presumably scientific account of a computer-governed future, too near reality to be
satire and too near satire to be accepted as reality. The writer's predictions, if they are
predictions, were anticipated by Samuel Butler.

Jones, H. Bence. *The Life and Letters of Faraday.* London: 1870.
Note account of Faraday's paper in 1844 on the nature of matter.

Jordy, William H. *Henry Adams: Scientific Historian.* New York: 1952.
A careful study, but vitiated by Jordy's disparagement of Adams' most pregnant contri-
bution.

Jouvenel, Bertrand de. *On Power: Its Nature and the History of Its Growth.*
New York: 1949.
An abstract analysis, penetrating, often brilliant. But I prefer my own more concrete
interpretation in *The City in History.*

Juenger, Friedrich Georg. *The Failure of Technology: Perfection Without
Purpose.* Hinsdale, Ill.: 1949.
The case against our compulsive technology—one-sided and overstated—but no worse
than the unqualified praises that mark the technocratic True Believers and Holy Rollers.

Jung, Carl Gustav. *Memories, Dreams, Reflections.* Recorded and edited by
Aniela Jaffe. New York: 1963.
A valuable complement to Jones' biography of Freud.

*Civilization in Transition.* New York: 1964.

Kahler, Erich. *The Meaning of History.* New York: 1964.

*The Disintegration of Form in the Arts.* New York: 1968.
A critical but sympathetic effort to interpret the non-art, the pseudo-art, and the anti-
art of our time.

Kahn, Herman. *Thinking About the Unthinkable.* First edition. New York:
1962. Paperback, with an afterword: 1966.
Pentagonal platitudes.

Kahn, Herman, and Anthony J. Wiener. *The Year 2000.* New York: 1967.

Keeling, S. V. *Descartes.* London: 1934.

Kepes, Gyorgy (editor). *Vision + Value Series.* 3 vols. *Education of Vision.
Structure in Art and in Science. The Nature and Art of Motion.* New
York: 1965.
Richly illustrated; with some notable essays in each volume. Over-attentive, perhaps,
to microscopic infra-patterns, yet within its chosen range adequate.

Kepler, Johannes. *Concerning the More Certain Fundamentals of Astrology:
A New Brief Dissertation Looking Towards a Cosmotheory, Together
with a Physical Prognosis for the Year 1602 from the Birth of Christ,
Written to Philosophers.* 1602.

*Kepler's Dream.* Frankfurt-am-Main: 1635. Edited by John Lear. Berkeley, Cal.: 1965.
> A work whose remarkable anticipations account for its present exhumation. Alternative translation by Edward Rosen. Madison, Wis.: 1967.
> L. Gunther's German translation appeared in 1898. But Professor Marjorie Nicolson was the first scholar to perceive its contemporary significance.

*The Six-Cornered Snowflake.* Colin Hardie, editor and translator. With essays by L. L. Whyte and B. J. F. Mason. Oxford: 1966.
> A fascinating work, long neglected. Opens up an area in science unapproachable by causal or statistical analysis—what Kepler called the 'formative faculty,' now as visible in the atom as in a snowflake or a bird.

Kidd, Benjamin. *The Principles of Western Civilization.* New York: 1902.
> Wordy but notable for a single idea. At that early date *Kidd realized that the principle of natural selection applied only to large populations, not individuals.* He carried this a step further by pointing out that social changes were to be evaluated, not in terms of immediate contemporary benefits, but in reference to the *largest possible population—* that of the future.

Klapper, Joseph T. *The Effects of Mass Communication.* Glencoe, Ill.: 1960.

Kluckhohm, Clyde, and Henry A. Murray (editors), with the collaboration of David M. Schneider. *Personality, in Nature, Society, and Culture.* Second edition. New York: 1953.

Knapp, Bettina Liebovitz. *Jean Genet.* New York: 1968.

Koebner, Richard. *Empire.* Cambridge: 1961.
> Notes on the idea of empire from the Romans to 1815.

Koestler, Arthur. *The Sleep Walkers.* New York: 1959.
> Brilliant if unconventional summary of astronomical speculation and observation, from the Greeks through Newton. Koestler's freedom from the professional prudence of the specialist is not the least of his merits.

*The Ghost in the Machine.* New York: 1967.
> An attempt to account for the chronic irrationality of human behavior, and to find some means to bring it under greater control. Though his final suggestion of a chemical remedy is silly, it does not invalidate his better insights.

Kohn, Hans. *The Idea of Nationalism: A Study in Origins and Background.* New York: 1951.

Kranzberg, Melvin, and Caroll W. Pursell, Jr. (editors). *Technology in Western Civilization.* 2 vols. New York: 1967.
> Though more limited than the five-volume Singer *History of Technology,* it does better justice to the social setting and carries technics itself into the twentieth century. See also the review Technology and Culture, edited by Kranzberg.

Kropotkin, Peter. *Fields, Factories, and Workshops: or Industry Combined with Agriculture and Brain Work with Manual Work.* London: 1889.
> Classic study of the possibilities of small-scale industry and agriculture with an advanced neotechnic base. Though 'dated,' it remains in advance of much current thinking. Recommended for those seeking the improvement of underdeveloped economies without destroying indigenous values and purposes.

*Mutual Aid.* London: 1904.
> A fundamental correction of the Malthus-Darwin-Huxley interpretation of the struggle for existence as the main formative factor in organic evolution.

Kuhn, Thomas S. *The Copernican Revolution: Planetary Astronomy in the Development of Western Thought.* Cambridge, Mass.: 1957.

La Mettrie, J. O. de. *L'Homme Machine 1747–Man a Machine.* La Salle, Ill.: 1912.
A classic of reductionist dogma.

Lapp, Ralph E. *The New Priesthood: The Scientific Elite and the Uses of Power.* New York: 1965.

*The Weapons Culture.* New York: 1968.
By a physicist whose association with nuclear research, beginning with the Manhattan Project, has made him alert to the dangers of placing mankind's fate in the hands of the military-industrial-scientific 'elite'.

Laslett, Peter. *The World We Have Lost: England Before the Industrial Age.* New York: 1965.
Not as nostalgic as the title, hauntingly repeated, would indicate. But a teasing work: based on fresh, and in many cases significant, local research, but with an inadequate general background which does not allow for England's original industrial backwardness.

Latil, Pierre de. *La Pensée Artificielle: Introduction à la Cybernétique.* Paris: 1953.

Lawn, Brian. *The Salernitan Questions: An Introduction to the History of Medieval and Renaissance Problem Literature.* Oxford: 1963.

Lefranc, Georges. *Histoire du Travail et des Travailleurs.* Paris: 1957.

Leitenberg, Milton (editor). *Biological Weapons.* In Scientist and Citizen: August-September 1967.
Examination by socially concerned scientists of the calculated atrocities practiced upon man and his environment in modern 'war' (genocide).

Lewin, Kurt. *Field Theory in Social Science.* London: 1952.

Lewis, Arthur O. (editor). *Of Men and Machines.* New York: 1963.
Wide-ranging selection.

Lichtman, Richard. *Toward Community: A Criticism of Contemporary Capitalism.* In The Center for the Study of Democratic Institutions, *Occasional Papers.* Santa Barbara, Cal.: 1966.

Lilley, S. *Men, Machines and History: A Short History of Tools and Machines in Relation to Social Progress.* London: 1948.

Lorenz, Konrad. *On Aggression.* New York: 1966.
Excellent zoology: careless sociology—though free from the looser fictional extrapolations of Dart and Ardrey. Lorenz's affectionate relations with his graylag geese made him overlook the immense cultural gap between man and all other inhabitants of the animal kingdom. If homicidal aggression were an inescapable biological fact and a major cause of war, why the necessity for military conscription, practiced from the Fourth Millennium on?

Lovejoy, Arthur O. *The Great Chain of Being.* Cambridge, Mass.: 1950.
Classic study.

*Essays in the History of Ideas.* New York: 1955.

Lucretius. *On the Nature of Things.* Translated by H. A. J. Munro. In W. J. Oates, *The Stoic and Epicurean Philosophers.* New York: 1940.
The only full explanation of Epicurean atomism, whose revival by Gassendi opened a new world in chemistry, a science in which both Greeks and Romans were backward.

MacIver, R. M. *Society, Its Structure and Changes.* New York: 1932.

MacMunn, George. *Slavery Through the Ages.* London: 1938.
Inadequate presentation of a subject that has never, except for German studies of slavery in Greece and Rome, stirred sufficient scholarly zeal.

Maine, Henry Sumner. *Popular Government: Four Essays.* New York: 1886.
Acute discussion of the limitations and perversions of popular government. Unfortunately, still relevant. See Lasswell, *et al.*

Malthus, T. S. *Essay on the Principles of Population as It Affects the Future Improvement of Society.* London: 1798. Second edition. Revised. 1803. 2 vols. New York: 1927.

Mandeville, Bernard. *The Fable of the Bees, or, Private Vices, Public Benefits.* First edition. London: 1714.
Exposition of a self-regulating laissez-faire economy, based on self-interest alone, in which individual conflicts emerge as collective cooperations.

Mannheim, Karl. *Man and Society: In an Age of Reconstruction.* New York: 1940.

Mannoni, O. *Prospero and Caliban: The Psychology of Colonization.* New York: 1956.
Suggestive if not always convincing.

Manuel, Frank E. *The Prophets of Paris.* Cambridge, Mass.: 1962.
A masterly study of the ideologists, from Turgot to Comte.

Marcuse, Herbert. *Eros and Civilization: A Philosophical Inquiry into Freud.* New York: 1955.
A modification of Freud's views, but unfortunately in the direction of infantile perversions and passivities. Marcuse wars against those like myself whose conceptions of personality and community accept the constant organic interplay (not dialectic) of repression and expression, of the patriarchical and matriarchical factors, as ingrained in all human activity.

　*One Dimensional Man: Studies in the Ideology of Advanced Industrial Society.* Boston: 1964.
If this analysis had been adequate I would gladly have deleted more than one section of the present book.

Marks, Sema, and Anthony G. Oettinger. *Educational Technology: New Myths and Old Realities.* Harvard University Program on Technology and Society. Cambridge, Mass.: 1968.

Martin, Thomas. *The Circle of the Mechanical Arts: Containing Practical Treatises on the Various Manual Arts, Trades, and Manufactures.* London: 1818.
Gives detailed report, incidentally, on the development of railroads from early seventeenth century on, and in mining quotes Agricola extensively. But no mention of the steam engine which, according to the mid-Victorian fairy tale, 'caused' the 'Industrial Revolution'.

Marx, Karl. *Capital: A Critique of Political Economy.* Translated from the fourth German edition by Eden and Cedar Paul. London: 1929.
   Though Marx's abstract economic reasoning is obsolete, and his historic predictions have proved erroneous, as a technical historian Marx was here a redoubtable pioneer.

Maslow, Abraham. *Toward a Psychology of Being.* Princeton, N.J.: 1962.

   *Religions, Values, and Peak Experiences.* Columbus, Ohio: 1964.
   A departure from S-R psychology and an attempt to restore subjective initiatives and religious representations.

Masson, John. *The Atomic Theory of Lucretius: Contrasted with Modern Doctrines of Atoms and Evolution.* London: 1884.
   Admirable; all the better because it poses the problem of atomism against then current Victorian debates. See Lucretius.

Masters, William H., and Virginia E. Johnson. *Human Sexual Response.* Boston: 1966.
   An 'objective' (quasi-scientific) exposition of sexuality that neatly excludes the specifically human aspects of love-making, since they cannot be scientifically measured. Apparently quite unaffected by the ethologist's discovery that animals behave quite differently under laboratory conditions than in their natural environment. Reductionism reduced to absurdity: but obviously a pilot project for a new machine guaranteed to produce orgasms without human intervention.

May, Rollo. *Love and Will.* New York: 1969.
   The popularity of this work is a good augury.

Mayr, Ernst. *Accident or Design: The Paradox of Evolution.* In Symposium on the Evolution of Living Organisms. Melbourne: December 1959.

   *Cause and Effect in Biology.* In Science, No. 134: 1961.
   Important distinction between functional and evolutionary biology.

McCloy, Shelby T. *French Inventions of the Eighteenth Century.* Lexington, Ky.: 1952.
   Long-needed examination of the French contribution to the period that English-speaking economic historians too smugly took to be a purely English event.

McCurdy, Edward. *The Mind of Leonardo da Vinci.* New York: 1928.

McHarg, Ian. *Design with Nature.* New York: 1969.
   A truly ecological approach to ecology by a landscape architect whose passionate convictions are matched by his intellectual grasp and his concrete experience.

McKinley, Daniel. See Shepard, Paul.

McLuhan, Herbert Marshall. *The Mechanical Bride: Folklore of Industrial Man.* New York: 1951.

   *Understanding Media: The Extensions of Man.* New York: 1964.
   What McLuhan understands has long been familiar to students of technics: it is his singular gift for *misunderstanding* both technology and man that marks his truly original contributions.

Meier, Richard I. *Science and Economic Development: New Patterns of Living.* Cambridge, Mass.: 1956.
   Dubious.

Mercier, Louis Sebastien. *L'An du Mille Quatre Cent Quarante: Rêve S'il en Fût Jamais.* London: 1772.

Merton, Robert, *et al. Reader in Bureaucracy.* New York: 1952.
Useful because of its range, in the absence of a more systematic study.

Mesthene, Emmanuel G. *How Technology Will Shape the Future.* Harvard University Program on Technology and Society. Cambridge, Mass.: 1969.

Meynaud, Jean. *Technocracy.* London: 1968.

Milgrim, Stanley. *A Behavioral Study of Obedience.* In Journal of Abnormal and Social Psychology: 1963. Also in Arthur M. Eastman (editor), *The Norton Reader.* New York: 1965.

Mills, C. Wright. *The Power Elite.* New York: 1956.
See especially the chapters on the Warlords and the Military Ascendency.

Mishan, E. J. *The Costs of Economic Growth.* New York: 1967.
A challenge to expansive affluence.

Montagu, M. F. Ashley. *The Direction of Human Development: Biological and Social Bases.* New York: 1955.
Recommended.

　*On Being Human.* New York: 1966.
A valid anthropological statement, as well as a personal testament; and not least an antidote to the anti- and sub-human fantasies now rife.

Montagu, M. F. Ashley (editor). *Man and Aggression.* New York: 1968.
Useful emetic for those who have swallowed Ardrey's fantasies.

Montgomery, Edmund. *Philosophical Problems in the Light of Vital Organization.* New York: 1907.
Path-breaking. Its neglect stems perhaps from its early challenge to both mechanistic and idealistic clichés.

Moore, Barrington, Jr. *Social Origins of Dictatorship and Democracy: Lord and Peasant in the Making of the Modern World.* Boston: 1966.
By its emphasis on the democratic processes it complements—and partly corrects—any overstress of mine on common totalitarian features. Recommended.

More, Louis Trenchard. *Isaac Newton: A Biography, 1642–1727.* New York: 1934.
Chapter Eight, on The Mechanistic Hypothesis, gives a succinct summary of the seventeenth-century scientific background.

Moreno, J. L. *Who Shall Survive? A New Approach to the Problem of Human Interrelations.* Washington, D.C.: 1934.
An essay in human ecology too little noted today.

Morgan, Arthur E. *Nowhere Was Somewhere: How History Makes Utopias and How Utopias Make History.* Chapel Hill, N.C.: 1946.
Attempts to trace More's Utopia to contemporary reports of the Inca system, partly because Morgan wishes to prove that utopias do not "go against nature". For an ironic comment on this theory see my essay in *Utopias and Utopian Thought*, edited by Frank E. Manuel.

Morgan, C. Lloyd. *Emergent Evolution: The Gifford Lectures.* New York: 1923.

*Life, Mind, and Spirit: Being the Second Course of the Gifford Lectures, under the General Title of Emergent Evolution.* New York: 1926.

Morison, Elting E. *Men, Machines, and Modern Times.* Cambridge, Mass.: 1966.
Brief, but illuminating, witty, and wise: an effective antidote for the technocratic gush of the more popular prophets of the megamachine. Morison's conclusions might well serve as an epigraph for this book. "It still seems that a new kind of culture could be built up that would contain the new technology within appropriate limits. And the creation of such a new culture would seem to be the first order of business."

Morris, Henry C. *The History of Colonization: From the Earliest Times to the Present Day.* 2 vols. New York: 1900.
A useful work in its time that now cries for a successor of equal scope.

Morris, William. *The Collected Works of William Morris.* With an introduction by his daughter, May Morris. 24 vols. Oxford: 1936.
See *Vol. 2. Work in a Factory as It Might Be.* These articles refute the popular academic notion that Morris was so enamored of handicraft that he was willing to forgo both the machine and factory organization. With his prediction of a four-hour workday in the factory, he showed that he had a better grasp of the future than his more 'practical' contemporaries. Even in *News from Nowhere* (Vol. 16), where he gives a deliberately idyllic picture of life under socialism, he allows for such constants of human nature as wrath and murder.

Mumford, Lewis, *The Story of Utopias.* New York: 1922. Paperback, with new introduction: 1962.
My first exposition of the fundamental difference between the good life and the 'goods life.'

*Technics and Civilization.* First edition. New York: 1934. Paperback, with new introduction: 1963.

*Art and Technics.* The Bampton Lectures in America, No. 4. New York: 1952.
Recommended. But see Francastel, Pierre.

*In the Name of Sanity.* New York: 1954.
The essays Assumptions and Predictions, Technics and the Future, and Mirrors of Violence, not merely outline some of the main themes of the present book, but show clearly they were visible more than twenty years ago.

*The Transformations of Man.* Revised edition. London: 1957.
A useful prelude to the present study.

*The Myth of the Machine. Vol. 1. Technics and Human Development.* New York: 1967.
The present book cannot be fully understood without reference to this volume.

*Anticipations and Social Consequences of Atomic Energy.* In Proceedings of the American Philosophical Society: April 15, 1954.
This paper terminated in a proposal to hold a grand World Assize under the aegis of the United Nations, using all the available knowledge, released from the ban of official secrecy, to estimate the probable effects of releasing atomic energy in various quantities in peace and war. As late as 1954 this proposal for a reasonable scientific assessment violently outraged many of the scientists present.

*The Morals of Extermination.* In The Atlantic Monthly: October 1958.
The latest and best of my essays contra genocide.

*Machine.* In *Encyclopedia Americana. Vol. 15.* New York: 1967.

Murphy, Gardner. *Human Potentialities.* New York: 1958.

Murray, Henry A. *Myth and Mythmaking.* New York: 1960.

*Preparations for the Scaffold of a Comprehensive System.* In Sigmund Koch
(editor), *Psychology: A Study of Science.* New York: 1959.
The philosophic testament of a psychologist, grounded in biology and reaching outward
and upward to canvass the fullness of human achievement.

*Unprecedented Evolution.* In Henry Hoagland (editor), *Evolution and Man's
Progress.* Boston: 1962.

Needham, Joseph, *et al. Technology, Science, and Art: Common Ground.* A
lecture series delivered at Harfield College of Technology. Harfield: 1961.

Nef, John U. *War and Human Progress: An Essay on the Rise of Industrial
Civilization.* Cambridge, Mass.: 1952.
An important contribution though, in opposition to Sombart, Nef underestimates the
technical stimulation of war. See also my *Technics and Civilization.*

Neumann, Erich. *The Origins and History of Consciousness.* New York: 1954.

*The Archetypal World of Henry Moore.* New York: 1959.

Neumann, Johann von. *Can We Survive Technology?* In David Sarnoff (editor),
*The Fabulous Future: America in 1980.* New York: 1956.
An essay worth the rest of the entire series of trite predictions and stale hopes, pub-
lished by the editors of Fortune.

Nicolson, Marjorie Hope. *Voyage to the Moon.* New York: 1948.
A classic contribution to both literary and technical history, by a scholar highly sensi-
tive to the winds of change. Sufficiently generous in quotation to serve those who have
no direct access to the many significant works quoted, including Wilkins.

*The Microscope and English Imagination.* In Smith College Studies in Modern
Languages. Northampton, Mass.: July 1935.

*The World in the Moon: A Study of the Changing Attitude Toward the Moon
in the Seventeenth and Eighteenth Centuries.* In Smith College Studies in
Modern Languages. Northampton, Mass.: January 1936.
These studies have the laudable distinction of anticipating in the field of literature the
interest in scientific history that came later.

Nisbet, Robert. *Community and Power.* New York: 1962. First published as
*The Quest for Community.* New York: 1953.
An excellent critique of both ideas and institutions.

O'Malley, C. D. *Andreas Vesalius of Brussels, 1514–1564.* Berkeley, Cal.: 1965.

Oparin, A. I. *The Origin of Life.* New York: 1938.
Speculations on the conditions under which inorganic elements on this planet combined
to form the complex protein molecules. L. H. Henderson's earlier work, *The Fitness
of the Environment,* helps fill out the picture.

Ortega y Gasset, José. *The Revolt of the Masses.* New York: 1932.

　*The Dehumanization of Art.* Princeton, N.J.: 1951.
　Both these analyses have been confirmed by events.

Orwell, George. *1984.* London: 1949.

Ozbekhan, Hasan. *The Triumph of Technology: "Can" Implies "Ought."* Santa
　Monica, Cal.: 1967.
　Like Selma von Haden's essay, this goes critically to the roots of a technological com-
　plex that is hostile to all qualities or values except those that further its own expansion.

Packard, Vance. *The Waste Makers.* New York: 1960.

Parry, J. H. *The Establishment of the European Hegemony, 1415–1715.* New
　York: 1961.

　*The Age of Reconnaissance.* London: 1963.
　Many-sided description of European exploration, trade, and settlements from the fif-
　teenth to the eighteenth centuries.

Pfender, M. (editor). *Die Technik Prägt Unsere Zeit.* Düsseldorf: 1956.

Platt, John R. *The Step to Man.* New York: 1966.

　*The Function of Varied Experience.* New York: 1969.

　*Organism, Environment & Intelligence as a System.* In Journal of the History
　of Biology: Spring 1969.

Platt, John R. (editor). *New Views of the Nature of Man.* Chicago: 1965.
　See especially, Wald, Sperry, and Goertz.

Poggioli, Renato. *The Theory of the Avant-Garde.* Cambridge, Mass.: 1968.
　A careful, seemingly objective study, whose objectivity is, however, vitiated by the fact
　that the author judges the products of the avant-garde solely by their own esthetic and
　social criteria.

Polanyi, Karl. *The Great Transformation.* New York: 1944.
　The end of the market economy: a little peremptory in its dismissal, but probably will
　be justified within a generation.

Polanyi, Michael. *Science and Man's Place in the Universe.* In Harry Woolf
　(editor), *Science as a Cultural Force.* Baltimore: 1964.
　See also his *Personal Knowledge.*

Portmann, Adolph. *New Paths in Biology.* New York: 1964.

Postan, M. M., E. E. Rich, and Edward Miller. *The Cambridge Economic His-
　tory of Europe. Vol. III. Economic Organization and Policies in the Middle
　Ages.* Cambridge: 1963.
　Excellent. See also *Vol. VI. The Industrial Revolution and After.* Cambridge: 1965.

Potter, David M. *People of Plenty: Economic Abundance and the American
　Character.* Chicago: 1954.

Price, Derek J. de Sola. *Science Since Babylon.* New Haven: 1961.

　*The Science of Science.* See Platt, John R. (editor).
　Brief and more circumspect re-statement of *Science Since Babylon.*

Pritchard, James B. (editor). *Ancient Near Eastern Texts: Relating to the Old Testament*. Princeton, N.J.: 1955.

Prochazka, Oldrich. *Sybnek Fizer and "The Consolation of Ontology."* In The Crane Review: Fall 1967.
Since Fizer's work has not yet been translated, this is a useful introduction to a new Marxist version of Buddhism, which curiously confirms my quite independent interpretation of the final religion of the megamachine.

Pumphrey, R. J. *The Origin of Language*. Liverpool: 1951.

Purchas, Samuel. *Hakliutus Posthumus, or, Purchase His Pilgrimes. Contayning a History of the World Sea Voyages and Lande Travelles by Englishmen and Others*. 20 vols. Glasgow: 1905.
The first volume significantly begins with exploration in the ancient world. The rest of the material was partly derived from unedited accounts handed on by Hakluyt.

Rich, E. E., and C. H. Wilson (editors). *The Cambridge Economic History of Europe*. 6 vols. Cambridge: 1967.

Rickover, H. G. *Can Technology Be Humanized—in Time?* In National Parks Magazine: July 1969.

Riesman, David, in collaboration with Reuel Denney and Nathan Glazer. *The Lonely Crowd: A Study of the Changing American Character*. New Haven: 1950.
A pioneer study of power, autonomy, conformity, and mass media in our highly mechanized American society.

Ritter, William E., with the collaboration of Edna Watson Bailey. *The Natural History of Our Conduct*. New York: 1927.

Robergs, Carl R., and B. F. Skinner. *Some Issues Concerning the Control of Human Behavior*. In Science: November 1956.

Roberts, Catherine. *The Scientific Conscience: Reflections on the Modern Biologist and Humanism*. New York: 1967.
Criticizes both the assumptions and the methods of science, with its increasing emphasis on dehumanized experiments and on practical proposals that are callous to man's higher development. The moral criticism is all the more weighty because the author is a professional microbiologist.

Rosenfeld, Albert. *The Second Genesis: The Coming Control of Life*. New York: 1969.
A competent summary of the current attempts by technologically inflated men to play God. If the present book does nothing else, it at least provides the historic background for appraising these ominous proposals.

Rosenfield, L. C. *From Beast Machine to Man Machine*. New York: 1941.

Rosenstock-Huessy. Eugen. *The Multiformity of Man*. Norwich, Vt.: 1948.
Pregnant observations contrasting a man-centered with a machine-centered technics.

Rosinski, Herbert. *Power and Human Destiny*. New York: 1965.
See Juvenal. See also Reinhold Niebuhr's divers works for a theological appreciation of the same constant in human history.

Roslansky, John D. (editor). *Genetics and the Future of Man.* New York: 1965.
See Kingsley Davis' paper.

*The Uniqueness of Man.* Amsterdam: 1969.
Excellent organicist symposium.

Rossi, Paolo. *Francis Bacon: From Magic to Science.* Bari: 1957. London: 1968.

Rossiter, Clinton L. *Constitutional Dictatorship: Crisis Government in the Modern Democracies.* Princeton, N.J.: 1948.
After a brief chapter on ancient Rome, confines itself to Germany, England, France, and the United States in recent times.

Roszak, Theodore. *The Dissenting Academy.* New York: 1968.
Critical revaluation of the teaching of the humanities in American universities.

*The Making of a Counter Culture: Reflections on the Technocratic Society and Its Youthful Opposition.* New York: 1969.
Widely documented, sometimes acute: but Roszak's evidences for anything that could be called a culture capable of counterbalancing the existing order are unsubstantial— and hardly hopeful.

Rousseau, Pierre. *Histoire des Techniques.* Paris: 1956.

Rowntree, B. Seebohm. *Poverty: A Study of Town Life.* London: 1902.

*Poverty and Progress: A Second Social Survey of York.* London: 1941.

Rubin, William J. *Dada, Surrealism, and Their Heritage.* New York: 1941.

Rubinoff, Lionel. *The Pornography of Power.* New York: 1967.
A valuable discussion, whose sexy title and paperback cover are a disgrace to television and publishing, if not to the author.

Russell, E. S. *The Directiveness of Organic Activities.* Cambridge: 1945.
Important for minds escaping from the blind alley of mechanism yet still afraid to accept as real the inescapable differentia of organic behavior: namely, its autonomous, goal-seeking, self-organizing, time-patterned activities.

Ruyer, Raymond. *L'Utopie et les Utopies.* Paris: 1950.
An excellent survey that stresses the totalitarian character of most utopias.

Sakharov, Andrei D. *Progress, Coexistence, and Intellectual Freedom.* With an introduction by Harrison E. Salisbury. New York: 1968.
A human plea by a scientist worthy to be the countryman of Brigadier General Grigorenko.

Salomon, Albert. *The Tyranny of Progress: Reflections on the Origins of Sociology.* New York: 1955.

Santillana, Giorgio de. *The Age of Adventure: The Renaissance Philosophers.* New York: 1956.
Admirable selections, from Nicolas of Cusa to Bruno, with a distinguished introduction.

*The Origins of Scientific Thought, from Anaximander to Proclus, 600 B.C. to 300 A.D.* Chicago: 1961.
Enchanting.

Sauer, Carl O. *Northern Mists.* Berkeley, Cal.: 1968.
Well-documented account of the many pre-Columbian Western voyages.

Sauer, Carl, Marston Bates, and Lewis Mumford (chairmen). *Man's Role in Changing the Face of the Earth: An International Symposium.* Edited by William L. Thomas, Jr. Chicago: 1956.
Well-prepared papers and wide-ranging discussions. See my summation of the section on Prospect.

Schmookler, Jacob. *Invention and Economic Growth.* Cambridge, Mass.: 1966.

Schneider, Kenneth R. *Destiny of Change.* New York: 1968.

Schrödinger, Erwin. *What Is Life? The Physical Aspect of the Living Cell.* Cambridge: 1945.

*Nature and the Greeks.* Cambridge: 1954.
Demonstrates the fallacy of Galileo's elimination of qualities, and traces it back to the Greeks.

*Mind and Matter.* Cambridge: 1959.
By a distinguished physicist who was at home with the humanities, attempting to do justice to those parts of human experience deleted by the confinement of post-seventeenth-century science to depersonalized 'objects.'

Schubert-Soldern, Rainer. *Mechanism and Vitalism: Philosophical Aspects of Biology.* London: 1962.

Schumpeter, Joseph A. *Capitalism, Socialism, and Democracy.* First edition. New York: 1942. Third edition: 1950.
Acutely reasoned, brilliantly written. Though some of the evidence is dated, the conclusions have been increasingly confirmed. Schumpeter's analysis complements and largely confirms my own parallel picture of megatechnics. See Hayek, F. A.

Seidenberg, Roderick. *Posthistoric Man.* New York: 1950.
Interpretation of human development in terms of the increasing dominance of the rational intelligence over instinct, with a progressive transference of the intelligence to extra-human mechanisms that make man's own activities superfluous. If the basic conceptions could be accepted the conclusions would be unavoidable.

Seligman, Ben B. *Most Notorious Victory: Man in an Age of Automation.* Foreword by Robert L. Heilbroner. New York: 1966.

Selz, Peter. *New Images of Man.* New York: 1959.

Senate Judiciary Committee. *Economic Concentration. Hearings Before the Subcommittee on Antitrust and Monopoly.* Washington, D.C.: 1964, 1965, 1966.

Shaw, Ralph R. *Electronic Storage and Searching.* In Times Literary Supplement: April 6, 1962.

Shelley, Mary Wollstonecraft. *Frankenstein, or, The Modern Prometheus.* London: 1818. Oxford: 1969.

Shepard, Paul, and Daniel McKinley (editors). *The Subversive Science: Essays Toward an Ecology of Man.* Boston: 1969.
Despite the misleading title, this is a first-rate collection with much fresh thinking.

Shils, Edward. *The Theory of Mass Society.* In Diogenes: Fall 1962.
A theory that flatly contradicts the thesis of this book: recommended as a pinch of salt to bring out the latter's special flavor.

Simon, Herbert A. *The Shape of Automation for Men and Management*. New York: 1965.
A well-balanced summation.

*The Architecture of Complexity*. In Proceedings of the American Philosophical Society: December 1962.
Deft analysis of the organic method of handling quantities and complexities by graded hierarchic structures.

Simpson, George Gaylord. *The Meaning of Evolution*. Revised edition. New Haven: 1967.

*The Biology of Man*. New York: 1969.

*The Crisis in Biology*. In The American Scholar: Summer 1967.

Singer, Charles. *From Magic to Science: Essays on the Scientific Twilight*. New York: 1928.
Sketchy, but still useful on the pre-Renascence background.

Singer, Charles, *et al.* (editors). *History of Technology*. 5 vols. Oxford: 1954–1958.

Skinner, B. F. *Walden Two*. New York: 1948.
Technocratic behaviorist utopia, as specious as the title.

*Science and Human Behavior*. New York: 1958.

Smith, Cyril Stanley. *Materials and the Development of Civilization and Science*. In Science: May 14, 1965.

Soddy, Frederick. *The Interpretation of Radium*. London: 1909. Revised and enlarged edition: 1920.
A pioneer work. Soddy's sense of social responsibility caused him to withdraw from physics. But that exemplary moral decision was vitiated by his fastening on 'social credit' as a sufficient means of control.

Speer, Albert. *Erinnerungen*. Berlin: 1969.
Extremely interesting account of Hitler and Hitlerism by a shrewd, technically able participant who lived to repent, and even better to explain, the part he played.

Spencer, Herbert. *The Data of Ethics*. New York: 1879.
Regarded as so important by Spencer that he interrupted his Synthetic Philosophy Series to publish it. A questionably optimistic antithesis to Seidenberg's dark prediction in *Posthistoric Man*.

Spengler, Oswald. *The Decline of the West*. 2 vols. New York: 1928.
Sometimes factually shaky or arbitrary, but often intuitively sound, especially in interpreting evidences of contemporary disintegration more 'objective' minds preferred to overlook. His epithet, Faustian, for post-medieval obsessions with money, power, and technics was well chosen.

Sperry, Roger W. *Mind, Brain, and Humanist Values*. See Platt, John R. (editor).
Like this book, it challenges the reductionist effort to turn the brain into a programmable machine.

Stallo, J. B. *The Concepts and Theories of Modern Physics*. First edition. New York: 1881. Edited by Percy W. Bridgman. Cambridge, Mass.: 1960.
The work of a first-rate philosophical mind, neglected in its own day, but still relevant, as Bridgman pointed out.

Stapledon, Olaf. *Last and First Men: A Story of the Near and Far Future*. London: 1931.

Stevens, Henry Bailey. *The Recovery of Cultures*. New York: 1949.

Stewart, George R. *Not So Rich as You Think*. Boston: 1968.
Assessment of the waste and poisons and destruction introduced by 'advanced' technology.

Strauss, Anselm (editor). *The Social Psychology of George Herbert Mead*. Chicago: 1956.

Sussman, Herbert L. *Victorians and the Machine: The Literary Response to Technology*. Cambridge, Mass.: 1968.

Sypher, Wylie. *Literature and Technology: The Alien Vision*. New York: 1968.

Tawney, R. H. *The Acquisitive Society*. New York: 1920.
Basic.

Taylor, Alfred. *Mind as Basic Potential*. In Main Currents of Modern Thought: March 1958.
A biochemist's view that 'rationality' is implicit in the structure of nature.

Technology and Culture. Melvin Kranzberg (editor), 1959–current.
The quarterly organ of the Society for the History of Technology. Recommended.

Teilhard de Chardin, Pierre. *The Phenomenon of Man*. New York: 1959.
The central expression of Teilhard de Chardin's view of man's origin, development, and destiny.

  *Man's Place in Nature: The Human Zoological Group*. New York: 1966.

Theobald, Robert. *The Challenge of Abundance*. New York: 1961.

Thompson, Edward Palmer. *The Making of the English Working Class*. London: 1965.
Well documented: sympathetic to the exploited.

Thorpe, W. H. *Science, Man and Morals*. London: 1965.

Tillyard, E. M. W. *The Elizabethan World Picture*. New York: 1944.
Brief but penetrating.

Times Literary Supplement. *The Changing Guard*. London: 1965.
A serious but uncritical survey of avant-garde gibberish.

Tocqueville, Alexis de. *Democracy in America. Vol. I.* New York: 1945.

Toffler, Alvin. *The Future as a Way of Life*. In Horizon: Summer 1965.

Toulmin, Stephen, and June Goodfield. *The Architecture of Matter*. New York: 1962.

Toynbee, Arnold. *Lectures on the Industrial Revolution of the Eighteenth Century in England*. London: 1884.
This book, by taking 1760 as a definite starting point, crystallized the notion of "the" Industrial Revolution. This Toynbee must not be confused with the later historian!

Toynbee, Arnold J. *A Study of History*. 10 vols. New York: 1934–1956.
These volumes are too rich in carefully assayed ore, often minted with fresh thought, to be dismissed as contemptuously as many historians have done, either because of factual errors or radical differences in historic perspective. Though overburdened with scholarly detail and sometimes unbearably prolix, this work points fresh paths, much as Spengler does, in many directions.

*Change and Habit: The Challenge of Our Time*. New York: 1966.

Tuveson, Ernest Lee. *Millennium and Utopia: A Study in the Background of the Idea of Progress*. Berkeley, Cal.: 1949.
Treats the protestant theologians who foresaw improvements in both religion and secular life, sometimes as more than a prelude to the 'final judgement'.

Usher, Albert Payson. *A History of Mechanical Inventions*. New York: 1929. Revised edition: 1954.
A classic: still indispensable.

Van Doren, Charles. *The Idea of Progress*. New York: 1967.
Systematic comparative study, more extensive and detailed than Bury's.

Veblen, Thorstein. *The Instinct of Workmanship*. New York: 1914.

*Imperial Germany*. New York: 1915.

*Theory of the Leisure Class*. New York: 1926.
A Swiftian exposure of the futilities of the dominant minority who turn work into leisure in order to turn leisure into work.

Verne, Jules. *The Master of the World*. Paris: 1914.
A final testament of the prophet of technocracy. Inferior to his other works, but significant as an ultimate paranoid fantasy, logically derived from his premises.

Vignoli, Tito. *Myth and Science: An Essay*. New York: 1882.
A forgotten but not negligible book: a landmark in the nineteenth-century conception of progress.

Waddington, C. H. *The Ethical Animal*. London: 1960.
A valiant attempt to get beyond the clichés of positivism and Victorian survivalist evolutionism.

*The Nature of Life*. New York: 1962.
By a distinguished animal geneticist whose sociological and philosophic insights have opened up fresh approaches.

Wald, George. *The Search for Common Ground*. In Zygon: March 1966.
Interpretation of cosmic processes by a biologist seeking a rational foundation for religion.

*Indeterminacy, Individuality, and the Problem of Free Will*. See Platt, John R. (editor).
Brilliant summary.

Walker, Charles Rumford. *Modern Technology and Civilization*. New York: 1962.

Walsh, Chad. *From Utopia to Nightmare.* New York: 1962.
A canvass of negative utopias (dystopias or kakotopias).

Washburn, S. L. *The Evolution of Human Behavior.* In John D. Roslansky (editor), *The Evolution of Human Behavior.* Amsterdam: 1969.

Webb, Walter Prescott. *The Great Frontier.* With an introduction by Arnold J. Toynbee. Boston: 1964.
An imaginative hypothesis set within a somewhat arbitrary framework: the American dynamic frontier and the 'static' European 'Metropolis', between 1500 and 1900. But Webb overlooked both the earlier frontier movements in Europe and the dynamic European technology which made the American frontier possible.

Weizsacker, C. F. von. *The History of Nature.* Chicago: 1949.
Beautifully reasoned.

Wells, H. G. *Anticipations of the Reaction of Mechanical and Scientific Progress.* London: 1902.
Many of Wells' predictions here have already been fulfilled, though often not with the happy results that Wells anticipated.

*A Modern Utopia.* London: 1905.
His most comprehensive and carefully laid out picture of possibilities already almost within reach, granted the necessary political and social mechanisms.

*The Complete Short Stories of H. G. Wells.* London: 1927.
This edition contains *The Time Machine,* one of Wells' most significant fantasies of the future, as well as more practical forecasts, like *The Land Ironclads.* From a literary standpoint *A Story of the Days to Come* is perhaps one of his poorest imaginative works: but in some ways it is startlingly prophetic.

*Mind at the End of Its Tether.* London: 1945.
A mixture of insight, disillusion, and senile disintegration.

Westin, Alan F. *Privacy and Freedom.* New York: 1967.
Important analysis by a competent student of law: all the more so because it opens up the more ultimate questions of autonomy and personal responsibility. Orwell's *1984* brought down to date.

Weyl, H. *Symmetry.* Princeton, N.J.: 1952.

White, Lynn, Jr. *Machina ex Deo: Essays in the Dynamism of Western Culture.* Cambridge, Mass.: 1968.
Recommended. But see also Mumford, *Technics and Civilization* (1934).

Whitehead, Alfred North. *Science and the Modern World.* New York: 1923.
Still one of the effective analyses of the naïve metaphysics that most physical scientists since Galileo and Descartes regarded as the ultimate basis of 'modern,' that is scientific, thought. See also Stallo, C. Lloyd Morgan, Schrödinger, Michael Polanyi, and many later thinkers who have pursued this line.

Whyte, Lancelot Law. *Unitary Principle in Physics and Biology.* New York: 1949.

*The Unconscious Before Freud.* New York: 1960.

Whyte, William H., Jr. *The Organization Man.* New York: 1956.
Based on much firsthand research, and full of shrewd observations, though the inquiry is limited to a special variant of Organization Man, the heads of great corporations and

those seeking to rise in the system. Many observations are now dated, but they have historic value.

Wiener, Norbert. *The Human Use of Human Beings: Cybernetics and Society.* Boston: 1950.

*God and Golem, Inc.: A Comment on Certain Points Where Cybernetics Impinges on Religion.* Cambridge, Mass.: 1964.

Wilkins, John. *The Discovery of a World in the Moone, or, A Discourse Tending to Prove That 'Tis Probable There May Be Another Habitable World in That Planet, with a Discourse on the Possibility of a Passage Thither.* London: 1638.
This caps Kepler's prediction of a voyage to the moon by suggesting that colonies be planted there. Though America was then unsettled and inviting, this extravagant dream already haunted seventeenth-century thinkers—in this case a bishop.

*Mercury, or the Secret and Swift Messenger: Shewing How a Man May with Privacy and Speed Communicate His Thoughts to a Friend at a Distance.* Second edition. London: 1694.
The titles and dates of these works are almost as significant as their contents: fortunately, since they are hard to come by. But see Nicolson, Marjorie Hope.

Wilkinson, John (editor). *Technology and Human Values.* Santa Barbara, Cal.: 1966.
Brief but meaty papers.

Wilson, Arthur M. *Diderot: The Testing Years, 1713–1759.* New York: 1957.
Penetrating.

Wittfogel, Karl A. *Oriental Despotism: A Comparative Study of Total Power.* New Haven: 1957.
Important contribution, widely but unevenly documented. Unfortunately Wittfogel's notion that this totalitarian mode of government arose mainly through the need for water control insufficiently appreciates the non-economic, non-technical factors that Frankfort emphasized in his study of Kingship.

Wolf, A. *A History of Science, Technology, and Philosophy in the 16th and 17th Centuries.* New York: 1935.
Done with the cooperation of Dr. F. Dannemann and Mr. A. Armitage. The best available summary for this period.

Wolff, Philippe, and Frederic Mauro. *L'Age de l'Artisanat (X–XVIII Siècles).* In *Histoire Générale du Travail* (publiée sous la direction de Louis-Henri Parias). Paris: 1959–1961.
Admirable.

Wolheim, Donald A. *Novels of Science.* New York: 1945.
See especially Wells' *First Men in the Moon*, and Olaf Stapledon's *Odd John*.

Wolstenholme, Gordon (editor). *Man and His Future.* London: 1963.
A symposium, arranged by the Ciba Foundation, that reveals as much about the limitations of the scientific approach to man as about his future, which many scientists can conceive only in terms of an extrapolated past or an accelerated present.

Woodruff, William and Helga. *Economic Growth: Myth or Reality.* In Technology and Culture: Fall 1966.

Wooldridge, Dean E. *The Machinery of the Brain*. New York: 1963.

The title betrays the fact that every attempt to interpret organic events solely in terms of cause and effect, plus chance, must fall back upon the machine—a purely teleological model. Thus the discarded concepts of final purpose and design are illicitly smuggled back into the mechanistic conception of life, while the unexplainable tendency to self-organization is denied.

Wulff, Hans E. *The Traditional Crafts of Persia: Their Development, Technology, and Influence on Eastern and Western Civilizations*. Cambridge, Mass.: 1966.

Wymer, Norman. *English Town Crafts: A Survey of Their Development from Early Times to the Present Day*. London: 1949.

Zamiatin, Eugene. *We*. New York: 1934.

Still one of the best portrayals of the human Ant-State, extrapolated from Soviet Russia, though now implicit in American technology.

Zimmern, Alfred. *Nationality and Government*. London: 1918.

Zimmern's distinction between nationality and nationalism is still relevant.

# 鸣　谢

由于我技术史研究兴趣奠基于青年时代，其间惠我者不计其数，如今要充分致谢几乎已不可能，除《技术与文明》一书中提名感谢过的。该主题下的新思考和深究冲动始于我在麻省理工学院建筑系任贝米斯访问教授讲课那学期。当时我用科技发展新理论重审《技术与文明》讨论过的浩大领域；意识到当今机器主导的技术文明包含了诸多不合理因素；从金字塔时代伊始这些因素从未间断。

撰写《机器神话》的更直接冲动则发端于 1962 年我就这题目给纽约城市学院开设的萨珀斯涅阔夫专题讲座。因而除在此铭记感谢这些机构提供帮助，还须感谢卫斯理大学高级研究中心对我的支援，因为从 1962 年开始我就在那里撰写此书上下卷，虽然此书最初设想是单卷本。不过该书上下卷准备和写作任务大部分工作还是在坎布里奇勒沃瑞会所（Leverett House of Cambridge）得以完成。当时我作为访问学者受到哈佛校方给予各种礼遇关怀；有许多研究员、副研究员、教师间或还有学生陪伴交流。为此我特别感谢勒沃瑞会所主任理查德·M. 基尔先生（Richard M. Gill），他的友好款待让我感到宾至如归。

最后，这也是绝佳场合深挚感谢爱妻索菲亚·维滕伯格·芒福德。感谢她周到细密料事如神的秘书式服务，更感谢她毫不含糊指出原稿行文疏漏和文理不通，这往往是作者自己很难觉察的。索菲亚宽厚仁慈，高瞻远瞩，忠贞坚定，豁达高尚。这些美德都融入我全部著作；且不消说，也融入作者全部人生。

——L. M.

# 索　引

**图书在版编目(CIP)数据**

机器神话.下卷,权力五边形/(美)刘易斯·芒福德(Lewis
Mumford)著;宋俊岭译. —上海:上海三联书店,2021.1重印
ISBN 978-7-5426-5896-8

Ⅰ.①机… Ⅱ.①刘…②宋… Ⅲ.①文化人类学
Ⅳ.①C958

中国版本图书馆 CIP 数据核字(2017)第 074715 号

## 机器神话(下卷)：权力五边形

著　　者 / [美]刘易斯·芒福德
译　　者 / 宋俊岭

责任编辑 / 冯　征
装帧设计 / 豫　苏
监　　制 / 姚　军
责任校对 / 张大伟

出版发行 / 上海三联书店
　　　　　(200030)中国上海市漕溪北路 331 号 A 座 6 楼
邮购电话 / 021-22895540
印　　刷 / 上海展强印刷有限公司

版　　次 / 2017 年 7 月第 1 版
印　　次 / 2021 年 1 月第 2 次印刷
开　　本 / 710×1000　1/16
字　　数 / 430 千字
印　　张 / 31.5
书　　号 / ISBN 978-7-5426-5896-8/C·561
定　　价 / 68.00 元

敬启读者,如发现本书有印装质量问题,请与印刷厂联系 021-66366565